LES

ŒUVRES

COMPLETES

DE

VOLTAIRE

46

VOLTAIRE FOUNDATION

OXFORD

1999

THE
COMPLETE
WORKS
OF
VOLTAIRE

46

VOLTAIRE FOUNDATION

OXFORD

1999

ISBN volumes 46-47: 0 7294 0568 0
ISBN ce volume: 0 7294 0717 9

Voltaire Foundation Ltd
99 Banbury Road
Oxford OX2 6JX

PRINTED IN ENGLAND

AT THE ALDEN PRESS

OXFORD

Le Czar ou grand Duc de Moscovie

Fut éleue à cette dignité à l'aage de neuf ans et se nomme Pierre Alexouvik il est arruez, à paris Le 7ᵐᵉ
May. C'est un Monarque tres amateur des Sciences et beaux arts et le but de ces Voyages est pour y voire
tout ce qui luy a de beau il demeure a l'othel de Lesdiguiers et est Seruy par les Officiers du Roy et l'on luy
Fait tous les honneurs deus aux testes Couronnée il est aagé de 44 ans.
Paris Chez F. Landry rue St Jacques à l'image St François

Le Czar ou grand duc de Moscovie, gravure anonyme, 1717.
Collection A. Kahn

Anecdotes sur le czar Pierre le Grand

Histoire de l'empire de Russie sous Pierre le Grand

TABLE DES MATIÈRES

xiv

LISTE DES ILLUSTRATIONS

LISTE DES SIGLES ET ABREVIATIONS

Al   *Année littéraire*

Albina   'Istotchniki *Istorii rossiïskoï imperii pri Petre Velikom*
Vol'tera v ego biblioteke', 1980

An   Archives nationales, Paris

Arsenal   Bibliothèque de l'Arsenal, Paris

Bengesco   *Voltaire: bibliographie de ses œuvres*, 1882-1890

Bh   Bibliothèque historique de la ville de Paris

BL   British Library, London

BM   Bibliothèque municipale

BM   *Büschings Magazin*

Bn   Bibliothèque nationale de France, Paris

BnC   *Catalogue général des livres imprimés de la Bibliothèque
nationale: auteurs*, tome 214, Voltaire, 1978

Bn F   Bn, Manuscrits français

Bn N   Bn, Nouvelles acquisitions françaises

Bodleian   Bodleian Library, Oxford

Bpu   Bibliothèque publique et universitaire, Genève

Br   Bibliothèque royale, Bruxelles

Buchet   *Abrégé de l'histoire du czar Peter Alexiewitz*, 1717

BV   *Bibliothèque de Voltaire: catalogue des livres*, 1961

Černy   *Apothéose du czar Pierre le Grand.* éd. V. Černy, 1964

CLT   Grimm, *Correspondance littéraire*, 1877-1882

CMRS   *Cahiers du monde russe et soviétique*

CN   *Corpus des notes marginales de Voltaire*, 1979-

Conlon   *Le Siècle des Lumières*, 1983-

Considérations   Vockerodt, *Considérations sur l'état de la Russie*,
1737, reproduites ci-dessous, appendice III

D   Voltaire, *Correspondence and related documents*, V 85-135,
1968-1977

Dangeau   *Journal*, 1854-1860

Desnoiresterres   *Voltaire et la société française*, 1867-1876
Du Halde   *Description géographique, historique, chronologique, politique et physique de l'empire de la Chine et de la Tartarie chinoise*, 1735
Encyclopédie   *Encyclopédie ou dictionnaire raisonné des sciences, des arts et des métiers*, 1751-1772
Essai   Voltaire, *Essai sur les mœurs*, 1963
Fontenelle   *Eloge du czar Pierre Ier*, *Œuvres*, 1785, iii
ImV   Institut et musée Voltaire, Genève
Je   Journal encyclopédique
Kehl   *Œuvres complètes de Voltaire*, 1784-1789
M   *Œuvres complètes de Voltaire*, 1877-1885
Magazin   Neues gemeinnütziges Magazin
Massie   *Pierre le Grand*, 1985
Mauvillon   *Histoire de Pierre Ier*, 1742
Mémoires de Trévoux   Mémoires pour l'histoire des sciences et des beaux-arts, 1701-1767
Mémoires secrets   Bachaumont, *Mémoires secrets*, 1777-1789
Nordberg   *Histoire de Charles XII, roi de Suède*, 1742-1748
OH   Voltaire, *Œuvres historiques*, 1957
Perry   *Etat présent de la Grande Russie*, 1717
Portal   *Pierre le Grand*, 1990
RGADA   Archives russes d'actes anciens, Moscou
Rhl   Revue d'histoire littéraire de la France
Romans et contes   Voltaire, *Romans et contes*, 1979
Rousset de Missy   Mémoires du règne de Pierre le Grand, empereur de Russie, père de la patrie, etc. etc. etc. Par le B. Iwan Nestesuranoi, 1725-1726
Š, Šmurlo   *Voltaire et son œuvre 'Histoire de l'empire de Russie sous Pierre le Grand'*, 1929
SRIO   Sbornik imperatorskogo rousskogo istoritcheskogo obchtchestva [Recueil de la Société impériale russe d'histoire]
Stockholm   Kungliga Biblioteket, Stockholm
StP   Bibliothèque nationale de Russie, Saint-Pétersbourg
Strahlenberg   *Description historique de l'empire russien*, 1757

Studies   *Studies on Voltaire and the eighteenth century*

Taylor   Taylor Institution, Oxford

Trapnell   'Survey and analysis of Voltaire's collective editions',
1970

Uppsala   Universitetsbiblioteket, Uppsala

V   *Œuvres complètes de Voltaire / Complete works of Voltaire*,
1968- [la présente édition]

VF   Voltaire Foundation, Oxford

Weber   *Nouveaux mémoires sur l'état présent de la grande Russie*,
1725

L'APPARAT CRITIQUE

L'apparat critique placé au bas des pages fournit les diverses leçons ou variantes offertes par les états manuscrits ou imprimés du texte (on en trouvera le relevé, p.40-47, 349-71). Chaque note critique est composée de tout ou partie des indications suivantes:

— Le ou les numéros de la ou des lignes auxquelles elle se rapporte; comme les titres ou sous-titres, les noms de personnages dans un dialogue ou une pièce de théâtre, et les indications scéniques échappent à cette numérotation, l'indication donne dans ce cas le numéro de la ligne précédente suivi des lettres a, b, c, etc. qui correspondent aux lignes de ces textes intercalaires.

— Les sigles désignant les états du texte, ou les sources, repris dans la variante (voir p.47, 374). Des chiffres arabes, isolés ou accompagnés de lettres, désignent en général des éditions séparées de l'œuvre dont il est question; les lettres suivies des chiffres sont réservées aux recueils, w pour les éditions complètes, et T pour les œuvres dramatiques; après le sigle, l'astérisque signale un exemplaire particulier, qui d'ordinaire contient des corrections manuscrites.

— Des explications ou des commentaires de l'éditeur.

— Les deux points (:) marquant le début de la variante proprement dite, dont le texte, s'il en est besoin, est encadré par un ou plusieurs mots du texte de base. A l'intérieur de la variante, toute remarque de l'éditeur est placée entre crochets.

Les signes typographiques conventionnels suivants sont employés:

— La lettre grecque béta β désigne le texte de base.

— Le signe de paragraphe ¶ marque l'alinéa.

— Deux traits obliques // indiquent la fin d'un paragraphe ou d'une partie du texte.

– Les mots supprimés sont placés entre crochets obliques < >.

– Les mots ajoutés à la main par Voltaire ou Wagnière sont précédés, dans l'interligne supérieur, de la lettre ^{V} ou ^{W}, suivie d'une flèche verticale dirigée vers le haut $^\uparrow$ ou vers le bas $^\downarrow$, pour indiquer que l'addition est inscrite au-dessus ou au-dessous de la ligne. Le signe $^+$ marque la fin de l'addition, s'il y a lieu.

– Toute correction adoptée dans un imprimé est suivie d'une flèche horizontale → suivie du sigle désignant l'imprimé.

Exemple: 'il <allait> $^{W\uparrow}$<courait> $^{V\downarrow}\beta$' signifie que 'allait' a été supprimé, que Wagnière a ajouté 'courait' au-dessus de la ligne, que 'courait' a été supprimé, et que Voltaire a inséré la leçon du texte de base au-dessous de la ligne. Une annotation du type 'w75G*, →K' indique qu'une correction manuscrite sur l'édition encadrée a été adoptée dans les éditions de Kehl.

REMERCIEMENTS

Nous remercions vivement nos collègues et amis et le personnel des bibliothèques, sans lesquels cette édition n'aurait pu voir le jour.

La préparation de l'inventaire des manuscrits de Saint-Pétersbourg par Ulla Kölving et Andrew Brown a été financée par la British Academy. Leur dépouillement, effectué par Christiane et Michel Mervaud, a été facilité grâce à l'aide de la Voltaire Foundation et du C.N.R.S. Ces travaux n'auraient pu être menés à bien sans le concours amical de Nikolaï Kopanev, responsable de la Bibliothèque de Voltaire, et sans la gentillesse et l'inlassable dévouement de Natalia Elaguina, conservatrice à la Bibliothèque nationale de Russie à Saint-Pétersbourg.

Nous avons largement exploité les ressources des bibliothèques parisiennes: la Bibliothèque nationale de France, la Bibliothèque de l'Institut d'études slaves, la Bibliothèque de l'Institut national des langues et civilisations orientales. Nous n'aurions garde d'oublier la Bibliothèque municipale de Rouen, dont les fonds anciens particulièrement riches nous ont permis de travailler sur place pendant des années.

Parmi les institutions qui ont bien voulu nous fournir des renseignements ou des matériaux, nous citons avec reconnaissance: Niedersächsische Staats- und Universitätsbibliothek, Göttingen; British Library, Londres; Bodleian Library, Oxford; la Taylor Institution Library, Oxford; Kungliga Biblioteket, Stockholm; Universitetsbiblioteket, Uppsala; Bibliothèque publique et universitaire, Genève; l'Institut et musée Voltaire, Genève; Bibliothèque cantonale et universitaire, Lausanne; Bibliothèque cantonale et universitaire, Neuchâtel.

Nous sommes, comme tous les collaborateurs de cette édition, particulièrement redevables au dévouement et à la profonde érudition de Charles Wirz, conservateur des riches collections de l'Institut et musée Voltaire de Genève.

Nos collègues russes ont été mis à contribution à des titres divers. Qu'ils veuillent bien trouver ici l'expression de notre gratitude pour l'aide qu'ils nous ont apportée en des temps difficiles. Piotr Zaborov, directeur de la Maison Pouchkine, et Vladimir Somov, ont fait pour nous des vérifications d'archives à Saint-Pétersbourg. Sergueï Karp, de l'Institut d'histoire universelle, Académie des sciences, Moscou, a retrouvé dans le portefeuille Müller de Moscou une copie du manuscrit du chapitre 10 de la seconde partie de l'*Histoire de l'empire de Russie*. Il nous a communiqué aussi des documents inédits ou peu connus découverts par D. N. Kostychine, et qui constituent l'appendice XI de l'ouvrage.

Nos remerciements chaleureux s'adressent à Jean-Daniel Candaux, qui nous a révélé l'existence des mémoires concernant Lefort, conservés à la Bibliothèque publique et universitaire de Genève. Il a également attiré notre attention sur l'exemplaire corrigé du premier volume de la première édition qui se trouve à la Bibliothèque cantonale et universitaire de Neuchâtel. Madeleine van Strien-Chardonneau, de l'université de Leyde, nous a communiqué de précieux renseignements qui nous ont permis d'enrichir nos notes sur les choses hollandaises. Parmi d'autres collègues qui nous ont fourni des renseignements, il nous est agréable de remercier Anne-Marie Chouillet, Alain Christol, François Moureau et Vladimir Vodoff. W. H. Barber a relu ces deux tomes. Qu'il veuille bien trouver ici l'expression de notre vive gratitude.

xxvi

AVANT-PROPOS

Voici l'une des œuvres les moins lues de Voltaire, et l'une des moins appréciées. Elle souffre d'un préjugé tenace: il s'agirait d'un ouvrage de commande, où la bassesse le disputerait à la flatterie. Les circonstances inclinent à le faire croire: ne sont-ce pas les Russes qui ont demandé à Voltaire d'écrire l'histoire de leur grand homme? En réalité, comme il le dit lui-même, Voltaire en a rêvé pendant trente ans. Depuis l'*Histoire de Charles XII*, il est fasciné par Pierre le Grand. Et c'est lui qui, dès 1745, a proposé à Elisabeth de consacrer un livre à la gloire de son père. [1] Une lecture attentive de l'œuvre même, et l'histoire des relations conflictuelles de Voltaire avec ses informateurs russes, montrent que l'auteur de l'*Histoire de l'empire de Russie sous Pierre le Grand* a su prendre ses distances et garder une certaine indépendance d'esprit par rapport à Pétersbourg. Son Pierre le Grand est sans conteste idéalisé, et parfois plus que dans ses autres œuvres. Mais ce n'est pas par esprit courtisan: Voltaire a toujours exalté l'œuvre du tsar réformateur. Sans doute son tsar manque-t-il un peu de vie et de couleurs. Mais, comparé aux compilations apologétiques de l'époque, ce livre frappe par la vivacité du style, l'art du récit et de l'anecdote. Bref, il n'est pas dépourvu de qualités. Il serait juste de le reconnaître.

Cette édition est pourvue de notes abondantes. Il y a à cela trois raisons. Il a fallu d'abord relever les nombreuses erreurs de Voltaire. C'est devenu un lieu commun des Russes: dans l'une de ses nouvelles, Alexandre Herzen rapporte avec humour qu'à la fin du dix-huitième siècle l'histoire de la Russie 'n'était pas encore découverte' et que, 'grâce à Voltaire, on savait quelques détails

---

[1] Voir ci-dessous, introduction aux *Anecdotes*, p.21-23.

inexacts du règne de Pierre Ier'. [2] Malgré un réel effort de documentation, et malgré les mises en garde de ses informateurs, il commet en effet des erreurs parfois minimes, parfois grossières. Elles sont dues à une connaissance insuffisante du monde russe, mais aussi à l'agacement que suscite en lui le pédantisme vétilleux de ses critiques.

Il a toutefois tenu compte des documents envoyés de Russie: il s'y réfère d'ailleurs parfois explicitement. Et, dans bien des cas, comme on le verra dans l'annotation, il a reproduit presque textuellement des informations inédites. Sans chercher une vaine exhaustivité, l'identification de ces sources a conduit à multiplier les notes. Il en a été de même pour le manuscrit sur Lefort, ou pour des récits de voyage et compilations dont Voltaire s'est manifestement inspiré.

L'abondance des notes s'explique par une troisième raison: la nécessité de présenter le monde russe à un public non spécialisé. Il s'agissait de rappeler ce qui est familier à tout russisant: ce qu'est un raskolnik, un prikaz, un tchinovnik, le faubourg allemand de Moscou, bref, des notions de base de la civilisation russe. Il convenait aussi de donner des précisions sur des faits ou des personnages peu connus non seulement de l'histoire de la Russie, mais de l'histoire européenne, puisque Voltaire évoque des acteurs et des événements secondaires que le lecteur n'a pas nécessairement en mémoire. Il n'a d'ailleurs pas toujours été possible d'identifier tel personnage épisodique ou de trouver la source de telle anecdote apparemment transmise par la tradition orale.

Les renseignements et les critiques reçus de Russie par Voltaire étaient bien entendu rédigés en français. Mais les observations de Lomonossov ne sont connues aujourd'hui que par leurs originaux russes. Il a donc fallu les retraduire en français. Quant aux remarques en allemand de G. F. Müller et de Büsching, nous les avons également traduites ou résumées, bien que Voltaire n'en ait

[2] A. I. Herzen, *Dolg prejde vsego* [*Le Devoir avant tout*], 1854 (A. I. Gercen, *Sobranie sotchinenii* [*Œuvres*], Moscou 1955, vi.275).

pas eu connaissance sous cette forme. On verra d'ailleurs que la traduction française d'un article de Müller parue dans le *Journal encyclopédique* est beaucoup plus condensée, percutante et blessante que l'original allemand, et qu'elle a suscité des répliques parfois cinglantes de Voltaire.

Le lecteur devra avoir toujours présent à l'esprit le décalage entre le calendrier russe de l'époque et le nôtre. Le calendrier julien introduit par Pierre le Grand retarde de onze jours sur le calendrier grégorien. C'est le 'vieux style' (v. st.) par rapport au 'nouveau style' (n. st.). Voltaire transpose systématiquement les dates des faits russes en nouveau style, dans son récit et dans les marges de son livre. Le dépaysement était peut-être moins grand au dix-huitième siècle que de nos jours, puisque la Suède et l'Angleterre usèrent du calendrier julien jusqu'en 1752. Pour qu'il n'y ait pas de doute lorsqu'il s'agit de l'histoire russe, nous précisons le style ou faisons généralement figurer les deux dates. Dans les citations, nous gardons la date indiquée en précisant entre crochets s'il s'agit du vieux ou du nouveau style.

Dans la mesure du possible, nous citons les ouvrages dont s'est servi Voltaire d'après les éditions qui figuraient dans sa bibliothèque (BV). Pour Olearius, par exemple, nous avons évité de recourir aux premières éditions en français (1656, ou même 1659, considérablement augmentée); nous nous référons à l'édition de 1727, qui comporte des variantes par rapport à celles du dix-septième siècle: c'est celle dont disposait Voltaire, et dont les belles gravures le faisaient rêver.

Notre édition a tiré le plus grand profit de textes inédits de Voltaire. Un exemplaire du premier tome de la première édition de l'*Histoire de l'empire de Russie*, conservé à la Bibliothèque cantonale et universitaire de Neuchâtel, contient d'abondants commentaires et corrections, la plupart de la main de Wagnière (app. VIII). Ce sont des réactions de Voltaire aux critiques de Pétersbourg. On pourra lire ces notes en les comparant aux 'Corrections à faire au premier volume', également inédites (Bn F12938) et publiées dans l'appendice VII. Le texte inédit le plus important, découvert par Ulla Kölving et Sergueï Karp, est une copie manuscrite du chapitre 10 de la seconde partie de l'*Histoire de l'empire de Russie*: conservé dans le 'portefeuille Müller' de Moscou, ce chapitre sur le tsarévitch Alexis soumis à l'appréciation des correspondants russes de Voltaire comporte des variantes du plus haut intérêt par rapport au texte imprimé. Par ailleurs, nous avons fait figurer en appendice des textes peu connus de Voltaire: les réactions aux critiques de Müller parues dans le *Journal encyclopédique* du 1ᵉʳ décembre 1762, et jamais reproduites depuis lors (app. x); les questions posées aux Russes, ainsi que ses objections, publiées en 1929 par Šmurlo (app. IV, V, VI et IX).

Christiane et Michel Mervaud ont dépouillé les quelque cent vingt manuscrits envoyés de Russie à Voltaire et conservés à la Bibliothèque nationale de Saint-Pétersbourg. Ces textes inédits sont pratiquement inconnus du public francophone. Nous avons cité ou résumé dans les notes les passages utilisés par Voltaire. Ces documents constituent une source de première main sans laquelle il serait difficile d'apprécier à leur juste valeur bien des pages de l'*Histoire de l'empire de Russie sous Pierre le Grand*. On en verra la liste et des extraits dans l'appendice II. L'appendice III reproduit les *Considérations sur l'état de la Russie sous Pierre le Grand* de Vockerodt, procurées à Voltaire en 1737. Ce document est difficilement accessible: le manuscrit consulté par Voltaire est à la Bibliothèque nationale de Russie à Saint-Pétersbourg, une copie en est conservée à la Bibliothèque municipale de Reims, et le texte imprimé est presque introuvable.

Nous avons tenu le plus grand compte des réponses des Russes et Allemands de Pétersbourg aux questions de Voltaire, ainsi que de leurs remarques critiques, tant sur le manuscrit de l'ouvrage que sur le texte imprimé. Elles ont paru dans l'ouvrage de Šmurlo, auquel nous nous référons pour les observations critiques. Pour les réponses de Pétersbourg, nous avons jugé plus commode de les faire figurer avec les questions de Voltaire dans les appendices, auxquels renvoient nos notes. L'appendice XI regroupe des documents inédits ou peu connus qui contribuent à éclairer la genèse de l'ouvrage de Voltaire.

L'annotation du texte de l'*Histoire de l'empire de Russie* a été assurée par Michel Mervaud, qui s'est également chargé des chapitres 1, 2, 5 et 6 de l'introduction. Christiane Mervaud a rédigé le chapitre 3. Le chapitre 4 a été élaboré en commun par ces deux auteurs. La section des éditions et des traductions est due à Andrew Brown. Ulla Kölving a établi le texte et les variantes, préparé et présenté les appendices. L'inventaire des manuscrits de Saint-Pétersbourg (appendice II) a été fait conjointement par Andrew Brown et Ulla Kölving.

L'édition des *Anecdotes sur le czar Pierre le Grand* est due à Michel Mervaud. Le texte a été établi par Ulla Kölving et la bibliographie par Andrew Brown.

La coordination de l'ensemble a été assurée par Ulla Kölving.

Anecdotes sur le czar Pierre le Grand

édition critique

par

Michel Mervaud

INTRODUCTION

Prolégomènes

On peut se demander si, en 1717, Voltaire a vraiment vu Pierre le Grand 'courant les boutiques de Paris'. [1] Mais il n'est pas impossible que, de l'une des tours de la Bastille où il était enfermé, il l'ait aperçu dans les jardins de l'hôtel Lesdiguières, situé juste à côté de la forteresse. [2] On sait en effet que Voltaire, soupçonné d'avoir composé des vers contre le Régent et sa fille, avait été arrêté et embastillé le 16 mai. Or, le 7 mai, Pierre le Grand était arrivé à Paris. Logé à l'hôtel Lesdiguières, il allait demeurer six semaines en France. Le séjour parisien du tsar coïncide donc avec le début de l'emprisonnement de Voltaire.

Que le futur historien de Pierre le Grand ait vu ou non le tsar, une question se pose: quand a-t-il commencé à s'intéresser à lui? Probablement en Angleterre, vers 1727-1728, lorsqu'il ébauche l'*Histoire de Charles XII*. Sans doute, dans cette première version, le tsar n'est-il que l'ennemi principal du roi de Suède. Mais Voltaire ne peut ignorer l'intérêt que Pierre le Grand suscite en Angleterre. Le 9 août 1711, un article du *Spectator* de R. Steele et J. Addison avait fait un parallèle du tsar avec Louis XIV qui tournait nettement au désavantage du roi de France. En 1714, du 5 mai au 2 juin, avaient paru cinq numéros d'un hebdomadaire intitulé *The Muscovite*, qui oppose à l'image traditionnelle d'une Moscovie barbare la vision de l'avenir radieux qui attend la Russie moderne

---

[1] A Thiriot, 11 juin [1759] (D8348).

[2] Th. Besterman semble en douter (D8348, n.2). En revanche, d'autres n'en excluent pas la possibilité; voir C. H. Wilberger, *Voltaire's Russia: window on the East*, Studies 164 (1976), p.27, et Robert K. Massie, *Pierre le Grand* (Paris 1985), p.621.

grâce à l'action du tsar réformateur.[3] En 1716 le capitaine et ingénieur John Perry publiait *The State of Russia under the present tsar*, qui sera traduit en français l'année suivante. Critique à l'égard de la Russie et des Russes, Perry, qui avait travaillé longtemps en Russie, faisait l'éloge des réformes de Pierre. En 1718, Pierre avait inspiré à Aaron Hill le poème *The Northern star*. En 1723 avait été imprimé à Londres un ouvrage anonyme, *An impartial history of the life and actions of Peter Alexowitz, the present czar of Muscovy, from his birth to this present time* [...] *written by a British officer in service of the czar* (réédité en 1725). Pierre Ier avait fait l'objet d'articles dans *The Plain dealer* en 1724 et 1725: dans ce périodique, en mai 1724, le tsar était comparé à Alexandre le Grand et considéré comme 'le plus grand monarque de notre temps'. Panégyrique sans doute exceptionnel dans la presse anglaise, mais qui faisait suite aux éloges du *Spectator*, où Pierre, supérieur aux héros de l'antiquité, était qualifié de 'prince divin'. Defoe avait parlé du tsar dans son *History of the wars of Charles XII*. Et l'impératrice Catherine avait encouragé Hill; elle lui avait même promis de lui envoyer des documents pour qu'il écrive une biographie de Pierre le Grand: 'préfiguration singulière de la situation voltairienne'.[4] Peut-être, comme le suggère André-Michel Rousseau, Voltaire a-t-il entendu parler par Pope des encouragements de la tsarine au poète anglais. De toute façon, il n'a pas pu ne pas remarquer que les Anglais s'intéressaient plus que les Français au tsar Pierre.[5]

Aussi procédera-t-il peu à peu à une révision des valeurs: en

[3] Voir I. D. Levin, 'Anglïïskïï journal "Moskovit" (1714)', dans *Vospriatié rousskoï koul'toury* [*Perception de la culture russe*] (Leningrad 1975), p.7-23.

[4] A.-M. Rousseau, *L'Angleterre et Voltaire*, Studies 145-147 (1976), p.696.

[5] Pour la liste des quelques ouvrages parus en français sur Pierre le Grand avant les *Anecdotes*, voir M. Mervaud, 'Les *Anecdotes sur le czar Pierre le Grand* de Voltaire: genèse, sources, forme littéraire', *Studies* 341 (1996), p.90, n.12. Les plus importants sont d'ailleurs des traductions: de l'Anglais John Perry, *Etat présent de la Grande Russie* (La Haye 1717; BV2699), et de l'Allemand Friedrich Christian Weber, *Nouveaux mémoires sur l'état présent de la Grande Russie ou Moscovie* (Paris 1725; BV3833).

1731, dans le 'Discours sur l'Histoire de Charles XII', il note déjà que Pierre est 'beaucoup plus grand homme' que le roi de Suède.[6] Ainsi, peut-être, chez Voltaire, 'perce le regret de n'avoir pas traité le sujet qui fût des deux le plus noble et le moins rebattu'.[7] Deux personnages rivaux, 'les plus singuliers qui eussent paru depuis plus de vingt siècles', méritaient qu'on écrivît leur histoire. Mais celle de Charles, selon le 'Discours', s'ajoute 'à la multitude de livres dont le public est accablé'; seul la justifie l'espoir de guérir les princes de la 'folie des conquêtes'. Voltaire prend conscience qu'une biographie de Pierre eût été un sujet plus neuf et plus utile: car Charles XII, pour fascinant qu'il soit, est un 'héros' qui n'a fait que détruire; le véritable grand homme est Pierre, le tsar fondateur d'empire. Au fil des éditions, il tendra à devenir une figure centrale de l'*Histoire de Charles XII*. Peut-être Voltaire songe-t-il déjà à lui consacrer un livre: en 1757, pressenti par les Russes pour écrire l'histoire de Pierre le Grand, il écrira: 'Vous me proposez ce que je désirais depuis trente ans' (D7169).

Dans la correspondance, c'est en 1729 qu'on rencontre pour la première fois le nom de Pierre le Grand: Thiriot, dans une lettre inconnue, a parlé à Voltaire d'une histoire du souverain russe; en le remerciant des cartes de Tartarie qu'il lui a envoyées, Voltaire prie son correspondant de lui 'dénicher' cette histoire du tsar,[8] peut-être celle de Rousset de Missy.[9] A cette époque, Voltaire ne s'intéresse encore qu'indirectement à Pierre le Grand: s'il a besoin de renseignements, c'est pour son *Histoire de Charles XII*. Robert-Joseph de La Cerda de Villelongue, qui fut colonel au service du roi de Suède, lui explique par exemple pourquoi le sultan, après la campagne du Prut, voulait faire la guerre au tsar: c'était pour

---

[6] *Histoire de Charles XII*, éd. G. von Proschwitz, V 4 (1996), p.153.

[7] Rousseau, *L'Angleterre et Voltaire*, p.696.

[8] A Thiriot, probablement vers le 15 mai 1729 (D360).

[9] Jean Rousset de Missy, *Mémoires du règne de Pierre le Grand* (Amsterdam, La Haye 1725-1726; BV3047: Amsterdam 1728-1730).

l'obliger à respecter ses engagements, c'est-à-dire rendre Azov et d'autres forteresses nommées dans le traité. [10]

En 1733, en réponse aux *Remarques* de La Mottraye sur l'*Histoire de Charles XII*, Voltaire est amené à revenir sur plusieurs points qui concernent Pierre le Grand et la Russie. La Mottraye le chicanait sur la date de la reddition d'Azov: 1695, et non 1697; en fait, la ville capitula en 1696, rectifie Voltaire. La Grande Ambassade ne partit pas en 1678, mais en 1697, observait La Mottraye; faute d'impression manifeste corrigée dans les dernières éditions, répond l'historien de Charles XII. [11] La Mottraye signalait aussi quelques erreurs sur Lefort, que Voltaire corrigera. Sur les batailles de Narva et de Poltava, sur le mot *czar*, il exprimait des désaccords qui susciteront des commentaires ironiques de Voltaire. Il n'empêche: à cette époque, sur Pierre le Grand et les choses russes, les connaissances de Voltaire semblent encore bien incertaines.

En 1734 ou 1735 se présente peut-être l'occasion de les préciser. Charles-Frédéric de Holstein-Gottorp, héritier présomptif de la couronne de Russie, [12] aurait proposé à Voltaire, réfugié à Cirey après la publication des *Lettres philosophiques*, de le prendre à son service. Il lui aurait offert dix mille francs d'appointements, une

---

[10] 19 mars 1730 (D374). Voir aussi la longue lettre de Villelongue à Voltaire du 17 février 1730 (D372).

[11] V 4, p.587-88. Le 14 mars 1732, Valentin-Philippe Bertin Du Rocheret avait fait également remarquer son erreur à Voltaire (D468). En 1678, Pierre n'avait que six ans...

[12] Charles-Frédéric (1700-1739) était le fils de Frédéric IV, duc de Holstein-Gottorp, et de la sœur aînée de Charles XII, Hedwige. Il avait épousé en 1725 la fille aînée de Pierre le Grand, Anne, morte en 1728 après avoir donné naissance au futur Pierre III. Il avait des droits au trône de Suède, mais, à la mort de Charles XII, en 1718, ce fut sa sœur cadette Ulrique-Eléonore, épouse de Frédéric de Hesse, qui devint reine. Pour obtenir la Suède et la partie du Schleswig que le Danemark lui avait enlevée, Charles-Frédéric avait demandé en 1721 l'aide de Pierre le Grand. Mais le traité de Nystad ne mentionnera pas ses revendications. Etabli à Pétersbourg, il fut privé de toute influence à l'avènement de Pierre II, en 1727. En butte à l'hostilité de Menchikov et de nombreux ennemis, il fut contraint de quitter la Russie et de regagner Kiel.

belle somme pour un si petit Etat dont les revenus ne dépassent pas les 220 000 thalers. Voltaire décline l'invitation 'd'une manière respectueuse et mesurée'. [13] Sans doute savait-il que le duc était un homme peu cultivé, qui ne songeait qu'à ses plaisirs et à faire défiler ses soldats. Admirateur de Charles XII, son oncle, Charles-Frédéric avait peut-être voulu honorer l'historien du roi de Suède. Peut-être tenait-il aussi à protéger un écrivain déjà célèbre qu'une lettre de cachet avait contraint à quitter Paris.

Charles-Frédéric a-t-il invité Voltaire une deuxième fois? Le 9 décembre 1736, tout en faisant état d'invitations parallèles (peut-être fictives) de la cour de Prusse et de l'Angleterre, Voltaire écrit à Louis-Elisabeth de La Vergne, comte de Tressan: 'On m'a offert une place auprès de l'héritier d'une vaste monarchie, avec dix mille livres d'appointements'. [14] S'agit-il d'une nouvelle sollicitation du duc de Holstein, ou bien Voltaire fait-il simplement allusion à l'invitation de 1734 ou 1735? Quoi qu'il en soit, il n'ira ni au Holstein, ni en Prusse, ni en Angleterre: en proie à des 'persécutions' liées à l'affaire du *Mondain*, il quittera bien Cirey, mais c'est en Hollande qu'il se rendra pour y passer deux mois.

Le duc de Holstein était-il l''héritier présomptif de Russie', comme Voltaire l'écrivait à Thiriot (D974)? Après avoir failli être roi de Suède, peut-être rêvait-il de monter sur le trône des Romanov. Il avait fait partie du Haut Conseil secret créé sous Catherine Ière et, selon le maréchal Burchard-Christophe de Münnich, il 'auroit été à même de contrebalancer le crédit du Prince Menschikow'; mais ce dernier étant 'vigilant & assidu [auprès de l'impératrice] autant que le Duc étoit hautain & tardif', il était

---

[13] A Thiriot [28 décembre 1735] (D974). On ne connaît ni la lettre d'invitation du duc de Holstein, ni la réponse de Voltaire (signalée dans D777). Sur la question de leur datation, voir Mervaud, 'Les *Anecdotes sur le czar Pierre le Grand* de Voltaire', p.92, n.19.

[14] D1222. Dans les *Anecdotes*, Voltaire parlera du tsarévitch Alexis comme de l''héritier de la plus vaste monarchie du monde' (l.400).

parvenu à l'évincer.[15] Et, peu de temps après l'avènement de Pierre II, le duc avait été contraint de rentrer dans son pays. De 1730 à 1740, règne Anna Ivanovna, fille d'Ivan V et nièce de Pierre le Grand. Sans enfants, considérait-elle son cousin par alliance, qui avait été le gendre du tsar Pierre, comme son 'héritier présomptif'? Bien au contraire: quoique germanophile et entourée d'Allemands, elle était 'invariablement disposée à prendre en mauvaise part tout ce qui venait du Holstein'.[16] Elle s'était opposée au mariage du fils de Charles-Frédéric, le futur Pierre III, avec la fille de son tout-puissant favori, le Courlandais Biron (Ernst Bühren). Et puis, la fille cadette de Pierre le Grand, Elisabeth, pouvait aussi prétendre à la couronne.[17] D'ailleurs, Charles-Frédéric 'ne considérait sans doute le trône de Russie que comme un marchepied pour celui de Suède'.[18] Mais après tout, ses chances n'étaient pas négligeables: son fils deviendra bien empereur de Russie sous le nom de Pierre III. Pour Voltaire, en tout cas, il est clair que Charles-Frédéric fait figure de futur tsar.

Et il associe immédiatement l'invitation du duc à l'empire de Russie: 'J'ay fait mon examen de conscience au sujet de Petersbourg', écrit-il à Thiriot en évoquant l'offre de Charles-Frédéric. Mais il ajoute: 'Tout persécuté que j'étois je n'aurois pas quitté Cirey pour le trône de la Russie même'.[19] Son attitude, on l'a vu, restera la même à la fin de 1736.

Voltaire a peut-être manqué là l'occasion d'aller à Pétersbourg, où il semble que Biron, qui avait de bons rapports avec le duc de

[15] Münnich, 'Ebauche' du Gouvernement de l'Empire de Russie, éd. F. Ley (Genève 1989), p.75.

[16] K. Waliszewski, L'Héritage de Pierre le Grand (Paris 1900), p.304.

[17] On sait qu'Anna Ivanovna désignera pour lui succéder son petit-neveu Ivan, né en 1740. Ivan VI ne régnera qu'un an sous la régence de sa mère, Anna Leopoldovna. Elisabeth prendra le pouvoir à la fin de novembre 1741.

[18] Waliszewski, L'Héritage de Pierre le Grand, p.31.

[19] D974. Peut-être Voltaire a-t-il fait son 'examen de conscience' parce que le duc de Holstein s'est plaint de son refus, comme le suppose A. Lortholary dans Le Mirage russe en France au XVIIIe siècle (Paris 1951), p.39.

Holstein, avait voulu l'engager à venir. Sous le règne d'Anna, marqué par de fortes influences germaniques, les Allemands ne constituent certes pas un bloc homogène. Ils sont divisés en deux clans: le parti 'suédois', représenté par les Courlandais Biron et Johann-Albrecht Korf (1697-1766), directeur de l'Académie des sciences de 1734 à 1740, puis ambassadeur à Copenhague, et le parti 'autrichien' ou 'saxon' du vice-chancelier Andreï Ivanovitch Osterman, ministre des Affaires étrangères. Parmi les Allemands de la cour de Russie, Voltaire n'avait pas que des amis. Korf et Biron lui étaient favorables, mais Osterman, qui connaissait La Mottraye,[20] était son ennemi. Au 'parti de Dresde', il sera relayé plus tard par Alexis Petrovitch Bestoujev-Rioumine et par Gerhard Friedrich Müller. Voltaire était-il au courant de ces clivages? Est-ce l'une des raisons qui l'ont conduit à refuser l'invitation du duc de Holstein?

Le débat sur Pierre le Grand avec Frédéric de Prusse

De retour à Cirey après son voyage en Hollande, Voltaire songe peut-être à préciser son image de Pierre le Grand, ne serait-ce que pour de nouvelles éditions de l'*Histoire de Charles XII*. Quoi qu'il en soit, c'est la correspondance avec Frédéric, prince royal de Prusse, qui l'incite à approfondir sa réflexion sur le tsar réformateur. Frédéric, le premier, aborde le sujet: le 6 mars 1737, il salue en Pierre Ier le 'législateur de son pays', dont il souligne de surcroît les multiples talents; il ne manquait à ce souverain que d'avoir reçu une éducation 'moins barbare et moins féroce' pour être 'le

---

[20] Pour La Mottraye, Osterman est digne des 'plus grandes louanges'. Il l'avait rencontré une première fois au congrès d'Aland en 1719. Osterman et les autres plénipotentiaires russes l'avaient bien accueilli. Plus tard, lors de son séjour à Pétersbourg, Osterman lui avait de nouveau fait un accueil 'des plus obligeants' (Aubry de La Mottraye, *Voyages en anglais et en français en diverses provinces et places de la Prusse ducale et royale, de la Russie, de la Pologne etc.*, La Haye 1732, p.235).

modèle de tous les princes' (D1294). Vers le 25 avril, Voltaire loue Frédéric de ne pas être aveuglé sur les cruautés du tsar: Pierre a été 'un législateur et un fondateur', mais 'quels reproches l'humanité n'a t'elle pas à luy faire? On admire en luy le roy, mais on ne peut aimer l'homme' (D1320).

Au début, Voltaire et Frédéric semblent à peu près d'accord: ils admirent l'œuvre de Pierre le Grand, tout en faisant de sérieuses réserves sur la barbarie de l'homme. Toutefois, le tsar va bientôt faire entre eux l'objet d'un débat. Vers le 1er juin 1737, Voltaire confie au prince de Prusse qu'il regrette d'avoir tant parlé, dans l'*Histoire de Charles XII*, de batailles et de 'maux faits aux hommes'. Il voudrait donner un 'abrégé des grandes choses' qu'a faites le roi de Suède et des 'choses utiles' qu'a faites Pierre. Il fait 'plus de cas d'une lieue en carré défrichée, que d'une plaine jonchée de morts'. Aussi projette-t-il d''entrer plus profondément dans le détail de ce qu'a fait le czar pour le bien de l'humanité' (D1334).

Mais, pour mettre l'accent sur les aspects positifs de l'œuvre de Pierre, Voltaire dispose d'une documentation bien insuffisante. Ses informations reposent essentiellement sur les mémoires manuscrits de témoins, dont il s'est servi pour l'*Histoire de Charles XII*: ceux du baron Frédéric Ernest Fabrice, l'envoyé du Holstein auprès du roi de Suède, de Charles d'Harcourt de Fierville d'Herrissy, l'envoyé de France, du colonel de Villelongue, au service de Charles XII, de l'envoyé d'Angleterre et du comte Stanislas Poniatowski. Apparemment, il ne possédait pas encore le *Journal* du général François Lefort, ou plutôt les deux manuscrits le concernant, actuellement conservés à la Bibliothèque publique de Genève.[21] En effet, ce n'est qu'en 1757 qu'il remercie Isaac Lefort de lui avoir communiqué ces manuscrits concernant le général de Pierre 1er.[22]

---

[21] Voir ci-dessous, l'introduction de l'*Histoire de l'empire de Russie*, p.165, n.28.

[22] 6 septembre 1757 (D7369). D7336, n.1 affirme que Voltaire avait utilisé les mémoires de Lefort pour l'*Histoire de Charles XII*. Nous avons nous-même laissé entendre que Voltaire connaissait ces mémoires vers 1737 (Mervaud, 'Les *Anecdotes sur le czar Pierre le Grand* de Voltaire', p.95). G. von Proschwitz se pose la question: Voltaire possédait-il déjà les manuscrits de Lefort lorsqu'il écrivait l'histoire du roi

Voltaire ignorait peut-être l'ouvrage anonyme anglais sur le tsar paru en 1723 et déjà évoqué (il ne figure pas dans sa bibliothèque). En revanche, il avait probablement lu l'article du *Spectator* et le poème de Hill. Il ne pouvait ignorer l'*Eloge du czar Pierre Ier* de Fontenelle, publié en 1727, même si son exemplaire (BV1364) ne comporte aucune note marginale. Et sans doute connaissait-il déjà les ouvrages de Perry, de Weber et de Rousset de Missy.[23] Mais, pour écrire son 'abrégé' sur Pierre, il estime qu'il n'a pas de 'mémoires de Moscovie'. Toutefois, il sait par une lettre du prince royal de Prusse du 7 avril 1737 (D1311) que le traducteur de Wolff, Ulrich Friedrich von Suhm, est en Russie depuis quelques mois. Aussi, vers le 1er juin, prie-t-il Frédéric de demander à ce 'serviteur zélé' de répondre aux questions qu'il se pose (D1334).

On voit par ces douze questions[24] ce que Voltaire cherche à savoir: ce sont les changements que Pierre Ier a introduits dans la religion, le gouvernement de ses Etats, les armées, le commerce, les ouvrages publics, ce qu'il a entrepris ou projeté, les colonies qu'il a établies, les progrès accomplis par les Russes dans les sciences, les changements dans les habits et les mœurs, la population, les revenus de l'empire. Il désire en somme des informations de première main sur la civilisation russe contemporaine issue des réformes de Pierre.

Après avoir écrit à Suhm, Frédéric, en août 1737, charge un secrétaire de la cour, Johann Gotthilf Vockerodt, qui a passé dix-

---

de Suède (V 4, p.183, n.62)? Manifestement, Voltaire n'aurait pas commis les erreurs sur Lefort que lui reprochera La Mottraye s'il avait disposé des mémoires en question.

[23] Voir ci-dessus, n.5 et 9.

[24] Ces questions ne figurent pas dans la lettre à Frédéric. On les connaît par le mémoire de Vockerodt, dont il sera question ci-dessous.

huit ans en Russie, [25] de répondre aussi aux questions de Voltaire. [26] Le 13 novembre, Frédéric fait parvenir à Voltaire, qui les attend avec impatience, les réponses de Vockerodt. [27] Ce mémoire d'un 'sage historien', 'en partie témoin' de la vie du tsar, [28] fait renoncer Frédéric à la 'haute opinion' qu'il avait de Pierre le Grand: gouverné par ses fantaisies, 'lâche' et 'faible à la guerre', ayant poussé le despotisme 'aussi loin qu'un souverain puisse le pousser', il n'est en somme qu'un 'fantôme héroïque' (D1389). Mais, dans sa lettre suivante, le 19 novembre, Frédéric prévient que 'certains faits contenus dans ce manuscrit doivent être ou retranchéz tout à fait, ou du moins traitéz avec tous les ménagements imaginables'; sinon, Voltaire s'exposerait aux 'Resentiments de La Cour Rusienne', qui soupçonnerait le prince royal de Prusse d'avoir fourni ce mémoire (D1392). Et il revient longuement sur ce sujet le 19 janvier 1738 (D1428).

Vers le 15 janvier, Voltaire rend compte à Frédéric de la 'prose instructive' qu'il a reçue. La lecture du mémoire de Vockerodt ne change pas radicalement son jugement: contrairement à Frédéric, Voltaire n'abandonne pas la haute idée qu'il a du tsar. 'Les contrastes qui déshonorent ses grandes qualités' ne lui échappent pas. Mais Pierre a vaincu Charles XII: Voltaire 'aime un poltron

[25] Vockerodt avait fait un séjour de 'dix-huit ans consécutifs' en Russie, comme l'écrit Frédéric, mais, au total, il y avait passé vingt-cinq ans (P. Brüne, 'Johann Gotthilf Vockerodts Einfluss auf das Russlandbild Voltaires und Friedrichs II.', *Zeitschrift für Slawistik* 39, 1994, p.396).

[26] Frédéric à Voltaire, 16 août 1737 (D1364).

[27] D1389. L'impatience de Voltaire se manifeste dans les lettres écrites vers le 12 et le 15 octobre 1737 (D1375 et D1376).

[28] La traduction française du mémoire de Vockerodt, *Considérations sur l'état de la Russie sous Pierre le Grand*, se trouve dans la Bibliothèque de Voltaire à Saint-Pétersbourg (MS 5-40). Une copie du manuscrit envoyé à Voltaire se trouve à la Bibliothèque municipale de Reims (MS 2150, p.129-213). Le texte en a paru dans les *Œuvres posthumes du roi de Prusse* (Berlin 1791). L'original, *Erörterungen einiger Fragen, die unter Peters I. Regierung in Russland vorgegangenen Veränderungen betreffend*, a été édité plus tard, par E. Herrmann, dans les *Zeitgenössische Berichte zur Geschichte Russlands* (Leipzig 1872). Voir ci-dessous, app. III (p.1044).

qui gagne des batailles'. Et puis, surtout, il est fasciné par son 'esprit créateur': ce barbare a fondé des villes, fait connaître la marine à son peuple, joint des mers par des canaux, diminué le nombre des moines, et, enfin, 'créé des hommes'. Voltaire veut écrire l'histoire de Pierre le Grand en philosophe:[29] sans dissimuler les grands défauts du tsar, il insistera sur son rôle civilisateur. Il amorce même déjà le processus d'idéalisation qui marquera ses ouvrages sur le souverain russe: il annonce à Frédéric qu'il exaltera non seulement ce que Pierre 'a fait de grand et de beau', mais 'ce qu'il a voulu faire' (D1426).

Le projet de Voltaire n'est pas de faire de Pierre le Grand 'le modèle de tous les princes', comme l'avait rêvé Frédéric. Il ne se place pas sur le terrain de la morale personnelle: selon lui, le despotisme extrême que le prince royal reproche à Pierre n'est pas une fin (le caprice d'un monarque absolu), mais le moyen pour réformer la Russie. Pour Voltaire, le tsar législateur est en somme le modèle du 'despote éclairé'. Sans doute la notion ne sera-t-elle formulée qu'au dix-neuvième siècle. Mais elle n'en correspond pas moins à ce que Voltaire attendra par la suite du règne de Frédéric II, puis de celui de Catherine la Grande. Une question terrible, toutefois, commence à l'obséder: la condamnation et la mort du tsarévitch Alexis. 'J'ai bien peur', écrit-il, 'que cette mort ne ternisse la gloire du czar. J'ignore si la nature a défait un grand homme d'un fils qui ne l'eût pas imité, ou si le père s'est souillé d'un crime horrible'. Et il demande à Frédéric de lui procurer des informations 'sur les mœurs et sur le genre de mort' du 'malheureux fils' de ce 'féroce législateur' (D1426).

Voltaire n'en persistera pas moins à faire passer au second plan les côtés sombres du tsar. Sans doute concède-t-il que ceux-ci le font frémir, que Pierre est 'indigne d'avoir bâti des villes' et que

---

[29] Frédéric écrivait à Voltaire le 16 août 1737: 'Vous seréz servi monsieur en Philosophe et par des philosophes dans la comition dont Vous m'avéz jugé capable' (D1364).

'c'est un tigre qui a été le législateur des loups'. [30] Mais il cherche à minimiser ces aspects négatifs. Il rêve même de les occulter: si l'on ne connaissait des princes que le bien qu'ils ont fait, écrit-il, 'l'univers serait heureusement trompé, et peut-être nul prince n'oserait donner l'exemple d'être méchant et tyrannique' (D1426). A des fins pédagogiques, Voltaire plaide en somme pour le mensonge historique. Frédéric ne partage pas ce point de vue. Il pense même exactement le contraire: dans sa réponse du 1er février 1738, il estime que les écrits sur les monstres de l'histoire 'ne peuvent que faire un effet avantageux sur l'esprit des princes qui les lisent'; quant à Pierre le Grand, ses 'mauvaises actions brillantes' et ses 'vices héroïques' l'emportent pour lui sur ses vertus (D1439).

Frédéric ne se prive pas d'ailleurs de noircir le tableau: le 28 mars, il rapporte ce que lui a conté le grand maréchal de la cour, le baron Marquard Ludwig von Printzen, qui avait été ambassadeur en Russie. Au cours d'un festin donné à Pétersbourg en son honneur, Pierre 1er aurait fait amener une vingtaine de streltsy captifs, et, 'à chaque grand verre qu'on vida, ce monstre affreux abattait la tête de ces misérables'. Il aurait même proposé à son hôte 'd'exercer son adresse sur ces malheureux', et le refus de ce dernier aurait provoqué son indignation. [31] Cette anecdote 'change

---

[30] A Frédéric, vers le 15 février 1738 (D1452). Même s'ils visent à complaire à Frédéric, ces jugements sévères reflètent peut-être ce que pense vraiment Voltaire de Pierre le Grand: en 1771, il écrira que Pierre était 'moitié héros et moitié tigre' (art. 'Pères, mères, enfants', *Questions sur l'Encyclopédie*, M.xx.194).

[31] D1475. L'anecdote de Printzen est rapportée dans une dépêche du 8/18 février 1699. Pierre 1er a-t-il lui-même coupé des têtes? Ceux qui l'affirment s'appuient sur le témoignage de Johann Georg Korb, secrétaire de l'ambassade d'Autriche: dans son *Diarium itineris in Moscoviam* (Vienne [1700]), p.170, et dans la traduction, *Récit de la sanglante révolte des strélitz en Moscovie, 1698* (Paris 1859), p.37, on lit que, le 10 octobre 1698, un officier supérieur allemand lui a appris que cinq streltsy ont été décapités 'par la plus noble main de la Moscovie'. Korb n'a donc pas été un témoin direct de l'exécution. Pourtant, La Mottraye affirme que Pierre a souvent tranché des têtes, et que c'est Menchikov qui l'y a poussé (*Voyages*, p.172 et 185-86). Certains historiens admettent aussi que Pierre a décapité lui-même des condamnés: voir V. O. Klioutchevski, *Pierre le Grand et son œuvre* (Paris 1953), p.37; S. Platonov, *Histoire de la Russie des origines à 1918* (Paris 1929), p.598;

bien mes idées', écrit Voltaire. 'Quoy, policer son peuple et le tuer? être bourau, abominable bourau, et législateur, quitter le trône pour le souiller ensuite de crimes, créer des hommes et déshonorer la nature humaine?' [32] Peu de temps après, il reçoit le mémoire sur le tsarévitch. Frédéric l'avait prévenu le 28 mars qu'il y trouverait 'des anecdotes, des barbaries et des cruautés semblables à celles qu'on lit dans l'histoire des premiers Césars' (D1475). Et en effet: ce mémoire confirme plus que jamais Voltaire dans l'idée que 'l'histoire a son pyrrhonisme aussi bien que la métaphysique'. [33]

Il ne se satisfait pas pour autant du confortable scepticisme de Frédéric: le prince royal considère en effet que les hommes poussent la tyrannie 'jusqu'à vouloir gouverner aussi despotiquement sur les pensées et sur les opinions que les Russiens peuvent gouverner une troupe servile d'esclaves'. [34] Pour Frédéric, le tsar est à l'image d'une Russie barbare; pour Voltaire, les mérites de Pierre sont d'autant plus grands qu'il est né dans cette Moscovie arriérée. Sans doute est-il pour lui une 'énigme' (D1484). Mais, en historien, il veut chercher à rendre compte de ses contradictions. Car il estime maintenant qu''on ne peut être plus au fait' qu'il ne l'est de la Russie, et qu'il pourra un jour faire usage des mémoires qu'il a reçus. [35] D'ailleurs, dans l'immédiat, les *Considérations* de Vockerodt vont l'aider à remanier l'*Histoire de Charles XII*. Il le fait savoir à Frédéric le 18 janvier 1739 (D1793):

G. Welter, *Histoire de Russie* (Paris 1963), p.178. Dans leur *Histoire de Russie* (Paris 1932), i.289-90, P. Milioukov, Ch. Seignobos et L. Eisenmann écrivent, sur le témoignage de Korb, que Pierre invitait les étrangers à se joindre aux bourreaux. D'autres pensent qu'on n'a pas de preuves: H. Vallotton, *Pierre le Grand* (Paris 1958), p.160; Massie, p.251. K. Waliszewski, qui ne récuse pas Korb et suit S. Soloviev et N. Kostomarov, juge vraisemblable que Pierre ait fait office de bourreau, mais ne croit pas un mot de l'anecdote de Printzen (*Pierre le Grand*, Paris 1909, p.134). H. Vallotton ne voit lui non plus aucune confirmation de cette anecdote (p.162).

[32] A Frédéric, vers le 25 avril 1738 (D1484).
[33] A Frédéric, 20 mai 1738 (D1506). Le mémoire sur le tsarévitch envoyé par Frédéric semble inconnu.
[34] A Voltaire, 25 décembre 1737 (D1413).
[35] A Berger, vers le 12 juillet 1738 (D1552).

J'ai réformé l'histoire de Charles XII, sur plusieurs mémoires qui m'ont été communiqués par un serviteur du roi Stanislas; mais surtout sur ce que votre altesse royale a daigné me faire remettre. Je n'ai pris de ces détails curieux dont vous m'avez honoré, que ce qui doit être su de tout le monde, sans blesser personne: le dénombrement des peuples, les lois nouvelles, les établissements, les villes fondées, le commerce, la police, les mœurs publiques.

Vingt ans après avoir reçu le mémoire de Vockerodt, Voltaire l'évoquera encore dans sa lettre à Darget du 5 octobre 1757 (D7412), en reconnaissant qu'il lui a servi à réviser l'histoire du roi de Suède.

Un portrait nouveau de Pierre le Grand dans l''Histoire de Charles XII'

On n'a pas assez remarqué que l'*Histoire de Charles XII*, dans son édition de 1739, présente un Pierre le Grand bien différent de celui des premières éditions. L'idée fondamentale de Voltaire n'a pas changé. Mais des modifications de détail et d'importantes additions ont été introduites. Le résultat est un portrait contrasté du tsar, plus riche et plus étoffé que dans les éditions antérieures.

Certains remaniements reflètent le débat avec le prince royal de Prusse. Ces discussions épistolaires ont altéré l'image de Pierre le Grand. Dès le premier livre de l'*Histoire de Charles XII*, une addition souligne le manque d''humanité' du tsar: Voltaire note que quelques fanatiques ont été condamnés au bûcher par le souverain russe, 'qui poussa toujours la justice jusqu'à la cruauté' (V 4, p.182). Dans les premières éditions, après la prise de Narva, figurait une phrase que Pierre aurait prononcée après avoir tué de sa main deux soldats russes qui s'adonnaient au pillage et au massacre: 'Ce n'est point du sang des habitants que cette épée est teinte, mais de celui des Moscovites, que j'ai répandu pour sauver vos vies'. En 1739, comme en écho aux discussions avec Frédéric, Voltaire ajoute: 'Si le czar avait toujours eu cette humanité, c'était le premier des hommes' (V 4, p.282). Après la victoire de Poltava, il observe que Pierre, 'qui traita si bien les généraux suédois, fit rouer tous les Cosaques qui tombèrent dans ses mains' (V 4, p.364). Il y a pis encore: Pierre ne répugnait pas à faire office de bourreau. Voltaire le dit, en se souvenant de l'anecdote de Printzen: 'Il a de ses propres mains été l'exécuteur de ses sentences sur des criminels; et dans une débauche de table il a fait voir son adresse à couper des têtes'. [36]

Dans ces conditions, même pour des traits secondaires de la personnalité du tsar, des retouches s'avéraient nécessaires. Dans la quatrième édition de l'*Histoire de Charles XII*, on lisait la phrase suivante sur Pierre: 'Son naturel heureux lui fit d'abord aimer les étrangers avant de savoir qu'ils pouvaient lui être utiles'. [37] En 1739, il était devenu impensable de maintenir ce naturel 'heureux' du tsar: Voltaire supprima l'épithète (V 4, p.183). Pierre le Grand perdra même certaines qualités dont l'avait crédité Voltaire. Dans les premières éditions de l'*Histoire de Charles XII*, Voltaire avait écrit: 'Le czar par une présence d'esprit et par une pénétration, qui n'appartient dans ces moments qu'aux véritablement grands hommes, détache alors le prince Menzikoff, pour aller se poster entre Poltava et les Suédois'. En 1739, la phrase devient: 'Le czar détacha alors le prince Menzikoff' (V 4, p.353).

Enfin, la mort du tsarévitch met le comble à l'horreur: 'La mort d'un fils qu'il fallait corriger ou déshériter, rendrait la mémoire de Pierre odieuse, si le bien qu'il a fait à ses sujets ne faisait presque pardonner sa cruauté envers son propre sang' (V 4, p.194). La fin du premier livre, complètement modifiée, se termine ainsi par un portrait où éclatent les contradictions qui font du tsar une 'énigme':

[36] V 4, p.193. Vockerodt contait aussi l'anecdote: 'Le czar et ses boyards, se divertirent à trancher la tête de plusieurs coupables' (app. III, III.184-185). Korb assurait qu'au cours de la sixième séance d'exécutions, le 27 octobre 1698, tous les membres du conseil institué contre les rebelles durent accepter le rôle de bourreaux (*Récit de la sanglante révolte*, p.42).

[37] *Histoire de Charles XII* (Basle 1732), p.24. Cette phrase ne figurait pas dans l'édition de 1731.

'Il est affreux, qu'il ait manqué à ce réformateur des hommes la principale vertu, l'humanité. De la brutalité dans ses plaisirs, de la férocité dans ses mœurs, de la barbarie dans ses vengeances, se mêlaient à tant de vertus. Il poliçait ses peuples, et il était sauvage' (V 4, p.193).

Les grands défauts du tsar sont donc mis en évidence. La thèse centrale, pourtant, demeure: 'un seul homme a changé le plus grand empire du monde' (V 4, p.193). Dès 1731, Voltaire avait souligné la grandeur de Pierre due à ce qu'il a fait d'utile.[38] En 1739, grâce aux informations nouvelles que lui ont fourni une lecture attentive des *Considérations* de Vockerodt, il s'applique à renforcer l'image du tsar civilisateur. Alors que dans les éditions antérieures il ne consacrait qu'une demi-page à la modernisation du commerce, il dresse en près de deux cents lignes nouvelles un tableau des réformes de Pierre le Grand: réforme des monastères, suppression des streltsy, création d'une armée disciplinée et d'une marine, établissement de canaux, fondation de Pétersbourg et de l'Académie des sciences.

Pierre 'a fait enseigner dans le peu de cloîtres qui restent la philosophie et la théologie'.[39] Sans doute cette théologie est-elle encore fruste: Voltaire rapporte qu'à une thèse publique on a prétendu qu'il était permis de s'enivrer, mais non de fumer, parce que l'Ecriture dit que 'ce qui sort de la bouche de l'homme le souille, et que ce qui y entre ne le souille point'.[40] Et les moines, mécontents de la réforme, ont imprimé que le tsar était l'Antéchrist: 'leurs preuves étaient qu'il ôtait la barbe aux vivants, et qu'on faisait dans son académie des dissections de quelques morts'. Mais un autre moine réfuta ce livre en montrant que le nombre 666

---

[38] 'sa persévérance à s'instruire et à montrer à ses sujets ce qu'il avait appris, ses travaux continuels, en avaient fait un grand homme en tout genre [...] il était le meilleur charpentier, le meilleur amiral [...], ayant joint le travail d'un matelot aux expériences d'un philosophe et aux desseins d'un empereur' (V 4, p.496).

[39] V 4, p.187. Cf. *Considérations*, app. III, II.252-253.

[40] V 4, p.187. *Considérations*, app. III, II.242-245.

n'était pas dans le nom de Pierre. [41] Le 'réformateur de la Moscovie' a surtout édicté une 'loi sage': 'il n'est permis à aucun homme au service de l'Etat, ni à un bourgeois établi, ni surtout à un mineur, de passer dans un cloître'. [42]

Les nobles, en Moscovie, 'combattaient sans discipline'. Pierre leur apprit à obéir. [43] Il prit des cloches aux églises pour en faire des canons: ainsi, 'il a eu treize mille canons de fonte en l'année 1714'. [44] 'Il a formé aussi des corps de dragons'. [45] Dans sa jeunesse, il avait une telle peur de l'eau que, pour passer un pont, il faisait fermer les volets de son carrosse. [46] Mais il surmonta cette faiblesse, au point qu'il excellait 'dans tous les arts de la marine'; et il fit construire plus de trois cents galères en sapin à Pétersbourg, en montrant à ses sujets la manière de les conduire. [47] Il était fort adroit dans l'art de pomper les hydropiques, avait beaucoup de dispositions pour la mécanique [48] et 'instruisait les artisans'.

Voltaire ne dissimule pas certains points faibles du règne de Pierre. Les revenus de l'Etat n'étaient pas à la mesure de cet immense empire: moins de vingt-quatre millions. [49] Et la population n'était pas nombreuse: pas plus de quatorze millions d'hommes.

---

[41] V 4, p.187. *Considérations*, app. III, II.147-149. En suivant Vockerodt (II.142-147), Voltaire ajoute: 'L'auteur du libelle fut roué, et celui de la réfutation fut fait évêque de Rezan' (V 4, p.188).

[42] V 4, p.188. *Considérations*, app. III, II.216-220. Voltaire ajoute: 'Cependant l'industrie des moines élude tous les jours cette loi faite pour le bien de l'humanité'. Là encore, il suit Vockerodt: 'L'exécution de ce règlement a été très négligée depuis la mort de Pierre Ier' (app. III, II.222-223).

[43] V 4, p.189. *Considérations*, app. III, IV.22.

[44] V 4, p.189. *Considérations*, app. III, IV.144-145 et 274-275.

[45] V 4, p.189. *Considérations*, app. III, IV.171-175.

[46] V 4, p.189. *Considérations*, app. III, IV.321-323.

[47] V 4, p.190. *Considérations*, app. III, IV.482-483.

[48] V 4, p.190. *Considérations*, app. III, IV.327.

[49] V 4, p.190. Sans doute s'agit-il de vingt-quatre millions de livres. Vockerodt ne compte même pas neuf à dix millions de roubles de revenus, soit moins de quarante-cinq à cinquante millions de livres, qui n'ont pas augmenté depuis la mort de Pierre (app. III, XII.1-3).

En suivant Vockerodt, Voltaire donne le détail des chiffres par catégorie sociale, et résume les raisons de la dépopulation de la Russie: de fréquentes recrues pour les guerres, des nations 'consumées dans les travaux, détruites par les maladies', les enfants mourant de la petite vérole... [50] Mais Pierre a construit Pétersbourg 'dans un lieu sauvage' et a relié sa nouvelle capitale à Moscou par un chemin de sept cent cinquante-quatre verstes pratiqué à travers des marais. [51] Il a 'bati le port de Cronstadt sur la Neva, Ste Croix sur les frontières de la Perse, des forts dans l'Ukraine'. [52]

Contrairement à ce qu'il écrivait à Frédéric, Voltaire a très peu tiré parti des informations contenues dans la très longue réponse de Vockerodt sur le commerce: il se borne à noter que le tsar 'entreprit de rendre la Russie le centre du négoce de l'Asie et de l'Europe'. [53] Peut-être parce que l'auteur des *Considérations* se montrait critique sur ce point et estimait par exemple que le commerce avec la Chine avait été désavantageux, et que le commerce maritime des Russes était le même qu'avant Pierre.

Bien d'autres réserves de Vockerodt ont été négligées par Voltaire: les canaux mal creusés, les forteresses d'Ukraine en ruine, les sites mal choisis, les navires pourrissant dans les eaux peu salées, l'idée que la dépopulation de la Russie, selon l'auteur des *Considérations*, ne peut aller qu'en croissant, l'existence du servage contre lequel il s'élève à la fin de son mémoire...

Voltaire a donc choisi de valoriser le fondateur d'empire. Pourtant, dans le parallèle avec Louis XIV qui s'impose bientôt à lui, il donne la préférence au roi de France: Pierre en effet 's'est instruit chez les autres peuples', alors que Louis XIV 'a instruit les nations' et 'était pour ainsi dire l'âme des princes de l'Europe'. [54]

---

[50] V 4, p.190-191. *Considérations*, app. III, XI.1-36, X.21-45.

[51] V 4, p.191-92. *Considérations*, app. III, VI.97-103.

[52] V 4, p.192. *Considérations*, app. III, VI.118-198.

[53] V 4, p.191. Dans les *Considérations*, la réponse à la cinquième question (sur le commerce) est l'une des plus longues et des plus détaillées (app. III, V.1-610).

[54] A John Hervey, vers le 1er juin 1740 (D2216).

Par là, il s'oppose implicitement au parallèle fait en 1711 par Steele dans l'article du *Spectator*: Louis xiv y était sévèrement critiqué, tandis que Pierre le Grand y était couvert d'éloges. Voltaire ne pouvait désormais souscrire à cette image trop idéale du souverain russe. [55]

La lettre à l'impératrice Elisabeth

Le 27 mars 1745, Voltaire est nommé historiographe de France. Le 16 avril, le marquis d'Argenson, nouveau secrétaire d'Etat aux Affaires étrangères, écrit à Pierre Ledran: 'Je voudrais que le roy écrivît de sa propre main une lettre d'agacerie à l'Impératrice des Russies, où Sa Majesté luy témoigneroit le gré qu'elle luy sait d'entreprendre la médiation et de vouloir travailler à une chose si utile'. [56] En fait, c'est Voltaire qui est chargé d'écrire la 'lettre d'agacerie' à la fille de Pierre le Grand: Louis xv y 'accepte avec une vive reconnaissance cette médiation glorieuse' dans la guerre de la Succession d'Autriche. [57]

[55] Le parallèle entre Pierre le Grand et Louis xiv deviendra un lieu commun de la littérature russe au dix-huitième siècle. Sur ce parallèle, voir Mervaud, 'Les *Anecdotes sur le czar Pierre le Grand* de Voltaire', p.102-103.

[56] E. Zévort, *Le Marquis d'Argenson et le ministère des Affaires étrangères du 18 novembre 1744 au 10 janvier 1747* (Paris 1880), p.173-74. On sait que Pierre le Grand avait envisagé de marier sa fille Elisabeth à Louis xv. Le mariage du roi avec Marie Leszczynska, en 1725, n'empêcha pas Elisabeth de garder son attachement pour la France: deux jours après son accession au trône, elle écrivit à Louis xv pour l'informer de son avènement et de son désir de renforcer les liens entre la France et la Russie. Toutefois, après le renvoi de La Chétardie, les circonstances n'étaient guère favorables à un rapprochement franco-russe: le chancelier Bestoujev était pro-autrichien, et, à Paris, depuis la mort de Kantemir, c'était son secrétaire, Andreï Leontievitch Gross, qui représentait la Russie; or, l'Allemand Gross, accrédité depuis le 9 avril 1745, était selon d'Alion 'véritablement espion de la cour de Vienne' (A. Rambaud, *Recueil des instructions données aux ambassadeurs et ministres de France*, Paris 1890), viii (Russie), p.476.

[57] *Lettre du roi à la czarine pour le projet de paix*, minutée de la main de Voltaire (M.xxiii.197-98). Le 9 mai 1745, Voltaire écrit à d'Argenson qu'il est prêt à se mettre au rang de ses 'secrétaires'; la lettre à l'impératrice a sans doute été composée le lendemain (D3115). Selon Zévort, qui ne mentionne pas la minute de Voltaire, c'est

Cette lettre ne pouvait que susciter chez Voltaire un regain d'intérêt pour la Russie et pour Pierre le Grand. C'était l'occasion, surtout, d'établir de durables contacts. Le 3 mai 1745, Voltaire prie d'Argenson de lui permettre d'adresser en Flandre un paquet pour Jean-Louis d'Usson de Bonac, comte d'Alion, ambassadeur de France en Russie: c'étaient des livres adressés à l'Académie des sciences de Pétersbourg et 'des flagorneries pour la czarine' (D3111), huit vers *A l'impératrice de Russie, Elisabeth Petrowna*, qualifiée de 'Sémiramis du Nord'. [58]

Dans une lettre du 16 juin, Voltaire 'supplie' d'Alion de faire parvenir à l'impératrice un exemplaire de *La Henriade*, le *Poème de Fontenoy*, et deux exemplaires des *Eléments de la philosophie de Newton*, dont l'un est destiné au secrétaire de l'Académie de Pétersbourg. Car, étant déjà membre de plusieurs académies étrangères, Voltaire veut avoir l'honneur d'être admis aussi à celle qu'a fondée Pierre le Grand. Ce serait pour lui l'occasion de se rendre en Russie et de voir la 'célèbre Elisabeth' (D3146). Il en aurait d'ailleurs eu l'intention au cours d'un séjour en Prusse: 'Mon projet', écrit-il, 'étoit de voir sa cour quand j'étois à celle de Berlin. Mais je n'ay pu avoir cet honneur'. [59]

Dans le post-scriptum, il ajoute que son *Histoire de Charles XII*

une autre lettre du roi de France à la tsarine, œuvre de d'Argenson et datée du 16 avril 1745, qui aurait été envoyée à Elisabeth; remise par d'Alion à Bestoujev le 1er juin, elle n'aurait été transmise par ce dernier à l'impératrice que le 15 août (Zévort, *Le Marquis d'Argenson*, p.175-77).

[58] M.x.530. Dans sa lettre à Nordberg de 1742, Voltaire appelait déjà Elisabeth 'l'illustre Sémiramis du Nord' (D2609). Elisabeth avait aboli la peine de mort, mais non le knout, qui tuait aussi bien que la hache. Voltaire ignorait-il que la 'Sémiramis du Nord', qui avait une chancellerie secrète, persécutait les raskolniks, les Arméniens, les musulmans et les juifs? Peut-être pas. Mais il était sans doute plus sensible à l'influence française en Russie et aux bonnes relations de l'impératrice avec Versailles, qui pouvaient lui être utiles.

[59] Si cette intention est réelle, elle ne se situerait pas au cours du premier séjour de Voltaire en Prusse, en novembre 1740, car il coïncide avec le début de la régence d'Anna Leopoldovna, mais lors du deuxième séjour, en juin 1743, puisque Elisabeth n'a pris le pouvoir qu'à la fin de novembre 1741.

comportait quelques erreurs sur les actions de ce monarque. Or, il a actuellement des 'mémoires plus exacts' et 'fort supérieurs' à ceux qu'a utilisés Nordberg. Il voudrait 'les fondre dans une histoire de Pierre le Grand'. Car il a plus d'inclination pour le tsar que pour le roi de Suède: Pierre a fondé un empire, et Charles a presque détruit le sien. Répétant les termes de son 'Discours sur l'Histoire de Charles XII', il estime que Pierre était 'un plus grand homme' que Charles. Aussi souhaite-t-il que l'impératrice approuve son projet et lui procure des mémoires pour qu'il élève un monument à la gloire de son père.

Voltaire sera admis comme membre d'honneur de l'Académie de Pétersbourg: le secrétaire perpétuel, Gerhard Friedrich Müller, l'en informe dans une lettre en latin du 14/25 avril 1746 (D3368a). Voltaire lui répond, également en latin, le 28 juin (D3423). Mais Elisabeth reste muette: elle ne remercie pas Voltaire et ne donne pas suite à son projet d'écrire l'histoire de son père. Faut-il s'en étonner? L'Allemand Müller, historiographe officiel qui faisait paraître depuis 1732 une collection de documents concernant l'histoire de la Russie, [60] ne tenait pas à ce que quelqu'un d'autre empiète sur son domaine. De toute façon, le chancelier Alekseï Bestoujev-Rioumine était hostile au projet de Voltaire: il n'y voyait qu'une simple refonte de l'*Histoire de Charles XII* qui, selon lui, ne pouvait intéresser le gouvernement russe; Pierre le Grand méritait une étude spéciale; les documents russes devaient être utilisés pour glorifier le tsar réformateur et non un roi qui avait été son ennemi; Bestoujev mentionnait par ailleurs qu'il valait mieux confier ce travail à l'Académie de Pétersbourg plutôt qu'à un étranger. [61] Voltaire avait compté sans le patriotisme russe.

[60] *Sammlung Russischer Geschichte* (Saint-Pétersbourg 1732-1764), 9 vol.

[61] Dans les Archives de Moscou, la lettre de Voltaire au comte d'Alion était accompagnée d'une note de Bestoujev exprimant l'avis que l'histoire de Pierre le Grand soit confiée à l'Académie de Pétersbourg et non à un étranger (R. Minzloff, *Pierre le Grand dans la littérature étrangère*, Saint-Pétersbourg 1872, p.62). Voir aussi Šmurlo, *Voltaire et son œuvre 'Histoire de l'empire de Russie sous Pierre le Grand'* (Prague 1929), p.38-39, où le texte en russe de Bestoujev est cité.

Quinze ans plus tard, il se heurtera de même à l'hostilité de Lomonossov et de Müller, qui s'estimaient plus qualifiés pour écrire l'histoire de leur héros national.

Genèse et publication des 'Anecdotes'

Au moment même où Voltaire est admis à l'Académie de Pétersbourg, il est enfin reçu à l'Académie française. Le 9 mai 1746, dans son discours de réception, observant que la langue française est 'adoptée' à l'étranger, il souligne qu'elle est cultivée même dans la lointaine Russie:

Vos ouvrages, messieurs, ont pénétré jusqu'à cette capitale de l'empire le plus reculé de l'Europe et de l'Asie, et le plus vaste de l'univers; dans cette ville qui n'était, il y a quarante ans, qu'un désert habité par des bêtes sauvages: on y représente vos pièces dramatiques, et le même goût naturel qui fait recevoir, dans la ville de Pierre le Grand et de sa digne fille, la musique des Italiens, y fait aimer votre éloquence. [62]

Voltaire, plus que d'autres peut-être, a pris conscience que la Russie d'après Pierre le Grand ne peut plus être considérée comme étrangère à la culture européenne. Elle en est redevable, note-t-il en 1739, au tsar civilisateur qui 'a forcé la jeune noblesse de ses Etats à voyager, à s'instruire, à rapporter en Russie la politesse étrangère'. L'Académie de Pétersbourg créée par Pierre forme des 'philosophes moscovites', et Voltaire prétend avoir vu 'de jeunes Russes pleins d'esprit et de connaissances'. [63]

La Russie n'est donc pas un monde si lointain, et pourquoi ne pas s'y rendre? Voltaire, en tout cas, semble multiplier les contacts: selon une lettre de d'Alion du 28 janvier 1747, il aurait écrit au président de l'Académie des sciences de Pétersbourg, Kirill

---

[62] M.xxiii.212. Sur la diffusion de la langue et de la littérature françaises en Russie au dix-huitième siècle, voir E. Haumant, *La Culture française en Russie* (Paris 1913), p.69-118.
[63] *Histoire de Charles XII*, V 4, p.193.

Grigorievitch Razoumovski, qui aurait remis sa réponse à l'ambassadeur de France.[64] Ces deux lettres sont inconnues, et on en ignore la teneur. Sans doute Voltaire tentait-il, une fois de plus, d'obtenir des informations sur le tsar réformateur. D'Alion écrit en effet: 'L'Impératrice n'a pas eu plustôt donné un Président à l'Académie de Pétersbourg, que j'ay reparlé du projet qu'auroit M. de Voltaire d'écrire l'histoire de Pierre premier, et M. de Voltaire ayant écrit de son côté à M. le Comte Razuimowsky, celuy-cy vient de me faire remettre la lettre cy-jointe'.[65]

C'est qu'il est en train, probablement, de rédiger ses *Anecdotes sur le czar Pierre le Grand*. Peut-être a-t-il même commencé à y travailler dès 1745, au moment où il essaie d'intéresser Elisabeth à son projet. Quoi qu'il en soit, en juillet 1747, il promet à l'éditeur de Dresde, Conrad Walther, de lui faire parvenir une 'histoire fort exacte' de Pierre le Grand (D3553). Le 23 septembre suivant, il lui écrit qu'il lui a envoyé trois tomes remplis de choses nouvelles (D3574). Les *Anecdotes* paraissent en 1748 dans le deuxième tome de l'édition Walther.

On peut s'interroger sur le statut[66] de cette œuvre brève. Et l'on notera que, dans cette même édition de Dresde, paraissent des *Anecdotes sur Louis XIV*. Mais l'important, c'est que ce texte, dans les œuvres de Voltaire, est la première étude consacrée spécialement à Pierre le Grand. Ce n'est pas, comme le craignaient les Russes, une simple refonte de l'*Histoire de Charles XII*. Sans doute, faute de documents nouveaux, Voltaire ne pouvait-il concevoir une ample monographie sur le tsar. Mais peut-être voulait-il tout à la fois piquer la curiosité du lecteur et montrer aux Russes ce dont il était capable.

---

[64] Voir P. Pekarski, *Istoria Imperatorskoï Akademii Naouk* [*Histoire de l'Académie impériale des sciences*] (Saint-Pétersbourg 1870), i.384, et V.-E. Veuclin, *L'Amitié franco-russe, ses origines*, ii. *Voltaire et la Russie* (Verneuil 1896), p.12.

[65] D'Alion au ministre de France, 28 janvier 1747 (Veuclin, *L'Amitié franco-russe*, p.12).

[66] Sur le genre des anecdotes, voir Mervaud, 'Les *Anecdotes sur le czar Pierre le Grand* de Voltaire', p.109-12.

Sources des 'Anecdotes'

Les informations de Voltaire sont évidemment les mêmes que pour l'*Histoire de Charles XII*. Les sources les plus évidentes semblent l'*Etat de la Grande Russie* de John Perry, et les *Nouveaux mémoires sur l'état présent de la Grande Russie ou Moscovie* de Friedrich Christian Weber. Voltaire s'est souvenu aussi de l'*Eloge du czar Pierre premier* de Fontenelle.[67] On verra le détail de ces emprunts dans les notes. L'anecdote de Printzen est également présente.

En ces années 1740 paraissent deux livres anonymes sur Pierre le Grand qui ont peut-être attiré l'attention de Voltaire. L'un d'eux, d'Eléazar de Mauvillon, secrétaire du roi de Pologne et professeur de français à Dresde, décrit une scène atroce: le tsar tranche lui-même quatre-vingts têtes de streltsy, un boïar tenant les rebelles par les cheveux 'pour qu'il frappât plus sûr'![68] L'ouvrage s'appuyait sur Korb, qui cependant ne faisait état que de cinq têtes coupées par Pierre. Quand, dans le chapitre 10 de la seconde partie de l'*Histoire de l'empire de Russie*, Voltaire accuse de mensonge 'un de ces écrivains faméliques qui prennent hardiment le titre d'historien', il est clair que celui qu'il vise, auteur d'un 'livre dédié au comte de Bruhl, premier ministre du roi de Pologne', ne peut être que Mauvillon. Mais rien ne prouve, bien entendu, qu'il l'ait lu avant d'écrire les *Anecdotes*.

Le second ouvrage, paru à Paris en 1745, est attribué parfois à

---

[67] Peut-être Voltaire connaît-il alors *The Northern worthies, or the Lives of Peter the Great, father of his country, and emperor of all Russia, and of his illustrious consort Catherine, the late czarina*, trad. J. Price (London 1728; BV2583), qui comprend une traduction anglaise de l'*Eloge* de Fontenelle, un extrait de Hill, et la traduction des *Mémoires du règne de Catherine*, de Rousset de Missy.

[68] Eléazar de Mauvillon, *Histoire de Pierre Ier, surnommé le Grand, empereur de toutes les Russies, roi de Sibérie, de Casan, d'Astracan, grand duc de Moscovie etc.*, etc. (Amsterdam, Leipzig 1742), i.220. L'ouvrage n'est pas dans la bibliothèque de Voltaire.

Mauvillon, mais plus souvent à d'Allainval. [69] La première partie comprend l'‘histoire anecdote’ d'Eudoxie, première épouse de Pierre, et l'‘histoire anecdote’ de la disgrâce de Menchikov. Ce dernier récit rapporte longuement comment le jeune Menchikov, garçon pâtissier, a attiré l'attention du tsar. Mais Voltaire a pu lire ailleurs l'anecdote. [70] La deuxième partie est un recueil d'ordonnances et de règlements concernant le clergé. Un signet de Voltaire est placé en regard de l'ordonnance de Pierre Ier du 10/21 février 1720. Il semble indiquer que les trois derniers points (5, 6 et 7) de cette ordonnance sur le *Règlement ecclésiastique* aient particulièrement frappé Voltaire: au nom du tsar, Feofan Prokopovitch y souligne qu'une assemblée collégiale ne décide pas par autorité, mais ‘sur des principes, des lois, de la raison et de l'équité’; avec elle, on n'a pas à craindre les désordres et les soulèvements qui peuvent arriver sous l'administration d'un seul chef de l'Eglise: car le peuple ne sait pas faire la différence entre le pouvoir du souverain et celui du clergé, il s'imagine que le chef de l'Eglise est égal ou même supérieur en dignité au monarque. [71] Voltaire connaissait d'Allainval. [72] Toutefois, en 1745, il n'est pas sûr qu'il ait lu son ouvrage anonyme sur Pierre le Grand: dans les *Anecdotes*, il ne fait aucune allusion au *Règlement ecclésiastique*, auquel il se référera en détail dans l'*Histoire de l'empire de Russie*. Il ne consacre que quelques lignes à la réforme des monastères.

Quant aux *Considérations* de Vockerodt, dans l'esprit de Voltaire, elles sont évidemment moins présentes, dix ans après, qu'au moment des remaniements de l'*Histoire de Charles XII*. Sur les douze réponses consciencieuses de l'Allemand, Voltaire en a

[69] Léonor-Jean-Christine Soulas d'Allainval, *Anecdotes du règne de Pierre Premier, dit le Grand, czar de Moscovie* ([Paris] 1745; BV51).

[70] Voir ci-dessous, *Anecdotes*, n.72.

[71] Allainval, *Anecdotes du règne de Pierre Premier*, II, p.24-25. Voir *Histoire de l'empire de Russie*, II.xiv, n.5.

[72] Voir D570, n.2; D642, n.1; D1634. D'Allainval a écrit une parodie du *Temple du Goût*.

négligé au moins cinq: la question 7 (sur les colonies), à laquelle Vockerodt avait répondu en huit pages; la question 5 (sur le commerce), qui lui avait valu dix-huit pages de renseignements détaillés, et qu'il avait résumés à la fin du livre I de l'*Histoire de Charles XII*; Voltaire se borne à noter en un paragraphe la fondation de Pétersbourg et la construction des ports russes, en commettant des erreurs; autre lacune étonnante, les progrès des Russes dans les sciences, question 8 à laquelle Vockerodt avait consacré trois pages: Voltaire ne signale ni la création d'écoles, ni la fondation de l'Académie de marine, ni celle de l'Académie des sciences, qu'il avait évoquée dans l'*Histoire de Charles XII*; enfin, Voltaire laisse de côté les questions 10 et 11: la Russie est-elle plus peuplée qu'autrefois, et quel est le nombre de ses habitants, deux questions qui ne cessent pourtant de le préoccuper et dont il avait résumé fidèlement les réponses dans l'*Histoire de Charles XII*. Il ne fait qu'une brève allusion à la population, à la fin, quand il estime les chances minimes qu'avait la Russie de voir naître un tsar tel que Pierre.

Quels sont donc les thèmes plus ou moins retenus par Voltaire? La réforme de l'Etat et de l'Eglise (questions 2 et 3), où il accorde d'ailleurs plus d'attention à l'Eglise et à la religion. La réforme du 'militaire' (question 4), traitée en quinze pages par les *Considérations*, et à laquelle l'*Histoire de Charles XII* consacrait quinze lignes, est réduite à une phrase: 'Alors ses armées furent mises sur le pied de celles des princes européens' (l.159). Voltaire minimise d'ailleurs les effectifs de cette armée de 'cent mille hommes de troupes réglées'.[73] Il effleure la question 6 (ouvrages publics...) en notant que Pierre 'embellit les villes', créa des routes et des manufactures. Il s'arrête plus longuement sur les changements dans les habillements et les mœurs (question 9): il y consacre plus

[73] En 1725, la Russie disposait d'une armée de campagne de 130 000 hommes, en comprenant l'artillerie (R. Portal, *Pierre le Grand*, Bruxelles 1990, p.116).

28

d'une page. Quant au budget de l'Etat, il le réduit de plus de la moitié: dix-huit ou vingt millions de livres. [74]

On peut supposer aussi que Voltaire a suivi Vockerodt sur quelques points de détail: quand il écrit que Pierre n'a plus voulu conduire le cheval du patriarche à la procession du dimanche des Rameaux; quand il affirme que la Russie est le pays où il y a le moins de moines. [75] Les *Considérations* soulignent que Pierre 'a aboli toute distinction de naissance', n'hésitant pas à punir sévèrement les nobles, les obligeant à servir avec le rang qu'ils méritaient, en disposant de leur vie 'avec un despotisme parfait'. [76] Ce passage a pu frapper Voltaire et lui inspirer à la fois ses réflexions sur le mérite, dans la page sur Catherine, et ses réserves sur Pierre, 'le plus despotique des princes', à propos de la condamnation du tsarévitch. Parmi les artisans que le tsar a recrutés en Hollande, Vockerodt note qu'il y avait des épingliers, et qu'ainsi, parmi les choses les plus nécessaires, la Russie a pu produire des épingles. Voltaire en conclut que la première manufacture créée fut une manufacture d'épingles! [77] Vockerodt écrit que Pierre 1er, au cours de son voyage en France, avait résolu d'établir dans son empire des manufactures de riches étoffes, telles que celles qu'on fabrique à Lyon, à Orléans et à Tours, mais que ce projet fut abandonné peu après. Est-ce ce qui fait dire à Voltaire qu'on fait 'actuellement' à Moscou 'des velours ciselés et des étoffes d'or et d'argent'? [78]

---

[74] *Anecdotes*, l.255-256; voir ci-dessus, n.49. Dans l'*Histoire de l'empire de Russie*, Voltaire exagérera au contraire les revenus de l'Etat (1.ii.143).

[75] *Anecdotes*, l.188-190, 191. Selon les *Considérations*, il n'y avait plus que dix cloîtres en Russie (app. III, II.220-222)!

[76] App. III, III.189-195.

[77] *Anecdotes*, l.165; app. III, v.476, 503.

[78] *Anecdotes*, l.165-166; app. III, v.486-494.

La part de la 'civilisation' dans les 'Anecdotes'

Les *Anecdotes* s'inscrivent dans toute une série de travaux sur l'histoire: dès 1732, Voltaire songe à écrire *Le Siècle de Louis XIV*, dont les premiers chapitres seront saisis en 1739. En 1741, il commence la rédaction du futur *Essai sur les mœurs*. Ces ouvrages s'accompagnent de réflexions théoriques.

Dans ses *Remarques sur l'histoire*, publiées en 1741, Voltaire constate que depuis la fin du quinzième siècle, l'Europe a changé de face: les arts s'y sont développés plus qu'en Grèce et à Rome, et l'invention de l'imprimerie commence à rendre l'histoire 'moins incertaine'. Aussi Voltaire s'insurge-t-il contre les 'fables' qui encombrent encore les compilations des historiens, à qui manque 'l'esprit philosophique' (*OH*, p.43-44). Dans sa lettre à Nordberg, en mai 1742, il regrette qu'on n'écrive plus l'histoire comme Quinte-Curce, Tite-Live et Tacite. L'historien doit être impartial, mais 'toutes vérités ne sont pas bonnes à dire': car, comme Voltaire l'écrivait onze ans plus tôt dans le 'Discours sur l'Histoire de Charles xii', 'l'histoire d'un prince n'est pas tout ce qu'il a fait, mais ce qu'il a fait de digne d'être transmis à la postérité' (V 4, p.154). Nordberg rétablit la couleur des galons d'un général ou celles du baldaquin lors du couronnement de Charles xii; mais il ne dit pas pourquoi on ôta la régence à la reine mère, et, surtout, 'quelles étaient alors les forces de la Suède; quel nombre de citoyens elle avait; quels étaient ses alliés, son gouvernement, ses défauts et ses ressources' (V 4, p.559). Dans l'article 'Histoire' de l'*Encyclopédie*, Voltaire ira plus loin: il estimera qu'il est oiseux de faire passer à la postérité les traits de la vie privée des grands hommes qui n'ont pas d'influence sur leur vie publique. Quand, dans l'*Histoire de l'empire de Russie*, il appliquera ce principe à Pierre le Grand, ce ne sera pas seulement, on le voit, pour complaire aux Russes.

Les *Nouvelles considérations sur l'histoire*, en 1744, précisent considérablement les vues de Voltaire. Elles développent les idées exprimées dans la lettre à Nordberg et le thème de la lettre à l'abbé

Dubos du 30 octobre 1738: se comporter en philosophe, c'est faire 'l'histoire de l'esprit humain' (D1642). Il voudrait apprendre 'quelles étaient les forces d'un pays avant une guerre, et si cette guerre les a augmentées ou diminuées'; savoir comment a évolué la population des différents pays d'Europe; déterminer 'le vice radical et la vertu dominante d'une nation', rechercher comment celle-ci s'est enrichie, comment ont changé ses mœurs et ses lois (*OH*, p.47-49). Bref, Voltaire rêve d'une 'physique' historique, où 'l'histoire des hommes' se substituerait à celle des rois.

Toutefois, cet ambitieux programme ne sera réalisé que bien imparfaitement dans les œuvres de Voltaire: dans *Le Siècle de Louis XIV*, sur trente-neuf chapitres, cinq seulement traitent de la 'civilisation'; l'*Histoire de l'empire de Russie*, 'mieux équilibrée',[79] consacre encore la moitié de son développement aux guerres de Pierre le Grand. Celles-ci ne sont évoquées que très brièvement dans les *Anecdotes*. Voltaire tend à montrer comment la Russie est sortie de la 'barbarie'. Mais la tragédie du tsarévitch, qui occupe autant de place que les réformes, entache singulièrement l'œuvre du tsar. Voltaire le dit: 'Si la Moscovie a été civilisée, il faut avouer que cette politesse lui a coûté cher' (l.410).

Comparées aux *Anecdotes sur Louis XIV*, qui relèvent du genre de l'éloge, les anecdotes sur le tsar sont plus 'objectives'. Voltaire y rappelle à grands traits les étapes importantes de la vie et de l'œuvre du réformateur: l'influence de Lefort, les deux voyages à l'étranger, le rôle modérateur de Catherine, les réformes. La culture russe n'apparaît guère, et les progrès de l'esprit humain, dans cette œuvre brève, sont peu perceptibles. Mais l'objectif est clair: souligner le bilan positif du despote éclairé, dans la perspective d'une histoire des grands hommes.

Pourtant, la part de la 'civilisation' n'excède pas un cinquième de l'ensemble: quelques lignes, ici et là, sur les réformes ou tentatives de réformes. Voltaire mentionne succinctement les projets de canaux, la

---

[79] René Pomeau, *OH*, p.20.

construction de navires, l'établissement de manufactures, la réforme du calendrier. Il insiste un peu plus sur les réformes religieuses (suppression du patriarcat, réforme des monastères) et sur les changements dans les mœurs: habits à l'européenne, barbes coupées, mariages 'mieux assortis', introduction des 'assemblées', bref, création d'une 'société' à l'occidentale. Quelques mots, aussi, sur les nouveaux 'spectacles dramatiques' et sur la fondation de Pétersbourg, mais rien sur l'Académie des sciences, que mentionnait l'*Histoire de Charles XII*. Rien non plus sur les réformes administratives ('gouvernements', Sénat, 'collèges') et fiscales (capitation), sur la 'table des rangs', le service obligatoire des nobles, le Saint-Synode, les écoles du 'chiffre'. Mais après tout, l'édition de 1739 de l'*Histoire de Charles XII* était également muette sur ces réformes. Elle était cependant plus précise que les *Anecdotes* sur les aspects évoqués de l'œuvre de Pierre.

Histoire 'fort exacte' ou gauchissement des faits?

Et où est l'histoire 'fort exacte' promise à Walther? Les erreurs ne manquent pas dans les *Anecdotes*. Il en est de peu de conséquence: sur la date de la rencontre du tsar et de François Lefort, sur le nom d'Ottokesa attribué à sa première épouse, sur la durée de son séjour à Amsterdam. Catherine n'a jamais 'réglé' la maison du général Bauer. Quant aux taxes sur les barbes, elles étaient plus élevées que ne le rapporte Voltaire. L'usage du tabac n'était pas interdit en Russie parce que les Turcs fumaient. Voltaire se montre injuste envers les Anglais qui auraient mal servi Pierre dans ses projets de canaux: le capitaine et ingénieur Perry a travaillé trois étés consécutifs au canal Volga-Don, et il a dû l'abandonner en 1701 à cause de la guerre du Nord; il a fait ensuite des écluses à Voronej pour mettre les bateaux au sec: l'ouvrage sera achevé en trois ans; lassé de ne pas toucher ses appointements, après de multiples démarches, Perry finit par quitter la Russie après un séjour de quatorze ans.[80]

[80] Voir *Anecdotes*, n.3, 107, 12, 77, 60, 35 et 31.

On peut relever des ignorances plus graves: Pierre n'a jamais fait les fonctions de patriarche; ce n'est pas lui qui a fondé la première manufacture: il existait avant son règne des fonderies, des armureries, des verreries, et des entreprises artisanales qui deviendront les manufactures du premier quart du dix-huitième siècle. Il eût été plus juste de dire que Pierre a créé l'industrie métallurgique de l'Oural. Ce n'est pas lui non plus qui a construit le port d'Arkhangelsk, fondé à la fin du seizième siècle. [81] Ces erreurs factuelles ne sont pas nombreuses. Mais elles accentuent la 'barbarie' de la Moscovie d'avant Pierre le Grand et gauchissent les faits. Elles corroborent l'idée fausse que Pierre a tout créé et qu'on assiste avec lui à un commencement absolu. N'ayant 'aucun secours autour de lui', le jeune tsar, Prométhée moderne, serait allé chercher le feu qui allait animer les Russes et leur aurait appris des arts qui leur étaient 'absolument inconnus'. Si Pierre déplore souvent le manque de collaborateurs, il n'est tout de même pas entièrement seul: dans son entourage, outre des étrangers comme Lefort, Bruce ou Gordon, il y a des Russes. Certains d'entre eux, qui appartiennent à la plus ancienne aristocratie, remplissent les plus hautes fonctions.

Erreurs factuelles ou jugements erronés? Il n'est pas toujours facile de trancher. La révolte des streltsy, en 1698, n'est évidemment pas due à l'introduction du tabac (l.144-151), mais à l'irritation de ces troupes, commandées par des officiers étrangers et dont certaines devaient être transférées aux confins russo-polonais. On sait qu'ils voulaient incendier le faubourg allemand de Moscou et mettre Sophie sur le trône. En accréditant l'idée que la 'permission de fumer' est à l'origine de la révolte, que 'quelques abbés et moines' ont par ailleurs excitée, Voltaire en occulte les causes profondes, au profit de variations cocasses sur le tabac et le clergé. Même si des popes ont participé à la rébellion et ont été châtiés, l'obsession voltairienne des prêtres et des moines, opposés d'une manière carica-

---

[81] Voir *Anecdotes*, n.47, 43 et 64.

turale aux changements en Russie, fait ici obstacle à la recherche de la vérité historique.

Erreurs de faits et interprétations contestables se combinent dans la relation du procès et de la mort du tsarévitch Alexis (l.362-410). Dans cette affaire, le regard de Voltaire est tout aussi réducteur. Le prince a 'voyagé' de son côté pendant que son père voyageait de l'autre. Par cette litote, Voltaire atténue la désobéissance flagrante du fils, qui de surcroît s'est mis sous la protection d'un souverain étranger. Soucieux de ne pas accabler le tsarévitch, dont le procès n'aurait été instruit que sur 'quelques réticences' dans ses aveux, il va trop loin dans l'indulgence. Partagé entre sa compassion pour ce 'prince infortuné' et la nécessité de rendre compte de son 'crime', il ne sait comment traiter ce 'terrible événement'.

En minimisant les responsabilités d'Alexis, Voltaire rend plus noire l'image de son despote éclairé. Mais, par ailleurs, en rapportant l'avis des ecclésiatiques consultés par Pierre, il aboutit implicitement à 'justifier' la conduite du tsar. Les évêques et abbés, en effet, 'trouvaient dans l'Ancien Testament que ceux qui maudissent leur père et mère doivent être mis à mort'; leur avis concordait donc avec celui des juges séculiers, car, 'sans rien conclure', il revenait pourtant à 'signer un arrêt de mort'. Voltaire oublie, ou ignore, que les ecclésiastiques signalèrent aussi au tsar que, dans les Evangiles, le Christ invite à la clémence à l'égard du fils égaré qui se repent. Confronté à des opinions concordantes de ses conseillers qui l'inclinent à sévir, Pierre, dans les *Anecdotes*, apparaît moins odieux que dans l'*Histoire de l'empire de Russie*, où Voltaire fait état des deux versions du clergé, qui laissent le choix au tsar sur le parti à prendre.

Curieusement, c'est donc dans les *Anecdotes* que Voltaire semble atténuer le plus la responsabilité de Pierre dans la condamnation d'Alexis. C'est aussi dans les *Anecdotes* que la mort du tsarévitch lui semble la moins suspecte: même s'il n'écarte pas tout à fait l'empoisonnement, l'hypothèse qu'il retient comme la plus probable est qu'après l'arrêt rendu contre lui le tsarévitch est mort de peur. Et, paradoxalement, c'est dans l'*Histoire de l'empire de Russie sous*

Pierre le Grand, où il est censé complaire aux Russes, qu'il conteste cette version de la mort naturelle du prince. [82]

Voltaire ignore peut-être que certaines réformes de Pierre eurent des conséquences fâcheuses, comme l'aggravation du servage. Il est plus sensible, apparemment, à la rudesse persistante des mœurs et au mépris de la vie humaine. Malgré tout, dans les *Anecdotes*, l'œuvre du tsar apparaît comme miraculeuse. Elle est le fruit d'un double hasard: d'une part, de la chance infime que le génie de Pierre fût donné à un Russe, et que ce 'lot de la nature' échût au tsar; et, d'autre part, de la présence du Suisse Lefort, sans qui 'la Russie serait peut-être encore barbare'. On peut comprendre la dialectique du hasard et de la nécessité, Pierre étant venu 'précisément dans le temps qu'il fallait' qu'il vînt. Mais l'influence de Lefort est exagérée: [83] ce sont les massacres des streltsy, en 1682, qui déterminent le jeune tsar à la rupture avec la vieille Russie; et, au faubourg allemand qu'il fréquente, il rencontre des étrangers qui, comme le Hollandais Franz Timmerman, exercent aussi sur lui leur influence.

Inexactitudes, erreurs de jugement, réformes insuffisamment traitées: dans les *Anecdotes*, l'essai, aux yeux de l'historien, ne semble pas à la hauteur des lignes prometteuses qui terminaient le livre I de l'*Histoire de Charles XII*. Mais pouvait-il en être autrement? Le titre d'anecdotes, quoique ambigu, évoquait autre chose qu'une œuvre approfondie. Et puis ne s'agissait-il pas d'anecdotes *sur Pierre le Grand*, et non sur la Russie de son époque? L'esquisse de Voltaire n'avait donc rien à voir avec le projet à long terme amorcé dans l'*Histoire de Charles XII*. Les *Anecdotes* ne tendaient pas forcément à l'exactitude et à la précision historiques; elles ne se proposaient pas

---

[82] Voir ci-dessous, l'introduction à l'*Histoire de l'empire de Russie*, p.283 et 300.

[83] Dans les premières éditions, elle apparaissait même comme plus décisive encore, puisque Voltaire écrivait que sans ce Genevois 'la Russie serait encore barbare' (l.19 et variante). Ce n'est que dans w64G que Voltaire ajoutera 'peut-être'. Il valorise ainsi le rôle du tsar: c'est le moment où il vient de terminer l'*Histoire de l'empire de Russie sous Pierre le Grand*, où l'initiative des changements survenus dans l'Etat est attribuée non à Lefort, mais au tsar (1.x.69-72).

d'offrir un tableau de la civilisation russe, mais un essai suggestif et un portrait en action du tsar initiateur des changements.

Le Pierre le Grand des 'Anecdotes'

L'entreprise de Pierre le Grand avait quelque chose de prométhéen: des Russes comme Mikhaïl Lomonossov ou Gavriil Derjavine verront dans ce tsar un homme semblable à Dieu. Ainsi, on sera longtemps enclin à croire que Pierre était arrivé au pouvoir avec un plan tout prêt de réformes. C'est aussi le sentiment de Voltaire. L'historien Klioutchevski a contesté cette conception, en exagérant peut-être l'aspect empirique et improvisé de l'œuvre du tsar. En fait, Pierre, au moins au début, n'avait aucune perspective claire, mais seulement le sens de l'efficacité immédiate. Sa décision de quitter la Russie fut sans doute encouragée par les étrangers qu'il fréquentait, et ce n'est qu'au retour de son premier voyage qu'il prit vraiment conscience du retard technique de son pays. [84] Voltaire sait bien que la nécessité de commercer avec l'Occident avait amené le tsar à faire la guerre à la Suède pour récupérer les ports de la Baltique et en créer d'autres; mais il n'a pas bien vu l'engrenage dans lequel il est pris: il estime que la guerre 'n'empêcha pas' le tsar de continuer ses réformes. En réalité, ce fut la guerre qui les détermina: elle fut 'la cause principale de l'activité réformatrice' de Pierre, qui commença par la réforme de l'armée. [85]

Exaltant l'effort du tsar réformateur, Voltaire insiste à juste titre sur son mérite, qui n'a rien à voir avec sa naissance, et sur la force de son âme. Mais la volonté de magnifier son œuvre le conduit à occulter le servage et l'arriération persistante du pays, à idéaliser en somme l'empire du Nord. Elle l'amène aussi à faire du volontarisme de Pierre une sorte de modèle pour la France: 'on n'a qu'à vouloir,

[84] Portal, p.37, 42-43.
[85] Klioutchevski, *Pierre le Grand*, p.82; voir aussi G. Welter, *Histoire de Russie* (Paris 1963), p.190.

on ne veut pas assez'. A voir ce que le tsar a fait de Pétersbourg, 'qu'on juge ce qu'il eût fait de Paris' (l.442).

Par souci de la vérité historique, Voltaire ne peut tout de même laisser ignorer les traits singulièrement négatifs de son despote éclairé: l'abus de l'alcool et la brutalité du 'plus despotique des princes', de surcroît coupeur de têtes. Pierre est moins idéalisé qu'il ne le sera dans l'*Histoire de l'empire de Russie*. Mais Voltaire tente d'expliquer cette cruauté par 'l'usage': Pierre est violent dans un pays et en un temps où règne la violence. Et certains défauts du tsar qui mettent mal à l'aise n'apparaissent guère: les cérémonies religieuses parodiques et bouffonnes auxquelles il se livre ne sont pas mentionnées, – elles seront évoquées comme un simple divertissement dans l'*Histoire de l'empire de Russie* – alors qu'elles ont fait scandale et qu'elles ont suscité la réprobation indignée de Vockerodt. [86] Voltaire n'a pas été sensible à la démesure du tsar. Il n'a pas vu non plus les aspects irrationnels de son caractère.

Il privilégie, en revanche, les petits faits vrais qui concourent à brosser le portrait du 'tsar charpentier', voyageant incognito et s'habillant en matelot. Voltaire a raison d'insister sur les goûts simples de Pierre et sur son désir de s'instruire. Mais l'image du tsar charpentier comporte une part de légende. [87] Voltaire contribue à la répandre, en faisant séjourner son héros près de deux ans à Amsterdam et en prétendant qu'après son voyage à Londres il est retourné en Hollande 'revoir ses charpentiers'. Les faits purement 'anecdotiques', tels que la liaison de Pierre avec une actrice anglaise, ne sont pas tout à fait absents dans cette œuvre brève. Mais Voltaire a le

---

[86] Vockerodt décrit en détail la cérémonie grotesque du knès-pape. Il conclut: 'Rien de plus détestable que la débauche qu'on faisait à l'élection du patriarche de cette cérémonie'. Il rapporte qu'on a attribué la mort de Pierre à la dernière de ces orgies à laquelle il assista (*Considérations*, app. III, ll.291-335).

[87] La Grande Ambassade 'a fourni quantité d'anecdotes, souvent suspectes' (Portal, p.44). Le 'tsar charpentier' est célébré dans le mélodrame de Jean-Nicolas Bouilly, *Pierre le Grand*, musique d'André Grétry (1790), et surtout dans l'opéra d'Albert Lortzing (1837).

souci du détail frappant: c'est le 'meilleur voilier' qu'offre au tsar le roi d'Angleterre.

Pourtant, l'essentiel n'est pas là. Voltaire semble pris entre la volonté de rapporter des faits et un goût irrépressible pour la fiction. On l'a dit: les *Anecdotes* ont 'l'allure d'un conte philosophique'.[88] Certains procédés, effectivement, les apparentent à un conte. Il y a des effets ludiques dans la manière de décrire le combat des anciens et des modernes: streltsy et moines ennemis du tabac, soldats et étrangers fumeurs; un art de la mise en scène dans l'évocation de la coupe des barbes et des habits. Quand le coupeur de têtes se fait coupeur de barbes, Voltaire présente plaisamment la réforme: 'Bientôt on aima mieux perdre sa barbe que son argent'; et les femmes, qui 'préféraient les mentons rasés', surent gré à Pierre 'd'avoir à baiser des visages plus honnêtes' (l.237-241). C'est faire bon marché des vexations de toutes sortes, ou les ignorer: les nobles qui se présentaient aux revues du tsar avec des barbes étaient battus sans merci; les vieux croyants barbus étaient contraints de porter un costume spécial, et leurs femmes, 'auxquelles la nature avait épargné un impôt sur la barbe', devaient revêtir de longs manteaux et se coiffer de bonnets à cornes. Le sentiment de l'historien est que 'tout cela serait drôle, si ce n'était hideux'.[89]

Voltaire, lui, choisit d'être drôle. Est-il alors plus conteur qu'historien? Sa vision, jouant sur l'exotisme et le singulier, semble difficilement compatible avec les exigences d'une œuvre historique. Comme son récit des barbes et des habits, sa peinture pittoresque de la révolte des streltsy donne un étrange sentiment d'irréalité. Mais justement: le propos de Voltaire, nous l'avons dit, n'est pas de donner une 'histoire fort exacte' de la Russie sous Pierre le Grand. Son tsar, 'alerte, malicieux, actif', et surtout 'ennemi des prêtres',[90] est le héros d'un roman vrai, mais où le réel côtoie des éléments de fiction. Comme dans l'*Histoire de Charles XII*, mais d'une manière encore

---

[88] R. Pomeau, *OH*, p.17.
[89] Klioutchevski, *Pierre le Grand*, p.258.
[90] R. Pomeau, *OH*, p.17.

plus frappante en raison de la brièveté de l'œuvre, le lecteur est confronté à une succession de 'raccourcis d'existence':[91] années d'apprentissage et de voyage du tsar, portrait flatteur de Catherine, histoire tragique du tsarévitch. L'impression dominante est une liberté de ton qu'on ne trouvera plus, il va sans dire, dans l'*Histoire de l'empire de Russie*.

Accueil de l'œuvre

Cet essai si réussi de Voltaire est passé à peu près inaperçu. Il ne semble pas que les revues de l'époque en aient rendu compte, peut-être parce qu'il figurait d'abord dans l'édition de Dresde en huit volumes. Dans le *Mercure de France* de 1748 et de 1749, où l'on trouve des recensions de *Zadig* et du *Panégyrique de Louis XV*, nulle mention n'est faite des *Anecdotes*. Aucune étude ne leur a d'ailleurs été consacrée depuis leur parution, mis à part notre récent article.

Les *Anecdotes* sont rééditées dans le second volume du *Mercure de France* de juin 1750. Dans sa lettre à Cideville du 12 juillet, Mme Denis les trouve 'délicieuses' (D4170). Elles parurent également dans le numéro de juin du *Nouveau magasin français* et en août Formey les inséra dans *L'Abeille du Parnasse*.[92] Une traduction anglaise est publiée la même année dans le *Gentleman's magazine*.[93]

En 1748, puis en 1749, parut un gros recueil antivoltairien en un, puis deux volumes, *Voltariana ou éloges amphigouriques de Fr. Marie Arouet*. 'La dédicace ironique – à Voltaire lui-même – était signée "Timorowitz Ablabew", ultime pointe contre ses récentes *Anecdotes sur le czar Pierre le Grand*'.[94]

---

[91] L'expression est de J. Van den Heuvel, *Voltaire dans ses contes* (Paris 1967), p.42. L'auteur tire ses exemples de l'*Histoire de Charles XII*.

[92] Pour plus de détails, voir ci-dessous, p.41.

[93] 'Anecdotes concerning Peter the Great, by Mr. de Voltaire', *The Gentleman's magazine* (juillet 1750), xx.297-303.

[94] André Magnan, dans *Inventaire Voltaire*, sous la direction de J. Goulemot, A. Magnan, D. Masseau (Paris 1995), p.1394-95.

Editions [95]

Les *Anecdotes sur le czar Pierre le Grand*, qui ne connurent jamais d'édition séparée, parurent pour la première fois dans l'édition des *Œuvres* de Voltaire publiée par Walther à Dresde en 1748 (w48D). Elles figurent par la suite dans toutes les éditions collectives de Voltaire, à l'exception de w52. En 1750, elles furent insérées, avec des suppressions, dans trois périodiques, *Le Mercure de France* (MF), *Le Nouveau magasin français* (NMF) et *L'Abeille du Parnasse* (AP).

w48D et w48D*

Œuvres de M. de Voltaire. Dresde, Walther, 1748-1754. 10 vol. (vol. 9, 1750; vol. 10, 1754). 8°. Bengesco iv.31-38; Trapnell 48D; BnC 28-35.

Volume 2: 242-286 Anecdotes sur le czar Pierre le Grand.

La première édition des *Anecdotes*.

Le sigle w48D* désigne des exemplaires qui contiennent des corrections de la main de Voltaire: w48D*1 (Bn: Rés. Z Beuchot 12), w48D*2 (Bn: Rés. Z 4378), w48D*3 (Bn: Rés. p Z 2644), w48D*4 (Stockholm: Vu 36a).

Rés. Z Beuchot 12 (2) (corrections manuscrites aux p.243, 244-246, 248, 250); – Rés. Z 4378 (corrections manuscrites aux p.244, 248, 250, 251, 254); – Rés. p Z 2644 (2) (corrections manuscrites aux p.244, 248, 250, 251, 254); Taylor: V1 1748 (2); Stockholm: Vu 36a (corrections manuscrites aux p.244, 248, 250, 251, 254).

w48R

[*Titre inconnu*]. [Rouen, Machuel, 1748-?]. 12 vol. 8°. Bengesco iv.28-31, 68-73; Trapnell 48R, 64R; BnC 27, 145-148.

Volume 7: [xxv]-xxxviij Histoire abrégée ou anecdotes sur le czar Pierre le Grand.

Une édition en 12 volumes a paru en 1748 et fut supprimée à la demande

---

[95] Section préparée par Andrew Brown.

de Voltaire. Les feuilles de cette édition furent utilisées pour w64R (voir plus loin) et les seuls exemplaires connus portent la date de 1764.

Bn: Rés. Z Beuchot 26 (7).

MF

Mercure de France.

Juin 1750, p.12-35.

Le texte, qui suit l'édition w48D en y apportant des corrections (l.74-75, 162, 187, 227-228, 253, 272-273), introduit quelques variantes et coupures uniques: l.11-12*v*, l.106-107*v*, l.135*v*, l.194-199*v*, 278-281*v*, 450-452*v* et 456-457*v*, dues sans doute à la prudence que demandait l'insertion de ce texte dans un journal officiel publié avec approbation et privilège.

Bn: Fol. Lc² 38A.

NMF

Le Nouveau magasin français.

2ᵉ éd., juin 1750, i.232-238.

Bn: Rés. Z Beuchot 974.

AP

L'Abeille du Parnasse.

15 août 1750, ii.283-290; 22 août 1750, ii.291-298.

Le texte est celui du MF (erreurs: l.382-383, 418).

Bn: Z 27433.

W51

Œuvres de M. de Voltaire. [Paris, Lambert], 1751. 11 vol. 12°. Bengesco iv.42-46; Trapnell 51P; BnC 40-41.

Volume 9, p.281-303: Anecdotes sur le czar Pierre le Grand.

La première édition par Michel Lambert, préparée avec la participation de Voltaire.

41

Bn: Rés. Z Beuchot 13 (9).

W50 (1751)

La Henriade et autres ouvrages. Londres [Rouen], Société, 1750-1752. 10 vol. (vol. 1-9, 1750 ou 1751; vol. 10, 1752). 12°. Bengesco iv.38-42; Trapnell 50R; BnC 39.

Volume 7 (1751): 409-430 Anecdotes sur le czar Pierre le Grand.

Une autre édition par Machuel, de la même famille que w48R et w64R.

ImV: A 1751/1 (7); Bibliothèque municipale, Grenoble.

W56

Collection complette des œuvres de M. de Voltaire. [Genève, Cramer], 1756. 17 vol. 8°. Bengesco iv. 50-63; Trapnell 56,57G; BnC 55-66.

Volume 6: XIV-XXXIV Anecdotes sur le czar Pierre le Grand.

La première édition par Cramer, préparée avec la participation de Voltaire qui a remanié le texte des *Anecdotes*. Il a corrigé des erreurs: l.11-12 (Lefort), 18, 23-24 (l'image de la Russie), 255-256 (le revenu), 265, 266 (sur l'histoire de Catherine), 334 (Charles vi, beau-frère et non pas frère de la femme de Pierre). Il a réécrit le début (l.3-9) et ajouté l'anecdote sur Pierre devant le tombeau de Richelieu (l.351-363); voir aussi l.18, 164 ('Russes' au lieu de 'Moscovites'), 288, 290-291, 390, 396-397.

Bn: Z 24581; Taylor: VF.

W57G1

Collection complette des œuvres de M. de Voltaire. [Genève, Cramer], 1757. 10 vol. 8°. Bengesco iv.63; Trapnell 56,57G; BnC 67-69.

Volume 6: XIV-XXXIV Anecdotes sur le czar Pierre le Grand.

Une nouvelle édition de w56, préparée avec la participation de Voltaire. Le texte des *Anecdotes* ne change guère (cf. l.227-228, 414).

Bn: Rés. Z Beuchot 21 (6).

W57G2

Collection complette des œuvres de M. de Voltaire. [Genève, Cramer], 1757. 10 vol. 8°. Bengesco iv.63; Trapnell 56,57G; BnC 67-69.

Volume 6: XIV-XXXIV Anecdotes sur le czar Pierre le Grand.

Une nouvelle édition de w57G1.

StP: 11-74.

W57P

Œuvres de M. de Voltaire. [Paris, Lambert], 1757. 22 vol. 12°. Bengesco iv.63-68; Trapnell 57P; BnC 45-54.

Volume 10: 461-487 Anecdotes sur le czar Pierre le Grand.

Une deuxième édition par Lambert, préparée sur la base de w56 avec la participation de Voltaire.

Bn: Z 24651; – Z 24672; Taylor: VF.

HC60

Histoire de Charles XII. Genève, Cramer, 1760. 12°.

461-487 Anecdotes sur le czar Pierre le Grand.

Voir V 4, p.123, sigle 60G.

Stockholm: Sv. Saml. Hist. Sv. CXG-CXX 1700-1829.

W64G

Collection complette des œuvres de M. de Voltaire. [Genève, Cramer], 1764. 10 vol. 8°. Bengesco iv.60-63; Trapnell 64,70G; BnC 89.

Volume 6: 18-38 Anecdotes sur le czar Pierre le Grand.

Une nouvelle version de w57G, préparée avec la participation de Voltaire qui a apporté quelques changements: l.19 (ajout de 'peut-être'), 45, 68, 103, 267 (ajout de Sheremeto), 366, 447-448 (population de la Russie).

Taylor: VF.

W64R

Collection complette des œuvres de M. de Voltaire. Amsterdam, Compagnie [Rouen, Machuel?], 1764. 22 tomes dans 18 vol. 12°. Bengesco iv. 28-31; Trapnell 64R; BnC 145-148.

Les 12 premiers volumes furent publiés en 1748 et font partie de l'édition supprimée à la demande de Voltaire (voir ci-dessus, w48R).

HC66

Histoire de Charles XII. Genève, Cramer, 1766. 12°.

461-487 Anecdotes sur le czar Pierre le Grand.

Voir V 4, p.126, sigle 66G.

Bn: Rés. Z Beuchot 353.

w68

Collection complette des œuvres de M. de Voltaire. [Genève, Cramer; Paris, Panckoucke], 1768-1777. 30 vol. 4°. Bengesco iv.73-83; Trapnell 68; BnC 141-144.

Volume 2 ou 7: 12-25 Anecdotes sur le czar Pierre le Grand.

La grande édition in-quarto, dont les vingt-quatre premiers volumes furent édités à Genève par Cramer. Le volume qui contient les *Anecdotes* est numéroté soit 2, soit 7.

Cette édition reprend le texte de w64G, avec deux variantes, l.39 et 293 ('la Russie' remplace 'la Moscovie').

Taylor: VF.

w70G

Collection complette des œuvres de M. de Voltaire. [Genève, Cramer], 1770. 10 vol. 8°. Bengesco iv.60-63; Trapnell 64,70G; BnC 90-91.

Volume 6: 18-38 Anecdotes sur le czar Pierre le Grand.

Une nouvelle édition de w64G avec peu de changements.

Taylor: VI 1770G/1 (6).

w70L (1771)

Collection complette des œuvres de M. de Voltaire. Lausanne, Grasset, 1770-1781, 57 vol. 8°. Bengesco iv.83-89; Trapnell 70L; BnC 149-150.

Volume 11 (1771): 17-38 Anecdotes sur le czar Pierre le Grand.

Une édition par François Grasset de Lausanne. Certains volumes, surtout le théâtre, furent revus par Voltaire.

Taylor: V1 1770/2 (11).

W71

Collection complète des œuvres de M. de Voltaire. Genève [Liège, Plomteux], 1771-1777. 32 vol. 8°. Bengesco iv.89-91; Trapnell 71; BnC 151.

Volume 7: 12-26 Anecdotes sur le czar Pierre le grand.

Cette édition reprend le texte de w68. Voltaire n'a pas participé à sa préparation.

Taylor: VF.

W71P (1772)

Œuvres de M. de V.... Neufchatel [Paris, Panckoucke], 1771-1777. 34 ou 40 vol. 8° et 12°. Bengesco iv.91-94; Trapnell 72P; BnC 152-157.

Histoire de Charles XII (1772): 27-49 Anecdotes sur le czar Pierre le Grand.

Cette édition reprend le texte de w68. Voltaire n'a pas participé à sa préparation mais il semble que certains textes furent revus pour l'éditeur par La Harpe et Suard.

Bn: 8° M 25284; Stockholm: Sv. Saml. Hist. Sv. CXG-CXX 1700-1829.

W72X

Collection complette des œuvres de M. de Voltaire. [Genève, Cramer?], 1772. 10 vol. 8°. Bengesco iv.60-63; Trapnell 72X; BnC 92-110.

Volume 6: 18-36 Anecdotes sur le czar Pierré le Grand.

Une nouvelle édition de w70G. Elle fut selon toute probabilité imprimée pour Cramer mais rien n'indique la participation de Voltaire.

Stockholm: Litt. fr.

W75G

La Henriade, divers autres poèmes et toutes les pièces relatives à l'épopée. [Genève, Cramer & Bardin], 1775. 37 vol. (40 vol. avec les *Pièces déta-chées*). 8°. Bengesco iv.94-105; Trapnell 75G; BnC 158-161.

Volume 21: 14-29 Anecdotes sur le czar Pierre le Grand.

L'édition dite *encadrée* est la dernière revue par Voltaire. Elle fournit le texte de base de notre édition.

Taylor: V1 1775 (21).

W75X

Œuvres de Mr de Voltaire. [Lyon?], 1775. 37 vol. (40 vol. avec les *Pièces détachées*). 8°. Bengesco 2141; BnC 162-163.

Volume 21: 13-28 Anecdotes sur le czar Pierre le Grand.

Une imitation ou contrefaçon de W75G.

Taylor: VF.

K84

Œuvres complètes de Voltaire. [Kehl], Société littéraire-typographique, 1784-1789. 70 vol. 8°. Bengesco 2142; Trapnell K; BnC 164-193.

Volume 24: [397]-413 Anecdotes sur le czar Pierre le Grand.

La première impression in-octavo de l'édition de Kehl. Le texte a subi quelques modifications qui ne sont pas nécessairement dues à Voltaire lui-même, mais qui peuvent probablement être attribuées aux éditeurs; voir l.36, 83, 91, 111, 125, 135-136, 166, 173, 265, 266-267, 284, 303 et 435.

Taylor: VF.

K85

Œuvres complètes de Voltaire. [Kehl], Société littéraire-typographique, 1784-1789. 70 vol. 8°. Bengesco 2142; BnC 164-193.

Volume 24: [397]-413 Anecdotes sur le czar Pierre le Grand.

La deuxième version in-octavo de l'édition de Kehl.

Taylor: VF.

K12

Œuvres complètes de Voltaire. [Kehl], Société littéraire-typographique, 1784-1789. 92 vol. 12°. Bengesco 2142; BnC 164-193.

Volume 27: [481]-500 Anecdotes sur le czar Pierre le Grand.

La version in-douze de l'édition de Kehl.

Taylor: VF.

Traductions

Allemand

Geheime Nachrichten von dem Czaar Peter dem Grossen, dans *Des Herrn von Voltaire kleinere historische Schriften*, Rostock, Johann Christian Koppe, 1752. Traduit par Gotthold Ephraim Lessing.

Anglais

Anecdotes concerning Peter the Great, dans *The Gentleman's magazine* (juillet 1750), xx.297-303.

Anecdotes relating to Peter the Great, dans *The Works of M. de Voltaire*, London 1761-1763, tome x. Translated by Tobias George Smollett and others.

Principes de cette édition [96]

Nous avons choisi comme texte de base w75G, la dernière édition revue par Voltaire. [97] Les variantes sont empruntées aux éditions suivantes: w48D, MF, NMF, AP, w51, w56, w57G, w64G, w68 et K. Elles ne portent pas sur les différences de ponctuation ni d'orthographe des noms propres; elles ne portent pas non plus sur les simples coquilles sauf si le sens de la phrase s'en trouve modifié.

Pour la transcription des noms russes, voir ci-dessous, p.374.

---

[96] Section établie par Ulla Kölving.

[97] Voltaire n'a pas corrigé les *Anecdotes sur le czar Pierre le Grand* dans l'exemplaire de w75G conservé dans sa bibliothèque; voir S. S. B. Taylor, 'The definitive text of Voltaire's works: the Leningrad *encadrée*', *Studies* 124 (1974), p.7-132.

Traitement du texte de base

Nous respectons l'orthographe des noms propres de personnes et de lieux, ainsi que celle des mots étrangers. Nous respectons fidèlement la ponctuation originale. Nous avons conservé les italiques du texte de base à une exception près: nous imprimons en romain les noms propres de personnes, composés en italiques dans le texte de base. Par ailleurs, le texte de base a fait l'objet d'une modernisation portant sur la graphie, l'accentuation et la grammaire. Les particularités du texte de base étaient les suivantes:

1. Consonnes
   - absence de la consonne *p* dans le mot 'tems' et son composé 'longtems'.
   - absence de la consonne *t* dans les finales en *-ans* et en *-ens*: amusemens, habitans, présens, prétendans, etc.
   - emploi de la double consonne dans: annullé, appellait, attelier, conclurre, jetter, renouvella, secrettement.
   - emploi d'une seule consonne dans: falait, falut.

2. Voyelles
   - emploi de *y* à la place de *i* dans: ayent, paye, yvre.

3. Graphies particulières
   - l'orthographe moderne a été rétablie dans: apoticaireries, encor, entousiasme, Européan, guères, hazard, jacquette, jusques, monnoie, patriarchal, solemnel, sols.

4. Accents

L'accent aigu
   - absent dans: desapprouver, deshériter.
   - employé au lieu du grave dans: piéce, réglement, siécle.

L'accent circonflexe
   - absent dans: ame.
   - présent dans: accoûtumé, déjeûner, dépourvûs, sû, toûjours.

Tréma
   - présent dans: lieuës, nuës, réjouïr, statuë.

5. Traits d'union
   - présent dans: au-lieu, aussi-tôt, dès-lors, genre-humain, grands-hommes, peu-à-peu, très-bien, très-grandes.

6. Majuscules supprimées

- nous mettons la minuscule aux substantifs suivants qui portent le plus souvent la majuscule dans le texte de base: Ambassadeur, Boyard(e), Comte, Confesseur, Czar, Czarowitz, Duc, Empereur, Empire, Héros, Impératrice, Législateurs, Ministre, Monarchie, Prince, Religion, Roi, Sénat, Souverain, Sultan; langues: Allemand, Anglais, Français, Hollandais; mois: Janvier, Septembre, etc.
- nous mettons la minuscule aux adjectifs suivants: Allemand, Anglais, Danois, Européan, Finlandais, Français, Grec, Hollandais, Italien, Livonien, Moscovite, Russe; Czarienne.

7. Majuscules rétablies

- nous mettons une majuscule initiale aux expressions et mots suivants: monnoie royale des médailles, petites-maisons, une renommée.

8. Points de grammaire

- l'adjectif numéral 'cent' demeure invariable.
- emploi du pluriel en -*x* dans: loix.
- le substantif 'opéra' demeure invariable.

9. Divers

- Mlle. et Mr. deviennent respectivement Mlle et M.
- utilisation systématique de la perluette.

ANECDOTES SUR LE CZAR PIERRE LE GRAND

Pierre premier a été surnommé le Grand, parce qu'il a entrepris et fait de très grandes choses, dont nulle ne s'était présentée à l'esprit d'aucun de ses prédécesseurs.[1] Son peuple avant lui se bornait à ces premiers arts enseignés par la nécessité. L'habitude a tant de pouvoir chez les hommes, ils désirent si peu ce qu'ils ne connaissent pas, le génie se développe si difficilement, et s'étouffe si aisément sous les obstacles, qu'il y a grande apparence que toutes les nations sont demeurées grossières pendant des milliers de siècles, jusqu'à ce qu'il soit venu des hommes tels que le czar Pierre, précisément dans le temps qu'il fallait qu'ils vinssent.[2]

Le hasard fit, qu'un jeune Genevois nommé Le Fort était à Moscou chez un ambassadeur danois, vers l'an 1695.[3] Le czar

5

10

3-9   W48D, MF, AP: lui n'était qu'un peuple de Tartares. Il est bien vraisemblable que toutes les nations ont été ainsi des milliers de siècles [MF, AP: ainsi] quelque chose de mitoyen entre l'ours et l'homme jusqu'à ce qu'enfin il soit
11-12   W48D: Le Fort voyagea à Moscou avec un
        MF, AP: Un jeune Genevois, nommé le Fort, voyagea à Moscou avec un

[1] Cédant à l'illusion du commencement absolu, Voltaire ne prend pas en compte (ou ignore) les projets et tentatives de réformes au dix-septième siècle, sous le tsar Alexis et ses successeurs: abolition du système de préséances (*miestnitchestvo*) par le tsar Fedor, politique moderniste et d'ouverture aux étrangers de Vassili Golitsyne, ministre et favori de la régente Sophie. Il se contente d'adopter le point de vue de Fontenelle: 'Tout étoit à faire en Moscovie, et rien à perfectionner' (*Eloge du czar Pierre Ier, Œuvres*, Paris 1785, iii.198).

[2] Voir ci-dessus, p.35.

[3] La rencontre de Pierre Ier et de Lefort se situe bien avant 1695, sans doute dès 1689. A partir de 1690, Lefort et Pierre ne se quittent plus guère. François Lefort (1656-1699) s'était installé en Russie en 1675. Fils d'un riche marchand de Genève, il avait servi notamment dans les armées protestantes de Hollande. Promu capitaine dans l'armée russe, il devint général à 34 ans, en 1690.

Pierre avait alors dix-neuf ans;[4] il vit ce Genevois, qui avait appris en peu de temps la langue russe,[5] et qui parlait presque toutes celles de l'Europe. Le Fort plut beaucoup au prince; il entra dans son service, et bientôt après dans sa familiarité. Il lui fit comprendre, qu'il y avait une autre manière de vivre et de régner que celle qui était malheureusement établie de tous les temps dans son vaste empire;[6] et sans ce Genevois la Russie serait peut-être encore barbare.[7]

Il fallait être né avec une âme bien grande, pour écouter tout

18   W48D, MF, AP: vaste et misérable empire
19   W48D-W57G: la Russie serait encore

[4] En 1695, Pierre avait 23 ans.
[5] Il la parlait en fait très mal; voir un échantillon de ses connaissances dans une lettre en russe écrite en caractères latins et adressée par Lefort à Pierre en 1696, vingt ans après son arrivée en Russie (V. O. Klioutchevski, *Pierre le Grand et son œuvre*, Paris 1953, p.27).
[6] Les conseils donnés par Lefort au tsar pour moderniser son pays sont rapportés par La Mottraye (*Voyages en anglais et en français en diverses provinces et places de la Prusse ducale et royale, de la Russie, de la Pologne etc.*, La Haye 1732, p.184) et par Eléazar de Mauvillon (*Histoire de Pierre Ier, surnommé le Grand*, Amsterdam, Leipzig 1742, i.112-15). Jean Rousset de Missy dit simplement que, en s'entretenant avec le tsar, Lefort ne manquait pas de comparer les mœurs et les usages de ses Etats avec ceux des nations étrangères (*Mémoires du règne de Pierre le Grand*, Amsterdam 1740, ii.70; BV3047: Amsterdam 1728-1730).
[7] Voltaire résume dans ce paragraphe ce qu'il écrivait sur Lefort dans les premières éditions de l'*Histoire de Charles XII*, avec des variantes en 1731, 1732 et 1733. Dans le texte définitif, de 1752, il supprima son développement en se contentant de renvoyer implicitement ('on l'a déjà dit') à ce paragraphe des *Anecdotes* (V 4, p.183). Le 17 mai 1753, il écrira encore à la comtesse de Bentinck que Lefort 'a fait changer la Russie de face' (D5289). Il ne connaissait probablement pas à cette époque les mémoires concernant Lefort, puisque, le 6 septembre 1757, il remerciera Isaac Lefort de les lui avoir communiqués (D7369). L'occidentalisation de Pierre n'est pas due seulement à Lefort, même si celui-ci a exercé sur le jeune tsar une influence déterminante: dès son adolescence, Pierre, on le sait, fréquentait de nombreux étrangers du Faubourg allemand (la *nemietskaïa sloboda* du nord-est de Moscou). Voltaire exagérait encore plus l'influence de Lefort dans les premières éditions des *Anecdotes* (W48D-W57G), où ne figurait pas le mot *peut-être*.

d'un coup un étranger, et pour se dépouiller des préjugés du trône, et de sa patrie. Le czar sentit, qu'il avait à former une nation et un empire: mais il n'avait aucun secours autour de lui.[8] Il conçut dès lors le dessein de sortir de ses Etats, et d'aller comme Prométhée[9] emprunter le feu céleste pour animer ses compatriotes. Ce feu divin il l'alla chercher chez les Hollandais, qui étaient il y a trois siècles aussi dépourvus d'une telle flamme que les Moscovites.[10] Il ne put exécuter son dessein aussitôt qu'il l'aurait voulu. Il fallut soutenir une guerre contre les Turcs, ou plutôt contre les Tartares, en 1696;[11] et ce ne fut qu'après les avoir vaincus, qu'il sortit de ses Etats pour aller s'instruire lui-même de tous les arts, qui étaient absolument inconnus en Russie. Le maître de l'empire le plus étendu de la terre alla vivre près de deux ans à Amsterdam, et

25

30

23-24 W48D, MF, AP: sentit, que ni lui ni sa nation n'étaient pas encore des hommes et qu'il avait à former un empire:

25 W48D, MF, AP: ses royaumes et d'aller

[8] Là encore, Voltaire suit le point de vue de Fontenelle: 'Il falloit agir seul, sans secours, sans instrumens' (iii.198). Cela le conduit à exagérer: Pierre en effet est secondé par des étrangers (Lefort, mais aussi Peter Henry Bruce, ou Patrick Gordon, qui matera la révolte des streltsy en son absence, pendant son premier voyage en Occident). Plus tard, même si le tsar se plaindra d'un manque de collaborateurs, il aura dans son entourage des Russes de la plus haute aristocratie pour l'aider dans ses réformes.

[9] Dans ses *Lettres sur la Russie* (Londres 1769) qui relatent son voyage de 1739, Francesco Algarotti qualifiera aussi Pierre le Grand de 'nouveau Prométhée' (p.69).

[10] Dès 1688, le marchand hollandais Franz Timmerman avait appris à Pierre 1er des rudiments d'arithmétique et de géométrie. A partir de 1690, Pierre avait fréquenté assidument les Hollandais et les autres étrangers du Faubourg allemand de Moscou. Il y avait rencontré notamment André Vinius (voir ci-dessous, n.13). Pour l'opinion de Voltaire sur les Hollandais, voir J. Vercruysse, *Voltaire et la Hollande*, Studies 46 (1966).

[11] Allusion à la campagne d'Azov (printemps 1695 – juillet 1696), qui se termina par la prise de la forteresse.

dans le village de Sardam, sous le nom de Pierre Michaeloff. [12] On   35
l'appelait communément M. Pieter Bas. Il se fit inscrire dans le
catalogue des charpentiers de ce fameux village, qui fournit de
vaisseaux presque toute l'Europe. Il maniait la hache et le compas;
et quand il avait travaillé dans son atelier à la construction des
vaisseaux, il étudiait la géographie, la géométrie et l'histoire. Dans   40
les premiers temps le peuple s'attroupait autour de lui. Il écartait
quelquefois les importuns d'une manière un peu rude, que ce
peuple souffrait, lui qui souffre si peu de chose. La première langue
qu'il apprit, fut le hollandais; [13] il s'adonna depuis à l'allemand, qui
lui parut une langue douce, et qu'il voulut qu'on parlât à la cour. [14]   45

36   K: communément maître Pierre, (Peterbas.) Il
39   W48D-W64G: travaillé à son atelier
45   W48D-W57G: à sa cour.

[12] Pierre ne séjourna qu'une semaine à Zaandam et quatre mois à Amsterdam,
de la fin d'août 1697 à la mi-janvier 1698. Voltaire ne commettra pas cette erreur
dans l'*Histoire de l'empire de Russie*. Le nom de Pierre Michaeloff 'marque un
homme du peuple', par rapport à Pierre Michaelowitz, comme l'observait très
justement Fontenelle (iii.194-95).

[13] Le hollandais lui fut enseigné par André Vinius (R. K. Massie, *Pierre le Grand*,
Paris 1985, p.113), fils d'une Russe et d'un Hollandais qui avait créé une fabrique
d'armes à Toula. Vinius, ami d'Engelbert Kaempfer, était 'inspecteur général des
boutiques des apothicaires et des droguistes' de Moscou (Kaempfer, *Histoire
naturelle, civile, et ecclésiastique de l'empire du Japon*, La Haye 1729; BV1771, i.58).

[14] Friedrich Christian Weber, résident du Hanovre en Russie, ne dit pas cela.
Observant que les filles du tsar parlaient déjà bien l'allemand (en 1714), mais ne
savaient pas encore le français, il écrit: 'Le czar ayant demandé à quelqu'un si la
langue Allemande étoit assés abondante pour pouvoir exprimer tout ce qu'on
vouloit; quand on lui eut répondu que oui, il temoigna sa surprise de ce que les
Allemands étoient si curieux du Français' (*Nouveaux mémoires sur l'état présent de
la Grande Russie ou Moscovie*, trad. Malassis, Paris 1725, i.71). Charles Whitworth,
résident anglais à Pétersbourg, observe en 1710 que c'est le hollandais qui est en
train de devenir la langue de la cour (*An account of Russia as it was in the year 1710*,
Strawberry Hill 1758, p.60).

Il apprit aussi un peu d'anglais dans son voyage à Londres,[15] mais il ne sut jamais le français,[16] qui est devenu depuis la langue de Pétersbourg sous l'impératrice Elizabeth, à mesure que ce pays s'est civilisé.

Sa taille était haute, sa physionomie fière et majestueuse, mais défigurée quelquefois par des convulsions, qui altéraient les traits de son visage. On attribuait ce vice d'organes à l'effet d'un poison, qu'on disait que sa sœur Sophie lui avait donné.[17] Mais le véritable poison était le vin et l'eau-de-vie, dont il fit souvent des excès, se fiant trop à son tempérament robuste.[18]

50

55

52   MF, AP: vice d'organe à

[15] Dans *Le Siècle de Louis XIV*, ch.6, Voltaire affirme que Pierre ne savait pas l'anglais (*OH*, p.679n). C'est probable, car, en Angleterre, le tsar parlait hollandais avec un amiral, sir David Mitchell, son interprète officiel (Massie, p.203). Il ne savait que quelques mots d'anglais selon Mauvillon (i.189).

[16] Question controversée. Saint-Simon affirme que Pierre le Grand 'entendait bien le français, et, je crois, l'aurait parlé s'il eût voulu; mais, par grandeur, il avait toujours un interprète' (*Mémoires*, éd. Y. Coirault, Paris 1983-1988, vi.354). D'autres auteurs prétendent le contraire, peut-être parce que le tsar, en France, avait Boris Ivanovitch Kourakine pour interprète. Apparemment, Pierre le Grand n'était pas capable de parler le français, mais il possédait beaucoup de livres en français, utilisait la terminologie française dans les domaines techniques (armée, marine, construction), révisait les traductions du français en russe, et il y avait dans son entourage de nombreux Français au service de la Russie. Tout cela permettrait d'affirmer que le tsar savait dans une certaine mesure le français (P. I. Khoteev, 'Frantsouzskaïa kniga v Biblioteke Peterbourgskoï Akademii naouk (1714-1742 gg.)' ['Le livre français dans la Bibliothèque de l'Académie des sciences de Pétersbourg'], dans *Frantsouzskaïa kniga v Rossii v XVIII v.* [*Le Livre français en Russie au XVIIIᵉ siècle*], Leningrad 1986, p.29).

[17] Dans l'*Histoire de l'empire de Russie*, Voltaire citera une lettre du comte Henning Frédéric de Bassewitz où les convulsions de Pierre sont attribuées au poison qu'on lui aurait donné dans sa jeunesse (voir II.iii.104-113).

[18] L'alcool fut peut-être pour quelque chose dans les 'convulsions' de Pierre. Mais ces tics ont probablement été provoqués par le choc que fut pour lui, lorsqu'il avait dix ans, le spectacle de la révolte des streltsy et du massacre de membres de sa famille.

55

Il conversait également avec un artisan et avec un général d'armée. Ce n'était ni comme un barbare, qui ne met point de distinction entre les hommes, ni comme un prince populaire, qui veut plaire à tout le monde; c'était en homme qui voulait s'instruire. Il aimait les femmes autant que le roi de Suède son rival les craignait,[19] et tout lui était également bon en amour comme à table. Il se piquait de boire beaucoup, plutôt que de goûter des vins délicats.

On dit, que les législateurs et les rois ne doivent point se mettre en colère: mais il n'y en eut jamais de plus emporté que Pierre le Grand, ni de plus impitoyable. Ce défaut dans un roi n'est pas de ceux qu'on répare en les avouant; mais enfin il en convenait, et il dit même à un magistrat de Hollande à son second voyage: *J'ai réformé ma nation, et je n'ai pu me réformer moi-même.*[20] Il est vrai, que les cruautés qu'on lui reproche, étaient un usage de la cour de Moscou comme de celle de Maroc. Il n'était point extraordinaire de voir un czar appliquer de sa main royale cent coups de nerf de bœuf sur les épaules nues d'un premier officier de la couronne, ou d'une dame du palais, pour avoir manqué à leurs services étant

60

65

70

---

68   w48d-w57g: même au magistrat
72   mf, ap: de nerfs de
72-73   w48d: de nerfs de bœufs sur
74-75   w48d: étant jures, ou

---

[19] Voir l'*Histoire de Charles XII* (V 4, p.197).

[20] Il s'agit du bourgmestre d'Amsterdam, comme Voltaire le précise dans une lettre à Frédéric de Prusse, où il rapporte cette anecdote (*c*.15 janvier 1738, D1426). Ce bourgmestre est Nicolaas Witsen, à qui Voltaire rendra hommage dans l'*Histoire de l'empire de Russie* (1.ix.149-155). Le charpentier de vaisseau à Zaandam, Kalf, aurait dit aussi à Pierre: 'Vous avez poli le Nord'. Le tsar aurait répondu: 'Il reste à me polir moi-même' (V 82, p.688). Dans ses *Mémoires pour servir à l'histoire de la maison de Brandebourg*, parus en 1751, Frédéric II écrit également: 'Il se plaignoit lui-même de ce que, parvenant à policer sa nation, il ne pouvoit encore dompter sa propre férocité' (i.ii.21-22). On sait que Voltaire a collaboré à l'ouvrage de Frédéric II, mais s'en est défendu; voir ci-dessous, p.113 et 117.

ivres, ou d'essayer son sabre en faisant voler la tête d'un criminel. [21]   75
Pierre avait fait quelques-unes de ces cérémonies de son pays;
Le Fort eut assez d'autorité sur lui pour l'arrêter quelquefois sur
le point de frapper; mais il n'eut pas toujours Le Fort auprès de
lui.

Son voyage en Hollande, et surtout son goût pour les arts, qui   80
se développait, adoucirent un peu ses mœurs: car c'est le privilège
de tous les arts de rendre les hommes plus traitables. Il allait
souvent déjeuner chez un géographe, avec lequel il faisait des
cartes marines. Il passait des journées entières chez le célèbre
Ruysch, qui le premier trouva l'art de faire ces belles injections,   85
qui ont perfectionné l'anatomie et qui lui ôtent son dégoût. [22] Ce
prince se donnait lui-même à l'âge de vingt-deux ans [23] l'éducation
qu'un artisan hollandais donnerait à un fils dans lequel il trouverait
du génie, et cette espèce d'éducation était au-dessus de celle qu'on
avait jamais reçue sur le trône de Russie. [24] Dans le même temps il   90

83   K: souvent chez

[21] Allusion à l'anecdote du baron Marquard Ludwig von Printzen rapportée par
Frédéric de Prusse (D1475). Voltaire l'avait ajoutée à l'édition de 1739 de l'*Histoire
de Charles XII* (V 4, p.193); voir ci-dessus, p.14, n.31, où l'on précise que Korb
affirme que Pierre tranchait lui-même des têtes. Le MS 3-4, envoyé à Voltaire quand
il écrivait l'*Histoire de l'empire de Russie*, va jusqu'à écrire que le tsar a coupé 'plus
de deux cens têtes' de streltsy (f.110r)!

[22] Fredryk Ruysch (1638-1731), professeur d'anatomie à Amsterdam, renommé
dans toute l'Europe pour son art de conserver les cadavres en injectant des produits
chimiques. Pierre acheta son musée d'anatomie (voir Fontenelle, iii.219). Pierre
1er rencontra en Hollande d'autres éminentes personnalités: l'architecte Simon
Schynvoet, les frères Tessing, imprimeurs, van der Heyden, inventeur de la pompe
à incendie, Schonebeck, qui lui donna des leçons de dessin. A Leyde, il vit le célèbre
docteur Boerhaave, à Delft, le baron von Coehoorn, le Vauban hollandais, qui lui
apprit l'art des fortifications, et le naturaliste Antonie van Leeuwenhoek, inventeur
du microscope.

[23] En 1697, Pierre avait 25 ans.

[24] Peut-être y a-t-il là un souvenir d'un article du *Spectator*, dans lequel Richard
Steele considérait Pierre le Grand comme supérieur aux héros de l'antiquité et le
louait d'avoir introduit dans son pays des arts utiles (*The Spectator*, n° 139, 9 août

envoyait des jeunes Moscovites voyager et s'instruire dans tous les pays de l'Europe. Ces premières tentatives ne furent pas heureuses. Ses nouveaux disciples n'imitaient point leur maître. Il y en eut même un, qui étant envoyé à Venise ne sortit jamais de sa chambre,[25] pour n'avoir pas à se reprocher d'avoir vu un autre pays que la Russie. Cette horreur pour les pays étrangers leur était inspirée par des prêtres moscovites, qui prétendaient, que c'était un crime horrible à un chrétien de voyager, par la raison, que dans l'Ancien Testament il avait été défendu aux habitants de la Palestine de prendre les mœurs de leurs voisins plus riches qu'eux et plus adroits.[26]

En 1698 il alla d'Amsterdam en Angleterre, non plus en qualité de charpentier de vaisseau, non pas aussi en celle de souverain, mais sous le nom d'un boyard russe, qui voyageait pour s'instruire. Il vit tout, et même il alla à la comédie anglaise où il n'entendait rien, mais il y trouva une actrice nommée Mlle Groft,[27] dont il eut les faveurs, et dont il ne fit pas la fortune.

91   K: envoyait de jeunes
103   W48D-W57G: de vaisseaux, non
106-107   MF, AP: Groft, pour laquelle il prit du goût, et dont

1711, ii.217-19). Tout en vantant l'éducation par le travail manuel, Voltaire n'ignore peut-être pas que certains souverains russes ont reçu une éducation soignée: les enfants du tsar Alexis, le tsar Fedor et la régente Sophie, avaient appris le latin et le polonais, ouverture sur les civilisations occidentales.

[25] Voltaire a sans doute trouvé cette anecdote dans l'*Eloge du czar Pierre Ier* de Fontenelle (iii.196). Il s'agit peut-être du major général Golovine, frère du général Alekseï Golovine et grand favori de Pierre le Grand, envoyé à Venise pour apprendre les langues et la manière de construire les vaisseaux. Il avait tant d'aversion pour les deux choses qu'à peine sortit-il de sa maison pendant quatre ans. A son retour en Russie, le tsar s'aperçut qu'il ne savait ni parler l'italien, ni manier un outil de charpentier... (Weber, i.374). Selon les *Considérations sur l'état de la Russie sous Pierre le Grand*, par Johann Gotthilf Vockerodt, envoyées par Frédéric de Prusse à Voltaire en 1737, les Russes revenaient de l'étranger aussi ignorants qu'avant (app. III, VIII.12).

[26] Les Egyptiens. Cf. Isaïe xxx.1-7.

[27] Mlle Cross, selon Mauvillon (i.189). Il s'agit en effet de Laetitia Cross. Pierre

Le roi Guillaume lui avait fait préparer une maison logeable; c'est beaucoup à Londres; les palais ne sont pas communs dans cette ville immense, où l'on ne voit guère que des maisons basses, sans cour et sans jardin, avec des petites portes, telles que celles de nos boutiques. Le czar trouva sa maison encore trop belle; il alla loger dans le quartier des matelots, [28] pour être plus à portée de se perfectionner dans la marine. Il s'habillait même souvent en matelot, [29] et il se servait de ce déguisement, pour engager plusieurs gens de mer à son service.

Ce fut à Londres qu'il dessina lui-même le projet de la communication du Volga et du Tanaïs. [30] Il voulait même leur joindre la Duina par un canal, et réunir ainsi l'Océan, la mer Noire et la mer Caspienne. Des Anglais qu'il emmena avec lui le servirent mal

110

115

120

109   W48D, MF, AP: Londres, où les palais
111   K: avec de petites

n'alla qu'une ou deux fois à la 'comédie anglaise', où il ne trouva 'aucune satisfaction' (John Perry, *Etat présent de la Grande Russie*, trad. Hugony, La Haye 1717; BV 2699, p.159; cf. Massie, p.204).
[28] La maison 'logeable' de Londres était située dans York Buildings, près de la Tamise. Pierre lui préféra Sayes Court, une maison de Deptford appartenant à l'écrivain John Evelyn, car elle avait 'une porte de derrière par où on pouvoit entrer dans le chantier du Roi' (Perry, p.157; Pierre-François Buchet, *Abrégé de l'histoire du czar Peter Alexiewitz*, Paris 1717, p.34). Elle fut occupée par la suite de Pierre pendant trois mois. Il y eut tellement de dégâts causés par les Russes dans la maison et dans le jardin que le propriétaire présenta à qui de droit un état de toutes les déprédations qui se montait à 350 livres sterling, soit environ 5000 roubles (Klioutchevski, *Pierre le Grand et son œuvre*, p.35-36).
[29] 'Mais le plus souvent [...] il s'habilloit en matelot hollandois, afin de pouvoir aller plus commodément visiter les vaisseaux & être moins connu' (Perry, p.153); 'Tantôt il prenoit l'habit de cavalier, tantôt celui de matelot' (Perry, p.159; cf. Mauvillon, i.189). Voir aussi Buchet, p.31, qui recopie la première phrase citée de Perry.
[30] Le Tanaïs, nom antique du Don.

59

dans ce grand dessein; [31] et les Turcs, qui lui prirent Azoph en 1712, [32] s'opposèrent encore plus à cette vaste entreprise.

Il manqua d'argent à Londres; [33] des marchands vinrent lui offrir cent mille écus pour avoir la permission de porter du tabac en Russie. [34] C'était une grande nouveauté en ce pays-là, et la religion même y était intéressée. Le patriarche avait excommunié quiconque fumerait du tabac, parce que les Turcs leurs ennemis fumaient; et le clergé regardait comme un de ses grands privilèges d'empêcher la nation russe de fumer. [35] Le czar prit les cent mille écus, et se

125

125   K: ce pays, et

[31] Le capitaine John Perry était un bon ingénieur, qui avait commencé à creuser le canal Volga–Don, mais s'était heurté à de nombreuses difficultés administratives en Russie (voir ci-dessus, p.32). Son ouvrage est une des sources de l'*Histoire de Charles XII* (voir V 4, p.179-82). Voltaire s'y référera dans l'*Histoire de l'empire de Russie*. Les *Considérations* de 1737 font allusion aux difficultés techniques de l'entreprise (app. III, VI.1-21).

[32] Azov fut rendue aux Turcs en 1711, après la désastreuse campagne du Prut.

[33] Le coût de la 'grande ambassade', pendant ces dix-huit mois passés à l'étranger, fut énorme. Selon une résolution des Etats généraux du 15 août 1698, les dépenses se montaient à cent mille florins (K. Waliszewski, *Pierre le Grand*, Paris 1909, p.102). En outre, il fallait payer comptant les primes d'engagement, les salaires et les frais de voyage des 640 Hollandais recrutés (marins, officiers, charpentiers, ingénieurs, médecins et autres spécialistes). Pour les emmener en Russie, eux et des quantités d'instruments achetés, dix bateaux, contenant 260 caisses, avaient été affrétés (N. G. Oustrialov, *Istoria tsarstvovania Petra Velikogo* [*Histoire du règne de Pierre le Grand*], Saint-Pétersbourg 1858-1863, iii.104-10; Waliszewski, p.100; Massie, p.213).

[34] Selon Mauvillon, les marchands anglais auraient offert douze mille livres sterling, mais le tsar ne voulut traiter qu'après avoir consulté le marquis de Caermarthen (i.193). Perry assure que Caermarthen tira de ce monopole cinq shellings par tonneau de tabac, mais ne donne pas de chiffre pour le traité (Perry, p.160); voir ci-dessous, *Histoire de l'empire de Russie*, I.ix, n.57.

[35] Ce n'est pas seulement parce que les Turcs fumaient que l'usage du tabac était interdit en Russie. L'auteur des *Considérations* de 1737 a entendu un abbé dire à un prince moscovite que fumer était un péché, alors que boire des liqueurs fortes n'en était pas un, car, selon la Bible, ce qui sort de la bouche de l'homme le souille, et ce qui y entre ne le souille pas (app. III, II.237-245); voir Matthieu xv.10-11. Voltaire lui-même, dans l'*Histoire de Charles XII*, rapporte que cette opinion aurait été

chargea de faire fumer le clergé lui-même. Il lui préparait bien 130
d'autres innovations.

Les rois font des présents à de tels voyageurs; le présent de
Guillaume à Pierre fut une galanterie digne de tous deux. Il lui
donna un yacht de vingt-cinq pièces de canon,[36] le meilleur voilier
de la mer, doré comme un autel de Rome, avec des provisions de 135
toutes espèces; et tous les gens de l'équipage voulurent bien se
laisser donner aussi. Pierre sur son yacht, dont il se fit le premier
pilote, retourna en Hollande revoir ses charpentiers, et de là il alla
à Vienne vers le milieu de l'an 1698,[37] où il devait rester moins de
temps qu'à Londres, parce qu'à la cour du grave Léopold il y avait 140

---

135   MF, AP: mer, avec des
135-136   K: de toute espèce; et

---

soutenue dans une thèse publique (V 4, p.187). En 1634, Michel Romanov avait
interdit l'usage du tabac sous peine de mort. Par la suite, on s'était contenté de
fendre les narines des contrevenants, ce que rapporte entre autres Jacques Jubé, *La
Religion, les mœurs et les usages des Moscovites*, éd. M. Mervaud, Studies 294 (1992),
p.196 (cf. signet de Voltaire, *Journal économique*, 1755, xv: 'preneurs de tabac, nez
coupé', CN, iv.611). Avec l'afflux des étrangers, l'habitude s'était répandue et les
punitions étaient devenues rares. Pendant une brève période, le tsar Alexis avait
même autorisé le tabac, qui était monopole d'Etat. Le comte de Carlisle, qui rappelle
l'interdiction du tabac en Russie, rapporte cependant qu'on recommence à s'y
adonner dans les années 1660: les fumeurs se servaient d'une corne de bœuf 'au
milieu de laquelle il y avoit un petit trou, dans lequel se mettoit un vase un peu
large, tenant pour le moins deux pipes de tabac'; ils mettaient de l'eau dans la corne
pour adoucir la fumée, mais tombaient ensuite à terre comme morts, avant de se
relever 'frais et gaillards' (*La Relation de trois ambassades du comte de Carlisle*, éd.
A. Galitzin, Paris 1857, p.45-46). Pierre-Martin de La Martinière échange avec les
'Borandiens' de la Laponie russe du tabac et de l'eau-de-vie contre des fourrures
(*Voyage des pays septentrionaux*, Paris 1671; BV1886, p.90-92). Grand fumeur,
Pierre Ier, en 1697, avant de partir avec sa 'grande ambassade', avait publié un décret
permettant la vente et l'usage du tabac (voir Portal, p.44).
    [36] Le *Royal Transport*. L'information est dans Perry, p.160, et dans Buchet, p.37-
38.
    [37] Pierre partit de Londres le 2 mai 1698, après un séjour de quatre mois en
Angleterre, et quitta Amsterdam pour Vienne le 15 mai 1698.

beaucoup plus de cérémonies à essuyer et moins de choses à apprendre. Après avoir vu Vienne, il devait aller à Venise, et ensuite à Rome; mais il fut obligé de revenir en hâte à Moscou, sur la nouvelle d'une guerre civile, causée par son absence et par la permission de fumer. Les strélits, ancienne milice des czars, pareille à celle des janissaires, [38] aussi turbulente, aussi indisciplinée, moins courageuse et non moins barbare, fut excitée à la révolte par quelques abbés et moines, moitié Grecs, moitié Russes, qui représentèrent, combien Dieu était irrité qu'on prît du tabac en Moscovie, et qui mirent l'Etat en combustion pour cette grande querelle. [39] Pierre, qui avait prévu ce que pourraient des moines et des strélits, avait pris ses mesures. Il avait une armée disciplinée composée presque toute d'étrangers bien payés, bien armés, et qui fumaient sous les ordres du général Gordon, [40] lequel entendait bien la guerre, et qui n'aimait pas les moines. C'était à quoi avait manqué le sultan Osman, qui voulant comme Pierre réformer ses

145

150

155

[38] Pour la comparaison des streltsy avec les janissaires, déjà présente dans l'*Histoire de Charles XII* (V 4, p.188), voir par exemple Foy de La Neuville, *Relation curieuse et nouvelle de Moscovie* (Paris 1698), p.39 (BV1372: La Haye 1699); Fontenelle, iii.186; Buchet, p.4; Rousset de Missy, ii.71; Mauvillon, i.22. Voltaire a pu trouver cette comparaison également dans les *Considérations* de 1737 (app. III, IV.8-15). On la rencontre encore chez les historiens modernes (voir G. Welter, *Histoire de Russie*, Paris 1963, p.174).

[39] En réalité, le tabac n'était pour rien dans la révolte des streltsy. Celle-ci avait été provoquée par les transferts de certains régiments à Azov et à la frontière polonaise. Sophie les avait incités à l'insubordination.

[40] Patrick Gordon (1635-1699), ingénieur et artilleur écossais issu d'une famille de petits lairds, royaliste et catholique. Il avait d'abord servi dans les armées autrichiennes, suédoises et polonaises. Fait prisonnier par les Russes, il entra à leur service en 1661 à titre de conseiller militaire, combattit les Turcs pendant les campagnes de Crimée. Général à partir de 1687, il aida Pierre Ier à s'emparer du pouvoir en 1689, puis devint général en chef et contre-amiral. Son Journal a été publié en allemand (*Tagebuch*, Leipzig 1849). Des extraits en anglais, *Passages from the Diary of general Patrick Gordon*, ont paru en 1859 à Aberdeen.

janissaires, et n'ayant pu leur rien opposer, ne les réforma point, et fut étranglé par eux. [41]

Alors ses armées furent mises sur le pied de celles des princes européens. Il fit bâtir des vaisseaux par ses Anglais et ses Hollandais à Veronitz sur le Tanaïs [42] à quatre cents lieues de Moscou. Il embellit les villes, pourvut à leur sûreté, fit des grands chemins de cinq cents lieues, établit des manufactures de toute espèce; et ce qui prouve la profonde ignorance où vivaient les Russes, la première manufacture fut d'épingles. [43] On fait actuellement des velours ciselés et des étoffes d'or et d'argent à Moscou. Tant est puissante l'influence d'un seul homme, quand il est maître et qu'il sait vouloir.

La guerre qu'il fit à Charles XII pour recouvrer les provinces que les Suédois avaient autrefois conquises sur les Russes, ne l'empêcha pas, toute malheureuse qu'elle fût d'abord, de continuer

160

165

170

162   W48D: pourvit à leurs sûretés, fit
164   W48D, MF, AP: les Moscovites, la
166   K: ciselés, des étoffes

[41] Osman II (1603-1622), renversé par les janissaires et remplacé par Mustafa Ier, fut étranglé au château des Sept-Tours sur l'ordre du nouveau vizir, Dâ'ûd pacha.

[42] Voronej n'est pas sur le Don, mais sur la rivière du même nom. Voltaire ne commettra pas cette erreur dans l'*Histoire de l'empire de Russie*.

[43] Il existait des manufactures en Russie avant Pierre le Grand: une verrerie avait été fondée par un Suédois près de Moscou; les fonderies et armureries de Toula avaient été créées dès 1632 par le Hollandais Vinius; le marchand et diplomate anglais sir John Merrick produisait du chanvre et de la filasse. Dans la seconde moitié du dix-septième siècle, sous l'impulsion de l'Etat, il y avait des manufactures de papier, de cuir, de métallurgie, des verreries et des fonderies de cuivre. L'erreur de Voltaire est peut-être due à la lecture des *Considérations* de 1737, selon lesquelles Pierre le Grand avait engagé à son service, lors de son premier voyage en Hollande, 'des épingliers, ouvriers en fil de fer, des papetiers, armuriers, drapiers, et autres' (app. III, v.476). Les *Considérations* précisent que le projet d'établir des manufactures de riches étoffes a été abandonné.

ses réformes dans l'Etat et dans l'Eglise;[44] il déclara à la fin de
1699 que l'année suivante commençait au mois de janvier, et non
au mois de septembre.[45] Les Russes, qui pensaient que Dieu avait
créé le monde en septembre,[46] furent étonnés que leur czar fût   175
assez puissant pour changer ce que Dieu avait fait. Cette réforme
commença avec le siècle en 1700 par un grand jubilé que le czar
indiqua lui-même. Il avait supprimé la dignité de patriarche, et il
en faisait les fonctions.[47] Il n'est pas vrai qu'il eût, comme on l'a

173   K: suivante commencerait au

[44] C'étaient les questions 2 et 3 posées par Voltaire, et auxquelles répondent les
Considérations: 'Quels sont les changements capitaux que Pierre Ier a faits dans la
religion' (app. III, II.1-2); 'Quels sont les changements que Pierre Ier a faits par
rapport au gouvernement de ses Etats' (app. III, III.1-2).

[45] Voltaire met l'accent sur la mesure qui a le plus choqué les Russes. Il passe
sous silence des aspects plus importants de la réforme du calendrier: d'une part, la
rupture avec la coutume de dater, selon la tradition byzantine, à partir de la création
du monde, 5508 avant J.-C. (l'année 7208, en Russie, devint l'année 1700 comme
partout ailleurs en Europe); d'autre part, l'introduction du calendrier julien, en
usage dans les pays protestants, et qui retardait alors de 11 jours sur le calendrier
grégorien (on sait que ce 'vieux style' restera en vigueur en Russie jusqu'à la
révolution de 1917).

[46] Voltaire avait rappelé cette 'erreur grossière' dans l'*Histoire de Charles XII*
(V 4, p.180).

[47] En fait, quand le patriarche Adrien mourut, en 1700, il ne fut pas remplacé.
Stefan Iavorski, métropolite de Riazan (mort en 1722), devint le chef effectif de
l'Eglise russe. En 1721, un oukase institua un Saint-Synode composé de dix, puis
de douze ecclésiastiques. Pierre ne faisait pas les 'fonctions' de patriarche, mais était
représenté au Saint-Synode par un laïc, le haut-procureur ou procureur général
(*ober-prokuror*). Dans l'*Histoire de Charles XII*, Voltaire écrivait déjà que Pierre
s'était déclaré le 'chef de la religion' (V 4, p.185). Il a pu se souvenir de ce passage
des *Considérations* de 1737: 'Le czar Pierre Ier a fait un changement capital, par
rapport à la hiérarchie, en ce qu'il s'est établi lui seul, premier évêque, et qu'il a
supprimé la dignité de patriarche' (app. III, II.23-25), ou de Perry qui écrit que
Pierre se déclara 'chef et gouverneur de son Eglise' (p.198); voir aussi Buchet, p.90-
91. La Mottraye écrit également que le tsar s'était fait reconnaître 'pour souverain
pontife ou chef de l'Eglise' (*Voyages*, p.211). Mais Voltaire a été influencé surtout
par Johann Hübner, selon qui Pierre 's'arrogea lui-même la dignité de patriarche'
(*La Géographie universelle*, Bâle 1757, iii.359; BV1687: Basle 1761). La traduction

64

dit, mis son patriarche aux Petites-Maisons de Moscou. Il avait 180
coutume, quand il voulait se réjouir en punissant, de dire à celui
qu'il châtiait ainsi, *Je te fais fou*; et celui à qui il donnait ce beau
titre était obligé, fût-il le plus grand seigneur du royaume, de
porter une marotte, une jaquette et des grelots, et de divertir la
cour en qualité de fou de Sa Majesté czarienne. Il ne donna point 185
cette charge au patriarche; il se contenta de supprimer un emploi,
dont ceux qui en avaient été revêtus avaient abusé au point qu'ils
avaient obligé les czars de marcher devant eux une fois l'an en
tenant la bride du cheval patriarcal, cérémonie dont un homme tel
que Pierre le Grand s'était d'abord dispensé. [48]   190

Pour avoir plus de sujets, il voulut avoir moins de moines, et

---

187   w48D: été revêtis

française de Hübner, par J.-J. Duvernoy, avait paru dès 1746 (BV1686), et Voltaire
relèvera son erreur dans l'*Histoire de l'empire de Russie*, 'Préface historique et
critique', l.443-447.

[48] Dans les *Considérations* de 1737, on lit que Pierre n'a plus voulu conduire le
cheval du patriarche le dimanche des Rameaux (app. III, III.157). Cette procession
des Rameaux, qui commémorait l'entrée du Christ à Jérusalem, était très populaire
en Russie. Elle a été décrite dans différents récits de voyage (Jenkinson, Olearius,
Mayerberg, Collins, Carlisle, Struys...) et dans Buchet, p.91-94. Voltaire y fait
allusion dans l'*Histoire de Charles XII* (V 4, p.181). L'origine de cette cérémonie
est incertaine. Elle est assez proche d'une cérémonie que connaissait Byzance, mais
sans la participation de l'autorité politique. Cette cérémonie était d'ailleurs en pleine
évolution au dix-septième siècle: 'cette "humiliation" du tsar tend à s'estomper de
plus en plus car ce dernier transforme cette procession en une cérémonie de prestige
à laquelle il invite les ambassadeurs en poste à Moscou. Il ne craint pas d'arrêter la
procession pour s'enquérir des dernières nouvelles de la situation internationale et
pour discuter avec les envoyés étrangers qui se tiennent sur une tribune. Ce passage
du liturgique au politique est très significatif de l'évolution profonde de la société
russe de l'époque [...] Cette cérémonie tomba en désuétude à la fin du XVIIᵉ siècle
et Pierre le Grand la supprima, car il était impensable pour lui qu'un tsar marchât
à pied devant une quelconque autorité' (J.-Cl. Roberti, *Fêtes et spectacles de
l'ancienne Russie*, Paris 1980, p.22). On trouvera dans ce dernier ouvrage des extraits
traduits et commentés de voyageurs sur cette 'procession à âne', p.23-34 ('l'âne'
était en fait un cheval déguisé en âne).

ordonna que dorénavant on ne pourrait entrer dans un cloître qu'à cinquante ans; [49] ce qui fit que dès son temps son pays fut de tous ceux qui ont des moines, celui où il y en eut le moins. [50] Mais après lui cette graine, qu'il déracinait, a repoussé, par cette faiblesse naturelle qu'ont tous les religieux, de vouloir augmenter leur nombre, et par cette autre faiblesse qu'ont les gouvernements, de le souffrir.

Il fit d'ailleurs des lois fort sages pour les desservants des églises, et pour la réforme de leurs mœurs, quoique les siennes fussent assez déréglées; sachant très bien que ce qui est permis à un souverain, ne doit pas l'être à un curé. Avant lui les femmes vivaient toujours séparées des hommes; il était inouï, qu'un mari eût jamais vu la fille qu'il épousait. Il ne faisait connaissance avec elle qu'à l'église. Parmi les présents de noces était une grosse poignée de verges, [51] que le futur envoyait à la future, pour l'avertir qu'à la première occasion elle devait s'attendre à une petite correction maritale; les maris mêmes pouvaient tuer leurs femmes

194-199   MF, AP: le moins. ¶Il fit

[49] Cette fausse information figure dans Perry (p.186) et dans Buchet (p.45). En réalité, pour les hommes, il fallait avoir au moins trente ans; voir ci-dessous, *Histoire de l'empire de Russie*, I.x, n.31.

[50] 'N'a-t-il pas enfin diminué le nombre des moines?', écrivait Voltaire dans une lettre à Frédéric (*c*.15 janvier 1738, D1426). Dans les *Considérations* de 1737, Vockerodt prétend qu'il n'y a plus guère que dix cloîtres en Russie (app. III, II.221-222). Le 'Dénombrement des diocèses' envoyé à Voltaire pour la préparation de l'*Histoire de l'empire de Russie* fera état, pour 1755, de 7439 moines et 5649 religieuses (MS 5-16, f.66r).

[51] Dans le *Ménagier* (*Domostroï*), manuel de conseils domestiques du seizième siècle, le chef de famille était maître absolu après Dieu. Son autorité s'appuyait sur le fouet, dont il pouvait user également avec sa femme, à condition de le faire sans témoins.

impunément, et on enterrait vives celles qui usurpaient ce même droit sur leurs maris. [52]

Pierre abolit les poignées de verges, défendit aux maris de tuer leurs femmes; et pour rendre les mariages moins malheureux et mieux assortis, il introduisit l'usage de faire manger les hommes avec elles, et de présenter les prétendants aux filles avant la célébration; [53] en un mot, il établit et fit naître tout dans ses Etats jusqu'à la société. [54] On connaît le règlement qu'il fit lui-même pour obliger ses boyards et ses boyardes à tenir des assemblées, où les fautes qu'on commettait contre la civilité russe, étaient punies d'un grand verre d'eau-de-vie, qu'on faisait boire au délinquant, de façon que toute l'honorable compagnie s'en retournait fort ivre et peu corrigée. [55] Mais c'était beaucoup d'introduire une espèce de société chez un peuple qui n'en connaissait point. On

[52] Voir Perry, p.192. Le 19 janvier 1702, Cornelis De Bruyn vit à Moscou une femme enterrée vive jusqu'aux épaules pour avoir tué son mari. Elle mourut le second jour après qu'il l'eut vue (*Voyages par la Moscovie, en Perse*, dans *Voyage au Levant*, Rouen 1725; BV555, iii.80-81). On aurait enterré vives deux femmes de chambre de Sophie, demi-sœur de Pierre, après la révolte des streltsy de 1698 (Johann Georg Korb, *Diarium itineris in Moscoviam*, Vienne [1700], p.167).

[53] Il n'était permis à l'époque de voir sa future et de lui parler qu'une seule fois la veille des noces, rappelle Perry (p.191-92). Le tsar voulut, écrit Buchet, 'qu'on ne mariât personne sans le consentement commun des deux parties, et qu'il leur fût permis de se visiter pour le moins six semaines' (p.52). Cependant, la tradition des mariages arrangés se poursuivit après le règne de Pierre le Grand.

[54] Voltaire écrivait déjà dix ans plus tôt: 'Il a voulu même introduire la société chez des hommes insociables' (à Frédéric, c.15 janvier 1738; D1426).

[55] Selon Weber, les assemblées, qui ont commencé à Pétersbourg en 1719, avaient lieu trois fois par semaine durant l'hiver. Weber indique que le terme, employé en russe, est français. Selon le point 5 du règlement des assemblées, 'chacun sera le maître de s'asseoir, de se promener, ou de jouer, selon qu'il le jugera à propos, sans que personne puisse l'en empêcher, ni s'opposer à ce qu'il fera, sous peine de vuider la Grande Aigle', c'est-à-dire 'un grand goblet plein de vin ou d'eau de vie' (i.299-302). Rousset de Missy, qui recopie Weber, prétend que c'est Catherine qui a engagé Pierre Ier à tenir ces assemblées (*Mémoires du règne de Catherine*, La Haye 1728, p.60-63; BV3047; éd. anglaise, London 1728). Le mot *assemblées* sera souligné dans l'*Histoire de l'empire de Russie* (i.x.226). Voltaire y éliminera l'anecdote sur le verre d'eau-de-vie.

alla même jusqu'à donner quelquefois des spectacles dramatiques.[56] La princesse Natalie, une de ses sœurs, fit des tragédies en langue russe, qui ressemblaient assez aux pièces de Shakespear, dans lesquelles des tyrans et des arlequins faisaient les premiers rôles.[57] L'orchestre était composé de violons russes qu'on faisait jouer à coups de nerf de bœuf.[58] A présent on a dans Pétersbourg des comédiens français et des opéras italiens.[59] La magnificence et le

225

227-228   w48D: à coup de nerfs de
         MF, AP, w56:   à coups de nerfs de

[56] Voltaire ignore les origines du théâtre russe, antérieur au règne de Pierre le Grand, de peu il est vrai. C'est en 1672, l'année même de la naissance de Pierre, qu'eut lieu en Russie, en présence du tsar Alexis, la représentation de la première pièce de théâtre. C'était l'œuvre du pasteur allemand Johann Gottfried Gregori, *Artaxerxès*, une pièce en sept actes tirée du livre d'Esther. Par la suite, d'autres pièces furent jouées, mais ce théâtre de cour n'eut qu'une brève carrière, qui prit fin à la mort d'Alexis, en 1676. Un théâtre 'scolaire' prit cependant la relève, avec deux pièces de Siméon de Polotsk, jouées jusqu'à la fin du siècle; voir J.-Cl. Roberti, *Histoire du théâtre russe jusqu'en 1917* (Paris 1981), p.11-16.

[57] Nathalie (1673-1716) avait installé un petit théâtre où sa tragédie en russe fut jouée par une dizaine d'acteurs et actrices vers 1716. La pièce était 'entremêlée des plaisanteries d'un Arlequin'. Elle représentait 'sous des noms déguisés une des dernières révoltes arrivées en Moscovie'. Elle se terminait par une morale sur les horreurs des révoltes et les malheurs qui les suivent (Weber, i.303-304). Dans ses *Eclaircissements*, le comte de Bassewitz parlera plus tard d'un 'couple de pièces' composées vers la fin de la vie de Nathalie. Elles étaient 'd'un plan passablement raisonnable' et 'ne manquaient pas de beautés de détail', mais la 'disette d'acteurs' avait empêché la princesse de les produire (*Büschings Magazin*, 1775, ix.362).

[58] Raccourci voltairien. Weber, envoyé de Hanovre en Russie, écrit: 'L'orchestre était composé de seize musiciens [...] On apprend la musique aux Moscovites [...] à force de coups de batocs' (i.304).

[59] Weber, i.297 et 303. Une troupe d'opéra italienne s'est installée à Pétersbourg dès 1731. Elle a été dirigée à partir de 1735 par Francesco Araja (1700-1767), dont l'opéra *La Forza dell' amore e dell' odio* fut le premier à être monté en Russie en janvier 1736. Araja écrivit pour le théâtre de la cour de Pétersbourg plusieurs opéras qui eurent une influence sur l'élaboration de l'opéra russe. Cette troupe d'opéra a été suivie par une troupe de commedia dell'arte (1733-1735), puis par une importante troupe italienne de chanteurs, danseurs et comédiens. Une troupe française dirigée par Charles de Sérigny, arrivée à Pétersbourg en 1742, imposera pour longtemps le

goût même ont en tout succédé à la barbarie. Une des plus difficiles   230
entreprises du fondateur, fut d'accourcir les robes et de faire raser
les barbes de son peuple. Ce fut là l'objet des plus grands murmures.
Comment apprendre à toute une nation à faire des habits à
l'allemande et à manier le rasoir? On en vint à bout en plaçant
aux portes des villes des tailleurs et des barbiers; les uns coupaient   235
les robes de ceux qui entraient, les autres les barbes: les obstinés
payaient quarante sous de notre monnaie. [60] Bientôt on aima mieux
perdre sa barbe que son argent. Les femmes servirent utilement le
czar dans cette réforme; elles préféraient les mentons rasés; elles
lui eurent l'obligation de n'être plus fouettées, de vivre en société   240
avec les hommes, et d'avoir à baiser des visages plus honnêtes. [61]

Au milieu des ces réformes grandes et petites, qui faisaient les
amusements du czar, et de la guerre terrible qui l'occupait contre
Charles XII, il jeta les fondements de l'importante ville et du port
de Pétersbourg en 1704, [62] dans un marais où il n'y avait pas une   245

---

répertoire de Voltaire, de Regnard et de Nivelle de La Chaussée. Il y eut aussi des
tournées de comédiens allemands: la troupe de Friederike Caroline Neuber, avant
l'arrivée des Français, jouait des tragédies de Corneille, de Racine et de Gottsched
(*La France et la Russie au siècle des Lumières*, Paris 1986, p.454; Roberti, *Histoire
du théâtre russe*, p.26).

[60] Buchet notait que les gens du commun ne payaient qu'un kopeck, et les autres
cent roubles (p.46-47). L'impôt variait en effet suivant les classes sociales selon
l'oukase de 1705: la noblesse et les fonctionnaires payaient 60 roubles, le commerçant
de première classe 100 roubles, le commerçant ordinaire 60, les gens d'Eglise 30.
Le paysan était exempté, mais, chaque fois qu'il entrait dans une ville et en ressortait,
il payait un kopeck. En 1715, on décréta un impôt uniforme de 50 roubles pour les
orthodoxes et les vieux croyants (Klioutchevski, *Pierre le Grand et son œuvre*, p.164).

[61] Voltaire s'est peut-être inspiré de la phrase suivante de Perry: 'Les femmes en
trouvant leurs maris et leurs galants plus à leur gré s'accommodent parfaitement
bien de cette nouvelle mode' (p.187). Buchet a probablement recopié Perry en
écrivant: 'Les femmes qui trouvèrent leurs maris et leurs galants plus à leur gré,
s'accommodèrent mieux de cette nouvelle mode' (p.48).

[62] En réalité en 1703, le 16/27 mai, jour de la Pentecôte, comme Voltaire le
précisera dans l'*Histoire de l'empire de Russie* (I.xiii, n.*b*). L'erreur vient peut-être
des *Considérations* de 1737 (app. III, IV.366). Voltaire donnait pourtant la date de
1703 dans l'*Histoire de Charles XII* (V 4, p.283).

cabane. Pierre travailla de ses mains à la première maison; rien ne le rebuta; des ouvriers furent forcés de venir sur ce bord de la mer Baltique, des frontières d'Astracan, des bords de la mer Noire et de la mer Caspienne. Il périt plus de cent mille hommes [63] dans les travaux qu'il fallut faire, et dans les fatigues et la disette qu'on essuya; mais enfin la ville existe. Les ports d'Archangel, d'Astracan, d'Azoph, de Veronitz furent construits. [64]

Pour faire tant de grands établissements, pour avoir des flottes dans la mer Baltique, et cent mille hommes de troupes réglées, l'Etat ne possédait alors qu'environ vingt de nos millions de revenu. [65] J'en ai vu le compte entre les mains d'un homme qui

250

255

253   w48D: avoir de flottes
255-256   w48D, MF, AP: possédait qu'environ dix-huit de nos millions de revenus. J'en

[63] 'Deux cent mille' dans l'*Histoire de Charles XII* (V 4, p.283). Les *Considérations* de 1737 rapportaient aussi que la construction de la citadelle de Pétersbourg avait fait 'crever' deux cent mille hommes, selon les Russes (app. III, VI.228-230). Weber affirmait que plus de trois cent mille paysans étaient morts de faim et de maladies en construisant la forteresse de Taganrog, et plus encore dans les travaux de Pétersbourg et de Cronslot (i.89). Dans l'*Histoire de l'empire de Russie*, Voltaire ne fera état que d'un 'nombre prodigieux' de victimes (I.xiii.94).

[64] Le port d'Arkhangelsk fut construit dès 1583 (le fort existait depuis 1533), celui d'Astrakhan avait succédé vers le douzième siècle à Itil, la capitale des Khazars; le port d'Azov, fondé par les Grecs dès le cinquième siècle avant J.-C. sous le nom de Tanaïs, reprit vie au treizième siècle grâce aux marchands génois; c'est le port de Taganrog, et non d'Azov, que Pierre fit construire sur la mer d'Azov en 1698, comme le rappellent les *Considérations* de 1737 (app. III, IV.348), et Catherine II dans sa lettre à Voltaire du 3/14 mars 1771 (D17081). Quant à Voronej, fondée en 1586, elle était devenue au dix-septième siècle le centre du commerce avec le sud; Pierre le Grand n'y créa pas le port, mais un chantier de constructions navales.

[65] En 1710, les recettes de l'Etat ne dépassaient guère les trois millions de roubles, soit 15 millions de livres (Massie, p.367). Toutefois, en 1724, le budget de l'Etat russe a triplé par rapport à 1680 (Klioutchevski, *Pierre le Grand et son œuvre*, p.174). Les *Considérations* de 1737 faisaient état de 9 à 10 millions de roubles de revenus (app. III, XII.2-3), soit 45 à 50 millions de livres, et R. Portal les évaluera à 8 500 000 roubles (p.139), c'est-à-dire à environ 42 millions de livres. En les chiffrant à 18 millions de livres (w48D) ou même à 20 millions, Voltaire les réduit de moitié par

avait été ambassadeur à Pétersbourg.[66] Mais la paie des ouvriers était proportionnée à l'argent du royaume. Il faut se souvenir, qu'il n'en coûta que des oignons aux rois d'Egypte pour bâtir les pyramides. Je le répète, on n'a qu'à vouloir; on ne veut pas assez.   260

Quand il eut créé sa nation, il crut qu'il lui était bien permis de satisfaire son goût en épousant sa maîtresse, et une maîtresse qui méritait d'être sa femme. Il fit ce mariage publiquement en 1712.[67] Cette célèbre Catherine, orpheline née dans le village de Ringen en Estonie,[68] nourrie par charité chez un vicaire,[69] mariée à un   265

---

257   W48D, MF, AP: Pétersbourg. ¶Mais
265   W48D, MF, AP: vicaire, longtemps servante, mariée
        K: chez un ministre luthérien nommé Gluk, mariée

---

rapport à la réalité. Dans l'édition de 1739 de l'*Histoire de Charles XII*, il les estimait à 24 millions de livres (V 4, p.518). Dans l'*Histoire de l'empire de Russie*, au contraire, il exagérera ces revenus, en les estimant à environ 65 millions de livres (1.ii.144).

[66] Peut-être Jacques de Campredon, auquel Voltaire fait allusion plus loin. Campredon avait été envoyé comme plénipotentiaire à Pétersbourg en février 1721.

[67] Le 1er mars; voir *Histoire de l'empire de Russie*, II.iii, n.14. Comme dans l'*Histoire de Charles XII* (V 4, p.409), la source de Voltaire sur Catherine est une 'Lettre écrite de Lithuanie sur l'origine de l'Imperatrice Catherine Alexiewna', publiée en appendice aux *Mémoires du règne de Catherine* de Rousset de Missy, p.605-13.

[68] Près de Derpt (Tartu). Pour le lieu de naissance de Catherine, les historiens hésitent entre Ringen et Vychnee Ozero, un bourg des environs de Riga (Waliszewski, *Pierre le Grand*, p.290).

[69] Ayant perdu sa mère à l'âge de trois ans, Marta Skavronskaïa (1684-1727), qui passe pour être la fille d'un paysan lituanien non marié, fut élevée par un vicaire son parrain ('Lettre écrite de Lithuanie', p.607). Ses frères et sœurs se seraient appelés Skovorochtchenko ou Skovorotski, dont, 'par euphonie sans doute', on a fait Skovronski. Elle est peut-être née d'une liaison de sa mère avec son maître, un noble livonien nommé d'Alvendhal (Waliszewski, p.290). Comme le rappelle Voltaire dans l'*Histoire de Charles XII*, elle fut recueillie par le pasteur luthérien de Marienbourg, Ernst Glück (V 4, p.409). Sans la traiter comme une servante, Glück l'employait à des tâches ménagères et ne la considérait pas comme faisant partie de la famille.

soldat livonien, [70] prise par un parti deux jours après ce premier mariage, avait passé du service des généraux Bauer et Sheremeto [71] à celui de Menzikoff, garçon patissier qui devint prince et le premier homme de l'empire; [72] enfin elle fut l'épouse de Pierre le

266   W48D, MF, AP: parti moscovite deux
266-267   K: après ce mariage
267-268   W48D-W57G: service du général Bauer à celui

[70] A un sergent livonien, selon La Mottraye (*Voyages*, p.197). Ou plutôt à un dragon suédois, en 1702, comme Voltaire le précise dans l'*Histoire de Charles XII* (V 4, p.409), d'après la 'Lettre écrite de Lithuanie' (p.608). Mais il n'y a presque rien de sûr dans l'aventure de Catherine: mari ou fiancé, le traban suédois nommé Kruse disparaît après la prise de Marienbourg, avant ou après la consommation du mariage, prisonnier des Russes ou parti avec son régiment du côté de Riga. La seule certitude, c'est que Catherine devenue impératrice a retrouvé la trace de Kruse et lui a versé une pension (Waliszewski, p.291).

[71] Le comte Boris Petrovitch Cheremetiev (1652-1719), feld-maréchal, joua un rôle important dans la guerre du Nord de 1700 à 1721. Marta resta cinq ou six mois à son service ('Lettre écrite de Lithuanie', p.611). Voltaire a ajouté son nom dans w64G. Contrairement à ce qu'il affirmait déjà dans l'*Histoire de Charles XII* (V 4, p.410), Marta ne semble pas avoir été d'abord au service du général Bauer, dont ne parlent ni la 'Lettre écrite de Lithuanie', ni les historiens modernes (Waliszewski, Massie). Voltaire a sans doute suivi La Mottraye, selon qui Bauer, trouvant Catherine 'fort propre à gouverner un ménage', lui 'donna une espèce d'authorité ou d'inspection sur ces femmes & d'autres domestiques dont elle se fit aimer par la douceur' (*Voyages*, p.198). Mauvillon rapporte aussi que Bauer 'retint notre Catherine à son service' (i.309).

[72] Dans *Le Prince Kouchimen, histoire tartare* (Paris 1710), biographie romancée de Menchikov attribuée à tort à l'abbé de Choisy et due plutôt à Joseph-Gaspard Lambert de Guérin, il est dit de 'Kouchimen' que 'son origine est inconnue', mais que, dès l'âge de dix ans, 'il crioit tous les matins des petits patez dans les rues de Samarkande'; et comme sa voix 'agréable et éclatante' avait percé jusqu'au cabinet de 'Dubord [Lefort]', celui-ci le fit appeler et l'interrogea, et, comme ses réponses 'vives, hardies et respectueuses' lui plurent, il le prit à son service (p.18-20; voir le même ouvrage, intitulé *Histoire de l'origine du prince Menzikow*, Amsterdam 1728, p.15-16). Rousset de Missy prétend lui aussi que c'est en vendant ses petits pâtés que Menchikov aurait eu accès au Kremlin et aurait été engagé au service de Lefort (ii.112-13). Selon La Mottraye, Menchikov, 'fort connu par ses petits pâtez' et surtout par ses chansons, 'assez semblables à celles des oublieurs de Paris', eut 'le bonheur de plaire au czar Pierre par une de ses chansons, lui plut ensuite par

Grand, et ensuite impératrice souveraine après la mort du czar, et   270
digne de l'être. Elle adoucit beaucoup les mœurs de son mari, et
sauva beaucoup plus de dos du *knout*, et beaucoup plus de têtes de
la hache, que n'avait fait le général Le Fort.[73] On l'aima, on la
révéra. Un baron allemand, un écuyer d'un abbé de Fuldt[74] n'eût
point épousé Catherine; mais Pierre le Grand ne pensait pas que   275
le mérite eût auprès de lui besoin de trente-deux quartiers.[75] Les
souverains pensent volontiers, qu'il n'y a d'autre grandeur que
celle qu'ils donnent, et que tout est égal devant eux. Il est bien
certain, que la naissance ne met pas plus de différence entre les
hommes qu'entre un ânon dont le père portait du fumier, et un   280
ânon dont le père portait des reliques. L'éducation fait la grande

---

272-273   w48d: de sa hache
274   mf, ap, k: de Fulde
278-281   mf, ap: devant eux. L'éducation

---

d'autres endroits, & devint son favori' (*Voyages*, p.171; sur Menchikov, 'garçon
pâtissier', voir aussi p.159-60 et 185). Anecdote reprise par Mauvillon (i.119-20) et
par Allainval (*Anecdotes du règne de Pierre premier*, [Paris] 1745; BV51, p.41-45).
En fait, Alexandre Danilovitch Menchikov (1673-1729) est un Russe 'd'origine
incertaine' (Portal, p.48), peut-être le fils d'un palefrenier. Waliszewski, qui fait de
Menchikov le fils 'd'un gentillâtre des environs de Smolensk', rapporte la 'légende'
du garçon pâtissier, mais sans la récuser tout à fait (p.224). Voltaire se faisait l'écho
de cette légende dans l'*Histoire de Charles XII* (V 4, p.410). On la retrouve dans
l'*Histoire de l'empire de Russie* (i.xiv.1-10) et dans Frédéric ii, *Continuation des
Mémoires de Brandebourg* ([Berlin, La Haye] 1757; BV1401), p.14. C'est à l'automne
1703 que Marta Skavronskaïa fut emmenée à Moscou par Menchikov.
[73] C'était l'opinion de Fontenelle (iii.226). Mais la source de Voltaire est La
Mottraye, selon qui Catherine avait inspiré à Pierre de l'humanité: 'elle était en
quelque façon la maîtresse de toutes ses passions, elle a sauvé la vie même à
beaucoup plus de personnes que Mr. Le Fort n'avoit été capable de faire' (*Voyages*,
p.201).
[74] L'abbaye bénédictine de Fulda, en Hesse, fut fondée en 744. En 779, elle
comptait 400 moines. En 1752, elle devint siège épiscopal et le titulaire fut appelé
prince-évêque.
[75] On sait que sous Pierre le Grand la noblesse cesse d'être une caste fermée: les
militaires et les fonctionnaires peuvent devenir nobles par leur mérite.

différence, les talents la font prodigieuse, la fortune encore plus. Catherine avait eu une éducation tout aussi bonne pour le moins chez son curé d'Estonie,[76] que toutes les boyardes de Moscou et d'Archangel, et était née avec plus de talents et une âme plus grande: elle avait réglé la maison du général Bauer[77] et celle du prince Menzikoff, sans savoir ni lire ni écrire. Quiconque sait très bien gouverner une grande maison peut gouverner un royaume; cela peut paraître un paradoxe; mais certainement c'est avec le même esprit d'ordre, de sagesse et de fermeté, qu'on commande à cent personnes et à plusieurs milliers. 285 290

Le czarowitz Alexis, fils du czar, qui épousa, dit-on, comme lui une esclave,[78] et qui comme lui quitta secrètement la Russie, n'eut pas un succès pareil dans ses deux entreprises, et il en coûta la vie au fils pour avoir imité mal à propos le père; ce fut un des plus terribles exemples de sévérité que jamais on ait donné du haut d'un trône; mais ce qui est bien honorable pour la mémoire de l'impératrice Catherine, c'est qu'elle n'eut point de part au malheur 295

284   K: son ministre d'Estonie
288   W48D, MF, AP: une maison
291   W48D, MF, AP: et à cent millions.//
293   W48D-W64G: la Moscovie n'eut

[76] Catherine ne savait ni lire ni écrire, comme Voltaire le rappelle plus loin. Elle ne savait que signer son nom (Waliszewski, p.290). Voltaire a peut-être été influencé par La Mottraye, qui affirme que Catherine avait appris à lire chez le clerc de Ringen, et que, chez Glück, elle 'employoit ses heures de relâche à la lecture' (*Voyages*, p.197).

[77] Catherine n'a pas 'réglé la maison du général Bauer' (voir ci-dessus, n.71). On sait seulement qu'elle fut domestique chez Cheremetiev et qu'elle occupa une place assez importante dans la maison de Menchikov.

[78] Voltaire fait allusion à un prétendu second mariage d'Alexis, avec la Finlandaise Euphrosyne. Il le précise plus loin, après avoir rappelé le mariage du tsarévitch avec la princesse de Wolfenbüttel. Weber ne dit pas qu'Euphrosyne était une 'esclave', mais une captive de Finlande, d'une naissance très commune (i.172 et 347).

de ce prince, [79] né d'un autre lit, et qui n'aimait rien de ce que son père aimait: on n'accusa point Catherine d'avoir agi en marâtre cruelle; le grand crime du malheureux Alexis était d'être trop russe, de désapprouver tout ce que son père faisait de grand et d'immortel pour la gloire de la nation. Un jour entendant des Moscovites qui se plaignaient des travaux insupportables qu'il fallait endurer pour bâtir Pétersbourg, *Consolez-vous*, dit-il, *cette ville ne durera pas longtemps*. [80] Quand il fallait suivre son père dans ces voyages de cinq à six cents lieues, que le czar entreprenait souvent, le prince feignait d'être malade; on le purgeait rudement pour la maladie qu'il n'avait pas; tant de médecines jointes à beaucoup d'eau-de-vie altérèrent sa santé et son esprit. Il avait eu d'abord de l'inclination pour s'instruire: il savait la géométrie, l'histoire, avait appris l'allemand; mais il n'aimait point la guerre, ne voulait point l'apprendre, et c'est ce que son père lui reprochait le plus. [81] On l'avait marié à la princesse de Wolfenbuttel, sœur de l'impératrice femme de Charles vi, en 1711. Ce mariage fut malheureux. La princesse était souvent abandonnée pour des

300

305

310

315

303   K: de sa nation.

[79] Rien ne le prouve. Pourtant, Voltaire le répétera dans l'*Histoire de l'empire de Russie* (II.x.613-622). Il y affirmera qu'aucun ministre étranger résidant en Russie n'a accusé Catherine d'avoir fait la moindre démarche contre Alexis. Ici sa conviction repose sans doute sur cette même absence de sources ou de preuves. Mauvillon pensait au contraire que Catherine et Menchikov, les deux plus grands ennemis du tsarévitch, l'avaient empoisonné (ii.309).

[80] Au cours du procès du tsarévitch Alexis, la question suivante lui fut posée: 'Pourquoi & sur quel fondement a-t-il dit: que Pétersbourg ne nous resteroit pas longtemps?' Réponse d'Alexis: 'J'ai parlé de Pétersbourg étant yvre, dans le sens que voyant qu'on s'éloignoit jusqu'à Coppenhague, on pouvoit bien le prendre pour Azoph. Je ne me souviens plus des paroles mêmes que j'ai dites' (Weber, ii.337 et 341; Rousset de Missy, iv.111 et 114).

[81] Voir la lettre de Pierre à son fils du 11 octobre 1715 (Weber, ii.232-38). Le tsar reprochait surtout à Alexis de vouloir détruire son œuvre; voir sa lettre du 19 janvier 1716 (Weber, ii.242-44).

débauches d'eau-de-vie, et pour Afrosine fille finlandaise, grande, bien faite, et fort douce. On prétend que la princesse mourut de chagrin,[82] si le chagrin peut donner la mort; et que le czarowitz épousa ensuite secrètement Afrosine en 1713,[83] lorsque l'impératrice Catherine venait de lui donner un frère dont il se serait bien passé.[84]

Les mécontentements entre le père et le fils devinrent de jour en jour plus sérieux, jusque-là que Pierre dès l'an 1716 menaça le prince de le déshériter,[85] et le prince lui dit qu'il voulait se faire moine.[86]

Le czar en 1717 renouvela ses voyages par politique et par curiosité; il alla enfin en France. Si son fils avait voulu se révolter, s'il y avait eu en effet un parti formé en sa faveur, c'était là le temps de se déclarer; mais au lieu de rester en Russie et de s'y faire des créatures, il alla voyager[87] de son côté, ayant eu bien de

[82] La princesse Charlotte de Wolfenbüttel mourut en 1715 à l'âge de vingt ans. Elle n'était pas morte seulement de chagrin, mais en donnant naissance à son second enfant, le futur Pierre II. Pour l'inconduite du tsarévitch, Voltaire s'est peut-être inspiré de Weber (i.168-74).

[83] Euphrosyne (Afrossinia), jeune Finlandaise serve prise par les Russes pendant la guerre avec la Suède, avait été recueillie dans la maison de Nikifor Viazemski, ancien précepteur d'Alexis. Elle était devenue la maîtresse du tsarévitch, qui ne l'épousa pas, bien qu'il en ait eu l'intention: il supplia Catherine d'intervenir, mais Euphrosyne fut enfermée dans la forteresse Pierre-et-Paul. La source de Voltaire semble être Weber: 'Il y en a qui prétendent qu'après ses premières couches, & lorsqu'elle eut embrassé la religion moscovite, le czarewitz l'avoit épousée dans le voyage qu'il fit avec elle' (i.347-48).

[84] Le fils de Catherine, Pierre, n'est pas né en 1713, mais en octobre 1715. Il mourra en 1719, à l'âge de trois ans et demi.

[85] En fait, dès le 11 octobre 1715, Pierre menace Alexis, s'il ne se corrige pas, de le priver de la succession au trône, 'comme on retranche un membre inutile' (Weber, ii.239).

[86] Voltaire simplifie: en fait, le 19 janvier 1716, Alexis fut sommé par son père de se corriger pour être digne de la succession, ou de se faire moine. Dans sa lettre du 20 janvier, en réponse à ce second écrit du tsar, il déclara qu'il voulait embrasser l'état monastique (Weber, ii.245).

[87] Voltaire emploiera encore ce verbe anodin dans l'*Histoire de l'empire de Russie* (II.x.152). Dans sa lettre à d'Alembert du 17 novembre 1760, il écrira également:

la peine à rassembler quelques milliers de ducats, qu'il avait secrètement empruntés. Il se jeta entre les bras de l'empereur Charles vi beau-frère de sa défunte femme. On le garda quelque temps très incognito à Vienne; de là on le fit passer à Naples, où 335 il resta près d'un an,[88] sans que ni le czar, ni personne en Russie, sût le lieu de sa retraite.

Pendant que le fils était ainsi caché, le père était à Paris, où il fut reçu avec les mêmes respects qu'ailleurs, mais avec une galanterie, qu'il ne pouvait trouver qu'en France. S'il allait voir 340 une manufacture, et qu'un ouvrage attirât plus ses regards qu'un autre, on lui en faisait présent le lendemain; il alla dîner à Petitbourg, chez M. le duc d'Antin,[89] et la première chose qu'il vit, fut son portrait en grand avec le même habit qu'il portait. Quand il alla voir la Monnaie royale des médailles, on en frappa 345 devant lui de toute espèce, et on les lui présentait; enfin on en frappa une qu'on laissa exprès tomber à ses pieds, et qu'on lui laissa ramasser. Il s'y vit gravé d'une manière parfaite, avec ces mots: PIERRE LE GRAND. Le revers était une Renommée, et la

---

334   W48D, MF, AP: Charles vi frère de

'Je ne trouve point qu'un prince mérite la mort pour avoir voyagé de son côté quand son père courait du sien' (D9412). Voltaire n'a jamais cru à la thèse d'un complot d'Alexis.

[88] Alexis, arrivé à Vienne le 10/21 novembre 1716, fut transféré au début de décembre à la forteresse tyrolienne d'Ehrenberg. Il fut ensuite envoyé à Naples, auprès du vice-roi, Philip Lorenz, comte de Daun. Il ne resta que cinq mois au château Saint-Elme, du 6 mai au 14 octobre 1717 (voir S. M. Soloviev, *Istoria Rossii s drevnéichikh vremen* [*Histoire de la Russie depuis les origines*], Moscou 1960-1966, xvii-xviii.155, 157 et 165).

[89] C'est le 30 mai 1717 que Pierre se rendit chez le surintendant des bâtiments, Louis-Antoine de Pardaillan de Gondrin, duc d'Antin (Buchet, p.207). Pierre se rendit ensuite à Fontainebleau pour chasser. Le 12 mai, à 5 heures du matin, le duc d'Antin était venu prendre Pierre le Grand pour le mener aux Gobelins et au Jardin du Roi (Buchet, p.194). Le 25 mai, il lui avait fait visiter Versailles.

légende, VIRES ACQUIRIT EUNDO;[90] allégorie aussi juste que flatteuse   350
pour un prince qui augmentait en effet son mérite par ses voyages. [91]

En voyant le tombeau du cardinal de Richelieu et la statue de
ce ministre, ouvrage digne de celui qu'il représente, le czar laissa
paraître un de ces transports, et dit une de ces choses qui ne
peuvent partir que de ceux qui sont nés pour être de grands   355
hommes. Il monta sur le tombeau, embrassa la statue; *Grand
ministre*, dit-il, *que n'es-tu né de mon temps! je te donnerais la moitié
de mon empire pour m'apprendre à gouverner l'autre*. Un homme qui
avait moins d'enthousiasme que le czar, s'étant fait expliquer ces
paroles prononcées en langue russe, répondit: 'S'il avait donné   360
cette moitié, il n'aurait pas longtemps gardé l'autre.' [92]

351-363   w48D, MF, AP: voyages. ¶Après avoir vu ce pays, où tout dispose les
hommes à la [...] l'indulgence, il retourna

[90] *Virisque adquirit eundo* [en avançant il accroît ses forces] (Virgile, *Enéide*,
iv.175). Le vers s'applique à la *fama*. Buchet, qui ne rapporte pas l'anecdote de la
médaille, situe cette visite de Pierre Ier à la Monnaie le 28 mai 1717 (p.207), mais
elle semble avoir eu lieu le 12 juin, comme l'indiquent Rousset de Missy (iii.427) et
le MS 3-55 (f.252*v*). Rousset de Missy est sans doute la source de Voltaire. Il écrit
que le tsar 'fut surpris de trouver d'un côté son portrait en buste, ayant pour légende
Petrus Alexiewitz Tzar, Mag. Russ. Imperator, & au revers une Renommée dans les
airs avec deux trompettes; autour étoient ces mots: *Vires acquirit eundo*. Ce qui fait
allusion aux différens voyages que ce souverain a faits depuis vingt ans' (iii.427).
[91] Pour le séjour de Pierre à Paris, Voltaire s'appuie sans doute sur Buchet. Il
rapporte ici les 'anecdotes' qui sont à la gloire de Pierre (portrait chez le duc
d'Antin, médaille gravée à son nom...). Or, le comportement du tsar fut parfois
jugé 'extravagant' à la cour de France (cf. la lettre de Voltaire au marquis de
Chauvelin du 3 novembre 1760, D9378), comme il l'avait été au cours de son
voyage en Angleterre.
[92] L'anecdote, ajoutée dans w56, ne se trouve pas dans Buchet, Rousset de Missy,
Dangeau, Weber... Hubert Le Blanc, dans *Le Czar Pierre premier en France*
(Amsterdam 1741), i.153-56, écrit que Pierre, lors de sa visite au tombeau de
Richelieu, s'extasie sur la Pleureuse de Girardon et fait des citations latines (!), mais
ne rapporte pas les paroles que lui prête Voltaire. Il s'agit peut-être d'une tradition
orale dont serait à l'origine le duc de Richelieu, venu faire les honneurs du mausolée
de son grand-oncle. On lit en effet dans un ouvrage anonyme, *Véritable vie privée
du maréchal de Richelieu* (Paris 1791), p.86: 'Après avoir rendu hommage au ciseau

Le czar après avoir ainsi parcouru la France, où tout dispose les mœurs à la douceur et à l'indulgence, retourna dans sa patrie, et y reprit sa sévérité. Il avait enfin engagé son fils à revenir de Naples à Pétersbourg; ce jeune prince fut de là conduit à Moscou 365 devant le czar son père, qui commença par le priver de la succession au trône, et lui fit signer un acte solennel de renonciation, à la fin du mois de janvier 1718; et en considération de cet acte le père promit à son fils de lui laisser la vie. [93]

Il n'était pas hors de vraisemblance, qu'un tel acte serait un jour 370 annulé. Le czar pour lui donner plus de force, oubliant qu'il était père, et se souvenant seulement qu'il était fondateur d'un empire, que son fils pouvait replonger dans la barbarie, [94] fit instruire publiquement le procès de ce prince infortuné, sur quelques réticences qu'on lui reprochait dans l'aveu qu'on avait d'abord exigé de lui. 375

On assembla des évêques, des abbés et des professeurs, [95] qui trouvèrent dans l'Ancien Testament, que ceux qui maudissent leur père et leur mère, doivent être mis à mort; qu'à la vérité David avait pardonné à son fils Absalon révolté contre lui, mais que Dieu

---

366   w48d-w57g: de sa succession

---

de Girardon, l'empereur adressa au jeune duc ces paroles si connues: "Si ce grand homme vivoit encore, je lui donnerois la moitié de mon royaume pour m'apprendre à gouverner l'autre". Il est vrai qu'un plaisant ajouta qu'il auroit eu tort, parce que le cardinal auroit fini par lui enlever sa part'.

[93] L'acte fut signé le 3 février 1718 (v. st.), comme le rappelle le Manifeste du 24 juin 1718 publié dans Weber et dont la fin est reproduite en tête des 'Pièces originales', à la suite de l'*Histoire de l'empire de Russie*. Cet acte fut signé au cours d'un conclave solennel réunissant les ministres et personnalités officielles, les hauts dignitaires de l'Eglise et les membres éminents de la noblesse (voir Weber, ii.252-53). Le tsar promit à son fils de lui laisser la vie à condition qu'il ne lui cache rien.

[94] Dans l'*Histoire de l'empire de Russie*, Voltaire écrira qu'Alexis était coupable de vouloir 'replonger dans les ténèbres' toute la nation russe (II.x.583).

[95] Il y eut deux hautes cours de justice pour juger Alexis. Le tribunal ecclésiastique était composé de trois métropolites, cinq évêques, quatre archimandrites et autres dignitaires.

n'avait pas pardonné à Absalon. Tel fut leur avis sans rien conclure;   380
mais c'était en effet signer un arrêt de mort. [96] Alexis n'avait à la
vérité jamais maudit son père; il ne s'était point révolté comme
Absalon; il n'avait point couché publiquement avec les concubines
du roi; il avait voyagé [97] sans la permission paternelle, et il avait
écrit des lettres à ses amis, [98] par lesquelles il marquait seulement,   385
qu'il espérait qu'on se souviendrait un jour de lui en Russie.
Cependant de cent vingt-quatre juges séculiers qu'on lui donna, il
ne s'en trouva pas un qui ne conclût à la mort; [99] et ceux qui ne
savaient pas écrire, firent signer les autres pour eux. [100] On a dit
dans l'Europe, on a souvent imprimé, que le czar s'était fait traduire   390
d'espagnol en russe le procès criminel de Don Carlos, [101] ce prince
infortuné, que Philippe II son père avait fait mettre dans une
prison, où mourut cet héritier d'une grande monarchie; mais jamais

382-383   AP: son père; il n'avait point
390   w48D, MF, AP: l'Europe, que le czar

[96] Les juges se référèrent au Lévitique xx.9 et au Deutéronome xxi.18 condamnant
à mort ceux qui outragent leur père ou leur mère, ou qui se révoltent contre eux;
pour l'indulgence, ils évoquèrent l'histoire d'Absalon (voir II Samuel xiii-xviii);
mais – est-ce oubli ou ignorance de Voltaire? – ils rappelèrent que l'enseignement
du Christ invitait aussi à la clémence, en particulier avec la parabole du Fils
prodigue. Voltaire sera mieux informé dans l'*Histoire de l'empire de Russie*.

[97] Voir ci-dessus, n.87.

[98] Il s'agit en fait de deux brouillons de lettres qui ne furent pas envoyées, l'une
adressée aux sénateurs, l'autre aux archevêques (Weber, ii.293).

[99] Le tribunal séculier comprenait 124 membres. Il fut effectivement unanime à
condamner Alexis à la peine de mort; voir le Manifeste du 24 juin 1718, *Histoire de
l'empire de Russie*, 'Pièces originales', l.36-37.

[100] Sur 124 juges, trois seulement (des officiers subalternes) ne savaient pas écrire.
Trois autres juges signèrent pour eux. Leurs noms figurent dans les deux dernières
pages de la liste (Weber, ii.391-92). Le 30 novembre 1759, avec une belle exagération,
Voltaire écrira à d'Argental que la moitié des juges ne savaient pas signer leur nom
(D8620).

[101] Il est peu probable, en effet, que Pierre ait pu faire traduire le procès de don
Carlos, puisque les pièces ont disparu (aucun ouvrage sur ce procès ne se trouve
d'ailleurs dans sa bibliothèque).

il n'y eut de procès fait à Don Carlos, et jamais on n'a su la manière, soit violente, soit naturelle, dont ce prince mourut. [102]   395
Pierre le plus despotique des princes, n'avait pas besoin d'exemples.
Ce qui est certain, c'est que son fils mourut dans son lit le lendemain de l'arrêt, [103] et que le czar avait à Moscou une des plus belles apothicaireries de l'Europe. [104] Cependant il est probable, que le prince Alexis, héritier de la plus vaste monarchie du monde,   400
condamné unanimement par les sujets de son père, qui devaient être un jour les siens, put mourir de la révolution que fit dans son corps un arrêt si étrange et si funeste. [105] Le père alla voir son fils

396-397   W48D, MF, AP: d'exemple. Ce

[102] Le procès de don Carlos eut bien lieu: le Conseil d'Etat, présidé par le Grand Inquisiteur Diego Espinosa, le condamna à mort. Mais les pièces de la procédure ont disparu. On ne sait toujours pas si le prince est mort de mort naturelle, ou empoisonné. Guillaume le Taciturne a accusé Philippe II du meurtre de son fils dans un mémoire auquel Voltaire fait allusion (cf. *Essai sur les mœurs*, ch.166; ii.463-64). L'abbé de Saint-Réal, dans son *Don Carlos, nouvelle historique*, évoque le procès du prince, que les inquisiteurs instruisirent avec une 'diligence incroyable' (*Œuvres*, Paris 1724; BV3071, iii.143-44).

[103] Alexis mourut dans le bastion Troubetskoï de la forteresse Pierre-et-Paul le 26 juin/7 juillet 1718, deux jours après sa condamnation.

[104] L'information est dans Fontenelle (*Œuvres*, iii.218) et dans Weber (i.228). Elle était 'belle, et grande, et bien fournie' (Jubé, *La Religion, les mœurs et les usages des Moscovites*, p.230).

[105] 'Le lendemain [7 juillet 1718], on vint avertir le czar de grand matin, que le trouble & l'agitation que causoit au Prince la crainte de la mort, l'avoient fait tomber dans un accès d'apoplexie' (Weber, i.351). 'Le czarewitz, naturellement d'une imagination faible, ne put s'entendre condamner à mort sans s'abandonner à toutes les impressions que l'horreur d'un pareil sort put faire sur lui. Ainsi une horrible révolution dans tous ses sens le jetta dans le moment même dans une espece de létargie convulsive dont on eut bien de la peine à le faire revenir' (Rousset de Missy, iv.149). Mauvillon, en revanche, ne croit pas que le tsarévitch soit mort de frayeur: 'Je n'ai jamais ouï dire qu'un criminel soit mort pour avoir entendu lire sa sentence; & si cela pouvoit arriver, ce ne seroit du moins pas en Moscovie, où la vie est comptée pour peu de chose' (ii.312). Les deux versions de la mort d'Alexis données ici par Voltaire (empoisonnement, ou 'révolution' causée par le choc de sa condamnation) seront contestées dans l'*Histoire de l'empire de Russie* (II.x.709 ss.). Selon la version officielle, fournie par Pierre le Grand à son ambassadeur à Paris et dans des rescrits aux ministres

expirant, et on dit qu'il versa des larmes, *infelix utcumque ferent ea fata nepotes*. [106] Mais malgré ses larmes les roues furent couvertes de membres rompus des amis de son fils. Il fit couper la tête à son propre beau-frère le comte Lapuchin frère de sa femme Ottokesa [107] Lapuchin, qu'il avait répudiée, et oncle du prince Alexis. Le confesseur du prince eut aussi la tête coupée. [108] Si la Moscovie a été civilisée, il faut avouer que cette politesse lui a coûté cher.

Le reste de la vie du czar ne fut qu'une suite de ses grands desseins, de ses travaux et de ses exploits, qui semblaient effacer l'excès de ses sévérités, peut-être nécessaires. [109] Il faisait souvent des harangues à sa cour et à son conseil. Dans une de ces harangues il leur dit, qu'il avait sacrifié son fils au salut de ses Etats. [110]

405

410

415

---

414   W48D-W56, K: de ses harangues

étrangers, le tsarévitch, à l'annonce de la sentence, aurait été frappé d'une sorte d'apoplexie et serait mort ensuite d'une 'cruelle maladie' (Soloviev, *Istoria Rossii*, xvii-xviii.189). Divers récits rapportent qu'il aurait été empoisonné (*Mémoires* de P. H. Bruce), ou étouffé avec des oreillers (Alexandre Roumiantsev), décapité ou knouté par son père, ou saigné avec une lancette. On ne sait toujours pas comment il est mort. Le plus vraisemblable est qu'il ait succombé aux quarante coups de knout reçus au cours de deux séances de torture.

[106] Virgile, *Enéide*, vi.822 ('Malheureux, de quelque manière que la postérité doive apprécier cet acte').

[107] Eudoxie, première épouse de Pierre le Grand. Voltaire la nomme déjà Ottokesa dans l'*Histoire de Charles XII* (V 4, p.410). Le prénom d'Eudoxie était devenu, dans l'*Almanach royal* de 1716, Ottokosa (A. Lortholary, *Le Mirage russe en France au XVIIIe siècle*, Paris 1951, p.282). C'est là sans doute l'origine de l'Ottokesa de Voltaire; voir aussi Buchet, p.209. Eudoxie retrouvera son vrai prénom dans l'*Histoire de l'empire de Russie* (I.vi; II.i, iii et x).

[108] Le protopope Iakov Ignatiev, confesseur d'Alexis, et Abraham Lopoukhine, frère d'Eudoxie, avaient été condamnés à la roue, mais furent décapités. Au total, neuf amis du tsarévitch furent mis à mort, dont l'évêque de Rostov, Dosithée. D'autres, plus nombreux, furent knoutés et exilés (Massie, p.670-71).

[109] Fontenelle est plus catégorique: il estime que la sévérité de Pierre à l'égard de son fils 'dut être nécessaire' (iii.227).

[110] Dans l'*Histoire de l'empire de Russie*, Voltaire écrira que Pierre a sacrifié son fils 'au salut de son empire' (II.x.596-597).

Après la paix glorieuse qu'il conclut enfin avec la Suède en 1721,[111] par laquelle on lui céda la Livonie, l'Estonie, l'Ingermanie,[112] la moitié de la Carélie et du Vibourg, les Etats de Russie lui déférèrent le nom de GRAND, de père de la patrie et d'empereur. Ces Etats étaient représentés par le sénat, qui lui donna solennellement ces titres en présence du comte de Kinski, ministre de l'Empereur,[113] de M. de Campredon, envoyé de France, des ambassadeurs de Prusse et de Hollande.[114] Peu à peu les princes de l'Europe se sont accoutumés à donner aux souverains de Russie ce titre d'empereur; mais cette dignité n'empêche pas que les ambassadeurs de France n'aient partout le pas sur ceux de Russie.

Les Russes doivent certainement regarder le czar comme le plus grand des hommes. De la mer Baltique aux frontières de la Chine, c'est un héros; mais doit-il l'être parmi nous? Etait-il comparable pour la valeur à nos Condés, à nos Villars, et pour les connaissances, pour l'esprit, pour les mœurs à une foule d'hommes avec qui nous vivons? Non: mais il était roi, et roi mal élevé; et il a fait ce que peut-être mille souverains à sa place n'eussent pas fait. Il a eu cette force dans l'âme, qui met un homme au-dessus des préjugés, et de tout ce qui l'environne, et de tout ce qui l'a précédé: c'est un architecte, qui a bâti en brique, et qui ailleurs eût bâti en marbre.

420

425

430

435

---

418   AP: du Videbourg, les
434   K: préjugés, de

---

[111] Le traité de Nystad (30 août/10 septembre 1721), qui mit fin à la guerre du Nord.

[112] L'Ingermanland ou Ingrie, partie de la Finlande méridionale qui sera rattachée en 1785 au gouvernement de Pétersbourg.

[113] Franz Ferdinand, comte Kinsky (1668-1741).

[114] Sur Jacques de Campredon, en poste à Pétersbourg de 1721 à 1726, 'médiateur écouté, ambassadeur fêté et choyé', voir A. Rambaud, *Recueil des instructions données aux ambassadeurs et ministres de France* (Paris 1890), viii (Russie).XXXVII et 197-261. Campredon avait servi dès l'âge de vingt ans, et avait été secrétaire d'ambassade dès 1693, au Danemark et en Hollande (Campredon, *Mémoire sur les négociations dans le Nord*, Paris 1859, p.5).

S'il eût régné en France, il eût pris les arts au point où ils sont pour les élever au comble: on l'admirait d'avoir vingt-cinq grands vaisseaux sur la mer Baltique, il en eût eu deux cents dans nos ports.   440

A voir ce qu'il a fait de Pétersbourg, qu'on juge ce qu'il eût fait de Paris. Ce qui m'étonne le plus, c'est le peu d'espérance que devait avoir le genre humain, qu'il dût naître à Moscou un homme tel que le czar Pierre. Il y avait à parier un nombre égal à celui de tous les hommes qui ont peuplé de tous les temps la Russie, contre   445 l'unité, que ce génie si contraire au génie de sa nation ne serait donné à aucun Russe; et il y avait encore à parier environ seize millions, [115] qui faisaient le nombre des Russes d'alors, contre un, que ce lot de la nature ne tomberait pas au czar. Cependant la chose est arrivée. Il a fallu un nombre prodigieux de combinaisons   450 et de siècles, avant que la nature fît naître celui qui devait inventer la charrue, et celui à qui nous devons l'art de la navette. Aujourd'hui les Russes ne sont plus surpris de leurs progrès; ils se sont en moins de cinquante ans familiarisés avec tous les arts. On dirait que ces arts sont anciens chez eux. Il y a encore de vastes climats   455 en Afrique, où les hommes ont besoin d'un czar Pierre; il viendra peut-être dans des millions d'années, car tout vient trop tard.

447-448   w48D-w57G: parier quinze [w56, w57G: seize] millions, qui font le nombre des Russes d'aujourd'hui contre
450-452   MF, AP: arrivée. Aujourd'hui
456-457   MF, AP: d'un czar Pierre.//

[115] 'Quinze millions' dans w48D, 'seize millions' à partir de w56. En fait, la Russie ne comptait alors vraisemblablement pas plus de huit millions d'habitants (*Istoria Moskvy* [*Histoire de Moscou*], Moscou 1952, i.446). Elle n'en aura encore sans doute que douze à quatorze millions en 1720 (Portal, p.188-89).

Histoire de l'empire de Russie sous Pierre le Grand

édition critique

par

Michel Mervaud
avec la collaboration de
Ulla Kölving, Christiane Mervaud
et Andrew Brown

INTRODUCTION

Genèse et composition de l'œuvre

On a un peu de peine avec ces Russes... [1]

Des 'Anecdotes sur Pierre le Grand' à l''Histoire de l'empire de Russie'

En 1745, Voltaire, historiographe du roi, avait été chargé d'écrire à l'impératrice Elisabeth de Russie. Dans sa lettre, il exprimait la 'vive reconnaissance' de Louis xv pour la médiation de la tsarine dans la guerre de Succession d'Autriche. Par l'intermédiaire du comte d'Alion, ambassadeur de France en Russie, il avait ensuite adressé des vers et trois de ses ouvrages à Elisabeth. Comme en témoigne sa lettre au comte d'Alion, il souhaitait que la fille de Pierre le Grand approuve son projet d'écrire une histoire à la gloire de son père, et qu'elle lui procure des documents pour l'aider dans sa tâche. Mais l'impératrice n'avait pas répondu. [2] Voltaire n'avait pourtant pas renoncé à un dessein qui lui tenait à cœur. Réduit à sa propre documentation, il avait fait paraître en 1748 ses *Anecdotes sur le czar Pierre le Grand*. Ces quelques pages n'étaient sans doute dans son esprit qu'une simple esquisse, les prolégomènes d'une œuvre future d'une tout autre ampleur.

Après le silence d'Elisabeth, les relations de Voltaire avec la cour de Saint-Pétersbourg ne reprennent officiellement que douze ans plus tard, au début de 1757. Une douzaine d'années également s'écoulent entre la première édition des *Anecdotes sur le czar Pierre le Grand* et la parution du premier tome de l'*Histoire de l'empire*

---

[1] Voltaire à Mme Du Deffand, 10 octobre 1760 (D9297).

[2] Pour plus de détails, voir ci-dessus, l'introduction aux *Anecdotes sur le czar Pierre le Grand* (p.21-23).

de Russie sous Pierre le Grand. Pendant toute cette période, Voltaire a eu bien d'autres préoccupations, notamment lors du séjour en Prusse, que la vie et les réformes du tsar. Des œuvres importantes en chantier, telles que *Le Siècle de Louis XIV*, pouvaient aussi l'en distraire. On ne peut pas dire pour autant qu'il ait cessé de s'intéresser à Pierre le Grand et à la Russie.

En janvier 1750, à la suite d'*Oreste*, paraît un *Chapitre II. Sur les mensonges imprimés*. On lit dans le paragraphe XXVII:

Il est constant que plus des trois quarts des habitants de la terre ont vécu très longtemps comme des bêtes féroces: ils sont nés tels. Ce sont des singes que l'éducation fait danser, et des ours qu'elle enchaîne. Ce que le czar Pierre le Grand a trouvé encore à faire de nos jours dans le nord de ses Etats, est une preuve de ce que j'avance, et rend croyable ce qu'Hérodote a rapporté. [3]

En novembre 1750, Voltaire est allé voir le résident de Russie à Berlin, Heinrich von Gross. Dans une lettre du 24 février 1751, Frédéric II lui reprochera en termes très vifs de s'être mêlé d'affaires qui ne le regardaient pas (D4400). Car les ministres étrangers hostiles à la Prusse avaient cru que cette démarche avait été effectuée sur l'ordre du roi. La visite de Voltaire était d'autant plus intempestive qu'elle survenait au moment où un incident diplomatique allait conduire à la rupture des relations entre la Russie et la Prusse, et au rappel de Gross.

Or, que répond Voltaire à Frédéric? D'une part, qu'il s'agit d'une visite privée: il a 'beaucoup connu' Gross à Paris, et celui-ci est venu le voir à Berlin. D'autre part, et surtout, il est allé prier le résident de lui faire parvenir un ballot de livres et de cartes de géographie que le président de l'Académie des sciences de Pétersbourg, Kirill Razoumovski, devait lui envoyer. Il ignorait que Gross allait être rappelé en Russie, et c'est ce dernier qui le lui a appris (D4401).

On aimerait en savoir plus sur les relations de Voltaire avec

---

[3] *Des mensonges imprimés*, ch.2, éd. M. Waddicor, V 31B (1994), p.382.

Gross. Avant d'être ministre en Prusse, Gross avait été ambassadeur en France à partir de 1746. Il est possible que Voltaire l'ait effectivement rencontré à Paris, sans doute chez Briasson. On sait que le libraire était l'agent éditorial de l'ambassade de Russie et avait conclu en octobre 1747 un contrat avec l'Académie de Pétersbourg. Il recevait presque toutes les éditions en langues étrangères de la capitale russe. Il avait commandé entre autres douze atlas russes (*Atlas Moscoviticus*) 'en 19 cartes, représentant tout l'Empire de Russie', qui figurent à son catalogue de 1750. [4]

Une lettre de Razoumovski, de janvier 1751, confirme que Voltaire a bien demandé qu'on lui envoie des livres de Russie. Répondant à une lettre inconnue de Voltaire, qui félicitait le président de l'Académie de sa nouvelle dignité d'hetman, Razoumovski assure qu'en juin 1750 un ballot de livres et un paquet lui ont été adressés. Seulement, ce colis, contenant onze tomes et un supplément de *Commentaires* de l'Académie des sciences de Pétersbourg, avait été envoyé à Briasson. Or, Voltaire n'avait pu le recevoir, puisqu'en juin 1750 il était parti pour la Prusse. Aussi a-t-il dû écrire de Berlin une seconde lettre à Pétersbourg, en demandant les cartes auxquelles il fait allusion dans sa lettre à Frédéric. 'Pour l'Atlas de Russie', répond Razoumovski, 'il n'y est pas, parce que Vous ne me l'avez pas demandé. Mais à présent sachant Vôtre sentiment là dessus je Vous l'enverrai ou par eau ou par terre à la première occasion qui se présentera' (D4352).

La lettre du président de l'Académie nous apprend aussi que Voltaire aurait songé à se rendre en Russie. [5] Razoumovski l'en dissuade: le voyage est trop long et trop fatigant pour un homme de son âge et de sa constitution; en outre, il serait inutile, car Razoumovski serait alors sans doute très éloigné de la capitale.

[4] Voir N. A. Kopanev, *Frantsouzskaïa kniga i rousskaïa koul'toura v seredine XVIII veka* [*Le Livre français et la culture russe au milieu du XVIIIe siècle*] (Leningrad 1988), p.74-76.

[5] Dès 1743, Voltaire aurait songé à se rendre à la cour d'Elisabeth (voir ci-dessus, *Anecdotes*, p.22, n.59).

On peut d'ailleurs douter que Voltaire ait envisagé sérieusement d'aller à Pétersbourg vers la fin de 1750: la Russie et la Prusse allaient rompre leurs relations diplomatiques, et Voltaire était aux prises avec les 'affaires' de Baculard d'Arnaud et du juif Hirschel.

Pourtant, Voltaire ne perd pas de vue la Russie et Pierre le Grand. Le 1er avril 1752, de Potsdam, il écrit à Georg Conrad Walther (D4857):

Il serait important pour vous que les anecdotes sur le Czar Pierre et les pensées sur le gouvernement parussent. Vous pouvez prier l'ambassadeur de Russie d'indiquer ce qui doit être retranché dans les anecdotes et de fournir ce qui peut être à la gloire de sa nation [...] Il serait important que les pensées sur le gouvernement ou les anecdotes sur le Czar Pierre parussent, parce qu'ils sont citez en plusieurs endroits de L'édition.

Pour sa deuxième édition des *Œuvres* de Voltaire, Walther disposait d'"examinateurs'. Si Voltaire conseille à l'éditeur de Dresde de consulter l'ambassadeur de Russie pour la réédition des *Anecdotes*, la recommandation est d'autant plus frappante qu'il interdira le 31 mai à Walther de demander son avis à Gross pour la nouvelle édition du *Siècle de Louis XIV* (D4899). Pourquoi est-il prêt à 'retrancher' des *Anecdotes* les passages sur les côtés déplaisants du tsar? Recherchant manifestement l'approbation des milieux officiels de Pétersbourg, [6] espère-t-il que son projet d'écrire l'histoire de Pierre le Grand sera enfin agréé? Quoi qu'il en soit, les *Anecdotes sur le czar Pierre le Grand* ne figureront pas dans la nouvelle édition de Walther. Peut-être parce que l'ambassadeur de Russie n'avait pas fourni les informations ou les documents qui auraient pu être 'à la gloire de sa nation'...

---

[6] Le 29 juin 1749, au contraire, répondant à l'ode sur *Les Troubles du Nord* de Frédéric II, Voltaire s'était gaussé du chancelier Alekseï Bestoujev-Rioumine: 'Votre muse àpropos s'irrite / Contre ce vilain Bestuchef, / Et ce gros bufle moscovite / Qui vouloit nous porter méchef / Est traitté selon son mérite' (D3952). On sait que, pendant la guerre de Succession d'Autriche (terminée en 1748), Bestoujev soutenait l'alliance de la Russie avec l'Angleterre, la Hollande et l'Autriche contre la Prusse et la France.

Par la suite, pendant près de cinq ans, Pierre le Grand semble absent des préoccupations de Voltaire. Du moins ne fait-il allusion à lui qu'une seule fois dans sa correspondance: le 8 mai 1756, il écrit au président Hénault qu'avant le tsar, aucun prince 'n'avait cessé d'être roi pour apprendre mieux à régner' (D6857). Toutefois, la même année, il collectait des anecdotes sur la cour de Russie. Le 9 mars 1756, il écrivait à Mme de Bentinck (D6771):

Passons vite à la cour de Russie. Envoyez moy madame toutes ces anecdotes, et le pour et le contre. Mais comment me les ferez vous parvenir? je m'en raporte à vous. Il y a à Genève un vieux ministre qui a servi la Russie vingt ans, et qui débrouillera tout ce que vous m'enverrez.

'Vous me proposez ce que je désirais depuis trente ans'

Mais, au début de 1757, on assiste à un véritable coup de théâtre: alors que le projet de Voltaire paraît oublié depuis longtemps, ce sont les Russes qui lui proposent d'écrire l'histoire de Pierre le Grand. [7] Tout concourt à ce revirement: le chambellan Ivan

---

[7] Pour l'histoire des relations de Voltaire avec ses censeurs russes et la genèse de son livre sur Pierre le Grand, l'ouvrage fondamental demeure celui de E. F. Šmurlo, *Voltaire et son œuvre 'Histoire de l'empire de Russie sous Pierre le Grand'* (Prague 1929). L'ouvrage comprend: une introduction en russe de 170 p., avec en notes des extraits de lettres de Voltaire en français; six appendices en russe et en français contenant les questions de Voltaire et les réponses de Pétersbourg; un 'sommaire' de plus de 200 p. reproduisant le détail des remarques de l'historien Lomonossov (en russe), du géographe Anton Friedrich Büsching (en allemand) et du secrétaire des conférences de l'Académie, Gerhard Friedrich Müller, la plupart en français, sur le livre de Voltaire; un résumé en français d'une dizaine de pages. Šmurlo a reproduit les textes de Voltaire (manuscrits conservés à la Bibliothèque nationale de Saint-Pétersbourg et remarques publiées dans le *Journal encyclopédique* du 1er décembre 1762), ainsi que ceux de ses censeurs: remarques imprimées de Lomonossov, de Büsching et de Müller, et, surtout, pour ce dernier, ses nombreuses remarques manuscrites en français conservées à Moscou (RGADA, Portefeuille Müller; une copie faite pour Catherine II d'une partie de ce fonds – un 'Supplément' de 234 remarques portant sur les sept premiers chapitres de l'*Histoire de l'empire de Russie* – se trouve à la collection de l'Ermitage de la Bibliothèque nationale de Russie.

Ivanovitch Chouvalov, nouveau favori d'Elisabeth, est un esprit
éclairé. En 1755, il fonde avec Lomonossov l'université de Moscou
et, en 1757, l'Académie des beaux-arts de Pétersbourg. Francophone, francophile, il comprend d'autant mieux la nécessité de
faire participer son pays au monde occidental des Lumières que la
France, au début de la guerre de Sept Ans, est devenue avec
l'Autriche l'alliée de la Russie contre l'Angleterre et la Prusse.
D'autre part, les Russes ont pris conscience que Voltaire a déjà
célébré deux des trois plus grands monarques disparus au début
du siècle: Charles XII et Louis XIV. Qui, mieux que le philosophe
français, dont la gloire retentit dans toute l'Europe, pourrait
retracer la vie et l'œuvre du troisième, Pierre le Grand?

Les premiers contacts sont pris, apparemment en janvier 1757:
les Russes non seulement accèdent enfin au désir de Voltaire, mais
ils tentent de l'attirer à Pétersbourg pour qu'il rédige sur place son
histoire. Bien entendu, Voltaire s'empresse de faire savoir autour
de lui l'invitation de l'impératrice: au duc de Richelieu, dès le 4
février (D7141); à Jean-Robert Tronchin le 4 ou le 5, puis le 6
(D7142, D7145); à d'Argental le 6 (D7143); à la duchesse de Saxe-
Gotha et à la margrave de Bayreuth le 8 (D7150, D7151); à
Cideville et à la comtesse de Lutzelbourg le 9 (D7152, D7153).
Les négociations avaient été menées de la part de Chouvalov par
son chargé d'affaires à Paris, Fedor Dmitrievitch Bekhteev. Ce
dernier avait demandé à Fedor Pavlovitch Vesselovski,[8] autrefois

Comportant quelques variantes, elle a été étudiée par A. Lentin, 'Les "erreurs" de
Voltaire: a riposte from St Petersburg. G. F. Müller's "Remarques sur l'*Histoire de
Pierre le Grand* par Mr de Voltaire", and their sequel', dans *Voltaire et ses combats*,
éd. U. Kölving et Ch. Mervaud, Oxford 1997, ii.1305-14). Bien entendu, l'étude de
Šmurlo est à compléter, et parfois à rectifier, par des travaux plus récents, surtout
soviétiques. Šmurlo ignorait certains documents: il ne connaissait par exemple que
quatre lettres de Chouvalov à Voltaire, alors que la *Correspondance* publiée par
Th. Besterman en compte trente-six.

[8] Les historiens ont cru tout d'abord que les négociations avec Voltaire avaient
été menées de la part de Chouvalov par l'intermédiaire de Mikhaïl Petrovitch
Bestoujev-Rioumine, ambassadeur de Russie à Paris et frère du chancelier. La lettre
de Voltaire à Vesselovski du 19 février 1757 a été longtemps considérée comme une

compromis dans l'affaire du tsarévitch Alexis, et qui avait dû s'exiler à Genève avec son frère Avraam, de communiquer l'invitation à Voltaire. Celle-ci lui était parvenue à Monrion, sans doute oralement, dès le début de février. La confirmation officielle allait suivre, avec une lettre de Fedor Vesselovski à Voltaire du 16 février 1757 (D7160).

Les Russes pensaient peut-être que Voltaire n'hésiterait pas à leur faire l'honneur de se rendre à la cour de Pétersbourg: il avait bien séjourné à la cour de Prusse. Et d'ailleurs, n'avait-il pas manifesté lui-même à plusieurs reprises son intention d'aller en Russie? Quelle revanche sur Frédéric II après 'l'affront de Francfort'! Et comment ne pas échanger 'une faveur royale perdue contre une faveur impériale gracieusement offerte'? [9] Pourtant, Voltaire n'ira pas: dans sa lettre à Vesselovski du 19 février, il invoque des raisons de santé (D7169). Mais à Cideville, il dit la vérité: 'Je ne veux ny roy ny autocratrice. J'en ay tâté, cela suffit' (D7152). Et à la comtesse de Lutzelbourg: 'Je me tiendrai dans la Suisse. J'ay tâté des cours' (D7153). 'Vous savez aussi qu'aucune cour ne me tente plus', répète-t-il à Mme de Fontaine le 19 février (D7166). A tous ses proches, il dit préférer le bonheur dans sa retraite des Délices à toutes les illusions. 'Ne pouvant se flatter' d'attirer Voltaire dans sa patrie, Chouvalov, par l'intermédiaire de Vesselovski, s'engage à lui fournir 'tous les mémoires et les matériaux nécessaires' pour entreprendre son travail. Dans ces conditions, Voltaire accepte: le 19 février, il répond à Vesselovski: 'Vous me proposez ce que je désirais depuis trente ans'. [10]

---

réponse à Bestoujev-Rioumine (voir, par exemple, Š, p.42). Pour l'identification du correspondant de Voltaire, voir D7169, note.

[9] V. Černy, *L'Apothéose de Pierre le Grand* (Prague 1964), p.17. Mais l'invitation des Russes n'était peut-être qu'une politesse. Le 16 février 1757, Vesselovski écrit à Voltaire que Chouvalov 'ne pouvant se flatter de vous attirer dans sa patrie pour mettre la main à un tel ouvrage, espère que dans votre retraite ici vous n'aurez aucune répugnance d'entreprendre cette histoire' (D7160).

[10] D7169. Entre le 10 et le 20 mars 1757, Vesselovski écrivit à Chouvalov pour l'informer qu'il lui avait transmis la réponse de Voltaire du 19 février (voir app. XI).

Il lui soumet le plan de son histoire: après une description de 'l'état florissant' de la Russie sous Elisabeth, il dira que tout cela est une 'création nouvelle', fera connaître l'auteur de ces prodiges, et donnera une idée précise de tout ce que Pierre le Grand a fait depuis son avènement, 'année par année' (D7169). Le 27 avril, Chouvalov lui écrit lui-même pour confirmer leur accord. C'est le début d'une longue correspondance entre le grand seigneur russe et l'illustre écrivain français. Chouvalov approuve le plan et le titre de l'ouvrage; il envoie la carte de l'empire et le plan de Pétersbourg que Voltaire avait demandés le 19 février; il lui fait parvenir aussi des médailles de Pierre le Grand.

Dans sa réponse, le 24 juin, Voltaire, après avoir remercié pour 'les cartes', revient plus en détail sur sa conception de l'œuvre conformément à 'l'esprit éclairé qui règne aujourd'hui dans les principales nations de L'Europe'. Il approfondira 'ce que les historiens effleuraient autrefois à peine':

On veut savoir de combien une nation s'est accrüe, quelle était sa population avant l'Epoque dont on parle, & quelle elle est depuis cette époque, le nombre de troupes régulières qu'elle entretenait, & celui qu'elle entretient; Quel a été son commerce, & comment il s'est étendu; quels arts sont nés dans le païs, quels arts y ont été apellés d'ailleurs, & s'y sont perfectionnés; quel était à peu près le revenu ordinaire de L'état, & à quoi il se monte aujourd'hui, quelle a été la naissance & le progrès de la marine; quelle est la proportion du nombre des nobles avec les Ecclésiastiques & les moines, & quelle est celle de ceux cy avec les cultivateurs &c. [11]

Bref, c'est une histoire 'philosophique' qu'écrira Voltaire. Il en rêve depuis au moins vingt ans; ne l'avait-il pas déjà définie dans sa correspondance de 1737 avec Frédéric II? N'en avait-il pas donné une esquisse dans son édition de 1739 de l'*Histoire de*

[11] D7298. Chouvalov cite cet extrait de la lettre de Voltaire dans une lettre où il demande à Gerhard Friedrich Müller de le seconder en lui fournissant des mémoires (lettre s.d., reçue par Müller le 1er août 1757, voir app. XI, p.1256).

Charles XII? Et n'en avait-il pas fait la théorie en 1744 dans ses *Nouvelles considérations sur l'histoire*? [12]

Le 19 août, Voltaire précise pour d'Argental qu'il ne va pas raconter de nouveau les batailles de Narva et de Poltava: 'Il s'agit de faire connaître un empire de deux mille lieues d'étendue dont à peine on avait entendu parler il y a cinquante ans'. Car

c'est un beau spectacle de voir Petersbourg naître au milieu d'une guerre ruineuse et devenir une des plus belles et des plus grandes villes du monde, de voir des flottes où il n'y avait pas une barque de pêcheur, des mers se joindre, des manufactures se former, les mœurs se polir, et l'esprit humain s'étendre.

L'objet du travail du philosophe, c'est donc 'ce vaste tableau de la réforme du plus grand empire de la terre' (D7349). Le 5 octobre, dans une lettre à Darget, il écrit encore: 'Pétersbourg n'était autrefois qu'un amas irrégulier de maisons de bois; c'est à présent une ville plus belle que Berlin, peuplée de plus de trois cent mille hommes; tout s'est perfectionné à peu près dans cette proportion. Le czar a créé, et ses successeurs ont achevé'. L'intention de Voltaire est de dire tout ce que Pierre 'a fait pour le bien du genre humain dans l'étendue de deux mille lieues de pays' (D7412).

Voilà bien en effet ce qu'il entend montrer: la grandeur de Pierre, qui a su faire entrer sa nation dans l'Europe des Lumières; mais aussi les progrès continus de ce pays, qui ne le cède pas aux autres Etats modernes. Vaste projet, d'une ambition folle. Il s'agit en somme d'écrire l'épopée vraie de Pierre et de la Russie contemporaine. Il n'est pas exagéré de dire que Voltaire s'y est consacré 'avec une véritable passion', malgré les difficultés de la tâche et 'tout ce qu'un tel travail dut lui coûter de peines'. [13] Car, on ne le soulignera jamais assez, l'entreprise ne devait rien au hasard: loin d'avoir été inspirée par les Russes, l'idée 'avait pris

---

[12] Voir ci-dessus, *Anecdotes sur le czar Pierre le Grand*, p.30-31.
[13] Desnoiresterres, vi.361.

corps tout à fait *organiquement* à partir de ses propres recherches historiques et philosophiques et de ses intérêts littéraires'. [14]

L'histoire de la Russie sous Pierre le Grand n'en risquait pas moins d'apparaître comme une œuvre de commande. Voltaire en avait parfaitement conscience. Mais il n'était plus demandeur, et il avait pris la sage décision de demeurer aux Délices. Aussi pense-t-il pouvoir écrire en toute indépendance. Il ne craint d'être 'ni satirique ni flatteur'. Et il fera tout son possible pour ne déplaire ni à Pétersbourg, ni au public. [15] Exercice périlleux! Voltaire saura-t-il tenir ce délicat équilibre?

Première 'esquisse' (août 1757)

En tout cas, il n'attend pas de recevoir les mémoires promis par les Russes. Il s'est mis tout de suite au travail. Il dispose en effet des matériaux imprimés utilisés pour son *Histoire de Charles XII*, [16] des manuscrits concernant le général Lefort, et d'ouvrages tels que celui de Du Halde sur la Chine, de John Perry et de Strahlenberg sur l'empire russe, dont la traduction en français venait de paraître. [17] Il n'a 'point fait usage', prétend-il, de la

[14] M. P. Alekseev, 'Vol'ter i rousskaïa koul'toura XVIII veka' ['Voltaire et la culture russe du XVIIIe siècle'], dans *Vol'ter. Stat'i i materialy* [*Voltaire: articles et documents*] (Leningrad 1947), p.21 (souligné par nous).

[15] A d'Argental, 19 août 1757 (D7349).

[16] Un grand nombre de documents ont été adressés à Voltaire par un témoin oculaire, le comte Robert-Joseph de La Cerda de Villelongue. Dès 1749, Voltaire a déposé ces manuscrits à la Bibliothèque du roi, mais on ignore bien entendu s'il s'agissait de leur totalité (voir V 4, p.616).

[17] Jean-Baptiste Du Halde, *Description géographique, historique, chronologique, politique et physique de l'empire de la Chine et de la Tartarie chinoise* (La Haye 1736; BV1132); John Perry, *Etat présent de la Grande Russie, contenant une relation de ce que S. M. czarienne a fait de plus remarquable dans ses Etats, et une description de la religion, des mœurs etc. tant des Russiens, que des Tartares et autres peuples voisins*, trad. Hugony (La Haye 1717; BV2699); Philipp-Johann Tabbert von Strahlenberg, *Description historique de l'empire russien*, trad. Jean-Louis Barbeau de La Bruyère (Amsterdam, Paris 1757; BV3215). Pour plus de détails sur les sources de Voltaire, voir ci-dessous, p.158-61.

volumineuse compilation du 'prétendu Boïar' Nestesuranoi, c'est-à-dire Rousset de Missy. [18] Il affectera toujours de mépriser cette source, dont il se servira pourtant à l'occasion. On peut dire qu'en août 1757 il connaît déjà une grande partie de la documentation occidentale disponible alors sur Pierre le Grand et sur la Russie. Cela lui permet de rédiger en moins de six mois huit chapitres, qui vont de Michel Romanov à la bataille de Narva. Il les envoie le 8 août 1757 à l'ambassade de Russie à Paris. [19] Le manuscrit de ces huit premiers chapitres n'a pas été retrouvé; il n'est connu que très partiellement, et indirectement, par les remarques de Lomonossov. [20]

Pour rendre encore plus claire sa conception de l'histoire, Voltaire, le 7 août, évoque la question du titre. Il lui paraît important de ne point intituler son ouvrage 'Histoire, ou vie de Pierre Ier', car alors il serait forcé de 'dire des vérités odieuses', sous peine de se déshonorer en les cachant. Il propose donc de prendre pour titre *La Russie sous Pierre Ier*, ce qui permet d'écarter 'toutes les anecdotes de la vie privée du Czar qui pouraient

---

[18] A Chouvalov, 7 août 1757 (D7336). Jean Rousset de Missy, *Mémoires du règne de Pierre le Grand, empereur de Russie, père de la patrie, etc. etc. etc. Par le B. Iwan Nestesuranoi* (La Haye, Amsterdam 1725-1726; BV3046: Amsterdam 1728-1730).

[19] A Chouvalov, 11 août 1757 (D7339). Voltaire précise qu'il a envoyé ce 'léger crayon' à Bekhteev, ou, en son absence, à l'ambassadeur. Le 7 août, il avait écrit à Chouvalov qu'il lui adressait sa 'très légère esquisse' (D7336). Il est peu probable qu'il la lui ait envoyée directement et qu'il ait ensuite expédié un deuxième paquet à Paris. Dans sa deuxième lettre, il déclare qu'il a rédigé son texte sur la base des manuscrits de Lefort, des relations de la Chine, des ouvrages de Strahlenberg et de Perry.

[20] Mikhaïl Vassilievitch Lomonossov (1711-1765), illustre écrivain et savant russe. Ce fils de pêcheurs du nord de la Russie était un esprit encyclopédique: chimiste, physicien, historien, grammairien, il était aussi poète, auteur de nombreuses odes et de deux tragédies. Les savants européens connaissaient ses travaux théoriques sur l'électricité, la foudre et la constitution de la matière. 'Pierre le Grand de la littérature russe', selon l'heureuse formule de V. G. Belinski, il réforma la poésie russe en adoptant le vers syllabo-tonique et fut un pionnier dans sa théorie de la langue littéraire, en distinguant le russe du slavon. Avec Ivan Chouvalov, il fonda l'université de Moscou en 1755. Pour ses remarques, voir ci-dessous, p.103, n.28.

diminuer sa gloire', et de ne retenir que celles 'qui sont liées aux grandes choses qu'il a commencées' (D7336). Il ne lui importe pas que Pierre soit un ivrogne, ou qu'il ait, au dessert, coupé quelques têtes (D7349); et encore moins de savoir combien de verres d'eau-de-vie il avait fait boire aux filles d'honneur à leur déjeuner (D7412). Il ne cessera de le répéter: 'auguste barbare', ivrogne et brutal, 'le plus sage et le plus grand des sauvages' a 'civilisé une grande partie de l'hémisphère'; 'le plus despotique bouvier qui ait jamais conduit des bêtes à cornes' a changé celles-ci en hommes. [21] Voltaire estime qu'il doit 'imiter *Tite-Live* qui traitte les grands objets, et non *Suetone*, qui ne raconte que la vie privée' (D7792). Il reste fidèle en somme à ce qu'il écrivait dès 1731 dans le 'Discours sur l'Histoire de Charles XII': 'L'histoire d'un prince n'est pas tout ce qu'il a fait, mais ce qu'il a fait de digne d'être transmis à la postérité'. [22] Il le redira dans la 'Préface historique et critique', et dans l'article 'Histoire' de l'*Encyclopédie*: rapporter 'une faiblesse qui n'a point influé sur les affaires publiques' relève de la satire, et non de l'histoire. [23]

Mais, pour continuer son ouvrage, Voltaire n'a que faire des médailles dont Chouvalov lui a fait don (D7407). Il a besoin des mémoires qu'il évoquait le 19 février, sur les réformes de Pierre et sur l'état présent de la Russie. Le 11 août, il précise à Chouvalov qu'il lui manque des informations sur l'établissement des manufactures, les communications des fleuves, les travaux publics, les monnaies, la jurisprudence, les armées de terre et de mer (D7339). Malgré son impatience, il sent bien 'qu'il doit se passer un peu de temps' avant de recevoir ces mémoires. Et il ajoute: 'Plus j'attendrai, plus ils seront amples' (D7336).

Il attendra plus longtemps qu'il ne l'imaginait: près d'un an, puisqu'il accuse réception du premier paquet de documents le 17

---

[21] D7324, D8363, D8642, D8647.
[22] Voltaire, *Histoire de Charles XII*, éd. G. von Proschwitz, V 4 (1996), p.154.
[23] *Articles pour l'Encyclopédie*, V 33 (1987), p.183. Diderot contestera cette conception de l'histoire; voir ci-dessous, p.322-23.

juillet 1758. [24] Aussi se plaint-il de la lenteur des Russes: 'Je n'ay rien reçu encor de Petersbourg', écrit-il à Thiriot le 26 octobre 1757, 'J'ay grand' peur que l'hidropisie d'Elisabeth ne nuise à l'histoire de Pierre' (D7433). Le 5 janvier 1758, il attend toujours 'le gros tonnau d'archives' qu'on lui emballe à Pétersbourg, mais qui ne partira 'qu'après le dégel des russes, c'est à dire au mois de may' (à Thiriot, D7559). Le 20 avril, il écrit à Chouvalov: 'Je me console du retardement des instructions que votre Excellence veut bien m'envoier, dans l'espérance qu'elles n'en seront que plus amples et plus détaillées' (D7715).

La collaboration de Lomonossov

Le retard des Russes s'explique sans doute par l'éloignement, l'attente du dégel, et les difficultés de communication, surtout pendant la guerre de Sept Ans: il fallait acheminer le courrier par l'ambassade de Russie à Vienne. Mais Chouvalov a probablement sa part de responsabilité: ne soupçonnant pas que Voltaire avait travaillé si vite, il semble n'avoir recherché des collaborateurs pour la collecte des matériaux qu'après avoir reçu la lettre de Voltaire du 24 juin 1757. Il fait alors appel à Müller (voir ci-dessus, p.96, n.11), puis à Mikhaïl Vassilievitch Lomonossov. Celui-ci

---

[24] D7792. Les documents envoyés par les Russes, ainsi que les questions de Voltaire, sont conservés à la Bibliothèque nationale de Russie, Saint-Pétersbourg. Ils ont été décrits par R. Minzloff, *Pierre le Grand dans la littérature étrangère* [...] *d'après les notes de monsieur le comte de Korff* (St-Pétersbourg 1872), puis par Fernand Caussy dans son *Inventaire des manuscrits de la Bibliothèque de Voltaire* (Paris 1913), p.69-81. L'*Inventaire* de Caussy a rendu des services: il a permis de se repérer dans le dédale des pièces reliées sans ordre. Pour chaque document, Caussy donne un numéro, un titre, le folio du début, signale les duplicata. Mais, comme pour les autres manuscrits, sa description est sommaire, parfois incomplète et pas toujours fiable. Il ne distingue pas les titres réels et les titres restitués, ne respecte pas l'orthographe des originaux. De plus, il n'a répertorié que cinq volumes reliés: or, les onze derniers documents de l'ancien tome II constituent actuellement une liasse à part, un cahier non relié de treize manuscrits. Pour toutes ces raisons, nous ne nous référons pas à Caussy, mais au nouvel inventaire qui figure ci-dessous en appendice II.

répond le 2 septembre 1757 à la lettre inconnue de Chouvalov. Il accepte bien entendu d'aider Voltaire: étant le protégé de Chouvalov, il n'a aucune raison de refuser, ni de faire attendre sa réponse. D'ailleurs, il a bien besoin de l'appui du favori de l'impératrice dans les conflits qui l'opposent à Gerhard Friedrich Müller, secrétaire de l'Académie des sciences, et aux Allemands de l'Académie. Aussi accorde-t-il que personne n'est plus apte que Voltaire à glorifier Pierre le Grand. [25]

Lomonossov estime que Voltaire doit d'abord faire un plan succinct de l'ouvrage, ce qui laisse supposer que Chouvalov ne lui a pas parlé du travail déjà accompli par le philosophe. Ce plan pourra être fait à partir d'une description chronologique des actes de Pierre le Grand que possède Lomonossov, d'un *Panégyrique* qu'il a composé, et de nombreux mémoires qu'il a rédigés sur le tsar. Tout cela est prêt. Cependant, il faut trouver des traducteurs et des copistes. La recherche des documents et les traductions en français prendront du temps. Voltaire a-t-il soupçonné l'ampleur et les difficultés de la tâche? Lomonossov propose d'envoyer d'abord ses propres œuvres, mais aussi d'autres mémoires; ceux-ci seront acheminés non tous ensemble, quand tout sera achevé, mais par parties et dans l'ordre du plan, au fur et à mesure que les traductions seront prêtes.

L'acceptation de Lomonossov n'allait cependant pas sans réticences. Voltaire est un 'homme dangereux' qui, dans ses jugements sur les grands, a donné des exemples de son mauvais caractère. [26] Mise en garde pour tempérer l'enthousiasme de Chouvalov? Ou

[25] M. V. Lomonossov, *Polnoe sobranie sotchinenii* [*Œuvres complètes*] (Moscou, Leningrad 1949-1959), x.524-25.

[26] *Polnoe sobranie sotchinenii* [*Œuvres complètes*], x.524-25. Jugement ambigu: on peut y voir l'idée que Voltaire représente une force qu'il vaut mieux avoir avec soi que contre soi. Une lettre du chancelier M. I. Vorontsov à I. I. Chouvalov, de 1758 ou 1759, reflète ce souci d'avoir la plume de Voltaire à son service. Indigné par un pamphlet contre la Russie, le chancelier y exprime l'idée qu'il faudrait demander à Voltaire de brosser un tableau de l'Etat russe à la brillante époque d'Elisabeth pour combattre les flèches empoisonnées du philosophe de Sans-Souci (Š, p.40, n.48).

hommage mitigé à l'esprit d'indépendance du philosophe? Quoi qu'il en soit, Lomonossov pouvait être choqué qu'on ait fait appel à un étranger pour écrire l'histoire de son pays. Ne tentait-il pas à ce moment-là de réformer l'Académie de Pétersbourg et d'y combattre l'influence des Allemands pour promouvoir une science russe indépendante? Blessé dans son patriotisme, Lomonossov l'était aussi dans son amour-propre de savant; n'était-il pas l'auteur de travaux sur la période pétrovienne? Il avait consacré à Pierre l'un de ses plus fameux discours, à l'occasion du couronnement d'Elisabeth. Le 26 avril 1755, dans une séance solennelle de l'Académie des sciences, il avait lu son *Panégyrique de Pierre le Grand* (*Slovo pokhval'noe blajennyïa pamiati gosoudariou imperatorou Petrou Velikomou*), qui avait été imprimé la même année. En 1757, il travaillait à son poème épique *Pierre le Grand*, qui reprenait les thèmes d'une *Tsaréide* entreprise dès sa jeunesse et dont le texte s'était perdu; et, à la demande d'Elisabeth, il rédigeait son *Histoire de la Russie* depuis les origines, qui, faute de temps, s'arrêterait à Iaroslav le Sage. Dès 1750, dans ses vers, il avait célébré le tsar Pierre comme le 'père de la patrie' et comme un 'dieu terrestre'. [27]

On pouvait donc prévoir que son examen du manuscrit de Voltaire serait sans indulgence. Conscient de ses lacunes, le philosophe s'attendait lui-même à des critiques. Celles-ci lui sont envoyées sans doute dans l'été 1758, puisque Voltaire y répondra dans sa lettre à Chouvalov du 1er août. Ecrites entre le 2 septembre et le 10 octobre 1757, date à laquelle elles ont été transmises à Chouvalov, les observations de Lomonossov comportent quarante points. La traduction française envoyée à Voltaire est perdue, mais le texte russe en est conservé. [28] Lomonossov trouve que Voltaire

[27] Sur Lomonossov, voir, outre l'ouvrage cité de Černy, A. Martel, *Michel Lomonosov et la langue littéraire russe* (Paris 1933), et L. Langevin, *Lomonossov, 1711-1765: sa vie, son œuvre* (Paris 1967).
[28] Les remarques en russe de Lomonossov ont été publiées dans le *Moskovskiï Telegraf* de mars 1828, n° 6, p.151-59. Des extraits en français ont paru dans le *Bulletin du Nord* de juillet 1828, p.326-30. Les remarques en russe ont été reproduites avec celles de Müller et de Büsching dans Š, appendice 6, puis dans Lomonossov,

exagère l'influence des étrangers sous Pierre le Grand, proteste contre la sous-estimation des forces russes à Narva, corrige des vues inexactes sur les richesses naturelles de la Russie et sur l'ancienneté et le niveau de la culture russe. Voltaire a tenu compte de certaines critiques: il a développé sa description de la Russie et corrigé huit erreurs, mais il a parfois remanié son manuscrit de telle sorte qu'il est difficile de savoir quel en était le texte primitif. [29]

Objections de Voltaire et réponses de Pétersbourg
(1er août 1758 et 3/14 octobre 1758)

Les remarques de Lomonossov suscitèrent à leur tour des objections de Voltaire. Au nombre de quatorze, il les joignit à sa lettre à Chouvalov du 1er août 1758. [30] Certaines portent sur des points divers: Albert de Brandebourg, la construction de 'Tana' (Tanaïs), les Lapons et les Samoyèdes, l'origine du titre de tsar, le sens du mot *knès*, la permission de sortir de Russie, la coutume pour le tsar de tenir la bride du cheval du patriarche. D'autres concernent plus directement la 'civilisation' russe: le nombre de 'gouvernements', la fertilité de la Livonie, le commerce de cette province avec Brême et Lübeck, l'agriculture russe. Outre ces objections, figure une demande de renseignement au sujet du nom de l'assemblée qui a élu Michel Romanov. Et, pour finir, deux 'questions' qui n'en sont pas. La première, 'la plus importante', définit en fait sous une forme interrogative la méthode de Voltaire: ne faudrait-

---

Polnoe sobranie sotchinenii [*Œuvres complètes*], vi.91-96. Les manuscrits originaux sont conservés à l'Académie des sciences de Saint-Pétersbourg.

[29] Voltaire écrit par exemple à Chouvalov le 1er août 1758: 'Je suis bien aise que l'agriculture n'ait jamais été négligée en Russie' (D7811; app. v, l.227). On ne voit pas à quoi se rapporte cette phrase, si ce n'est à un passage du manuscrit corrigé par Voltaire (Š, p.161-62). Mais il est probable que les remarques de Lomonossov ont incité Voltaire à développer sa 'Description de la Russie'.

[30] Le manuscrit en est conservé, avec les réponses à ces objections, à Saint-Pétersbourg, Bibliothèque de Voltaire (MS 1-11, f.349r-356v). Elles sont reproduites, avec les réponses, ci-dessous, app. v, p.1178-89.

il pas 'glisser légèrement sur les événements qui précèdent le règne de Pierre le Grand'? La seconde a trait à l'orthographe des noms russes: Voltaire 'demande la permission' d'écrire *Mosca* au lieu de *Moskwa*, *Véronise* au lieu de *Voronesch*, et de mettre en note la prononciation russe. Pétersbourg le prie au contraire d'"observer scrupuleusement" l'orthographe de ces noms telle qu'elle se trouve dans les mémoires, pour 'ajouter un nouveau degré d'autenticité' à l'ouvrage.

Les réponses de Pétersbourg furent envoyées en annexe à la lettre de Chouvalov du 3/14 octobre 1758 (D7903). Elles ne parvinrent à Voltaire que le 21 décembre.[31] Parfois courtes, parfois très longues et circonstanciées, elles sont généralement convaincantes, et Voltaire en tint compte pour corriger son texte. Mais il maintint son point de vue sur trois points: sur l'origine du mot *czar*, sur la permission de sortir de Russie, et sur l'orthographe des noms russes.

Questions et réponses

Voltaire n'avait pas attendu les réponses à ses objections, ni même les remarques de Lomonossov, pour interroger ses correspondants de Pétersbourg. En envoyant le manuscrit des huit premiers chapitres, ou peut-être même avant, il leur avait posé trois questions: 1) quelle était la population russe avant Pierre le Grand, et de combien elle s'est accrue; 2) le nombre de troupes régulières qu'on a entretenues, et qu'on entretient actuellement; 3) quel a été le commerce de la Russie avant Pierre le Grand, et comment il s'est étendu.[32] On ignore quand les réponses parvinrent à Voltaire.

---

[31] Voir la lettre de Voltaire à Chouvalov du 23 décembre 1758 (D7993). Cette lettre est datée du 24 décembre dans K84, lvi.100, puis dans M.xxxix.556 et Š, p.172. Quant à la lettre de Chouvalov contenant les réponses à ses objections (D7903), Voltaire l'a datée par erreur du 23 octobre (voir D7993), date reprise dans Š.

[32] Ces questions, intitulées 'Demandes de M^r. de Voltaire', sont conservées, avec les réponses de Pétersbourg, dans le MS 1-10, f.325r-348r. Elles sont reproduites ci-dessous, app. IV, p.1166-77.

Elles sont très détaillées, surtout la troisième. A cette dernière, Voltaire n'empruntera guère, dans ii.xii, qu'un détail sur les privilèges des commerçants arméniens, détail qu'il trouvera confirmé par un mémoire envoyé plus tard.[33] La réponse à la question sur la population ne lui fournira que le chiffre des taillables, confirmé lui aussi par un manuscrit ultérieur, et le chiffre global supposé de la population russe. Quant à la question sur les effectifs des troupes, elle est restée sans réponse: Pétersbourg, jugeant peut-être qu'il s'agissait d'un secret militaire, se contenta de retracer brièvement l'histoire de l'armée russe.

Le premier paquet de manuscrits (été 1758)

C'est dans l'été 1758 que Voltaire reçoit à Strasbourg, par le courrier de Vienne, le premier paquet de documents de Pétersbourg. L'envoi prochain en avait été annoncé par deux lettres de Chouvalov, du 8/19 mai (D7739) et du 2/13 juin (D7755). Voltaire en accuse réception le 17 juillet chez l'électeur Palatin, à Schwetzingen (D7792). Le contenu de ce paquet est difficile à déterminer. On ne peut en préciser qu'une partie. Lorsque Voltaire fait allusion aux 'remarques' qu'il a lues, il s'agit bien entendu des critiques de Lomonossov. Mais que sont les 'mémoires' dont il parle par ailleurs, le 17 juillet et le 1er août? Ils peuvent se confondre avec les remarques de Lomonossov. Mais ils sont aussi distincts: le 2/13 juin, Chouvalov, en effet, annonce qu'il envoie, outre les 'notes' sur le manuscrit de Voltaire, des 'matériaux' pour l'histoire de la Russie, 'des tables chronologiques, des dénombremens, des calculs'.

On se souvient que, dans sa lettre du 2 septembre 1757, Lomonossov faisait état d'une description chronologique du règne

---

[33] Šmurlo pense à tort que Voltaire a emprunté à cette réponse ses informations sur la construction du navire *L'Aigle*, brûlé par Stenka Razine (p.116). En réalité, il commet des erreurs qui ne se trouvent pas dans cette réponse (cf. ci-dessous, i.vi, n.13).

de Pierre le Grand. Or, dans la Bibliothèque de Voltaire, il existe deux variantes manuscrites de cette 'description': des 'Tables Chronologiques des Faits Mémorables appartenants à l'histoire de l'Empereur Pierre le Grand' (MS 1-8) et un 'Abrégé chronologique des événements les plus remarquables du Règne de Pierre le Grand' (MS 1-7). Sur le premier folio de cet 'Abrégé', on a ajouté une phrase en français qui laisse entendre que les 'Tables chronologiques' avaient été adressées à Voltaire auparavant,[34] et donc avant le paquet reçu dans l'été 1758.

On peut supposer que ce 'premier' paquet contenait d'autres manuscrits que les remarques de Lomonossov et l'"Abrégé chronologique'. Y figuraient un 'Mémoire abrégé sur les Samojedes et les Lappons',[35] et les mémoires de Lomonossov transmis à Chouvalov le 10 octobre 1757: sur les révoltes des streltsy (MS 6-11 et 6-12) et sur la régence de la princesse Sophie (MS 6-13).[36] Ces manuscrits

---

[34] 'Quoique Monsieur de Voltaire ait déjà une premiere Copie de cet Abrégé, on a crû devoir lui en envöier une seconde parceque depuis on y a fait plusieurs additions' (MS 1-7, f.302r, note ancienne). On a cru longtemps que cet 'Abrégé chronologique' avait été composé par Gerhard Friedrich Müller, et c'est encore le point de vue de E. S. Kouliabko et N. V. Sokolova, 'Istotchniki vol'terovskoï *Istorii Petra*' ['Sources de l'*Histoire de Pierre* de Voltaire'], *Frantsouzskiï ejegodnik* 1964 (Moscou 1965), p.274-78; des brouillons de cet 'Abrégé' se trouvent en effet dans le 'portefeuille' de Müller aux RGADA. Mais une copie de l'original russe retrouvée montre que l'auteur en est Lomonossov (G. N. Moïsseeva, 'Iz arkhivnykh razyskaniï o Lomonosove' ['Recherches d'archives sur Lomonossov'], *Rousskaïa literatoura*, 1979/3, p.124). D'après le filigrane, l'"Abrégé chronologique' ne serait pas de 1762, comme le pensaient Kouliabko et Sokolova (p.274), mais de 1753, comme l'indique Moïsseeva (p.124). Il aurait donc pu être envoyé à Voltaire dès l'été 1758.

[35] MS 6-8, f.373r-376r. L'auteur allemand, Timothée Merzahn von Klingstöd, publiera son ouvrage anonymement en 1762, à Königsberg, sous le titre de *Mémoire sur les Samojèdes et les Lapons*. En réponse à l'une des objections de Voltaire jointes à sa lettre à Chouvalov du 1er août 1758 (D7811), Pétersbourg renvoyait à 'l'extrait des Mémoires sur les Lappons et les Samoyèdes' qu'on lui avait adressé (app. v, l.180).

[36] Ces manuscrits sur les streltsy et Sophie ont été publiés pour la première fois dans les *Œuvres complètes* de Lomonossov (*Polnoe sobranie sotchinenii*, vi.99-131). On ne connaît pas l'original russe. Černy affirme que Voltaire réagit à ces Mémoires dans sa lettre du 1er août 1758 (p.31). Or, dans cette lettre à Chouvalov (D7811), on

s'appuyaient notamment sur le témoignage d'Andreï Matveev et sur la *Relation der traurigen Tragoedie in der Stadt Moskau* du résident danois Butenant von Rosenbusch, parue en 1691 à Francfort-sur-le-Main dans le tome XII du *Theatrum Europaeum*. Lomonossov transmettait des informations nouvelles et intéressantes sur des événements peu connus du public européen. Elles ont obligé Voltaire à refondre ses chapitres sur les streltsy en soulignant les difficultés et les dangers des premières années du règne de Pierre. En indiquant en note que les chapitres 4 et 5 de la première partie de son livre étaient tirés tout entiers des mémoires envoyés de Russie, Voltaire reconnaissait sa dette: il a en effet utilisé largement ces mémoires, en les reproduisant parfois presque textuellement. Il diffusait ainsi des textes de Lomonossov qui ne seront publiés intégralement qu'au vingtième siècle.

Ce premier paquet contenait-il aussi l'*Apothéose de Pierre le Grand, czar et empereur de toutes les Russies*, un manuscrit attribué à Lomonossov? [37] Selon Černy, le texte aurait été traduit en français par Lomonossov lui-même lorsque, dans sa jeunesse, il avait entrepris d'écrire une *Tsaréide*. L'épopée inachevée se serait perdue au cours de son séjour en Allemagne, mais il en serait resté cette sorte de plan que Lomonossov aurait envoyé à Chouvalov. Le style emphatique de ce fragment en prose atteste sa destination première: le tsar, comparé à Prométhée, est l''Hercule Russien', Pétersbourg le temple de Mars et de Minerve... Les apostrophes aux lecteurs, les tirades pathétiques, rappellent aussi le style de l'épopée. Des morceaux de bravoure, comme le tableau de la bataille de Poltava, confirment que la fonction de ce texte était de servir de support à la *Tsaréide*. Mais ces quelque 70 pages

ne trouve aucune allusion aux 'strélitz'. D'autres extraits sur les révoltes des streltsy, transmis ou promis dans les lettres de Lomonossov à Chouvalov, se sont perdus (Lomonossov, *Polnoe sobranie sotchinenii*, vi.568-69).

[37] Le manuscrit en a été trouvé et publié par V. Černy, *L'Apothéose de Pierre le Grand* (Prague 1964), p.71-90. Černy pense que l'*Apothéose* a été envoyée à Voltaire dans le premier paquet de documents (p.50).

manuscrites auraient pu aussi fournir à Voltaire le plan succinct dont Lomonossov avait parlé dans sa lettre à Chouvalov du 2 septembre 1757. Et puis, la conception de la vie et du règne du tsar, présentés en termes généraux, mais évocateurs, avait des chances de trouver un écho chez Voltaire. Pierre le Grand accomplissait en tsar philosophe une œuvre de législateur; il luttait contre les superstitions, mettait fin à la vie fainéante des moines, favorisait le mérite personnel, faisait creuser des canaux, développait le commerce, implantait des manufactures. Toujours courant, il sillonnait son vaste empire, examinait la sonde à la main les lits des rivières, volait au cœur de la mêlée à Poltava, mais, en Perse, renonçait à pousser plus avant ses conquêtes pour se consacrer au bonheur de ses sujets. Toutefois, l'*Apothéose* n'était pas une œuvre historique: aucune date n'y figurait, et les éloges dithyrambiques ne pouvaient qu'agacer.

Mais l'essentiel n'est pas là. On a contesté, en effet, que Lomonossov en soit l'auteur.[38] Il ne mentionne pas cette œuvre dans sa lettre à Chouvalov du 2 septembre 1757, ce qui surprend de la part d'un esprit aussi précis et consciencieux que le savant russe. Et puis surtout, même si cette *Apothéose* était de lui, il est peu vraisemblable qu'il ait proposé de l'envoyer à Voltaire. Car, comme l'observe Peter Hoffmann,[39] cet essai vieux de quinze ans, proche thématiquement du *Panégyrique*, aurait fait double emploi avec lui.

Le deuxième paquet de manuscrits (mai 1759)

C'est seulement près d'un an plus tard que Voltaire reçoit le deuxième paquet de Russie, apporté par Boris Mikhaïlovitch

[38] Voir les discussions à propos des textes publiés par Černy dans l'article de V. Stepanov, 'O prajskoï nakhodke prof. V. Tchernogo' ['La découverte pragoise du prof. V. Černy'], *Rousskaïa literatoura*, 1964/2, p.214-16.

[39] P. Hoffmann, 'Lomonosov und Voltaire', *Studien zur Geschichte der russischen Literatur des 18. Jahrhunderts* 3, éd. H. Grasshoff et U. Lehmann (Berlin 1968), p.422.

Saltykov, l'agent de Chouvalov à Genève. L'envoi est accompagné de somptueux cadeaux de belles fourrures, et de cinq sortes de thé que boit l'empereur de Chine lui-même et dont Chouvalov a donné la liste dans sa lettre du 20/31 mars 1759. Voltaire en accuse réception le 29 mai (D8323); et Mme Denis, dans sa lettre à Cideville du 8 juin, s'extasie sur ce paquet accompagné 'de martre zibline et des plus belles hermines avec une prodigieuse cantité de thé du roy de la Chine', tout en rapportant que Voltaire travaille douze heures par jour sur la 'très grande compilation de mémoire' envoyée par Pétersbourg (D8341). Mais, entre l'été 1758 et le printemps 1759, d'autres paquets ne sont peut-être pas parvenus à destination. La plupart d'entre eux se sont perdus si l'on en croit Voltaire, qui, le 29 avril 1759, écrit à la duchesse de Saxe-Gotha: 'les houzards ont pillé les matériaux de l'histoire de Pierre le grand' (D8276). Les nouvelles 'instructions' qu'il a reçues vont jusqu'en 1721. Quel est leur contenu? Voltaire ne le dit pas, mais on peut supposer qu'il s'agit d'un extrait du Journal de Pierre le Grand, auquel il fait allusion dans sa lettre à Chouvalov du 10 juillet 1759 (D8388). Cet extrait (MS 1-1) commence après 'la malheureuse journée de Narva' et se termine précisément en 1721. Il y avait aussi probablement deux mémoires, l'un sur la police, l'autre sur les lois et sur l'Eglise, qui l'ont laissé insatisfait.[40] Mais d'autres documents l'irritèrent prodigieusement: les Russes, revenant à la charge sur la question des noms propres, voulaient imposer leur orthographe; or, Voltaire persistait à écrire ces noms russes 'à la française'; et puis, on attendait apparemment de lui un éloge

---

[40] 'L'Essay sur les loix et sur l'Eglise qu'on m'a envoyé n'entre dans aucun détail', écrit Voltaire dans la deuxième des seize questions qu'il adresse aux Russes vers le mois de juillet 1759 (app. VI, l.14-15). Il fait peut-être ici allusion au MS 4-4, 'Du Gouvernement Eclésiastique De Russie'. Aussi Pétersbourg lui promet-il de lui envoyer la 'suite de l'essay sur l'église' (app. VI, l.25; il s'agit sans doute du MS 2-22). Pétersbourg se réfère aussi à un 'mémoire sur la police' auquel Voltaire ne semble pas avoir prêté attention (app. VI, l.54). On lui envoie une 'seconde copie' de ce 'mémoire abrégé' (app. VI, l.16). Ces deux documents sur la police sont les MS 2-14 et 2-18.

inconditionnel du tsar; or, le philosophe tenait à éviter 'toute affectation, et surtout l'affectation de faire un panégyrique': le soin de dire 'notre auguste monarque' ou 'Sa gracieuse Majesté' est à laisser 'aux gazetiers' et 'aux sots'...

Voltaire, qui attendait de Chouvalov de nouveaux 'mémoires instructifs', espérait pouvoir lui 'envoyer l'hiver prochain tout l'ouvrage'! Sans doute, ce 29 mai, sous-estimait-il l'ampleur de la tâche. Mais peut-être voulait-il aussi presser ses correspondants de Pétersbourg. Quoi qu'il en soit, il commence bientôt à faire imprimer le premier volume, comme il l'annonce le 20 juin à George Keate, à qui il demande de lui faire parvenir les mémoires de l'ambassadeur Whitworth sur la Russie (D8367). Peut-être même est-il déjà en train de travailler au second tome. [41] En tout cas, il s'en préoccupe activement le 10 juillet: tout en remerciant Chouvalov de l'aide qu'il lui a apportée avec le Journal de Pierre le Grand, il insiste pour qu'on lui envoie enfin des matériaux sur les réformes importantes du tsar: marine, canaux, règlements de police et de commerce, réforme du clergé... Car la postérité, qui admirera Pierre surtout par là, 'voudra être instruitte en détail de tout ce qu'il a créé' (D8388). Le 11 septembre, il a besoin de 'nouvaux éclaircissements sur la campagne du Pruth', car le Journal de Pierre le Grand 'passe bien légèrement sur cet important article' (D8477). C'est donc qu'à cette date il a vraisemblablement commencé la rédaction du premier chapitre de la seconde partie.

Les 'Particularités sur lesquelles M. de Voltaire souhaite d'être instruit', et les réponses de Pétersbourg (été 1759 – septembre 1759)

Pour pouvoir poursuivre son travail, il fait parvenir à Pétersbourg seize nouvelles questions. Celles-ci furent communiquées par

---

[41] Il est peu vraisemblable que Voltaire ait attendu l'impression du premier tome pour commencer à travailler au second, comme l'écrit Šmurlo (p.77).

Gerhard Friedrich Müller, avec ses réponses, à l'Académie des sciences. L'Académie se servit de la compilation de Müller pour élaborer sa propre réponse, 'en des termes plus mesurés et moins vifs à l'endroit du destinataire'; [42] et elle l'intitula 'Particularités sur lesquelles Mr. de Voltaire souhaite d'être instruit'. L'une des demandes les plus significatives portait sur le procès du tsarévitch, et sur 'tout ce qui peut diminuer l'idée d'une sévérité excessive' dans ce 'procès criminel'.

Šmurlo n'a pas daté l'envoi des seize questions des 'Particularités', ni leurs réponses. Mais on peut les situer dans l'été 1759. Peut-être Voltaire les a-t-il jointes à sa lettre du 10 juillet à Chouvalov, ou même avant, si l'on prend en compte la lettre de Chouvalov à Staehlin citée à la note 42. On trouve en tout cas dans la lettre du 10 juillet un certain nombre de questions qui se recoupent avec celles des 'Particularités' à propos des négociations de Pierre 1er dans les cours étrangères, des règlements sur la police et le commerce, des ouvrages publics, grands chemins, canaux, ports construits par ordre du tsar. Une autre question portant sur un discours prononcé par Pierre en 1714 pour célébrer sa flotte revient dans la lettre à Chouvalov du 11 septembre 1759. Voltaire rappelle à son correspondant qu'il l'a déjà 'supplié' – où, sinon dans les 'Particularités'? – de bien vouloir lui dire si ce discours était authentique (D8477). Quant aux réponses aux 'Particularités', elles n'ont pu être envoyées qu'après la lettre du 11 septembre 1759, puisqu'à cette date Voltaire n'a toujours pas reçu d'éclaircissement sur le discours de 1714.

[42] Š, p.213. Les seize questions des 'Particularités', avec les réponses de l'Académie et de Müller, sont reproduites ci-dessous, app. VI. Le 29 mai/9 juin 1759, Chouvalov avait écrit à Staehlin, membre de l'Académie des sciences de Pétersbourg, pour lui demander d'envoyer 'tous les matériaux nécessaires à M. de Voltaire' (Jacob von Staehlin, *Originalanekdoten von Peter dem Grossen*, Leipzig 1785, p.376-77n). Peut-être s'agissait-il de réponses aux 'Particularités'.

La 'Réfutation': un manuscrit de Lomonossov envoyé à Voltaire?

Selon Černy, le premier paquet de Pétersbourg envoyé à Voltaire contenait une 'Réfutation' des erreurs commises par les auteurs d'ouvrages sur Pierre le Grand. Rédigée 'par l'auteur de l'Apothéose', comme nous l'indique le titre,[43] ce manuscrit de 1740 s'en prenait à plusieurs auteurs (Eléazar de Mauvillon, Johann Georg Korb, Friedrich Christian Weber, Gilbert Burnet) qui avaient selon lui calomnié le tsar, mais aussi et surtout à Voltaire, dont l'*Histoire de Charles XII*, dans son édition de 1739, était soumise à une rude critique. La 'Réfutation' commençait par affirmer que 'de tous les auteurs étrangers qui ont parlé de Pierre le Grand, aucun n'en a fait un plus noir portrait que Mr. Voltaire' (Černy, p.119). L'auteur avait ajouté à ce texte ancien une critique du récent ouvrage de Frédéric II, les *Mémoires pour servir à l'histoire de la maison de Brandebourg*, dont la seconde édition avait paru en 1751, et qu'avait corrigés Voltaire.[44]

---

[43] 'Réfutation contre les auteurs qui ont fait dans leurs ouvrages des mentions desavantageuses et tout à fait fausses, touchant la vie et les actions de ce grand Monarque. Par l'auteur de l'Apotheose' (Černy, p.109).

[44] *Mémoires pour servir à l'histoire de la maison de Brandebourg* (Berlin, La Haye 1751; BV1401). Voltaire précise le 28 octobre 1750 qu'il corrige la seconde édition (D4251; la première édition a paru en 1750). En septembre 1751, il indiquera au duc de Richelieu qu'il n'avait pas pu tout corriger (D4206; lettre redatée par A. Magnan, *Dossier Voltaire en Prusse*, Studies 244, 1986, p.154-55). A-t-il collaboré à l'ouvrage, notamment en ce qui concerne les passages sur Pierre le Grand et la Russie? Les jugements critiqués par la 'Réfutation' sont tirés de i.11.21-22 (Černy, p.117-19). Il s'agit d'un portrait contrasté de Pierre Iᵉʳ, mélange de barbarie et de grandeur, 'de desseins salutaires et de vengeances cruelles'; 'il se plaignoit lui-même de ce que, parvenant à policer sa nation, il ne pouvoit encore dompter sa propre férocité', phrase qui rappelle celle de l'*Histoire de Charles XII* ('il policiait ses peuples et il était sauvage', V 4, p.193) ou celle des *Anecdotes* ('je n'ai pu me réformer moi-même', l.69), qui sera reprise dans l'*Histoire de l'empire de Russie*. La 'Réfutation' n'a pas relevé que Frédéric dit plus loin que Pierre le Grand était un 'grand capitaine' qui 'se surpassa à Poltava' (p.61), mais que, comme les autres souverains d'Europe, il n'a pu donner à sa nation qu'un 'vernis de politesse' (p.90). La *Continuation des*

La 'Réfutation' contient 90 pages manuscrites sur l'*Histoire de Charles XII*! L'auteur relève des erreurs factuelles de Voltaire, qualifié à plusieurs reprises de 'poète historien'. Il le chicane sur les effectifs des armées russes et suédoises, parfois non sans raison, à propos de la bataille de Narva ou de la campagne du Prut. [45] Il s'élève contre la légende du triste sort des prisonniers suédois déportés en Sibérie après Poltava. [46] Il conteste qu'après la défaite de Narva on ait ordonné en Russie des prières publiques à saint Nicolas. [47] Mais, surtout, il s'attarde sur les passages où Voltaire souligne les côtés négatifs du caractère de Pierre: sa couardise à Narva, son manque d'humanité, sa barbarie, sa propension à couper lui-même des têtes, sa cruauté envers son fils... L'auteur de la 'Réfutation' prend le parti de ne voir que ce qui blesse son patriotisme; aussi se montre-t-il injuste envers l'*Histoire de Charles XII*, qui, dans sa version de 1739, s'applique à suggérer la supériorité du tsar fondateur d'empire sur le conquérant suédois. Dans la 'Préface historique et critique', Voltaire écrira que l'*Histoire*

Mémoires de Brandebourg (BV1401) ne paraîtra qu'en 1757. Frédéric y assure que la Russie était si barbare qu'on ne trouvait en russe aucune expression qui signifiât l'honneur et la bonté (p.14) et que Pierre Ier a couvert 'les cruautés d'un tyran des vertus d'un législateur' (p.84-85).

[45] Dans l'*Histoire de Charles XII*, Pierre rassemble quatre-vingt mille combattants pour la campagne du Prut (V 4, p.403). La 'Réfutation' estime qu'ils ne sont que trente mille (Černy, p.143). Sur la base de sources plus sûres, dans l'*Histoire de l'empire de Russie*, Voltaire les réduira à trente-sept mille (II.i.240).

[46] Černy, p.140-41; voir V 4, p.362. Cette légende reposait sur un ouvrage d''Alétophile', *Der innere und äussere Zustand der schwedischen Gefangenen in Russland* ([Halle] 1718-1721), dû à Christoph Eberhard, pasteur luthérien à Moscou de 1714 à 1716, et sur un autre ouvrage en allemand d'un ancien capitaine de l'armée suédoise, Curt Friedrich von Wreech, *Wahrhaffte und umständliche Historie von denen schwedischen Gefangenen in Russland und Siberien* (Sorau 1725); cf. Minzloff, *Pierre le Grand dans la littérature étrangère*, p.363-65, et Černy, p.155. Ces allégations sont reprises dans la littérature occidentale sur la Russie, par exemple par Weber. Voltaire les supprimera dans l'*Histoire de l'empire de Russie*.

[47] Černy, p.132-33; voir V 4, p.220-21. Dans l'*Histoire de l'empire de Russie*, Voltaire maintiendra sa version, mais ne reproduira pas le texte de la prière, qui figure dans l'*Histoire de Charles XII*.

de l'empire de Russie est une 'confirmation' et un 'supplément' de l'*Histoire de Charles XII*. Apparemment, il n'a donc rien renié de cette œuvre. Et cela suscitera une vive réaction de Müller.

Toutefois, comme pour l'*Apothéose* et un autre manuscrit publié par Černy, le 'Parallèle de Pierre le Grand avec Alexandre le Grand et Lycurgue Législateur', deux questions se posent: Lomonossov est-il l'auteur de la 'Réfutation'? Et, que celle-ci soit de lui ou non, a-t-elle été envoyée à Voltaire? Pour la plupart des critiques russes, les trois manuscrits de Prague ne peuvent être attribués à Lomonossov: ils seraient dus à un diplomate russe en poste à Vienne, ou, selon une autre hypothèse avancée avec prudence, pourraient être l'œuvre de Théodore-Henri de Tschoudy. [48] Et si l'on peut douter que ces textes aient été envoyés à Voltaire, cela concerne surtout la 'Réfutation'. Les censeurs de Pétersbourg ne se sont pas privés d'accumuler les remarques critiques sur son ouvrage. Mais on voit mal pourquoi ils lui auraient fait parvenir un pamphlet qui ne pouvait que l'irriter. Quoi qu'il en soit, la correspondance de Voltaire avec Chouvalov n'y fait aucune allusion.

C'est dire qu'il est hasardeux de trancher dans cette question controversée. Lorsque, le 10 juillet 1759, Voltaire écrit à Chouvalov que le lecteur désirera, sans doute, savoir comment les prisonniers suédois furent traités après la bataille de Poltava, comment ils furent transférés en Sibérie et comment ils y vécurent, sont-ce là des propos qui font écho à l'un des thèmes importants de la 'Réfutation'? On sait par ailleurs que Voltaire, pour réfuter les libelles qui avaient combattu l'*Histoire de Charles XII*, écrivit à Stanislas Leszczyński pour le prier d'attester la vérité des faits contenus dans son ouvrage sur le roi de Suède. Le comte de Tressan, au nom du roi de Pologne, lui répondit le 11 juillet 1759

---

[48] Voir l'article de Stepanov dans *Rousskaïa literatoura*, 1964/2, et Hoffmann, 'Lomonosov und Voltaire', p.425.

en lui fournissant le certificat demandé. [49] On pourrait supposer qu'après avoir reçu la 'Réfutation' dans le deuxième paquet de Pétersbourg, Voltaire, excédé par un libelle de plus contre l'*Histoire de Charles XII*, aurait écrit à Stanislas. Mais cette hypothèse séduisante demanderait à être confirmée.

Panégyrique ou histoire philosophique?

Le 3/14 août 1759, Chouvalov envoie à Voltaire un exemplaire du *Panégyrique de Pierre le Grand prononcé dans la séance publique de l'Académie impériale des sciences le 26 avril 1755 par M. Lomonosow, conseiller et professeur de cette Académie, et traduit de l'original russien par M. le baron de Tschoudy*. L'ouvrage, imprimé en juin 1759, avait été tiré à 625 exemplaires. Le traducteur, Théodore-Henri de Tschoudy (1720-1769), était un franc-maçon originaire de Metz, qui achevait alors son second et dernier séjour en Russie. Bien que non dénué de talent littéraire, [50] Tschoudy s'était médiocrement acquitté de sa tâche et sa traduction avait été publiée malgré les protestations de Lomonossov, qui la trouvait mauvaise. [51] Dans sa lettre du 14 août, Chouvalov prévenait

[49] D8390. Voltaire a publié cette lettre dans la 'Préface historique et critique', puis, en 1768, dans l'*Histoire de Charles XII*, où elle était mieux à sa place.

[50] On sait que Tschoudy a fondé à Pétersbourg *Le Caméléon littéraire*, premier périodique français publié en Russie (14 janvier-15 décembre 1755). En 1752, il avait fait paraître trois ouvrages à La Haye: *La Muse maçonne, Etrenne au pape, ou les francs-maçons vengés, réponse à la bulle du pape Benoît XIV* et *Le Vatican vengé, apologie ironique pour servir de pendant à l'Etrenne au pape*. Il édite ensuite à Amsterdam, en 1754, *Le Philosophe au Parnasse français, ou le moraliste enjoué*, treize lettres dédiées à Ivan Chouvalov. En 1766, il publie à Francfort et à Paris *L'Etoile flamboyante, ou la Société des francs-maçons considérée sous tous les aspects*. Sa dernière œuvre, *Les Ecossais de Saint-André d'Ecosse*, paraîtra à titre posthume et contre sa volonté à Paris en 1780.

[51] La feuille de titre porte la mention manuscrite de Lomonossov, en français: 'Mais traduit fort mal et contre les protestations de l'Auteur' (Lomonossov, *Polnoe sobranie sotchinenii*, viii.585). Frédéric-Henri Strube de Piermont en avait traduit une 'grande partie', mais Lomonossov n'avait pu obtenir de lui faire achever sa traduction, comme il le rapporte dans sa lettre à Chouvalov du 2 septembre 1757

d'ailleurs Voltaire que, 'gêné par le Texte', le traducteur 'a peut être dans quelques endroits emploié quelques phrasismes un peu étrangers, et n'a pas rendu toute la force de l'original Russe' (D8429).

Toutefois, l'intention de Chouvalov était claire: le *Panégyrique* de 'm^r le proffesseur Lomonossoff' n'invitait pas seulement Voltaire à renoncer au portrait contrasté qu'il avait fait de Pierre le Grand dans l'*Histoire de Charles XII*. Il le poussait à glorifier le tsar réformateur. Les Russes, en somme, visaient à faire de Voltaire leur agent en utilisant son talent pour une œuvre de propagande. A cela se mêlait une volonté non moins évidente de polémiquer avec Frédéric II. Après avoir évoqué l'utilité du *Panégyrique* pour l'histoire de Pierre le Grand, Chouvalov poursuit en effet:

Il servira au moins Monsieur à vous donner une idée de notre langue et de sa construction, vous verrés qu'elle n'est point à beaucoup près si pauvre que nous l'anonce l'histoire de Brandebourg, qui dit que nous n'avons point des mots pour exprimer l'honneur et la vertu. Plusieurs livres grecs ancïenement traduits en notre langue, tels que st Jean Chrisostome, s^t Gregore etc: suffisent pour démentir cette opinion, mais c'est à vous Monsieur, à vous le modèle des Historiens, le Maître de tous ceux qui écrivent, à juger la cause de la langue Russe contre ses Antagonistes.

On pourrait croire que Chouvalov se réfère ici aux *Mémoires pour servir à l'histoire de la maison de Brandebourg*, corrigés par Voltaire. En réalité, il vise la *Continuation des Mémoires de Brandebourg*, parue en 1757. C'est dans cet ouvrage que se trouve la phrase, empruntée à Perry ou Montesquieu, sur l'absence dans la langue russe de mot signifiant l'honneur. [52] Ce lieu commun, assez répandu dans les compilations fondées sur des récits de voyage, ne pouvait

---

(*Polnoe sobranie sotchinenii*, x.525). La traduction de Tschoudy n'est pas reproduite dans les *Œuvres complètes* de Lomonossov. L'original russe figure dans viii.584-612.

[52] Voir ci-dessous, n.54. On notera que Chouvalov, pour complaire à Voltaire, renonce au mot *russien*; il parle de 'l'original russe' et de la 'langue russe'.

qu'offenser Chouvalov et ses compatriotes. Et, lorsqu'il sera repris par l'*Encyclopédie*, à l'article 'Knout', il suscitera une vigoureuse protestation d'un Russe dans le *Journal encyclopédique*.[53]

Ce qu'espèrent manifestement les Russes, c'est que Voltaire 'démentira' la *Continuation* de Frédéric et verra là une belle occasion de tirer vengeance de l'humiliation de Francfort. Tactique habile au moment où la guerre de Sept Ans rapproche les Français et les Russes. Mais la réponse de Voltaire, compréhensive sur le chapitre de l'honneur des Russes,[54] ressemble à une fin de non recevoir.

Le 18 septembre 1759, Voltaire accuse réception du *Panégyrique*. Comme on pouvait s'y attendre, il rejette catégoriquement le genre. Il y a certes 'de l'éloquence' dans l'œuvre de l'académicien; mais Voltaire sait gré à Chouvalov d'avoir reçu de lui 'des mémoires plus instructifs qu'un panégirique'. Car 'ce qui n'est qu'un éloge ne sert souvent qu'à faire valoir l'Esprit de L'auteur, le titre seul avertit le Lecteur d'être en garde, il n'y a que les vérités de l'histoire qui puissent forcer l'esprit à croire et à admirer'. Et il conclut sur ce point: 'Le plus beau panégirique de Pierre le grand à mon avis est son journal dans lequel on le voit toujours cultiver les arts de la paix au milieu de la guerre, et parcourir ses

[53] Voir M. Mervaud, 'Le knout et l'honneur des Russes (à propos de deux articles de l'*Encyclopédie*)', *Recherches sur Diderot et sur l'Encyclopédie* 14 (1993), p.111-24.

[54] Il écrit à Chouvalov le 6 octobre 1759: 'Le terme *d'honneur*, doit être certainement bien à la mode chez vous, quoi qu'en dise un certain homme qui a mis son honneur à faire bien du mal, et à en dire beaucoup de vôtre auguste Impératrice. Ce n'est pas d'aujourd'hui que j'ai pris part à la gloire de vôtre nation' (D8525). Toutefois, le 22 avril 1760, il proclame qu'il 'souhaite surtout' que l'*Histoire de Pierre le Grand* 'puisse servir de réponse aux calomnies répandües' contre la nation russe (D8868). Pure politesse à l'égard de Chouvalov, ou déclaration sincère? Il lui répète par ailleurs que 'l'esprit philosophique' ne lui permet pas de faire un 'fade panégyrique'. Le 14 janvier 1762, il revient sur cette question à propos de la prise de Colberg par les Russes, qu'il avait prophétisée. Il écrit à Chouvalov: 'Je vous prophétise donc de plus grandes choses qui mettront le comble à la gloire de votre nation, et qui seront une belle réponse à celuy qui prétendait que le mot *honeur* ne se trouvait pas dans votre langue' (D10265).

Etats en Législateur tandis qu'il les déffendait en héros contre Charles 12' (D8486).

Ainsi, deux conceptions s'affrontent: celle des Russes, qui, en présentant Lomonossov comme un modèle, réclament avec insistance un éloge sans nuance; celle de Voltaire, qui, dès ses premières lettres à Chouvalov et à Vesselovski, a nettement indiqué qu'il voulait écrire une histoire philosophique de Pierre le Grand. Le portrait élogieux exigé par les Russes flattera leur patriotisme: le 16/27 août, Chouvalov redira qu'en lisant 'la vie du Monarque', le public désirera 'des traits qui peignent son âme, son goût, son humeur, son génie, ses vertus', et que ce tableau 'fixera L'admiration générale' (D8457); mais ce dithyrambe attendu répond aussi à des fins politiques: en finir avec les calomnies de l'adversaire, Frédéric de Prusse. Plus généralement, Pétersbourg ne peut laisser sans réponse les nombreux pamphlets contre la Russie pendant la guerre de Sept Ans. Voltaire se trouve ainsi 'enrôlé' dans cette entreprise, mais 'sa passion est sincère, et il éprouve en écrivant un élan authentique d'énergie créatrice'.[55] Sans doute exclut-il toute biographie qui obligerait à ne point cacher les mauvais côtés du tsar. Mais il écarte aussi résolument tout récit hagiographique.

Le 3/14 août, Chouvalov écrivait qu'il travaillait toujours à rassembler de nouveaux matériaux, mais que la lenteur des traductions servait mal son zèle.[56] Le 16/27 août, répondant à la

---

[55] N. Platonova, 'Vol'ter v rabote nad *Istorieï Rossii pri Petre velikom*' ['L'élaboration de l'*Histoire de la Russie sous Pierre le Grand* de Voltaire'], *Literatournoe Nasledstvo* [*L'Héritage littéraire*] 33-34 (1939), p.1.

[56] D8429. Le 29 mai/9 juin, Chouvalov avait écrit à Jacob von Staehlin pour le presser de lui transmettre aussi vite que possible 'tous les matériaux nécessaires à M. de Voltaire' (voir ci-dessus, n.42). On ignore la nature de ces documents, et la date à laquelle ils ont été transmis. Peut-être s'agit-il de la 'Suite de l'Essay sur l'Etat de l'Eglise' (MS 2-22) et du deuxième 'Mémoire abrégé' sur la police (MS 2-18), envoyés après juillet 1759. On peut supposer aussi que Staehlin avait envisagé de traduire ses 'anecdotes' pour Voltaire (voir ci-dessous, la lettre de Chouvalov à Staehlin du 29 juin/10 juillet 1759, app. XI).

lettre de Voltaire du 10 juillet, il ne parle, longuement, que de l'écrasante défaite de Frédéric, battu par les Russes deux semaines plus tôt, à Kunersdorf. Il déclare seulement que les recherches sur tous les objets que désire Voltaire sont 'très difficiles', mais qu'il va redoubler d'efforts pour répondre surtout à ses 'différentes questions' (D8457). Les réponses aux seize questions des 'Particularités' ne seront envoyées, on l'a vu, qu'après le 11 septembre. Le 18 septembre, Voltaire mentionne des 'mémoires instructifs' qu'il a reçus, mais ne fait aucune allusion à des réponses. Il est probable qu'elles ont été incluses dans un paquet qui s'est perdu. Chouvalov, déplorant que cet envoi se soit égaré, annonce le 16/27 octobre qu'il vient de 'tirer une copie de tous ces matériaux et des réponses aux questions' que Voltaire lui avait soumises (D8558). C'est sans doute dans ce nouvel envoi que se trouvaient enfin les réponses aux questions des 'Particularités'.

La quatrième de ces questions, portant sur les réformes de Pierre, est ainsi libellée: 'Les ouvrages publics, grands chemins, canaux, ports construits par son ordre'. Or, on s'en souvient, Voltaire formule une demande à peu près identique dans sa lettre à Chouvalov du 10 juillet 1759. Il avait été manifestement déçu en 1737 par les réponses de Johann Gotthilf Vockerodt[57] sur le même thème: le ministre prussien mettait l'accent sur les imperfections des travaux, les tentatives avortées pour les canaux, les forts tombant en ruine, et les pertes humaines, énormes, que ces chantiers avaient coûté.[58] Aussi souhaite-t-il obtenir enfin des informations précises sur ces réformes.

Chouvalov écrit alors à Gerhard Friedrich Müller, historiographe officiel, conservateur des archives du département des Affaires étrangères et secrétaire des conférences de l'Académie des sciences de Pétersbourg, pour qu'il procure ces renseignements

[57] Sur Johann Gotthilf Vockerodt, voir ci-dessus, *Anecdotes*, p.12.
[58] Vockerodt, *Considérations sur l'état de la Russie sous Pierre le Grand*, app. III, VI.1-323. Pour plus de détails, voir ci-dessus, *Anecdotes*, p.20.

à Voltaire. Dans cette lettre, du 21 août/1er septembre 1759,[59] Chouvalov conseille à Müller de 's'aboucher' avec Johann Kaspar Taubert (1717-1771), bibliothécaire et conseiller de la chancellerie de l'Académie, sur les matières dont Voltaire a besoin. Lettre importante, puisque Chouvalov y rappelle que jusqu'ici c'est Taubert qui a préparé la plupart des documents envoyés à l'historien français.[60]

Chouvalov charge Tschoudy d'écrire à Müller dans le même sens. La lettre de Tschoudy n'est pas datée,[61] mais elle a été sans doute écrite à la fin d'août ou au début de septembre 1759, puisque, le 16/27 août, Chouvalov est en train de faire rassembler des documents pour répondre aux questions de Voltaire. Tschoudy suggère lui aussi que Müller pourrait trouver de l'aide auprès de Taubert. Sa lettre est plus précise que celle de Chouvalov: Tschoudy demande en effet à Müller de 'recueillir les instructions les plus Essentielles sur les différens ouvrages publics, comme villes, grands chemins, canaux & ports construits par les ordres de Pierre le Grand, pour Envoïer ce recueïl à Mr de Voltaire'.[62] La réponse à la quatrième question des 'Particularités' sera cependant tout aussi décevante que celle des *Considérations* de 1737: très succincte, elle se présente sous la forme de deux courtes variantes d'un même texte (à moins qu'il ne s'agisse de deux traductions différentes); elle renvoie à l''Abrégé chronologique' de Pierre le

[59] Voir ci-dessous, app. XI (p.1258-59).

[60] Sans doute peut-on dire que Taubert s'est borné à collecter les documents et à organiser le travail des copistes (O. A. Aleksandrovskaïa, 'M. V. Lomonossov i sozdanie sotchineniï o geografii Rossii' [M. V. Lomonossov et la création d'ouvrages sur la géographie de la Russie], *Vestnik AN SSSR*, 1987/5, p.118). Mais dans ce domaine son rôle fut apparemment important, et ce ne serait qu'à partir de l'automne 1759 que Müller aurait participé à la collecte des matériaux destinés à Voltaire.

[61] Cette lettre est conservée à l'Académie des sciences de Saint-Pétersbourg, fonds 21, Müller, *opis* 3, n° 275, f.3-4v.

[62] La première moitié de cette lettre, dont fait partie le passage cité, a été traduite en russe dans Kouliabko et Sokolova, 'Istotchniki vol'terovskoï *Istorii Petra*' ['Sources de l'*Histoire de Pierre* de Voltaire'], p.276.

Grand adressé auparavant à Voltaire, s'exprime en termes généraux, et n'aborde brièvement que le nouveau chemin de Pétersbourg à Moscou. [63] Conscients peut-être de ces insuffisances, les Russes enverront plus tard à Voltaire le manuscrit intitulé 'Villes, Forteresses, Ports de mer, Canaux, grands chemins et autres Ouvrages publics construits par Pierre premier, ou par ses Ordres'. [64]

Impression et diffusion du premier tome
(automne 1759 – 1760)

Le premier volume de l'*Histoire de l'empire de Russie sous Pierre le Grand*, 'tiré à grands frais' à huit mille exemplaires, est imprimé chez Cramer à l'automne 1759. [65] Il s'arrête à la bataille de Poltava et à ses conséquences. L'œuvre présente un changement d'optique par rapport au dessein initial. Voltaire voulait commencer par un tableau de 'l'état florissant' de la Russie sous Elisabeth. [66] Deux ans plus tard, le 10 juillet 1759, il semble envisager de placer à la fin de l'ouvrage un chapitre sur ce que l'empire a fait de grand jusqu'à l'impératrice régnante (D8388). Projet qui ne verra pas le jour. Voltaire se bornera à le résumer en quelques lignes à la fin du second volume. Quant aux deux premiers chapitres du premier tome, ils sont consacrés à la description de la Russie au dix-huitième siècle, le deuxième mêlant d'ailleurs à ce tableau un état de la Moscovie avant Pierre le Grand. Par ailleurs, Voltaire croyait à la fin de 1759 qu'il faudrait faire paraître à la fois les deux volumes, comme il l'écrivait à Elie Bertrand le 12 décembre (D8647).

Avant de diffuser l'ouvrage, Voltaire en envoie un exemplaire

[63] MS 1-12, f.358r; app. VI, l.52-66.

[64] MS 2-20, f.223r-225v.

[65] Lettre de Voltaire à Chouvalov, 6 octobre 1759 (D8525). Le tirage est mentionné dans la lettre à Chouvalov du 22 avril 1760 (D8868).

[66] A Veselovski, 19 février 1757 (D7169).

à Pétersbourg en octobre 1759.[67] Mais il se perd, et, le 1er avril
1760, Voltaire remet un second exemplaire à Saltykov. Il annonce
à Chouvalov que le paquet aurait été intercepté en Allemagne, et
qu'une édition pirate serait imprimée à Hambourg et Francfort.
Aussi envoie-t-il dans cette dernière ville 'un homme affidé pour
suivre les traces de cette affaire'. Mais, ajoute-t-il, 's'il est vrai que
le Livre ait été vendu à des Libraires allemands, je prévois avec
douleur, que tous mes soins seront inutiles' (D8832). Le 22 avril,
il rapporte que la personne qui est allée à Francfort-sur-le-Main
lui mande qu'on attend de Hambourg 'une Edition de L'histoire
de Pierre le grand, sous le nom des Libraires de Genève' (D8868).
Le 7 juin, il assure que 'les ordres qu'on a donnés à Hambourg
mettront probablement un frein à l'avidité des Libraires' (D8966).
Selon un billet de Saltykov, il reçoit par ailleurs des nouvelles de
Vienne selon lesquelles celui qui a détourné le paquet envoyé en
octobre 1759 est arrêté à Nuremberg; il écrit à Hambourg d'acheter
tous les exemplaires du premier volume afin d'arrêter la publication
du livre, 'en cas qu'il y eût quelque chose à corriger', et il prie
Saltykov d'en faire le rapport à Chouvalov (D8979).

Mais l'affaire ne s'arrête pas là. Apparemment embarrassé
d'avoir fait imprimer ce premier tome sans l'autorisation de
Pétersbourg, il écrit le 30 juillet 1760 à Alexandre Romanovitch
Vorontsov, neveu du chancelier:

On prétend que le maître de poste de Nûremberg retint le paquet, et
qu'il vendit l'exemplaire à un libraire. Ce directeur de poste a été mis en
prison, par ordre de la cour de Vienne, pour plusieurs malversations.
On soupçonnait les libraires de Hambourg d'imprimer l'ouvrage clandestinement. M. de Coloredo, à la réquisition de votre cour, a ordonné de
rechercher chez tous les libraires de Hambourg; *on n'a rien trouvé dans
cette ville*; mais P. de Hont, libraire à la Haye, vient d'annoncer *dans la
gazette même de la Haye, qu'il a imprimé cet ouvrage*. Ce vol et cette

---

[67] Le 6 octobre, il annonce à Chouvalov son intention de lui faire parvenir le
premier tome (D8525). Le 16/27 octobre, Chouvalov répond qu'il attend ce volume
avec impatience (D8558). Le 22 novembre, Voltaire espère qu'il l'a reçu (D8609).

insolence méritent d'autant plus d'être réprimés, qu'il y a actuellement un courrier de St. Pétersbourg en chemin, pour m'apporter de nouvelles instructions sur ce que je dois réformer à l'histoire de votre pays. Je me flatte, mr, *que v. e. voudra bien prévenir par ses bons offices le mal qui résulterait de la hardiesse du libraire de Hont*; il est, à la vérité, dans un pays libre, mais on respecte trop en ce pays votre auguste impératrice et votre personne, pour ne pas vous donner dans cette affaire toute la satisfaction que vous daignerez demander. Ce serait manquer au droit des gens que de permettre le débit de l'histoire de votre patrie, *sans savoir auparavant si le livre est approuvé de votre cour et de vous*. J'envoie à mr de Schuwalof la copie de la lettre que j'ai l'honneur de vous écrire. [68]

La 'copie' pour Chouvalov est en fait une version distincte de la lettre à Vorontsov. Voltaire y précise le 2 août que ce sont les frères Cramer qui lui ont apporté la *Gazette* de La Haye. Ce coup lui fut 'd'autant plus sensible' qu'il n'avait point encore reçu les 'nouvelles instructions' de Chouvalov. Voltaire déplore une nouvelle fois que l'ouvrage paraisse avec des fautes qu'il n'a pu corriger, 'et avec celles qu'un libraire de Hollande ne manque jamais de faire' (D9111). Mais il annonce qu'il a écrit à Alexandre Gavrilovitch Golovkine, ambassadeur de Russie à La Haye. [69] Celui-ci répond le 26 août à la lettre non retrouvée de Voltaire du 30 juillet: il a parlé au libraire de Hondt, qui lui a promis de suspendre l'édition, à condition que, pour compenser ce dommage,

[68] D9099; souligné par nous.

[69] Cette lettre de Voltaire n'a pas été retrouvée, mais Golovkine en fait état dans sa lettre à Chouvalov du 1er/12 août 1760, récemment publiée. Golovkine y expose en détail l'affaire de Hondt: le libraire a demandé 'mille excuses' à l'ambassadeur russe 'd'avoir agi si précipitamment' sans l'avoir averti de l'impression de l'ouvrage sur Pierre le Grand. De Hondt a promis de ne pas publier son édition, mais a demandé un dédommagement (D. N. Kostychine, 'Iz istorii izdania knigui Vol'tera o Petre Velikom' ['A propos de l'édition du livre de Voltaire sur Pierre le Grand'], *Istoritcheskiï Arkhiv* 4, 1993, p.189-90). Ce brouillon avait été signalé par V. S. Lioublinski, *Pis'ma k Vol'terou* (Leningrad 1970), p.349, n° 56.

on lui accorde la préférence pour faire imprimer la véritable histoire![70]

Le 5/16 septembre 1760, Saltykov rapporte à Chouvalov que, selon Cramer, le premier exemplaire perdu n'a été imprimé nulle part. Il avoue ne pouvoir 'débrouiller cette énigme', puisque Voltaire lui avait confirmé plusieurs mois auparavant que le livre avait paru à Hambourg et que le maître de poste de Nuremberg avait été arrêté pour vol.[71] Il annonce par ailleurs que Cramer vient d'envoyer le premier tome en France, en Angleterre et en Allemagne, puisque, selon lui, Chouvalov avait écrit à Voltaire pour en approuver l'histoire, et que l'éditeur se tient prêt à en expédier cinquante exemplaires bien reliés à Pétersbourg dès qu'on le lui demandera (D9236). En fait, craignant la concurrence hollandaise, les frères Cramer n'avaient pas attendu l'autorisation des Russes pour diffuser enfin leur édition. Le 2 août, Voltaire les excusait auprès de Chouvalov en alléguant qu'ils avaient fait 'baucoup de dépenses pour L'impression du livre': 'ils ne sont pas riches, ils tremblent de perdre le fruit de leurs avances, je ne peux les empêcher de débiter le livre qu'ils ont imprimé à leurs frais' (D9111).

Le 12/23 septembre, Saltykov demande à Voltaire s'il a permis à Cramer d'envoyer quatre mille exemplaires du premier volume à Paris. Voltaire répond qu'il n'est pas en mesure de donner des ordres à son éditeur, qui a été poussé à agir ainsi par la seule crainte de voir le livre publié ailleurs, en dépit d'assurances répétées que ses pertes seraient remboursées (D9258). Le 19/30 septembre, Saltykov demande aux frères Cramer s'il est vrai qu'ils ont publié l'*Histoire de l'empire de Russie* sans le consentement de l'auteur;

[70] D9170. Le brouillon de cette lettre, du 12 août, a été publié dans *Istoritcheskiï Arkhiv* 4 (1993), p.190-91; il avait été signalé dans Lioublinski, *Pis'ma k Vol'terou*, p.349, n° 55.
[71] Le 17/28 octobre 1760, Saltykov rapporte que, selon Voltaire, le premier tome 'est déjà contrefait dans deux ou trois endroits' (D9364).

ils l'assurent que c'est Voltaire qui leur a donné les instructions pour le faire (voir D9276).

A la fin de juillet ou au début d'août 1760, Voltaire a récupéré son premier volume, renvoyé par Pétersbourg. Il semble alors considérer qu'il a l'autorisation de le diffuser: le 9 août, il va le 'soumettre incessamment' à Dortous de Mairan, en précisant qu'il n'a point voulu le faire paraître 'avant de l'exposer à la critique des sçavants d'Arcangel et du Canchatka'. [72] Dès le 20 juin, il a écrit à François Guillet, baron de Monthoux, que les Cramer ne manqueront pas de lui envoyer un volume de l'*Histoire* de Pierre le Grand, 'dès qu'elle sera prête à paraître', pour la faire traduire (D9000). Le 23 août, Cramer promet l'ouvrage pour bientôt à Grimm et à Mme d'Epinay (D9165). Le 1er septembre, Voltaire annonce à Alexandre Vorontsov qu'il va le lui envoyer 'incessamment' (D9182). Le 27 septembre, il en adresse deux exemplaires au comte de Tressan, en spécifiant qu'il y en a un pour le roi de Pologne. Et il explique que, imprimés depuis un an, il n'a pu les faire parvenir plus tôt, 'parce qu'il a fallu avoir auparavant le consentement de la cour de Petersbourg' (D9271). Le même jour, il écrit à Chouvalov qu'il a adressé à Golovkine 'un petit ballot contenant quelques exemplaires' de son *Histoire* en le chargeant de le lui transmettre. Chouvalov pourra en présenter un à l'impératrice s'il le juge à propos (D9270). Elisabeth remerciera en envoyant son portrait avec de gros diamants, mais, comme Voltaire le rapporte à Mme de Fontaine, 'le paquet a été volé sur la route'. Il a cependant obtenu de la part de la tsarine une sorte d'approbation tacite. Et il s'en félicite: 'J'ai du moins une souveraine de deux mille lieues de pays dans mon parti; cela console des cris des polissons' (D9717).

Voltaire a-t-il fait corriger l'édition du premier volume avant

---

[72] D9126. Voltaire prétend que son livre est resté un an en Russie: ou bien le premier exemplaire, envoyé en octobre 1759, ne s'est pas perdu, ou bien le deuxième exemplaire, arrivé en avril ou mai 1760 et renvoyé en juillet, n'est resté en tout que deux ou trois mois à Pétersbourg.

de l'envoyer à Elisabeth? C'est ce que suppose Šmurlo, car sinon pourquoi lui en adresser un deuxième exemplaire? Cela n'aurait pas été une nouveauté, d'autant plus que Voltaire expédiait à Pétersbourg plusieurs autres volumes de son édition. [73] Pourtant, l'envoi d'un exemplaire identique au premier n'aurait pas été absurde, puisque l'impératrice n'en disposait plus, Pétersbourg l'ayant renvoyé à Voltaire. Quoi qu'il en soit, s'il y eut des corrections, on peut se demander avec Šmurlo en quoi elles consistaient, et si les savants de Pétersbourg en furent satisfaits. Sans doute s'agissait-il de broutilles. Car les premières remarques critiques de l'Académie des sciences, sur lesquelles nous reviendrons, ne parvinrent à Voltaire qu'en juin 1761.

Les exemplaires de l'ouvrage sont largement diffusés par Voltaire: le 15 août 1760, il promet à Algarotti de le lui envoyer dans un mois, puis en septembre 'incessamment' (D9146, D9227); le 12 septembre, il l'adressera 'dans quelque temps', puis, le 10 octobre, 'incessamment', à la marquise Du Deffand, en la prévenant qu'avec la Russie on se trouve 'dans un monde inconnü', que 'ce livre n'est point un amusement, c'est une étude', mais que la préface la fera 'pouffer de rire' (D9222, D9297); le 27 septembre, il annonce à la duchesse de Saxe-Gotha qu'il lui a envoyé trois exemplaires de l'*Histoire* de Pierre Ier: 'ils sont en chemin'. L'un de ces volumes est destiné à la comtesse de Bassewitz, qui le 'favorise' de manuscrits dont nous reparlerons (D9269). Et le troisième exemplaire? Voltaire compte manifestement que la duchesse le fera parvenir à Frédéric II. Dans une lettre non retrouvée, de septembre/octobre (D9277), il parle de son livre au roi de Prusse, mais il est évident qu'il ne le lui envoie pas directement. Nous verrons dans le chapitre sur la réception comment réagira Frédéric.

Voltaire envoie son livre à bien d'autres correspondants: le 29 septembre à sa nièce, Mme de Fontaine (D9274); le 5 octobre, il

---

[73] Š, p.72. Le 4 février 1760, Cramer avait annoncé à Grimm que le premier volume envoyé à Pétersbourg s'était perdu, et qu'il y aurait une édition in-8° et une édition in-12 (D8745), mais il ne précisait pas si elles seraient corrigées.

l'envoie au cardinal de Bernis (D9285); le 8 octobre, il écrit à Damilaville qu'il devrait 'ne point hasarder de [le lui] présenter' pour sa 'bibliothèque choisie' (D9292); le 12 octobre, Choiseul le remercie de son livre, qui le 'dégoûte' de tous les autres (D9302); le 13 octobre, il s'inquiète de savoir si la comtesse d'Argental l'a bien reçu, car, si l'ouvrage n'est pas 'si amusant qu'une tragédie', 'il y a pourtant une préface à faire rire' (D9306); le 19 octobre, il en envoie quatre exemplaires à Thiriot, dont un pour d'Alembert (D9331); le 25 octobre, il s'étonne que François de Chennevières ne l'ait pas reçu, et rapporte qu'il en a adressé un à Champbonin (D9347); le 27 octobre, il dit ignorer si Mme Du Deffand a reçu son exemplaire, ainsi que le président Hénault et d'Alembert (D9353); le 3 novembre, il en envoie un au marquis de Chauvelin (D9378)... Mais, surtout, il en fait parvenir un à Louis XV, qui en est 'content', ainsi que Mme de Pompadour; quant à Choiseul, il 'en fait plus de cas' que de l'*Histoire de Charles XII*.[74]

Dans ses lettres à Mme Du Deffand, à Mme de Fontaine et à la comtesse d'Argental, Voltaire avertissait que le sujet de son livre était ennuyeux. Comment une Parisienne pourrait-elle s'intéresser à la Grande Permie ou aux Samoyèdes? Coquetterie mise à part, il se demandait sans doute sincèrement si l'ouvrage aurait du succès: 'je doute fort que cette histoire réussisse en France', écrivait-il à Jacques Lacombe le 9 mai 1760. Car il est obligé 'd'entrer dans des détails qui ne plaisent guères à ceux qui ne veulent que

---

[74] Voltaire à Thiriot, 19 novembre 1760 (D9416). Choiseul affirme à Voltaire que le roi a accepté 'avec toutes sortes de grâce' l'exemplaire qu'il lui a présenté de la part de l'auteur (D9417). Le 27 juillet 1759, Voltaire avait promis à George Keate de lui envoyer son ouvrage dès qu'il serait imprimé (D8405). Le 22 octobre 1760, il se demande si Robin, libraire au Palais-Royal et correspondant de Cramer, l'a présenté à Charles Pinot Duclos (D9340). Le 27 octobre, il annonce à Helvétius que Robin devait lui en fournir un, ainsi qu'à Saurin, mais que les ballots, envoyés deux mois auparavant à Paris, ont été soigneusement gardés par la chambre syndicale, jusqu'à ce qu'on eût contrefait le livre (D9354). Vers le 5 novembre, il le fait parvenir à Jacob Vernes (D9385), le 10 décembre à Sébastien Dupont (D9455), le 29 janvier 1761 à Le Bault (D9880).

s'amuser'. Les 'folies héroïques' de Charles XII divertissaient même les femmes, mais 'deux mille lieües de païs policées, des villes fondées, des loix établies, le Commerce naissant, la création de la discipline militaire, tout celà ne parle guères qu'à la raison'. Et puis, il y a 'des noms barbares, inconnus à Versailles et à Paris'. Il se pourra encore qu'Abraham Chaumeix dénonce Voltaire comme impie, 'attendu que Pierre le grand n'a jamais voulû entendre parler de la réunion de l'Eglise grecque à la Romaine'; quant aux jésuites, ils se plaindront qu'on les ait chassés de Russie (D8898). Pourtant, l'ouvrage se vend rapidement. Avant la fin d'octobre, Cramer en a débité cinq mille exemplaires.[75] Le 7 novembre, Voltaire annonce à Chouvalov qu''on a fait en deux mois trois Editions du premier volume de l'histoire de Russie' (D9386).

'La cour de Pétersbourg me traite à peu près comme Pharaon traitait les Juifs'

Cependant, Voltaire ne cesse de se préoccuper du second tome. Il presse Chouvalov de lui faire parvenir les documents qui lui permettront de le rédiger. Le 22 novembre 1759, il a reçu un paquet de documents (D8609), après qu'un précédent envoi ait été perdu, comme le constatait Chouvalov le 16/27 octobre.[76] Le catalogue de tous les livres écrits sur Pierre le Grand lui 'servira peu', puisque aucun de ces auteurs 'ne fut conduit' par Chouvalov.[77]

---

[75] Voltaire à Chouvalov, 25 octobre 1760 (D9348).

[76] D8558. Chouvalov répond ici à une lettre non retrouvée de Voltaire. Il fait état de 'précieux manuscrits' que Voltaire doit lui envoyer pour sa bibliothèque, et dont il lui a sans doute parlé dans une lettre située entre celles du 18 septembre et du 6 octobre 1759. Voltaire rappelle cet envoi d'un 'paquet assez gros de livres et de manuscrits' dans sa lettre à Chouvalov du 22 novembre, sans qu'on sache de quoi il s'agit.

[77] Sans doute s'agit-il du MS 1-3, qui donne une liste de 92 titres (dont 53 sur Pierre le Grand et son époque). Un certain nombre d'ouvrages sont en allemand, langue que ne lisait pas Voltaire. Une autre liste, plus courte, sera envoyée sans doute après (MS 2-34).

Il est surpris de voir dans ces mémoires que '*les biens du monastère de la trinité ne sont point immenses, ils ont deux cent mille roubles de rente*'.[78] 'En vérité', commente-t-il, 'il est plaisant de faire vœu de pauvreté pour tant d'argent. Les abus couvrent la face de la terre'. Il souhaite qu'on lui envoie quelques lettres de Pierre le Grand, et surtout un précis des négociations avec Görtz et Alberoni, 'et quelques pièces justificatives'. Quant à 'la triste fin du Csarovits', confesse-t-il, elle 'm'embarassera un peu'; il ne voit en effet 'aucune conspiration', et l'arrêt de mort lui a 'toujours paru trop dur' (D8609).

Le 24 mai 1760, il accuse réception de deux mémoires sur les moines et les religieuses.[79] Le 6/17 juin, Chouvalov annonce qu'il va envoyer d'autres matériaux, parmi lesquels des manuscrits sur la campagne de Perse (D8987); mais ce n'est que le 29 août/10 septembre qu'il sera en mesure de les expédier, avec un mémoire sur le commerce, et quelques lettres de Pierre le Grand, que Saltykov sera chargé de remettre à Voltaire.[80] L'hôte de Ferney reçoit les mémoires le 25 octobre, mais n'a pas plus de nouvelles que Chouvalov d'un certain Pouchkine, qui devait lui remettre un paquet (D9348). On apprendra plus tard que ce cousin de Saltykov, qui avait des anecdotes sur les négociations entre Vienne et Pétersbourg, un abrégé de l'histoire du Kamtchatka, une description de Pétersbourg et de Moscou, des cartes géographiques et deux mille ducats pour 'acquitter une partie des frais' de la première édition, 's'est éclipsé après avoir perdu le paquet' (D9482, D9612)!

Voltaire voudrait avoir des notes sur la période qui suit la

[78] Cette phrase ne se trouve apparemment dans aucun des manuscrits de Saint-Pétersbourg. Dans son livre, Voltaire ne l'utilisera pas; il fera cependant allusion à la richesse du monastère de la Trinité en disant qu'il possédait 'quatre lieues de pays à la ronde' (I.v.70-71).

[79] D8907. Il s'agit sans doute des MS 4-3 ('Des Religions qui sont Etablies en Russie') et 4-4 ('Du Gouvernement Eclésiastique De Russie'), où l'on trouve de longs développements sur les moines et les religieuses.

[80] D9215; voir MS 2-5, 2-6, 2-9.

bataille de Poltava.[81] Il ne cesse de répéter que les matériaux lui manquent pour élever la 'seconde aile' de l'édifice. Chouvalov travaille pourtant 'à toute force' pour satisfaire sa 'vive impatience' (D9545). Etrange collaboration! A la hâte de Voltaire, les Russes répondent par leur nonchalance habituelle. Quand Saltykov lui apporte les lettres de Pierre le Grand, Voltaire se plaint qu'il ne reçoit rien de Russie, alors qu'il a des mémoires des pays étrangers.[82] Chouvalov lui envoie le 19/30 novembre 1760 la copie de deux lettres 'assez intéressantes' (D9435), sans doute celles du roi Stanislas à Pierre le Grand. Quand Voltaire les reçoit, il 'croit' le 10 janvier 1761 que les réponses de l'empereur 'seraient encor beaucoup plus curieuses', et déplore de rester les bras croisés, car il n'a presque rien depuis la paix du Prut (D9530). Le 20 décembre 1760, il écrit sèchement à Chouvalov: 'Votre Excellence m'a cassé aux gages'. Il y a un siècle qu'il n'a aucune nouvelle, 'nuls papiers, nulle instruction'. Pouchkine, qui devait venir de Vienne, est 'apparemment amoureux de quelque Allemande' (D9481). Le 31 juillet 1761, il confie sa déception à la duchesse de Saxe-Gotha (D9921):

Je n'ai point encor achevé l'histoire de ce héros Russe nommé Pierre le grand, attendu que la Cour de Petersbourg me traitte à peu près comme Pharaon traittait les juifs; il leur demandait de la brique, et ne leur donnait point de paille. On me demande une histoire, et on ne me donne point de matériaux.

Voltaire a besoin en effet d'informations substantielles; il demande un 'précis' sur les négociations des Russes, notamment avec Görtz et Alberoni, des 'éclaircissements' sur l'affaire du tsarévitch (D9348, D9386). Le paquet qui contenait une partie de

---

[81] Lettre de Saltykov à Chouvalov, 16 septembre 1760 (D9236).

[82] Saltykov à Chouvalov, 17/28 octobre 1760 (D9364). Sans doute Voltaire fait-il allusion aux mémoires de Bassewitz, dont il parle dans sa lettre à Chouvalov du 27 septembre 1760 (D9270). Les lettres de Pierre le Grand sont peut-être celles du MS 2-5.

ces renseignements s'est perdu, ou a été volé par Pouchkine. En novembre, Choiseul est intervenu. Il a écrit à Strasbourg sur la demande de d'Argental pour que Defresnay, directeur des Postes à Strasbourg, reçoive le 'ballot de czar' et le fasse passer à Vienne (D9417). Mais Voltaire n'obtiendra pour l'instant qu'une description du Kamtchatka. [83] Le 29 avril/10 mai 1761, Chouvalov lui promet 'encore un petit amas de matériaux', en regrettant le désordre des archives, depuis le grand incendie de Moscou, il y a quelques années (D9775). Il faut attendre le 8 juin 1761 pour que Voltaire reçoive un 'gros paquet' de Saltykov, qui ne contient pourtant que quelques lettres de Pierre le Grand, et des estampes qui le représentent (D9813). Le 25 septembre, il accuse réception de 'manuscrits', mais attend de 'véritables mémoires'. Il se rend compte d'ailleurs que les rédacteurs des documents qu'on lui a envoyés 'se contredisent plus d'une fois', et qu'il est 'aussi difficile de les concilier que d'accorder des Théologiens' (D10038). Il semble donc soupçonner l'existence de divergences, voire de conflits parmi les savants de Pétersbourg. Soupçons dont il aura bientôt l'éclatante confirmation.

Le 17/28 septembre 1761, Chouvalov envoie des 'particularités concernant le Czarewits' (D10042). Il s'agit du MS 3-52, que Voltaire recevra à la fin d'octobre (D10114, D10121). Il lui a été transmis par Piotr Grigorievitch Tchernychev, plénipotentiaire à Vienne, [84] qu'il avait connu à Berlin. Dans sa lettre à Chouvalov

[83] Envoyée par Chouvalov le 26 janvier/6 février 1761 (D9612), elle est reçue par Voltaire le 30 mars (D9712). Il s'agit du MS 2-24, 'Description du Kamtchatka'. Le traducteur est peut-être le professeur Karl Friedrich Moderach (1720-1772). Dans sa lettre à Chouvalov du 8 juillet 1759, Lomonossov rapporte que Moderach a commencé à faire la traduction d'un extrait de l'*Histoire du Kamtchatka* [de Stepan Kracheninnikov] (*Polnoe sobranie sotchinenii*, x.533). Ce manuscrit permet à Voltaire de développer le chapitre initial sur le Kamtchatka, dont la première rédaction remonte à juin 1759 (à d'Argental, 18 juin 1759, D8363).

[84] Voir Chouvalov à Voltaire, 27 novembre/8 décembre 1761 (D10198). Dans D10114, n.1, il est dit par erreur que Tchernychev était l'envoyé russe à Paris d'avril 1761 à septembre 1762.

du 1er novembre, il regrette d'avoir 'si peu de mémoires sur les négotiations du baron de Goerts', mais, surtout, il critique à la fois le MS 3-52 et la rigueur avec laquelle Alexis a été jugé et condamné (D10121). Le 7 novembre, il reproche carrément à Pétersbourg de ne lui avoir procuré qu'une 'copie' de Rousset de Missy et de s'être bien gardé de lui envoyer un mémoire original sur ce sujet 'si terrible et si délicat' (D10141).

'Me voilà naturalisé Russe' (15 novembre 1760)

Malgré ces critiques, sur lesquelles nous reviendrons, Voltaire joue le rôle attendu d''agent' des Russes. Son livre, il en a conscience, contribuera à réfuter les calomnies contre la Russie, et notamment celles de Frédéric II. Sans doute compte-t-il que la civilisation nouvelle de l'empire du Nord finira par éclairer l'opinion des Européens. 'Le mérite de tant de voyageurs de vôtre païs', écrit-il à Chouvalov le 7 juin 1760, 'est une meilleure réfutation des injures attroces du philosophe, que tout ce que je pourais dire' (D8966). Mais il est sincèrement irrité par les pamphlets anti-russes dans les 'gros paquets de manuscrits' dont il se rend parfois acquéreur; il s'en trouve qui ne sont 'remplis que de satires' contre la Russie et 'd'anecdotes scandaleuses' qu'il 'ne manque pas de jeter au feu, de peur qu'après [lui] quelque libraire n'en fasse usage' (D9970). A cette lettre du 25 août 1761, Chouvalov répond le 17/28 septembre: 'il n'y a dans le monde, que Vôtre savante plume, qui puisse imposer silence à la méchanceté de ces vils auteurs [...] Vous avés pris nôtre défense' (D10042).

Voltaire a pris cette défense au point de s'identifier à la cause russe. Du moins en apparence.[85] Il se réjouit des victoires contre

---

[85] On connaît le mimétisme de Voltaire. Le 23 avril 1754, il écrivait à Mme Du Deffand: 'J'étais devenu anglais à londres, je suis allemand en Allemagne. Ma peau de caméléon prendrait des couleurs plus vives auprès de vous' (D5786). 'Me voilà naturalisé russe': simple formule de politesse par laquelle Voltaire signifie qu'il travaille à fond sur la Russie.

la Prusse, et le 7 novembre 1760, il se félicite que les troupes russes se conduisent avec 'honneur' à Berlin: après la capitulation de la ville, 'on dit que vous avez donné l'éxemple de la plus exacte discipline, qu'il n'y a eu ni meurtre ni pillage; le peuple de Pierre le grand eut autrefois besoin de modêle, et aujourd'huy il en sert aux autres' (D9386). Voltaire répète qu'il ne veut pas faire un 'fade panégirique'. Mais, après s'être procuré les mémoires manuscrits de Bassewitz, il dit en avoir supprimé 'tout ce qui pouvait être défavorable' et en a tiré 'ce qui pouvait relever la gloire' de la Russie (D9791). Et, malgré son extrême 'embarras' dans l'affaire du tsarévitch Alexis, il lui paraît qu'il faut une 'réfutation complète' des 'anecdotes affreuses' et des 'bruits odieux' répandus à son propos dans toute l'Europe. 'Je crois réfuter Lamberti assez heureusement', proclame-t-il, 'à l'aide des manuscrits qui *nous* sont favorables, et j'abandonne ceux qui *nous* sont contraires'.[86] Le 8 juin 1761, Voltaire se regardait comme 'un Français en Russie' (D9813). Mais, le 2 août 1760, il écrivait à Chouvalov: 'Vous m'avez fait Russe' (D9111). Et, le 15 novembre (D9406):

Je ne vous ai point dit combien les ennemis de vôtre nation sont fâchés contre moi; c'est encor une raison de plus qui redouble mon zèle pour la gloire de vôtre païs, et qui me rend la mémoire de Pierre le grand plus prétieuse. Me voilà naturalisé Russe, et vôtre auguste Impératrice sera obligée en conscience de m'envoier une sauve garde contre les Prussiens.

Humour mis à part, Voltaire voudrait bien savoir si Elisabeth approuve le livre qu'il écrit sur son père. Dès 1757, il a sollicité son accord. Puis, pendant des années, lettre après lettre, il a demandé à Chouvalov ce qu'elle en pense.[87] Le 2 décembre 1760, il va jusqu'à mettre son approbation en balance avec l'irritation de

---

[86] Voltaire à Chouvalov, 7 novembre 1761 (D10141); souligné par nous.
[87] Voir, par exemple, D7298, D7339, D9348, D9406, D9441, D9530, D9791, D9805.

Frédéric: 'je me flatte que votre auguste impératrice [...] sera aussi contente du monument élevé à son père, que le roy de Prusse en est fâché' (D9441). L''auguste impératrice' ne répond pas. Pas plus qu'en 1745, elle n'a donné son avis, ni sur le projet de Voltaire, ni sur le premier volume imprimé. Elle n'écrira pas une seule lettre à l'auteur de l'*Histoire de l'empire de Russie sous Pierre le Grand*. Tout au plus enverra-t-elle son portrait orné de diamants, qui, on s'en souvient, se perdra. Tout au plus Chouvalov prendra-t-il l'initiative d'écrire, tardivement, au nom d'Elisabeth. Le 26 janvier/6 février 1761, il déclare: 'Si le contentement de mon Auguste Souveraine a de quoi Vous dédommager du déplaisir causé à S: M: P: Vous avés sujét de Vous applaudir du monument élevé à Pierre le Grand' (D9612). Le 11/22 avril, il confirme ses propos: 'Ce que je vous ai marqué dans une de mes précédentes lettres ne devrait vous laisser aucun doute sur le contentement que mon Auguste Souveraine fait paraître à l'égard de votre ouvrage' (D9750). Faute de mieux, Voltaire prend acte de cette approbation tacite. Et il écrit à d'Argental le 31 mai: 'La czarinne impératrice de toutte Russie veut la moitié de son czar qui luy manque' (D9799).

'Il semble qu'on ait cherché à me mortifier'

Si Elisabeth n'a pas répondu aux espérances de Voltaire, les savants de Pétersbourg feront plus que le décevoir: ils l'irriteront quand il recevra leurs remarques critiques sur le premier tome imprimé:[88]

---

[88] Voltaire bombarde littéralement les Russes d'exemplaires de son premier tome; après en avoir expédié quelques-uns à Golovkine, ambassadeur de Russie à La Haye, il adresse un ballot plus petit par l'intermédiaire du duc de Choiseul le 25 octobre 1760 (D9348). Chouvalov ne l'a toujours pas reçu le 19/30 novembre (D9435), ni le 4/15 janvier 1761 (D9545). Voltaire envoie donc le 2 décembre à Vienne deux autres volumes (D9441). Chouvalov les reçoit le 26 janvier/6 février 1761 (D9612). Le 24 mai 1761, Voltaire fait état de cinquante exemplaires reliés en maroquin rouge qu'il a fait partir 'il y a très longtemps', les uns adressés au duc de Choiseul, les autres au comte de Kayserling, et quelques-uns au comte de Choiseul, ambassadeur à Vienne (D9791).

seize remarques de Lomonossov[89] et, surtout, de nombreuses critiques de Müller. Voltaire, nous le verrons, réagira vertement. Plusieurs documents en témoignent. Quand ces critiques furent-elles envoyées et quand Voltaire y répondit-il? On ne peut l'établir avec une entière certitude.

Ce qui est sûr, c'est que l'envoi de ces remarques avait été précédé de suggestions hasardées avec précaution par Chouvalov. Dans sa lettre du 6/17 juin 1760, il se montrait enthousiaste pour l'ouvrage de Voltaire, un 'édifice superbe' qu'il avait élevé 'de simples briques'. Pourtant, au nom de 'plusieurs personnes', il faisait une 'petite remarque' sur la 'Préface', où l'auteur présentait l'*Histoire de l'empire de Russie* comme une confirmation et un supplément de l'*Histoire de Charles XII*: 'on prétend', rapporte Chouvalov, 'que la plupart des choses contenues dans cet ouvrage ne regardent aucunement le monarque suédois' (D8987). Observation vaine: Voltaire ne modifiera pas sa phrase. Le 4/15 janvier 1761, Chouvalov propose des changements pour une prochaine édition: ajouter dans le titre 'par Monsieur de Voltaire' (au lieu de 'par l'auteur de l'*Histoire de Charles XII*'); retrancher 'quelque bonne partie de l'éloge' que Voltaire lui fait dans la 'Préface'; ne pas donner au mot *czar* une étymologie orientale, car il signifie 'roi' dans tous les anciens livres de prières 'esclavons'.[90] Voltaire n'acceptera aucune proposition. Le 29 avril/10 mai 1761, Chouvalov se fait encore l'écho de critiques émanant de 'plusieurs personnes tant d'ici que du dehors'. On est surpris que Voltaire n'ait pas mis son nom à la tête de l'ouvrage, et qu'il cite la lettre

---

[89] Ces seize remarques en russe, rédigées en 1760, répètent en partie les premières, mais ne portent que sur les deux premiers chapitres de l'ouvrage. Elles ont paru dans le *Moskovskiï vestnik* de 1829, v, p.158-63, puis dans les *Œuvres complètes* de Lomonossov (*Polnoe sobranie sotchinenii*, vi.361-64). Voltaire n'en a tenu aucun compte. La présentation de Šmurlo sur ce point n'est pas claire: il parle d'un deuxième groupe de remarques de Lomonossov, de date plus récente que le premier (p.5 et 250-51), sans préciser s'il s'agit de critiques portant sur le manuscrit de Voltaire, ou sur le premier tome imprimé.

[90] D9545. Sur l'origine du titre de tsar, voir 1.ii, n.47.

du roi Stanislas, 'comme pour apposer le seau de la Vérité à ce qui est dit de préjudiciable à la Gloire de Pierre Ier dans l'histoire de Charles XII, qui n'est liée avec celle-ci, que par les événemens de la guerre'. Chouvalov s'excuse de ces remarques, 'par les quelles on tâche d'envenimer [sa] joie' et de lui faire du tort (D9775). Voltaire se justifiera en disant que 'le certificat du Roy Stanislas ne porte que sur les faits militaires et politiques'; il est déjà 'une grande présomption en faveur de la vérité' avec laquelle il écrit l'histoire de Pierre le Grand (D9813). Cependant, en 1768, on l'a vu, il mettra ce 'certificat' en tête de l'*Histoire de Charles XII*.

Chouvalov avait laissé de côté d'autres remarques qu'il considérait comme vétilleuses. Mais ces dernières, dues à Müller, furent envoyées à Voltaire. Certaines ne manquaient pas de pertinence, mais beaucoup d'autres n'étaient que des broutilles. Or, c'est justement l'abondance de ces critiques mineures qui va frapper Voltaire et le blesser. Celui qui affecte de ne se considérer que comme le 'secrétaire' de Chouvalov réagit avec vivacité dans sa lettre du 11 juin 1761. Il conteste une dizaine de remarques, tout en admettant que 'l'observation la plus juste' est celle qui concerne le patriarche Photius,[91] et s'étonne qu'on lui envoie un bizarre *Abrégé des recherches sur l'antiquité des Russes*.

Certaines critiques, pourtant fondées, l'étonnent: la ville de Kiev ne s'appelait-elle pas autrefois Kisovie? La Russie noire n'existe-t-elle pas? Et comment le quartier de Moscou appelé la 'ville chinoise' aurait-il pu porter ce nom avant que les Russes aient eu la moindre connaissance des Chinois et de leurs marchandises? Peu convaincu, Voltaire maintiendra sa version sur Kisovie et la 'ville chinoise', et s'interrogera sur la 'Russie noire'.[92]

D'autres remarques, moins justifiées, suscitent de sa part une contestation radicale: pourquoi ne pourrait-on pas aller de Pétersbourg à Pékin sans rencontrer de montagnes? Pourquoi accré-

---

[91] D9818. Voir I.ii.250-252 et n.61.
[92] Voir I.i, n.112, n.97 et n.15.

diter la fable 'honteuse et barbare' du tsar Ivan qui voulut faire clouer le chapeau sur la tête d'un ambassadeur d'Angleterre nommé Bèze, lequel de surcroît n'a jamais existé? Le patriarche le plus ancien n'est-il pas celui d'Alexandrie, et non celui de Constantinople? Et pourquoi affirme-t-on qu'au sixième siècle on écrivait à Kiev sur du papier, qui n'a été inventé qu'au douzième siècle? Voltaire ne modifiera son texte sur aucun de ces points, sauf, très légèrement, sur le premier. [93]

Mais ce qui l'ulcéra le plus, ce furent les chicanes sur l'orthographe. Le médecin Vangad, qu'il nomme ainsi selon les mémoires reçus, s'appellerait en réalité Vangardt. [94] Et puis, une fois de plus, pour les noms russes, on veut imposer à Voltaire une orthographe qui lui déplaît. Les savants allemands tiennent absolument à leur transcription germanique: ainsi Voronej, que Voltaire appelle Véronise selon l'usage français du dix-huitième siècle, devrait s'écrire Woronestsch; quant à Ivan Basilovits, il faut l'appeler Wassilievitsch. Voltaire 'ignore' ou feint d'ignorer si l'auteur des mémoires est un Allemand. [95] Mais il lui souhaite 'plus d'esprit et moins de consonnes'.

Voltaire ne cédera pas sur le chapitre de l'orthographe. [96]

[93] Voir I.i, n.10; 'Préface historique et critique', n.79 (et I.ii, n.32); I.ii, n.68; I.x, n.41.

[94] Le MS 6-11 le nomme von Gade (f.389r). En réalité, ces deux orthographes sont erronées. Les *Zapiski Matveeva* [*Mémoires d'Andreï Artamonovitch Matveev*] (Saint-Pétersbourg 1841) le nomment von Gaden (p.31). Sur ce juif polonais que Voltaire qualifie ironiquement de 'grand personnage', voir I.iv, n.14. Le 25 septembre 1761, Voltaire écrit à Chouvalov qu'il se moque de savoir si Vangad 'était effectivement hollandais, comme ce mot Van, le fait présumer, ou s'il était né prez de la Hollande' (D10038).

[95] Le 9 août 1760, Voltaire écrit à Dortous de Mairan qu'il a soumis son livre à la critique des 'savants d'Arcangel et du Canchatka' (D9126). Il n'ignorait probablement pas que Gerhard Friedrich Müller, appelé en Russie Miller, avait fait partie en 1733 de la première exploration scientifique de la Sibérie, avec Johann Georg Gmelin et Louis Delisle de La Croyère.

[96] Il mettra cependant en note la prononciation russe, comme il le suggérait dans ses lettres à Chouvalov. C'est ainsi que, pour Ivan Basilovits, il écrit 'En russe Iwan

Question de principe! De quel droit des étrangers lui feraient-ils la leçon en matière de langue française? Mais, exaspéré par ces critiques mesquines, il n'admettra pas plus les autres, même si bien des remarques relèvent des erreurs factuelles. Il écrit à Chouvalov le 11 juin 1761: 'Il semble qu'on ait cherché à me mortifier, à me dégoûter, et à trouver dans l'ouvrage des fautes qui n'y sont pas'.

La lettre de Voltaire suscita à son tour de nouvelles observations de Müller. Parmi ces seize remarques, la quinzième affirme que ce n'est pas pour mortifier Voltaire qu'on a travaillé, mais pour son honneur, et pour rendre son ouvrage plus parfait. Et Müller ajoute: 'M. de Voltaire aura vu par les remarques qu'on lui a envoyées depuis qu'il y a outre cela beaucoup plus de corrections à faire'. Dans son deuxième point, concernant la route de Pétersbourg à Pékin, Müller renvoie à la carte d'Asie de d'Anville et au témoignage de Baïkov, envoyé en Chine, qui mit vingt-deux jours pour traverser une branche du mont Altaï. [97] Sur la question de la Russie noire, il suppose qu'il s'agit d'une confusion entre deux termes russes qui se ressemblent, l'un signifiant 'rouge', l'autre 'noir'. [98] Il reproche avec raison à Voltaire d'écrire tantôt Basilovis, tantôt Basilide, alors que c'est le même nom. Mais, à propos du chapeau de l'ambassadeur d'Angleterre, il affirme que c'est Voltaire qui en a parlé le premier, et assure à tort qu'il n'a pas dit que c'était une fable. [99] En se référant aux actes du concile de Nicée de 325, il persiste à croire que le patriarche de Constantinople est le premier en dignité, et plus ancien que celui de Jérusalem. [100] Enfin, il dit ignorer de qui est l'*Abrégé des recherches de l'antiquité des Russes*,

Wassiliewitsch' (1.i, n.*d*). Quant à Voronestch (1.i, n.*e*), la graphie se rapproche de la prononciation de Voronej, puisque le *j* en position finale s'assourdit en *ch*.

[97] Š, p.195 et 189. Müller reviendra sur cette question dans le *Journal encyclopédique* (voir ci-dessous, 1.i, n.10).

[98] Š, p.190. Le 26 août/6 septembre 1761, Chouvalov écrit qu'il n'a trouvé mention d'une 'Russie noire' dans aucune histoire ou géographie russes, et qu'il ne sait d'où La Martinière a pu tirer cette dénomination (D9989): voir aussi 1.i, n.15.

[99] Š, p.193-94; voir 'Préface historique et critique', n.79; et 1.ii, n.32.

[100] Š, p.194-95; voir 1.ii, n.68.

dont parle Voltaire dans sa lettre à Chouvalov. Cet 'étrange mémoire' commence par affirmer que 'l'antiquité des Slaves s'étend jusqu'à la guerre de Troie'. Voltaire soupçonne que l'auteur en est le 'même Allemand' que celui qui lui a envoyé les autres manuscrits. Müller assure qu'il se trompe. [101]

On peut supposer que la plupart des autres critiques furent adressées à Voltaire après le 11 juin, comme le laisse entendre la quinzième remarque de Müller. Celui-ci aura beau jeu d'objecter que Pétersbourg était moins splendide que ne l'imaginait Voltaire: le nouveau palais d'été, 'un des plus beaux morceaux d'architecture qui soient en Europe', n'était qu'une vaste bâtisse de bois; l'immense balustrade de belles pierres le long de la Neva, Voltaire l'avait rêvée; quant à la 'porte triomphale', elle n'existait plus: construite en bois pour l'entrée du tsar, elle a été abattue par la suite. Et combien d'observations aussi pertinentes qui eussent permis à Voltaire d'éviter bien des bévues! Mais au total, sur près de quatre cents corrections demandées, il n'en fera qu'une vingtaine. [102]

[101] Š, p.196. Ce mémoire ne figure pas parmi les manuscrits de la Bibliothèque de Voltaire. Il s'agit probablement du manuscrit intitulé 'Abrégé des recherches de l'antiquité des Russies, tiré de l'histoire étendue sur laquelle on travaille', aujourd'hui conservé sous la cote Bn F12937, p.489-92. Ce n'est pas la traduction d'un texte de Lomonossov, comme le suggère D9818, n.9, et comme l'affirme F. Ia. Priïma ('Lomonossov i *Istoria Rossiïskoï imperii pri Petre Velikom* Vol'tera' ['Lomonossov et l'*Histoire de l'empire de Russie sous Pierre le Grand* de Voltaire'], article de 1958 repris dans son livre *Rousskaïa literatoura na Zapade* [*La Littérature russe en Occident*] (Leningrad 1970), p.70. En fait, ce sont des manuscrits édités plus tard par N. Lvov et sur lesquels s'appuiera son homonyme Pavel Lvov pour écrire son *Temple de la Gloire des héros russes*, publié à Pétersbourg en 1803. L'Etat slave y était présenté comme plus ancien que Rome et Carthage; voir L. Heller et M. Niqueux, *Histoire de l'utopie en Russie* (Paris 1995), p.90.

[102] Il y eut, pour l'ensemble du premier volume (19 chapitres), 140 remarques abrégées, doublées par 156 remarques détaillées, et 234 remarques supplémentaires portant sur les sept premiers chapitres. A ces quelque 390 observations s'ajoutèrent 71 'fautes typographiques et autres petites corrections' (MS 1-14). Il faut y ajouter les deux séries de remarques (56 au total) de Lomonossov (Š, p.241-42, 250). Šmurlo donne en introduction la liste des manuscrits de Müller contenant ces remarques

Voltaire voulait éviter un 'double écueil', la fureur de ses ennemis et le mécontentement des Russes. [103] Après avoir reçu les remarques des érudits de Pétersbourg et en avoir si peu tenu compte, il ne pouvait qu'avoir une conscience encore plus aiguë de ce risque paradoxal.

Chouvalov et l''amateur de consonnes'

Toutefois, les 'Russes' ne constituaient pas un bloc uni. Voltaire avait d'ailleurs constaté des informations contradictoires dans les mémoires et les remarques envoyés. A-t-il perçu que les divergences allaient au delà de la simple collecte des matériaux? A-t-il senti les clivages, voire les conflits qui opposaient le clan des Allemands et celui des Russes au sein de l'Académie de Pétersbourg? Savait-il que Lomonossov se battait alors contre les Allemands pour l'avènement d'une science russe indépendante, y compris dans le domaine de l'histoire? [104]

Quoi qu'il en soit, Chouvalov allait soutenir Voltaire et se désolidariser de Müller. Le 31 juillet/11 août 1761, il demande certes que le tome 1 soit corrigé d'après les remarques qu'il a envoyées, mais il écrit en *nota bene*:

Il n'y a pas long tems que j'ai déteré qu'un de nos académiciens allemands a travaillé à la Critique de L'Histoire de Russie. J'ai eu assés de bonheur pour détourner cet homme de son inutile ouvrage. Pouvés vous concevoir

---

(p.10-13), une liste de 18 erreurs incontestables corrigées par Voltaire (9 sur le manuscrit, 18 sur le texte imprimé, p.162-65) et une liste de 63 erreurs tout aussi importantes non corrigées (p.166-70). Le lecteur en trouvera le détail dans les notes.

[103] Brouillon de la lettre du 8 juin 1761 (D.app.207). La phrase sera supprimée dans la lettre envoyée à Chouvalov (D9813).

[104] Dans les documents et remarques envoyés à Voltaire, la concision du style de Lomonossov tranche sur le caractère pointilleux et la prolixité de celui de Müller. Par ailleurs, les conceptions historiques et géographiques de Lomonossov diffèrent beaucoup de celles de Müller: voir O. A. Aleksandrovskaïa, 'M. V. Lomonossov', p.118, 122, 124-25.

Monsieur, que les remarques sur les trois premiers chapitres, sont plus grands que tout votre ouvrage.

Et Chouvalov ajoute qu'il les a fait traduire en français 'en extrait' (D9941)!

Le 26 août/6 septembre 1761, répondant aux lettres de Voltaire des 8 et 11 juin, Chouvalov va encore plus loin dans les distances qu'il prend par rapport à Müller. Il se confond en excuses. Il est 'au désespoir' que tant de remarques soient inutiles; il est 'mortifié' de ce que Voltaire s'imagine qu'on ait cherché à le dégoûter. Il s'en veut plus encore à lui-même qu'à son 'amateur de consonnes'. Cet académicien a fouillé dans les archives 'avec une avidité pédantesque', il s'est fait une 'loi inviolable' de respecter les noms propres et de petits détails qui n'ont aucun intérêt pour l'histoire. Chouvalov assure qu'il a disputé avec lui, mais que l'érudit a su le vaincre par ses 'arguments scolastiques'. Et il promet qu'à l'avenir il ne se contentera pas de corriger, mais qu'il travaillera lui-même à tout ce qu'il enverra (D9989).

Le 19 septembre, Voltaire remercie Chouvalov de lui éviter des 'batailles avec des Allemands' (D10031). Mais il ne peut dissimuler son agacement. Le 25 septembre, il écrit: 'J'avoue que les vers de Corneille sont un peu plus sonores que la prose de vôtre Allemand'; il ironise sur ce 'profond savant' qui critique son orthographe des Gutmensch et des Vangad, et s'en rapporte à son 'érudition' pour savoir si c'était un crapaud ou une écrevisse qu'on trouva suspendu au plafond du médecin quand les streltsy l'assassinèrent. [105]

[105] D10038. Voltaire se préoccupe malgré tout des prochaines rééditions du premier tome. Sur l'insistance de Chouvalov, le 10 janvier 1761, il avait composé quatre vers pour une estampe de Pierre le Grand (D9530). Il les avait réécrits de mémoire, avec des variantes, le 30 mars (D9712). Le 30 juin, il suggère que des gravures illustrent chaque chapitre de l'ouvrage: 'le premier chapitre aurait une estampe qui représenterait des nations différentes aux pieds du législateur du nord' (D9866). Ces propositions de Voltaire ne seront pas adoptées. Les Russes semblent avoir mis en doute ses capacités à réaliser une belle édition. C'est du moins ce qu'écrit Razoumovski à Chouvalov le 9/20 février 1761: il est extrêmement surpris de la mauvaise qualité du papier et de l'impression de la première édition (D9640).

Dans cette même lettre du 25 septembre 1761, Voltaire accuse réception de 'manuscrits' qui renferment des 'instructions' apparemment nouvelles. Il ironise sur ces 'remarques intéressantes' dignes de Quinte-Curce et de Nordberg. On peut se demander s'il ne s'agit pas là de deux mémoires conservés à Saint-Pétersbourg: le MS 1-13 ('Remarques sur le 1er Tome de l'Histoire de Pierre le Grand, dont on prie Mr. de Voltaire de faire usage') et le MS 1-15 ('Remarques sur l'histoire de Pierre le Grand par Mr. de Voltaire').

C'est peut-être alors qu'il rédige des 'Corrections à faire au premier volume', dont le texte inédit est reproduit dans l'appendice VII. [106] Cette copie très soignée comprend 43 remarques portant sur les chapitres 1 à 4. Ces 'corrections à faire', bien que restant à l'état de suggestions ou de concessions, montrent que Voltaire a été moins réticent qu'on le croyait à modifier son texte. Il est vrai que, sur ses 43 remarques, il n'admet en fait, à la rigueur, qu'une douzaine de corrections, qui d'ailleurs ne seront pas suivies d'effet. Toutefois, ces notes présentent un grand intérêt: Voltaire s'y réfère plusieurs fois à Olearius, dévoilant ainsi la source de certains passages de l'*Histoire de l'empire de Russie*. Par ailleurs, il souligne malignement ce qu'on pourrait appeler le paradoxe de Müller: il a senti que ce Russe Allemand était en désaccord avec d'autres membres de l'Académie de Pétersbourg; pourquoi, dans sa hargne contre Voltaire, Müller soutient-il Olearius, qui 'vômit les invectives les plus atroces contre la nation russe'? [107] Et pourquoi, en valorisant l'ancienne Moscovie, porte-t-il atteinte à la gloire de Pierre le Grand, qui a mis sa nation plus à son aise? [108] Soupçonnant son critique d'être un 'prêtre', il prend ses distances et lance avec vigueur: 'S'il veut déguiser la Vérité à la face de L'Europe, qu'il la déguise donc tout seul, je ne serai pas son

---

[106] Les remarques de ce texte se recoupent avec celles des commentaires de l'exemplaire de Neuchâtel au point qu'on peut penser qu'elles ont été rédigées dans la même période, en 1761 (voir ci-dessous, p.144-45).

[107] App. VII, l.129-132.

[108] App. VII, l.80-81 et 160-161.

complice'.[109] Parfois agressif, parfois ironique, Voltaire ridiculise cet esprit vétilleux incapable de le comprendre et qui lui fait perdre son temps. Il déclare fièrement: 'J'écris pour ceux qui pensent'.[110]

Mais il n'en a jamais fini avec des critiques dignes selon lui d'être jetées par les fenêtres.[111] Le 23 décembre 1761, il prétend mettre fin à ces contestaions perpétuelles. Il fait preuve de bonne volonté, mais aussi de fermeté. Il envoie à Chouvalov un exemplaire du tome I avec des corrections en bas de page et les réponses à des critiques. Il précise: 'j'en garde un double par devers moy. Quand vous aurez examiné à votre loisir ces remarques qui sont très lisibles, vous me donnerez vos derniers ordres et ils seront exactement suivis' (D10224). Ces notes inédites, au nombre de 94, sont reproduites dans l'appendice VIII. Elles répondent à deux séries de critiques parvenues à Voltaire, celles du MS 1-15 qui ne concernent que les quatre premiers chapitres, mais aussi celles du MS 1-13, qui portent sur l'ensemble de l'ouvrage.[112]

Ces précieuses notes de l'exemplaire de Neuchâtel comprennent à la fois des propositions de corrections et des commentaires, comme Voltaire l'avait annoncé à Chouvalov. Les corrections proposées, au nombre d'une trentaine, sont souvent suivies de notes explicatives. Voltaire y manifeste un esprit conciliant, mais elles ne seront point retenues dans les éditions ultérieures. On remarque que les propositions de corrections font l'essentiel de ces notes pour les chapitres 5 à 19. En revanche, la part du commentaire est beaucoup plus importante pour les chapitres 1 à 4. Ces commentaires, pour un grand nombre d'entre eux, portent sur des points également traités dans les 'Corrections à faire'.

[109] App. VII, l.161-163.

[110] App. VII, l.48-49.

[111] App. VII, l.220-221.

[112] Pour les quatre premiers chapitres, les remarques de Voltaire répondent tantôt au MS 1-13, tantôt au MS 1-15 (ou au manuscrit paginé de Moscou), tantôt aux deux à la fois. A partir du chapitre 5, et jusqu'au chapitre 19, Voltaire ne réplique qu'au MS 1-15, puisque les critiques de celui-ci portent sur l'ensemble du volume.

Deux remarques frappent particulièrement, tellement leur formulation est proche: l'une concerne la coutume des Lapons de prêter leurs femmes, citation de vers anglais à l'appui; [113] l'autre, à propos du patriarche Photius, annonce de manière presque identique que Voltaire envoie à Chouvalov la page originale de ses mémoires... [114] Ces recoupements permettent de supposer que les 'Corrections à faire' et les notes de Neuchâtel ont été composées à des dates voisines, sans doute entre la lettre à Chouvalov du 25 septembre et celle du 23 décembre 1761.

Dans ces notes, Voltaire cite ses sources, s'explique et se justifie. Bien que son ton soit parfois moins vif que dans les 'Corrections à faire', [115] il ne se prive pas d'épingler le 'docte critique', qui s'intéresse surtout à des bagatelles.

Achever la 'seconde aile' de l'édifice

Mais le souci majeur de Voltaire est d'édifier la 'seconde aile' de son ouvrage. On a vu combien il insistait pour obtenir des documents sur des points importants: les négociations de Pierre, le procès et la condamnation du tsarévitch... Dès le 11 septembre 1759, il avait demandé des informations sur la campagne du Prut,

[113] App. VII, l.59-62, et 59*2 (p.58).
[114] App. VII, l.137-138, et 59*2 (p.115). Outre ces deux remarques qui coïncident presque, on constate qu'il y en a 24 qui se recoupent: sur l'étendue de la Russie (deux mille lieues); la ville de Kholmogory; les Génois, les Vénitiens et Tana; la taille et l'origine des Lapons; les descriptions de Moscou antérieures à celle d'Olearius; l'ambassade d'Olearius et les friponneries de Brüggemann; l'absence de lits en Russie; les 63 000 pas de circuit de Moscou; le grand-duc (et non tsar) Ivan; les villes des Cosaques; l'ambassade du marquis d'Exideuil; les titres des tsars; Pierre Ier descendant d'un patriarche; l'existence supposée des raskolniks avant Nicon; les trois faux Dmitri; la pauvreté ou la richesse de Strechnev; les six prétendants qui ont péri; Morozov comparé à un vizir ou etma-doulet; Stenka Razine roi d'Astrakhan; le tsar Alexis malheureux avec les Suédois; l'état de confusion de la Russie après la mort d'Alexis; le Kremlin qui n'est pas le palais du tsar; le juif Vangad (van Gaden).
[115] Voir app. VII, l.150-155, et 59*2.

car 'cette affaire n'a jamais été fidèlement écrite' et le Journal de Pierre le Grand 'passe bien légèrement sur cet important article' (D8477). Peine perdue: Voltaire devra attendre septembre et octobre 1760 pour recevoir quelques lettres du tsar relatives aux clauses du traité. Mais sur la campagne elle-même, rien. Voltaire devra se contenter du Journal et des lettres de Pierre. Il n'en écrira pas moins un long chapitre sur l'affaire du Prut; paradoxalement, il consacrera plus de place à ce désastre évité de justesse qu'à la victoire de Poltava.

Pressé, Voltaire n'a pas la patience d'attendre les mémoires demandés. Il écrit plus vite que les documents n'arrivent. Aussi, dès le 24 mai 1761, annonce-t-il qu'il va porter 'quelques nouveaux cahiers' à Saltykov (D9791). Le 1er juin, il est en mesure d'envoyer à Chouvalov un 'second cahier', c'est-à-dire un 'second essai': ce sont 'plutôt des matériaux qu'un édifice commencé'. Il a fait depuis un an des recherches dans toute l'Europe, mais 'les secours sont bien rares': presque tous les témoins sont morts, et 'il est difficile de démêler la vérité' dans une foule de mémoires contradictoires (D9805). Le 31 juillet/11 août, Chouvalov accuse réception du manuscrit de Voltaire; il en a presque terminé la lecture, mais ne fait pas de commentaires; il commence surtout, on l'a vu, à se démarquer de Müller (D9941).

Le 6 novembre 1761, Voltaire annonce au chambellan qu'il a adressé à Saltykov un chapitre de 44 pages, accompagné d'une lettre de deux feuilles dans laquelle il expose ses doutes (D10140). Ces 'doutes', on les trouve longuement exprimés dans la lettre à Chouvalov du 7 novembre; ils ont trait naturellement à l'affaire du tsarévitch (D10141). Ce chapitre de 44 pages est entièrement consacré à Alexis.[116] Il semble que Voltaire y ait joint aussi les 'essais' sur les lois, le commerce, l'Eglise, la 'paix glorieuse avec la Suède' auxquels il fait allusion le 18 novembre: dans cette

---

[116] Une copie de ce chapitre, conservée aux RGADA (portefeuille Müller), indique dans les marges les numéros des pages du manuscrit de Voltaire, de 1 à 44; voir ci-dessous, app. IX.

dernière lettre, adressant à Chouvalov le chapitre sur la guerre de Perse, il dit en effet avoir déjà envoyé ces 'essais', sans doute en même temps que la 'catastrophe' du tsarévitch (D10163). Autrement dit, il a déjà rédigé les pages qui suivent le chapitre 10. On peut donc considérer que vers la fin de 1761, la seconde partie est à peu près terminée, puisqu'il n'y manque que le chapitre 15 (les négociations d'Åland) et le chapitre 17 (le couronnement de Catherine et la mort de Pierre). Voltaire, quant à lui, estime le 18 novembre qu'il ne lui faudra qu'un essai sur les affaires intérieures et la mort du tsar. Il espère donc achever l'ouvrage avant Pâques. Le 27 novembre/8 décembre, Chouvalov promet de renvoyer dès que possible le manuscrit de Voltaire (D10198).

Bien entendu, des remaniements seront nécessaires. Le 24 octobre, Voltaire propose d'envoyer 'ce qui a déjà été imprimé, corrigé à la main' suivant les instructions de Chouvalov, et ensuite, se conformant à ses instructions pour la seconde partie, comme pour la première, il lui dépêchera 'le même volume entièrement corrigé' selon ses ordres (D10092). Le 1er novembre, il prend l'engagement de faire parvenir à Chouvalov 'd'ici à Pâques tous les nouveaux cahiers, avec les anciens corrigés et augmentés' (D10121).

Le 23 décembre 1761, Voltaire envoie un volume imprimé avec des corrections au bas des pages, et les réponses à des critiques. [117] Il annonce par ailleurs qu'il a réformé les premiers chapitres du second volume et qu'il attend les ordres pour ceux qui commencent par le procès du tsarévitch et finissent à la guerre de Perse. Le 1er novembre, il se demande s'il ne serait pas 'plus convenable de mettre le tout en un seul volume qu'en deux'. [118] Chouvalov lui répond le 27 novembre/8 décembre qu'il lui laisse carte blanche sur ce point (D10198).

---

[117] D10224. Voir ci-dessus, p.144.

[118] D10121. Le 12 décembre 1759, Voltaire écrivait déjà à Elie Bertrand: 'Je crois qu'il faudra faire paraître à la fois les deux volumes de l'histoire de Pierre le Grand' (D8647).

Y eut-il vers la fin de 1761 des pressions de la cour de Russie pour que Voltaire remanie son premier volume? Ces pressions s'exercèrent-elles avant que Pétersbourg eut reçu les propositions de correction, ou après? [119] Et découragèrent-elles Voltaire au point qu'il faillit abandonner la suite de l'histoire de Pierre le Grand? C'est ce que laissent entendre deux lettres de la comtesse de Bassewitz. Dans la première, du 27 juin 1762, elle écrit: 'J'entrevois un peu d'humeur noire, reste de Vôtre maladie, dans l'affreux dessein de ne pas si tôt retoucher à l'histoire du grand Czar' (D10534). Dans la seconde, du 3 mai 1763, elle rappelle qu'elle avait conjuré Voltaire 'de vaincre le dégoût qui [le] détournait de continuer l'histoire du héros de la Russie'. Et, sa lettre de juin à peine expédiée, elle avait été informée des causes de ce 'dégoût' (D11190):

A peine était elle partie, que j'appris, qu'on avait tenté de Vous porter Monsieur, à retirer entièrement Vôtre 1ᵉʳ Tôme, et le faire réparaître sous une forme prescrite. Je sentis, que Vous aviez eû raison de Vous arrêter. Qui fait marcher son chemin ausi divinement bien que Vous Monsieur, ne souffre pas la gêne des entraves de la politique. Mais ce fût Elisabeth qui voulût Vous l'imposer. Tout aïant changé et réchangé depuis, on a lieu d'attendre, que Vous reprendrez un ouvrage si digne de Vous.

Il est difficile de dire si l'information de la comtesse est exacte, car elle ne se recoupe avec aucune autre. Mme de Bassewitz répondait manifestement en juin 1762 à une lettre inconnue de Voltaire, écrite sans doute après celle qu'elle lui avait envoyée le 9 mars (D10368). Mais qui l'avait renseignée sur d'éventuelles 'entraves de la politique'? Et est-il bien sûr qu'Elisabeth avait voulu 'imposer' une version officielle de l'histoire de son père? Quoi qu'il en soit, Elisabeth était morte le 25 décembre 1761/5 janvier 1762, et son successeur Pierre III se souciait sans doute fort peu de l'ouvrage de Voltaire. Admirateur de Frédéric II, qu'il sauve d'un désastre

---

[119] On ignore d'ailleurs si ces propositions ('Corrections à faire' et notes de 59*2) sont parvenues à leur destination.

certain et à qui il rend la Prusse orientale, le petit-fils de Pierre le Grand n'a rien de russe. En mai, il signe la paix avec la Prusse et en juin s'allie avec elle. Le 11 avril, Choiseul se plaint que le nouveau tsar 'nous abandonne'. Il écrit à Voltaire: 'Votre ami le roi de Prusse doit être bien à son aise à présent' (D10411).

A Pétersbourg, on ne cesse pas pour autant de critiquer l'*Histoire de l'empire de Russie*. Quand Chouvalov annonce à Voltaire la mort de l'impératrice, le 14/25 janvier, il glisse que 'quelques personnes du premier rang ne sont pas trop contentes' du cahier sur la condamnation du tsarévitch Alexis (D10281). Voltaire répond le 15 mars: 'Il me faut les suffrages de ma nation pour mériter le vôtre' (D10372). Le 19/30 mars, Chouvalov lui demande de 'suspendre la seconde édition du premier volume', comme il l'en a déjà prié,[120] jusqu'à ce qu'il l'ait 'rédigé dans les endroits qui pourraient donner prise' sur eux. La position de l'ex-favori est en effet compromise: 'Nos envieux et nos ennemis communs se déchaînent plus que jamais contre nous', écrit-il, 'ma situation me force à les ménager, et vous m'aimez trop pour vouloir me compromettre' (D10396). C'est peut-être vers cette date que, découragé, Voltaire a écrit la lettre inconnue à la comtesse de Bassewitz, sans préciser toutefois ce que lui demandait Chouvalov. Et ce sont sans doute des rumeurs qui ont appris à la comtesse une partie de la vérité.

Le 1er/12 mai 1762, Chouvalov envoie des remarques sur la condamnation du tsarévitch. Elles ne sont, dit-il, que des 'réponses ingénues' aux questions de Voltaire.[121] C'est Dmitri Golitsyne qui

[120] Dans une lettre inconnue. Il ne parle pas de cette prière le 14/25 janvier.

[121] D10444. Ce sont les réponses à dix-neuf questions envoyées par Voltaire en même temps que le manuscrit du chapitre 10 (ci-dessous, app. IX). Ces réponses ne font pour la plupart qu'approuver le texte de Voltaire; aussi ce dernier n'en a-t-il pas tenu compte. Il a négligé également quelques précisions de dates. Par ailleurs, les historiens de Pétersbourg ont fait douze autres remarques portant sur le chapitre; elles sont reproduites par Šmurlo dans l'appendice 6 parmi d'autres remarques sur la condamnation du tsarévitch (p.448-62). Chouvalov a sans doute envoyé ces douze remarques avec les dix-neuf réponses auxquelles il fait allusion.

les lui fait parvenir. Le 25 juin, Voltaire accuse réception de ces
'judicieuses remarques', ainsi que des chapitres du second tome
(D10529). Mais il prévient que l'ouvrage ne pourra paraître qu'en
1763, car les engagements pris avec le public pour l'édition des
œuvres de Corneille 'ne souffrent aucun délai'. Le 25 septembre,
il écrit à Chouvalov qu'on fait fondre de nouveaux caractères, et
qu'on va commencer l'*Histoire de l'empire de Russie* 'dans peu de
mois'; mais il confirme qu'il n'est pas possible de l'imprimer en
même temps que les volumes de Corneille, car les deux ouvrages
demandent la plus grande attention (D10730).

Edition et diffusion du second volume

Le 21 novembre 1762, Voltaire informe pourtant les époux d'Argental qu'il lui faut 'à la fois faire imprimer, revoir, corriger une
histoire générale, une histoire de Pierre le grand ou le cruel, et
Corneille avec ses commentaires' (D10806). Le 23 décembre, il
leur annonce qu''on finit d'imprimer Pierre le grand' (D10855).
Cependant, l'édition n'est toujours pas terminée au début de 1763.
Le 9 janvier, Voltaire écrit à Cideville qu''il faut achever' l'histoire
du tsar (D10895). Le 17 janvier, il promet à Algarotti de lui
envoyer 'incessamment' le second tome (D10917). Mais, le 14
février, ce dernier lui demande de lui dire vite quand il verra 'la
seconde partie de l'histoire du czar' (D11006).

Quand donc cette seconde partie fut-elle enfin éditée? Le 25
avril 1763, Voltaire écrit aux d'Argental que tous les exemplaires
sont partis de Genève 'il y a plus de trois mois, à ce que disent les
Cramer' (D11174), c'est-à-dire vers le milieu ou la fin de janvier.
Ceci est confirmé par des lettres à Cramer du début de février.
Voltaire alors 'attend incessamment quinze éxemplaires du second
volume du Czar en maroquin, et quinze en veau' (D10977); il écrit
encore: 'si vous aviez seulement trois 2èmes tomes du Czar reliez
envoyez les moy sur le champ je vous en conjure' (D10979). Le 4
février, il confie à d'Alembert: 'Pierre le grand et le grand Corneille
m'occupent assez' (D10980). Le même jour, il écrit à la margrave

de Bade-Dourlach qu'il espère lui faire parvenir son ouvrage 'dans quelques semaines' (D10981). Le 22 février, il demande à Cramer quand il pourra avoir les seconds tomes du tsar (D11036). Mais alors, pourquoi n'envoie-t-il son livre aux d'Argental que le 2 avril, 'veille de Pâques' (D11144)? Peut-être parce que, comme il le précise dans sa lettre, 'à Genève on est un mois à relier un livre'.

On a le sentiment que l'ouvrage a été imprimé en plusieurs fois, à partir de janvier ou février 1763. Mais il semble qu'il n'ait été diffusé qu'à partir d'avril. [122] En tout cas, Voltaire prie Cramer vers le 10 avril de lui faire avoir 'quelques exemplaires du Czar reliez en maroquin et en veau avec l'estampe'; et il ajoute, 'il est bien triste que L'Impératrice de Russie ait les premiers exemplaires par d'autres mains que les miennes' (D11160). Ce n'est sans doute qu'au début de mai, en effet, qu'il les fera parvenir lui-même à Catherine II; le 4 juillet, il écrit à François-Pierre Pictet: 'J'ay pris la liberté de luy envoyer quelques exemplaires du second tome de Pierre le grand par mr de Balk, qui partit de Genève il y a deux mois'. [123] C'est aussi le moment où Voltaire répond à Algarotti, le 5 mai: 'Si vous voulez avoir le second Tome de Pierre le grand, mandez moi où vous êtes'. [124] Le 23 mai, il s'étonne que Cramer ait oublié de le présenter à Damilaville (D11225). Ce n'est que le 9 juin que Chouvalov en accuse réception de Vienne (D11260). Le 27 juin, Voltaire se demande si Chennevières a reçu le second tome, 'dépêché par la poste' (D11280). Le 5 juillet, le cardinal de Bernis, qui a appris la parution du volume de l'*Histoire* de Pierre le Grand et la nouvelle édition de l'*Histoire universelle*, écrit à Voltaire qu'il a mandé qu'on lui 'envoyât tout cela' (D11297).

Les informations dont nous disposons pour la diffusion de ce second volume sont beaucoup moins nombreuses que pour le premier. Est-ce à dire que Voltaire, préoccupé par bien d'autres

[122] Š, p.87. Le 8 mai 1763, Voltaire s'étonne que Cramer n'ait pas 'fait présenter le premier exemplaire' à d'Argental (D11196).
[123] D11296. Catherine II en accusera réception en septembre 1763 (D11421).
[124] D11192. Le 5 décembre 1763, Algarotti ne l'a toujours pas reçu (D11531).

ouvrages et par l'affaire Calas, ou peut-être un peu lassé par cette édition, l'ait effectivement moins diffusée? En tout cas, on ignore s'il l'a envoyée à toute une série de correspondants qui avaient reçu le premier tome: à Dortous de Mairan, qui lui rappelle sa promesse le 2 août 1762 (D10627); à d'Alembert, à qui il a pourtant confié que Pierre le Grand l'occupait 'assez'; à la duchesse de Saxe-Gotha, qui lui écrit le 2 avril à propos de Frédéric II, 'Que n'êtes-vous, Monsieur, l'historien de ce grand homme' (D11146)! Aucun écho non plus dans la correspondance avec Choiseul, Mme Du Deffand, Thiriot, ou le président Hénault... Il est probable que Voltaire a envoyé son livre à Mme de Fontaine, mais, dans l'unique lettre à sa nièce qui nous soit parvenue pour cette année 1763, le 26 janvier, il n'y fait aucune allusion. Quant à la comtesse de Bassewitz, qui lui a fourni les documents que l'on sait, il serait fort étonnant qu'il ne lui eût pas offert ce deuxième tome, mais, pour 1763, on ignore si Voltaire lui a écrit, et on ne connaît que la lettre du 3 mai où elle le conjure de continuer son *Histoire* de Pierre le Grand.

Pour ce deuxième tome, Voltaire avait tenu plus largement compte que pour le premier des critiques de Pétersbourg: dans son manuscrit, sur 167 remarques, auxquelles s'ajoutent les douze observations sur la condamnation d'Alexis, il a apporté 68 corrections,[125] parfois minimes, parfois importantes.

Le 14 mai 1760, Voltaire écrivait à Chouvalov: 'J'espère que la paix de l'Europe qui ne peut nous être donnée que par vos armes victorieuses, sera l'époque de la publication de l'histoire de Pierre le grand' (D8907). Comme il l'avait souhaité, l'achèvement de l'*Histoire de l'empire de Russie* coïncidait avec la fin de la guerre de Sept Ans. La Russie avait démontré que, sur le plan militaire, elle était une puissance avec laquelle il fallait compter. Comment ne pas y voir une conséquence des réformes de Pierre le Grand?

---

[125] Šmurlo n'a pas mentionné le nombre de ces corrections comme pour le premier volume. Mais il est aisé d'en faire le compte d'après l'appendice 6 (p.407-72).

Le livre de Voltaire arrivait donc à point nommé, les événements récents venaient de confirmer ce qu'il disait du tsar réformateur.

Au moment où paraît et se diffuse l'ouvrage, Catherine II règne depuis moins d'un an. Elle reçoit 'avec beaucoup de reconnaissance' le second tome de l'*Histoire de l'empire de Russie*. Si elle avait été impératrice au moment où Voltaire l'avait commencé, elle lui aurait fourni 'bien d'autres mémoires' (D11421). Elle annonce qu'elle va faire imprimer les lettres de Pierre – projet qui ne sera pas réalisé – et déclare qu'il mériterait une statue, qui sera 'la traduction monumentale du Pierre le Grand de Voltaire'.[126] Dans l'*Histoire de l'empire de Russie*, l'image du tsar législateur et de son œuvre ne pouvait que la satisfaire. Et puis, comment n'aurait-elle pas approuvé le tableau que brossait Voltaire de la Russie au dix-huitième siècle? Les aspects négatifs y étaient soigneusement gommés. L'empire du Nord apparaissait comme un pays modernisé et policé, résolument entré dans l'Europe des Lumières. L'ouvrage de Voltaire participait-il du 'mirage russe'?[127] Il donnait du moins de Pierre le Grand et de la Russie une image idéale que s'appliquera bientôt à détruire le *Voyage en Sibérie* de Jean Chappe d'Auteroche.

---

[126] R. Pomeau *et al.*, *Voltaire en son temps*, 2ᵉ éd. (Oxford, Paris 1995), ii.105. La statue de Pierre le Grand par Falconet sera inaugurée par Catherine II en 1782.
[127] La question sera discutée ci-dessous, dans le chapitre 4.

2

Sources

Voltaire, on l'a vu, n'a que très peu tenu compte des remarques manuscrites de ses correspondants de Pétersbourg. Elles n'en constituent pas moins une source de son livre, et l'on trouvera dans les notes le détail des corrections et des emprunts dus à ce dialogue. Voltaire indique parfois ses sources en bas de page: manuscrits de Pétersbourg, Journal de Lefort, ouvrages de Du Halde, de Strahlenberg... Mais, le plus souvent, il n'en fait nulle mention. Il arrive qu'il fasse allusion à de mystérieux mémoires, qui proviennent apparemment de divers pays d'Europe occidentale, [1] et qu'on lui a procurés ou dont il a fait l'acquisition. Ces sources-là, qu'il signale également dans sa correspondance, sont-elles aussi nombreuses qu'il le dit? Quoi qu'il en soit, il est à peu près impossible de les identifier.

Voltaire historien a toujours eu horreur des détails: il les laisse aux 'faiseurs d'anecdotes'. [2] Pour lui, l'histoire est manifestement un genre littéraire. Il s'applique à masquer ses sources: l'œuvre terminée, on ne doit plus voir les 'échafauts'. [3] Une telle conception,

[1] 'Il y a un an que je fais des recherches dans toute l'Europe [...] et il est difficile de démêler la vérité dans la foule des mémoires contradictoires qui me sont parvenus' (à Chouvalov, 1er juin 1761, D9805). 'J'ay ramassé dans toute l'Europe des manuscrits, j'ay été plus aidé que je n'osais l'espérer' (à Chouvalov, 7 novembre 1761, D10141). Peut-être certains de ces mémoires se trouvent-ils parmi les manuscrits 'occidentaux' conservés à Saint-Pétersbourg (voir ci-dessous, n.24). D'autres sont probablement perdus.

[2] A Chouvalov, 8 juin 1761 (D9813). Dès le 30 octobre 1738, Voltaire écrivait à Dubos: 'Malheur aux détails: la postérité les néglige tous: c'est une vermine qui tue les grands ouvrages' (D1642). Il y revient dans ses lettres à Chouvalov: 22 avril 1760 (D8868), 14 novembre 1761 (D10154), 23 décembre 1761 (D10224).

[3] D10154. Voltaire le disait aussi à propos des *Considérations* de Vockerodt (1737), dont il avait fait usage pour les dernières éditions de l'*Histoire de Charles XII*, mais

154

maintes fois affirmée, laisse le critique perplexe: la recherche des documents dont s'est servi Voltaire risque de lui apparaître non seulement comme vaine, mais comme ridicule. Et cela d'autant plus que l'historien combine volontiers plusieurs sources dans un même passage.

Pourtant, dans l'*Histoire de l'empire de Russie sous Pierre le Grand*, la démarche semble différente. Voltaire, en effet, se réfère explicitement en bas de page aux manuscrits de Pétersbourg et de Moscou. Sans doute le fait-il par politesse ou par gratitude à l'égard de ceux qui lui ont fourni une documentation inédite. Mais pourquoi prend-il la peine d'indiquer aussi d'autres sources: des ouvrages occidentaux comme ceux de Foy de La Neuville, de Perry ou de Strahlenberg? Il le laisse entendre lui-même dans la 'Préface historique et critique': sans doute parce que ces références à des auteurs réputés sérieux font partie des 'garants' (l.91) qui servent à authentifier son texte, par rapport à ceux qu'il conteste, comme Hübner, Nordberg ou Mauvillon. Voltaire a-t-il fini par admettre que le métier d'historien exige de citer ses sources? Discuté dans l'*Histoire de Charles XII*, il a peut-être voulu, en citant certaines d'entre elles, désamorcer d'éventuelles critiques.

La méthode du commentateur sera donc nécessairement différente de celle qu'on peut adopter pour d'autres œuvres de Voltaire. Les emprunts sont en effet parfois textuels. Comme ailleurs, Voltaire a sans doute tendance à résumer ou à réécrire les documents qu'il utilise. Mais, assez souvent, il reprend, littéralement, de courts extraits de ses sources. Telle phrase ou telle expression, que l'on croit de lui, n'est qu'un emprunt à tel manuscrit conservé à Saint-Pétersbourg ou à tel ouvrage occidental sur la Russie. Des passages entiers de son livre sont une sorte de montage à partir de textes manuscrits ou imprimés. Sans rechercher systématiquement derrière chaque phrase de l'*Histoire de l'empire*

qu'il disait avoir négligées depuis 'comme un échafaudage dont on n'a plus besoin' (à Darget, 5 octobre 1757, D7412).

de Russie une source possible, il convient donc de tenir compte en priorité des références données par Voltaire lui-même, même si parfois elles sont inexactes. Mais il faut aussi se garder d'attribuer à Voltaire des éléments de son livre pour lesquels il n'a pas indiqué de références et qui sont des reprises textuelles de sources diverses.

Dès le début de son travail, Voltaire a considéré l'*Histoire de l'empire de Russie* comme 'une confirmation et un supplément' de l'*Histoire de Charles XII*. Malgré les protestations de Chouvalov et de Müller, il a maintenu ce point de vue.[4] Et il avait raison, car il s'agissait d'un malentendu: contrairement à ce qu'avaient cru comprendre les Russes, son nouvel ouvrage n'était pas une 'continuation' du précédent; il ne lui était pas en quelque sorte subordonné, mais devait 'confirmer' le portrait du tsar réformateur qu'esquissaient les quelque deux cents lignes ajoutées dans l'édition de 1739 de l'*Histoire de Charles XII*. Pour rédiger en 1757 les huit premiers chapitres de l'*Histoire de l'empire de Russie*, il s'est d'ailleurs fondé essentiellement sur les dernières éditions de l'histoire du roi de Suède.

Or, il n'a pu en réutiliser les sources manuscrites: il les avait remises à l'abbé d'Olivet qui, le 28 juin 1749, les avait transmises à la Bibliothèque du roi.[5] Peut-être a-t-il conservé le souvenir de témoignages oraux des années 1730. Mais il ne dispose plus des manuscrits dont certains concernent directement l'histoire de la Russie: c'est le cas notamment d'une 'Relation de l'affaire du Pruth' et des traités de paix entre le tsar et le Grand Seigneur. On s'explique que, pour cette désastreuse campagne du Prut, Voltaire ait demandé avec insistance de nouveaux documents à ses correspondants de Pétersbourg.

Les sources *explicites* de l'*Histoire de l'empire de Russie* sont exceptionnellement nombreuses. Voltaire renvoie deux fois à son *Histoire de Charles XII*, et se réfère aux ouvrages de Carlisle, de

---

[4] Voir 'Préface historique et critique', n.17.
[5] La liste de ces manuscrits est dans V 4, app. v, p.616-23.

Foy de La Neuville, de De Bruyn, de Perry, de Strahlenberg, de Du Halde, [6] aux mémoires imprimés de Stenbock recueillis par Nemeitz en 1745, à ceux de Whitworth publiés en 1758. [7] Il cite aussi, pour les critiquer, Olearius, Hübner, La Mottraye, Rousset de Missy, Nordberg, Lamberty. [8] En ce qui concerne les manuscrits, il a beaucoup utilisé les *Mémoires sur Lefort*, les *Eclaircissements de Bassewitz*, et de nombreux autres mémoires conservés à la Bibliothèque nationale de Saint-Pétersbourg, dont le *Journal de Pierre le Grand.* [9] Il signale une bonne dizaine de fois ces manuscrits 'russes' comme source principale de son information, parfois pour

---

[6] Charles Howard, comte de Carlisle, *Relation de trois ambassades de monseigneur le comte de Carlisle*, éd. Guy Miège (Amsterdam 1670: cf. BV2452); Foy de La Neuville, *Relation curieuse et nouvelle de Moscovie* (Paris 1698; BV1372); Cornelis De Bruyn, *Voyages par la Moscovie et la Perse*, dans *Voyage au Levant* (Rouen 1725; BV555); John Perry, *Etat présent de la Grande Russie, contenant une relation de ce que S. M. cʒarienne a fait de plus remarquable dans ses Etats, et une description de la religion, des mœurs etc. tant des Russiens, que des Tartares et autres peuples voisins*, trad. Hugony (La Haye 1717; BV2699); Philipp-Johann Tabbert von Strahlenberg, *Description historique de l'empire russien*, trad. Jean-Louis Barbeau de La Bruyère (Amsterdam, Paris 1757; BV3215); Jean-Baptiste Du Halde, *Description géographique, historique, chronologique, politique et physique de l'empire de la Chine et de la Tartarie chinoise* (Paris 1735; BV1132).

[7] Joachim Christopher Nemeitz, *Mémoires concernant monsieur le comte de Stenbock* [...] *savoir les campagnes de 1712 et 1713 de ce général avec sa justification, pour servir d'éclaircissement à l'histoire militaire de Charles XII, roi de Suède* (Francfurt sur le Mayn 1745; BV2563); Charles Whitworth, *An account of Russia, as it was in the year 1710* (Strawberry Hill 1758).

[8] Adam Oelschläger, dit Olearius, *Relation du voyage en Moscovie, Tartarie et Perse fait à l'occasion d'une ambassade au grand duc de Moscovie et au roi de Perse par le duc de Holstein depuis l'an 1633 jusques en l'an 1639*, trad. Abraham de Wicquefort (Paris 1656; cf. BV2606); Johann Hübner, *La Géographie universelle*, trad. Jean-Jacques Duvernoy (Bâle 1757; cf. BV1686 et 1687); Aubry de La Mottraye, *Voyages en Europe, Asie et Afrique* (La Haye 1727; BV1905); Jean Rousset de Missy, *Mémoires du règne de Pierre le Grand, empereur de Russie, père de la patrie, etc. etc. etc. Par le B. Iwan Nestesuranoi* (La Haye, Amsterdam 1725-1726; cf. BV3047); Jöran Andersson Nordberg, *Histoire de Charles XII, roi de Suède*, trad. Carl Gustaf Warmholtz (La Haie 1742-1748; BV2581); Guillaume de Lamberty, *Mémoires pour servir à l'histoire du XVIIIᵉ siècle* (Amsterdam 1734-1736; cf. BV1889).

[9] Pour un inventaire de ces manuscrits, voir ci-dessous, appendice II (p.991 s.).

des chapitres entiers de la première partie de son livre. Mais les remarques vétilleuses de Müller ont ulcéré Voltaire: dans la seconde partie, s'il cite encore deux fois le Journal de Pierre le Grand, il ne fait plus aucune mention des manuscrits de Pétersbourg.

Il prétendait pourtant n'avoir écrit que d'après eux.[10] Et il est vrai qu'il les a largement exploités, comme le montrent les emprunts effectifs signalés dans nos notes, et qui dépassent de beaucoup les références explicites de Voltaire. Cela vaut aussi pour la deuxième partie, où des chapitres entiers de la fin – surtout les chapitres de 'civilisation' 11 à 14 – n'auraient pu être écrits sans les manuscrits russes.

Sources imprimées

La bibliothèque de Voltaire comporte une vingtaine d'ouvrages sur Pierre le Grand et la Russie. La plupart datent d'avant 1763. Voltaire les a presque tous utilisés, sauf, bien entendu, le Panégyrique de Pierre le Grand par Lomonossov, et peut-être aussi Struys, Algarotti et Lacombe.[11] Il a tiré de ces livres de nombreuses informations, mais de manière inégale. Dans le récit de voyage d'Olearius, il a mis des signets sans notes aux pages 69, 70, 206 et 207: ce sont les pages sur le diplomate Talleyrand où il a décelé l'erreur qu'il relève dans la 'Préface historique et critique'. Mais des signets de Voltaire marquent aussi, dans le livre d'Olearius, la description de Moscou, la situation géographique de la Moscovie, le gouvernement, la religion, le patriarche, et les passages sur le caractère des Russes: leur grossièreté, leur paresse, leur ivrognerie, leur adoration du souverain.[12] Il est difficile de déterminer ce qui

[10] 'Préface historique et critique', l.37-40; 'Avant-propos', l.18-19; I.i.319-320.
[11] Jan Janszoon Struys, Les Voyages de Jean Struys, en Moscovie, en Tartarie, en Perse, aux Indes, et en plusieurs autres pays étrangers (Amsterdam 1681; BV3216); Francesco Algarotti, Saggio di lettere sopra la Russia (Parigi 1760; BV48); Jacques Lacombe, Histoire des révolutions de l'empire de Russie (Paris 1760; BV1813).
[12] L. L. Albina, 'Istotchniki Istorii rossiïskoï imperii pri Petre Velikom Vol'tera v ego biblioteke' ['Les sources de l'Histoire de l'empire de Russie sous Pierre le Grand

a pu ici inspirer Voltaire, puisqu'il s'agit de lieux communs des voyageurs. De nombreux signets se trouvent également dans les quatrième et cinquième parties, qui décrivent le voyage en Perse. [13]

Voltaire a fait quelques emprunts à Carlisle, à De Bruyn ou à d'Allainval. [14] Comme sources probables, on trouve une dizaine de fois l'*Eloge du czar Pierre Ier* de Fontenelle, les *Voyages* de La Mottraye et la *Description de la Chine* de Du Halde. Mais il est malaisé de dire ce qu'il a pu tirer d'Antonio Catiforo (Katephoros): le *Corpus des notes marginales* consacre plus de 60 pages à la *Vita di Pietro il Grande*, [15] pourvues de nombreux signes de lecture dans les marges. Toutefois, Voltaire ne parle nulle part de Catiforo. [16] La comtesse de Bassewitz, qui le lui signale, préfère l'ouvrage de John Mottley sur Pierre le Grand (D10159). [17]

On pourrait penser que l'*Histoire de Charles XII* de Nordberg ne constitue pas une source de Voltaire, puisque ce dernier ne cite que pour le critiquer celui qui l'a traité d''archimenteur'. [18] En fait, l'ouvrage de Nordberg est de ceux que Voltaire a le plus lus: outre 16 étiquettes collées dans le texte, on relève environ 80 signets, avec des notes telles que 'Narva', 'les Russes à Grodno', 'les Russes en Volynie', 'la flotte russe à Retusari', 'le czar en Pologne, Menzikoff à Varsovie', 'la prise de Riga', 'Patkul', 'tous les officiers

---

dans la bibliothèque de Voltaire', dans *Problemy istotchnikovedtcheskogo izoutchenia roukopisnykh i staropetchatnykh fondov* [*Problèmes de l'étude des sources: fonds manuscrits et fonds de livres anciens*] 2 (Leningrad 1980), p.164.

[13] Sur l'un d'eux, placé à la page où les coiffures des Persans sont comparées à celles du Cantique des cantiques, Voltaire a écrit: 'Laisse là ton épouse mystique, fat superstitieux' (Albina, p.165). Nous retraduisons du russe.

[14] Léonor-Jean-Christine Soulas d'Allainval, *Anecdotes du règne de Pierre Premier, dit le Grand, czar de Moscovie* ([Paris] 1745; BV51).

[15] Antonio Catiforo, *Vita di Pietro il Grande imperador della Russia*, 2e éd. (Venezia 1739; BV668); cf. CN, ii.408-74.

[16] Voltaire a marqué les pages sur Lefort et les passages où sont mentionnés les ouvrages de Perry et de Rousset de Missy.

[17] John Mottley, *The History of the life of Peter I, emperor of Russia* (London 1739).

[18] Dans la 'Préface' de l'ouvrage de Nordberg. Voir V 4, p.68.

livoniens passent au service du czar, l'ombre de Patkul les conduit'.[19] Il serait donc très improbable que Voltaire n'ait rien emprunté à Nordberg. Et de fait, on relève au moins trois passages tirés presque textuellement de son *Histoire de Charles XII*, bien entendu sans référence.[20]

D'autres sources sont aisément repérables. Une bonne vingtaine de passages sont inspirés de John Perry: sur la réforme des habits, le mariage à l'ancienne mode pour ridiculiser les anciens usages, les colonnes de Pierre où furent inscrits les crimes des streltsy... Voltaire a puisé presque autant dans Strahlenberg, que Chouvalov considère comme 'celui de tous les étrangers qui a parlé le plus vrai', même s'il s'est trompé quelquefois (D7841a): il lui emprunte le récit sur le mariage des tsars, sur l'œuvre d'Alexis (le code de lois imparfait, les manufactures de toile et de soie) et sur celle de son fils Fedor (les bâtiments de pierre et les règlements de police à Moscou, la création de haras).

La source imprimée la plus importante, et de loin, est l'ouvrage de Weber.[21] Voltaire l'a pourvu de nombreux signets, avec ou sans notes: sur les événements des années 1715, 1716, 1718; le règlement du 16 mars 1716 est marqué par un signet avec la note: 'oukase pour les moines'; un signet se trouve entre les pages où est décrite l'exécution des personnes impliquées dans l'affaire du tsarévitch Alexis (Glebov, Dosithée, Kikine); sur un autre, Voltaire a écrit 'Aphrosine'; un signet abîmé (p.400-401) portant la mention 'petit Pierre' sert de repère pour la mort du fils du tsar.[22] Voltaire ne se réfère jamais à Weber, sauf pour une lettre du 25 août 1711. Et pourtant, avec les deux récits qui y sont inclus, celui de Jean-Bernard Muller sur les Ostiaks et celui de Laurent Lange sur le voyage en Chine, on compte près de cinquante emprunts aux

---

[19] Voir Albina, p.158. Nous retraduisons du russe.

[20] Voir I.xii, n.28 et 34; I.xvii, n.35.

[21] Friedrich Christian Weber, *Nouveaux mémoires sur l'état présent de la Grande Russie ou Moscovie*, trad. Malassis (Paris 1725; BV3833).

[22] Albina, p.166.

Nouveaux mémoires sur l'état présent de la Grande Russie ou Moscovie: plus de la moitié sont concentrés dans II.x, et l'on peut dire que ce chapitre sur le procès et la condamnation du tsarévitch Alexis, faute de documents satisfaisants de Pétersbourg, est bâti presque tout entier à partir de Weber.

Voltaire n'a que mépris pour Rousset de Missy, qu'il considère comme un écrivain aussi mercenaire que sot et grossier (D10141). Il n'a 'que trop lu' ce prétendu baron Nestesuranoi (D10121). Aussi n'a-t-il point fait usage de son livre, affirme-t-il dans sa lettre à Chouvalov du 7 août 1757 (D7336). Pourtant, tous les tomes des *Mémoires du règne de Pierre le Grand* comportent des signets de Voltaire, surtout le troisième: sur la conjuration de Sophie, sur Golitsyne, sur les interrogatoires et les tortures, sur Chaklovity avouant avoir voulu tuer le tsar, son frère, sa mère et ses oncles.[23] Aussi, dans l'*Histoire de l'empire de Russie*, trouve-t-on un certain nombre d'emprunts probables à Rousset de Missy: l'anecdote sur Jacob, le déserteur d'Azov, la ruse de guerre des Russes à la prise de Narva, les excuses publiques de la reine Anne d'Angleterre après l'arrestation de l'ambassadeur Matveev, et surtout, pour II.x, des détails qui ne se trouvent pas dans Weber. Enfin, c'est d'après Rousset de Missy que Voltaire a reproduit à la fin de son livre trois 'Pièces originales': pour la dernière, l''Ordonnance de l'empereur Pierre 1er pour le couronnement de l'impératrice Catherine', il a préféré le texte du 'prétendu baron Nestesuranoy' au manuscrit qu'il avait reçu de Pétersbourg (MS 5-28).

Sources manuscrites

Voltaire n'avait sous la main que ces ouvrages lorsqu'il rédigeait ses huit chapitres de 1757. Bien évidemment, il n'aurait pu poursuivre son travail sans les manuscrits de Russie. Mais on a vu

---

[23] Albina, p.162.

avec quelle lenteur ceux-ci étaient collectés, traduits et envoyés. La traduction du Journal de Pierre le Grand, par exemple, ne commence que dans l'été 1758 (D7755); et l'extrait ainsi traduit, qui commence en 1701 et s'arrête en 1721, ne sera reçu par Voltaire qu'en mai 1759 (D8323). Il y manque le début (années 1698-1700), qui figurera dans les versions imprimées (celles-ci, de leur côté, s'arrêtent à la fin de 1714). Il ne sera complété pour les 'affaires de Perse' (1721) qu'en septembre 1760 (D9215): Voltaire en accusera réception le 25 octobre (D9348). C'est dire qu'il lui faudra plus de trois ans pour disposer d'une vue partielle de la politique extérieure et des guerres du tsar. D'une manière générale, les mémoires étaient envoyés sans aucun plan, quand ils étaient prêts, ce qui ne facilitait pas la tâche de Voltaire. Et pourtant, après coup, considérés dans leur ensemble, ils constituent un impressionnant massif d'informations.

Un rapide sondage permet d'établir une sorte de typologie de ces manuscrits. On s'aperçoit que la plupart d'entre eux correspondaient à l'attente de Voltaire: les plus nombreux – une trentaine – ont trait à la 'civilisation' de la Russie moderne et contemporaine (revenus de l'Etat, capitation, commerce, fabriques, flotte, armée, forteresses, villes et ports) et aux réformes de Pierre le Grand (Sénat, clergé, police, lois). Une surprise: le deuxième groupe par ordre d'importance concerne l'ancienne Moscovie (une quinzaine de mémoires). L'histoire diplomatique est bien représentée par une douzaine de documents (négociations entre la Russie et l'Espagne, traité d'alliance entre Louis xv et Pierre 1er, paix d'Åland, lettres diverses). Viennent ensuite: le Journal de Pierre le Grand et la chronologie de son règne (8), les mémoires sur la vie et la mort du tsar (6), sur Catherine (6), les descriptions du pays et de ses peuples (5). Bien entendu, ces statistiques n'ont qu'un aspect indicatif, et les chiffres pourraient varier selon que l'on tient compte ou non des duplicata. Les lacunes n'en sont pas moins évidentes: la plus frappante est l'insuffisance criante d'informations sur le tsarévitch Alexis (un seul manuscrit, tiré de Rousset de Missy!). Rien, en dehors du Sénat, sur les réformes administratives de Pierre le Grand (création des 'gouvernements', des ministères appelés 'collèges', réforme de l'administration fiscale). Rien non plus sur la Table des rangs, sur la réforme du calendrier ou de l'alphabet.

Après un repérage, même sommaire, de l'utilisation de ces sources, on constate que Voltaire s'est servi de la moitié environ des manuscrits 'russes': 55 sur 120. [24] Le Journal de Pierre le Grand est largement cité ou utilisé sans référence (28 emprunts), ainsi que le manuscrit sur les 'Affaires de Perse' (21 occurences). Mais, là encore, une surprise: parmi les documents les plus exploités figurent les manuscrits sur les révoltes des streltsy et la régence de Sophie (39 emprunts, dont 24 pour le premier des trois, le MS 6-11). Viennent ensuite les questions religieuses: 36 occurences (établissement du christianisme, 8; gouvernement ecclésiastique, 17; clergé, 11). Quant aux emprunts aux autres mémoires, ils se répartissent ainsi: 20 au commerce, 14 à la police, 13 à la marine, 12 à la 'Description abrégée de la Russie', 10 aux lois, 9 au mémoire sur le Kamtchatka, 9 au manuscrit sur la capitation, 8 au mémoire sur les Samoyèdes et les Lapons, 7 au manuscrit sur les manufactures. Dans le parti que Voltaire a tiré de ces sources 'russes', le poids de l'ancienne Moscovie est sensible. On ne sera pas étonné

---

[24] Sur les 167 manuscrits de Saint-Pétersbourg, 38 sont des manuscrits 'occidentaux' (*Considérations* de Vockerodt, *Eclaircissements* de Bassewitz, lettres de Pierre Lefort, coupures de journaux, etc.), auxquels s'ajoutent quatre manuscrits de Voltaire et cinq Remarques sur son livre. Voltaire ne semble pas avoir tenu compte de trois autres manuscrits envoyés de Russie et conservés à Paris (Bn F12937, collection de Cayrol): 'Abrégé des recherches de l'antiquité des Russies, tiré de l'histoire étendue sur la quelle on travaille' (f.489-92); 'Abrégé des annales Russes avec la Généalogie composé [*sic*] par M. Lomonossoff à St. Petersbourg' (f.492-510); 'La Généalogie des Souverains Russes et les alliances de mariage avec des princes étrangers' (f.511-15). Ces trois copies sont de la même écriture. Voltaire les a apparemment négligées, car elles donnent un luxe de détails sur les souverains de l'ancienne Russie qui ne pouvaient l'intéresser. Il n'a pas pris garde à certaines données concernant la Russie du seizième siècle, mais d'autres ne faisaient que confirmer ce qu'il savait déjà. Quant au manuscrit de Lomonossov, il se terminait par un panégyrique de Pierre le Grand (f.510)!

que, pour les opérations militaires et la religion, qui occupent une place importante dans son ouvrage, il ait mis à contribution tant de fois les mémoires qui lui étaient envoyés. Dans ce corpus, les documents sur la 'civilisation' de l'époque pétrovienne et sur les réformes de Pierre le Grand sont peut-être moins bien exploités: ils n'en ont pas moins fourni à Voltaire une masse d'informations considérable.

Toutefois, on sait que ces manuscrits russes ont parfois déçu Voltaire. Le 16 décembre 1758, il écrit à Chouvalov: 'J'ay quelques instructions sur votre empire et rien sur votre Empereur' (D7982). On pourrait multiplier les exemples. Rappelons qu'en 1759, Voltaire n'est pas satisfait des mémoires sur la police, les lois et la religion;[25] il a besoin de renseignements sur la campagne du Prut, car le Journal de Pierre le Grand ne l'éclaire pas assez sur la question (D8477). Or, que lui envoie-t-on? Un nouvel extrait de ce même Journal (MS 1-18)! La lettre du 10 juillet 1759 est particulièrement critique: 'Je vois bien dans les mémoires qu'on m'a confiés', écrit Voltaire à Chouvalov, 'quel jour on a pris une ville; je vois le nombre des morts et des prisoniers dans une bataille, mais je ne vois rien qui caractérise particulièrement Pierre le grand'. Il accorde que les négociations du tsar sont 'un des plus grands objets de son histoire'. Mais 'tous les princes ont négotié, tous ont assiégé des villes et donné des batailles, nul autre que Pierre le grand n'a été le réformateur des mœurs, le créateur des arts, de la marine, et du commerce. C'est par là surtout, que la postérité l'envisagera avec admiration' (D8388). Et Voltaire demande des informations sur les canaux, les règlements de police et de commerce, la réforme du clergé. A la suite de quoi le baron de Tschoudy, de la part de Chouvalov, écrira à Müller en septembre pour qu'on procure à Voltaire les documents qu'il désire.[26] Or, que reçoit ce dernier en ce même mois de septembre 1759? Le

---

[25] Voir ci-dessus, p.110, n.40.
[26] Voir ci-dessus, p.121, n.61.

Panégyrique de Lomonossov. On imagine l'effet psychologique sur Voltaire![27] Le MS 2-20 ('Villes, Forteresses, Ports de mer'), qui répond à son attente, ne lui parviendra que beaucoup plus tard.

On comprend que Voltaire, impatient, ait été tenté assez souvent de recourir aux sources occidentales, voire de les privilégier. Dans cette quête des informations, il fait flèche de tout bois: parmi les manuscrits 'occidentaux' dont il s'est servi, et auxquels il se réfère, il faut mentionner au premier chef le Journal de François Lefort, ou plutôt des Mémoires *sur* Lefort. On peut se demander en effet s'il y eut jamais des mémoires écrits *par* Lefort: on n'en a retrouvé aucune trace, mais il existe en revanche deux manuscrits le concernant, et conservés à la Bibliothèque publique de Genève.[28] Par ailleurs, Voltaire cite plusieurs fois les *Eclaircissements* de

---

[27] On pourrait croire que l'envoi du *Panégyrique* constitue une réponse à la lettre de Voltaire du 10 juillet 1759. Il n'en est rien, car c'est un effet dû au décalage. Il faut tenir compe de la chronologie et des délais d'acheminement du courrier: le *Panégyrique* est envoyé le 3/14 août 1759, avant que Chouvalov n'ait reçu la lettre du 10 juillet. Il ne répond à celle-ci que le 16/27 août, et ce n'est qu'après qu'il se préoccupe de faire rechercher par Müller les documents que demande Voltaire.

[28] Il s'agit des *Mémoires concernant l'histoire et la vie du General et Amiral François Lefort*, achetés à la vente du libraire Cherbuliez en mai 1833 pour la Bpu (Ms. Fr. 1013) et des *Mémoires pour servir à l'histoire du General et Grand Amiral Lefort* (Ms. Fr. 1015). Les premiers ont été écrits par Louis Lefort, neveu de François, vers 1706 (voir H. Le Fort, *Notice généalogique et historique sur la famille Le Fort*, Genève 1920, p.144), les seconds ont été compilés en 1732 (voir f.50*v*). Il est fort probable, comme Jean-Daniel Candaux en émet l'hypothèse, que ce sont bien là les textes dont a disposé Voltaire: en effet, le 6 septembre 1757, Voltaire renouvelle ses remerciements à Isaac Lefort, qui lui a communiqué les mémoires *concernant* son oncle (D7369). Ces manuscrits ont été utilisés également par Nicolas-Jean Hugou de Bassville dans son *Précis historique sur la vie et les exploits de François Le Fort* (Genève 1784), et par Moritz Posselt dans son ouvrage fondamental, *Der General und Admiral Franz Lefort, sein Leben und seine Zeit* (Frankfurt-am-Main 1866). A la Bibliothèque de Saint-Pétersbourg sont conservés deux courts fragments: l'un, 'Tiré des mémoires manuscrits du Général Le Fort' (MS 3-23), est en fait un récit à la troisième personne qui relate l'anecdote de Pierre le Grand tirant l'épée contre son favori; l'autre, une notice sur Lefort (MS 3-24), est apparemment une copie du début du Ms. Fr. 1013.

Bassewitz, que lui a procurés la veuve du diplomate en septembre 1760, et qui seront publiés quinze ans plus tard. D'autres manuscrits ont été mis explicitement à contribution: une lettre de Poniatowski et ses Mémoires, [29] une déclaration de Stanislas Leszczyński sacrifiant sa couronne. [30] Voltaire a acheté les manuscrits d'un homme qui a longtemps vécu en Russie (D9791). Il cite longuement le 'manuscrit curieux' d'un personnage qui a été au service du tsar et qui témoigne sur le frère de Catherine (II.iii.120-180), parle ailleurs des 'mémoires curieux' d'un officier de Pierre Ier (II.xiv.136). Il fait allusion à divers autres mémoires: ceux de ministres accrédités (D10141), ceux d'un 'ministre public' dont il cite le témoignage sur l'intervention de Catherine en faveur du tsarévitch Alexis (II.x.623). Il a prospecté 'dans toute l'Europe', on l'a vu, pour accumuler des mémoires (D9805, D10141). Il a ainsi acquis de gros paquets de manuscrits où il n'a rien trouvé, et d'autres qui sont remplis de satires et d'anecdotes scandaleuses (D9970). 'Combien de matériaux j'avais rassemblez pour ne m'en point servir, quel amas de détails inutiles', déplore-t-il (D10163). Inutiles ou non, on aimerait savoir quels sont ces mystérieux mémoires.

Il reste à mentionner les témoins oculaires: Samuel Bernard, dont Voltaire cite les paroles adressées au marquis de Torcy à propos d'un prêt au comte de Sparre (II.iv.108-119); le maréchal de Schwerin, dont il invoque le témoignage oral pour une anecdote sur Charles XII (I.xvi.113); Stanislas Leszczyński, qui lui a rapporté un acte de cruauté du général Stenbock (I.xv.42-47); un étranger né en Russie que Voltaire a connu et qui a rencontré Lamberty à Nyon (II.x.699), et ces Russes nés à Tobolsk, qui lui ont confirmé les propos de Strahlenberg sur les Tatars bigarrés (I.i.628-631).

[29] Voir II.ii, n.14 et 12.

[30] II.iv.67-72. Dans sa correspondance, Voltaire fait allusion à deux lettres de Stanislas à Pierre le Grand que Chouvalov lui a envoyées (D9530). Ces lettres ne se trouvent pas dans les manuscrits de Saint-Pétersbourg.

Mais Voltaire déplore que presque tous les témoins qui pouvaient l'instruire de bouche soient morts (D9805).

De l'utilisation des sources

Voltaire ne se prive pas de critiquer ses sources. Ce qui ne l'empêche pas de faire des emprunts, sans s'y référer, aux ouvrages qu'il méprise: on l'a vu pour Nordberg ou Rousset de Missy. Selon sa méthode habituelle, il combine assez souvent au moins deux sources. On se limitera à deux exemples. Dans ii.i, Voltaire écrit: 'un corps de Turcs posté à la rive opposée faisait pleuvoir sur eux le plomb et le fer d'une artillerie nombreuse chargée à cartouche'. Pour le feu venant de la rive opposée du Prut, il s'est appuyé sur le Journal de Pierre le Grand; et pour 'l'artillerie nombreuse', il s'est sans doute souvenu de La Mottraye: la page où ce dernier fait état de cinq cents canons turcs est marquée par un signet de Voltaire (ii.i.298-300). Dans ii.xii, le 'koutoukas' est présenté ainsi: 'c'est un vicaire du grand lama, qui s'est rendu indépendant, en changeant quelque chose à la religion du pays, dans laquelle l'ancienne opinion indienne de la métempsycose est l'opinion dominante'. Voltaire résume ici à la fois le ms 4-2 sur le 'kutuchta', et, pour la croyance en la métempsycose, un passage de J.-B. Muller sur les Ostiaks (ii.xii, n.21).

Si Voltaire fait parfois sans le dire des emprunts presque textuels aux manuscrits ou aux ouvrages qu'il consulte, il cite au contraire assez librement les textes auxquels il se réfère explicitement. Il lui arrive aussi de corriger ses sources. Les *Nouveaux mémoires* de Weber, dont il s'est servi pour le procès du tsarévitch Alexis, ont subi de sa part de multiples corrections stylistiques dont on verra le détail dans l'annotation. Ce traitement chirurgical n'avait pas seulement pour but de condenser le texte ou de rendre plus élégante la traduction du père Malassis. Dans un cas au moins, Voltaire en change délibérément le sens: là où Pierre 1er déclare qu'il a le pouvoir de juger Alexis en vertu de toutes les lois 'divines et civiles', Voltaire remplace l'adjectif 'civiles' par 'humaines', soulignant ainsi plus nettement le 'droit fatal, mais réel' qu'avait le tsar de condamner son fils (II.x, n.84).

Pour ne pas répéter ce qu'il a dit dans l'*Histoire de Charles XII*, Voltaire a remanié celle-ci: ainsi, paradoxalement, dans une œuvre qui devait célébrer les succès de Pierre le Grand, il a été conduit à ne pas faire du récit de la victoire de Poltava un morceau de bravoure, mais à le raccourcir. Inversement, l'affaire du Prut, qui aurait pu être un désastre, se trouve plus développée. Il en est de même des intrigues de Görtz. Entre les deux ouvrages existent bien des différences ou bien des nuances dont on verra le détail dans les notes. On repère aussi des changements de perspective: par exemple, dans l'*Histoire de Charles XII*, Voltaire avait trouvé normale l'arrestation de Gyllenborg, alors que dans l'*Histoire de l'empire de Russie* il l'estime contraire au droit des gens (II.viii.112-117), ce qui le met d'ailleurs en contradiction avec le passage suivant, où il reproche à Nordberg de prétendre que le roi de Suède n'était pas entré très avant dans le complot contre l'Angleterre (II.viii, n.20).

Sources manipulées, fausses sources et erreurs

Pour mettre en valeur les réformes de Pierre le Grand, Voltaire, consciemment ou non, les surestime: là où Weber parle de l'établissement d'une papeterie, il met le mot au pluriel (I.xii, n.17). Même pluriel au lieu du singulier pour la maison des orphelins et enfants trouvés mentionnée par le MS 2-18 (II.xi, n.4). Rapportant d'après Weber la création d'une manufacture de toiles près de Pétersbourg, Voltaire passe sous silence le fait qu'elle est dirigée par un Hollandais qui fait travailler à force de coups plus de quatre-vingts femmes débauchées; quant à la papeterie établie non loin de là, Voltaire omet de signaler qu'elle fonctionne grâce à des artisans allemands (I.xii, n.17).

Un bel exemple de manipulation des sources est fourni par la phrase suivante: 'Charles dévastait la Pologne, et Pierre faisait venir de Pologne et de Saxe à Moscou des bergers et des brebis pour avoir des laines avec lesquelles on pût fabriquer de bons draps'. L'effet est d'autant plus saisissant qu'il repose sur un contraste entre une Pologne ravagée par le roi de Suède et une Pologne pourvoyeuse de laine pour les réformes du tsar civilisateur. En fait, selon Vockerodt, les brebis et les bergers venaient seulement de Saxe, et, selon Weber, de Silésie (1.xii, n.17).

La documentation de Voltaire subit parfois d'autres modifications intentionnelles. Au nom du droit des gens, qui lui tient à cœur, il imagine que l'arrestation de Gyllenborg et de Görtz a entraîné des protestations de 'tous les ministres des souverains', ce que Nordberg lui-même n'ose affirmer, alors qu'il aurait pu être tenté de défendre à cette occasion les agents de la Suède (II.viii.116). Il minimise la circonférence de Moscou au dix-septième siècle par rapport au MS 6-10 et exagère en revanche sa population au dix-huitième par rapport à ce que rapporte Weber (1.i, n.96 et 99): volonté de souligner une fois de plus le 'commencement absolu' de Pierre le Grand. Quand il qualifie d'esclaves' les serfs des marchands, il emploie un terme qui ne figure pas, bien entendu, dans le MS 5-8 (1.ii.49): est-ce pour suggérer, malgré les réformes de Pierre, l'anachronisme de la situation russe?

Il arrive que Voltaire se réfère à ses sources en leur faisant dire autre chose que ce qu'elles disent: c'est le cas pour Nordberg (1.xviii, n.9 et 12); c'est aussi le cas pour le MS 3-52, qui, contrairement à ce qu'il suggère, ne comporte pas de portrait physique du tsarévitch Alexis (II.iii, n.11). Quant à Mauvillon, il dit exactement le contraire de ce que rapporte Voltaire (II.x, n.139). S'agit-il là de simples inadvertances?

Voltaire donne parfois des références inexactes. Contrairement à ce qu'il allègue, la tradition viennoise qu'il rapporte dans 1.ix ne se trouve dans aucun manuscrit de Pétersbourg (1.ix, n.65). Lorsqu'il se réfère au Journal de Pierre le Grand à propos du repas à la moscovite organisé par le tsar pour ridiculiser les anciens usages, il résume en réalité un récit détaillé de John Perry (1.xiii, n.1). Erreurs pures et simples? Peut-être ces fausses sources 'russes' ont-elles pour fonction d'authentifier une fois de plus l'*Histoire de l'empire de Russie*. Aussi convient-il de ne pas croire Voltaire sur parole quand il affirme que 1.xii et les chapitres suivants sont tout entiers tirés du Journal de Pierre le Grand et des manuscrits de Pétersbourg. C'est globalement exact, mais on trouve aussi d'autres sources dans ces pages-là: dans le chapitre 12, des réminiscences de Fontenelle et de Nordberg; dans le chapitre 13, des emprunts à Perry, à De Bruyn (auquel Voltaire se réfère d'ailleurs), à Rousset de Missy et à Nordberg. L'examen des chapitres 15 à 19 confirmerait la démonstration, notamment le chapitre 17, où certains passages s'inspirent de l'*Histoire de Charles XII* de Nordberg.

Malgré les remarques de Müller ou de Lomonossov, Voltaire s'est refusé à corriger maintes erreurs, voire de regrettables bévues. Toutefois, certaines inexactitudes sont imputables à ses sources: quand il fait des Tatars bigarrés une race d'hommes particulière, il se fie à Strahlenberg (1.i.629-630). Lorsqu'il rapporte des massacres commis par les Suédois d'après un manifeste du tsar en Ukraine en 1709, il reprend sans contrôle un faux reproduit par Rousset de Missy (1.xv, n.7). S'il croit que Pierre le Grand a remplacé le mot 'esclave' par le mot 'sujet', c'est Perry qui l'a induit en erreur (1.x.232-235). Comment pourrait-on lui reprocher d'écrire à deux reprises que Golovine, membre de la Grande Ambassade, était 'gouverneur de Sibérie', puisqu'il avait sans doute lu cette fausse information dans Rousset de Missy et dans des gazettes (1.ix.6-7)? Il reprend aussi de confiance certaines affirmations erronées des manuscrits de Pétersbourg: celles, par exemple, du MS 5-4 (1.vi, n.10, 13).

Il a su toutefois éviter des erreurs de sa documentation. Il écarte aussi bien le MS 5-18 qu'Allainval, qui assurent que Pierre le Grand était devenu le chef de l'Eglise russe (1.x, n.25 et 28). Contrairement à Strahlenberg et au MS 4-4, il a bien vu que le patriarche russe n'était pas sacré par le patriarche de Constantinople (1.ii, n.67). Il n'a pas de peine à deviner qu'une prétendue lettre de Pierre Ier au grand vizir, citée par Nordberg, est un faux (11.i.379-385).

Mais il est bien embarrassé lorsqu'il est confronté à des informations non concordantes, voire contradictoires, de Pétersbourg. En ce qui concerne les deux mémoires sur Catherine, l'un donne à la future impératrice d'humbles origines, et l'autre une ascendance noble (1.xii, n.29). Mais parfois les divergences s'expliquent par des clivages entre Russes et Allemands. Il arrive à Müller de reprocher à Voltaire certaines 'erreurs' qui figurent dans des manuscrits envoyés de Russie![31] Lorsqu'il critique le récit de la conspiration de Khovanski et de son fils, il met en réalité en cause le MS 6-12 sur les streltsy (1.v, n.23). Il en est de même à propos de Fedor Saltykov, pris par les insurgés pour Afanassi Narychkine selon Müller, qui suit les mémoires de Matveev, et pour Ivan Narychkine selon le MS 6-11 dû à Lomonossov (1.iv, n.21). Autre exemple: les foires d'Orenbourg, dont Voltaire, d'après le MS 6-7 inspiré par Lomonossov,[32] dit qu'elles sont fréquentées par les Persans, ce que conteste Müller (1.i, n.146).

Sources non utilisées

Voltaire a fait un effort considérable pour s'informer sur Pierre 1er et sur la Russie. Il possède de nombreux ouvrages qui attestent son intérêt pour les choses russes. Il a tiré parti également de livres et de mémoires qui ne se trouvent pas dans sa bibliothèque. Il a donc eu probablement connaissance de presque tout ce qui avait été écrit à l'époque sur le thème russe. Et pourtant, il existe des

[31] Les manuscrits de Saint-Pétersbourg ne proviennent pas d'une source unique et semblent avoir été envoyés sans concertation préalable entre Allemands et Russes, sauf sans doute en de rares occasions, comme le montre la lettre de Tschoudy à Müller envoyée sur l'ordre de Chouvalov. Mais il est difficile d'identifier les manuscrits 'allemands' et 'russes'. De toute façon, l'attribution reste problématique, puisqu'il s'agit d'un travail de copistes.

[32] La 'Description abrégée de la Russie' (MS 6-7) est due à un ou plusieurs Russes, sans doute des étudiants de Lomonossov, puisque l'accent est mis sur les ressources, dans la perspective d'un développement du pays (Aleksandrovskaïa, 'M. V. Lomonosov', p.120-21). Il s'agit en effet d'un thème patriotique cher au savant russe.

documents qu'il a négligés, ou dont il ne s'est servi qu'imparfaitement.

Parmi les ouvrages apparemment non utilisés par Voltaire, on peut mentionner *The History of the life of Peter I* de John Mottley, paru en 1739, et dont la comtesse de Bassewitz lui rappelle l'existence le 17 novembre 1761 (D10159). Voltaire le connaissait peut-être, mais ne le possédait pas et n'y fait jamais allusion. Il n'évoque pas plus l'*Abrégé de l'histoire du czar Peter Alexiewitz* de Pierre-François Buchet (Paris 1717) ou *Le Czar Pierre premier en France* de Hubert Le Blanc (Amsterdam 1741). On comprend qu'il ne se soit pas servi des mémoires de Charles Whitworth, *An account of Russia* (1758), car l'avant-propos est défavorable à l'impératrice Catherine. [33] Il ne pouvait lire le *Voyage en Sibérie* de Gmelin, dont la traduction française ne paraîtra qu'en 1767. [34] Mais pourquoi n'évoque-t-il pas l'*Histoire des révolutions de l'empire de Russie* que lui avait envoyé Jacques Lacombe en 1760? Et pourquoi n'a-t-il pas fait usage de certains des livres conseillés par Pétersbourg? Quand en novembre 1759 il reçoit la première liste, 'Auteurs qui ont traité l'Histoire de Pierre le Grand' (MS 1-3), il commente ainsi l'envoi de Chouvalov: 'Le catalogue de tous les livres écrits sur Pierre le Grand me servira peu, puisque de tous ces auteurs que ce catalogue indique, aucun ne fut conduit par vous' (D8609).

Voltaire veut-il dire que cette liste a été établie par Müller? Car, sur près d'une centaine d'ouvrages mentionnés, qui se rapportent d'ailleurs aussi bien à la Russie en général qu'à Pierre Ier, une bonne quarantaine sont en allemand, dont les dix premiers de la liste. Trois autres sont en hollandais. Volonté de provocation?

---

[33] En 1759, Voltaire demande à George Keate de les lui envoyer (D8367; cf. I.xii, n.28). Ils ne se trouvent plus dans sa bibliothèque, mais font partie des livres légués à Henri Rieu dont le catalogue a été retrouvé récemment: voir Sergueï Karp, 'Quand Catherine II achetait la bibliothèque de Voltaire', à paraître.

[34] Johann Georg Gmelin, *Voyage en Sibérie, contenant la description des mœurs et usages des peuples de ce pays* (Paris 1767; BV1476).

Voltaire l'a peut-être ressenti ainsi. Une liste plus courte, envoyée plus tard, comporte elle aussi des titres en allemand et en hollandais (MS 2-33 et 2-34). Voltaire ne lisait pas ces langues, mais il aurait pu prêter attention, dans ces deux listes, à des auteurs qu'il ne semble pas connaître: dans le MS 1-3, le *Diarium itineris in Moscoviam* de Johann Georg Korb, pour la révolte des streltsy en 1698, un *Abrégé de l'histoire du czar Pierre Alexiewitz* qui semble être celui de Buchet, l'*Histoire de Pierre le Grand* de Mottley, celle d'Alexander Gordon;[35] dans le MS 2-33, les récits de voyage de Jerome Horsey, de Margeret et de Levasseur de Beauplan...

Voltaire a volontairement laissé de côté, à quelques exceptions près, le manuscrit de Vockerodt. Il a lu ces *Considérations* avec attention et s'en est servi pour corriger l'*Histoire de Charles XII*; mais depuis lors, confie-t-il à Darget le 5 octobre 1757, il les a négligées comme un échafaudage dont on n'a plus besoin; et d'ailleurs, ce que Vockerodt a dit était vrai, mais ne l'est plus (D7412). Les *Considérations* de 1737 sont donc dépassées. En outre, elles contiennent des choses que Voltaire doit omettre, parce qu'elles ne sont pas à la gloire de Pierre Ier, explique-t-il à Chouvalov le 17 juillet 1758 (D7792). Effectivement, Vockerodt avait une vision plutôt négative de Pierre le Grand et de ses réformes. Il ne dissimulait pas à son endroit les 'vérités odieuses' auxquelles Voltaire faisait allusion dans sa lettre à Chouvalov du 7 août 1757 (D7336) et qu'il s'interdisait de rappeler dans son livre. Voltaire a négligé également un manuscrit relatant l'histoire fantastique d'une prétendue veuve du tsarévitch Alexis, à propos de laquelle il avait demandé l'avis de Choiseul (MS 2-32), et dont il parle dans sa correspondance (D9270, D9435).

Voltaire, nous l'avons dit, n'a fait usage que de la moitié environ des manuscrits envoyés par Pétersbourg. Il en a donc négligé une soixantaine. Le *Panégyrique* de Lomonossov a été délibérément écarté. Et l'on a vu qu'il n'avait pas tenu compte des listes d'auteurs

---

[35] Alexander Gordon, *The History of Peter the Great* (Aberdeen 1755).

conseillés. Il a considéré à juste titre que le mémoire sur le tsarévitch Alexis (MS 3-52) n'était qu'une 'copie presque mot pour mot de ce qu'on trouve dans le prétendu Nesterusanoy' (D10141). Il a aussi laissé de côté plusieurs mémoires qui se rapportaient à des périodes postérieures au règne de Pierre le Grand, et dont certains avaient un caractère anecdotique: couronnement et entrée de Pierre II à Moscou (MS 2-26 et 2-30), conspiration de la régente et du maréchal Münnich (MS 2-31), manifeste de l'archevêque de Novgorod du 11 mai 1725 (MS 5-2), relation de l'arrivée à Mitau de Maurice de Saxe le 21 juin 1726 (MS 5-20), relation de la maladie et de la mort de l'impératrice Catherine (MS 5-25) et deux mémoires sur son testament (MS 5-26 et 5-27). Les 'Anecdotes sur la Russie', où est relatée entre autres l'arrestation de Biron (MS 3-51), n'ont pas été exploitées par Voltaire, bien qu'elles aient attiré son attention, puisqu'il a noté dans la marge du folio 218r: 'Le duc de courlande et sa femme saisis'. On ne voit pas, en effet, quel parti il aurait pu tirer de ces anecdotes sur Biron et sur Osterman, les événements rapportés se situant en 1740.

Mais pourquoi n'a-t-il pas utilisé des documents qui auraient pu lui fournir d'utiles informations? Des tables chronologiques (MS 1-8), des 'Remarques de l'année 1717' sur le séjour du tsar à Paris (MS 3-55), des lettres diverses (dont celles de Pierre Ier), des anecdotes sur Mazepa (MS 2-8), une relation de la bataille de Poltava (MS 5-22), et surtout une dizaine de mémoires renfermant des statistiques diverses (MS 5-9 à 5-15, 6-3 à 6-5). Peut-être a-t-il écarté les manuscrits sur les revenus (MS 5-6 et 5-7) parce qu'ils donnaient des chiffres inférieurs à ceux dont il fait état. Il a négligé le MS 5-35, qui lui aurait permis de brosser un portrait plus équitable de Boris Godounov (I.iii, n.2). Quant au mémoire sur le couronnement de Catherine (MS 5-28), s'il lui a préféré le texte reproduit par Rousset de Missy, c'est probablement pour des raisons de style.

Sources mal utilisées, modifiées ou mal exploitées

Ouvrages et manuscrits ont été parfois mal utilisés, ou altérés, ou insuffisamment exploités. Avec une telle masse de documents, les inadvertances sont inévitables: Voltaire n'a fait de Cronslot qu'une île, alors que ses mémoires précisaient bien qu'il s'agissait d'une forteresse (MS 2-12 et 2-20; I.xiii.85); il a confondu Peenemünde et Dunamünde, bien distingués par le Journal de Pierre le Grand (I.xix.181), et, en voulant corriger, il refait la même confusion dans l'avis 'Au lecteur' de la seconde partie; en arrondissant un chiffre du MS 5-8, il a oublié un zéro dans le nombre des employés de l'Amirauté (I.ii, n.9), erreur que n'a d'ailleurs pas relevée le pointilleux Müller; il a pris pour un 'constructeur' le capitaine de frégate Buttler, dont parlent les MS 2-9 et 5-4 (I.vi, n.9); il donne le chiffre de vingt mille combattants russes à la bataille de Lesnaïa, alors que le Journal de Pierre le Grand n'en compte que quinze mille (I.xvii, n.8). Il a commis des erreurs pures et simples en négligeant des sources utilisées par ailleurs: Pierre le Grand, à Poltava, n'était pas général, mais colonel, comme le notaient Perry et Fontenelle (I.xviii, n.10); ce n'est pas Gengis khan, mais son petit-fils, qui a conquis le Qiptchaq, comme le rapporte le MS 5-36 (I.i, n.138); en 1712, le tsar ne monte pas un vaisseau de cinquante canons, mais une galère, comme le précise le MS 2-12 (II.iv, n.38); Voltaire croit que Pierre le Grand, en 1716, n'agit que faiblement contre la Suède, alors que le tsar lui-même et Pierre Lefort écrivent le contraire (MS 2-7 et 3-30; II.xv, n.5); il affirme, contrairement à ce que relate le MS 2-23, qu'un nouveau Code a été achevé par Pierre le Grand (II.xiii, n.11); il lui arrive de confondre ses sources: ce n'est pas Nordberg, mais Perry, qui écrit que Charles voulait 'marcher à Moscou' (I.xvii, n.25).

Certains manuscrits ont été mal exploités par Voltaire. Müller lui reproche de n'avoir pas suffisamment mis en lumière les progrès de la marine russe et les exploits personnels de Pierre le Grand sur mer, relatés dans le MS 2-12 (II.v, n.3 et 9); d'avoir mal utilisé la description de Pétersbourg contenue dans le MS 6-9, [36] ce qui lui fait commettre des bévues (I.i, n.43 et 48). Il aurait pu tirer un meilleur parti de mémoires qui illustrent l'activité réformatrice du tsar, tels que les règlements de police (II.ix, n.18). On se demande pourquoi il a négligé le MS 3-55 où est rapporté en détail le séjour de Pierre le Grand à Paris: il lui aurait permis (de même que Buchet) d'éviter des erreurs de dates, et surtout de mieux montrer l'intense activité du tsar en France (II.viii, n.48).

Voltaire a voulu donner une image positive de François Lefort: aussi ne tient-il pas compte de la note qu'il a glissée dans une marge de l'ouvrage de Strahlenberg: 'Lefort ivrogne' (I.vi, n.38). Il se contente de faire une allusion discrète aux 'plaisirs' qui lui valurent d'emblée la faveur du tsar Pierre. [37] On comprend mal pourquoi il ne fait pas état des deux versions contradictoires de La Mottraye sur le comportement de Pierre à la bataille du Prut (II.i, n.80): s'il insiste sur l'accablement du tsar pour mettre en valeur le courage supposé de Catherine, on voit pourquoi il écarte le témoignage de Pierre Lefort montrant l'impératice en pleurs (II.i, n.81). On conçoit parfaitement qu'il ait passé sous silence les commentaires de Weber, très hostiles au tsarévitch Alexis (II.x, n.69). On comprend moins qu'il ait nié le procès de don Carlos, rapporté par Saint-Réal, [38] même pour suggérer que Pierre le Grand n'avait pas hésité quant à lui à juger publiquement son fils. Minimisant l'importance du mémoire de la Sorbonne sur l'union

[36] Cette 'Description de S. Petersbourg' est peut-être due à A. I. Bogdanov, un des disciples de Lomonossov qui fournissaient au savant russe des extraits et des traductions pour Voltaire. Bogdanov avait décrit Pétersbourg dans un *Kratkiï rossiïskiï Letopisets* [*Bref chroniqueur russe*]: cette description diffère beaucoup de celle de Müller dans le dictionnaire géographique de Poloudine, et c'est peut-être elle qui a été envoyée à Voltaire (Aleksandrovskaïa, 'M. V. Lomonosov', p.122).

[37] Cela n'a pas empêché P.-Ch. Levesque d'interpréter cette phrase comme si Voltaire avait voulu parler de plaisirs grossiers et d'orgies extravagantes, ce que lui reproche Bassville (p.VIII-IX).

[38] César Vischard de Saint-Réal, *Œuvres* (Paris 1724; BV3071); cf. *Anecdotes*, I.389-395; II.x.598-603.

des Eglises, il est conduit à laisser de côté la longue relation qui en est faite aussi bien par Weber que dans le MS 4-3 (II.ix, n.10). Mais, lorsqu'il prétend que Michel Romanov a été élu sans conditions, pourquoi occulte-t-il les témoignages contraires, notamment celui de Strahlenberg, qui insiste sur les limitations imposées à son pouvoir (I.iii, n.19)?

En dehors des sources repérées ou probables, il n'est évidemment pas exclu que Voltaire ait pu se souvenir de ce que disent incidemment de la Russie et des Russes des ouvrages qui faisaient partie de son univers culturel: *L'Esprit des lois* de Montesquieu, les *Ouvrajes de politique* de l'abbé Castel de Saint-Pierre, ou les *Lettres chinoises* de d'Argens. [39]

---

[39] Charles-Louis de Secondat, baron de La Brède et de Montesquieu, *De l'esprit des lois* (Leyde 1749; BV2496), nouv. éd. (Genève 1753; BV2497); Charles-Irénée Castel de Saint-Pierre, *Ouvrajes de politique* (Rotterdam, Paris 1733-1741; BV654); Jean-Baptiste de Boyer, marquis d'Argens, *Lettres chinoises, ou correspondance philosophique, historique et critique, entre un Chinois voyageur à Paris et ses correspondants à la Chine, en Moscovie, en Perse et au Japon* (La Haye 1739-1740; BV95).

3

Voltaire historien de la Russie d'avant
Pierre le Grand

Le 7 août 1757, Voltaire précise qu'il n'intitulera point son ouvrage *Histoire de la vie de Pierre le Grand*, ce qui l'obligerait à dire des 'vérités odieuses', mais *La Russie sous Pierre le Grand*, ce qui permet de mettre l'accent sur les 'grandes choses' qui ont été réalisées (D7336). Le titre retenu sera celui employé par Chouvalov.[1] Voltaire évite ainsi les pièges d'une biographie, mais tombe sous l'obligation de rendre compte de l'histoire d'un pays fort mal connu. Non sans ironie, il rappelle qu'en 1689, apprenant que les Chinois et les Russes étaient en guerre, qu'une ambassade était envoyée sur les limites des deux empires, on avait traité cet événement de fable. D'ailleurs, le public ne dispose que de 'prétendues histoires', 'composées sur des gazettes'.[2] Voltaire jette le discrédit sur l'ouvrage de Rousset de Missy, traité de 'fraude typographique'. A l'inverse, il se targue d'être en mesure de mener à bien l'histoire de l'empire de Russie: 'Les mémoires qu'on me fournit aujourd'hui sur la Russie, me mettent en état de faire connaître cet empire'. Dans la 'Préface historique et critique', il déclare que le comte Chouvalov, chambellan de l'impératrice, lui a communiqué 'les documents authentiques nécessaires' et qu'il n'a écrit que d'après eux. Même rappel insistant de ces 'mémoires' dans le chapitre I.[3] D'ailleurs, chaque fois que Voltaire éprouvera

---

[1] F. Veselovski l'avait engagé à écrire 'l'histoire du règne' de leur grand monarque (D7160), Chouvalov 'l'histoire de l'empire de Russie sous le règne de Pierre le Grand' (D7248).

[2] 1.i.11-16; 'Préface historique et critique', l.42.

[3] 'Avant-propos', l.18-19; 'Préface historique et critique', l.39-40; 1.i.319-320.

178

le désir d'authentifier un fait dans le cours du récit, il renverra à ces textes.[4] Il se trouve ainsi confronté à un empire immense, 'le plus vaste de notre hémisphère', qui s'étend 'd'occident en orient, l'espace de plus de deux mille lieues communes de France' et qui a plus de 'huit cents lieues du sud au nord dans sa plus grande largeur' (1.i.1-4). Cet empire plus vaste que l'Europe, l'empire romain ou celui de Darius, est habité par une mosaïque de peuples, ce qui le conduit à effectuer un périple dans le temps et dans l'espace des plus excitants pour la pensée.

I. L'empire pluriethnique

'Il faut d'abord que le lecteur se fasse, la carte à la main, une idée nette de cet empire'[5]

Traitant de la Moscovie aux seizième et dix-septième siècles dans l'*Essai sur les mœurs*, ch.190, Voltaire commentait le titre d'empereur de toutes les Russies en arguant du fait qu'il y a 'plusieurs provinces de ce nom qui lui appartiennent, ou sur lesquelles il a des prétentions'. A la suite de Hübner, il entendait par là qu'il existait une Russie blanche, une Russie noire et une Russie rouge. Les savants de Pétersbourg chargés de réviser l'*Histoire de l'empire de Russie* ayant nié l'existence d'une Russie noire, Voltaire, en 1761, supprime l'énumération et ajoute en note: 'Voyez l'Histoire de Pierre le Grand'.[6] Il a découvert et invite à découvrir une autre réalité: à la Moscovie, agglomérat de trois

---

[4] Par exemple lorsqu'il met en cause l'existence des Borandiens (1.i.637-639), quand il ajoute un passage sur le Kamtchatka, surtout en note pour les chapitres traitant de la révolte des streltsy (1.iv, n.a; 1.v, n.a), pour une accusation contre Sophie (1.v.162-163).

[5] 1.i.94-95.

[6] *Essai*, ii.745, et variante, ii.972-73. Mais dans l'*Histoire de l'empire de Russie*, son texte reste ambigu (voir 1.i, n.15).

provinces portant le nom de Russie,[7] se substitue la prise en compte d'un empire constitué par seize gouvernements, et dont il ne se lasse pas de rapporter les dimensions et la superficie, en insistant sur les énormes distances de cet Etat qui couvre plusieurs degrés de latitude et de longitude.

Fasciné par les grands espaces et les grands nombres, cédant souvent au vertige de l'infini,[8] Voltaire se plaît à arpenter en imagination ce pays dont une partie appartient à l'Europe, d'autres à l'Asie, s'aventurant au delà des Palus-Méotides sur ces terres où l'on 'ne sait plus où l'Europe finit, et où l'Asie commence' (1.i.499). Faute de parcourir comme Micromégas les espaces interstellaires, il reste aux terriens à explorer leur univers. A cet égard, la Russie, dont la domination s'étend 'depuis la Finlande jusqu'au Japon', s'offre dans toute sa diversité: 'Des Scythes, des Huns, des Massagètes, des Slavons, des Cimbres, des Gètes, des Sarmates, sont aujourd'hui les sujets des czars' (1.i.761-763). Et l'énumération n'est pas complète! Sans doute, 'la plupart des Etats sont ainsi composés', mais on différencie moins facilement en France les descendants des Goths, des Normands, des Germains septentrio-naux appelés Bourguignons, des Francs, des Romains et des Celtes qu'on ne distingue dans l'empire de Russie les Samoyèdes ou les Ostiaks des Russes, que Voltaire identifie à tort avec les Roxolans (1.i.86). Charles XII, par son équipée fabuleuse, l'avait conduit chez le Grand Turc; Pierre le Grand le mène en Laponie chez les 'Pygmées septentrionaux', chez les Cosaques Zaporogues, les Kalmouks et les Kamtchadales.

Dans sa première esquisse envoyée à Chouvalov, en huit chapitres, Voltaire allait 'de Michel Romanov jusqu'à la bataille de Narva',[9] ce qui correspond aux chapitres 3 à 11 de la Première

---

[7] Le terme de Moscovie est encore usité au dix-huitième siècle; voir 1.i, n.12.

[8] Voir *Micromégas*. Dans ses ouvrages historiques aussi bien que dans ses fictions, Voltaire voyage, arpente le monde. Il déteste le confinement des Welches dont l'univers se réduit à quelques rues de la capitale.

[9] 11 août 1757 (D7339).

Partie, et à une perspective historique. Mais il avait réclamé une carte de l'empire et des documents sur la découverte du Kamtchatka, [10] et il conseillera de lire son ouvrage une carte à la main, comme il le dit dans une lettre à Mme Du Deffand (D9297), car une Parisienne se trouve dans un monde inconnu lorsqu'on lui parle des Palus-Méotides ou de la Grande Permie. Il le recommande aussi dans sa 'Description de la Russie'. Ce qui fut longtemps, selon lui, 'un assemblage de demi-chrétiens sauvages, esclaves des Tartares de Casan descendants de Tamerlan' (*Essai*, ii.137), est appréhendé désormais selon un classement en seize gouvernements 'dont plusieurs renferment des provinces immenses'. [11]

Ce changement de perspective doit beaucoup à l'importante documentation reçue de Pétersbourg: MS 2-24, 'Description du Kamtchatka'; MS 4-1 et 4-2, 'Extrait de La Description Géographique de La Russie'; MS 6-7, 'Description abrégée de la Russie'; MS 6-8, 'Mémoire abrégé sur les Sämojedes et les Lappons'. Voltaire a pu glaner aussi quelques renseignements dans les MS 6-9, 'Description de S. Petersbourg' et 6-10, 'Description de la ville de Moscou'. Il les a complétés par des lectures étendues, [12] sans pour autant s'astreindre à utiliser de manière exhaustive cette masse d'informations.

Voltaire a donc choisi dans un chapitre fort long de dresser un état des lieux. Il avait été précédé par Hübner, par les auteurs des MS 4-2 et 6-7. Il suit un ordre différent de celui adopté par les savants de Pétersbourg: il regroupe sous une même rubrique plusieurs gouvernements. [13] Alors que les manuscrits commen-

---

[10] Voltaire à Fedor Pavlovitch Veselovski, 19 février 1757 (D7169).

[11] Pour la discussion sur le nombre de gouvernements, voir 1.i, n.24.

[12] Voir ci-dessous, l'annotation de 1.i et 1.ii.

[13] Chez Voltaire, l'ordre des rubriques est le suivant: 1. Livonie; 2. Gouvernements de Revel, Pétersbourg, Vibourg; 3. Arkhangelsk; 4. Laponie russe; 5. Moscou; 6. Smolensk; 7. Gouvernements de Novgorod et de Kiev ou Ukraine; 8. Gouvernements de Bielgorod, de Voronej et de Nijni-Novgorod; 9. Astrakhan; 10. Orenbourg; 11. Gouvernements de Kazan et de la Grande Permie; 12. Gouvernement de la Sibérie, des Samoyèdes, des Ostiaks; 13. Kamtchatka.

çaient par Moscou, rayonnant autour de ce cœur historique de l'empire, [14] Voltaire débute par la Livonie. La capitale s'est déplacée à Pétersbourg, et c'est par le Nord, les pays baltes que les voyageurs (Ghillebert de Lannoy, Olearius, Weber, Jubé...) abordaient la Russie. Voltaire conduit son lecteur du familier, de la 'province la plus voisine de nos climats', vers le plus lointain, le plus inconnu, ce Kamtchatka que l'on explore de son temps. [15]

Cette classification administrative recouvre des réalités géographiques, ethniques, et suppose la coexistence, au sein d'un empire, de peuples ayant atteint des degrés ou des formes de civilisation différents. Voltaire n'est pas le seul, à l'époque des Lumières, à prendre conscience de cette réalité multiethnique de la Russie. Après lui, l'historien Pierre-Charles Levesque complète sa monumentale *Histoire de Russie* (Paris 1782) par une *Histoire des différents peuples soumis à la domination des Russes* (Paris 1783). Mais cette approche fut par la suite oblitérée lorsque prévalut dans l'historiographie un point de vue étatique et national. [16] D'où l'intérêt de ce chapitre liminaire de Voltaire, même avec ses limites ou ses incertitudes. Des erreurs relèvent de la négligence ou de l'ignorance, ou de la volonté de réfuter les théories de Buffon en prétendant qu'il n'y a pas de montagnes de Pétersbourg à Pékin (1.i.38-39). En évoquant ce vaste empire dans sa diversité géogra-

---

[14] Dans le MS 6-7, l'ordre est le suivant: 1. Moscou; 2. Novgorod; 3. Arkhangelsk; 4. Smolensk; 5. Kiev; 6. Bielgorod; 7. Voronej; 8. Nijni-Novgorod; 9. Kazan; 10. Astrakhan; 11. Orenbourg; 12. Sibérie; 13. Pétersbourg; 14. Vyborg; 15. Revel; 16. Riga.

[15] O. A. Aleksandrovskaïa juge intéressant l'ordre adopté par le MS 6-7: d'abord les provinces centrales et nordiques, puis la Volga et Orenbourg; la Sibérie n'occupe que quatre fois plus de place que le gouvernement de Moscou; la description se termine par les régions baltes et Pétersbourg ('M. V. Lomonosov', p.121).

[16] Cf. A. Kappeler, *La Russie, empire multiethnique*, trad. G. Imart (Paris 1994), p.21: 'Les grands historiens russes du XIXᵉ siècle, Karamzine, Soloviev, Klioutchevski et Platonov, pratiquent, comme la plupart des historiens des autres pays, l'histoire nationale. L'histoire de l'empire multiethnique de Russie se transforma ainsi en histoire russe.'

phique, Voltaire s'est conformé à l'une des demandes énoncées dans son article 'Histoire': 'On exige que l'*histoire* d'un pays étranger ne soit point jetée dans le même moule que celle de votre patrie'; et il précisait que pour des pays lointains, il convenait de donner des renseignements sur la topographie des lieux (V 33, p.185).

'*Il y a beaucoup plus de races d'hommes qu'on ne pense*'[17]

Polygéniste convaincu, Voltaire s'oppose aux théologiens qui font dériver toute l'humanité du premier couple biblique, Adam et Eve, dressant comme dom Calmet l'arbre généalogique de tous les peuples, descendants de Japhet, fils de Noé. La 'Préface historique et critique' s'égaie sur leur compte.[18] Voltaire défend la thèse de la liberté infinie du Créateur formant 'une infinité d'êtres avec des moyens infinis, parce qu'il est infini lui-même'. Ainsi, toutes les espèces ont-elles été déterminées par le maître du monde, et 'il y a autant de desseins différents qu'il y a d'espèces différentes'.[19] En prônant la fixité des espèces, Voltaire s'opposera aux matérialistes évolutionnistes. Dans l'*Essai sur les mœurs*, ch.143, il avait répertorié différentes espèces d'hommes en Afrique et dans l'Inde, dont les Albinos. Il s'interroge sur l'existence d'espèces 'mitoyennes inférieures', pense que les Albinos mériteraient des 'soins compatissants des autres espèces humaines' (ii.319). Or, l'empire de Russie lui permet de compléter et de confirmer ses vues, de donner 'quelque idée des variétés de notre espèce animale' (1.i.547-548).

Déjà, dans l'*Histoire de Charles XII*, il avait consacré un paragraphe rapide aux peuples non-chrétiens de Russie (V 4, p.182), dans l'*Essai sur les mœurs*, un excursus aux Lapons (ii.140-41): ainsi, à l'époque de Charles-Quint et des grandes découvertes,

---

[17] 1.i.542-543.
[18] Voir l.94-193 et n.38. Sur l'anthropologie de Voltaire, voir M. Duchet, *Anthropologie et histoire au siècle des Lumières* (Paris 1971).
[19] *Eléments de la philosophie de Newton*, 1.vii (V 15, p.236-37).

'la sphère de la nature s'élargissait pour nous de tous côtés'. Elle va s'élargir encore dans l'*Histoire de l'empire de Russie*, dont la 'Préface' et le chapitre 1 s'inscrivent dans ses recherches et réflexions comme le chaînon entre l'*Essai sur les mœurs* et *La Philosophie de l'histoire*. Malgré la tare originelle d'une commande de cour qui la dévalorise dans la critique, l'*Histoire de l'empire de Russie sous Pierre le Grand* n'est pas un bloc erratique dans l'œuvre de Voltaire: elle marque un jalon dans sa pensée historique et anthropologique. Ouverture sur des terres peu connues, la Russie donne le goût de l'ailleurs et de l'autre.

Dans la Laponie russe vivent des Troglodytes ou Pygmées septentrionaux d'une 'couleur tannée', 'agiles, ramassés, robustes', en Sibérie des Samoyèdes à la mâchoire supérieure avancée, dépourvus de poils sauf sur la tête, et dont les femmes ont des mamelons d'un noir d'ébène, mais aussi les restes d'un ancien peuple dont la peau est 'bigarrée et tachetée'.[20] Voltaire relève ces singularités de la nature dans un *Mémoire sur les Samoyèdes et les Lapons* de Timothée Merzahn von Klingstöd (MS 6-8): il ne veut pas entendre raison quand Lomonossov objecte que la couleur tannée des Lapons s'explique par l'huile de poisson dont ils s'enduisent (1.i, n.68). Il rejette aussi, avec plus de pertinence, toutes les remarques qui montrent des affinités entre Finnois et Lapons (1.i.212-223). Quant aux Samoyèdes, leurs particularités physiques, tout comme celles des Hottentots, en font une race nouvelle. Dans Strahlenberg, Voltaire a trouvé trace d'une 'horde bigarrée': lisant trop vite, il n'a pas tenu compte des précisions qui laissent penser que certains de ces peuples étaient tatoués, le texte de Strahlenberg restant d'ailleurs ambigu (1.i, n.196). Voltaire dénonce l'erreur de Buffon quant aux Borandiens, et l'accuse de confondre les Lapons et les Samoyèdes.

Hommes avec barbe ou sans barbe (1.i.666), femmes aux mamelons noirs, sont signalés avec curiosité. Sont-ce des races,

---

[20] 1.i.195-196, 199; 1.i.534-537.

sont-ce des variétés? Dans l'*Histoire de l'empire de Russie*, Voltaire ne discute aucun des problèmes posés par cet échantillonnage qui témoigne de la profusion de la nature telle que l'a voulue le Créateur. Fort de la documentation qui lui a été adressée, il collectionne les faits, enregistre des traits physiques immuables, distingue soigneusement les uns des autres ces peuples peu connus. D'autres avaient établi des nomenclatures (Moreri, Hübner). Voltaire y trouve matière à réflexion philosophique. Les lointains pays du Nord sont promus au rang de conservatoires d'espèces humaines qui tendent à diminuer (1.i.632). Voltaire recueille un héritage menacé quand il dresse un état des lieux. Ces peuples allogènes lèvent le voile sur un pan de l'humanité et vont illustrer la marche de l'esprit humain.

'C'est ainsi que dans l'empire de Russie il y a [...] plus de singularités, plus de mœurs différentes que dans aucun pays de l'univers'[21]

Voltaire se refuse à débrouiller le 'chaos' des origines (1.i.81). Non sans provocation, il proclame que 'tout peuple qui n'a point cultivé les arts doit être condamné à être inconnu' (1.i.609). Mais il n'est pas exempt de contradictions: il ne cherchera pas si 'des Huns, des Slaves et des Tartars ont conduit autrefois des familles errantes et affamées vers la source du Boristhène' (1.i.78); il répugne à envisager de grands mouvements migratoires, ceux de Finlandais vers la Laponie (1.i.205) ou d'habitants de la Grande Permie vers la Sibérie (1.i.605); il ridiculise les conjectures de de Guignes ('Préface', § III); mais il se montre curieux de sociétés qu'il juge primitives.

Le périple dans ces immensités de l'empire de Russie le met en présence de dénivellations de l'histoire. Voltaire correspond avec de grands seigneurs russes parlant la même langue que lui. Il ne

---

[21] 1.i.669-671.

s'agit pas seulement de leur maîtrise du français, qui facilite la communication: il s'agit plus encore du partage d'un idiome commun, celui de la 'raison avancée', liée à un état de civilisation, à vrai dire occidental. Dans le pays de ces seigneurs subsistent des poches de civilisations autres, ou qui témoignent de stades différents de l'histoire de l'humanité.

Pourvu d'une documentation inédite qui s'accroît avec l'envoi du MS 2-24, Voltaire va évoquer ces groupes humains qui sont 'comme tous les premiers hommes, chasseurs, pasteurs et pêcheurs' (1.i.590). Il ne retient qu'une partie des informations dont il dispose. Il dit un mot en passant du climat, de la faune et de la flore des étendues glacées qui bornent les mers du Nord (1.i.586): la géographie physique ne l'intéresse que pour évoquer des conditions de vie difficiles, comme celle des Lapons qui habitent des 'cavernes', attellent des rennes à leurs traîneaux et paraissent adaptés à leur pays. Il relève des étrangetés. Il n'omet point de signaler, et à deux reprises, la découverte de l''ivoire fossile' sur les territoires occupés par les Ostiaks, les Bouriates et les Yakoutes: sujet qui a passionné le dix-huitième siècle et qui le laisse perplexe.[22] Il ne s'interdit pas de rapporter des traditions exotiques. Il cède aux fantasmes de son temps sur des sauvages qui offrent leurs femmes aux étrangers lorsqu'il impute cette coutume aux Lapons (1.i.236): il ne corrigera pas cette assertion malgré les protestations de Müller et les témoignages sur la jalousie des Lapons.

Mais sa curiosité ethnographique est vite satisfaite. Il n'exploite point les multiples observations du manuscrit sur la 'Description du Kamtchatka': rites d'hospitalité, mariages par rapt, enterrements, pêche au castor, nourritures et vêtements, guerres, manière d'aller en traîneau, consommation de champignons hallucinogènes.[23]

---

[22] 1.i.610-614 et n.191; 1.vii.11-21.

[23] MS 2-24: hospitalité, f.272v; guerre où l'on commence par égorger femmes et enfants en cas de difficulté, f.292r; mariages, f.298v: ce n'est pas un rapt symbolique, la fille se défend, et le mariage a eu lieu dès que le garçon a touché les 'parties honteuses' de la fille; enterrements, f.300r; pêche, f.305r; vie quotidienne, f.304v-306v.

Voltaire ne privilégie pas un pittoresque superficiel qu'il érigerait en mode de différenciation absolu entre des 'sauvages' et des civilisés. Il n'utilise pas les détails scabreux sur leur licence, ne parle ni de leur grossièreté, ni de leur saleté, ni de leur brutalité. [24] Ces 'barbares' sont des hommes vivant dans une extrême précarité et ayant des idées parfois étranges. Voltaire a-t-il pris ses distances par rapport au mépris ou à l'incompréhension à l'égard des Kamtchadales, ou a-t-il voulu ne pas déplaire à la cour de Russie?

Persuadé que la nature humaine est partout et toujours la même, Voltaire veut bien accorder sa place au dépaysement, mais ne s'y limite pas. De la 'raison commencée' de ces peuples vivant en autarcie à notre 'raison perfectionnée', point de solution de continuité: l'aptitude commune à créer des fables pour expliquer le monde s'inscrit dans cette identité. Les Kamtchadales croient descendre d'une 'espèce d'être supérieur, qu'ils appellent Kouthou', ce qui leur vaut d'avoir des 'théologiens' (1.i.674). Les Samoyèdes reconnaissent un bon et un mauvais principe et approchent du manichéisme (1.i.552); les Lapons adoraient autrefois une idole nommée Jumala (1.i.224). Voltaire s'assure ici de l'essentiel. Car il refuse de croire qu'il existe des peuples athées, ceux qui seraient sans religion 'ne nient point l'Etre suprême; ils ne le connaissent pas, ils n'en ont nulle idée'. [25] L'idée religieuse reste un signe de civilisation. Ainsi, des Samoyèdes regroupés en hordes adorent quelques idoles, ils ont une espèce de culte; d'autres, qui ne sont pas rassemblés, n'en ont point, du moins en apparence (1.i.593).

Voltaire entrevoit 'l'unité de la pensée mythique', [26] mais, en

[24] Il ne dit rien de leur saleté, de leur habitude de manger dans la même écuelle que leurs chiens, du corps des défunts jetés en pâture aux chiens, de la brutalité dans la façon dont ils font les honneurs de leur maison (le convive et l'hôte se mettent tout nus, on répand de l'eau sur des pierres rouges, l'invité doit manger jusqu'au moment où, suffoqué, il s'avoue vaincu, MS 2-24, f.272*v*).

[25] Voir 1.i, n.170; *Dictionnaire philosophique*, art. 'Athée, athéisme' (V 35, p.390-91); *La Philosophie de l'histoire*, ch.5 (V 59, p.100).

[26] Duchet, *Anthropologie et histoire au siècle des Lumières*, p.311.

simplifiant outrageusement les fables, il se heurte à des difficultés. Il relève que les Kamtchadales n'aiment ni ne craignent leur dieu Kouthou, qu'ils ne lui rendent aucun culte: 'ainsi ils auraient une mythologie, et ils n'ont point de religion; cela pourrait être vrai, et n'est guère vraisemblable' (1.i.677). Voltaire n'a pas soupçonné la complexité de la mythologie de ces peuples: liens entre les dieux et les éléments, [27] cosmogonie compliquée, [28] généalogie des dieux. [29] Ces polythéistes qui reprochent à Kouthou d'être l'auteur d'une création très imparfaite, qui ne lui pardonnent pas d'avoir fait tant de montagnes et de précipices, ont des divinités des eaux, des bois, croient à l'immortalité de l'âme et à un paradis où ils n'auront ni faim ni soif, où les riches seront pauvres et les pauvres riches, mais refusent l'idée d'un enfer (MS 2-24, f.294r).

Voltaire se sent en pays connu quand il relève des superstitions: les Kamtchadales ont des sorcières et des prophètes, tout comme nous en avons eu, les Ostiaks adorent une peau d'ours ou de mouton. Ce sont de nouvelles preuves des faiblesses de l'esprit humain. Mais d'autres croyances le choquent ou le troublent parce qu'elles pourraient mettre en cause la loi naturelle, inscrite selon lui par Dieu dans le cœur de tous les hommes. Certes, les Kamtchadales distinguent les choses permises et les choses défendues, mais pour eux il est permis de satisfaire toutes leurs passions et défendu d''aiguiser un couteau et une hache quand on est en voyage, et de sauver un homme qui se noie'. Comme l'auteur du manuscrit, Voltaire traite ces croyances d''absurdités': il ne soupçonne pas le rôle du tabou. [30] Il cherche des explications et

[27] Kouthou est à l'origine du tonnerre, de la pluie qui est son urine; les vents sont les hochements de tête des dieux (MS 2-24, f.289v-290r).

[28] Le manuscrit distingue plusieurs firmaments (MS 2-24, f.294r).

[29] Kouthou est pourvu d'une descendance, l'un de ses fils a inventé les bateaux et les filets de pêche.

[30] Le mot ne sera employé qu'à la fin du dix-huitième siècle (Cook, 1785). Il reste rare jusqu'à la fin du dix-neuvième siècle. Le manuscrit évoque aussi des tabous linguistiques (nom de l'ours et du loup).

n'en trouve, peut-être non sans une pointe d'ironie, que du côté d'une 'fausse philosophie', celle du providentialisme, dont ces 'barbares' n'ont sans doute pas la moindre idée. Même incompréhension et même incertitude à l'égard de leur fête de la purification, un rite dont il voit mal la finalité. Voltaire résout tous ces problèmes en faisant état de contradictions propres à l'espèce humaine et l'explication tourne court. Mais il reste fasciné par ces témoins des premiers âges de l'humanité. Lomonossov réagit, jugeant trop grande la place accordée aux Samoyèdes ou Lapons au détriment des terres civilisées (1.i, n.226). Il craint que l'image de son pays n'en souffre. Il est vrai que Voltaire cultive la brièveté dans l'évocation des différents gouvernements. Sans comporter des éléments aussi 'spectaculaires', la description des autres parties de l'empire de Russie introduit des groupes humains avec leurs mœurs spécifiques, leurs traditions liées à leur passé ou à leur situation géographique. D'où la variété de cet empire où cohabitent des formes de civilisation différentes. Il faut non seulement prendre en compte la non-histoire des peuples vivant en autarcie dans leur lointaine Sibérie, mais aussi les rythmes historiques fort hétérogènes des autres parties de la Russie. Des provinces comme la Livonie, terre des moines Porte-Glaive, ou Smolensk, patrie de l'ancienne Sarmatie, les villes de Pétersbourg, Moscou ou Novgorod, qui fut en relation avec la ligue hanséatique, sont tournées vers l'Occident. D'autres le sont vers l'empire d'Orient, comme l'Ukraine, patrie des grands-princes de Kiev avant l'invasion tatare, où l'on voit encore, selon Voltaire, des inscriptions grecques anciennes.

A l'époque de l'Etat kiévien, le pays des Slaves orientaux – ancêtres des Russes, des Biélorusses et des Ukrainiens – s'étendait sur la 'route des Varègues aux Grecs'. Le centre de gravité s'est déplacé de Kiev à Moscou, puis de Moscou à Pétersbourg. Mais il reste quelque chose des anciens pôles. Voltaire en est conscient: il évoque en quelques lignes la fertilité de l'Ukraine, met au premier plan le caractère indomptable des Cosaques amoureux de leur liberté et vivant de rapines. Du MS 6-7, il retient surtout quelques détails concernant ces Cosaques Zaporogues qui feront rêver Apollinaire. Astrakhan est 'la borne de l'Asie et de l'Europe'; la Russie est en contact avec la Perse et la Chine. Evoquant les gouvernements de Kazan et de la Grande Permie, peuplés de Tatars, il note qu'on y a trouvé des monnaies au coin des premiers califes et quelques idoles en or (1.i.469). Entre l'Oural et la mer Caspienne vivent les Kalmouks. Des découvertes récentes montrent qu'ils ont été en relation avec le Tibet. Voltaire pressent que certains peuples ou certaines parties de l'empire appartiennent à d'autres complexes historiques et culturels que la Russie proprement dite agrégée à la galaxie européenne.

Vaste tour d'horizon, mais traité à grands traits. Les choix drastiques opérés par Voltaire dans sa documentation laissent penser qu'il veut seulement donner une idée de cette mosaïque de peuples et de la variété de leurs modes de vie. Il signale les Ouzbeks (1.i.579), les Bouriates et les Yakoutes (1.i.610), mais oublie les Toungouses, qui se nourrissent de chiens (MS 6-7, f.372r). Pour le Kamtchatka, il n'a retenu que les Kamtchadales, alors que le MS 2-24 énumère les Tchouktches, les Kouriliens, les Coréens, tous de langues différentes (f.300v-302r). Il dit un mot des Kalmouks, sans indiquer qu'ils mangent du cheval et boivent du lait de jument fermenté, ne relève pas dans le gouvernement d'Orenbourg la présence de Bachkirs et de Kirghizes (MS 6-7, f.371v). Il professe un mépris certain pour les Tatars, 'qui ont toujours vécu comme étrangers sur la terre' (1.i.428).

Il s'intéresse peu aux détails. Le MS 4-2 consacrait des pages à ces peuples tributaires, énumérait, non sans un certain nombre d'approximations, différents groupements humains: habitants du Turkestan, Karakalpaks, Bachkirs, Tatars de Crimée, du Kouban, du Daghestan, Tatars Nogaïs, Circassiens, Ouzbeks (f.135v-151v). N'ont droit à une mention que les Ouzbeks et les Nogaïs (1.i.579, 1.vii.176). Et Voltaire ne soupçonne pas le nombre de minorités de la Russie d'Europe: finno-ougriennes (Mordves, Tchérémisses, Votiaks) et turcophones (Tchouvaches, Tatars de Kazan), que rencontre alors Chappe d'Auteroche. Il ne s'inquiète pas des limites prévisibles de sa documentation. Les particularités de ces peuples l'intéressent moins que les problèmes posés par leur cohabitation.

Coexistence et colonisation

Sous Pierre le Grand, la population de l'empire reste encore 'très largement russe, surtout si l'on tient compte du fait que la plupart des deux millions d'Ukrainiens vivaient dans l'hetmanat autonome'.[31] Point de question juive à proprement parler: dire comme Voltaire qu'il n'y avait jamais eu en Russie d'"établissement" pour les juifs (1.ii.355) serait exagéré, mais il est vrai qu'ils étaient alors moins nombreux qu'ils ne le furent après les partages de la Pologne.[32]

Voltaire, qui ignore la longue et complexe 'ascension de Moscou', imagine que la Russie s'est constituée uniquement par conquêtes successives: celles-ci commencent surtout, en fait, à partir de la seconde moitié du quinzième siècle, au moment où Ivan III met fin au joug tatar et s'empare de la principauté de Novgorod. Auparavant, parallèlement aux annexions et aux conquêtes, les grands-princes de Moscou s'appuyaient sur les Tatars pour se renforcer et pratiquaient une politique d'achats de terres et de villes: ce fut au quatorzième siècle le cas d'Ivan Kalita, le 'rassembleur des terres russes', puis de Vassili 1er. Dans sa description, Voltaire ne signale que la date d'annexion de la principauté de Novgorod sous Ivan III et celle d'Astrakhan sous Ivan IV. Les manuscrits dont il disposait distinguaient soigneusement la 'Russie propre' et la 'Russie incorporée' (MS 4-2, f.97r). Après avoir étudié la première, ils énuméraient 'des peuples tributaires aliez ou voisins de la Russie' (MS 4-2, f.127r), Cosaques, Tatars, etc. Après avoir payé le tribut aux Tatars lors de la

---

[31] Kappeler, *La Russie, empire multiethnique*, p.107-108.

[32] Kappeler, p.89. C'est surtout après les partages de la Pologne que le problème de l'intégration des juifs se posa avec acuité.

conquête mongole, les Russes, depuis les succès d'Ivan IV, imposent à leur tour aux Tatars le tribut (1.ii.142). Sous la régence de Sophie, le khan de Crimée réclame un tribut annuel de soixante mille roubles, l'Etat est continuellement 'en alarmes' vers la 'Tartarie Crimée' (1.v.126), d'où les expéditions ruineuses de Golitsyne en 1687 et 1688. Les Cosaques n'étaient point soumis, les peuples d'Astrakhan obéissaient mal (1.ii.379). Voltaire ne prend conscience que fugitivement de la résistance des minorités. La cour de Russie 'assujettit' les Sibériens en bâtissant des forteresses dans leur pays, elle doit réprimer des brigandages en Boukharie ou des rébellions des Tatars du Kouban (II.ix). Mais la guerre des Bachkirs de 1705 à 1720 sera complètement occultée, peut-être faute d'informations. Il reste bien 'quelques hordes' qu'il faut soumettre, mais c'est Chappe d'Auteroche qui, dans son *Voyage en Sibérie*, montrera que les Tchouktches, les Koriaks, les Youka-guirs, les Kamtchadales, les Yakoutes et les Toungouses se révoltaient (1.i, n.194).

Que l'empire de Russie soit un pays aux religions diverses, en dépit de la domination de l'Eglise orthodoxe, ne peut que réjouir Voltaire, partisan de la multiplicité des sectes. [33] Certes, l'Eglise s'efforce de convertir les peuples conquis, mais avec des fortunes diverses. Non sans malice, Voltaire relève en Laponie des manifes-tations de double foi. Apparemment christianisés, que ce soit par les luthériens dans les régions sous domination suédoise, ou par les orthodoxes dans la partie occupée par les Russes, les Lapons n'en continuent pas moins à adorer des idoles comme Jumala, une déesse mère, et certains 'appellent Jésus-Christ le fils d'Iumalac' (1.i.226). Dans le MS 2-24, 'Description du Kamtchatka', Voltaire a écrit: 'camshatka grand pays ou ny pain ny vin, comment messe', saisissant l'occasion de montrer que le christianisme ne peut prétendre être universel. Il attribue cette objection aux Kamtcha-dales et déclare qu'elle lui a été rapportée par un 'gentilhomme

---

[33] Voir *Lettres philosophiques*, VI.

russe très instruit'. Le manuscrit parle seulement de la résistance opposée par les femmes refusant de se séparer de leur perruque pour se faire baptiser (f.305ν). Mais le couple mission—colonisation s'est mis en place: on n'a pas encore réussi à rendre chrétiens les Bouriates (1.i.620), mais on a annoncé la religion grecque aux Sibériens (1.i.712). De grandes contrées sont peuplées de Tatars mahométans, les pays baltes sont de tradition luthérienne. Somme toute, Voltaire ne craint pas d'affirmer qu'il y a plus de pays mahométans et païens que de chrétiens en Russie (1.ii.221). La croix et l'épée avaient été associées dans la conquête, mais cet Etat orthodoxe ne peut prétendre à l'unité de la foi. Qu'en sera-t-il de la loi?

Dans un pays où l'on en est encore à dresser des cartes, la question se pose avec acuité. Dans II.ii, Voltaire signale l'une des difficultés auxquelles se heurte le pouvoir central: plus un Etat est vaste et composé de nations diverses, plus il est difficile de les réunir par une même jurisprudence. Or, Voltaire présente sous un jour romanesque la colonisation de la Sibérie: histoire du hardi découvreur Anika Stroganov, troc avec les Samoyèdes, soumission admirative de ces derniers: quelques-uns d'entre eux, qui furent conduits à Moscou, 'regardèrent l'empereur comme leur dieu' et s'engagèrent de bonne grâce 'à lui donner tous les ans une offrande de deux martres zibelines par habitant' (1.i.564). Certes, Voltaire évoque l'expédition du Cosaque Ermak qui conquiert le pays avec 'quelques soldats et quelque artillerie, comme Cortez subjugua le Mexique'. Voltaire a dénoncé les cruautés de la conquête de l'Amérique dans l'*Essai sur les mœurs*, mais il semble 'admettre un droit de colonisation'.[34] Des peuples sauvages sont ainsi policés. Là où il n'y avait qu'une 'petite habitation', on trouve maintenant 'une ville considérable', Tobolsk, en réalité une agglomération de vingt mille habitants. Il serait à souhaiter que tous les colons en usent comme les vertueux quakers de Pennsylvanie, mais la

---

[34] Duchet, *Anthropologie et histoire au siècle des Lumières*, p.319.

civilisation pénètre dans des déserts. Voltaire ne disposait, semble-t-il, que d'informations limitées et soigneusement filtrées: en un folio recto-verso, le MS 2-24 traite 'de l'assujettissement de Kamtchatka et des Forts Russiens qu'on y a bâtis' (f.307). L'ouvrage imprimé en neuf chapitres évoque la 'réduction du Kamtchatka', les révoltes survenues en différents temps et l'état présent des forts; on y voit comment les rebelles ont été soumis, comment les Cosaques y vivent, se procurent des fourrures, fabriquent de l'eau-de-vie à partir de baies sauvages, et comment les collecteurs de taxes opèrent.[35] La voie sera ouverte à une russification. Il reste des terres à explorer, et le chapitre s'achève par l'évocation des tentatives de Béring pour aller du Kamtchatka en Amérique.

La tâche reste immense: 'Quand les nations sont ainsi mêlées, elles sont longtemps à se civiliser, et même à former leur langage: les unes se policent plus tôt, les autres plus tard' (1.i.775).

Répartition ethnique et structure sociale, division interethnique du travail et fonctions spécifiques des non-Russes dans l'empire, efforts centralisateurs des tsars et résistances à la périphérie, aucun de ces problèmes n'est vraiment pris en compte. Voltaire remarquait seulement que 'Mourses, Tartares, Morduates et autres' étaient employés aux travaux de l'Amirauté (1.ii.43). Il va plus ou moins de soi que ces peuples 'sauvages' du grand Nord sont des chasseurs fournisseurs des précieuses pelleteries dont les Russes feront commerce. On aimerait connaître la réponse de Voltaire aux questions posées par Catherine II, qui lui écrit de Kazan le 29 mai/9 juin 1767: en bonne Allemande, elle se croit et se sent en Asie, et à propos des lois qu'elle projette de donner à son empire, elle expose les difficultés qu'elle rencontre (D14219):

Imaginé je Vous prie qu'elles doivent servir pour l'Asie et pour l'Europe, et quelle différence de climat, de gens, d'habitude, d'idée même. Me voilà en Asie, j'ai voulu voir cela par mes yeux. Il y a dans cette Ville

---

[35] Kracheninnikov, *Description du Kamtchatka*, dans Chappe d'Auteroche, *Voyage en Sibérie* (Paris 1768), iii.513-74.

vingt peuples divers qui ne se ressemblent point du tout, il faut pourtant leurs faire un habit qui leurs soit propre à tous. Ils peuvent ce bien trouver des principes généraux, mais les détails? et quels détails? J'allois dire, s'est presque un monde à créer, à unir, à conserver etc.

Mais le destin de la Russie se joue à l'ouest. Après cette entrée en fanfare dans le premier chapitre, les minorités ne seront guère évoquées dans l'*Histoire de l'empire de Russie sous Pierre le Grand*. Certes, le tsar s'occupera du 'détail' de son empire, engageant des travaux jusqu'au fin fond du lointain Kamtchatka. Mais la Sibérie reste terre 'd'exploitation coloniale',[36] un vaste territoire de chasse des animaux à fourrures. Le Pacifique septentrional auquel la Russie accède depuis 1639 est à cette époque 'un vide politique'. Ressentie comme un pays oriental par les Occidentaux, la Russie, adossée à l'Asie, est tournée vers l'Europe. L'intérêt se concentre donc sur ce cœur même de l'empire, théâtre des opérations de guerres et des établissements prioritaires.

II. Le poids de l'ancienne Moscovie

'Les Russes sont venus tard'

Dès l''Avant-propos', Voltaire défendait la thèse d'un paradoxe russe, celui d'un empire 'dont les peuples sont si anciens,[37] et chez qui les lois, les mœurs et les arts sont d'une création nouvelle'. L'histoire russe est donc appréhendée suivant le point de vue du retard et du rattrapage. Son rythme de développement n'est pas continu, mais peut s'accélérer prodigieusement après des périodes de stagnation. Alors que la Chine et l'Inde, peuples anciennement

---

[36] R. Portal, *Pierre le Grand* (Bruxelles 1990), p.10 et 11.

[37] Non sans désinvolture ni sans erreurs, Voltaire évoque les Huns, les Massagètes, les Scythes, les Cimbres, les Gètes, les Sarmates, dont les descendants, à l'égal de ceux des 'Slavons', sont les sujets des tsars.

policés, ont plus de quatre mille ans d'antiquité, 'ce qui suppose, comme on l'a dit, des essais et des efforts tentés dans des siècles précédents' (1.ii.6), les Russes 'sont venus tard, et ayant introduit chez eux les arts tout perfectionnés, il est arrivé qu'ils ont fait plus de progrès en cinquante ans, qu'aucune nation n'en avait fait par elle-même en cinq cents années'. [38]

Une telle vision permet de prendre en compte l'état d'arriération du pays et de miser sur son énorme potentiel. On peut espérer des merveilles de la Russie, si elle est conduite par un grand homme. Ce point de vue engendre erreurs et mirages, mais propose un canevas explicatif dans lequel les faits s'ordonnent suivant une perspective dynamique. L'histoire de la Russie sera réduite en toute bonne conscience à la période moderne et contemporaine. L'apparition tardive des Russes excuse chez l'historien l'ignorance de leur passé et conduit à sa méconnaissance.

Voltaire s'en tient à l'incertitude quant aux origines ('Préface', § III), refuse d'accorder la moindre attention à Madiès le Scythe, se contredit quant à l'introduction de l'écriture (1.i, n.17). Sa désinvolture, moindre que dans l'*Essai sur les mœurs*, reste bien réelle. Les siècles lointains n'ont pas droit de cité, sauf en matière religieuse quand il évoque la christianisation de la Russie, sinon il ne remonte pas au-delà de la mort de Dmitri (1591) et traite rapidement du Temps des troubles. Alors que dans l'*Essai*, ch.190, il avait narré avec verve l'histoire des faux Dmitri, ces 'aventures qui tiennent du fabuleux', dans son *Pierre le Grand* il insiste plutôt sur la ruine de l'Etat, conséquence de fraudes qui 'augmentaient la confusion et le malheur public'. Il ne corrige guère les insuffisances des chapitres de l'*Essai*: ignorance de l'Etat kiévien, Iaroslav le Sage mentionné seulement à l'occasion du mariage de sa fille Anne avec Henri 1er de France (i.450); survol du joug tatar, des règnes d'Ivan III et d'Ivan IV. Voltaire se contente encore, dans

[38] 1.ii.7-11. 'Nous considérons avec étonnement le prodigieux changement, et en si peu de temps, de l'ancien Moscovite avec le nouveau par la valeur d'un seul', écrivait déjà Pierre Deschisaux dans son *Voyage de Moscovie* (Paris 1727), p.38.

l'*Histoire de l'empire de Russie*, d'allusions rapides aux conquêtes de Novgorod en 1478 et d'Astrakhan en 1554 (1.i.345, 441), et s'imagine que les arts nécessaires étant peu cultivés avant Pierre le Grand, 'on n'avait pas d'idée des beaux-arts'. A sa décharge, il faut préciser que l'art russe ancien était parfaitement méconnu à son époque: aucun des manuscrits qui lui furent envoyés de Pétersbourg ne hasarde la moindre appréciation esthétique, ni sur l'architecture, ni sur les icônes, ni sur les chants religieux. Tout au plus les voyageurs étaient-ils sensibles à la richesse des ornements d'église, lieu commun repris par Voltaire, qui signale des chefs-d'œuvre d'orfèvrerie (1.i.287), en insistant sur le travail qu'ils avaient demandé et non sur leur beauté.

Toutefois, Voltaire ne soutient plus comme dans l'*Essai sur les mœurs* que 'depuis Jean Basilovitz, ou Basilides [...] jusqu'au czar Pierre, il n'y a rien eu de considérable' (ii.746). Dans sa liste des souverains contemporains du *Siècle de Louis XIV*, il avait énuméré les tsars de la dynastie des Romanov (*OH*, p.1118). Il entreprend dans le chapitre 3 de son *Histoire de l'empire de Russie* de passer en revue les règnes de Michel Romanov, d'Alexis, de Fedor, puis la régence de Sophie. Sa documentation s'est accrue: il a lu Collins,[39] ou du moins le MS 5-32 qui en donne des extraits; il a beaucoup emprunté à Strahlenberg ou aux extraits de cet auteur sur l''élévation des Romanov' (MS 5-33 et 5-34); il dispose d'une 'généalogie du czar' (MS 6-1) et des deux cahiers des 'Révolutions arrivées en Russie après la mort d'Ivan Basilowitz' (MS 5-35), à vrai dire peu utilisés. Il retient quelques traits frappants de cette masse de textes, entendant prouver que 'l'esprit de la famille de Romano fut toujours de policer l'Etat' (1.iii.188).

Ainsi, il noircit Boris Godounov qu'il réduit à un tyran et à un usurpateur, alors qu'il avait été élu par le Zemski Sobor, et néglige de relever ce 'mélange d'excellentes et de très mauvaises qualités' qui le dépeignaient dans le MS 5-35 (1.iii, n.2). Il raconte les

---

[39] Samuel Collins, *Relation curieuse de l'état présent de la Russie* (Paris 1679).

circonstances de l'accession au pouvoir de Michel Romanov, ses guerres avec la Pologne et la Suède, mais le présente, malgré les protestations des Russes, comme le fils d'un archevêque et d'une religieuse, sans donner d'explication (1.iii, n.7). Il affirme que le Zemski Sobor a élu Michel Romanov sans rien exiger de lui, alors que Vockerodt et Strahlenberg insistent au contraire sur les conditions qui lui furent imposées (1.iii, n.19). Il prétend qu'il ne se fit dans les Etats du nouveau tsar 'aucun changement qui corrompît ni qui perfectionnât l'administration', ce qui lui vaut une sévère mise au point de Lomonossov (1.iii, n.24).

Du tsar Alexis, fils de Michel Romanov, couronné en 1645, il disait dédaigneusement dans l'*Essai sur les mœurs* qu'il n'était connu que pour avoir été le père de Pierre 1er (ii.751). Il devient dans l'*Histoire de l'empire de Russie* 'digne d'être le père de Pierre le Grand'. Nuance dont on voit l'importance. Quant à Fedor, malgré un tempérament 'faible et valétudinaire', il est doué d''un mérite qui ne tenait pas de la faiblesse de son corps' (1.iii.170).

Dédain pour les ténèbres moscovites, intérêt attentif aux promesses du dernier siècle, tel est le bilan avec ses acquis et ses insuffisances notoires. Dans l'*Essai sur les mœurs*, la condamnation était sans appel: au seizième siècle, les Russes 'vivaient en brutes' (ii.138), au dix-septième, la Russie reste 'ensevelie sous un despotisme malheureux du prince sur les boyards, et des boyards sur les cultivateurs' (ii.751). Dans l'*Histoire de l'empire de Russie*, le tableau de l'état où était la Moscovie avant Pierre le Grand s'ouvre sur d'autres perspectives (1.ii.384-387):

S'il n'eût fallu qu'être au-dessus des Tartares et des peuples du Nord jusqu'à la Chine, la Russie jouissait de cet avantage; mais il fallait s'égaler aux nations policées, et se mettre en état d'en surpasser un jour plusieurs.

La question se résume à celle d'un décalage dont l'explication est à chercher dans un certain nombre de circonstances (isolement du pays, séquelles du joug tatar) et dont la solution passera par une ouverture à l'Ouest et une accélération de l'histoire.

'Les usages, les vêtements, les mœurs en Russie ont toujours plus tenu de l'Asie que de l'Europe chrétienne'

Voltaire insiste sur la coupure entre la Russie et l'Occident. Point d'ambassades à l'étranger, point d'ambassadeurs à Moscou. Il ignorait entre autres la mission de Deshayes de Courmenin en 1629 (i.ii, n.33), mais aussi, apparemment, les deux ambassades de Herberstein au seizième siècle, et son récit de voyage classique (il ne figure pas dans sa bibliothèque, mais il avait à sa disposition les quelques feuillets du MS 3-54). La 'Préface historique et critique' rapporte une erreur d'Olearius à propos d'un ambassadeur exilé en Sibérie, Charles de Talleyrand (§ VIII). Même stigmatisée comme mensonge historique, la cruauté attribuée à Ivan IV à l'égard d'un envoyé auquel il aurait fait clouer son chapeau sur la tête ('Préface', § VIII; i.ii.167) montre combien était déplorable la réputation de la Russie à l'étranger. L'empire russe se trouve en dehors des courants d'échange internationaux: comme le montre R. Portal, depuis les grandes découvertes, le commerce mondial s'était déplacé vers l'Ouest, reliant l'Europe occidentale à l'Amérique. La Russie n'est pas devenue 'un pays de transit actif vers l'Orient et l'Extrême-Orient'. Elle pâtit de conditions défavorables au développement. Privée d'accès à la mer depuis la fin du règne d'Ivan IV, sauf par le port d'Arkhangelsk, bloqué par les glaces durant de longs hivers, la Russie reste un pays essentiellement continental. Elle garde une position défensive vis-à-vis de ses voisins du Nord et de l'Ouest (Suède et Pologne). L'Ukraine, au sud, est encore un champ de bataille. Difficultés politiques, état arriéré du pays sont aggravés, selon Voltaire, par une politique de repli (i.ii.397-402):

On aurait pu envoyer quelques naturels du pays s'instruire chez les étrangers; mais la différence des langues, des mœurs, et de la religion s'y opposait; une loi même d'Etat et de religion, également sacrée et pernicieuse, défendait aux Russes de sortir de leur patrie, et semblait les condamner à une éternelle ignorance.

Sans doute quelques 'naturels du pays' étaient-ils sortis avec autorisation impériale sous Ivan IV et Boris Godounov, mais cette interdiction de voyager,[40] qui choque tant Voltaire, restait effective.[41] La Russie tombe sous le coup de la condamnation formulée dans l'article 'Egalité' du *Dictionnaire philosophique* (V 36, p.47):

On a prétendu dans plusieurs pays qu'il n'était pas permis à un citoyen de sortir de la contrée où le hasard l'a fait naître; le sens de cette loi est visiblement, *Ce pays est si mauvais et si mal gouverné que nous défendons à chaque individu d'en sortir, de peur que tout le monde n'en sorte.* Faites mieux, donnez à tous vos sujets envie de demeurer chez vous, et aux étrangers d'y venir.

Ainsi refermée sur elle-même, la Russie pérennise d'anciens usages comme celui du tribut, dont l'origine remonte au temps où elle subissait la domination tatare. Des impôts sont payés 'en denrées selon l'usage des Turcs' (I.ii.195). Müller proteste, mais les peuples de la Sibérie étaient assujettis à un tribut en fourrures.

Dans la description de Moscou, la pompe de la cour est comparée à celle de la Perse: 'le comte de Carlisle dit, qu'il ne vit qu'or et pierreries sur les robes du czar et de ses courtisans' (I.i.287). L'habit long, les tuniques doublées de pelisses, de hauts turbans, étaient mieux adaptés à un pays froid que les justaucorps (I.ii.156). Malgré les protestations de Müller, Voltaire compare les streltsy aux janissaires (I.ii.182), le favori d'Alexis, Morozov, à un vizir (I.iii.100). Il préfère donner une origine orientale au titre de tsar, dérivant selon lui des Tshas de Perse et non des Césars de Rome (I.ii.198). Et il maintient cette fausse étymologie malgré les critiques justifiées de Lomonossov et de Müller. Il aurait tendance à attribuer une influence asiatique aux mœurs qui lui paraissent étranges: l'exemple le plus frappant est le mariage des tsars, qui ressemble

---

[40] C'est le terme qu'il emploie pour désigner le départ d'Alexis.

[41] Sur les sorties autorisées, voir I.ii, n.107. Cette interdiction, qui revient comme un leitmotiv chez Voltaire, est attestée par l'*Apothéose du czar Pierre le Grand*.

selon lui aux 'usages de l'ancienne Asie' (1.iii.45), alors que la coutume venait de Byzance.

Voltaire a donc tendance à accentuer l'éloignement de la Russie. Manquant de contacts, les Russes, lorsqu'ils se rendront enfin en Europe, étonneront par leurs coutumes, ne serait-ce que celle des ambassadeurs qui, non défrayés, sont obligés de vendre des pelleteries. Leur appartenance à l'Eglise grecque les sépare aussi des pays d'obédience latine. Depuis le grand schisme auquel Voltaire a consacré un chapitre dans l'*Essai sur les mœurs*, la chrétienté est divisée en deux. Voltaire a compris que le pouvoir du tsar était inséparable de l'orthodoxie, aussi la question religieuse fait-elle l'objet de développements spéciaux.

III. De la religion des Moscovites

L'*Essai sur les mœurs* attribuait aux Russes du seizième siècle 'une idée confuse de l'Eglise grecque, de laquelle ils croyaient être', et présentait de manière caricaturale un de leurs usages (ii.138):

Leurs pasteurs les enterraient avec un billet pour saint Pierre et pour saint Nicolas, qu'on mettait dans la main du mort. C'était là leur plus grand acte de religion.

Dans l'*Histoire de l'empire de Russie*, Voltaire néglige de signaler ce passeport pour l'au-delà attesté par de nombreux voyageurs. Il dispose d'une documentation de première main, qu'il exhibe dans des notes. [42] Sur l'établissement du christianisme en Russie, il avait reçu les MS 5-18, 5-31, 5-36, 5-38, présentés sous forme d'*Annales de la Russie*: il ne s'est servi que des deux premiers. Sur le passé moins lointain et sur la situation actuelle, on lui avait envoyé deux gros textes: 'Des Religions qui sont Etablies en Russie' (MS 4-3)

[42] Voir 1.ii, n.c. Le titre du manuscrit est exact, mais la référence n'a pas été retrouvée.

et 'Du Gouvernement Eclésiastique De Russie' (MS 4-4), auxquels fut ajouté un 'Dénombrement des Diocèses' (MS 5-16). Il n'utilisera pas le 'Manifeste de l'Archevêque de Novogrod' (MS 5-2), ce texte datant du 11 mai 1725, après la mort de Pierre le Grand. Voltaire ne peut se contenter de répéter les plaisanteries sur les superstitions des Russes que présentait de manière pittoresque l'*Histoire de Charles XII*: refus de manger du pigeon parce que le Saint-Esprit est peint en forme de colombe, observance stricte du carême où ils se font scrupule de boire un verre de lait, mais pendant lequel ils s'enivrent (V 4, p.180-81).

Voltaire applique sa propre grille d'interprétation à cette histoire de la Russie ancienne. L'ironie affleure lorsque l'implantation du christianisme, ici comme ailleurs, est le fait de femmes, 'sensibles aux persuasions des ministres de la religion'. Elle innerve sa narration. Ces débuts du christianisme en Russie prennent des allures de conte: Olga se fit baptiser, et, 'dès qu'elle fut chrétienne, l'empereur Jean Zimiscès ne manqua pas d'en être amoureux' (1.ii.240), version romancée et erronée quant au nom de l'empereur. Le rôle d'Olga était moins décisif dans le MS 5-31, qui signalait des conversions chez les 'Esclavons' et celles, antérieures, des 'Bulgares'.[43]

Ces conversions des princes du dixième siècle sont marquées par l'ambition politique et tachées de sang. Alors que Sviatoslav, fils d'Olga, reste païen, son petit-fils Vladimir 'né d'une concubine, ayant assassiné son frère pour régner, et ayant recherché l'alliance de l'empereur de Constantinople Basile, ne l'obtint qu'à condition qu'il se ferait baptiser' (1.ii.245). Vladimir le Saint, canonisé

---

[43] 'Les Bulgares autrement nommez Cozares [...] avoient été convertis longtems auparavant par Methodius, et ce Constantin qui a depuis été nommé Cyrille' (MS 5-31, f.136r). Il s'agit de la mission de Cyrille (sans Méthode) en 861, non chez les 'Bulgares', mais dans l'empire des Khazars, entre le Don et la Caspienne. Le MS 5-31 assure par erreur que les 'Cozares' avaient 'le même langage que les Russes'. Ils parlaient en fait une langue turque. Quant aux Bulgares des Balkans, ils avaient été christianisés sous le tsar Boris 1er en 865.

tardivement, [44] est présenté sous un jour dépréciatif. Müller proteste en vain contre ceux qui veulent ternir sa gloire en rappelant qu'il était un bâtard. Il essaie de le laver de l'accusation d'assassinat: il a tué son frère qui lui faisait la guerre (i.ii, n.58). Or, Voltaire ne corrigera pas son texte. Il a par ailleurs compris que la conversion de Vladimir était un épisode important des relations byzantino-russes, un succès de la diplomatie byzantine, le baptême du prince étant suivi du baptême collectif du peuple.

Voltaire salue l'établissement du patriarcat au seizième siècle, car il a renforcé le caractère national et patriotique de l'Eglise russe. Mais toute institution ecclésiastique nourrit fatalement 'la soif de la domination'. La variante russe des 'deux puissances' s'exprimait de manière ponctuelle lors de la fête des Rameaux, quand le tsar tenait par la bride le cheval (parfois déguisé en âne) du patriarche, celui-ci figurant l'entrée du Christ à Jérusalem. Elle s'est incarnée dans le patriarche Nicon. Voltaire exploite les informations qui lui sont fournies. En mettant l'accent sur des questions de préséance symbolisant le pouvoir, il rend sensibles les exigences du patriarche. La formulation générale: 'il voulut élever sa chaire au-dessus du trône' (i.ii.284), prend un particulier relief quand elle est rapprochée de la prétention de Nicon à siéger à la Douma des boyards aux côtés du tsar. Voltaire livre les faits à l'état brut, sans explications. Nicon demandait à être consulté en cas de déclaration de guerre ou de traité de paix. Pour justifier une demande aussi exorbitante, il s'appuyait sur les prérogatives dont avait joui Fedor Romanov, père du tsar Michel, auprès de son fils (ms 4-4, f.236v, 238v). On lui répondit qu'il ne s'agissait pas d'avantages acquis, mais limités à la conjoncture, Michel étant âgé seulement de dix-sept ans. Présentée sans commentaire, l'exigence de Nicon apparaît comme une tentative nouvelle de main-mise du patriarche sur la politique extérieure de l'Etat, et par là même comme une limitation des droits et attributs du souverain.

[44] Voir V. Vodoff, *Naissance de la chrétienté russe* (Paris 1988), p.246-48.

L'histoire religieuse de la Russie illustre donc pour Voltaire l'éternelle lutte des prélats pour le pouvoir temporel. Elle est marquée aussi par un schisme intérieur de grande ampleur que Voltaire appréhende seulement sous l'angle de l'émergence, puis de l'existence d'une secte, ne soupçonnant pas quel fut le traumatisme vécu par le pays. Voltaire reprend bon nombre de renseignements qui lui ont été adressés sur les vieux croyants: divergences doctrinaires avec l'Eglise officielle, refus de la réforme des rites imposée par Nicon,[45] accusations odieuses dont ils sont l'objet. Mais il ne mesure pas la gravité de cette terrible crise du raskol qui a divisé en deux la masse des fidèles. Il réduit les sectaires à un nombre infime: il s'est basé logiquement sur le chiffre de ceux qui paient des taxes, c'est-à-dire sur ceux qui se sont fait inscrire comme raskolniks.

Rien dans sa documentation ne lui laissait entrevoir la profondeur du drame qui a secoué le dix-septième siècle russe. Voltaire ignore que 'des millions de croyants s'organisèrent alors en sectes'. Il se trompe grossièrement sur la date de ce schisme, ne semble pas savoir qu'étaient en jeu des conceptions antagonistes de la religion, et que 'l'attachement aux rites anciens était un signe d'opposition à la fois sociale et religieuse'.[46] Il fait état des autodafés volontaires, mais ne sait pas combien ils furent fréquents: le MS 5-31 signalait seulement que beaucoup de raskolniks périssaient dans les flammes plutôt que de changer d'opinion, mais n'évoquait point cette 'atmosphère d'Apocalypse' lorsque des milliers de croyants étaient persuadés de vivre le règne de l'Antéchrist. Frappé par leur interdiction des jurements, par leur morale rigoureuse,[47]

---

[45] Parmi les huit points énumérés par le MS 5-31 sur les divergences entre les vieux croyants et l'Eglise officielle, Voltaire n'a pas retenu le point 2 sur l'obligation d'apporter sept pains pour la messe et non cinq; le point 3 sur la forme de la croix qu'on imprime sur le pain; le point 5 sur l'interdiction de lire les livres imprimés depuis le patriarche Nicon.

[46] Portal, p.32 et 31.

[47] Le MS 5-31 parlait de leur 'droiture dans le commerce', de leur piété et de leur douceur (f.140v).

Voltaire les compare aux quakers et leur fait adopter leur doctrine de la lumière intérieure. Il ramène ainsi indûment l'inconnu au connu. Puis, apprenant qu'ils avaient des adeptes parmi les streltsy révoltés, il interprète cette sédition en fonction d'un schéma qu'il croit valable 'du fond des Indes jusqu'aux extrémités de l'Europe', et qu'on a vu 'dans tous les temps': 'la fureur du dogme est devenue l'arme des audacieux et le joug des imbéciles' (i.v.22-26).

Voltaire accentue le lien entre vieux croyants et rébellion. Ainsi se détachent les figures de Nikita Raspop, surnommé le faux saint, puis du knès Khovanski, sur un fond de violence et de foi: sectaires entrant dans la cathédrale, chassant le clergé pour se mettre 'dévotement' à sa place afin de 'recevoir le Saint-Esprit', concile où l'on se dispute à coups de pierres,[48] exécution des meneurs, marche sur le monastère de la Trinité où s'était réfugiée la famille des tsars, les streltsy passant tout à coup de la fureur à la crainte (i.v). Voltaire comprend que la répression subie par les vieux croyants peut être exploitée à des fins politiques ou qu'elle peut rendre des situations explosives.

Il ne consacre qu'une ligne à Avvakum, qui avait 'dogmatisé' à Moscou, ignorant sans doute qu'il avait payé du martyre l'intransigeance de sa foi. Les manuscrits dont Voltaire disposait n'avaient point évoqué cette haute figure de la spiritualité des vieux croyants, le combattant intraitable qui, ballotté d'exil en exil, mourut sur le bûcher le vendredi saint 14 avril 1682. Bien évidemment, Voltaire ignorait tout de son œuvre: la *Vie* d'Avvakum ne sera publiée qu'en 1861,[49] à la suite de quoi on se mit à imprimer aussi ses autres œuvres (homélies, polémique théolo-

---

[48] Dans l'article 'Conciles' du *Dictionnaire philosophique*, Voltaire rapporte de semblables violences au cours d'un concile en 355 (V 35, p.622). Il ne tiendra nul compte des explications, d'ailleurs embarrassées, de Müller.

[49] Voir P. Pascal, *Avvakum et les débuts du raskol* (Paris 1938), 2ᵉ éd. augmentée (Paris, La Haye 1963); et, dans l'*Histoire de la littérature russe: des origines aux Lumières*, dir. E. Etkind, G. Nivat, I. Serman, V. Strada (Paris 1992), les chapitres consacrés à Avvakum par M. Plioukhanova et J. Johannet (p.277-93 et 293-304).

gique). Voltaire ne parle nulle part ailleurs d'Avvakum, mais il semble le premier en France à l'évoquer. On peut se demander d'où il tenait son information, si brève fût-elle.

Voltaire était sans doute mal préparé à apprécier à sa juste mesure la religiosité russe sur laquelle les manuscrits qu'on lui fournissait étaient d'ailleurs muets: rien sur les fols-en-Christ, rien sur le millénarisme. Du monachisme, il n'entrevoit que les aspects politiques. Il pressent l'importance des monastères fortifiés, sans pour autant savoir qu'ils 'possédaient presque le tiers des terres de culture et servaient de jalons à l'expansion de l'Etat'. [50] A propos de l'exil cherché par la famille des tsars pendant la révolte des streltsy, il avait noté que le monastère de la Trinité, 'entouré de larges fossés et de remparts de briques garnis d'une artillerie nombreuse', était à la fois 'un couvent, un palais et une forteresse' (1.v.65). Ces moines, possédant 'quatre lieues de pays à la ronde', disposaient d'une richesse foncière considérable (1.v, n.27).

Voltaire n'est pas fâché de mettre l'accent sur la puissance et l'extension de l'Eglise grecque, occasion pour lui de remarquer que l'Eglise romaine est très 'resserrée dans notre hémisphère' et de se moquer de ses prétentions à se dire universelle. La Russie lui procure de plus le plaisir de souligner l'intérêt politique de la tolérance. Les souverains auraient compris qu'il fallait laisser 'à chacun la liberté de servir Dieu suivant sa conscience, pourvu que l'Etat fût bien servi' (1.ii.335). Il idéalise la situation sous les règnes de Fedor, puis de Pierre. Ce dernier développe de façon décisive ce qui avait été amorcé par ses prédécesseurs. Cette description de la Russie a pour fonction d'introduire les travaux gigantesques accomplis par le tsar civilisateur. Il éclipse les timides tentatives de ceux auxquels il succède. Le bilan de la Moscovie reste donc largement négatif.

[50] Portal, p.29.

IV. 'Ils possédaient les plus vastes Etats de l'univers, et tout y était à faire' [51]

Dans les *Questions sur l'Encyclopédie*, l'entrée 'Russie' sera consacrée exclusivement à Pierre le Grand. [52] Voltaire n'entend point par là, comme on l'a parfois pensé, que Pierre le Grand était 'un surhomme sans racines, sans attaches avec le passé', ni que l'histoire de l'empire russe commence avec son règne. [53] Pour Voltaire, avec l'accession au trône de Pierre le Grand, l'ancienne Moscovie fait place à une nouvelle Russie, symbolisée par Pétersbourg. Pour apprécier ce passage ou cette métamorphose, encore faut-il évoquer la situation que le tsar a trouvée. Il n'ose plus écrire, comme dans l'*Histoire de Charles XII*, que 'les Moscovites étaient moins civilisés que les Mexicains, quand ils furent découverts par Cortez; nés tous esclaves de maîtres aussi barbares qu'eux, ils croupissaient dans l'ignorance, dans le besoin de tous les arts, et dans l'insensibilité de ces besoins qui étouffait toute industrie' (V 4, p.179).

Mais le diagnostic reste sombre: état d'arriération du pays, immobilisme ou violence. [54] Voltaire emprunte aux voyageurs le thème d'une 'infinie brutalité'. Au grand mécontentement de Müller, qui trouve ce passage indécent dans une histoire de Pierre le Grand, il décrit le supplice du knout et des batogues, lieu commun des relations de voyage (1.iv.13). Il cite le comte de Carlisle, [55] ambassadeur de Charles II auprès du tsar Alexis,

---

[51] 1.ii.402-404.

[52] Voltaire reprend l'article paru dans les *Nouveaux mélanges* en 1765 ('Pierre le Grand et Jean-Jacques Rousseau', M.xx.218-20). Un autre texte était destiné à *L'Opinion par alphabet* (M.xx.221-22).

[53] A. Lortholary, *Le Mirage russe en France au XVIIIe siècle* (Paris 1951), p.59.

[54] Voir M. Mervaud et J.-Cl. Roberti, *Une infinie brutalité: l'image de la Russie dans la France des XVIe et XVIIe siècles* (Paris 1991).

[55] *La Relation de trois ambassades de Monseigneur le comte de Carlisle* (Paris 1670), a été rédigée en fait par un membre de l'ambassade, le Suisse Guy Miège.

transcrivant ainsi l'étonnement d'un Occidental devant l'absence de toutes commodités dans la vie quotidienne: point de lits, des maisons de bois sans meubles, les tables à manger sans linge, point de pavé dans les rues (1.i.280). Au faste oriental de la cour pendant les cérémonies, aux habits luxueux, à la profusion des diamants et pierreries s'oppose cette rudesse des mœurs, même à Moscou, conséquence d'un sous-développement patent. 'Les manufactures les plus simples étaient à peine encouragées' (1.ii.390), les arts nécessaires négligés. Dans l'Etat abrégé du Nombre des Males', Voltaire a trouvé le chiffre ridicule, vu l'immensité du pays, de 16 500 ouvriers, plus 1000 ouvriers de différents métiers dont les parents sont inconnus, et de 4700 qui ne sont point incorporés dans les classes des métiers (1.ii.26-34). Or, 'c'est l'industrie de tous les jours, et la multitude des arts continuellement exercés, qui fait une nation florissante' (1.i.295).

La Russie ne dispose pas d'une base économique suffisante. Ses richesses sont mal exploitées. Dans ce pays essentiellement agricole, les terres sont cultivées par des serfs – serfs de la couronne, serfs des gentihommes, serfs du clergé – que Voltaire énumère. Du servage, il remarque seulement qu'en Russie comme en Pologne les richesses d'un noble ou d'un ecclésiastique sont évaluées, 'non par leur revenu en argent, mais par le nombre de leurs esclaves' (1.ii.21). Il insiste sur la faiblesse de la densité de la population. Dans ce pays sous-développé, les ressources en numéraire de l'Etat restent insuffisantes. De là des structures archaïques ou un sous-équipement chronique.

Point de marine, même pas de nom pour exprimer une flotte (1.ii.383): seulement de grandes gabarres. Une armée mal disciplinée, une administration inefficace. Dans l'Essai sur les Droits militaires de la Russie' (MS 5-3), Voltaire avait retenu que malgré les efforts d'Alexis 'l'état militaire en Russie rentra dans son ancien cahos' (1.v, n.49) et que cette régression avait été due à l'action des streltsy. Le tsar peut faire appel aux nobles qui lèvent des troupes sur leurs terres: cette levée féodale et l'impréparation des soldats font de l'armée un instrument périmé. L'armée russe n'est qu''une milice à la vérité' (1.v.142). L'Etat est à la merci des révoltes des streltsy, cette garde prétorienne manipulée en sous-main par Sophie et qui se déchaîne de manière horrible. Cette soldatesque féroce pille et tue. Elle force les portes des églises et des palais, assassine les proscrits dont Sophie leur a fait remettre la liste, mais également des passants, comme ce jeune seigneur de la maison Saltykov ou ce fils d'un médecin étranger. Animés d'une fureur aveugle, ces soudards appliquent à la question, exposent des têtes, coupent les mains et les pieds de leurs victimes. Superstitieux, ils tuent van Gaden, un médecin passant à leurs yeux pour un sorcier, parce qu'ils ont trouvé chez lui un grand crapaud séché et une peau de serpent.

Sans doute, 'ces horreurs sont de tout pays dans les temps de trouble et d'anarchie' (1.iv.41), mais l'Etat a été en proie à des 'convulsions'. Ces chapitres liminaires évoquent une Moscovie encore barbare. Ils sont destinés à faire sentir l'urgence d'une réforme de fond annoncée dès le sous-titre du premier chapitre consacré au règne de Pierre le Grand: 'Commencement de la grande réforme'. Cette thèse avait reçu l'aval de Chouvalov. A la demande expresse de Voltaire, il avait répondu qu'il pensait comme lui: la Russie telle que l'avaient découverte Olearius et le comte de Carlisle était 'un païs où presque tout était encore à faire' (D7841a). Voltaire se contentera donc, ne serait-ce que par civilité, de rendre quelque justice aux ancêtres de Pierre le Grand, mais en les réduisant au rôle de précurseurs.

La lignée des Romanov a accédé au trône par élection après que six tsars ou prétendants aient péri, alors que les Polonais avaient été sur le point de régner en Russie et que les Suédois en avaient eu aussi l'ambition. Voltaire évoque les guerres contre la Pologne et les Tatars de Crimée au dix-septième siècle, la révolte de Stenka Razine. Le pays a été pacifié.

Voltaire fait état de quelques progrès, surtout du temps d'Alexis: rédaction d'un code de lois qu'il prétend à tort être le premier (1.iii, n.38), établissement de manufactures, mais qui ne se soutinrent pas (voir comment il utilise ici Strahlenberg), peuplement des déserts vers la Volga et la Kama, renforcement de la discipline dans les armées, envoi d'ambassadeurs en Europe. Mais Alexis 'n'eut le temps de perfectionner rien de ce qu'il entreprit' (1.iii.163). Fedor est crédité d'améliorations apportées à l'urbanisme: n'a-t-il point fait construire plusieurs grandes maisons de pierre à Moscou? A son actif, on relève aussi la création de haras, quelques règlements de police générale, et, à l'initiative de son ministre Vassili Golitsyne, l'abolition du système des préséances. Mais il n'était 'ni assez actif, ni assez instruit, ni assez déterminé'. Pendant la régence de Sophie, Golitsyne, homme d'Etat d'envergure, 'd'un esprit actif, laborieux, d'un génie au-dessus de son siècle', aurait été capable de changer la Russie. Mais il n'en eut ni le temps ni le pouvoir. Ainsi, de tentatives avortées en succès relatifs, la Moscovie se dégageait peu à peu de sa gangue faite d'inertie et de violence. Ces débuts prometteurs nuancent la thèse d'un commencement absolu dû à Pierre, mais ne l'infirment pas. Seul un grand homme peut secouer ces pesanteurs de l'histoire, [56] arracher les hommes à leur barbarie primordiale, museler et dresser des ours: 'Enfin, Pierre naquit, et la Russie fut formée' (1.ii.403).

[56] Cf. *Des mensonges imprimées* (1749-1750; V 31B, p.382).

4

Voltaire historien de la Russie pétrovienne

Dans l''Avant-propos' de son histoire, Voltaire oppose Charles XII, qui n'a 'laissé que des ruines', à Pierre 1er, 'fondateur en tout genre'. Il s'ensuit que l'histoire du roi de Suède est 'amusante', et celle du tsar 'instructive'. Grâce aux mémoires qu'il a reçus, Voltaire promet de faire connaître cet empire où 'les lois, les mœurs et les arts sont d'une création nouvelle'. Hélas, de si beaux efforts ne seront pas récompensés. En 1768, dans *L'Homme aux quarante écus*, Voltaire fait part de sa déception: au cours d'une conversation, 'on demanda pourquoi on aimait mieux l'histoire de Charles XII, qui a passé sa vie à détruire, que celle de Pierre le Grand, qui a consumé la sienne à créer'. Force est de conclure que 'les esprits superficiels préfèrent l'héroïsme extravagant aux grandes vues d'un législateur'. [1]

Voltaire reste fasciné par celui à qui on a décerné les titres de *grand*, d'*empereur*, de *père de la patrie* (II.xv.195). Dans l'*Histoire de Charles XII*, il avait introduit en 1739 plus de deux cents lignes sur le rival du roi de Suède. Puis, dans les *Anecdotes sur le czar Pierre le Grand*, il avait mis l'accent sur les singularités d'une destinée royale hors du commun. Remettre sur le métier le même sujet comportait des risques, ne serait-ce que celui de la répétition, pour l'auteur, et, pour un lecteur avide de nouveauté, celui de la lassitude. Frédéric II le lui disait sans ambages: 'que pourrez vous rapporter du czar qui ne se trouve dans la *Vie de Charles XII*?' (D9367). Il en allait de la réputation de celui qui était reconnu comme le grand historien de son temps.

Voltaire consacrait à Pierre le Grand un ouvrage qui, dans son

---

[1] *L'Homme aux quarante écus, Romans et contes*, p.475.

esprit comme dans celui de ses commanditaires russes, devait faire date. Or, la commande russe sollicitée et enfin obtenue lui laissait une marge de manœuvre délicate à déterminer. Voltaire ne doit-il pas rappeler à Chouvalov qu'il va 'comparaître devant l'Europe en donnant cette histoire' (D10141)? Sans doute, grâce à ses liens avec la cour de Russie, sa documentation s'est-elle enrichie depuis l'*Histoire de Charles XII*. Mais, fondamentalement, ses idées directrices sur le rôle de Pierre dans l'histoire de son pays et dans celle de l'Europe n'ont point changé. Dans l''Avant-propos', il souligne qu'il avait porté à peu près le même jugement trente ans plus tôt. Le même schéma de base, reflet d'une conviction forte de Voltaire, qui prône la supériorité du grand homme sur le grand soldat, structure ses ouvrages. D'où la pratique du parallèle. L'*Histoire de Charles XII* opposait avant Poltava le roi de Suède, qui avait 'le titre d'*invincible*, qu'un moment pouvait lui ôter', et Pierre à qui les nations avaient donné 'le nom de *grand*, qu'une défaite ne pouvait lui faire perdre, parce qu'il ne le devait pas à des victoires' (V 4, p.350). L'*Histoire de l'empire de Russie* oppose de même la gloire éphémère de Charles XII à la gloire immortelle de Pierre. Si l'un perdait la vie, 'ce n'était après tout qu'un héros de moins', si l'autre périssait, 'des travaux immenses [...] étaient ensevelis avec lui' (I.xviii.42-50). Tout au plus les mérites de Charles XII étaient-ils mieux reconnus dans l'histoire qui porte son nom: sa grandeur d'âme, sa magnanimité, sa sobriété et sa continence faisaient contraste avec le souci de ses intérêts, la rudesse, l'abandon à tous les excès du tsar. Dans l'*Histoire de Pierre le Grand*, le souverain suédois est systématiquement dévalorisé lorsqu'il est comparé au souverain russe. Mais le jugement de fond sur leur rôle dans l'histoire reste le même, celui d'un destructeur d'une part, celui d'un constructeur de l'autre.

Que peut-on attendre d'un ouvrage qui, par sa thèse essentielle, reprend des thèmes déjà exprimés? Au mieux des variations, un éclairage différent sur des faits déjà connus, l'ajout d'informations nouvelles, une ampleur donnée à ce qui avait été ébauché. Le tableau devait couronner et parfaire des esquisses, ce qui suppose un grand soin donné à l'ordonnancement des détails. Dans sa lettre à Chouvalov du 17 juillet 1758, Voltaire précisait qu'il était 'nécessaire de présenter tellement toutes les figures du tableau qu'elles fassent valoir le principal personnage, sans affecter jamais l'envie de le faire valoir' (D7792). Voltaire a-t-il su répondre aux défis que lui posait un ouvrage sur lequel pesaient tant de contraintes? Absence de recul critique, documentation lacunaire, idées arrêtées sur le sens de cette histoire, relations complexes avec ses interlocuteurs, méfiances de toutes parts, celle de Russes fort susceptibles, prompts à réagir face à cet étranger qui se permettait d'écrire sur leur pays, celle d'Allemands russifiés qui se croyaient dignes d'obtenir cette commande, celle du public français prêt à le taxer de flagornerie? Dans un tel contexte, rempli de chausse-trapes, on s'étonne que l'œuvre ait vu le jour. On est d'autant plus incité à chercher si ce pari a été gagné ou perdu, en essayant de préciser dans quelle mesure il l'a été.

I. Les Russes dans l'*Histoire de Pierre le Grand*

Un matériau à modeler

L'histoire de la Russie se confond avec celle de son grand homme. La conception de l'histoire de Voltaire relègue à l'arrière-plan les peuples auxquels il n'accorde aucune vertu régénératrice. Il est peu sensible aux forces obscures qui travaillent les masses, quasi indifférent à l'égard du grand acteur collectif. Dans une vision historique 'à quelques égards épique',[2] il attribue une action décisive à quelques individus d'exception. Ces héros arrachent les peuples à la barbarie. Ainsi, dans l'Angleterre du neuvième siècle, livrée à d''horribles dévastations', 'le lecteur respire enfin [...]

---

[2] R. Pomeau, *Politique de Voltaire* (Paris 1963), p.42.

213

lorsque, dans ces horreurs, il voit s'élever quelque grand homme',[3] Alfred le Grand. Dans un tableau de l'Europe au quinzième siècle, les Portugais sortent de l'obscurité grâce à l'infant don Henri: 'il ne s'est presque jamais rien fait de grand dans le monde que par le génie et la fermeté d'un seul homme qui lutte contre les préjugés de la multitude'.[4] La Russie semble à Voltaire l'illustration parfaite de ce principe général: 'Enfin, Pierre naquit, et la Russie fut formée' (1.ii.403). Cette sentence doit être replacée parmi d'autres, tout aussi exagérées: celle concernant Frédéric II, dans une lettre à Thibouville du 1er août 1750: 'Il ne faut qu'un homme pour changer la triste Sparte en la brillante Athenes' (D4178); surtout celle concernant Louis XIV: 'Enfin Louis régna par lui-même, et la France naquit', gommant des siècles de l'histoire de France réduite depuis Clovis jusqu'à la fin de la Fronde, à l'exception du règne de Henri IV, à une succession de malheurs.[5] Voltaire a une prédilection certaine pour les commencements absolus. Or, de tels repères manquent pour les peuples soumis aux rythmes lents et dont on ne peut aborder l'histoire que suivant la longue durée.

Les mémoires envoyés de Russie n'apportaient aucune information nouvelle sur la vie quotidienne des Russes. Voltaire avait oblitéré volontairement le passé (D7811):

La question la plus importante, est de savoir s'il ne faudra pas glisser légèrement sur les événements qui précèdent le règne de Pierre le grand, afin de ne pas épuiser l'attention du Lecteur qui est impatient de voir tout ce que ce grand homme a fait.

Voltaire n'a qu'une vision très réduite de la Russie sous Pierre le Grand. Que sait-on des Russes? Qu'on leur a coupé la barbe, raccourci leurs habits, qu'on ne les traite plus d'esclaves, mais qu'on les considère comme des sujets (1.x.215-235). Les *Anecdotes*

---

[3] *Essai sur les mœurs*, ch.26 (i.391-92).

[4] *Essai sur les mœurs*, ch.102 (ii.60). Dans une édition ultérieure, Voltaire nuance son propos et ajoute: 'ou qui lui en donne'.

[5] *Diatribe à l'auteur des Ephémérides* (1775; M.xxix.363).

avaient déjà présenté de manière pittoresque les réformes de Pierre le Grand. Le grand frileux qu'est Voltaire ne s'interroge jamais sur l'opportunité de la réforme vestimentaire, symbole de rupture avec une manière d'être ancestrale.

Des paysans et du servage, de l'aggravation du servage, il ne dit rien, peut-être parce qu'il ne sait rien. Il sait seulement que la fortune en Russie se compte par le nombre des esclaves. Les paysans sont réduits aux statistiques du chapitre 2 d'après un dénombrement des mâles fait en 1747: ainsi défilent les chiffres des paysans incorporés avec les marchands et les ouvriers, des 'odnodvortsy' qui contribuent à l'entretien de la milice, de ceux qui n'y contribuent point, de paysans dépendant immédiatement de la couronne, des paysans de la couronne travaillant aux mines, des paysans des terres destinées à l'entretien de la cour, des paysans des terres appartenant à Sa Majesté, des 'serfs des gentilshommes', de loin les plus nombreux, des serfs du clergé, enfin des paysans travaillant aux ouvrages publics. Pas la moindre isba à l'horizon, mais un inventaire qui lui a d'ailleurs été fourni par les Russes et qu'il reproduit scrupuleusement. Du moins Voltaire révélait-il au public français les différentes catégories de serfs. Impossible d'imaginer concrètement leur sort, leur genre de vie, et, d'après ces informations, leur statut. Mais il était à craindre que le lecteur n'en tire pour seule conclusion qu'il était mille et une manières d'être esclave d'un maître dans l'empire des tsars.

Même indigence pour d'autres couches de la population. On aperçoit les soldats quand ils reçoivent de la neige dans les yeux à Narva (I.xi.79) et l'on sait qu'ils sont soumis à une discipline de fer. On apprend qu''un nombre prodigieux' d'ouvriers meurent en bâtissant Pétersbourg, et que des épidémies sévissent parmi eux (I.xiii.88-95). Ces modestes acteurs d'une transformation de la Russie à marches forcées n'apparaissent que de manière fugitive. Pour prix des efforts surhumains qui leur sont demandés, ils sont spectateurs de triomphes à la romaine. La récurrence du thème mérite d'être soulignée: arcs de triomphe, feux d'artifice, défilé militaire à la suite des victoires sur les Turcs et les Tatars; pompe après la campagne de 1702; 'entrées triomphantes' à Moscou; solennités de 1710, avec prises de guerre, vaincus à pied et vainqueurs à cheval; entrée triomphale après la victoire d'Åland, avec en prime un discours du tsar annonçant l'avenir glorieux de la Russie; 'fêtes de toute espèce' en 1721 pour la paix de Nystad. [6] Ces festivités, que Charles XII eut tort de mépriser, ont valeur pédagogique: elles font participer 'tous les citoyens' aux victoires du pays et doivent inspirer de l'émulation. Des liens sont noués entre 'l'apprentissage de la guerre et les progrès de la nation'. [7] La violence est présente dans ces défilés de prisonniers de guerre, quand la fête se termine par le supplice du traître Jacob (I.viii.121), sérieux avertissement pour tous ceux qui oseraient défier un tsar despotique et tout-puissant.

Il s'agit de façonner un peuple, au mieux matière malléable, d'insuffler du mouvement à ce qui croupit dans l'inertie, mais qui pourrait, s'il n'était pas sévèrement jugulé, fournir des troupes à une opposition rétrograde.

Une opposition rétrograde

Pour Voltaire, les masses populaires sont la proie toute désignée de la superstition et du fanatisme, toujours susceptibles de se laisser conduire par des meneurs sans scrupule et à tout moment capables des pires atrocités. Le peuple russe ne s'écarte pas de cette vision désolante. La soldatesque, gagnée par les intrigues de Sophie, se livre à sa férocité naturelle: les streltsy jettent 'par les fenêtres' (ou plutôt du haut d'un perron) le prince Dolgorouki et le boïar Matveev, les reçoivent sur la pointe de leurs piques, assassinent dans les églises, égorgent des passants, condamnent le boïar Narychkine et le médecin van Gaden à être taillés en pièces. Cette

---

[6] I.viii.106-109; I.xii.207-213; I.xiv.23-27; I.xix.89-103; II.v.81-101; II.xv.182-193.

[7] J. R. Iverson, 'La guerre, le grand homme et l'histoire selon Voltaire: le cas de l'*Histoire de l'empire de Russie sous Pierre le Grand*', dans *Voltaire et ses combats*, sous la direction d'U. Kölving et Ch. Mervaud (Oxford 1997), ii.1416.

canaille imbécile se soulève, menée par Nikita Raspop, chasse le patriarche de la cathédrale pour se mettre dévotement à sa place, puis, fanatisée par le rebelle Khovanski, marche en armes sur le monastère de la Trinité où s'était réfugiée la famille royale. Passant de la fureur à la crainte, ces rebelles se mettent la corde au cou, portant billots et haches, se prosternent à terre. Les mêmes pulsions régissent les foules aveugles et féroces que dénonce Voltaire dans la 'Note de M. Morza' à la suite de l'*Ode sur la mort de S. A. S. la princesse de Bayreuth* en 1759 (M.viii.467-73).

Mais les menaces réelles viennent des 'grandes barbes' (II.x.81), de tous ceux qui s'agitent autour de la tsarine Eudoxie, puis d'Alexis, pour lesquels les nouveautés paraissent des sacrilèges, de ces vieux boïars, de ces prêtres qui suscitent des troubles à cause de l'introduction du tabac en Russie (I.x.4-12). Ces forces réactionnaires sont toujours sûres de trouver des oreilles complaisantes auprès d'un peuple 'qui ne sentait alors que la gêne de la réforme et non l'utilité' (I.xiv.85).

La part des étrangers

Voltaire leur fait la part belle. Ils servent de levain aux réformes de Pierre, qui leur accorde des places de premier plan, d'abord dans son armée: au général écossais Gordon (I.vi.142), au Suisse Lefort, dont la 'conformité avec le czar était de devoir tout à son génie' (I.vi.115). Grâce à eux, Pierre peut mener à bien la réforme du 'grand abus du militaire' (I.vi.170), constituer une armée et une flotte modernes. Un Danois, Isbrand Ides, est envoyé en ambassade en Chine (I.vii.78) et établit des relations commerciales entre les deux pays.

Mais surtout, l'accent est mis sur l'importation d'artisans, d'ouvriers, d'artistes. Voltaire a multiplié les sarcasmes contre la canaille, mais il ne fait pas du peuple un 'tout homogène'. Il fait la distinction entre les travailleurs misérables et une élite formée d'artisans détenteurs d'un savoir, de bourgeois et de commerçants. La neuvième des *Lettres philosophiques* opposait aux barons évêques qui déchiraient l'Angleterre 'le peuple, la plus nombreuse, la plus vertueuse même, et par conséquent la plus respectable partie des hommes, composée de ceux qui étudient les lois et les sciences, des négociants, des artisans'. [8] Dans une lettre à Linguet du 15 mars 1767, il fait de nouveau le tri entre 'les professions qui exigent une éducation honnête et celles qui ne demandent que le travail des bras et une fatigue de tous les jours'. [9] Grâce à la présence des étrangers, non seulement des frégates et des chaloupes sont construites par Brandt, mais de grands travaux sont mis en route. Pierre a amené d'Angleterre des artisans, mais aussi Farquharson, un bon géomètre qui introduit l'arithmétique en Russie, l'ingénieur Perry qui va travailler à 'des jonctions de rivières, à des ponts, à des écluses'. D'Angleterre, Pierre amène avec lui 'trois capitaines de vaisseau de guerre, vingt-cinq patrons de vaisseau nommés aussi capitaines, quarante lieutenants, trente chirurgiens, deux cent cinquante canonniers, et plus de trois cents artisans'. Il engage aussi force artisans en Hollande, en France, son ambassadeur en Italie recrute des artistes: 'une seule manufacture bien établie fait quelquefois plus de bien à un Etat, que vingt traités'. Ainsi se greffe sur et dans le peuple russe une élite artisanale, [10] à la source de progrès présents et futurs. Des techniciens étrangers formèrent les cadres de la nation. Le tsar devra tirer les conséquences de cette politique d'immigration: le tribunal de commerce comprendra à part égale des nationaux et des étrangers (ii.xi.58-59). A l'intérieur de la société russe au temps de Pierre le Grand se trouvent donc des ferments de progrès qui vont jouer un rôle moteur.

[8] *Lettres philosophiques*, éd. G. Lanson et A.-M. Rousseau (Paris 1964), i.103.

[9] D14039. De là viennent, comme l'a montré R. Mortier, les idées de Voltaire sur l'éducation réservée au peuple; voir 'Voltaire et le peuple', *Le Cœur et la Raison: recueil d'études sur le dix-huitième siècle* (Oxford, Bruxelles, Paris 1990), p.89-103.

[10] i.ix.220; i.ix.243; i.ix.263-265; ii.ix.97-98. Voltaire ignore naturellement qu'une élite artisanale existait en Russie avant le joug mongol. Les conquérants de la steppe avaient coutume d'emmener avec eux les meilleurs de ces artisans.

La plus saine partie de la nation

A leur contact, et surtout autour d'un tsar éclairé malgré l'indigence de sa première éducation et qui se donne les moyens de former une nation nouvelle, se regroupe un 'petit troupeau' d'honnêtes gens russes. Le peuple finira bien à la longue par profiter de ces réformes durement imposées. Ainsi se détachent le nom de Golovine, les actions de valeureux officiers comme Tolboukhine (I.xiv.36), les conseils d'un évêque éclairé, Feofan Prokopovitch, et s'ébauche l'image d'une Russie terre du mérite personnel et non des rangs héréditaires. Les destinées exceptionnelles de Menchikov, qui, de 'garçon pâtissier', devient général, gouverneur et prince, ou de Catherine 1ère, dont Voltaire célèbre l'extraordinaire courage et l'extrême endurance, accoutument les Russes à ne pas s'étonner 'de voir donner tout aux talents, et rien à la seule noblesse'.[11] Et l'allusion au mérite est l'un des leitmotive de l'œuvre. Faut-il tempérer l'optimisme de Voltaire en insinuant, comme l'a fait Lortholary, que ce qui compte pour le tsar c'est moins le mérite que le service et la docilité?[12]

Voltaire a confié la dynamique historique à un tsar hors du commun, mais les Russes, de matériau inerte, englués qu'ils étaient dans leurs superstitions et leur archaïsme, deviennent sous sa poigne de fer une masse susceptible de frémissements annonciateurs de mouvement. Ainsi se dessine l'image ambivalente de la Russie au cours de cette profonde mutation de son histoire. Le colosse reste encore pris dans sa gangue, mais il va s'en dégager.

[11] I.xiv.6. Voir I.vi.115, I.viii.115-116, I.xii.205, I.xv.119, II.iii.97-98, 179, II.xiii.51-53.

[12] Lortholary, *Le Mirage russe*, p.24.

II. Pierre le Grand: l'homme

De la vie privée des souverains en général et de celle de Pierre le Grand en particulier

Voltaire affirme hautement un parti pris à cet égard. Le 17 juillet 1758, il expose sa conception de l'histoire (D7792):

Cet objet est de peindre la création des arts, des mœurs, des loix, de la discipline militaire, du commerce, de la marine, de la police, etc[a]... et non de divulguer, ou des faiblesses ou des duretés qui ne sont que trop vraïes, il ne faut pas avoir la lâcheté de les désavouer, mais la prudence de n'en point parler, parce que je dois, ce me semble, imiter *Tite-Live* qui traitte les grands objets, et non *Suetone* qui ne raconte que la vie privée.

Cette proscription de la vie privée n'est pas conjoncturelle. Dès 1738, au cours d'une discussion avec Frédéric de Prusse qui lui avait communiqué des mémoires sur le tsar Pierre 1er, Voltaire défendait ce 'barbare' qui a 'créé des hommes' (D1426):

Je ne dissimulerai pas ses fautes, mais j'élèverai le plus haut que je pourrai, non seulement ce qu'il a fait de grand et de beau, mais ce qu'il a voulu faire.

Cette déclaration se prolonge par une méditation sur la valeur pédagogique de l'histoire. L'article 'Histoire', composé pour l'*Encyclopédie*, reprend les mêmes thèmes sur un plan plus général. Les vérités inutiles, comme celle d'une faiblesse n'ayant point influé sur les affaires publiques, doivent être omises. Voltaire dénonce 'la plupart des écrivains d'anecdotes', 'plus indiscrets qu'utiles', et surtout les 'compilateurs insolents' qui vendent des scandales (V 33, p.183).

Il en allait de la dignité de l'histoire et plus encore de son utilité. Voltaire, historien quasi officiel, se distingue de la plèbe des plumitifs, collectionneurs de commérages. En ce qui concerne Pierre le Grand, le refus des anecdotes se justifie par la crainte des redites. Voltaire n'avait-il pas satisfait la curiosité du public avec ses *Anecdotes sur le czar Pierre le Grand*?[13] Cette position de principe s'explique aussi par le souci d'éviter, autant que faire se pouvait, l'étalage indécent de fautes, d'extravagances, de cruautés. Voltaire n'ignorait pas que la réputation du tsar était épouvantable, que ses excentricités avaient défrayé la chronique, que son inhumanité à l'égard de son fils avait horrifié. L'image du coupeur de têtes à l'issue d'un festin avait fait le tour de l'Europe. Voltaire lui-même l'avait accréditée. Frédéric la lui avait racontée dans une lettre du 28 mars 1738 (D1475). L'*Histoire de Charles XII* évoquait ce barbare qui 'dans une débauche de table [...] a fait voir son adresse à couper des têtes' (V 4, p.193). Les *Anecdotes* le peignaient en bourreau, appliquant cent coups de nerf de bœuf sur les épaules nues d'un officier de la couronne ou d'une dame du palais, essayant son sabre en faisant voler la tête d'un criminel. Folklore sanglant dont il ne sera plus question dans l'*Histoire de l'empire de Russie*, et pour cause. Les censeurs russes trouvent même à redire à la description des batogues du chapitre 4!

Voltaire, à première vue, semble avoir mis en pratique ses préceptes quant à l'omission d'anecdotes concernant la vie privée du tsar. Il manifeste des scrupules à cet égard. A Chouvalov, le 7 août 1757, il précise (D7336):

Les anecdotes de la vie privée ne me paraissent mériter d'attention qu'autant qu'elles font connaître les mœurs générales. On peut encor parler de quelques faiblesses d'un grand homme, surtout quand il s'en est corrigé. Par exemple, l'emportement du Csar avec le général Lefort, peut être raporté, parce que son répentir doit servir d'un bel éxemple. Cependant, si vous jugez que cette anecdote doive être supprimée, je la sacrifierai très aisément.

Elle ne le fut pas. La fureur incontrôlée du tsar un soir d'orgie est mise au compte de 'ces repas trop à la mode alors, aussi dangereux

---

[13] Encore doit-on remarquer que ce bref ouvrage n'est pas une simple compilation d'anecdotes (voir ci-dessus, *Anecdotes*, p.25 et 31-32).

pour la santé que pour les mœurs'. Il tire l'épée contre Lefort, 'mais il témoigna le même regret de cet emportement passager, qu'Alexandre en eut du meurtre de Clitus; il demanda pardon à Le Fort' (1.ix.99-103). La colère est effacée par le regret, magnifiée par la comparaison avec Alexandre.

Si Voltaire gomme toute allusion à l'anecdote piquante des amours anglaises du tsar,[14] pourtant anodine, il laisse entendre que 'les liens sérieux du mariage ne le retinrent pas assez' (1.vi.14) alors qu'il venait d'épouser Eudoxie Lopoukhine. Qui devinerait sa passion pour Anna Mons, ses infidélités multiples qui éveillaient la jalousie de l'épouse légitime.[15] Pour Catherine, accusée à tort ou à raison d'avoir eu des bontés pour le beau chambellan William Mons, Voltaire adopte une attitude circonspecte: il se limite à rapporter l'anecdote de la glace de Venise brisée et la réponse de la tsarine (II.xvii.70-76). A la comtesse de Bassewitz, qu'il remerciait de lui avoir communiqué ces anecdotes 'précieuses', il précisait: 'On voit bien tout ce que cela signifie, mais il n'est pas encore temps de le dire'. Puis il émettait cette réserve: 'On m'ouvre en Russie à deux battants les portes de l'amirauté, des arsenaux, des forteresses et des ports, mais on ne communique guère la clef du cabinet et de la chambre à coucher' (D10228).

La prudence de Voltaire quant à la vie privée est effective. Il ne se privera pas en revanche de rapporter longuement l'aventure de Skavronski, l'enquête du tsar, les retrouvailles du frère et de la sœur (II.iii.104-203), histoire d'une destinée singulière mettant en valeur l'humanité de Pierre et l'absence de préjugés qui lui a fait épouser Catherine.

En sélectionnant les récits dignes d'apparaître dans l'*Histoire de l'empire de Russie*, Voltaire donnait une image fort policée de la vie privée des souverains russes. Les allusions aux orgies évoquées sous le terme neutre de 'plaisirs de table', l'omission de débauches

---

[14] Voir dans les *Anecdotes* l'histoire de Mlle 'Groft' [Cross], l.106-107.
[15] On relève seulement le terme de 'plaisirs' pour désigner les débauches de Pierre (1.vi.118).

et cruautés notoires, l'accent mis sur le refus du faste et la simplicité de Pierre, sur le courage de Catherine, ramènent à des dimensions normales tout ce qui était démesuré. Sacrifice du pittoresque, de l'étonnant, de l'effrayant, cette histoire court le risque de manquer de couleurs.

Mais il était relativement facile de réduire les échappées sur la vie privée, quitte à décevoir les lecteurs, et non des moindres; [16] il ne l'était point de jeter un voile pudique sur des duretés où la frontière entre le public et le privé s'effaçait. Le silence ne pouvait être de mise. Il aurait discrédité l'ensemble de l'ouvrage. Entre 'l'apologie qui révolterait les esprits au lieu de les persuader' (D10141), le mensonge par omission ressenti comme une échappatoire, l'interprétation qui peut gauchir plus ou moins, comment trouver, au coup par coup, la solution acceptable du point de vue de la véracité, convenable du point de vue d'un lectorat aux exigences contradictoires? [17] Il fallut à Voltaire bien des astuces pour remplir son programme, qui, sans dissimuler les fautes, voulait mettre en pleine lumière la grandeur du personnage.

'Forcer les lecteurs à voir Pierre en grand'

Que cet esprit si souvent dénigrant ait le sens de la grandeur n'est pas le moindre paradoxe de Voltaire. Toujours en quête de surhommes, il n'ignore pas que c'est la révélation des petitesses qui assure le plus souvent le succès. Mais il ne cédera pas à la facilité (D10154):

L'article le plus essentiel, c'est de forcer les lecteurs à voir Pierre en grand, à le voir toujours fondateur et créateur au milieu des guerres les plus difficiles, se sacrifiant et sacrifiant tout pour le bien de son empire.

Pour ce faire, Voltaire a mis en œuvre des techniques souvent

---

[16] Voir ci-dessous, p.314 et 322, les jugements de d'Alembert et de Diderot.
[17] Les Russes voulaient voir blanchir la réputation de leur souverain, le public européen guettait la moindre défaillance de l'historien.

efficaces. La plus simple consistait à souligner les éminentes qualités de Pierre. Ouvert d'esprit, impatient de s'instruire, ayant le goût et la volonté d'entreprendre (I.vi), lui seul pouvait s'opposer aux antiques préjugés de son pays. Doué d'une énergie peu commune, il sait affronter les désastres, car 'la constance dans toute entreprise formait le caractère de Pierre' (I.viii.63). Rien ne le décourageait (I.xiv). Mais cette mise en valeur d'une prodigieuse énergie que chacun pouvait reconnaître ne suffisait pas. Les charges contre le tsar restaient accablantes, et Voltaire dut les affronter.

Sa première tactique est de diversion. Voltaire entend présenter Pierre 'dans un jour si lumineux, et d'une manière si imposante que les lecteurs ne puissent pas regretter ces anecdotes désagréables dont tant de livres sont remplis, et que la gloire du héros empêche de s'informer des faiblesses de l'homme' (D8388). Ainsi l'homme privé s'efface au profit du législateur, du conquérant, de celui qui impose à la Russie un nouveau mode de vie, une nouvelle capitale, de nouvelles institutions. La répartition des matières illustre ce dessein: les éléments purement biographiques sont réduits au strict minimum, sous forme d'allusions ou de flashes. Le portrait de Pierre reprend presque mot pour mot celui des *Anecdotes*,[18] à l'exception des convulsions dont le tsar était affligé. Voltaire les avait attribuées en priorité à l'abus du vin et de l'alcool, non sans avoir signalé la légende du poison que Sophie lui aurait administré.[19] Voltaire reprendra à son compte la thèse officielle, et il souligne le rôle apaisant de Catherine (II.iii).

La deuxième tactique consiste à établir un système de compensations. Des barbaries sont en quelque sorte contrebalancées par des actes de justice. Après la prise de Narva, Pierre s'oppose au pillage et au massacre, 'arrache des femmes des mains de ses soldats'. Le chapitre se termine sur une phrase quelque peu grandiloquente du vainqueur entrant à l'hôtel de ville, empruntée il est vrai à Weber:

[18] I.vi, *Anecdotes*, l.50 ss. Voltaire se méfie des portraits dans les ouvrages historiques (V 33, p.182).
[19] Thèse qui s'appuie sur des mémoires.

'Ce n'est pas du sang des habitants que cette épée est teinte, mais du sang de mes soldats que j'ai versé pour vous sauver la vie' (1.xiii.203). L'humanité de Pierre quand il perd son ami Lefort, la pompe funèbre qu'il organise, sont censées racheter des 'sévérités' lorsque la révolte des streltsy est étouffée (1.x.60). Or, le mot 'sévérités' est faible pour évoquer des supplices infligés avec sauvagerie. Le déséquilibre reste flagrant: des faits qui ne sont guère comparables sont mis indûment sur le même plan.

La troisième tactique de Voltaire est d'exploiter des circonstances atténuantes. Ainsi l'argument de la nécessité est-il mis en avant pour expliquer la férocité des punitions. L'artilleur Jacob a été condamné au châtiment des batogues, ce qui causera sa désertion. Voltaire observe: 'Le commandement alors semblait affermi par ces rigueurs'. Les mœurs ont changé, et Voltaire loue la clémence d'Elisabeth, qui retient mieux les hommes dans leurs devoirs, mais il ajoute, pour tenter d'expliquer les 'anciennes cruautés': 'l'extrême rigueur était alors nécessaire envers le bas peuple' (1.viii.36-45). Il souligne la gravité du complot lors de la rébellion des streltsy pendant l'absence du tsar: de vieux boïars, des prêtres, l'ancien parti de la princesse Sophie, menacent les réformes de Pierre. Mais Voltaire doit rendre compte d'une répression implacable: deux mille streltsy condamnés à mort, quelques-uns roués, des femmes enterrées vives, des pendaisons, des corps exposés autour du monastère où était enfermée Sophie. D'autres enfin furent exilés en Sibérie, et Voltaire, mal à l'aise, commente (1.x.42-48):

Peut-être si le czar n'avait pas eu besoin d'un exemple terrible, il eût fait travailler aux ouvrages publics une partie des strélitz qu'il fit exécuter, et qui furent perdus pour lui et pour l'Etat; la vie des hommes devant être comptée pour beaucoup, surtout dans un pays où la population demandait tous les soins d'un législateur: il crut devoir étonner et subjuguer pour jamais l'esprit de la nation par l'appareil et par la multitude des supplices.

Ainsi fut aboli le corps des streltsy au nom de la raison d'Etat.

Pierre, qui fit tant pour transformer un pays arriéré, est à certains égards l'illustration de 'l'infinie brutalité' de la Russie, un produit de sa patrie et de son temps. 'En disant la vérité, on peut toujours la présenter sous un jour favorable', déclare Voltaire (D8477). Ce programme a été respecté, mais à quel prix?

Un 'fantôme héroïque'

Après avoir reçu des mémoires sur la cour de Russie, Frédéric, le 13 novembre 1737, dénonce une imposture: celui qui passe pour un 'esprit universel' est 'un prince haï de ses sujets', un concours de circonstances et l'ignorance des étrangers ont fait de ce terrible despote un 'fantôme héroïque' (D1389). Point de démystification de Pierre, bien au contraire, dans les œuvres de Voltaire. Dans l'*Histoire de l'empire de Russie*, non seulement il peint le tsar de profil et point de face,[20] mais il le 'civilise'. Il adoucit, polit, normalise. La démesure de son héros lui échappe. Il masque une figure hors normes, en surimposant une image moins excentrique et moins effrayante. Il n'a point senti ou point voulu sentir les aspects inquiétants du personnage, voire ce qu'il y a de déséquilibré en lui. L'indulgence de Voltaire à l'égard des parodies religieuses de Pierre n'étonne point. Il ne veut voir dans le conclave comique au cours duquel le vieux fou Zotov est créé 'knès papa' qu'une vengeance contre l'Eglise catholique coupable d'avoir anathématisé tant de rois, explication rationnelle pour ce qui l'était sans doute beaucoup moins. La cérémonie grotesque des noces de Zotov avec ses vieillards décrépits, ses bègues, son prêtre aveugle et sourd portant lunettes, ces ours traînant un char et qu'on pique avec des pointes de fer lui paraît certes 'bizarre', mais point davantage que les fêtes de carnaval, la fête des fous et de l'âne, ou

---

[20] Voir ci-dessous, p.314, le reproche de d'Alembert, qui reprend le mot de Montaigne.

celle de l'abbé des cornards. La démesure dans la dérision va bien au delà d'une simple bouffonnerie. [21]

Voltaire n'a pas utilisé les étrangetés de certains édits, par exemple ceux qui concernent les monstres et avortons qui doivent être envoyés en diligence à Pétersbourg, sous peine de sanctions, pour enrichir le cabinet de curiosités du tsar. Les prix en sont soigneusement fixés. [22] Voltaire insiste sur l'intérêt de Pierre pour le savoir scientifique, sur l'établissement d'une Académie des sciences, sur son désir de s'instruire en Hollande auprès du célèbre anatomiste Ruysch, enfin sur sa pratique chirurgicale, ces opérations 'qui en un besoin pouvaient le rendre utile à ses officiers, ou à lui-même' (1.ix.147). 'Ah! qu'en termes galants ces choses-là sont dites': on sait que les talents du tsar faisaient la terreur de son entourage, qu'il emportait avec lui une caisse d'instruments de chirurgie, qu'il était toujours prêt à extraire une dent, à inciser, et qu'il imposait ses services aux malheureux patients.

Le personnage a gagné en noblesse, perdu en pittoresque, sans doute en vérité. On ne parlera pas d'un travestissement, plutôt d'un subtil gauchissement. Point de mensonges flagrants. La condamnation d'Alexis permettra de mesurer l'honnêteté et la pénétration de Voltaire aux prises avec le sujet le plus délicat qui soit. Sa vision d'historien philosophe qui veut se démarquer des biographes et qui a trouvé en Pierre une sorte de 'vérification

[21] II.ix.40-62; II.xiv.157-176. Ces mascarades blasphématoires invitent à s'interroger sur cet 'esprit mal équilibré', à l'''imagination malsaine', au caractère complexe dont l'étude approfondie reste à faire (Portal, p.40 et 42).

[22] Oukase du 17 février 1718. 'Que l'on délivre tous les monstres et avortons, aux Gouverneurs, Commandants et juges de Province, afin qu'ils soient conservés dans l'esprit de vin, pour qu'ils puissent être envoyés à la Chambre de Raretés Naturels de S. Pétersbourg'. Les tarifs variaient suivant qu'ils étaient morts ou vifs. Ceux qui les cachaient ou les tuaient étaient sévèrement punis et payaient des amendes (MS 5-29, f.120v-121r). Tynianov se réfère à cet oukase dans *Une majesté en cire*, où le cabinet de curiosités est évoqué d'une manière extraordinaire (I. Tynianov, *Le Lieutenant Kijé, précédé de Une majesté en cire et de l'Adolescent-miracle*, trad. L. Denis, Paris 1966, p.49-50).

expérimentale'[23] à sa théorie du grand homme, peut déformer ici ou là la réalité, ou du moins l'interpréter. Mais le jugement d'ensemble de l'historien frappe par son souci d'équilibre et sa pondération (II.xvii.172-175):

L'Europe a reconnu qu'il avait aimé la gloire, mais qu'il l'avait mise à faire du bien, que ses défauts n'avaient jamais affaibli ses grandes qualités, qu'en lui l'homme eut ses taches, et que le monarque fut toujours grand.

Au détriment d'une histoire anecdotique, d'une chronique haute en couleurs, Voltaire a mis l'accent sur ce qu'il estimait essentiel, le rôle de Pierre dans la transformation de la Russie. Sous la plume de Voltaire, le tsar est devenu une force qui va.

III. La Russie de Pierre le Grand sur la scène internationale

'Si on s'est trop appesanti sur quelques détails de combats et de prises de villes [...], on en demande pardon au lecteur philosophe'

Dans la 'Préface historique et critique', Voltaire désamorce des reproches prévisibles. Il s'excuse de la place trop importante prise par des détails dans des récits de batailles et de sièges qui ressemblent à d'autres batailles ou à d'autres sièges, et avance une justification: 'Ces petits faits étant liés aux grands marchent nécessairement à leur suite'.[24] Par ses positions de principe, Voltaire est contraint à de semblables autocritiques. Dès 1735, alors qu'il travaille au *Siècle de Louis XIV*, il proclame de manière péremptoire que 'les saccageurs de provinces ne sont que des

---

[23] R. Pomeau, *OH*, p.2.
[24] 'Préface historique et critique', l.224-225.

héros' (D893) et que 'des escadrons et des bataillons, batans ou battus, des villes prises et reprises sont l'histoire de tous les temps' (D906). En tête de son ouvrage sur Pierre le Grand, il récidive, méditant sur cette 'longue suite à peine interrompue de guerres sanglantes':

Les batailles données il y a vingt ans sont oubliées pour celles qu'on donne de nos jours; comme dans Paris les nouvelles d'hier sont étouffées par celles d'aujourd'hui, qui vont l'être à leur tour par celles de demain; et presque tous les événements sont précipités les uns par les autres dans un éternel oubli.[25]

On a eu beau jeu de souligner l'écart entre la théorie et la pratique voltairiennes. L'*Histoire de l'empire de Russie* tombe manifestement sous le coup de cette critique, d'autant plus qu'elle est précédée par ces réflexions sur l'inanité des combats et le 'néant des choses humaines'. Encore convient-il de préciser quelles solutions Voltaire, aux prises avec de telles contradictions, a mises en œuvre.

Le 7 août 1757, exposant ses desseins à Ivan Chouvalov, Voltaire entendait ne point s'étendre sur les détails des guerres (D7336). Pourtant, au fil des mois, il demande des informations sur les armées de terre et de mer (D7339), sur la discipline militaire (D7715); il se plaint des mémoires qui lui ont été envoyés et qui ne lui fournissent que des chiffres: quelques dates, le nombre de morts ou de prisonniers, sans 'rien qui caractérise particulièrement Pierre le Grand' (D8388); il réclame des renseignements sur la campagne du Prut (D8477), sur la guerre en Perse (D9215, D9348). Le sujet lui imposait ces démarches. C'est qu'il avait à rendre compte d'une politique étrangère et d'une histoire militaire particulièrement actives. Pierre le Grand avait conduit quatre grandes campagnes, deux contre la Turquie en 1695-1696, puis en 1710-1711, une longue guerre contre la Suède (1700-1721), une campagne contre la Perse (1722). Si la guerre du Nord et la seconde guerre contre les Turcs formaient déjà le cœur de l'*Histoire de Charles*

---

[25] 'Préface historique et critique', l.210-215.

XII, l'expédition vers les Palus-Méotides et la conquête d'Azov au début du règne, la campagne de Perse à sa fin, qui n'ont rien à voir avec le conquérant suédois, étaient traitées pour la première fois dans l'*Histoire de l'empire de Russie*.[26]

Peu de périodes de répit pendant ce règne où les armées russes sont toujours sur le pied de guerre. Aussi les épisodes guerriers sont-ils omniprésents dans l'ouvrage, occupant souvent des chapitres entiers, se glissant au sein de ceux qui ne leur sont pas directement consacrés. Voltaire se devait de relever un défi: intéresser une seconde fois des lecteurs aux péripéties de la guerre de la Baltique, aux combats entre Russes et Suédois, raconter de nouveau les batailles de Narva et de Poltava, déjà narrées dans l'*Histoire de Charles XII*. A son tour, l'histoire de la Russie pétrovienne comprend donc force mouvements de troupes, des affrontements de l'embouchure du Don à l'Ingrie, l'ouverture de nouveaux fronts, des incursions en terres polonaises ou turques, une équipée du côté du Caucase et de la Perse, des forts perdus, puis repris, des provinces conquises et des retraites, des stratégies élaborées et les hasards de la guerre. Un riche matériau qu'un historien ne pouvait se permettre de traiter allusivement ou évasivement. Aussi Voltaire se plaint-il de manquer de secours (D9805).

Il aurait eu d'autant plus besoin d'informateurs avisés qu'il plaçait fort haut ses exigences. On ne lui communique, dit-il, que de 'petits détails indignes de la majesté de l'histoire, et du héros dont [il écrit] la vie' (D9805). Qu'entendait-il par détails indignes? D'abord tous ceux qui sont ennuyeux. Il faut éviter 'l'air insipide d'annalles, l'air rebutant de la compilation, l'air sec que donnent les petits faits rangez scrupuleusement suivant leurs dattes' (D9805). Le critère paraît à première vue d'ordre esthétique. Il est aussi d'ordre philosophique. Voltaire veut faire le tri dans les

---

[26] Voltaire avait fait brièvement allusion à la prise d'Azov dans l'*Histoire de Charles XII* (V 4, p.178) et à la 'guerre contre les Turcs' en 1696 dans les *Anecdotes* (l.30-31).

documents d'archives à conserver ou à imprimer dans des 'recueils', comme ceux de Rousset de Missy ou de Lamberty. Il s'en sert, ils sont 'l'échafaut avec lequel on bâtit, mais l'échafaut ne doit plus paraître quand on a construit l'édifice'. [27] 'Mémoires, dupliques et répliques', relations en tous genres, seraient insipides dans une 'grande histoire'. Ainsi met-il en garde contre ces annalistes 'qui entrent dans tous les secrets des ministres, et qui vous donnent malheureusement la relation exacte de toutes les batailles dont les généraux auraient eu bien de la peine à rendre compte'. [28] Il professe un certain scepticisme. A propos de l'ampleur des pertes lors de la bataille du Prut, il souligne la contradiction existant entre le Journal de Pierre le Grand et l'Ordonnance pour le couronnement de Catherine:

Il y a certainement ici quelque malentendu; et cela est très ordinaire dans les récits de campagnes lorsqu'on entre dans les détails. Le plus sûr est de s'en tenir toujours à l'événement principal, à la victoire et à la défaite: on sait rarement avec précision ce que l'une et l'autre ont coûté. [29]

Il ne tient pas compte des récriminations des Russes tendant à réduire le nombre de leurs combattants à Narva, et il fait état d'une disproportion patente entre les adversaires: 'quoi qu'il en soit, il est certain que Charles n'en avait pas neuf mille, et que cette journée est une de celles qui prouvent que les grandes victoires ont été souvent remportées par le plus petit nombre depuis la bataille d'Arbelles' (1.xi.73). Le sens prévaut: il s'agit d'une 'défaite inouïe' des Russes, la véracité l'emporte sur une exactitude peut-être impossible à atteindre.

Voltaire prend son parti d'un certain manque de précision. Racontant la campagne de 1709, alors que Charles s'enfonce vers l'Ukraine, il remarque: 'Il est impossible au lecteur de suivre la marche des Suédois dans ces contrées; plusieurs rivières qu'ils

---

[27] D10154. Il met seulement trois pièces en appendice, vu leur importance.
[28] 'Préface historique et critique', l.196-199.
[29] II.i.366-370. Voir II.i, n.89.

passèrent ne se trouvent point dans les cartes' (i.xvii.165). En revanche, il est à l'affût de tout ce qui peut caractériser Pierre le Grand (D8388), de tout ce qui peindrait quelque chose de grand ou d'utile (D7336). Il renâcle, lorsque, faute de documents, il en est réduit à énumérer des actions militaires. Il se plaint de la sécheresse des mémoires russes auprès de Chouvalov, établit une liste des questions qui le préoccupent au sujet du sort des prisonniers suédois et de leurs chefs après Poltava (D8388). Malgré ses demandes, il lui faut marcher 'à travers des brossailles et des épines pour arriver jusqu'à la personne de Pierre le grand' (D9805). Reste à savoir dans quelle mesure il a su écarter broussailles et épines pour son lecteur.

Comparée à la prolixité verbeuse de Rousset de Missy ou de Mauvillon, qui ne font pas grâce d'une seule marche ou contre-marche, la brièveté voltairienne a su élaguer considérablement. La narration reste vivement menée; elle ne méprise point, loin de là, certains détails, quand ils sont significatifs, par exemple la phrase attribuée au tsar après la prise de Narva en 1704, mise en valeur à la fin d'un chapitre, [30] ou l'anecdote du paysan polonais que les Suédois tuent au beau milieu de sa harangue, ou encore celle, rapportée deux fois, du prisonnier exécuté froidement par Stenbock dans les bras de Stanislas. [31] Bref, Voltaire refuse la minutie vétilleuse en matière d'histoire militaire, mais ne s'interdit point de petits faits porteurs de sens. Son ouvrage n'a rien à voir avec un traité spécialisé. [32] Voltaire laisse aux 'historiens nationaux' le soin d'entrer dans tous les détails, et se réserve, en 'amateur désintéressé du mérite', de montrer ce que fut leur grand homme (ii.xvii.193-198).

---

[30] i.xiii.203-205. Phrase déjà citée dans l'*Histoire de Charles XII* (V 4, p.282). L'anecdote est plus développée dans l'*Histoire de l'empire de Russie*.

[31] i.xvi.47-51; i.xv.45-47 et ii.iv.144-148.

[32] Voir D10154. Voltaire affirme que 'ce qui serait convenable dans un traité de jurisprudence, de police, de marine', ne le serait point dans une 'grande histoire'. On peut ajouter à cette liste, sans craindre de le trahir, un traité de stratégie.

L'apprentissage d'un guerrier

Charles XII et Pierre Iᵉʳ sont inextricablement liés et opposés dans la pensée de Voltaire. L'un est, de manière innée, un stratège de génie, un conquérant de la trempe d'Alexandre ou de César, ses modèles; alors que le génie de l'autre est plutôt de l'ordre d'une grande persévérance, le fruit d'une volonté inflexible. Le premier quitte Stockholm le 8 mai 1700 pour n'y plus revenir, traînant ses bottes et son sabre à des lieues de sa patrie, crevant sous lui des chevaux, tandis que le second court et vole du front à sa capitale, d'abord Moscou, puis Pétersbourg. Charles dispose devant Narva des troupes les mieux aguerries d'Europe, Pierre a hérité d'une 'milice à la vérité endurcie au travail et à la disette', mais sans discipline. C'est en ces termes qu'il évoque les faiblesses de l'armée russe pour expliquer l'échec de 'l'expédition ruineuse' conduite par Golitsyne en Crimée.[33] Le monarque et ses troupes ont tout à apprendre.

Voltaire s'attache donc à la création de la machine militaire russe, à ses mises à l'épreuve, à ses revers et à ses succès. Pierre était un ignorant, mais il avait la volonté de remédier à son ignorance. D'où l'intérêt porté à l'enfance et à l'adolescence d'un chef. Sous la régence de Sophie, ses jeux guerriers que l'on tolérait étaient en réalité des plus sérieux. La formation des régiments de Preobrajenski et de Semionovski, la construction des premiers bateaux, celle d'un fort qu'on attaque et qui s'achève en combat réel au cours duquel il y a des blessés et des morts, font l'objet de développements étendus. La subordination des jeunes nobles qui doivent passer par tous les grades renoue avec la réorganisation

---

[33] I.v.139-156. Dans l'*Histoire de Charles XII*, de manière quelque peu caricaturale, Voltaire avait évoqué ces 'barbares arrachés à leurs forêts, couverts de peaux de bêtes sauvages, les uns armés de flèches, les autres de massues; peu avaient des fusils; aucun n'avait vu un siège régulier; il n'y avait pas un bon canonnier dans toute l'armée' (V 4, p.210).

de l'armée, amorcée par le tsar Alexis, mais sérieusement compromise par la suite. [34]

Les débuts sont modestes: une troupe de 5000 hommes, formée par le général écossais Gordon, un corps de 12 000 hommes sous le commandement de Lefort; puis les effectifs s'accroissent considérablement, et surtout l'armée retrouve et améliore la discipline introduite par Alexis. Pierre recueillera le fruit de ses efforts lors de la bataille du Prut:

On avait vu à Nerva soixante mille hommes défaits par huit mille, parce qu'ils étaient indisciplinés; et ici on voit une arrière-garde d'environ huit mille Russes soutenir les efforts de cent cinquante mille Turcs, leur tuer sept mille hommes, et les forcer à retourner en arrière. [35]

Pierre a adopté le modèle allemand. Il a su remédier à l'absence de cadres, [36] trouver des fonds, fabriquer cent gros canons, des mortiers, des balles, en faisant fondre les cloches des monastères. Enfin, il rédige un code militaire. [37] Parallèlement à cette création de troupes régulières, le tsar se dote d'une flotte; charpentier de bateaux en Hollande, il envoie des Russes s'instruire dans l'art naval à l'étranger. Il donne l'exemple le plus singulier en passant

[34] Voltaire note avec raison qu'Alexis 'mit autant qu'il put la discipline dans ses armées' (1.iii.161-162) et que la guerre qu'il fit contre la Pologne fut 'heureuse', puisque la Russie reconquit Smolensk (1.iii.115-116). Alexis avait entrepris la réforme de son armée avec l'aide de cadres étrangers, mais les streltsy, conscients du danger que représentaient pour eux ces troupes régulières, s'employèrent à en contrecarrer le développement (cf. 1.iii, n.42 et 1.v, n.49).

[35] 11.i.289-293. L'indiscipline des Russes ne fut pas la seule cause de leur défaite à Narva. Voltaire observe lui-même qu'il y eut des conflits dans le commandement entre officiers russes et étrangers, et que la neige soufflait en direction de l'armée russe. De plus, celle-ci était mal équipée et mal approvisionnée, et les canons russes techniquement inférieurs à ceux des Suédois.

[36] Pierre écrit à l'empereur Léopold, aux Etats Généraux, en Prusse à l'électeur de Brandebourg pour obtenir des ingénieurs, des artilleurs, des marins (1.viii.70-72). Patkul lui tient lieu du général Lefort (1.xii.60-64).

[37] A la mort d'Ivan, les dépenses de sa maison servent à l'entretien de l'armée (1.viii.68-69). Sur l'armement, voir 1.xii.16-18, sur le code militaire, 11.vi.106-107 et 11.ix.125-126.

lui-même par tous les grades, et, lors d'un triomphe à Moscou, le maréchal Cheremetiev et des généraux le précèdent, car il disait 'n'avoir point encore de rang dans l'armée'. Il substitue à la hiérarchie fondée sur la naissance celle sur les services rendus, comme en témoignent les promotions de Menchikov et de Lefort.[38] Mieux encore, il dompte sa nature: Voltaire répète la légende selon laquelle le tsar, dans sa jeunesse, avait une peur panique de l'eau, pour souligner le mérite qu'il eut à devenir 'le meilleur homme de mer dans le septentrion' (1.vi.20-25).

Ces réformes de structure seront une des conditions du succès. L'épreuve du feu fut décisive. Voltaire marque soigneusement les progrès d'une armée de terre qui ignore l'art des batailles rangées et des sièges réguliers, puis l'apprend sur le terrain, les progrès d'une armée de mer qui, à la fin du règne, gagne des batailles navales. Charles XII, à Poltava, s'aperçoit que Pierre entend l'art militaire.[39] Après avoir battu les Suédois à plate couture, le tsar porte ce toast aux vaincus: 'Je bois à la santé de mes maîtres dans l'art de la guerre' (1.xix.3).

Voltaire rend hommage aux qualités maîtresses du tsar: d'abord sa constance inébranlable que fait valoir, par contraste, le manque de courage d'esprit d'un homme valeureux comme Auguste;[40] ensuite sa vélocité incroyable, d'où la prolifération des 'il court', 'il vole', 'il revole', dans l'*Histoire de l'empire de Russie*.[41] Pour Voltaire, Pierre le Grand illustre et symbolise un triomphe de la volonté. Cette conviction sous-tend le récit des guerres du tsar,

---

[38] Voir 1.vi.129-130; 1.viii.111-116; sur Lefort, 1.vi.111-114; sur Menchikov, 1.xii.203-205, 1.xiv.2-6; sur Catherine, 11.iii.92-98.

[39] D'abord, les Russes échouent (1.viii.30-31), puis ils s'aguerrissent (1.xii.108-113); ils perdent encore les batailles rangées (1.xiv.56-60; 1.xv.48-49). Enfin, le tsar gagne la bataille de Propoïsk (1.xvii.72-82). A Poltava, Charles dut se rendre compte qu'il méprisait à tort les qualités de stratège de Pierre et d'ailleurs l'armée russe ne fit 'aucun mouvement irrégulier' (1.xviii.21-29 et 71-72).

[40] Pierre ne se décourage jamais (1.viii.63-65; 1.xi.132-134). Sur la 'faiblesse' d'Auguste, un des plus braves princes de l'Europe, voir 1.xv.101-120.

[41] Voir ci-dessous, p.253, n.98.

une matière par définition rebelle à cette interprétation, car d'autres facteurs sont déterminants: la topographie, les conditions climatiques, une fausse nouvelle, un mouvement de troupes inconsidéré, la défection d'un allié, le retard d'une armée de secours, bref force petites causes ayant de grands effets. Voltaire ne peut passer sous silence ces hasards de la guerre, mais ne s'appesantit pas. Faute de documents inédits, il apporte un nouvel éclairage à des récits de batailles qui figuraient dans l'*Histoire de Charles XII*. [42] On relèvera quelques variations significatives.

Pierre le Grand a guerroyé sa vie durant. Dans l'*Histoire de l'empire de Russie*, les récits de défaites ou de victoires ont acquis un statut fort différent de celui dont ils jouissent habituellement dans les ouvrages historiques du temps. Point de morceau de bravoure, [43] la narration est lestée de longues analyses concernant les suites de chaque événement. [44] A l'exception de la bataille du Prut, riche en éléments dramatiques − découragement de Pierre retiré sous sa tente et en proie à des convulsions, intervention de Catherine (II.i.313-326) − les récits manquent de couleur. [45] Ils sont d'ailleurs relativement courts. [46]

Certes, Voltaire célèbre la gloire du tsar, mais selon des perspectives fort différentes de celles de ses commanditaires russes. Malgré les pressions des historiens de Pétersbourg, il souligne l'ampleur du désastre à Narva, maintient que les Russes s'agenouil-

---

[42] Voir l'étude très convaincante de C. H. Wilberger, *Voltaire's Russia: window on the East*, Studies 164 (1976), p.79-95. Dans l'analyse qui va suivre, nous mettrons l'accent sur les particularités de l'*Histoire de l'empire de Russie*, sans nous interdire quelques rappels des textes qui l'ont précédée.

[43] Que l'on pense, par exemple, au célèbre récit du passage du Rhin dans *Le Siècle de Louis XIV*.

[44] I.xii, après Narva; I.xix, après Poltava; II.ii, après l'affaire du Prut; on s'intéresse ainsi davantage aux suites des batailles qu'à leur déroulement.

[45] Ainsi la bataille de Grodno. Dans l'*Histoire de Charles XII*, 'le czar sort par la porte du nord, et Charles entre par celle au midi' (V 4, p.324). Le ton est plus sérieux dans l'*Histoire de l'empire de Russie*.

[46] Surtout quand on les compare à ceux de Rousset de Missy.

lèrent devant leurs vainqueurs, qu'ils adressèrent une prière à saint Nicolas alors que 'c'était à Pierre qu'il fallait s'adresser'.[47] D'autres preuves de la résistance de Voltaire pourraient être relevées.[48] Tout au plus gomme-t-il les fautes du tsar.[49] Il s'écarte des schémas attendus. Il est frappant qu'il ait consacré plus de pages à la bataille du Prut, une défaite cuisante de Pierre, qu'à Poltava, sa grande victoire sur Charles XII. Ses choix, pour le moins paradoxaux, marquent son indépendance d'esprit et caractérisent sa vision. Non seulement il ne fait pas œuvre de courtisan, mais, en soulignant la déroute des Russes à Narva, il pourra mettre en valeur leurs triomphes suivants, illustrant sa thèse sur la métamorphose de leurs armées sous la férule d'un maître tout-puissant. Alors qu'on espérait de sa part une nouvelle *Apothéose de Pierre le Grand*,[50] Voltaire n'écrit point un panégyrique, mais l'histoire d'un créateur.

'Le czar n'avait jamais fait la guerre qu'en politique'

Pierre le Grand n'apparaît certes point, sous la plume de Voltaire, 'comme un souverain pacifique, que ses voisins ont méchamment contraint à guerroyer',[51] mais comme un politique avisé dont il ne

[47] I.xi.141-142. Voir l'annotation de ce chapitre. Voltaire renvoie en note à cette prière qu'il a citée dans l'*Histoire de Charles XII*.

[48] Il ne modifie point les estimations des forces, puis des pertes suédoises et russes lors de la bataille de Poltava. Voir l'annotation de I.xviii.

[49] Jugé sévèrement dans l'*Histoire de Charles XII* pour avoir quitté son camp à Narva où sa présence était nécessaire (V 4, p.211), dans l'*Histoire de l'empire de Russie*, Pierre, parti avec Menchikov pour Novgorod, a laissé ses instructions à des chefs qui se jalousent. La faute du tsar est donc partagée (I.xi.85-86). (Voir sur ce point Portal, p.64: Pierre s'enfuit, non par lâcheté, car il a donné ailleurs des preuves de courage, mais parce qu'il a mieux à faire dans une situation désespérée.) De même, à Grodno, les officiers ont transmis au tsar des informations fausses (I.xvi.67-70). La trahison de Mazepa était due à de mauvais traitements du tsar (V 4, p.233-34). Dans l'*Histoire de l'empire de Russie*, ses mobiles sont beaucoup moins clairs (I.xvii.8-16).

[50] Œuvre attribuée à tort à Lomonossov: voir ci-dessus, p.108-109.

[51] Lortholary, *Le Mirage russe*, p.272. Wilberger conteste à juste titre ce point de vue (*Voltaire's Russia*, p.84).

cache point les ambitions militaires, et dont il soutient que le désir de conquêtes était au service d'enjeux autres que sa gloire personnelle. L'*Histoire de Charles XII* opposait 'Charles aimant les dangers, et ne combattant que pour la gloire: Alexiowits ne fuyant point le péril et ne faisant la guerre que pour ses intérêts' (V 4, p.349). L'*Histoire de l'empire de Russie* reprend ce thème: le tsar n'a fait la guerre qu'en politique, le souverain suédois l'a faite en guerrier (II.vii.20-22). La destinée de Charles XII relève du genre épique: aventures extraordinaires, poésie de l'action et de la violence, démesure, mort du héros foudroyé. Voltaire avait écrit la geste d'un roi 'moitié Alexandre, moitié don Quichotte'. L'histoire de Pierre, qui, à la suite de maints combats et de maintes intrigues, va 'donner la loi à tous ses voisins' (II.xv.77) pour prix de vingt ans de peines, ne s'apparente point au sublime, mais œuvre dans l'utile, valeur moderne aux yeux de Voltaire, alors que l'amour gratuit de la gloire appartient à un monde ancien, celui du point d'honneur chevaleresque.

Voltaire ne dissimule point le désir d'expansion de Pierre. Pays continental, la Russie a besoin de débouchés maritimes. L'appel de la mer commande toute la politique militaire de Pierre, bien au delà de l'imagerie du tsar charpentier achevant un bateau de ses royales mains (I.ix.171). Cette politique vise d'une part l'accès à la mer Noire, d'autre part la domination de la Baltique, se heurte au sud à l'Empire ottoman, au nord à la Suède, et elle est engagée dans les affaires polonaises. Comme ses prédécesseurs, Pierre poursuit une politique ancienne de conquête vers le sud, cherchant à éliminer la Pologne et à s'implanter dans les territoires dominés par les Tatars; sur le front nord, il convoite les rives de l'Ingrie, de la Livonie, de l'Estonie, qui constituent pour la Suède 'une tête de pont stratégique lui permettant d'intervenir dans les affaires polonaises, et un glacis de défense contre l'Etat moscovite grandissant'.[52]

---

[52] Portal, p.50.

Voltaire rend compte de la guerre ottomane qui occupe les premières années du règne de manière discontinue, et surtout du choc frontal avec la Suède qui a mobilisé toutes les forces russes pendant vingt ans d'affilée. Pour le premier front, Voltaire souligne que Pierre veut se rendre maître du détroit de Kaffa, projetant de chasser pour jamais les Turcs et les Tatars de Crimée afin d'établir un commerce avec la Perse (1.viii.101-105). N'ayant qu'un port sur la mer Blanche, Arkhangelsk, pris par les glaces neuf mois par an, l'accès à la Baltique est le dessein constant de Pierre, qui veut 'ouvrir une fenêtre sur l'Europe'.

Dans l'*Histoire de Charles XII*, le tsar était clairement désigné comme l'instigateur du conflit avec la Suède.[53] En juin 1758, dans une lettre à Chouvalov, Voltaire se montrait peu enclin à adopter une autre version: 'J'avoue que je ne vois dans sa guerre contre Charles douze, d'autre cause que celle de la convenance' (D7792). Alors que ses ambassadeurs à Stockholm juraient le renouvellement d'une paix inviolable, Pierre déclare la guerre, se plaignant, dans un manifeste, du mauvais accueil que lui aurait réservé le gouverneur de Riga. Dans l'*Histoire de l'empire de Russie*, Voltaire indique que l'incident de Riga a été 'l'occasion ou le prétexte' de la guerre, que la fertilité de la Livonie et la situation de sa capitale 'pouvaient tenter le czar'.[54] Pierre est donc un conquérant. Dans la conduite de la guerre, il fait preuve de pugnacité et de persévérance, mais sait aussi exploiter les conjonctures. Les résultats sont acquis sans doute par l'exercice de la force, mais également, à la fin du règne, par une diplomatie active et avisée.

Selon Voltaire, Pierre le Grand ne s'engage point dans de folles équipées sans avoir mesuré leurs risques et escompté leurs avantages. L'expédition vers l'embouchure du Don profite de circonstances favorables: la République de Venise, l'empereur d'Autriche, Léopold, même les Polonais, ont obtenu quelques

---

[53] Ivan le Terrible avait conquis la Livonie, puis il avait dû reculer.
[54] Dans l'*Histoire de l'empire de Russie*, Voltaire signale les abus de pouvoir de Charles XI, ce que lui reproche Lortholary, p.54.

succès contre les Turcs. Il met toutes les chances de son côté pour affronter la redoutable puissance suédoise. Une coalition d'intérêts unit le roi de Danemark, Frédéric IV, Auguste, roi de Pologne, et le tsar, tous comptant profiter de la jeunesse et de l'inexpérience du jeune Charles XII. [55] La décadence de la Perse, les désordres dont elle était le théâtre, fournissent à Pierre une occasion de s'emparer de provinces qu'il convoitait.

Dans le cours de la guerre, il reste fidèle à son allié polonais auquel maints subsides seront donnés en pure perte. [56] Mais il sait aussi tirer parti des circonstances: il a mis à profit l'intervalle entre les batailles de la Desna et de Poltava pour inspecter la contrée, faire nettoyer le port d'Azov, fortifier la citadelle de Taganrog (I.xviii.1-10). Il s'efforce de réparer ses fautes, cède à la nécessité lors de l'affaire du Prut. Comme il n'a point fait la guerre par vengeance, à la fin de son règne il ne détruit pas la Suède, déjà suffisamment abaissée, alors que la Prusse et le Danemark s'élevaient. Il agit donc 'mollement' et est alors crédité d'une claire conscience des nécessités de l'équilibre européen: c'est l'un des articles du credo de Voltaire, qui loue cette 'sage politique' consistant à maintenir entre les nations européennes, autant que faire se peut, 'une balance égale de pouvoir'. [57]

Charles fait un roi, bouleverse l'Europe, Pierre affermit son propre royaume. Voltaire doute de la sagesse du héros suédois: 'Il faut avouer que s'il y a eu de la raison dans sa conduite, cette

---

[55] I.viii.1-7 (guerre contre les Turcs) et I.ix.32-33, 54-64, 75-81 (contre les Suédois). Mais Voltaire ne redit pas que le tsar trahissait ses serments, comme il l'avait indiqué dans l'*Histoire de Charles XII*.

[56] I.ix.138-141; I.xii.33-34; I.xiii.111-114; I.xiv.14-15, 92-100; sur la capitulation d'Auguste, voir I.xv.

[57] II.vii.18-20. Sur la balance des pouvoirs, voir *Le Siècle de Louis XIV*, ch.2 (*OH*, p.621). Sur l'importance de ce concept dans la pensée de Voltaire, voir M. L. Perkins, *Voltaire's concept of international order*, Studies 36 (1965), p.14-38.

raison n'était pas faite comme celle des autres hommes'. [58] Alors que Charles XII, inflexible et téméraire, se singularise par de hauts faits d'armes et épuise ses troupes, Pierre, avec persévérance, construit la grandeur de la Russie. A l'un le panache, à l'autre le profit.

Même opposition en matière diplomatique. Charles 'ne savait s'accommoder ni au temps ni aux lieux'. [59] Il se laisse séduire par Görtz, alors que Pierre, selon Voltaire, reste dans l'expectative avant d'entrer dans son plan. [60] Lors de son second voyage, Pierre s'efforce de 'pénétrer le secret de toutes les cours' (II.vii.26-29). Voltaire est fasciné par les jeux diplomatiques, triomphe de la parole; [61] il rappelle que le baron de Görtz lui proposa de l'accompagner dans ses voyages (II.viii.62-65) et se pose donc en témoin d'intrigues qui ne visaient pas moins qu'à introduire une révolution en Europe. Analysant l'attitude de Pierre, qu'il croit pleine de circonspection, il médite sur l'aventurier et le politique (II.viii.77-83).

[58] II.i.587-589. A Bender, par sa hauteur, Charles XII accumule les fautes selon Voltaire. De même, le roi de Suède ne sait pas exploiter ses succès: en juillet 1704, 'si les vainqueurs avaient dirigé leurs efforts vers la Livonie, l'Estonie et l'Ingrie, ils pouvaient ruiner les travaux du czar'. Mais Charles cherche 'une gloire moins utile et plus brillante', alors que Pierre à Derpt en est réduit à user d'une ruse de guerre, en déguisant ses soldats en Suédois (I.xiii.156-166).

[59] I.xix.16: jugement porté à propos de l'opiniâtreté de Charles XII, qui se brouille avec tous les ministres de la Porte.

[60] Les ministres du tsar rencontrent Görtz secrètement (II.viii.84-89).

[61] Les tentatives de Voltaire dans les marges de la diplomatie ont été étudiées. Sur celles qui concernent Frédéric II, voir Ch. Mervaud, *Voltaire et Frédéric II: une dramaturgie des Lumières*, Studies 234 (1985), p.145-56 (à Berlin en 1743), p.265-358 (pendant la guerre de Sept Ans). Voir également Ch. Mervaud, art. 'Diplomate', *Inventaire Voltaire*, sous la direction de J. Goulemot, A. Magnan, D. Masseau (Paris 1995). Mais il manque de manière évidente une étude sur la place réservée à la diplomatie dans les ouvrages historiques de Voltaire et sur la manière dont il la présente. On a étudié Voltaire et la guerre à maintes reprises (voir par exemple H. Meyer, *Voltaire on war and peace*, Studies 144, 1976). Ni les synthèses sur Voltaire historien (J. H. Brumfitt, *Voltaire historian*, Oxford 1958; F. Diaz, *Voltaire storico*, Turin 1958), ni celle sur la politique de Voltaire (P. Gay, *Voltaire's politics: the poet as realist*, Princeton 1959), ne traitent cet aspect de la vision historique et de l'imaginaire politique de Voltaire.

Il [Pierre] aimait le grand et l'extraordinaire autant que Charles XII, Gôrtz et Albéroni; mais il l'aimait en fondateur d'un Etat, en législateur, en vrai politique; et peut-être Albéroni, Gôrtz et Charles même, étaient-ils plutôt des hommes inquiets qui tentaient de grandes aventures, que des hommes profonds qui prissent des mesures justes: peut-être après tout leurs mauvais succès les ont-ils fait accuser de témérité.

Voltaire a bien analysé les intrigues de Görtz et d'Alberoni. Il avait senti auparavant les fluctuations dans le jeu des puissances européennes, au moment où les débuts de la guerre du Nord coïncidaient avec la guerre de Succession d'Espagne. D'abord à peine évoquée (I.ix.65-69), cette guerre qui déchire l'Europe pendant que la Suède et la Russie s'affrontent, va influer sur le déroulement de leur conflit. Voltaire, chemin faisant, ne manque pas de rappeler au lecteur la complexité de ces relations internationales. La France intervient pour que le roi de Suède tourne ses armes contre l'Autriche (I.xvi.19-25). Après Poltava, l'empereur d'Autriche accepte la neutralité de la Suède imposée par la Russie et par les alliés que ses victoires lui ont valu (Danemark, Prusse, Hanovre, Holstein); mais il négocie pour faire entrer les armées suédoises à son service contre la France (I.xix.211-226). En 1712, la Suède est presque totalement isolée à cause de l'entêtement de son roi: une ligue s'est formée contre elle, et la France, épuisée même après la victoire de Denain, n'est pas en mesure de secourir son alliée; les Suédois en sont réduits à recourir à l'aide financière privée de Samuel Bernard (II.iv.85-119).

Voltaire suggère les ambiguïtés de la politique anglaise après Poltava, quand la Russie menace de supplanter la Suède dans la Baltique: en 1719, lorsque Pierre demande à l'amiral Norris s'il vient comme ami des Suédois ou comme ennemi des Russes, l'Anglais lui fait une réponse 'équivoque' (II.xv.109). Voltaire a bien vu également le triste état de la Pologne.[62] Et là encore, il s'est documenté plus qu'on ne le pense; la critique de la Pologne

---

[62] I.xvi.9-18 et 43-44.

féodale, de plus en plus anarchique et intolérante, a commencé bien avant le dix-huitième siècle, et il serait injuste d'accuser Voltaire de partialité. [63] La situation de la Pologne, alors en déclin, contraste fortement avec celle de l'empire de Russie en pleine ascension, alors qu'un siècle plus tôt, au temps des Troubles, le royaume de Ladislas avait failli faire disparaître la Moscovie en tant qu'Etat, comme Voltaire ne manque pas de le noter (1.iii.16-18). Les rois de Pologne sont désormais réduits au rôle de marionnettes: Voltaire perçoit fort bien que Stanislas est une créature de la Suède et qu'Auguste n'est qu'un fantoche pris en tenaille entre Charles XII et Pierre.

Voltaire juge moins bien le comportement du tsar sur la scène internationale. Et, dans ce domaine, il ne se fait pas toujours une idée exacte de ses réussites et de ses échecs. De la Grande Ambassade, il ne retient que les succès: le contact direct avec les sciences et les techniques de l'Occident, et les nombreux étrangers recrutés pour aller travailler en Russie. Mais il semble ignorer l'échec diplomatique de Pierre, qui n'a pu convaincre ni la Hollande, ni l'Angleterre, de l'aider dans sa croisade anti-turque. L'Autriche elle-même le lâche à cause de la guerre de Succession d'Espagne. Sur ce plan, il se heurte comme ses prédécesseurs aux réticences des puissances occidentales. Et c'est pour cette raison que, la paix signée avec la Turquie, il s'oriente désormais sans plus tarder vers la guerre contre la Suède.

Voltaire ne montre pas tout ce que l'action diplomatique de Pierre a d'incohérent et d'improvisé, au moins à ses débuts. Avant Poltava, la Russie n'avait qu'une 'vague ébauche' d'appareil diplomatique. [64] Les diplomates russes n'avaient pas plus d'expérience que le tsar: aussi multipliaient-ils les maladresses et les bévues, encourant la prison pour dettes comme Matveev, se faisant ailleurs jeter à la porte comme des valets, compliquant partout

[63] Voir S. Fiszer, *L'Image de la Pologne et des Polonais dans l'œuvre de Voltaire*, thèse dact., Nancy II (1997).
[64] Portal, p.74.

l'écheveau... Quant à Pierre, il fait preuve d'une activité brouillonne: même si l'on ne souscrit pas au jugement sévère de
Waliszewski, qui le voit s'engager 'à fond dans un dédale d'intrigues louches et de combinaisons équivoques', il faut bien
reconnaître qu'il est 'tout étonné d'être brouillé avec le roi
d'Angleterre alors qu'il s'est allié avec l'électeur de Hanovre,
d'avoir offensé l'Autriche alors qu'en aidant la Prusse à faire son
pré carré au détriment de la Suède il a cru servir les intérêts
allemands...'[65] En 1716, lorsque ses alliés refusent de laisser entrer
Repnine dans la ville mecklembourgeoise de Wismar, alors qu'il
a marié sa nièce Catherine Ivanovna au duc de Mecklembourg,
Pierre a travaillé pour le roi de Prusse![66]

Voltaire voit bien le 'grand changement' en train de s'opérer
dans les relations du tsar avec ses alliés du Nord: Pierre, qui était
'l'appui de tous les princes, comme Charles en avait été la terreur',[67]
est 'indigné' que ses alliés, qui se sont hâtés de prendre Wismar
avant lui, laissent la ville au roi de Danemark, et ce 'refroidissement'
servira les intrigues de Görtz (II.vii.13-15). Mais la cause essentielle
des dissensions fut le projet de descente en Scanie, auquel Voltaire
ne fait qu'une rapide allusion. Les choses avaient traîné au cours
de l'été 1716, et lorsque les alliés furent prêts en septembre, Pierre
décida qu'il était trop tard, l'hiver approchant. Ce fut alors un
tollé général parmi ses alliés, qui le soupçonnèrent de s'être
entendu avec les Suédois pour un partage de la Poméranie et du
Mecklembourg.[68] Voltaire ne parle à ce propos en termes vagues
que de l'"inaction' du tsar, qui 'eût pu descendre en Scanie avec sa
flotte et celle de Danemark', de son 'refroidissement' envers ses
alliés et des 'plaintes' de leurs cours (II.viii.90-94). En réalité,
l'Angleterre redoutait tout autant de favoriser les progrès de la

[65] K. Waliszewski, *Pierre le Grand* (Paris 1909), p.358.
[66] Waliszewski, p.372.
[67] II.vi.20-21. 'Tous les princes du Nord étaient ses alliés ou ses créatures', écrit
plus loin Voltaire (II.vi.97-98).
[68] Waliszewski, p.373.

puissance russe que les ambitions du Danemark, en lui permettant de s'installer sur les deux rives du Sund, voie de pénétration du commerce anglais dans la Baltique. Et de son côté, Pierre, très méfiant à l'égard de l'Angleterre et du Danemark, pouvait apparaître comme un 'lâcheur' et un traître. [69] Tout ce projet de descente en Suède n'était que manœuvres, mais Pierre, dégoûté, partit pour Amsterdam, où il alla prêter l'oreille aux propositions de Görtz.

Dans les imbroglios diplomatiques qui en résultèrent, Voltaire ne semble pas avoir un jugement très clair sur le rôle de Pierre. 'Le czar entrait dans ses vues', dit-il à propos de l'idée de Görtz, qui reprenait au fond la politique de Louis XIV. [70] Mais, dans le chapitre suivant, il affirme au contraire que Pierre, qui ne connaissait pas tous les plans du ministre de Charles XII, n'entrait dans aucun d'eux et ne se commettait en rien. [71] Au moment du traité de commerce entre la Russie et la France, en août 1717, Görtz voit publiquement à La Haye les ministres du tsar et a les pleins pouvoirs pour conclure la paix, et pourtant, selon Voltaire, Pierre laisse le diplomate tout préparer 'sans y toucher', et sans 'd'autre dessein arrêté, que celui de profiter des conjonctures'. [72] Il prétend de même que, plus tard, il s'est contenté d'examiner les projets d'alliances de Görtz et d'Alberoni. [73] Or, le tsar fut plus impliqué dans tous ces plans que ne le dit Voltaire, [74] même si, en ces années 1716-1718, il louvoie, se rapprochant tantôt de l'Angleterre, tantôt de la France. Sans forcément admettre que la politique de Pierre, entre Poltava et Nystad, fut 'le chaos et le gâchis', [75] il faut bien

[69] Portal, p.75-76.

[70] II.vii.20. Sur le plan 'de marque française' de Görtz, voir Waliszewski, p.374-75 et Portal, p.72.

[71] II.viii.76 et 141.

[72] II.ix.84-87 et 91-92.

[73] II.xv.20-21.

[74] Selon Waliszewski, à Loo, le tsar est entré 'de plain-pied' dans les projets de Görtz et l'a chargé de propositions de paix séparée avec la Suède (p.376). Voir aussi II.ix, n.14 et II.xv, n.4.

[75] Waliszewski, p.359-60.

reconnaître qu'elle fut hésitante, ce qui explique peut-être les flottements dans les jugements de Voltaire.

Sans doute le tsar n'a-t-il remporté que de maigres succès diplomatiques. Même à La Haye, lors du traité de commerce avec la France, en août 1717, les négociations n'aboutirent pas. Mais cela importe peu, car ce qui compte, c'est que la Suède étant désormais affaiblie et isolée, la Russie pouvait se substituer à elle en proposant son alliance, et 'se présenter comme un facteur d'équilibre dans la politique européenne'.[76] Or, cela, Voltaire l'a parfaitement compris. Et même si son exposé, fragmenté et avec des retours en arrière, est parfois difficile à suivre, il a réussi à faire sentir au lecteur le déclin et l'ascension parallèles des deux puissances du Nord.

La vision historique de Voltaire ne se limite donc pas aux récits des campagnes et aux stipulations des traités. Elle analyse le jeu des alliances, s'intéresse à l'équilibre des forces. A cet intérêt pour le diplomatique, sans doute faut-il rattacher la récurrence du thème du droit des gens dans l'*Histoire de l'empire de Russie*, qui fait référence maintes fois aux entorses au droit international[77] et plus particulièrement à l'inviolabilité diplomatique. Après avoir rappelé

[76] Voir Portal, p.76, qui cite le discours de Pierre le Grand à La Haye ('Je veux, moi, tsar, vous tenir lieu de la Suède...'). Ce discours fut sans effet sur la France, qui eut enfin les moyens de soutenir financièrement son alliée: en 1719, Campredon fut chargé d'apporter à Stockholm trois cent mille écus en lingots d'or (Jacques de Campredon, *Mémoire sur les négociations dans le Nord*, Paris 1859, p.37).

[77] Le droit des gens ne désigne pas les droits de l'homme. Les philosophes se réfèrent à Grotius, le 'père du droit des gens', et à l'ouvrage de Pufendorf, *Du droit de la nature et des gens* (1672). Le dictionnaire de Richelet (1680) enregistre le concept. L'*Encyclopédie* consacre un long article de Boucher d'Argis au droit des gens (v.126-29). Il spécifie que 'les différentes nations, quoique la plupart divisées d'intérêt, sont convenues entre elles tacitement d'observer, tant en paix qu'en guerre, certaines règles de bienséance, d'humanité et de justice, comme de ne point attenter à la personne des ambassadeurs, ou autres personnes envoyées pour faire des propositions de paix ou de trêve'. Dans les *Questions sur l'Encyclopédie* (1771), Voltaire a consacré un article au 'Droit des gens, droit naturel, droit public' (M.xviii.424-29).

que ce droit est inconnu des Chinois, mais aussi des Turcs, qui regardent les ambassadeurs comme 'des consuls de marchands',[78] Voltaire dénonce des manquements à ces règles en la personne des ambassadeurs de Pierre le Grand:

Jamais souverain ne fut plus offensé dans la personne de ses ministres que le czar de Russie. Il vit dans l'espace de peu d'années son ambassadeur à Londres mis en prison pour dettes; son plénipotentiaire en Pologne et en Saxe roué vif sur un ordre du roi de Suède; son ministre à la Porte-Ottomane saisi et mis en prison dans Constantinople comme un malfaiteur.[79]

Par sa conduite pleine de bon sens, de prudence, d'intelligence des hommes et des situations, Pierre devient l'arbitre du Nord. Finalement, alors que Charles est foudroyé par une balle de couleuvrine, le cardinal Alberoni chassé d'Espagne et Görtz décapité à Stockholm, il ne reste de puissant que le tsar qui 'donna la loi à tous ses voisins' (II.xv.77). Et, en 1721, la paix ne se fit que selon ses volontés. La Russie a évincé les Suédois de la Baltique et pris rang parmi les grandes puissances européennes qui, à la veille de Poltava, croyaient que Charles XII allait dicter sa loi à Moscou. Signes tangibles de cette reconnaissance: d'une part, les excuses publiques de la reine Anne lors d'une ambassade solennelle à propos de l'arrestation de Matveev en Angleterre, d'autre part l'accueil reçu par Pierre au cours de son second voyage.[80] Pierre a signé l'entrée de la Russie sur la scène européenne.[81]

---

[78] II.i.43-48 (sur les Turcs); I.vii.41-45 (sur les Chinois).

[79] II.i.57-62. A Londres, il s'agit de Matveev, à Constantinople de Tolstoï; quant au ministre plénipotentiaire, il s'agit de Patkul que le roi Auguste a livré à Charles XII, et dont le meurtre a toujours révolté Voltaire. Görtz et Gyllenborg sont aussi arrêtés, l'un en Hollande, l'autre en Angleterre (II.viii.103-126 et 137-139).

[80] I.xix.104-139. Voir II.vii.26-46 sur le tsar libérateur.

[81] Cette entrée de la Russie est soulignée par J.-B. Duroselle, L'Idée d'Europe dans l'histoire (Paris 1965), p.112-18. Sur l'Europe de Voltaire, voir R. Pomeau, 'Voltaire européen', La Table ronde 122 (1958), p.28-42 et Ch. Mervaud, 'L'Europe de Voltaire', Magazine littéraire 238 (1987), p.25-29.

Guerre et civilisation

Ses relations avec Frédéric II avaient conduit Voltaire dès 1740 à de délicats exercices d'équilibre et à une révision déchirante des valeurs. Le prince pacifiste et philosophe s'était mué dès son avènement en roi conquérant et toujours philosophe. [82] La philosophie coexistait avec la guerre. Dans l'*Histoire de l'empire de Russie*, Voltaire 'incorpore la guerre et le sang dans une histoire des progrès de la civilisation'. [83]

Le 19 septembre 1761, Voltaire écrivait à Chouvalov (D10031):

Plus je vois aujourd'hui de campagnes dévastées, de païs dépeuplés, et de citoïens rendus malheureux par une guerre qu'on pouvait éviter, plus j'admire un homme, qui au milieu de la guerre même a été fondateur et Législateur et qui a fait la plus honorable et la plus utile paix.

Cette appréciation de Voltaire commande sa vision de l'histoire militaire du règne de Pierre, donc sa 'stratégie d'historien'. [84] Elle consiste à montrer que l'activité militaire n'a pas entravé les réformes et qu'elle reste un facteur d'occidentalisation. Si 'une seule manufacture bien établie fait quelquefois plus de bien que vingt traités', l'armement terrestre et naval a nécessité la création de fabriques et de chantiers, la formation d'une main-d'œuvre a donc été partie prenante d'un développement économique. En effet, pendant les hostilités, alors que Charles, figure en quelque sorte archaïque, se contente de détruire ses ennemis, Pierre fait servir ses succès à l'avantage de son pays. D'où le raccourci saisissant:

Charles dévastait la Pologne, et Pierre faisait venir de Pologne et de Saxe à Moscou des bergers et des brebis pour avoir des laines avec lesquelles on pût fabriquer de bons draps. [85]

---

[82] Voir Ch. Mervaud, *Voltaire et Frédéric II*, p.122-32.
[83] Iverson, 'La guerre, le grand homme et l'histoire selon Voltaire', p.1421.
[84] Iverson, p.1421.
[85] I.xii.96-98. Il utilise les compétences des vaincus, par exemple celle des Suédois

Voltaire oublie seulement de dire que si la Suède est saignée à blanc par la folie guerrière de Charles, la Russie l'est, peut-être dans une moindre mesure, par les plans de Pierre. Mais Voltaire n'en a cure. Dans son ouvrage, il existe, comme l'a montré C. H. Wilberger, un va-et-vient constant entre la guerre et les réformes, marqué à la fois dans la répartition des matières à l'intérieur des chapitres et dans leurs intitulés. [86] D'un même élan, le tsar est conquérant et législateur, d'où le parallèle avec Alexandre le Grand. [87]

La guerre peut donc avoir partie liée avec la civilisation. Encore faut-il que son pouvoir destructeur n'atteigne point le grand homme. A propos des enjeux de Poltava, Voltaire se livre à de singulières estimations (I.xviii.42-52):

Si Charles perdait une vie tant de fois prodiguée, ce n'était après tout qu'un héros de moins [...] mais si le czar périssait, des travaux immenses, utiles à tout le genre humain, étaient ensevelis avec lui, et le plus vaste empire de la terre retombait dans le chaos dont il était à peine tiré.

Le critère du bien collectif prend le pas sur celui de la gloire personnelle. L'*Histoire de l'empire de Russie* enregistre une mutation du concept de gloire. Celle de Charles XII 'ne s'étendait pas au delà de sa personne: son mérite était une valeur au-dessus du courage ordinaire; il défendait ses Etats avec une grandeur d'âme égale à cette valeur intrépide; et c'en était assez pour que les nations fussent frappées de respect pour lui' (II.v.148-151). Pierre ne suscite point le respect, mais l'admiration.

Les horreurs de la guerre, la soif de carnage des troupes, les pulsions de mort et de pouvoir, la volonté de puissance des chefs, [88]

---

dont les prisonniers sont employés à paver Pétersbourg. Les vainqueurs s'inspirent aussi des lois de la Suède et leur victoire leur permet de progresser.

[86] Wilberger, *Voltaire's Russia*, p.92.

[87] II.xvi.178-183. Voir E. Christodoulou, 'Alexandre le Grand chez Voltaire', *Voltaire et ses combats*, p.1423-34.

[88] Nombre d'anecdotes évoquent les cruautés suédoises: I.xvi.43-56 (le paysan polonais); I.xv.42-47 (le prisonnier tué entre les bras du roi Stanislas)...

s'effacent au profit d'une comptabilité estimant les pertes présentes et les gains futurs. Voltaire découvre dans la journée de Poltava des compensations (i.xviii.149-154):

Ce qui est le plus important dans cette bataille, c'est que de toutes celles qui ont jamais ensanglanté la terre, c'est la seule qui au lieu de ne produire que la destruction, ait servi au bonheur du genre humain, puisqu'elle a donné au czar la liberté de policer une grande partie du monde.

IV. Les réformes

Les Russes [...] ont fourni à l'histoire des vérités bien étonnantes. Il y a eu sur la terre des révolutions qui ont plus frappé l'imagination; il n'y en a pas une qui satisfasse autant l'esprit humain et qui lui fasse autant d'honneur. [89]

Dans une note marginale inédite, Voltaire écrit: 'Czar, sa vie plus intéressante que tous les héros de Plutarque; il a mis ses successeurs en état de le surpasser; mais, dans les empires comme dans les arts, la gloire appartient aux premiers découvreurs'. [90] Voltaire rejoint par là l'éloge du *Spectator*, qui jugeait Pierre le Grand supérieur aux héros antiques. Si en effet il est 'l'inventeur' de l'empire de Russie, la révolution qu'il a accomplie est à placer parmi les événements majeurs de l'histoire du monde. Plus que la Chine peut-être, la Russie fascine Voltaire. Dans l'avis 'Au lecteur', il va jusqu'à hasarder que 'l'établissement de cet empire est peut-être la plus grande époque pour l'Europe, après la découverte du nouveau monde' (l.6-8). Aussi, tout en faisant la part de l'exagération, n'est-on guère surpris lorsqu'il affirme: 'Cette histoire russe sera la dernière chose sérieuse que je ferai de ma vie'. [91]

[89] *La Philosophie de l'histoire* (V 59, p.138).
[90] Note marginale dans l'ouvrage de Nordberg (Albina, p.168). Nous retraduisons du russe.
[91] A Algarotti, 15 août 1760 (D9146).

Le démiurge

Pour Voltaire, il ne suffit pas de dire que Pierre le Grand est le fondateur de la Russie moderne. Les transformations du pays ne sont dues qu'au tsar, et à lui seul. Fontenelle l'avait déjà proclamé: 'Tout était à faire, et Pierre était seul'.[92] Voltaire ne cesse de développer de multiples variations sur ce thème. La Russie contemporaine n'existerait pas sans ce génie prométhéen. Il faut donc que le tsar apparaisse comme un démiurge dont *l'acte créateur* a tiré la Moscovie du néant. Aussi Voltaire s'applique-t-il à gommer les réalisations des prédécesseurs de Pierre. Il se gardera bien de réfuter les témoignages d'Olearius et de Carlisle, qui regardaient la Russie 'comme un païs où presque tout était encor à faire'. Car, 'si on les contredisait en assurant que la Russie connaissait dès lors les commodités de la vie on diminuerait la gloire de Pierre premier à qui on doit presque tous les arts. *Il n'y aurait plus alors de création*. Il se peut que quelques seigneurs aïent vécu avec splendeur du temps du comte de Carlile, mais il s'agit *d'une nation entière*, et non de quelques boyards'.[93]

Le règne de Pierre apparaît donc nécessairement comme un commencement absolu. Les réformes ne seront pas mises en perspective: elles apparaîtront comme une véritable révolution. La Russie est une sorte de *tabula rasa* où les hommes sont une pâte malléable et où toutes les expérimentations sont possibles. On ne s'étonnera pas qu'elle ait été et soit encore une terre d'utopie. Les projets des réformateurs y foisonnent: qu'on songe, à l'époque de Pierre, à ceux de Leibniz ou de Francis Lee. Car, paradoxalement, l'arriération a des avantages: elle favorise tous les rêves.[94] Et

[92] Fontenelle, iii.198.
[93] Voltaire à Chouvalov, 17 juillet 1758 (D7792). Souligné par nous.
[94] I. O. Levin, 'Angliïskiï journal "Moskovit" (1714)', *Vospriatié rousskoï koultoury* [*Perception de la culture russe*] (Moscou 1975), p.17. Sur les projets de Leibniz (pour l'établissement des sciences et des arts en Russie), voir Leibniz, *Œuvres* (Paris 1875), vii.467-518.

justement: Pierre sur le trône, c'est 'l'utopie au pouvoir'. Voltaire l'évoque à sa manière: celui qui aurait dit en 1700 'qu'un empire de deux mille lieues, presque inconnu de nous jusqu'alors, serait policé en cinquante années [...] eût passé pour le plus chimérique de tous les hommes'. [95]

Ainsi, la puissance créatrice d'un Voltaire ou d'un Diderot est surpassée par le geste absolu de l'autocrate: le tsar construit tout, même l'homme dont il coupe la barbe. [96] Les intellectuels sont toujours subjugués par ceux qui façonnent le monde: quand Hegel assista à l'entrée de Napoléon à Iéna, n'eut-il pas le sentiment de voir l'Histoire en marche? On conçoit que le philosophe soit fasciné par l'homme d'action, par le héros viril, Pierre le Grand ou Charles XII, si éloignés de nos mœurs efféminées (II.vii.47-51). Tenté lui-même par les intrigues diplomatiques, Voltaire ne peut qu'admirer sincèrement le tsar à la fois voyageur, conquérant, diplomate, et réformateur.

La prodigieuse activité de Pierre a frappé ses contemporains. Ce qu'on admire le plus chez lui, c'est, avec son intelligence pratique, son activité inlassable: Perry rapporte les incessants voyages en traîneau du tsar, qui parcourt cent milles d'Angleterre par jour, soit 33 ou 34 lieues, vingt fois plus qu'aucun prince avant lui. Voltaire lui fait écho: 'Il faut avouer', écrit-il, 'qu'un de nos citoyens [...] serait regardé comme un homme extraordinaire, s'il avait fait une fois en sa vie par curiosité, la cinquième partie des voyages que fit Pierre pour le bien de ses Etats'. [97] Dans la lettre de Voltaire à d'Argental du 20 juillet 1759, un raccourci donne une idée saisissante de l'activité et de l'omniprésence du souverain

---

[95] 'Préface historique et critique', l.1-41v. Dans *Lumières de l'utopie* (Paris 1988), B. Baczko observe que les mots 'chimère' et 'utopie' sont alors synonymes (p.20); cf. L. Heller et M. Niqueux, *Histoire de l'utopie en Russie*, p.61-65.

[96] Voir R. Forycki, 'Chappe d'Auteroche et son *Voyage en Sibérie*', *Acta Universitatis Lodziensis*, Folia litteraria 33 (Lodz 1992), p.232.

[97] Perry, p.269; II.ix.114-117.

russe: 'J'aime un czar qui en un clin d'œil allait bâtir à Arcangel, à Astracan, sur la mer Noire, sur la mer Baltique' (D8397).

En effet, dans l'*Histoire de l'empire de Russie*, le tsar est toujours en train de courir. Le présent de narration ajoute à la vivacité du récit: Pierre 'court', 'revole', 'va incessamment' d'un endroit à un autre. [98] Souvent, à vrai dire, cette débauche d'énergie a pour objet les préparatifs de la guerre. Mais elle est vouée aussi aux réformes et au bien de l'Etat, comme le souligne Voltaire: Pierre, en route pour la Perse et arrivé à Astrakhan, de là 'courut faire rétablir les canaux qui devaient joindre la mer Caspienne, la mer Baltique et la mer Blanche'. [99] Mais le tsar mêle inextricablement les actions liées à la guerre et aux œuvres de paix:

De Berlin il va à Dantzick avec sa femme; il protège à Mittau la duchesse de Courlande sa nièce devenue veuve: il visite toutes ses conquêtes, donne de nouveaux règlements dans Pétersbourg, va dans Moscou, y fait rebâtir des maisons de particuliers tombées en ruine: de là il se transporte à Czarisin sur le Volga pour arrêter les incursions des Tartares de Cuban: il construit des lignes du Volga au Tanaïs, et fait élever des forts de distance en distance d'un fleuve à l'autre. Pendant ce temps-là même, il fait imprimer le code militaire qu'il a composé: une chambre de justice est établie pour examiner la conduite de ses ministres, et pour remettre de l'ordre dans les finances. [100]

L'activité multiforme de Pierre a un effet d'entraînement. Au début, l'entourage du tsar peine à le suivre, et Voltaire en a conscience: 'il fallait dans ces commencements qu'il vît tout par ses yeux, et qu'il travaillât même de ses mains [...] on le voyait quelquefois se mettre à la tête des travailleurs, fouiller la terre et la transporter lui-même [...]; il nivela lui-même le terrain'. Mais, pour la construction de ce canal de Ladoga, 'cet exemple fut suivi de toute sa cour'; et bientôt 'des ingénieurs de son académie de

[98] I.xii.12, 50; I.xiii.39, 105, 153; I.xiv.28-29; II.xvi.105.
[99] II.xvi.105-106.
[100] II.ix.117-128.

marine établie en 1715 marchaient déjà dans tout l'empire pour lever des cartes exactes, et pour mettre sous les yeux de tous les hommes cette vaste étendue des contrées qu'il avait policées et enrichies'. [101] Pierre n'est plus le seul à courir: par la vertu de l'exemple, c'est l'immense Russie tout entière qui est désormais en mouvement.

Une vision planétaire

Mais l'activité débordante du tsar n'est pas circonscrite aux limites de son empire, si vaste soit-il: elle en dépasse largement les bornes. Les séjours personnels de Pierre à l'étranger sont annoncés par les titres des chapitres: 'Voyages de Pierre le Grand', 'Nouveaux voyages du czar', 'Suite des voyages de Pierre le Grand' (I.ix, II.vii, II.viii). L'envoi de jeunes Russes en Europe occidentale est signalé de même par un sous-titre: 'Le czar envoie des jeunes gens s'instruire dans les pays étrangers' (I.viii). La modernisation de la Russie passe en effet par son occidentalisation. Toutefois, sa vocation n'est pas seulement européenne: plus que son père Alexis, Pierre a conscience que l'immense continent eurasien dont il est le maître mérite d'être exploré: des expéditions scientifiques sont envoyées en Sibérie pour en exploiter les richesses. Le tsar voit même plus loin: Béring est chargé d'aller reconnaître les possibilités de passage entre le Kamtchatka et l'Amérique (I.i.727-731); Voltaire évoque également à plusieurs reprises les relations commerciales de la Russie avec la Perse et avec la Chine. Il a sans doute entrevu la vision planétaire du tsar: dès 1737, il demandait: 'Quelles sont les colonies, qui du temps de Pierre Ier sont sorties de Russie et avec quel succès ont-elles été établies?' A cette septième question, Vockerodt commençait par répondre: 'On a des preuves différentes de l'envie que Pierre Ier avait d'étendre la marine, pour envoyer des peuplades, dans les autres parties du monde'. [102]

[101] II.xi.89-101; II.xi.102-103 et 120-123.
[102] *Considérations* (app. III, VII.1-4).

Pourtant, Voltaire n'a peut-être pas vu à quel point Pierre le Grand était fasciné par la géographie et par la géopolitique. En janvier 1715, il avait fait venir le grand globe de Gottorp, cadeau du roi de Danemark: il avait fallu le voiturer 'sur la neige à force de traîneaux et de rouleaux jusqu'à Riga', en perçant des forêts entières pour lui frayer un passage;[103] en prévision de missions diplomatiques, il faisait étudier les langues orientales (turc, tatar et persan) à de jeunes Russes; il avait même institué des cours de japonais grâce à un exilé originaire de ce lointain empire.[104] Weber rapporte qu'on aurait de la peine à trouver une chancellerie où les dépêches se fissent en plus de langues qu'à celle de Pétersbourg: il y a seize interprètes et secrétaires pour les langues occidentales, mais aussi pour le turc, le chinois, les langues des Tatars, des Kalmouks et des Mongols.[105] Les séjours de Pierre le Grand dans des puissances coloniales comme la Hollande et l'Angleterre avaient peut-être éveillé en lui le rêve d'implanter des colonies russes au bout du monde: il eut en effet un 'Projet d'établir un commerce par mer aux Indes et d'attirer le fameux Angria, roi de Madagascar, dans les Etats de Russie avec tous ses vaisseaux et richesses'; un vice-amiral était chargé de se rendre à Madagascar après avoir négocié un traité de commerce avec le Grand Mogol, trois frégates étaient prêtes à partir de Revel en avril 1724, mais un accident imprévu arrêta leur départ, et la mort de Pierre fit échouer le projet.[106] Vockerodt, qui fait allusion aux 'pirates de

[103] Weber, i.133 et 299. Pierre avait vu en 1713 ce globe, fait d'après un dessin de Tycho Brahe qui représentait le système de Copernic. L'extérieur représentait la terre et l'intérieur le ciel. Douze personnes pouvaient prendre place autour d'une table à l'intérieur. De Riga, une frégate l'achemina à Pétersbourg (Fontenelle, iii.207).

[104] N. V. Riasanovsky, *Histoire de la Russie des origines à 1984* (Paris 1980), p.250.

[105] Weber, i.72.

[106] MS 2-7, f.100. Voir aussi B. H. Sumner, *Peter the Great and the emergence of Russia* (New York 1965), p.152 (cité par Massie, p.792-93).

Madagascar', affirme qu'un ministre zélandais proposa à Pierre d'établir une colonie 'dans les provinces qui sont sous Batavia'. [107]

La place des réformes

Et pourtant, la volonté affichée par Voltaire d'exalter l'activité et l'œuvre de Pierre ne se traduit pas par un tableau grandiose de ses réformes: dans l'*Histoire de l'empire de Russie*, la part qui leur est réservée atteint à peine le dixième de l'ouvrage, moins à proportion que dans les *Anecdotes*. Les batailles et la diplomatie y tiennent plus de place. Et encore ces réformes sont-elles parfois évoquées d'une manière si vague et si allusive qu'elles font plutôt figure de remplissage. [108] Le parti pris d'adopter l'ordre chronologique et de mêler l'exposé des innovations aux récits guerriers permet d'éviter l'ennui et de créer un ouvrage vivant, et cela d'autant plus que les réformes sont traitées comme en passant, et souvent d'une manière succincte. Cette méthode présente aussi l'avantage de refléter la réalité, les réformes du tsar étant souvent faites au jour le jour et sans plan d'ensemble, au moins au début. L'inconvénient, c'est que le lecteur, face à cette dispersion et à ce saupoudrage, manque d'une vue globale de l'œuvre de Pierre. Celle-ci, quoique sommaire, était présente, on l'a vu, dans l'édition de 1739 de l'*Histoire de Charles XII*.

Voltaire a dû sentir ce défaut de synthèse. Il a tâché d'y remédier

---

[107] *Considérations* (app. III, VII.6-8). Il est vraisemblable en effet que le but du tsar n'était pas d'établir une base à Madagascar, mais que les navires avaient l'ordre d'y relâcher et d'y conclure si possible un traité, puis de repartir pour leur vraie destination: l'Inde (Massie, p.792-93).

[108] Le tsar 'faisait fleurir à Moscou les arts de la paix' (I.xiii.43); il passe l'hiver à Moscou 'pour y faire fleurir les arts et les lois' (I.xiv.99-100), 'pour y établir insensiblement tous les changements qu'il fait dans les lois, dans les mœurs, dans les usages. Il règle ses finances, et y met un nouvel ordre' (I.xiii.129-132); il 'perfectionnait l'établissement de sa marine' (II.v.1-2); 'dans cet Etat florissant presque tous les jours étaient marqués par de nouveaux établissements, pour la marine, pour les troupes, le commerce, les lois' (II.vi.104-106).

de plusieurs façons. Tout d'abord, en annonçant les réformes du tsar dans les titres de plusieurs chapitres: 'Commencement de la grande réforme' (I.vi), 'Changements dans les usages, dans les mœurs, dans l'Etat et dans l'Eglise' (I.x), 'Réforme à Moscou', 'Fondation de Pétersbourg' (I.xiii), 'Pierre [...] police ses Etats' (I.xv). Voltaire condense ensuite dans deux chapitres de la première partie (I.x et xiii) l'essentiel des premières réformes. Enfin, il consacre les chapitres 11 à 14 de la seconde partie aux principales innovations de la fin du règne. Toutefois, ce tableau en quatre chapitres de l'œuvre positive du tsar, destiné à atténuer le fâcheux effet produit par l'affaire du tsarévitch, est moins long d'un tiers que le chapitre 10 consacré à cette 'tragique aventure'.

Cela dit, Voltaire a fait un effort considérable pour s'informer sur l'œuvre de Pierre: dans ses lettres à Chouvalov, nous l'avons vu, il réclame avec insistance des renseignements inédits sur les réformes et les grands chantiers de l'époque pétrovienne. Et, pour les chapitres 11 à 14 de la seconde partie, il a tenu le plus grand compte des manuscrits qu'il a reçus. Au lieu de multiplier les critiques vétilleuses sur des points de détail, les censeurs de Pétersbourg auraient dû rendre hommage au sérieux avec lequel Voltaire a décrit les aspects positifs du règne de Pierre. Il faudra attendre près de deux siècles, en Russie, pour que justice lui soit enfin rendue.[109]

Voltaire, en effet, n'a oublié que peu de réformes importantes: la capitation, à laquelle il ne fait allusion qu'à propos des statistiques sur la population en 1747, au début du chapitre 2; les 'gouvernements', dont il suppose la création connue dans la 'Description de la Russie' (I.i.96-100); la suppression des prikazes, embryons de ministères remplacés par neuf collèges à la suédoise en 1715; et la réforme de l'alphabet, à laquelle il n'a peut-être rien compris: il ne rapporte que l'usage d'écrire sur des rouleaux, aboli par le tsar

---

[109] Pour Platonova, l'ouvrage de Voltaire est la première monographie sérieuse sur Pierre le Grand ('Vol'ter v rabote nad *Istorieï Rossii pri Petre Velikom*', p.1).

(I.x.191-194); or, la réforme de l'écriture (en 1708) fut plus importante et plus significative: elle rompait avec un alphabet slavon compliqué, désormais réservé à l'usage ecclésiastique, et introduisait un 'alphabet civil' aux graphies simplifiées et ne comportant que 39 lettres au lieu de 43. Elle restera en usage jusqu'en décembre 1917, date à laquelle trois lettres furent supprimées. C'est dire qu'avec l'alphabet créé par Pierre, l'écriture cyrillique prend quasi définitivement son aspect actuel. Quant à la fondation du premier journal russe, les *Nouvelles* (*Viédomosti*), Voltaire n'en avait peut-être pas entendu parler. Pierre le Grand avait été le rédacteur en chef du premier numéro, en 1703. On pourrait lui reprocher encore d'avoir vu les réformes économiques sous un angle un peu archaïque: il ne parle que de l'implantation de 'manufactures', et lorsqu'il évoque l'exploitation des mines, il ignore apparemment le développement de l'industrie de l'Oural, qui permettra à la Russie pétrovienne d'exporter de la fonte en Angleterre.

Plutôt que de lacunes, il faudrait parler de réformes traitées trop vite, voire à peine mentionnées, mal expliquées ou mal interprétées. La création du Sénat est évoquée en une demi-phrase (II.i.75). Il en est de même de l'Académie des sciences (II.xvii.9-10), qui était d'ailleurs absente des *Anecdotes*. Il est vrai qu'aucun Russe n'en était membre à ses débuts et qu'elle fut fondée trop tard pour que Pierre ait pu la voir fonctionner. A la Table des rangs, essentielle pour comprendre la bureaucratie russe pendant deux siècles, ne sont consacrées que deux lignes, et encore celles-ci ne concernent-elles que les grades militaires, alors que l'originalité de cette création consiste à avoir calqué sur l'armée l'administration et la justice (II.xiii.51-53). Pour la réforme du calendrier, qu'il retrace mieux que dans les *Anecdotes*, Voltaire ne voit cependant pas que le changement essentiel fut d'en finir avec la tradition byzantine, en décrétant que l'année 7208 serait l'année 1700 (I.x, n.40); par ailleurs, tout en rappelant que Pierre n'a pas adopté le calendrier grégorien, il ne signale pas que le tsar a fait le choix inévitable d'un orthodoxe, mais qui aboutira à qualifier son calendrier d'"ancien style', ce qui est tout de même paradoxal pour un réformateur aussi radical que Pierre le Grand; et Voltaire n'insiste pas sur le décalage de onze jours entre le calendrier julien, auquel la Russie reste attachée, et le 'nouveau style', que l'Angleterre et la Suède elles-mêmes, longtemps réfractaires, avaient fini par adopter en 1752.

Quant à l'enseignement, Voltaire a bien perçu qu'il était axé sur les mathématiques et les techniques et il a peut-être senti que Pierre le Grand, privilégiant la formation des 'cadres', avait centré ses réformes sur 'l'enseignement supérieur' et négligé l'éducation du peuple. Il y avait tout de même un enseignement secondaire embryonnaire: Voltaire fait allusion aux trois collèges créés à Moscou, sans bien comprendre leur finalité, et sans tenir compte du MS 4-4, où la rubrique 'Ecoles, maîtres et Ecoliers' donne les 'règlements concernant la pédagogie', les effectifs des élèves et des maîtres, informe non seulement sur l'enseignement des mathématiques, mais aussi sur l'enseignement du latin et du grec, de l'histoire et de la géographie, de la logique, de la rhétorique... (f.270r-277r). L'enseignement primaire lui-même n'était pas tout à fait inexistant: cent cinquante écoles avaient été créées dans les chefs-lieux des gouvernements et des provinces, et autant dans les garnisons pour les enfants des soldats.[110] Il est vrai que la Russie aura beaucoup de mal à combler son retard dans ce domaine.

Bien exposées ou non, les réformes sont souvent, nous l'avons dit, disséminées au sein de l'ouvrage. En outre, étant donnée la perspective chronologique, la plupart se trouvent traitées à plusieurs reprises. Sans doute certaines d'entre elles n'apparaissent-elles qu'une seule fois: la coupe des vêtements et des barbes, la réforme du calendrier, la création de la Table des rangs, l'unification des poids et mesures, l'amélioration de l'éclairage, du pavage et de la sécurité dans les villes... Mais combien d'autres réformes se trouvent inévitablement répétées, ne fût-ce que pour en faire sentir

---

[110] Klioutchevski, *Pierre le Grand*, p.253.

les progrès: création et développement de la marine, introduction d'une discipline à l'allemande dans l'armée, réformes financières successives, implantation de manufactures diverses, creusement de canaux, développement du commerce, établissement d'écoles, réforme de l'Eglise...

'Mirage russe'?

Dispersées et rapidement exposées, les réformes, comme par compensation, sont systématiquement valorisées. Il y a de rares exceptions: Voltaire devine bien par exemple que Pierre n'a guère réussi à redresser ses finances, et que, dans ce domaine, il a déployé une activité brouillonne. Mais, pour la plupart de ses entreprises, il s'emploie à les idéaliser. Pour les vêtements et les barbes, a-t-il vraiment cru que la réforme a été facile? Il ne semble pas avoir conscience du profond traumatisme qu'elle a causé. Et d'ailleurs, change-t-on des mœurs par des lois? Montesquieu le niait, mais Voltaire ne se pose même pas la question.

La fondation de Saint-Pétersbourg est sans conteste l'acte créateur le plus frappant du tsar démiurge. Cette œuvre titanesque ne peut manquer d'éblouir Voltaire. Dès le premier chapitre, il rappelle que la ville-symbole fut bâtie 'malgré tous les obstacles réunis qui s'opposaient à sa fondation'. Il évoque par la suite son implantation dans un terrain 'désert et marécageux', 'qui ne communique à la terre ferme que par un seul chemin', et les difficultés de toute sorte qu'il fallut surmonter: le terrain à 'raffermir et élever', 'l'éloignement des secours', 'les maladies épidémiques qui enlevèrent un nombre prodigieux de manœuvres', les menaces de l'ennemi suédois tout proche.[111] Et il est sûr que la création de cette ville, qui de surcroît allait devenir la nouvelle capitale de l'empire, était une véritable provocation, un défi à la nature et au bon sens. Aux handicaps relevés par Voltaire s'en ajoutait un

---

[111] I.i.125-126; I.xiii.75-76, 91-95.

autre, tout aussi grave: le lieu choisi, à la périphérie de l'empire, était très éloigné du centre; les transports de pierres, dans une région qui en manquait, étaient particulièrement malaisés, surtout pour les particuliers sommés d'en apporter lorsqu'ils s'y installaient.

Aussi l'édification de cette ville nouvelle fut-elle plus qu'une prouesse: surgie du néant, elle tenait du miracle. Vers la fin du règne de Pierre, la Venise du Nord était mieux éclairée que Rome (II.xi.42). Saint-Pétersbourg a fini par éclipser les autres cités russes: elle est devenue 'la plus belle ville de l'empire' (1.i.124). Mais à quel prix! Lorsque Voltaire nous montre les ouvriers qui 'venaient' de tous les coins de la Russie pour la construire, il omet de nous dire qu'ils y étaient contraints; et lorsqu'il rappelle ce qu'elle a coûté de morts, il n'ose plus avancer de chiffre. [112] Est-ce un hasard si, dans sa 'Description de la Russie', il aborde Pétersbourg avant Moscou, et presque au début de son premier chapitre? Emporté par l'enthousiasme, il décrit la capitale telle qu'elle est à ses yeux au milieu du siècle: couverte d'églises et de palais, 'une balustrade immense de belles pierres' bordant le rivage de la Neva, une 'porte triomphale' jouxtant le nouveau palais d'Eté... Voltaire embellit à tel point la Pétersbourg contemporaine que Müller, tatillon, croit devoir le rappeler à une réalité plus humble (1.i, n.46).

Pierre le Grand fut-il un tsar 'législateur'? Voltaire ne cesse de le proclamer, notamment dans sa correspondance. Il le répète dès l'"Avant-propos", puis dans le chapitre 2 de l'*Histoire de l'empire de Russie*. [113] Dans ce domaine, il aurait même été l'un 'des plus grands'. Il aurait donc nécessairement rédigé et achevé un nouveau code. Voltaire maintiendra cette erreur malgré l'objection de ses

---

[112] Voir I.xiii, n.21 et 22. 'Il serait difficile de trouver dans l'histoire un champ de bataille où périrent plus de combattants qu'il ne tomba d'ouvriers sous Pétersbourg et Cronstadt' (Klioutchevski, *Pierre le Grand*, p.157).

[113] 'Avant-propos', l.12. Voir aussi 1.ii.405. Dans *La Philosophie de l'histoire*, Voltaire compare Pierre au sénat romain: il est l'un de ces 'législateurs profanes' qui ont créé des lois admirables sans les attribuer à des dieux (V 59, p.275).

critiques russes (II.xiii, n.11). A-t-il cependant raison de dire que Pierre est le premier à avoir donné à la Russie des lois concernant toutes les phases de la vie publique et privée, alors qu'auparavant il s'agissait plutôt de coutumes?[114] Il est vrai que, tout au long du règne de Pierre, il y a une prolifération d'actes législatifs, dont le rythme s'accélère à partir de 1709. Mais il s'agit moins de lois que d'oukases pris au jour le jour.

Voltaire exagère le nombre et la prospérité des manufactures, grossit le chiffre des revenus de l'Etat, minimise les difficultés que rencontrent en Russie les étrangers, entrepreneurs, ingénieurs ou marchands. Il surestime les succès du commerce avec la Chine, imagine des rapports idylliques entre marchands russes et étrangers (II.xi.45-47). Il gomme tout ce qui est tatillon et policier dans les règlements de police rapportés par le MS 2-14. Il fait deux fois allusion à la réforme financière, qui fut ce qui 'coûta le plus de peine' à Pierre le Grand,[115] mais ne dit pas un mot des innombrables taxes qu'il a dû inventer pour faire face aux frais des guerres. Dans son inventaire détaillé des revenus du tsar, Weber mentionnait pourtant, outre les impôts ordinaires qui frappaient les paysans et le clergé, ces multiples taxes nouvelles sur les moulins, les étangs, la pêche, les ruches à miel, les prés, les jardins, les bains (i.100-101). Vockerodt signalait aussi les 'impôts excessifs que Pierre Ier a mis sur son peuple'; il y voyait une des causes de la dépopulation de la Russie, car cela 'a obligé une grande quantité de paysans d'abandonner leurs terres'.[116] Les impôts nouveaux se déversaient sur la tête des contribuables 'comme l'eau sort d'un arrosoir'.[117]

Pour la Table des rangs, à peine évoquée, Voltaire a mis l'accent, une fois de plus, sur le mérite: il relève que 'tout soldat

---

[114] Wilberger, *Voltaire's Russia*, p.110.

[115] I.x.98-100. Voir aussi I.xiii.131-132. Voltaire ignore bien entendu que sous le règne de Pierre il y eut une dépréciation de la monnaie par rapport au règne d'Alexis (Klioutchevski, *Pierre le Grand*, p.169).

[116] *Considérations* (app. III, x.32-33).

[117] Klioutchevski, *Pierre le Grand*, p.163.

qui devenait officier devenait gentilhomme' (ii.xiii.58-59). Et il est vrai que, au moins en théorie, les compétences devaient l'emporter sur la naissance: les carrières civiles et militaires étaient ouvertes à tous, la noblesse à titre personnel conférée aux emplois subalternes, et à titre héréditaire pour les fonctions et grades les plus importants. La noblesse cessait d'être une caste fermée, et, dans ce domaine, Pierre le Grand était en avance de près de soixante-dix ans sur la Révolution française. Mais bien peu d'hommes du peuple profitèrent de la réforme, ne fût-ce qu'en raison de l'existence du servage. Et puis, en alignant les grades administratifs sur ceux de l'armée, le tsar introduisait une sorte de caporalisation du régime: les nouveaux fonctionnaires (*tchinovniks*) portaient des uniformes spéciaux, l'obséquiosité et la servilité s'installaient du bas en haut de l'échelle. Voltaire se félicite que les juges perçoivent des appointements du trésor public et n'achètent point leurs charges (ii.xiii.30). Mais ces salaires, comme ceux des bureaucrates, étaient modiques, si bien que la vénalité et la corruption des *tchinovniks*, loin de disparaître, ne faisait que se développer. Weber relève leurs malversations: ceux qui prélèvent les taxes sont des 'sangsues' qui bâtissent leur fortune sur la ruine du peuple; on disait à son époque que sur cent roubles qu'on levait dans le pays, il n'en entrait que trente dans les coffres du tsar. [118] Ce corps de parasites sera l'une des plaies de l'empire de Russie. Une autre fut le servage, dont l'aggravation était déjà perceptible après la mise en œuvre de la capitation, et que Voltaire semble ou veut ignorer, alors qu'il le condamne en Pologne. [119]

Des quatre chapitres de la seconde partie consacrés aux réformes, le plus long est celui qui concerne la réforme religieuse. Voltaire la considère en effet comme la plus importante. Mais il n'en saisit

[118] Weber, i.114-15. Klioutchevski écrit que les voies de la concussion étaient innombrables et 'aussi difficiles à explorer que de tarir la mer'. Il qualifie les percepteurs d'impôts d'"oiseaux de proie' (p.175).

[119] Voir Fiszer, *L'Image de la Pologne et des Polonais dans l'œuvre de Voltaire*, p.92-93.

pas toutes les conséquences. Il ne veut y voir qu'une laïcisation positive: en abaissant l'Eglise, Pierre a mis fin à l'idée 'absurde' des 'deux puissances' (II.xiv, n.6). Voltaire se félicite qu'un monarque ait accompli cette réforme à ses yeux cardinale. Que ce soit précisément Pierre le Grand qui l'ait osée ne peut que conforter son admiration pour le souverain russe. Et là, le parallèle avec Louis XIV est éclairant: sur ce 'point essentiel', Pierre est supérieur au roi de France, puisqu'il a mis au pas le clergé. Dans ce domaine, ce n'est pas la Russie qui a à apprendre de l'Occident, mais l'inverse. Et la révolution est d'autant plus remarquable qu'elle a lieu dans un pays où le pouvoir du patriarche rivalisait naguère avec celui du souverain: la cérémonie symbolique de la procession des Rameaux, où le tsar à pied tenait la bride du cheval du patriarche, était évoquée dans l'*Histoire de Charles XII* et dans les *Anecdotes*. Voltaire rappelle cette cérémonie humiliante pour le pouvoir civil. Désormais, les membres du Saint-Synode prêtent serment au tsar, ce que ne faisaient pas les patriarches. [120]

Voltaire loue sans réserve les ordonnances ecclésiastiques, où, 'dans les plus petits détails', on voit que 'tout est dirigé au bien de l'Etat, et qu'on prend toutes les mesures possibles pour que les prêtres soient considérés, sans être dangereux, et qu'ils ne soient ni avilis, ni puissants' (II.xiv.131-135). Le clergé ne doit pas rester une caste conservatrice qu'il faut soumettre et humilier, mais une force qu'on doit utiliser au mieux pour le service de la nation. Voltaire, là encore, idéalise le régime russe: à partir de la collaboration exemplaire et indiscutable de Prokopovitch, il donne une image idéale d'un clergé désormais éclairé et capable d'écrire des textes dignes des Pères de l'Eglise. Il exagère de même la tolérance de Pierre, aussi bien à l'égard des vieux croyants qu'à l'égard de toutes les confessions religieuses. [121]

Pourtant, la subordination de l'Eglise aura des effets pervers.

---

[120] II.xiv.139-143; I.ii.276-279; II.xiv.42-43.
[121] Sur Pierre le Grand et les vieux croyants, voir I.ii, n.86; sur les confessions religieuses, voir I.ii.334-336.

Voltaire trouve 'peu politique' le projet d'union des Eglises présenté à Pierre le Grand par la Sorbonne.[122] Comment le tsar, qui se prépare à réduire son clergé à l'obéissance, et qui de surcroît n'aime guère les catholiques, soutiendrait-il un tel projet? Voltaire se gausse d'autant plus de cette idée qu'elle émane de théologiens jansénistes. Et en effet, les évêques russes répondirent par une fin de non recevoir. Leur argument essentiel était qu'ils n'avaient plus de patriarche, et qu'ils devaient demander l'avis des patriarches orientaux. Pourtant, certains prélats russes étaient favorables à l'union. Tout cela, Voltaire, probablement, l'ignorait. Mais la réforme religieuse de Pierre eut une conséquence plus grave, que des observateurs étrangers, comme Custine, ne manqueront pas de souligner: la dépendance du clergé russe tendra à en faire un des piliers du régime, y compris après la Révolution de 1917. Cela, Voltaire ne l'a pas soupçonné. Dans les *Anecdotes*, il avait cru que le tsar faisait les fonctions de patriarche; dans l'*Histoire de l'empire de Russie*, il se félicite au contraire que Pierre, en créant le Saint-Synode, ait rétabli la 'dignité patriarcale';[123] bien qu'il rappelle aussitôt que le Saint-Synode, comme le Sénat, est dépendant du prince, il en exagère ainsi considérablement le poids.

D'une manière générale, dans les affaires religieuses, Voltaire privilégie les aspects politiques et ne retient des questions théologiques que leurs éléments ridicules.[124] Quant aux rapports entre le spirituel et le temporel en Russie, il les connaît mal: il n'a vu dans la réforme des monastères que son aspect utilitaire. Dans II.xiv, il recopie longuement et minutieusement les articles de l'Ordonnance sur les monastères, d'après les manuscrits qu'il a reçus de Russie.[125] Il authentifie ainsi en quelque sorte cette réforme capitale. Il en

---

[122] II.ix.60-62, et n.10.

[123] II.xiv.40-41. Voltaire ne veut voir que cette mise au pas du clergé. Il ne s'intéresse pas aux rites pittoresques de l'Eglise russe.

[124] C'est notamment le cas pour le projet d'union des Eglises présenté par la Sorbonne à Pierre le Grand (II.ix).

[125] Voir II.xiv, n.17 à 28.

profite pour redire une fois de plus son hostilité au célibat des moines et des nonnes; il observe que Pierre a interdit aux hommes mariés d'entrer au couvent; et il jubile en imaginant tous ces religieux et religieuses astreints au travail. Sans doute cette réforme était-elle inspirée par le souci de mettre fin au parasitisme; mais les critiques féroces de Pierre à l'égard des moines rappellent curieusement les sarcasmes d'Ivan le Terrible lorsqu'il stigmatisait le relâchement de la discipline cénobitique. [126]

Voltaire tend à faire de la Russie pétrovienne un Etat policé où se développe la culture. Les *Anecdotes* le soulignaient déjà, tout en notant qu'on faisait jouer les musiciens à coups de nerfs de bœuf (l.227). L'*Histoire de l'empire de Russie* ne garde plus trace de ces réserves. Il est vrai que la politique culturelle de Pierre le Grand n'y est guère évoquée. Voltaire sait sans doute que le tsar s'intéressait assez peu à la littérature et aux arts. Il préfère mettre l'accent sur ses efforts pour introduire dans son pays une sorte de sociabilité. Mais les assemblées que Pierre impose à Pétersbourg – critère de la civilisation pour Voltaire – ne touchent qu'une petite couche de la société.

Voltaire attache beaucoup d'importance à la diffusion du savoir. Il note que l'établissement d'une imprimerie a permis de publier des traductions russes d'ouvrages étrangers (I.xiii.20-23). Malgré ses effets pervers, qu'il rappelle dans sa 'Préface historique et critique', l'imprimerie est pour Voltaire l'une des conquêtes de la civilisation. Voltaire voit également l'intérêt des mathématiques et des arts appliqués, indispensables pour le développement technique de la Russie, notamment pour la marine et l'astronomie. Mais, là encore, il minimise les forces d'inertie du peuple russe, et, faute d'informations sans doute, il range parmi les 'nouveaux succès' le fait que Farquharson 'établit des écoles de géométrie, d'astronomie, de navigation' (I.xiii.24-25). En réalité, les 'écoles

---

[126] Voir A. Piovano, 'Monachesimo e potere da San Sergio di Radonež a Pietro il Grande', dans *San Sergio e il suo tempo: atti del I Convegno ecumenico internazionale di spiritualità russa*, Bose, 15-18 settembre 1993 (Bose 1996), p.77.

de chiffres' créées en 1714, et qui étaient au nombre d'une quarantaine vers 1720-1722, furent un semi-échec: il y eut des dispenses pour les nobles, les artisans et les commerçants, si bien qu'un tiers des écoles disparut, et que les effectifs s'effondrèrent. [127]

Pourtant, lorsque Voltaire esquisse le bilan du règne de Pierre, c'est peu de dire qu'il est positif. La vision est tellement idyllique que le lecteur a le sentiment de lire un conte de fées: 'Les arts florissaient de tous côtés; les manufactures étaient encouragées, la marine augmentée, les armées bien entretenues, les lois observées' (ii.xvii.11-13). En idéalisant et exaltant les réformes de Pierre le Grand, Voltaire européanise la Russie, et, de plus, 'en fait une île heureuse et civilisée'. Mais peut-on aller jusqu'à dire qu'il est un 'faiseur de l'histoire russe' et qu'il a produit une vision falsifiée de l'histoire? [128] Le jugement est sévère et injuste. Voltaire en effet n'a pas la volonté de tromper: l'écart entre ses déclarations et les faits, dans différents domaines (arts, sciences, législation, société...) s'explique plus par un manque d'informations que par une déformation de la vérité. [129]

Voltaire n'est pas non plus le jouet d'une illusion d'optique qui ferait de lui la victime d'un quelconque 'mirage russe'. Il est tout simplement pris au piège de son propos initial, qui est de 'forcer le lecteur à voir Pierre en grand'. Il sera pris dans le même engrenage fatal lorsque, voulant faire systématiquement l'éloge de Catherine ii parce qu'elle feint de soutenir les philosophes, il ne voudra pas voir qu'il est manipulé et qu'il se fait piéger par les 'villages de Potemkine'. [130] Voltaire ne sera pas le seul à donner de Pierre le Grand une image idéale: le jeune Herzen, par exemple, comparera l'œuvre du tsar à celle de la Convention, avant d'en donner plus tard des analyses beaucoup plus fines.

[127] Portal, p.171.
[128] Forycki, 'Chappe d'Auteroche et son *Voyage en Sibérie*', p.233.
[129] Wilberger, *Voltaire's Russia*, p.111.
[130] Voir Ch. Mervaud, 'Portraits de Catherine ii dans la *Correspondance* de Voltaire', *Catherine II et l'Europe* (Paris 1997), p.163-70.

Pourtant, Voltaire est loin d'idéaliser le tsar réformateur autant que le feront les historiens soviétiques de l'ère stalinienne. Après la Révolution de 1917, l'historien marxiste Mikhaïl Nikolaevitch Pokrovski avait une vision très critique du passé russe: il mettait l'accent sur l'économie, les luttes de classes et le despotisme de certains tsars comme Ivan le Terrible et Pierre le Grand. C'était l'envers du 'mirage russe'. Mais, dès les premières années de la dictature de Staline, une telle conception de l'histoire risquait de faire apparaître de fâcheux rapprochements entre les tyrans du passé et celui du présent. En 1931, dans une interview à Emil Ludwig, Staline affirmait la compatibilité du marxisme et du 'rôle important des personnalités éminentes'; et, en 1932, à la mort de Pokrovski, son œuvre était mise à l'index. Dès lors, Pierre le Grand ne fit pratiquement plus l'objet d'aucune critique chez les historiens soviétiques. Comme celui d'Ivan IV, son rôle progressiste n'était plus contesté: contrairement à l'interprétation de Pokrovski, la guerre du Nord était considérée comme une guerre juste, et le bilan des réformes comme positif.

L'idéalisation de Pierre le Grand, à l'époque stalinienne, apparaît sous un jour particulièrement cru dans l'affaire du tsarévitch. Le manuel d'Anna Mikhaïlovna Pankratova affirme sans nuances qu'Alexis était devenu 'traître à la patrie', qu'il faisait partie d'un groupe de conspirateurs contre Pierre et qu'il s'était enfui en Autriche pour y trouver des alliés. [131] Les *Etudes sur l'histoire de l'U.R.S.S.*, consacrant un chapitre à 'la lutte contre l'opposition réactionnaire' sous Pierre le Grand, considèrent comme un fait acquis la conspiration du tsarévitch, soulignent 'l'action énergique' de Pierre pour retrouver son fils, affirment à tort qu'Alexis fut condamné à mort par les évêques et archimandrites, et, comme Pankratova, relatent sa mort sans commentaire. [132]

[131] A. M. Pankratova, *Istoria SSSR* (Moscou 1956), ii.35.

[132] T. K. Krylova et V. A. Aleksandrov, 'Bor'ba s reaktionnoï oppozitsieï', *Otcherki istorii SSSR* [*Etudes sur l'histoire de l'U.R.S.S., premier quart du XVIIIᵉ s.*] (Moscou 1954), p.422-29.

L'œuvre de Pierre: rupture ou continuité?

Voltaire a conscience d'une certaine continuité historique entre la Moscovie du dix-septième siècle et l'empire de Russie de Pierre. Cette mise en perspective, totalement absente des *Anecdotes*, apparaît ici à plusieurs reprises. Comment pourrait-il en être autrement? Il n'est plus permis d'ignorer, vers le milieu du dix-huitième siècle, que la 'Moscovie' du tsar Alexis était déjà un *empire* qui s'étendait jusqu'au Pacifique et s'ouvrait sur l'Occident. Voltaire le dit: Alexis a fait rédiger un code de lois, introduit des manufactures, discipliné ses armées; il souligne que, d'une manière générale, l'esprit des Romanov 'fut toujours de policer l'Etat': il note que le fils d'Alexis, Fedor, a voulu 'réformer les boyards'. [133] Il va jusqu'à mettre implicitement en doute la 'barbarie' moscovite en observant que les tsars se mariaient 'sans égard à la naissance' et pouvaient choisir un successeur 'sans égard à la primogéniture': 'Il semblait que le rang de femme, et d'héritier du souverain, dût être uniquement le prix du mérite; et en cela l'usage de cet *empire* était *bien supérieur aux coutumes des Etats les plus civilisés*'. [134]

Mais la thèse centrale demeure. Les nuances que Voltaire introduit ici et là ne doivent pas affecter l'essentiel: la création sans précédent que constitue l'œuvre grandiose et multiforme de Pierre. Alexis, en effet, 'n'eut le temps de perfectionner rien de ce qu'il entreprit'; et son fils Fedor 'n'était ni assez instruit, ni assez actif, ni assez déterminé pour oser concevoir un changement général'. [135]

Les Russes eux-mêmes ont eu le sentiment que le règne de Pierre constituait une rupture. [136] N'appellent-ils pas Pierre le Grand le 'tsar-transformateur' (*tsar'-preobrazovatel'*)? Terme intra-

---

[133] I.iii.155-163; I.iii.188; I.iii.192-193.
[134] I.iii.205-208. Souligné par nous.
[135] I.iii.163-164; I.iii.193-195.
[136] Voir ci-dessus, *Anecdotes*, p.36.

duisible, qui fait moins référence aux réformes qu'il ne caractérise la révolution opérée par le souverain russe. Il y a bien un *avant* et un *après* Pierre le Grand, et la rupture se marque symboliquement, dans le temps et dans l'espace, par la fondation de Saint-Pétersbourg. Les Russes désignent par l''ère pétersbourgeoise' les temps modernes de leur pays. L'opposition Moscou—Pétersbourg est un thème classique de la pensée russe. Au dix-neuvième siècle, les débats entre slavophiles et occidentalistes seront éclairants sur ce point: si les premiers idéalisent la vieille Moscovie et si les seconds exaltent l'œuvre de Pierre, ni les uns ni les autres ne contestent que les réformes du tsar firent entrer la Russie dans le monde moderne.

Attribuer à Pierre le Grand une révolution irréversible est donc une tentation à laquelle il est difficile de résister: pour Voltaire, le tsar 'créait tout', et ses successeurs n'ont eu qu'à poursuivre et à parachever l'œuvre commencée. L'historien Mikhaïl Chtcherbatov a calculé que, sans l'arbitraire de Pierre, la Russie n'aurait atteint son degré de civilisation de la fin du dix-huitième siècle que cent ans plus tard, et encore à condition que rien n'ait entravé sa marche.[137] Mais peut-on dire que Voltaire tend à présenter les réformes du souverain russe comme le résultat d'un plan impétueux?[138] Ce n'est pas l'impression que laisse la lecture de son ouvrage: l'œuvre du tsar, dans la première partie du moins, est présentée de manière fragmentaire, en suivant l'ordre chronologique. Il serait peut-être plus juste de dire que, pour Voltaire, l'élan donné par Pierre est irrésistible. De sorte qu'on ne distingue pas toujours nettement dans son livre ce qu'il a effectivement réalisé, et *ce qu'il a voulu faire*.[139]

---

[137] Voir Klioutchevski, *Pierre le Grand*, p.246.

[138] Wilberger, *Voltaire's Russia*, p.111.

[139] On se souvient de la lettre à Frédéric dans laquelle Voltaire se proposait de montrer non seulement ce que le tsar a fait, mais 'ce qu'il a voulu faire' (D1426). Par exemple, Voltaire veut croire, ou persuader le lecteur, que Pierre le Grand a achevé son code en 1722...

L'opinion européenne était peut-être moins convaincue que le bilan fût aussi positif et définitivement acquis. Sans doute avait-elle été frappée que la Russie, avec Poltava, fût passée d'une quasi-obscurité à une gloire éclatante. Mais le voyage de Pierre en France avait donné lieu à des appréciations diverses; et certains hauts personnages, doutant que le tsar fût un grand souverain, avaient jugé que ses succès ne dureraient pas. Le 3 novembre 1760, Voltaire écrit à Chauvelin: 'Je me souviens d'avoir entendu dire à vos ministres, au cardinal Dubois, à m^r de Morville que le Czar n'était qu'un extravagant né pour être contremaître d'un navire hollandais, que Petersbourg ne pouvait subsister, qu'il était impossible qu'il gardât la Livonie' (D9378). Dans l'Avant-propos (l.6-8), Voltaire fait allusion à ces doutes.

Œuvre éphémère, donc. Ce sera le sentiment de ceux qui n'ont pas succombé au 'mirage russe'. En 1736, Locatelli, songeant à toutes les peines que s'était données Pierre le Grand, et aux ruisseaux de sang 'qu'il avoit été obligé de faire couler, pour tirer ses sujets de la barbarie & de l'ignorance', constate que ces efforts et ces sacrifices furent vains: 'Quel effet ont donc produit tous les mouvemens que s'est donné ce grand monarque pour réformer son peuple? Est-il possible que ses sujets soient encore aussi barbares?'[140] Sans doute Locatelli, ulcéré d'avoir été emprisonné en Russie, règle-t-il des comptes. Mais, trente ans plus tard, le témoignage de Chappe d'Auteroche, moins suspect, ira dans le même sens. Son *Voyage en Sibérie*, on le sait, niera que Pierre le Grand ait transformé son pays: 'On connaît', écrit-il, 'les vastes projets de ce grand homme'; il avait conçu 'le dessein de réformer sa nation, & de la civiliser: mais plus absolu qu'aucun des souverains ses prédécesseurs, il resserre les liens de l'esclavage'.[141] Et Chappe d'Auteroche, tout au long de son livre, traque et dévoile crûment les signes d'arriération de la Russie... Pour certains esprits,

---

[140] Francesco Locatelli, *Lettres moscovites* (Paris 1736), p.50-51.
[141] Jean Chappe d'Auteroche, *Voyage en Sibérie* (Paris 1768), p.112.

la continuité avec l'ancienne Moscovie est donc évidente: Pierre n'a eu que des 'projets', et il a essuyé des échecs. Comment un 'contre-maître hollandais' aurait-il pu bouleverser radicalement son immense empire?

Même si l'on refuse ou si l'on nuance ce bilan négatif, il faut bien reconnaître que les changements apportés par Pierre s'inscrivent inévitablement dans une certaine continuité. On connaît la thèse de Klioutchevski: Pierre a pris à la vieille Russie les 'formes' de l'Etat (le pouvoir absolu, les castes) et a emprunté à l'Occident les 'moyens' techniques; la réforme a frappé les contemporains moins par ses innovations que par ses *procédés*; elle n'a pas renouvelé la vie russe de fond en comble, mais elle l'a troublée; elle fut plus un *choc* qu'une révolution...[142] En somme, Pierre le Grand, en continuant l'œuvre de ses prédécesseurs, n'avait pas de plan arrêté, il improvisait au jour le jour; la guerre avait été au départ le principal ressort de la réforme, puis en avait considérablement freiné la marche. Ce n'est pas faux, sauf pour la fin du règne, où les grandes réformes deviennent systématiques et correspondent à un programme précis. L'ouvrage de Voltaire laisse bien cette impression d'un vaste chantier d'abord étroitement lié à la guerre, puis, après la mort d'Alexis et la paix de Nystad, continué dans la paix.

Amorçant la rupture, mais poursuivant l'œuvre de ses prédécesseurs, Pierre est-il venu dans le temps qu'il fallait qu'il vînt? C'est, on s'en souvient, ce qu'affirme Voltaire dès le début des *Anecdotes*. Des Russes comme Soloviev ou Dobrolioubov souligneront également le lien entre la nécessité des réformes à cette époque et le hasard que fut l'apparition de Pierre. Klioutchevski dira lui aussi que la réforme est née des besoins essentiels de l'Etat et de la nation, perçus instinctivement par un être autoritaire, intelligent et énergique, 'une de ces natures privilégiées qui surgissent de temps en temps au sein de l'humanité, sans cause apparente'.[143]

---

[142] Klioutchevski, *Pierre le Grand*, p.255 et 261.
[143] Klioutchevski, p.260.

On peut contester ce point de vue. Pierre n'est-il pas venu trop tôt? L'abîme entre la Russie et l'Occident était trop grand; il aurait fallu, pour le combler, une longue évolution, mais le temps pressait. Or, le peuple russe n'était pas prêt à suivre le tsar.[144] La réforme a donc des aspects fâcheux: hâte, improvisation, gaspillages. A l'arriération du pays s'ajoutait le retard des mentalités. Il fallait faire trop de choses à la fois, et trop vite. Bref, Pierre 'tentait l'impossible'.[145] Cette réforme fut la lutte du despotisme contre le peuple, contre son inertie. Pierre voulait que l'esclave, en restant esclave, agît consciemment et librement. L'action conjuguée du despotisme et de la liberté, de la civilisation et de l'esclavage, c'était la quadrature du cercle.[146] Pour n'avoir pas voulu ou pas pu mesurer l'immense handicap que constituait l'existence du servage, Voltaire se condamnait à voir des transformations qui n'affectaient que les couches supérieures de la société russe.

Objet de débats passionnés, d'interprétations divergentes, des thèses opposées de Voltaire et de Rousseau,[147] les écrits consacrés à Pierre le Grand au dix-huitième siècle sont légion.[148] Dans cette masse de textes de longueur, de formes, de visées différentes, Voltaire reste une référence, même si, à tort, la critique n'a pas accordé à l'*Histoire de l'empire de Russie sous Pierre le Grand* la place et l'intérêt qui lui sont dus. Car Pierre est une figure maîtresse de l'imaginaire historique et politique de Voltaire.

L'obstacle principal à cette réévaluation paraît être de l'ordre d'une mauvaise réputation. Sous les plumes les plus autorisées, on trouve des jugements sans appel sur ce qui serait son plus mauvais

[144] G. Welter, *Histoire de Russie* (Paris 1963), p.209.
[145] Portal, p.283.
[146] Klioutchevski, p.261-62.
[147] Voir ci-dessous, p.313-14.
[148] Voir l'ouvrage déjà ancien de Lortholary et une étude très fouillée de C. H. Wilberger, 'Peter the Great: an eighteenth-century hero of our times?', *Studies* 96 (1972), p.7-127.

ouvrage historique.[149] Eclipsée par l'élan de l'*Histoire de Charles XII*, par la narration plaisante des *Anecdotes sur le czar Pierre le Grand*, l'*Histoire de l'empire de Russie* a pâti de ces comparaisons. Surtout, elle est apparue comme une redite, alors que cet ouvrage, aboutissement d'un important effort de documentation, témoigne d'une réelle mise en œuvre des informations et illustre à la fois la méthode historique et les convictions philosophiques de Voltaire.

Ce n'est certes pas un texte bâclé. Pour une histoire qu'il a qualifiée lui-même d'''instructive', Voltaire soigne ses effets. Le récit du voyage du tsar à Paris pourrait en servir d'illustration. Il occupe le chapitre 8 de la seconde partie et il est précédé par une 'petite digression', l'aventure du fils du charpentier Calf (II.vii.75-98) et suivi par la démarche jugée inconsidérée des docteurs de Sorbonne, curieusement 'traitée à part'. L'une, censée condamner les vanités, évoque la futilité et la douceur de vivre françaises, l'autre montre comment se fourvoient les autorités religieuses de ce pays. A l'intérieur de ce cadre critique, le tsar découvre la grandeur culturelle de la France, tout ce qui a justifié l'expression de 'Siècle de Louis XIV'.[150] Ironiquement, l'inventaire se clôt par un dyptique contrasté: l'anecdote du tombeau du cardinal de Richelieu et celle de la visite à Mme de Maintenon. Plus généralement, dans l'ensemble de l'ouvrage, Voltaire a su faire montre de sa maîtrise du récit historique: évocation de personnalités hors

[149] Lortholary, *Le Mirage russe*, p.51; Gay, *Voltaire's politics*, p.182, n.99. Mais d'autres travaux signalent rapidement l'intérêt de l'œuvre. J. H. Brumfitt montre combien l'intérêt de Voltaire pour les développements concernant la société a progressé depuis l'*Histoire de Charles XII* (*Voltaire historian*, p.72). F. Diaz, *Voltaire storico*, cite l'*Histoire de l'empire de Russie* dans son chapitre 1 sur les héros dans l'histoire. Dans sa Préface à l'édition des *Œuvres historiques* de Voltaire, R. Pomeau montre que Voltaire 'tient à une interprétation qui force l'histoire de Pierre le Grand, si elle ne la fausse pas entièrement' (p.21).

[150] Voir la 'Lettre à milord Harvey' expliquant pourquoi il n'y aura pas de siècle de Pierre le Grand: le tsar, en effet, n'a fait que s'instruire chez les autres peuples, alors que le roi de France, qui a instruit les nations et favorisé les arts, mérite de donner son nom à son siècle (*Le Siècle de Louis XIV*, OH, p.610-11).

INTRODUCTION

du commun,[151] répartition et choix des anecdotes,[152] phrases célèbres,[153] fins de chapitre frappantes,[154] réflexions du narrateur.[155]

Le règne de Pierre, comme le mythe chinois, l'obsession du fanatisme ou la supériorité du régime anglais, structure la vision de Voltaire.[156] Tout un 'vocabulaire pétrovien', dont il ne fut pas le seul à user et abuser,[157] désigne le tsar comme un 'législateur', un 'génie' qui a créé une nation nouvelle, forcé la nature. Il importe de souligner la place que tient Pierre le Grand dans 'le petit musée historique intime' de Voltaire.[158]

Dans l'*Histoire de l'empire de Russie* se dessinent clairement les linéaments de la philosophie de l'histoire de Voltaire.[159]

[151] Outre les portraits de Pierre et de Charles XII, on relève ceux de Mazepa, de Menchikov, de Lefort, des souverains de Perse.

[152] On a déjà signalé les anecdotes sur la cruauté des Suédois (voir ci-dessus, n.88), les anecdotes concernant la vie du tsar, celles du voyage à Paris. On peut ajouter celle sur la générosité de Samuel Bernard (II.iv.108-119), ou celle sur les tombeaux des ducs de Courlande profanés par les Suédois et respectés par les Russes (I.xiv.64-74).

[153] I.xiii.203-205; I.xix.3-4, 234-235.

[154] Réflexions générales: I.i.777-780; I.ii.405-410. Remarque piquante: I.xi.141-142.

[155] Commentaires ironiques du narrateur: Pierre après Poltava invite les officiers suédois et boit à leur santé: 'Je bois à la santé de mes maîtres'; Voltaire ajoute: 'mais la plupart de ses maîtres [...] furent bientôt envoyés en Sibérie' (I.xix.1-6). Voir aussi I.xv.34-38: 'Le chapelain Norberg prétend que le mot des Suédois dans cette bataille était *au nom de Dieu*, et que celui des Russes était *massacrez tout*: mais ce furent les Suédois qui massacrèrent tout au nom de Dieu'.

[156] Voir R. Mortier, 'L'imaginaire historique du XVIIIe siècle: l'exemple de Voltaire', *Le Cœur et la raison* (Oxford, Bruxelles, Paris 1990), p.135-45.

[157] C. H. Wilberger souligne l'importance de ce vocabulaire et indique qu'il a été l'objet de maints débats ('Peter the Great', p.98).

[158] Mortier, 'L'imaginaire historique du XVIIIe siècle: l'exemple de Voltaire', p.145. La conclusion de cet article s'applique particulièrement bien à l'*Histoire de l'empire de Russie*: 'Voltaire ne falsifie jamais délibérément les textes et les faits. Il se contente de les sélectionner et de les colorer en fonction de ses options profondes, constituant ainsi un petit musée historique intime dont il tire à l'infini des arguments qui viennent à l'appui de ses thèses'.

[159] Voltaire a intitulé l'un de ses ouvrages *La Philosophie de l'histoire*. Comme le remarque R. Pomeau, 'il ne donnait pas à l'expression le sens qu'elle devait prendre

L'opposition du héros et du grand homme, thème récurrent de sa pensée, constitue l'un des pivots de cette histoire qui exploite largement les parallèles entre Charles XII et Pierre le Grand, au point que les *Mémoires secrets* de Bachaumont insinuent malignement que le monarque suédois 'sert de marchepied au tsar'.[160] Dans l'optique voltairienne, la destinée des empires dépend des souverains. La comparaison entre la Russie et la Perse illustre cet axiome: 'Un seul homme, parce qu'il avait un génie actif et ferme, éleva sa patrie; et un seul homme, parce qu'il était faible et indolent, fit tomber la sienne'. Schah Hussein sert de repoussoir et Voltaire brosse le tableau de l'anarchie qui règne en Perse où 'un imbécile et un fou décidèrent du sort' de milliers d'hommes.[161]

Au thème de la décadence des empires, si fortement ancré dans la pensée du dix-huitième siècle, Voltaire oppose celui de la création d'un empire qui est 'peut-être la plus grande époque pour l'Europe, après la découverte du Nouveau Monde'.[162] Voltaire sait qu'une barbarie fondamentale est toujours prête à resurgir, que des peuples policés peuvent régresser, mais d'autres vont reprendre le flambeau de la civilisation. Dans la conclusion de l'*Essai sur les mœurs*, il détectait, au milieu des 'saccagements' et des destructions, 'un amour de l'ordre qui anime en secret le genre humain' (ii.808). Encore faut-il qu'une personnalité exceptionnelle, comme celle de Pierre le Grand, voie le jour. Il cite le grand discours du tsar, aux accents 'slavophiles' avant l'heure, mais qui, pour Voltaire, prouve que si les civilisations sont mortelles, la civilisation ne l'est pas:

Les arts circulent dans le monde, comme le sang dans le corps humain; et peut-être ils établiront leur empire parmi nous pour retourner dans la

---

chez les philosophes allemands du siècle suivant: il voulait seulement indiquer que dans cet opuscule il réfléchissait sur l'histoire' (*Politique de Voltaire*, p.73). On essaiera seulement de mentionner quelques caractéristiques de la vision de Voltaire telle qu'elle apparaît dans cette histoire de Pierre le Grand.

[160] *Mémoires secrets* (à la date du 17 mai 1763), i.218.

[161] II.xvi.288-291, 297-298.

[162] 'Au lecteur' (app. I, l.7-8).

Grèce leur ancienne patrie. J'ose espérer que nous ferons un jour rougir les nations les plus civilisées, par nos travaux et par notre solide gloire.[163]

'J'aime les créateurs', écrivait Voltaire à Thiriot le 15 juin 1759 (D8354). Les créateurs imposent leurs vues par la force. Non seulement Voltaire a incorporé la gloire guerrière dans une histoire des progrès de la civilisation, mais il donne aussi un sens à d'autres violences, celle de la contrainte s'appliquant aux modes de vie, celle de la précipitation dans les changements, celle d'un modèle imposé de l'extérieur, la civilisation occidentale dans ses aspects matériels étant greffée sur l'antique Moscovie. A. Lortholary a dressé ce réquisitoire contre le Pierre le Grand de Voltaire:

L'auteur plaçait au-dessus des ravageurs de provinces les princes législateurs, mais son législateur brandissait une hache et cette hache apparaissait comme un instrument du progrès.[164]

On ne peut dénier une part de vérité à ce jugement, même si l'on doit tenir compte de sa tendance antiphilosophique. Voltaire parie avant tout sur le triomphe de la volonté. Pierre est une remarquable figure de pouvoir,[165] dans la mesure où il dompte la nature et façonne un pays. Sans doute ce 'centaure' a détruit bien des hommes tandis qu'il en civilisait d'autres, sans doute vaut-il mieux 'avoir affaire aux princes morts qu'aux princes vivants',[166] mais ces fléaux de leurs sujets font progresser l'humanité. Voltaire défend sa vision volontariste de l'histoire, fustigeant ceux qui gouvernent avec des 'demi-volontés et des demi-moyens': 'Si Pierre le Grand n'avait pas voulu fortement, deux mille lieues de

[163] II.v.92-97. Sur l'importance de la théorie cyclique de l'histoire au dix-huitième siècle, sur les thèmes de la décadence et du progrès, voir J. Schlobach, 'Pessimisme des philosophes? La théorie cyclique de l'histoire au 18e siècle', *Studies* 155 (1976), p.1971-87.
[164] Lortholary, *Le Mirage russe*, p.67.
[165] R. Duchac, 'Voltaire et l'image du pouvoir politique', *Annales de la Faculté des lettres et sciences humaines d'Aix* 44 (1968), p.253-58.
[166] A la duchesse de Saxe-Gotha, 25 mars 1760 (D8817).

pays seraient encore barbares'. [167] Comme dans les *Anecdotes*, le tsar-géant reste un exemple à méditer:

Si dans les climats glacés de l'ancienne Scythie, un homme aidé de son seul génie a fait de si grandes choses, que devons-nous faire dans des royaumes où les travaux accumulés de plusieurs siècles nous ont rendu tout facile? [168]

[167] Art. 'Vénalité', *Questions sur l'Encyclopédie* (1772; M.xx.552).
[168] II.xvii.204-207, phrase finale de l'*Histoire de l'empire de Russie*. A comparer avec la fin des *Anecdotes*, l.437-442.

5

L'affaire du tsarévitch

L'affaire du tsarévitch Alexis occupe plus du quart des *Anecdotes sur le czar Pierre le Grand*. Dans l'*Histoire de l'empire de Russie*, le chapitre 10 de la deuxième partie, consacré au procès, à la condamnation et à la mort du fils de Pierre Ier, est, avec la 'Description de la Russie' de la première partie, l'un des deux plus longs chapitres de l'ouvrage. C'est dire que cette affaire tragique est l'une des questions qui ont obsédé Voltaire.

Dans les discussions épistolaires avec Frédéric de Prusse, on s'en souvient, l'histoire d'Alexis avait été évoquée. Frédéric avait envoyé à Voltaire un manuscrit sur le tsarévitch. Ce mémoire – inconnu – avait laissé Voltaire sceptique: après l'avoir lu, le 20 mai 1738, il continuait à se demander si Alexis était mort de mort naturelle, ou s'il avait été victime de la cruauté de son père (D1506).

Voltaire avait sans doute entendu parler depuis longtemps de cette affaire. Elle avait fait suffisamment de bruit en Europe. Loin de la tenir secrète, le tsar lui-même, pour se justifier, lui avait donné de la publicité. Par un rescrit du 6 février 1718, il avait ordonné à son ambassadeur au Danemark, Vassili Dolgorouki, de faire savoir qu'Alexis avait renoncé au trône; et par un autre rescrit, du 16 juin, il l'avait chargé de faire connaître la découverte de nouveaux crimes du tsarévitch, qui se serait réjoui de la révolte des régiments russes du Mecklembourg et se serait préparé à prendre la tête des insurgés.[1] Par ailleurs, dès 1718, Pierre le Grand avait fait circuler des versions officielles du procès et de la

---

[1] RGADA, affaires du Danemark, 1718, d. 4, f.8-10 et 50-53; cf. *Otcherki istorii SSSR [Etudes sur l'histoire de l'URSS, premier quart du XVIIIe s.]*, p.427.

condamnation d'Alexis. L'une de ces brochures s'intitulait *Manifeste du procès criminel du czarewitsch Alexei Petrovitch* [...] *traduit sur l'original russien et imprimé par ordre de Sa Majesté czarienne* (La Haye 1718). Il y eut aussi des *Mémoires en forme de manifeste sur le procès criminel jugé et publié à S. Petersbourg en Moscovie le 25 juin 1718 contre le czarevitch Alexei* (Nancy 1718). Des brochures plus courtes contenant quelques pièces du dossier avaient également été diffusées, en français, en anglais et en allemand: *Manifeste de Sa Majesté Czarienne* (Paris 1718), publié chez plusieurs éditeurs; *Gross-Czaarisches Manifest* (s.l. 1718), traduit du français. Il n'est pas exclu que Voltaire ait lu l'un de ces ouvrages de propagande. Peut-être a-t-il consulté également des gazettes, notamment le *Mercure historique et politique* de La Haye, qu'il possédait (BV2427) et auquel renvoyaient les *Mémoires en forme de manifeste*.[2] En tout cas, à l'époque où il écrivait les *Anecdotes sur le czar Pierre le Grand*, il connaissait déjà les *Nouveaux mémoires sur l'état présent de la Grande Russie ou Moscovie*, de Friedrich Christian Weber (Paris 1725; BV3833). Pour rendre compte du procès d'Alexis, ce livre, dans sa traduction française due au père Malassis, reprenait presque textuellement, en sautant des passages, les *Mémoires en forme de manifeste*. L'image qu'il donnait du tsarévitch était donc particulièrement négative.[3]

Voltaire disposait aussi des *Mémoires du règne de Pierre le Grand*, compilation en quatre volumes attribuée à Jean Rousset de

[2] *Mémoires en forme de manifeste*, Préface, et p.373. La Préface renvoie aux 'articles des affaires du Nord & d'Allemagne' dans les 'gazettes & les Mercures historiques & politiques d'Hollande' des mois d'avril à septembre 1718.

[3] Résumant les documents du procès, Weber rappelle que le tsarévitch s'est toujours montré réfractaire aux exhortations de son père, estime qu'il a non seulement espéré la mort du tsar, mais l'a cherchée, ainsi que la couronne, grâce à l'assistance étrangère ou aux forces des rebelles. Il relève qu'Alexis a menti en disant que les Impériaux l'ont forcé à écrire au Sénat et aux archevêques. Il souligne qu'il a caché un grand nombre de personnes, de lettres et de faits, qu'il a déguisé et dissimulé tout ce qui s'est passé pour pouvoir reprendre ses desseins plus tard (ii.318-27).

Missy et publiée sous le pseudonyme du baron Nestesuranoi (Amsterdam 1725-1726; BV3047: 1728-1730). Sur l'affaire du tsarévitch, Rousset de Missy s'appuyait d'ailleurs sur Weber, et reproduisait d'après lui les pièces du procès. Bien qu'il l'ait lu attentivement et l'utilise parfois sans le dire, Voltaire, on l'a vu, n'a que mépris pour ce prétendu baron. Aussi, lorsqu'il reçoit de Pétersbourg un bref manuscrit sur le tsarévitch qui se borne à démarquer Rousset de Missy, il ne cache pas, rappelons-le, sa déception et son agacement: ce mémoire, écrit-il à Chouvalov le 7 novembre 1761, 'n'est qu'une copie presque mot pour mot' de Nestesuranoi (D10141).

Voltaire ne recevra sur Alexis que ce très court MS 3-52. Pour écrire le chapitre 10 de la seconde partie, il devra donc se servir presque exclusivement de Weber, qui reproduit un ouvrage de propagande! Les documents qu'il cite sont effectivement tirés de cet ouvrage. Toutefois, il est loin de partager ses jugements, très hostiles au tsarévitch. Et il remanie le texte du traducteur: l'exemplaire de sa bibliothèque est constellé de corrections visant à condenser ou à améliorer le style. Il en change même parfois le sens.

Sur ce 'terrible événement', susceptible d'affecter, voire de ruiner toute sa problématique russe, il est tout de même paradoxal que, faute d'informations inédites en provenance de Russie,[4] Voltaire ait dû se contenter de sa documentation 'occidentale', d'ailleurs dépourvue d'esprit critique, puisqu'elle reflétait le point de vue officiel. On peut se demander s'il a été dupe de cette propagande, ou s'il a été pris au piège de son pari: 'forcer le lecteur à voir Pierre en grand', y compris dans cette sinistre page de l'histoire du tsar. Quoi qu'il en soit, avec ces mêmes sources sur le tsarévitch, des *Anecdotes* à l'*Histoire de l'empire de Russie*, des fluctuations, voire des contradictions, se dessinent dans l'esprit de

---

[4] Les éditeurs de Kehl, mal informés, affirment que 'cette histoire [du tsarévitch] a été écrite d'après des mémoires et des pièces originales envoyés de Russie' (xxiv.320, n.5).

Voltaire. Sans doute faut-il tenir compte du changement intervenu à partir de 1757: Voltaire a le souci de ne pas déplaire à la cour de Pétersbourg. Il tient pourtant à maintenir une certaine indépendance de jugement, y compris dans l'affaire d'Alexis.

Dans les *Anecdotes*, Voltaire attribuait la perte du tsarévitch à trois raisons: il avait imité son père 'mal à propos' en quittant secrètement la Russie; son 'grand crime' était d'être 'trop Russe', c'est-à-dire de refuser l'occidentalisation de son pays, et, partant, l'œuvre de Pierre; il n'aimait point la guerre, 'et c'est ce que son père lui reprochait le plus'. Curieusement, Voltaire n'évoquait ni la profonde piété d'Alexis ni l'influence qu'exerçaient sur lui les milieux ecclésiastiques hostiles aux réformes. Il ne prendra en compte le facteur religieux que dans l'*Histoire de l'empire de Russie*; mais alors, il sera pour lui déterminant: il verra dans 'l'abus de la religion', dans les prêtres et les moines, la 'première cause' de la tragédie du tsarévitch.

Pour Voltaire, il est évident qu'Alexis a été sacrifié à la raison d'Etat. Il ne variera pas sur ce point. Sans doute s'efforcera-t-il, dans l'*Histoire de l'empire de Russie*, de montrer que cette raison d'Etat se confond avec l'intérêt de la nation. Mais, dans les *Anecdotes*, il soulignait la 'sévérité' du tsar, évoquée à deux reprises, et il déplorait la cruauté avec laquelle les complices d'Alexis avaient été châtiés: 'si la Moscovie a été civilisée, il faut avouer que cette politesse lui a coûté cher' (l.409).

Elle lui a coûté d'autant plus cher que, selon Voltaire, il n'y avait pas de conspiration. La meilleure preuve, c'est que, si Alexis avait voulu se révolter, et s'il y avait eu un parti en sa faveur, au lieu de s'enfuir, il aurait pu profiter du voyage de son père à l'étranger pour 'se déclarer'. Là encore, Voltaire ne variera pas. Pour lui, le 'crime' du tsarévitch tient plus à sa personnalité et à ses intentions qu'à ses actes. Aussi aura-t-il tendance à minimiser ses fautes: la litote sur les 'voyages' d'Alexis, dans les *Anecdotes*, puis dans la correspondance et dans l'*Histoire de l'empire de Russie*, tend à occulter l'évasion de l'héritier du trône, devenu l'hôte clandestin d'une puissance étrangère.

Dans les *Anecdotes*, Voltaire rapporte que les ecclésiastiques consultés par le tsar 'trouvèrent dans l'Ancien Testament, que ceux qui maudissent leur père et mère, doivent être mis à mort; qu'à la vérité David avait pardonné à son fils Absalon révolté contre lui, mais que Dieu n'avait pas pardonné à Absalon' (l.377-380). 'Sans rien conclure', leur avis signifiait pourtant un 'arrêt de mort'. Il concordait avec la condamnation des juges séculiers. Pierre était donc doublement incité à faire exécuter son fils.

Mais en fait les évêques et abbés avaient rappelé aussi que, dans les Evangiles, le Christ invite à l'indulgence à l'égard du fils égaré qui se repent: ainsi, en apparence du moins, leurs avis s'équilibraient, et ils laissaient le choix au tsar sur le parti à prendre. Dans l'*Histoire de l'empire de Russie*, Voltaire, peut-être mieux informé, fait état des deux versions du clergé. Après avoir brièvement mentionné la 'loi sévère' du Lévitique, il cite le texte même des ecclésiastiques, qui donnent deux exemples de miséricorde: celui du Christ et celui de David. Et, pour finir, Voltaire reproduit la conclusion du clergé: 'Le cœur du czar est entre les mains de Dieu; qu'il choisisse le parti auquel la main de Dieu le tournera'. Mais, curieusement, il y voit un appel à la clémence:[5] 'et rien n'est plus beau peut-être que cette opposition de la douceur de Jésus-Christ à la rigueur de la loi judaïque, mise sous les yeux d'un père qui faisait le procès à son fils' (l.512-522). Mais alors, pourquoi le tsar n'a-t-il pas suivi ce conseil? En condamnant son fils, il n'avait pas l'aval du clergé: il semble donc moins justifié que dans les *Anecdotes*. Et, comme nous l'avons déjà observé,[6] aux yeux du lecteur, il apparaît paradoxalement comme plus sévère.

[5] Soloviev estimera aussi que l'avis du clergé russe incitait au pardon (*Istoria Rossii*, xvii-xviii.183). Le Clerc, au contraire, stigmatisera la duplicité des ecclésiastiques, qui selon lui n'offraient pas de choix au tsar, mais le poussaient à condamner Alexis (voir ci-dessous, p.330). Les éditeurs de Kehl estimeront de même que le tsar a fait condamner son fils 'par des esclaves dont la bassesse et la barbare hypocrisie est prouvée par le style même de la sentence' (xxiv.320, n.5).

[6] Voir ci-dessus, *Anecdotes*, introduction (p.34).

Sur la mort du tsarévitch, Voltaire semble d'abord s'en tenir au scepticisme dont il faisait preuve dans sa correspondance avec Frédéric: 'jamais', écrit-il dans les *Anecdotes*, 'on n'a su la manière, soit violente, soit naturelle, dont ce prince mourut'. Pourtant, il penche pour la mort naturelle: 'Pierre, le plus despotique des princes, n'avait pas besoin d'exemples. Ce qui est certain, c'est que son fils mourut dans son lit'. Sans doute n'écarte-t-il pas la thèse de l'empoisonnement: le tsar avait en effet 'une des plus belles apothicaireries de l'Europe'. Mais il se rallie à la version officielle selon laquelle le tsarévitch serait mort d'apoplexie à l'annonce de sa condamnation: 'il est probable que le prince Alexis [...] put mourir de la révolution que fit dans son corps un arrêt si étrange et si funeste' (l.396-403).

Pourtant, le 7 novembre 1761, Voltaire écrit à Chouvalov: 'Il n'y a pas un seul homme en Europe, qui pense que le csarovits soit mort naturellement. On lève les épaules quand on entend dire qu'un prince de vingt trois ans est mort d'apoplexie à la lecture d'un arrest qu'il devoit espérer qu'on n'exécuterait pas'. Même le 'méprisable ouvrage' de Nestesuranoi n'a pu dissimuler que toute l'Europe a cru Alexis empoisonné. C'est que Voltaire, en écrivant l'*Histoire de l'empire de Russie sous Pierre le Grand*, a une conscience aiguë de sa responsabilité. Sur l'affaire du tsarévitch, et tout particulièrement sur les circonstances de sa mort, l'opinion publique européenne est prête à le juger sans concession (D10141).

Pour se faire une idée plus précise de l'affaire du tsarévitch et la traiter convenablement, Voltaire savait que les sources dont il disposait, et que nous avons rappelées, étaient insuffisantes. Il avait vainement tenté de se procurer les mémoires de l'ancien précepteur d'Alexis, le baron van Huyssen, dont la comtesse de Bassewitz lui avait parlé dans sa lettre du 17 novembre 1761 (D10159); mais ces mémoires, que Voltaire prie la comtesse de lui faire parvenir (D10228), n'ont sans doute jamais existé. De mystérieux manuscrits, qu'il prétend avoir 'ramassé dans toute l'Europe' (D10141), ont peut-être aidé Voltaire. Mais, quand il l'évoque dans sa correspondance, il associe immanquablement la question du tsarévitch aux difficultés qu'il rencontre. L'insuffisance des informations n'est évidemment pas seule en cause: s'y ajoute la difficile recherche de la vérité. Le cas d'Alexis est 'embarrassant': Voltaire en convient dans sa lettre au président Hénault du 4 novembre 1761 (D10131); et, le 9 décembre suivant, Saltykov rapporte que l'hôte des Délices est 'fort embarrassé' par l'affaire du tsarévitch, 'en qui il ne trouve la moindre faute qui méritât un traitement sévère' (D10200).

La question du châtiment d'Alexis avait été abordée franchement par Voltaire dans sa lettre à Chouvalov du 1er novembre: il y rappelait que 'plus d'un peuple considérable' n'approuvait pas l''extrême sévérité' dont on avait fait preuve à l'égard du prince et que plusieurs auteurs anglais s'étaient 'élevés hautement' contre sa condamnation à mort; dans ce procès, en effet, il n'y avait pas de *corps de délit*: 'On n'y voit qu'un jeune prince qui voiage dans un pays où son père ne veut pas qu'il aille, qui revient au premier ordre de son souverain, qui n'a point conspiré, qui n'a point formé de faction, qui seulement a dit qu'un jour les peuples pouraient se souvenir de luy'. Toutefois, Voltaire promet de ne blesser en rien la mémoire de Pierre 1er: 'Il est évident que si le Czarovits eût régné, il eût détruit l'ouvrage immense de son père, et que le bien d'une nation entière est préférable à un seul homme. C'est là ce me semble, ce qui rend Pierre le grand respectable dans ce malheur, et on peut sans altérer la vérité forcer le lecteur à révérer le monarque qui juge, et à plaindre le père qui condamne son fils' (D10121).

Le 7 novembre, Voltaire expose longuement ses 'doutes' à Chouvalov, dans deux feuilles qu'il joint à son chapitre de 44 pages sur le tsarévitch. L'auteur du mémoire qu'on lui a envoyé devrait savoir 'que ce n'est point ainsi qu'on écrit l'histoire' et 'qu'on est comptable de la vérité à toutte l'Europe'. Voltaire se refuse à écrire un 'fade panégirique', 'une apologie qui révolterait les esprits au lieu de les persuader'. Mais il a à faire face à une double tâche apparemment contradictoire: il lui faut d'une part 'faire une réfutation complète' des 'bruits odieux' et des 'anecdotes affreuses' qui circulent 'dans toute l'Europe' sur la mort suspecte d'Alexis, même dans l'ouvrage de Lamberty,[7] qui a la réputation d'être 'exact', 'de ne rien hasarder et de rapporter des pièces originales'; il pense, d'autre part, qu'il ne doit 'pas trop charger' le tsarévitch, car il passerait pour un 'historien lâchement partial qui sacrifierait tout à la branche établie sur le trône dont ce malheureux prince fut privé' (D10141).

Toute cette lettre constitue un ardent plaidoyer en faveur de ce 'malheureux prince'. Voltaire s'élève contre le terme de *parricide*[8] dont on s'est servi pour condamner Alexis: partout en Europe on ne donne ce nom qu'à celui qui a effectivement exécuté ou préparé le meurtre de son père. Voltaire estime même que le terme de *révolté* serait impropre, puisque le tsarévitch n'a pas porté les armes contre le tsar: 'On force après quatre mois d'un procez criminel ce malheureux prince, à dire, à écrire *que s'il y avait eu des révoltez puissants qui se fussent soulevez et qui l'eussent appellé il se serait mis à leur tête*'. Autrement dit, on a jugé Alexis sur une 'pensée', sur une 'supposition': l'acte d'accusation estime en effet légitime de condamner ceux qui ont eu l'*intention* ou de *simples desseins* de se rebeller.[9] Or, 'qui jamais a regardé une telle déclaration comme valable, comme une pièce réelle d'un procez?' Voltaire le demande: 'où sont ces rebelles? qui a pris les armes? qui a proposé à ce prince de le mettre un jour à la tête des rebelles? à qui en a t'il parlé? Et à qui a t'il été confronté sur ce point important?' Voltaire en appelle à la conscience de Chouvalov: 'Voylà monsieur ce que tout le monde dit, et ce que vous ne pouvez vous empêcher de vous dire à vous même'. Il rappelle enfin, comme on l'a vu, que personne ne croit à la mort naturelle du prince. Bref, il insiste sur

---

[7] Guillaume de Lamberty, *Mémoires pour servir à l'histoire du XVIIIᵉ siècle* (Amsterdam 1734-1736; BV1889).

[8] L'acte de condamnation d'Alexis fait même état d'un 'horrible double parricide', puisque le tsarévitch s'est révolté contre son souverain, à la fois père de la patrie et père selon la nature ('Pièces originales', Condamnation d'Alexis, l.142).

[9] 'Pièces originales', Condamnation d'Alexis, l.138-139.

sa responsabilité devant l'opinion occidentale: 'Encor une fois ne nous faisons point illusion. Je vais comparaître devant l'Europe en donnant cette histoire'.

Cette longue et franche défense du tsarévitch risquait d'indisposer Chouvalov. Voltaire a dû le sentir: le 14 novembre, il répète qu'il doit parler à l'Europe entière, et non aux seuls 'clochers de Petersbourg'. Mais il souligne qu'il a fait suivre le 'chapitre funeste' sur Alexis de quelques autres qui mettent en valeur 'tout ce que le czar a fait d'utile pour sa nation afin que les grands services du législateur fissent tout d'un coup oublier la sévérité du père, ou même la fissent approuver'. Voltaire veut forcer le lecteur à voir Pierre 'se sacrifiant, et sacrifiant tout pour le bien de son empire' (D10154). Face à l'opinion européenne, la défense du tsarévitch s'imposait. Mais elle ne devait pas ternir l'image du tsar réformateur.

Ces mises au point, on l'a vu,[10] ne satisfirent pas tous les Russes: Chouvalov le dit à Voltaire, et lui fit parvenir ses observations. L'exercice d'équilibre du chapitre 10 n'avait donc pas totalement convaincu les censeurs de Pétersbourg. Il est vrai que, pour n'accabler ni le tsarévitch ni le tsar, Voltaire était souvent sur la corde raide. Mais comment gagner l'impossible pari de satisfaire à la fois l'opinion russe et l'opinion européenne? Les deux furent déçues. Et pourtant, dans l'*Histoire de l'empire de Russie*, la peinture de la tragédie du tsarévitch et du drame cornélien vécu par le tsar ne peut laisser indifférent: elle représente un véritable tour de force.

L'ordre chronologique adopté par Voltaire permet de suivre le déroulement des faits. Mais la présentation des arguments s'en accommode mal: l'historien n'a pu éviter des redites (sur l'absence de conspiration, le procès d'intention, la raison d'Etat), mais peut-être a-t-il voulu ce balancement dans l'examen des responsabilités respectives du tsarévitch et du tsar. A chaque étape de ce drame,

[10] Voir ci-dessus, p.287.

on assiste ainsi à un mouvement de va-et-vient dans l'analyse des circonstances atténuantes ou aggravantes des deux protagonistes. A la progression chronologique du récit s'oppose ainsi la circularité de l'argumentation. Le bilan est laissé à l'appréciation du lecteur. Celui-ci en retire l'impression (peut-être voulue par l'auteur) que cette affaire a été avant tout une malheureuse tragédie. Le sentiment personnel de Voltaire n'apparaît pas, et Diderot le lui a reproché. [11] Voltaire a manifestement pratiqué l'autocensure: s'il avait pu s'exprimer en toute liberté, la balance aurait penché en faveur d'Alexis, ce qui eût été fâcheux pour l'image du tsar.

Les fautes d'Alexis

Comment s'expliquent les fautes du prince? D'abord, par l'influence de sa mère, 'dominée par la superstition', mais dont il n'est pas prouvé, contrairement à ce qu'affirme Voltaire, qu'elle ait inspiré à son fils les 'préjugés de son pays' et qu'elle ait encouragé 'les factieux et les partisans des anciens usages'. L'éducation d'Alexis, confiée à des 'superstitieux', confirma l'opposition résolue d'Eudoxie aux changements voulus par Pierre. Ainsi, comme Voltaire le souligne au début et à la fin du chapitre 10, c'est bien le facteur religieux, étrangement absent des *Anecdotes*, qui détermina la conduite d'Alexis. Partant, il fut la cause première de son évasion et de sa mort.

En disant que le tsarévitch avait 'voyagé' avec sa maîtresse, Voltaire reprend le verbe anodin dont il avait usé dans les *Anecdotes* et dans sa correspondance. Mais il donne une précision d'importance: le tsar avait ordonné à son fils de venir le rejoindre à Copenhague; et, en rapportant qu'Alexis a feint de s'y rendre, puis a pris le chemin de Vienne (l.112), il souligne sa désobéissance. Celle-ci n'était pas évoquée dans les *Anecdotes*, où il n'était question que d'un voyage secret du prince.

[11] Voir ci-dessous, p.324.

288

Les fautes d'Alexis sont donc indéniables, et Voltaire les rappelle tout au long de son récit. Mais il s'attache à les minimiser en leur trouvant des circonstances atténuantes. La version imprimée y insiste d'ailleurs beaucoup plus que le manuscrit soumis à Pétersbourg. Une bonne quinzaine de corrections tendent à suggérer que le tsarévitch est plus victime que coupable. Voltaire nuance certains de ses jugements sur Alexis qui pouvaient paraître sévères. [12] Il affirme plus nettement que les aveux tirés de la confession ne peuvent faire l'objet d'un procès et encore moins d'une condamnation. Il souligne avec plus de force le caractère implacable du procès. [13] Il incline le lecteur à plus de sympathie envers le prince, qui n'est plus 'coupable', mais 'condamné' (l.646). Le manuscrit tentait un exercice d'équilibre entre les arguments pour et contre: 'J'ai dit tout ce qui pouvait servir ou à justifier le prince, ou à le condamner. C'est au lecteur à porter son jugement' (l.488v). Voltaire a supprimé cette phrase. Dans le texte imprimé, la balance penche plus nettement en faveur de l'indulgence.

Les torts du prince envers sa femme? Ce ne sont là que 'des fautes de jeune homme qu'un père doit reprendre et qu'il peut pardonner' (l.200). La fuite en Autriche? On pouvait considérer le tsarévitch 'comme un jeune homme mal conseillé', qui, au lieu d'aller à Copenhague, était allé à Vienne et à Naples, chez un allié de la Russie qui était d'ailleurs son beau-frère: 'S'il n'avait fait que cette seule faute, commune à tant de jeunes gens, elle était bien pardonnable' (l.153-156). Le tsar lui avait d'ailleurs promis son pardon s'il revenait en Russie. Cette erreur de jeunesse était somme toute beaucoup moins grave que l'aventure de Louis XI, qui,

---

[12] '*On peut répondre à ces considérations si naturelles, qu*'Alexis avait mis son père en droit de le punir' (l.441-442); 'il valait mieux, *disait-on*, punir un coupable' (l.447); 'Ses convulsions se tournèrent, *dit-on*, en apoplexie' (l.642); les mots en italique ont été ajoutés dans le texte imprimé.

[13] 'La *rigueur* de la justice' (au lieu de la 'sévérité', l.448); 'La *loi* de l'histoire' (au lieu de la 'vérité', l.592); 'cette sévérité *malheureuse*' (au lieu de 'nécessaire', l.738); 'les *sévères* approuvent' (au lieu des 'sages', l.751).

encore dauphin, avait quitté la cour de son père Charles VII pour se retirer chez le duc de Bourgogne: le dauphin, en effet, s'était marié malgré son père, avait levé des troupes, s'était retiré chez un prince naturellement ennemi de Charles VII, et ne revint jamais à sa cour (l.115-121).

Et puis surtout, Voltaire le répète avec force, il ne voit dans toute cette affaire ni faction ni conspiration. La meilleure preuve, et il reprend là l'argument des *Anecdotes*, c'est que Pierre lui-même n'y croyait pas: sinon, serait-il parti pour l'étranger en laissant dans ses Etats un fils 'si mécontent et si obstiné'? [14] L'empereur d'Allemagne ne voulait prendre aucun engagement dont le tsar eût à se plaindre, puisque le vice-roi de Naples avait persuadé Alexis de rentrer en Russie; et lorsqu'on prétend qu'Alexis a demandé à Charles VI de le protéger à main armée, on ne voit pas comment il 'aurait pu faire la guerre au czar pour un tel sujet' et proposer autre chose que 'des bons offices entre le père irrité et le fils désobéissant' (l.207-210). Une des charges contre Alexis fut une lettre de Pleyer, résident de l'Empereur en Russie: selon cette lettre, il y avait une mutinerie dans l'armée russe du Mecklembourg et on parlait de mettre Alexis sur le trône; mais elle n'était pas adressée au tsarévitch, qui n'en avait qu'une copie qu'on lui avait envoyée de Vienne (l.287-299). Une accusation plus grave était une lettre d'Alexis écrite de Vienne aux sénateurs et aux archevêques de Russie. 'Les termes en étaient forts', Voltaire l'admet. Le tsarévitch y adjurait ses correspondants de ne point l'abandonner *à présent*. Mais 'ce mot d'*à présent*, qui pouvait être regardé comme séditieux, était rayé, et ensuite remis de sa main, et puis rayé encore; ce qui marquait un jeune homme troublé, se livrant à son ressentiment, et s'en repentant au moment même'. [15] D'ailleurs, la lettre ne parvint pas à ses destinataires, la cour de Vienne la retint, ce qui prouve qu'elle ne voulait pas se brouiller avec la Russie.

---

[14] II.x.94-98. Cette phrase ne figurait pas dans le manuscrit. Pour la conspiration, au lieu de 'tout semblait y tendre' (l.33), Voltaire avait d'abord écrit: 'tout y tendait'.

[15] II.x.300-310. Sur ce terme d'*à présent*, voir II.x, n.60.

Ainsi, 'toutes les accusations n'étaient pas bien précises; nul projet digéré, nulle intrigue suivie, nulle conspiration, aucune association, encore moins de préparatifs' (l.319-322). Aussi, dans cet 'étrange procès', Voltaire tient-il à faire une remarque 'essentielle': dans son premier interrogatoire, en février 1718, Alexis nie avoir demandé à l'Empereur de l'aider à monter sur le trône 'à main armée'; or, au cours de son dernier interrogatoire, quatre mois plus tard, on lui 'fait dire' qu'il avait cherché à parvenir à la succession '*de quelque autre manière que ce fût, excepté de la bonne*': il la voulait par une assistance étrangère. Cette dernière déposition paraît 'bien forcée' à Voltaire; il semble que le prince 'fasse des efforts pour se faire croire coupable'; sur un point capital, il dit même le contraire de la vérité: il prétend que l'Empereur lui avait promis de lui procurer la couronne à main armée, ce qui est faux; le comte de Schönborn lui avait fait espérer seulement qu'après la mort du tsar l'empereur l'aiderait à soutenir ses droits. Dans cette dernière confession, Alexis s'accuse de n'avoir reçu des prêtres et des moines que 'de l'horreur pour les devoirs de son état, et même pour la personne de son père'; il semble craindre 'de ne s'être pas assez chargé, assez rendu criminel' dans ses premiers interrogatoires, 'et qu'en se donnant à lui-même les noms de *mauvais caractère*, de *méchant esprit*, en imaginant ce qu'il aurait fait s'il avait été le maître, il cherchait avec un soin pénible à justifier l'arrêt de mort qu'on allait prononcer contre lui' (l.523-544).

Non sans courage, Voltaire souligne les incohérences du procès et rappelle des principes dont il ne faisait pas état dans les *Anecdotes* (on ne peut condamner sur des intentions...). Les derniers propos d'Alexis lui paraissent particulièrement invraisemblables, et lui laissent une impression de malaise. Il ignore sans doute que ces 'aveux' lui ont été arrachés par la torture. S'en est-il douté? Quoi qu'il en soit, il n'en avait pas la preuve, et, de toute façon, ne pouvait pas le laisser entendre.

Les 'raisons' de Pierre

Alexis a des torts, mais il apparaît avant tout comme une victime du tsar. Pierre fait le serment d'aimer son fils plus que jamais s'il revient en Russie, mais en même temps il le prive de la succession au trône. Voltaire relève qu'il est difficile de concilier cette exhérédation avec cette proclamation d'amour paternel (l.163-165). Pierre promet de pardonner à son fils, puis, dès qu'il est rentré, lui fait un procès et le menace de mort s'il cache quoi que ce soit touchant son évasion et ses complices. L'acte d'accusation dressé contre le tsarévitch est une 'pièce terrible': Pierre y rapporte que son fils 'avait persuadé à l'Empereur, *qu'il n'était pas en sûreté de sa vie*, s'il revenait en Russie'. C'était 'justifier les plaintes d'Alexis, que de le faire condamner à mort après son retour, et surtout après avoir promis de lui pardonner' (l.213-217).

En l'absence de conspiration, de quoi pouvait-on accuser Alexis? D'avoir eu le dessein de se révolter. Tout le procès sera un procès d'intention. Indigné, Voltaire s'applique à démonter la machine judiciaire qui va condamner le tsarévitch sur ses pensées les plus secrètes. Il l'avait dit dans sa correspondance. Il le redit et le répète avec force dans l'*Histoire de l'empire de Russie*: on ne condamne pas un homme sur des intentions, mais sur des actes.

Dans son dernier interrogatoire, Alexis va faire l''étrange aveu de ses plus secrètes pensées'. Le tsar lui demande: '*je crois que* [...] *vous vous seriez déclaré pour les rebelles même de mon vivant*'. C'était interroger Alexis 'sur le fond de ses sentiments secrets'. Or, 'les sentiments cachés du cœur ne sont pas l'objet d'un procès criminel'. Le tsarévitch 'pouvait les nier, les déguiser aisément; il n'était pas obligé d'ouvrir son âme'. Pourtant, il avoue: '*Si les rebelles m'avaient appelé de votre vivant, j'y serais apparemment allé, supposé qu'ils eussent été assez forts*'. Voltaire juge 'inconcevable' que le prince ait fait cette réponse de lui-même; et il trouve 'extraordinaire' qu'on l'eût condamné 'sur l'aveu d'une idée qu'il aurait pu avoir un jour dans un cas qui n'est point arrivé' (l.343-358).

La juridiction de la Russie constituerait-elle un cas à part? [16] Voltaire en souligne l'aberration: 'On n'avait jamais vu auparavant dans le monde entier un seul homme jugé et condamné sur les idées inutiles qui lui sont venues dans l'esprit, et qu'il n'a communiquées à personne. Il n'est aucun tribunal en Europe où l'on écoute un homme qui s'accuse d'une pensée criminelle' (l.434-438). Il relève aussi que 'toutes les preuves qui peuvent se tirer de la confession, sont inadmissibles par les canons de notre Eglise: ce sont des secrets entre Dieu et le pénitent. L'Eglise grecque ne croit pas, non plus que la latine, que cette correspondance intime et sacrée entre un pécheur et la Divinité soit du ressort de la justice humaine' (l.369-373).

Aussi Voltaire s'élève-t-il contre les termes de 'double parricide' contenus dans la condamnation d'Alexis: 'car assurément il y a de plus grandes rébellions dans le monde, et on ne voit point par les actes, que jamais le czarovitz eût conçu le dessein de tuer son père'. Peut-être, en se confessant, le tsarévitch avait-il avoué un jour qu'il souhaitait la mort de son père et de son souverain. 'Mais l'aveu secret, dans la confession, d'une pensée secrète, n'est pas un double parricide' (l.555-561).

Tout au long du procès, Pierre s'est montré implacable. Catherine aurait intercédé en faveur du tsarévitch en conseillant à son époux de lui faire prendre le froc. Rien ne le prouve, mais Voltaire verse au dossier du tsar cette pièce à charge. A charge encore, l'avis du clergé, qui, selon Voltaire, incitait Pierre à la clémence. Nous l'avons dit: par certains côtés, dans l'*Histoire de l'empire de Russie*, la sévérité du tsar semble moins 'justifiée' que dans les *Anecdotes*.

Cependant, sans cette 'sévérité malheureuse', la nation russe serait retombée dans l'état dont l'avait tirée le tsar: ainsi, 'quand on considère cette catastrophe, les cœurs sensibles frémissent, et

---

[16] Montesquieu rapporte le cas d'un prince Dolgorouki condamné à mort pour des paroles indécentes, alors que 'les paroles ne forment point un corps de délit' (*De l'esprit des lois*, XII.xii, 'Des paroles indiscrètes').

les sévères approuvent' (l.749-751). Voltaire l'avait déjà dit dans les *Anecdotes*: Pierre était 'le fondateur d'un empire que son fils pouvait replonger dans la barbarie'. Il ne se contente pas de reprendre et de développer ce thème dans son *Histoire de l'empire de Russie*: il s'applique à faire état de tous les arguments qui 'justifient' la sévérité du tsar et la condamnation du tsarévitch.

Malgré des préjugés défavorables, Pierre a fait des efforts pour inciter Alexis à se corriger: avant de sévir et avant de le déshériter, avant même de l'exhorter dans ses lettres à changer de conduite, Pierre a voulu donner à son fils des chances de se racheter. Il a tenté 'tous les moyens' pour le ramener dans le droit chemin: il l'a mis à la tête de la régence pendant un an, l'a fait voyager, l'a marié avec une princesse allemande. Après le procès, il aurait pu faire preuve de clémence en ne condamnant Alexis qu'à la mort civile: mais après la mort du tsar, 'si un parti puissant se fût élevé en faveur d'Alexis, cette mort civile l'aurait-elle empêché de régner?' [17]

Qu'en était-il réellement du complot? Sur ce point comme sur d'autres, on sent l'embarras de Voltaire. Peut-être influencé par Weber, [18] il répète qu'il n'y avait ni faction ni conspiration, 'mais tout semblait y tendre, et les esprits étaient échauffés' (l.33). Les

---

[17] II.x.635-637. Le Clerc observe que la mort civile d'Alexis suffisait, et que tout ce que Voltaire rapporte ne justifie que l'exhérédation du tsarévitch (voir ci-dessous, p.331).

[18] 'Je ne puis m'empêcher de faire remarquer ici', écrit Weber, 'combien étoient mal fondés ces bruits dont tout le monde étoit plein alors [en mars 1718], qu'il y avoit une revolte déclarée en Moscovie, ou au moins qu'on l'appréhendoit. Car en supposant même que quelques sujets du Czar mécontens du Gouvernement present eussent eu dessein de se revolter, la populace aveugle, qui hazarde rarement sans Chef de pareilles entreprises, étoit si fort tenue en respect, & le Czar étoit si bien établi sur son Trone, qu'elle auroit payé cherement la moindre demangeaison de rebellion'. Le tsar pouvait en effet compter sur ses troupes, le pouvoir du clergé avait été 'limité & borné', et la noblesse était encore plus soumise qu'autrefois (Weber, i.339-41).

accusations sont vagues, y compris celles de la maîtresse d'Alexis. [19] Mais ce 'fils de famille mécontent et dépravé' qui 'se plaignait de son père', 'le fuyait' et 'espérait sa mort', était 'l'héritier de la plus vaste monarchie de notre hémisphère, et dans sa situation et dans sa place, il n'y avait point de petite faute' (l.322-326).

La faute était d'ailleurs peut-être plus grave que ne le pensait Voltaire. Des documents publiés au dix-neuvième siècle semblent prouver qu'il y avait bien l'amorce d'une conspiration: à la fin de 1717, Alexis aurait demandé secrètement l'aide de la Suède à Görtz, le ministre de Charles XII; le roi aurait reculé devant une alliance avec un fils en rébellion contre son père, mais Görtz l'aurait persuadé d'inviter le prince par l'intermédiaire de Poniatowski et de lui promettre son appui. [20] Lorsque le tsarévitch fut arrêté peu de temps après, Görtz se plaignit que par pusillanimité on eût laissé échapper une occasion d'obtenir des conditions de paix favorables: [21] tant que le prince était libre et aurait pu susciter des troubles, il eût été possible de récupérer Revel, et même Narva et Vyborg. [22] On peut imaginer aisément, commente A. Fryxell, ce que le tsar pensa de ces prétentions et de l'attitude de la Suède lorsqu'il apprit peu après qu'elle avait traité en même temps avec

---

[19] II.x.319. En réalité, les dépositions d'Euphrosyne furent parmi les plus graves: elle rapporta qu'Alexis s'était réjoui des mutineries dans le Mecklembourg et dans les villes voisines de Moscou (Weber, ii.299-300). Elle fit état de lettres que le tsarévitch avait écrites à l'Empereur pour se plaindre de son père et dire que quand il régnerait il vivrait à Moscou, ne ferait pas de bateaux, et n'aurait d'armée que pour se défendre; Alexis affirmait qu'après la mort de Pierre, certains se soulèveraient pour son frère et d'autres pour lui... Ces dépositions 'donnèrent un autre tour à l'affaire: on représenta au tsarévitch que ses précédentes déclarations étaient incomplètes et inexactes' (Soloviev, *Istoria Rossii*, xvii-xviii.179-80).

[20] Rapport du comte de La Marck, ambassadeur de France à Stockholm, du 20 décembre 1717, d'après A. Fryxell, *Lebensgeschichte Karl's des Zwölften, Königs von Schweden* (Braunschweig 1861), traduit librement de l'original suédois par L. Rohrdantz, v.202.

[21] Lettre de Görtz à Charles XII du 5 janvier 1718 (Fryxell, v.202).

[22] Lettre anonyme du 24 septembre 1717 (Fryxell, v.202).

lui et avec son fils rebelle.[23] Selon l'ambassadeur de Saxe à Pétersbourg, le tsarévitch avait confessé que l'Empereur lui avait promis des troupes contre son père et lui avait fait espérer l'assistance du roi d'Angleterre.[24]

Voltaire évite de trop charger Alexis. Il ne tire pas argument de ses mensonges, comme le fait Weber: il se contente de rapporter brièvement qu'il 'nia d'abord plusieurs faits' et par là 's'exposait à la mort' (l.336-337). Toutefois, pour que le tsar n'apparaisse pas comme un monstre, Voltaire doit bien trouver quelques 'fautes' qui, pardonnables chez un particulier, soient sans excuse chez un prince héritier: car, si les intentions, les secrets de la confession, ne sont pas 'du ressort de la justice humaine', en l'occurrence 'il s'agissait de l'Etat et d'un souverain' (l.373-374). Dans les *Anecdotes*, Voltaire faisait état de 'réticences' dans les aveux du tsarévitch. Il développe ici l'argument pour justifier la sévérité du tsar: Alexis 'avait mis son père en droit de le punir, par sa réticence sur plusieurs complices de son évasion; sa grâce était attachée à un aveu général, et il ne le fit que quand il n'était plus temps' (l.441-444). A la lecture de ses dépositions, surtout de la dernière, Voltaire éprouve bien un peu de gêne: il ne comprend pas l'autoflagellation du prince. Peut-être ignore-t-il sa peur panique et son éternelle lâcheté devant son père. Le tsarévitch s'immole lui-même. Sans doute éprouve-t-il d'ailleurs un syndrome bien connu, cette étrange fascination de la victime pour son bourreau. De toute façon, comme l'a montré Le Clerc, il est pris au piège: s'il n'avoue rien, il se condamne à mort, et s'il avoue, un fatal

[23] Fryxell, v.202. Un mois après la mort d'Alexis, le 1er août 1718, Pierre le Grand écrit à sa femme, de Revel, qu'il a entendu une chose tellement curieuse sur Alexis qu'elle dépasse tout ce qui était connu à son sujet. Soloviev, qui rapporte ce fait, se réfère ensuite aux lettres citées par Fryxell et ajoute que même après la mort du tsarévitch on n'avait pas renoncé en Suède à l'espoir de profiter des troubles en Russie, car tout le monde s'attendait à un soulèvement national (*Istoria Rossii*, xvii-xviii.190).
[24] Cornelius Loos à Flemming, 1er juillet 1718 (*SRIO*, Saint-Pétersbourg 1877, xx.76).

296

engrenage le conduit à s'exposer à ne pas tout dire, et à se rendre coupable de dissimulation. Mais ce sont ces derniers aveux 'masochistes', ce comportement somme toute bien russe,[25] qui permettent de 'justifier l'arrêt de mort qu'on allait prononcer contre lui' (l.543).

A ceux que cet arrêt pourrait révolter, Voltaire tente de montrer qu'il s'explique par la relativité des lois: 'Il ne faut pas juger des mœurs et des lois d'une nation par celles des autres' (l.450). Les lois russes permettent en effet comme les lois romaines de déshériter un fils.[26] Mais il ajoute: 'le czar avait le droit fatal, mais réel, de punir de mort son fils pour sa seule évasion' (l.451). Effectivement, 'les lois de la Russie ne permettent pas au fils du souverain de sortir du royaume malgré son père' (l.575). Mais alors, pourquoi Pierre avait-il promis à son fils de lui pardonner? Voltaire a sans doute conscience de la faiblesse de l'argument: dans la déclaration du tsar, qui fait état de son pouvoir de juger son fils 'selon toutes les lois divines et civiles', il a remplacé 'civiles' par 'humaines' (l.454), pour renforcer et légitimer son droit.

Les Anglais n'auraient pas prononcé contre Alexis la peine la plus légère. Mais justement, 'rien ne fait mieux connaître la différence des temps et des lieux'. Pour faire comprendre la condamnation d'Alexis, Voltaire se livre à une petite leçon sur la relativité des lois: l'évasion d'un prince de Galles est permise, mais pas celle d'un prince russe; Manlius, qui fit périr son fils, fut 'respecté par les Romains sévères', alors qu'il aurait été condamné par les lois anglaises; une pensée criminelle n'est punie ni en Angleterre ni en France, elle peut l'être en Russie;[27] une désobéis-

---

[25] Les interrogatoires des opposants politiques russes, au dix-neuvième siècle, s'inspirent aussi de la confession et comptent sur des aveux sincères. Une partie de la noblesse russe a mauvaise conscience face à la misère des masses paysannes, et les plus généreux d'entre les nobles, impuissants à changer les choses, deviennent des 'hommes de trop' dont la littérature offre de nombreux types.

[26] II.x.270. Le Clerc contestera ce parallèle entre le droit russe et le droit romain (voir ci-dessous, p.327).

[27] Toute 'mauvaise intention' contre le souverain est punie de mort dans

sance n'est parmi nous qu'une mauvaise conduite, 'mais c'était un crime capital dans l'héritier d'un vaste empire, dont cette désobéissance même eût produit la ruine'. Le tsarévitch 'était coupable envers toute la nation, de vouloir la replonger dans les ténèbres dont son père l'avait tirée' (l.570-584).

Voilà bien la charge essentielle. Après Fontenelle ou Perry, Voltaire l'a dit dans les *Anecdotes*. Il le répète sur tous les tons comme un fait acquis ou une évidence: Alexis *voulait* détruire l'œuvre de Pierre! Mais se rend-il compte que, comme le tsar, il lui fait un procès d'intention? Quoi qu'il en soit, c'est au nom de ce *dessein* supposé qu'Alexis sera éliminé. Le tsarévitch n'aurait pas pardonné au frère en faveur duquel il était déshérité: 'et il valait mieux, disait-on, punir un coupable que d'exposer tout l'empire. La rigueur de la justice s'accordait avec la raison d'Etat' (l.447-449).

Cette 'raison d'Etat', Voltaire s'applique à suggérer qu'elle ne fut pas arbitraire. Elle ne se confondait pas avec la volonté du seul souverain: Pierre n'a pas condamné lui-même son fils comme il aurait pu le faire, il s'en est remis au jugement d'un tribunal civil. Cet arrêt des juges fut unanime: Voltaire l'avait noté dans les *Anecdotes*, il le rappelle ici. Or, pour lui, par une étrange casuistique, l'avis des juges coïncide avec celui de tout un peuple: Pierre a suivi le verdict 'de tous ceux qui représentaient la nation'; et ainsi, 'ce fut la nation elle-même' qui condamna Alexis (l.587-589). Il avait fallu décider 'entre les intérêts de près de dix-huit millions

l'*Oulojénié*, le code du tsar Alexis de 1649 (ch.2, art.1). Weber le rappelle et cite les lois militaires imprimées à Pétersbourg en 1717, d'après lesquelles ceux qui ont le 'dessein' ou la 'volonté' de tuer le tsar ou de le trahir sont écartelés, de même que ceux qui ne les ont pas dénoncés (ii.346-48). Cette loi sera encore en vigueur en 1842 dans l'article 1425 du *Code pénal de l'empire russe*: 'On doit dénoncer [...] ceux [...] qui avaient l'intention de commettre un crime quoiqu'ils ne l'aient pas réalisé; on doit les dénoncer non seulement en se fondant sur des preuves évidentes et sûres, mais aussi dans le cas où l'on ne peut se fonder que sur les récits et les ouï-dire des autres' (Saint-Pétersbourg, xv).

d'hommes'²⁸ et 'un seul homme qui n'était pas capable de les gouverner' (l.280-282). Voltaire rejoint Fontenelle, qui pensait que la sévérité du tsar pour son fils 'dut être nécessaire'.²⁹

Pour Voltaire, qui respecte la lettre au détriment du sens, rien de moins arbitraire que la raison d'Etat au nom de laquelle Pierre a condamné son fils. Le tsar a scrupuleusement respecté la légalité de son pays: 'Jamais prince ne fut déshérité d'une manière si authentique'.³⁰ Avant de punir son fils, Pierre a fait une déclaration aux juges et aux évêques. Ainsi, 'tout se passa avec la plus grande authenticité, et Pierre mit dans toutes ses démarches une publicité qui montrait la persuasion intime de sa justice' (l.482-484). Sa conduite fut 'entièrement différente' de celle de Philippe II d'Espagne, qui condamna à mort son fils don Carlos sans lui avoir fait de procès.³¹ 'Pierre au contraire ne fit rien qu'au grand jour, publia hautement qu'il préférait sa nation à son propre fils, s'en remit au jugement du clergé et des grands'. Mieux: il 'rendit le monde entier juge des uns et des autres et de lui-même' (l.609-612). Pierre, en effet, a tenu à informer l'opinion européenne: il 'eut tant de confiance dans l'équité de sa conduite, qu'en faisant imprimer et traduire le procès, il se soumit lui-même au jugement de tous les peuples de la terre'.³² Là encore, Voltaire suit Fontenelle. Ce dernier, rapportant que Pierre a publié les pièces originales du

---

²⁸ En fait, la Russie ne comptait alors que de douze à quatorze millions d'habitants. Le Clerc contestera que l'arrêt prononcé contre le tsarévitch ait été conforme aux intérêts de la nation, et que ce soit la nation qui ait jugé Alexis (voir ci-dessous, p.331).

²⁹ *Eloge du czar Pierre Iᵉʳ*, *Œuvres*, iii.227.

³⁰ II.x.267-268. Sur l'avis contraire de Le Clerc, voir ci-dessous, p.327.

³¹ En réalité, on sait qu'il y eut bien un procès de don Carlos, intenté par l'Inquisition.

³² II.x.589-591. Sur ces versions officielles, voir plus haut, p.280. Loin de se soumettre 'au jugement de tous les peuples de la terre', comme Voltaire le dit avec emphase, Pierre avait fait diffuser des brochures de propagande qui présentaient le tsarévitch sous un jour défavorable. Particulièrement préoccupé par les réactions de la France, où il venait de séjourner, il avait fait parvenir à Paris une lettre à son ambassadeur, le baron de Schleinitz, qui devait la remettre au roi et au régent.

procès d'Alexis, estime que 'la confiance avec laquelle il a fait l'univers juge de sa conduite, prouve assez qu'il ne se reprochoit rien'.[33] Se faisant l'avocat du tsar, Voltaire oblige le lecteur à révérer jusqu'à ses mauvaises raisons.

Un 'grand et terrible événement'

Sur la mort d'Alexis, Voltaire en est réduit aux hypothèses. Mais il les examine minutieusement afin de les 'soumettre au jugement du public': il rejette les bruits rapportés par Lamberty, selon lesquels Pierre aurait décapité le tsarévitch (l.667). Il exclut également l'idée qu'Alexis ait été empoisonné (l.723): pourquoi le tsar se serait-il ainsi déshonoré, alors qu'il pouvait faire périr son fils 'par le glaive de la justice' (l.731)? Voltaire souligne ce que ces deux 'anecdotes' ont de contradictoire: celle du fer 'détruit' celle du poison.[34] Le tsarévitch a-t-il donc succombé à l'apoplexie, comme les *Anecdotes* semblaient l'admettre? Voltaire doute maintenant de cette mort naturelle, et met implicitement en cause la thèse officielle:

Il est vrai qu'il est très rare qu'un jeune homme expire d'une révolution subite causée par la lecture d'un arrêt de mort, et surtout d'un arrêt auquel il s'attendait; mais enfin les médecins avouent que la chose est possible.[35]

Dans cette affaire, comme l'écrivait Voltaire dans les *Anecdotes*,

[33] Fontenelle, iii.227.
[34] Voir II.x.718 et n.131.
[35] Voir II.x.719-722 et n.132. Dans ses rescrits aux ministres étrangers, Pierre indiquait que son fils était mort d'une 'cruelle maladie' survenue à l'annonce de la sentence et semblable au début à l'apoplexie (Soloviev, *Istoria Rossii*, xvii-xviii.189). Certains, comme Bassewitz, crurent à cette mort 'naturelle'. Mais les plus folles rumeurs circulèrent: le tsarévitch aurait été empoisonné, ou étouffé avec des oreillers, ou tué par le tsar lui-même. On ignore toujours comment est mort Alexis. Le plus vraisemblable est qu'il succomba à la torture: les 40 coups de knout qu'il reçut au cours de deux séances suffisaient à tuer un homme.

le tsar a sans doute 'oublié' qu'il était père, 'en se souvenant seulement qu'il était le fondateur d'un empire'. Il le redit dans l'*Histoire de l'empire de Russie*: la première lettre de Pierre à Alexis, 'est d'un père, mais encore plus d'un législateur'. Mais cette lettre est à la fois 'pathétique et menaçante': le tsar menace son fils de le priver de la succession, mais il 'sentait avec douleur, qu'après lui tous ses travaux seraient détruits par son propre sang' (l.49-50). Voltaire humanise son despote éclairé. Dans la deuxième lettre à son fils, il lui fait écrire: 'Je vous ai remontré quelle *douleur* votre conduite m'a causée pendant tant d'années'. [36] En fait, dans la lettre reproduite par Weber, le tsar exprime le *mécontentement* qu'il éprouve à son égard. [37] Voltaire insiste sur le drame cornélien supposé d'un souverain qui doit trancher entre son amour paternel et son œuvre de réformateur.

Derrière la froide raison d'Etat se profile une tragédie. Devant l'impossibilité de faire un bilan ou de faire pencher la balance d'un côté ou de l'autre, Voltaire tend à ramener une affaire d'Etat aux proportions d'un drame familial. En outre, il prête à l'opinion européenne la même compassion pour le père et pour le fils (l.592-597):

La loi de l'histoire ne nous a permis de rien déguiser, ni de rien affaiblir dans le récit de cette tragique aventure. On ne savait dans l'Europe qui on devait plaindre davantage, ou un jeune prince accusé par son père, et condamné à la mort par ceux qui devaient être un jour ses sujets, [38] ou un père qui se croyait obligé de sacrifier son propre fils au salut de son empire.

Le sacrifice d'Alexis apparaît ainsi comme un acte moins barbare. Sans doute Pierre fut-il 'plus roi que père' (l.736). Mais, dans la

[36] II.x.75-76 (souligné par nous).
[37] Weber, ii.242 (souligné par nous). Cette lettre du 19 janvier 1716 est assez proche de l'original russe malgré une double traduction: celle de Weber en allemand et celle du père Malassis en français.
[38] De même, dans les *Anecdotes*, Alexis avait été 'condamné unanimement par les sujets de son père, qui devaient être un jour les siens' (l.401-402).

lettre à Chouvalov déjà citée, Voltaire jugeait que Pierre le Grand, en préférant le bien d'une nation entière à un seul homme, était 'respectable dans ce malheur'. Aussi voulait-il 'forcer le lecteur à révérer le monarque qui juge et à plaindre le père qui condamne son fils'. Beau sujet de tragédie. Pourquoi Voltaire ne l'a-t-il pas écrite? N'est-il pas fasciné par les révolutions de palais et par les meurtres dynastiques? Et n'avait-il pas vu l''étrange ressemblance' entre Pierre le Grand et Ivan le Terrible, qui, dans un mouvement de colère, avait tué son fils?[39] Dans l'affaire du tsarévitch, il y avait bien les éléments d'une tragédie classique. Mais, pour éviter le mélodrame, il eût fallu montrer, non la douleur supposée de Pierre, mais sa cruauté; non la raison d'Etat, mais son acharnement contre son fils dans une affaire *personnelle*. Pierre était le digne fils de son père,[40] alors qu'Alexis, l'indigne tsarévitch, allait défigurer l'œuvre des Romanov, qui tendaient à policer l'Etat. Mais la menace d'un retour à l'ancienne 'Moscovie' justifiait-elle un meurtre légal? Une tragédie ne pouvait que peindre en noir le tsar législateur.

Le récit voltairien: histoire ou mythe?

Voltaire, qui s'est considérablement documenté pour son *Histoire de l'empire de Russie*, a manqué d'informations pour le chapitre capital sur le tsarévitch. De toute façon, l'exercice d'équilibre auquel il était contraint, aussi réussi soit-il, ne pouvait que plonger le lecteur dans la perplexité.

Voltaire l'affirme: Pierre a sacrifié son fils à la raison d'Etat, et celle-ci coïncidait avec les intérêts de la nation russe. Cette double thèse, il l'a invariablement répétée avec la force de l'évidence.

La nation russe? Elle était loin d'être unanime! Selon une dépêche de Weber, 'le clergé, la noblesse et le commun respectent

---

[39] *Essai sur les mœurs*, ch.190 (ii.746).
[40] Le tsar Alexis était 'digne d'être le père de Pierre le Grand' (i.iii.162-163). Pierre était le digne fils de son père.

le tsarévitch comme un dieu'. [41] Voltaire l'a d'ailleurs dit à la fin de son chapitre: Pierre eut à surmonter 'des ennemis au dehors, des rebelles au dedans, la moitié de sa famille animée contre lui, la plupart des prêtres obstinément déclarés contre ses entreprises, presque toute la nation irritée longtemps contre sa propre félicité' (l.832-835). Dans le chapitre 10 de la première partie, tout en saluant les réformes du tsar, Voltaire reconnaissait implicitement les résistances qu'elles suscitaient: elles 'étaient reçues avec applaudissement de la plus saine partie de la nation, et les plaintes des partisans des anciennes mœurs étaient étouffées par les acclamations des hommes raisonnables' (1.x.254-257). Ainsi, la Russie nouvelle s'oppose à la vieille Russie. Et Alexis, qui représente l'ancienne Moscovie, meurt pour la nouvelle Russie en train de naître, et non 'pour le bien commun du peuple'! Pierre a tué en son fils la Russie des 'grandes barbes'. [42] Cet aspect symbolique du procès et de la mise à mort du tsarévitch n'a sans doute pas échappé à Voltaire. Mais il le masque sous la fiction de la nation quasi unanime derrière son souverain novateur.

La raison d'Etat? Ce motif avancé par Pierre lui-même est admis par bon nombre d'historiens: il fallait au tsar une succession convenable. Avant Pierre, l'Etat se confondait avec le souverain. Pierre exige des serments séparés pour l'Etat et pour le tsar. Il se considère comme subordonné à l'Etat, et comme son premier serviteur. C'est à cette loi suprême qu'il sacrifie son fils. [43] Voltaire s'en tient à cette 'loi'. Il s'interdit par là de passer de l'histoire au roman, comme le fera Merejkovski. [44] Il a paré son héros d'une

---

[41] E. Schuyler, *Peter the Great* (New York 1884), ii.341; cité par Massie, p.672.

[42] Le 19 janvier 1716, Pierre écrit à Alexis qu'après sa mort les ecclésiastiques ('ces grandes barbes') le tourneront à leur fantaisie et le forceront à violer ses promesses (II.x.81 et 778-779).

[43] V. O. Klioutchevski, *Pierre le Grand et son œuvre* (Paris 1953), p.248.

[44] D. S. Merejkovski, *Antichrist (Piotr i Aleksei)* (1905). Ce roman à thèse, dernier volume d'une trilogie, a été traduit en français en 1938 sous le titre *L'Antéchrist Pierre et Alexis*.

vertu romaine. Mais il est singulièrement discret sur la férocité avec laquelle Pierre a châtié les complices d'Alexis: il ne consacre à ces malheureux qu'un petit paragraphe pour dire qu'ils furent appliqués à la question, et que 'tous moururent dans les supplices'. C'est à ce prix 'cher et funeste', concède-t-il, que le tsar a acheté le bonheur de la Russie (l.829). Le tableau est bien faible quand on sait dans quelles conditions atroces ces opposants potentiels furent torturés et exécutés.

Lorsque Voltaire écrit que le tsarévitch a été condamné pour sa seule évasion, il sent qu'en Russie la faute est grave. Mais il ne mesure peut-être pas à quel point. Il a du mal à convaincre qu'une désobéissance qui n'est ailleurs qu'une 'mauvaise conduite' puisse passer en Russie pour un 'crime capital'; et que, par le même retournement dialectique, une faute pardonnable ne le soit pas. Il allègue que Charles VI s'est contenté de donner une retraite à Alexis (l.210). Mais c'est un camouflet terrible pour le tsar et pour son pays. Pierre écrit à son fils le 10/21 juillet 1717: 'Tu t'es enfui, et, comme un traître, tu t'es remis à la protection étrangère. Acte inouï non seulement parmi nos enfants, mais plus bas, parmi nos sujets notables. Quelle offense et quel dépit pour ton père, et pour ta patrie, quelle honte!' [45] Alexis a commis la faute qu'on ne pardonne pas à un Russe: il a émigré. 'C'était', rappelle Alain Besançon, 'enfreindre un des tabous les plus anciens et les plus solides du monde russe'. Les ambassadeurs eux-mêmes 'ne franchissaient la frontière qu'au prix de mille cérémonies qui rendaient sensible le caractère sacré de cette limite d'une foi et d'un pouvoir'. Cette transgression est parfois douloureusement ressentie jusqu'à nos jours: 'Il est rare qu'un Russe émigre sans remords, qu'il n'ait pas le sentiment d'une désertion que toute sa vie ne rachètera pas'. A plus forte raison le tsarévitch devait-il éprouver ce sentiment de culpabilité, et à plus forte raison sa faute, sans précédent, pouvait-

---

[45] Soloviev, *Istoria Rossii*, xvii-xviii.160. Traduction un peu différente dans Weber, ii.249-50. Voltaire, qui cite une partie de cette lettre, a sauté ce passage par lequel elle débute (11.x.132-147).

elle être considérée comme 'inouïe' par le tsar. 'Le crime d'Alexis est aussi grave que celui des Imposteurs'.[46]

Il était d'autant plus grave que la Russie était en guerre: à un moment où Pierre se préparait avec ses alliés à débarquer en Suède, la fuite du tsarévitch pouvait être assimilée à une désertion. A cela s'ajoutait le crime de lèse-majesté. Malgré les réformes de Pierre, la base juridique restait le vieux code du tsar Alexis, l'*Oulogénié* de 1649, qui comprenait vingt-cinq chapitres. Le chapitre premier punissait les blasphémateurs et les crimes contre l'Eglise. Le deuxième chapitre concernait le souverain et les atteintes à son 'honneur' et à sa 'santé': selon l'article 1, tout mauvais dessein nourri contre lui était puni de mort. C'est en vertu de cette juridiction qu'Alexis fut jugé. Le souverain autocrate étant à l'image de Dieu,[47] la faute contre le tsar était semblable à une faute contre Dieu. C'est tout 'le paradoxe du procès de sécularisation, qui passe par une réaffirmation théocratique'.[48] Les implications religieuses de la trahison d'Alexis ont échappé à Voltaire.

Pierre le Grand se considérait sans aucun doute comme le premier serviteur de l'Etat. Mais son autoritarisme, autant que sa prodigieuse énergie, l'inclinait à s'identifier à la Russie nouvelle qu'il faisait naître, et, partant, au nouvel Etat qu'il édifiait. Sa réforme par en haut l'amenait à exiger l'impossible: 'Il voulait que l'esclave, tout en restant esclave, agît consciemment et librement'.[49] Pour lutter contre l'inertie du peuple et contre celle du tsarévitch, y avait-il une autre voie que le despotisme?

On voit dès lors les risques que comporte l'action d'un souverain,

---

[46] A. Besançon, *Le Tsarévitch immolé* (Paris 1967), p.115.

[47] La toute-puissance des souverains russes, proclamée par les formules protocolaires, était plus théorique que réelle: le tsar Alexis s'était fait injurier par les émeutiers en 1648, et, en 1662, les révoltés de l''émeute du cuivre' avaient forcé les portes de son palais de Kolomenskoïé pour lui présenter une pétition.

[48] Besançon, p.119.

[49] V. O. Klioutchevski, *Sotchinienia* [*Œuvres*] (Moscou 1956), iv.221.

même 'éclairé'. Lorsque Pierre déshérite son fils, le fait-il au nom du mérite personnel, comme semble le croire Voltaire? Dans sa lettre à Alexis du 11 octobre 1715, le tsar se déclare prêt à transmettre sa couronne à quelqu'un d'autre qui en soit digne: 'Cette lettre', commente Voltaire, 'est d'un père, mais encore plus d'un législateur' (l.60). Or, quand il l'écrit, Alexis est son seul fils: il n'a que deux filles, et son fils Pierre ne naîtra que quelques jours plus tard. Anne n'avait alors que sept ans, et il ne pouvait guère envisager de lui assurer la succession, comme il semble avoir voulu le faire au moment de sa mort. En 1718, il a un héritier, mais, dans l'acte d'accusation contre le tsarévitch, il répète ce qu'il lui a dit dans sa première lettre: il le prive de la succession, 'quand même il ne subsisterait pas une seule personne' de sa famille après lui (l.235). Après la disparition d'Alexis, le petit Pierre, de santé fragile, allait mourir l'année suivante. En 1722, Pierre le Grand édicte la loi qui l'autorise à léguer l'empire à qui bon lui semble. Mais avait-il besoin de cette loi? Voltaire l'a bien vu: 'le czar croyait surtout', écrit-il, 'avoir la prérogative de disposer d'un empire qu'il avait fondé' (l.64-65). Il en disposait 'comme Dieu dispose de l'Univers'. Comportement qu'A. Besançon juge 'déraisonnable': la raison d'Etat ne rend pas compte en effet d'un 'débordement passionnel à laquelle elle sert d'imparfaite rationalisation'.[50]

Abstraite raison d'Etat ou passion de la persécution? Pierre n'aurait-il pas plutôt agi 'en despote qui veut être obéi'?[51] Que

---

[50] Besançon, p.116. C'était déjà le sentiment de Le Clerc (voir ci-dessous, p.328). Les éditeurs de Kehl observent qu'on ne connaît pas précisément la cause de la mort d'Alexis; mais, si le tsar voulait seulement priver son fils de la succession, 'quelle plate et abominable comédie que cette condamnation à mort! Quelle cruauté dans la lecture de cette sentence au malheureux czarovitz! Cette conduite du czar qui aurait causé la mort de son fils, serait moins criminelle sans doute que l'assassinat juridique, ou l'empoisonnement d'Alexis, mais elle serait plus odieuse et plus méprisable' (xxiv.320, n.5).

[51] K. Waliszewski, *Pierre le Grand*, p.571. L'auteur ne croit pas à la raison d'Etat. R. Portal, en revanche, pense que 'c'est bien la raison d'Etat qui a guidé le tsar dans

voulait-il? Il ne le savait probablement pas très bien lui-même. Waliszewski pense qu'il n'a 'certainement pas voulu engager Alexis dans un engrenage où il mettrait sa tête en jeu'.[52] Quoi qu'il en soit, Pierre a saisi l'occasion de régler ses comptes avec son fils. Il a fait de sa fuite et de son procès une affaire *personnelle*. Sensible à sa dimension tragique, Voltaire l'a peut-être perçu. Mais il occulte le despotisme de Pierre. Dans les *Anecdotes*, le tsar était 'le plus despotique des princes' (l.396). Dans l'*Histoire de l'empire de Russie*, il se conduit en souverain équitable: il s'en remet au jugement d'un tribunal, alors que, tout-puissant, il pouvait faire mourir son fils 'sans consulter personne' (l.586).

Voltaire n'est sans doute pas dupe: il sait bien que son héros, tout éclairé qu'il soit, est un despote. Mais il n'a peut-être pas soupçonné ce qu'il y avait d'irrationnel dans les comportements de Pierre. Sa psychologie semble l'intéresser assez peu. Elle n'a d'ailleurs été guère explorée par les historiens. Or, 'étudier le caractère de Pierre le Grand en songeant uniquement à son œuvre, c'est laisser de côté certains aspects inquiétants de sa personnalité et construire un personnage somme toute fictif'.[53] N'est-ce pas ce que fait Voltaire? Son Pierre le Grand, par rapport à son Charles XII qui est plein de vie, manque de relief.[54] Les parodies de cérémonies religieuses et autres mascarades qui se sont multipliées sous son règne sont considérées avec indulgence par Voltaire, qui y voit de simples divertissements et des plaisanteries sans conséquence. Pourtant, il semble bien qu'il y ait eu là avant tout les effets d'une imagination malsaine, le désir anormal de s'amuser dans le scandale et la provocation, les écarts d'un esprit mal équilibré.[55] Doué de raison et de logique, comme en témoigne

---

les terribles décisions par lesquelles il a frappé successivement tant de familiers d'Alexis, et – en dépit des promesses – son fils lui-même' (p.277).

[52] Waliszewski, p.584.
[53] Portal, p.39.
[54] Š, p.481.
[55] Portal, p.40.

toute son œuvre, Pierre est aussi un 'individu anormal'. [56] Ignorer ce que sa nature a de démesuré, ne pas tenir compte de son absence de morale et de son mépris de la personne humaine, c'est sans doute se condamner à ne pas comprendre la brutalité de son comportement et sa 'passion d'inquisiteur' dans l'affaire du tsarévitch. 'Episode tragique et odieux qui fait éprouver à l'historien une gêne considérable, mais qui révèle peut-être, plus que toute autre action du règne, la personne de Pierre le Grand'. [57]

L'affaire apparaît en effet comme un révélateur de ce que le tsar ne supporte pas. Alexis ne se contente pas d'incarner le monde que Pierre est en train de détruire et qui nie son œuvre. Au lieu de se corriger pour succéder à son père, au lieu de s'identifier à lui et à son énergie comme il l'exige de tous, il répond au tsar: 'Je ne demande que mon entretien pendant ma vie' (l.72). Il revendique en somme son droit à la vie privée. Or, cela, 'Pierre ne l'accorde à aucun Russe'. [58] Quand son père le somme de choisir: changer de caractère ou entrer au couvent, le tsarévitch répond qu'il consent à se faire moine. Il inverse les rôles. Ce n'est plus le tsar qui décide: 'Le fils triomphait du père': il ne restait à Pierre qu'à exécuter sa menace, ou à céder, remettre sa décision à plus tard. [59]

Au cours du procès, Pierre veut juger son fils pour des fautes. Or, Alexis peut d'autant moins avouer des *fautes* contre l'Etat que le complot est impossible à prouver. Ainsi, au lieu de reconnaître des délits qu'il n'a pas commis, il ne s'accuse que de *péchés* qu'on ne lui reproche pas. Pierre est pris à contre-pied. Il se heurte à une volonté de martyre. Car, comme le montre A. Besançon, la tactique du tsarévitch consiste à transporter la menace du tsar sur le plan sacrificiel. [60] Lorsque Pierre l'avait menacé de le priver de la succession

---

[56] Portal, p.282.
[57] Portal, p.277.
[58] Besançon, p.114.
[59] Soloviev, *Istoria Rossii*, xvii-xviii.146.
[60] Besançon, p.112 et 116.

comme on retranche 'un membre gangrené',[61] Alexis l'avait pris au mot. En chrétien, il s'était résigné et acceptait le châtiment.

Le tribunal n'était pas composé de juges professionnels. Il comprenait des ministres, des sénateurs, des gouverneurs, des membres d'anciennes et illustres familles, des généraux et des officiers, dont certains ne savaient pas lire. Censé représenter la nation, il était aux ordres du souverain et ne pouvait rendre qu'une parodie de justice. Et c'est à ce tribunal que le tsar demande de rendre une sentence impersonnelle au nom de l'Etat, sans tenir compte du fait qu'il s'agit de juger son fils. Mais en même temps, Pierre conjure les juges de ne perdre ni leur âme ni la sienne, afin que sa conscience soit pure le jour terrible du Jugement.[62] 'Contradiction majeure' que relève à juste titre A. Besançon: Pierre demande en somme au tribunal de jouer la 'comédie de l'Etat moderne' parce qu'il y va 'du salut du tsar très pieux, et du royaume orthodoxe'.[63] Raison d'Etat non arbitraire ou caprice d'un souverain absolu?

Le 19/30 juin 1718, après avoir reçu vingt-cinq coups de knout, Alexis reconnut avoir dit autrefois à son confesseur Iakov Ignatiev: 'Je désire la mort de mon père'. Le prêtre lui avait répondu: 'Dieu te pardonnera, nous tous, nous aussi, nous désirons sa mort'.[64] Citant ces paroles, Voltaire relève que les preuves tirées de la confession ne sont pas 'du ressort de la justice humaine' (l.373). Il ne remarque pas que c'est l'aveu, non seulement d'une opposition individuelle au père, mais d'une opposition non moins radicale de

---

[61] Lettre du 11 octobre 1715 (Soloviev, *Istoria Rossii*, xvii-xviii.142). Dans l'ouvrage de Weber, on lit 'un membre inutile' (ii.239). Version reprise par Voltaire (l.54).

[62] Soloviev, *Istoria Rossii*, xvii-xviii.182. Weber, ii.330-33. Version reprise par Voltaire (l.476-480). Russisme pour 'Jugement dernier'.

[63] Besançon, p.120.

[64] Soloviev, *Istoria Rossii*, xvii-xviii.184. Alexis avoua aussi avoir dit récemment la même chose à son confesseur Varlaam, à Moscou. Varlaam lui répondit: 'Dieu te pardonnera, mais il faut que tu dises la vérité à ton père'. Ignatiev confirma sous la torture les paroles du tsarévitch.

toute une vieille Russie hostile aux réformes. Il ne perçoit pas non plus ce que cet aveu contient de trouble: non pas 'l'ingénuité de la crainte', mais un défi par lequel Alexis rejoint son père dans le désir de meurtre. L'intention du tsarévitch répond peut-être à l'intention tout aussi secrète et profonde du tsar. Par là, 'Pierre avait enfin trouvé dans son fils la complicité nécessaire [...] La voie était enfin ouverte à la mort et au pardon'. [65]

Lors de sa dernière visite à son fils, Pierre, fondant presque en larmes, lui aurait effectivement pardonné et lui aurait donné sa bénédiction. [66] Se fiant sans doute au témoignage de Weber, Voltaire rapporte la scène (l.645). Le tsarévitch eut d'ailleurs des funérailles dignes de son rang. Le prédicateur choisit comme texte les paroles de David: 'O Absalon, mon fils, mon fils Absalon', [67] et certains des assistants assurèrent que le tsar avait pleuré. Mais Voltaire ignore sans doute que, le lendemain de la mort d'Alexis, jour anniversaire de la victoire de Poltava, Pierre assista le matin à un service d'action de grâce, puis le soir à un banquet et à un bal. Deux jours plus tard, lors du lancement de la *Lesnaïa*, un navire de 94 canons, il y eut force réjouissances et, d'après Pleyer, Pierre, qui était là avec tous ses ministres, parut fort gai. A la fin de l'année, le tsar fit frapper une médaille: on y voit des nuages qui s'écartent et un sommet éclairé par le soleil, avec cette inscription: 'l'horizon s'est éclairci'. [68]

Même du point de vue de Pierre le Grand, l'élimination d'Alexis était-elle vraiment nécessaire? On en discutera toujours. Certains pensent comme Voltaire qu'avec un tel héritier l'œuvre du tsar risquait effectivement d'être détruite. D'autres estiment que c'est peu probable: 'l'on serait retombé dans certaines ornières', mais 'la Russie ne serait pas retournée aux caftans, aux barbes et au térem. L'histoire peut aller lentement, mais elle ne va pas à

[65] Besançon, p.120.
[66] Weber, i.352-53.
[67] Weber, i.355.
[68] Waliszewski, p.596.

reculons'. [69] Le court règne de Pierre II (1727-1730) semble le confirmer: le clan des Dolgorouki hostile aux réformes, fut sans doute au pouvoir pendant la minorité du jeune tsar, fils d'Alexis, mais, pendant cette période, il n'y eut pas de bouleversement. Seules, deux mesures symboliques furent prises: la disgrâce de Menchikov, exilé en Sibérie, et le transfert de la cour à Moscou.

En réalité, que Pierre ait cru ou non que ses réformes étaient menacées importe peu. L'humeur joyeuse qu'il a manifestée après la mort de son fils montre son indifférence 'à toute considération morale, familiale, sociale, et son attachement forcené à un devoir royal dont la seule règle était l'efficacité'; elle révèle aussi 'son besoin incoercible d'obtenir immédiatement ce qu'il veut et son aptitude à changer de sujet, de projet, à se dégager toujours du réel accompli, sans réflexion, sans remords, sans perspective lointaine non plus, mais toujours par référence à ce qu'il croit être l'intérêt de l'Etat. [70] Pris dans l'engrenage de la procédure judiciaire, ses instincts d'inquisiteur et de justicier implacable se sont peut-être tout simplement exacerbés. [71] La vision rationnelle de Voltaire éclaire assez peu le comportement du tsar, qui, en proie à une folie meurtrière, s'est probablement abandonné au vertige de la vengeance.

[69] Massie, p.684.
[70] Portal, p.277.
[71] Waliszewski, p.587.

6

Accueil de l'œuvre

Bien diffusé, l'ouvrage n'eut cependant pas le succès escompté. Il déçut aussi bien les Français que les Russes. On le trouvait inférieur à l'*Histoire de Charles XII*. On reproche aussi à Voltaire d'avoir répété ce qu'il avait déjà dit dans *Le Siècle de Louis XIV*. Il en est bien étonné: aux d'Argental, qui lui ont rapporté cet avis, il écrit le 25 avril 1763 que ses torts 'consistent à avoir dit des vérités dont tout le monde convient, et qui ne nuisent à personne'. Il espère seulement que les d'Argental ont trouvé dans son œuvre 'quelque petite odeur de philosophie morale; et d'amour de la vérité' (D11174).

On ne s'étonnera pas que Charles Bonnet, le défenseur de la 'chronologie sacrée',[1] se montre particulièrement sévère pour Voltaire. Le 25 juillet 1761, il écrit à Albrecht von Haller: 'Il m'a paru un soleil couchant et bien nébuleux dans son Pierre le grand. Que de bouffonneries dans une préface faite pour être à la tête de l'histoire d'un des plus grands hommes qui furent jamais! On dirait qu'il n'a pas plus le tact des bienséances que le tact logique' (D9914). Haller est d'accord sur la préface: il répond le 31 juillet qu'il l'a trouvée 'déplacée' (D9920, commentaire).

Mais c'est à un véritable réquisitoire que se livre l'auteur anonyme de la *Lettre du czar Pierre à M. de Voltaire sur son Histoire de Russie*. La brochure, parfois attribuée à La Beaumelle, paraît en 1761. Sans attendre la publication du second volume, 'Pierre le Grand' dénonce d'entrée de jeu le 'ton de panégyrique' de l'ouvrage, 'qui y règne d'un bout à l'autre'.[2] Montesquieu, lui

---

[1] Voir la 'Préface historique et critique', n.24.
[2] *Lettre du czar Pierre à M. de Voltaire sur son Histoire de Russie* ([s.l.] 1761), p.4.

aussi, se retourne dans sa tombe: il 'est indigné des éloges que vous donnez à la tyrannie que j'établis dans mes Etats' (p.6). La comparaison que fait Voltaire avec Lycurgue et Solon est pour le tsar 'l'effet d'une basse flatterie, ou d'un grand défaut de lumières'. Car, affirme-t-il, 'loin d'augmenter le bon sens & la vertu dans mon pays, j'ai diminué l'un & l'autre, en augmentant le despotisme, également contraire à tous les deux' (p.13-14). 'Vous me louez', poursuit-il, 'd'avoir aboli le mot d'esclave. Eh! qu'importe le mot, si la chose subsiste dans tout son vice? Il faloit supprimer cet éloge, & même me blâmer de n'avoir point supprimé l'esclavage' (p.22). Mais Voltaire a eu sa récompense: il a été payé de ses éloges, qu'il sait 'si bien vendre', par les 'belles médailles' envoyées par Chouvalov (p.36). Par ailleurs, Voltaire aurait dû rendre justice aux ancêtres de Pierre, car 'la Russie fut formée fort lentement & non comme Dieu créa le monde'; mais, selon lui, il eût été plus utile pour la Moscovie de laisser les choses telles qu'elles étaient avant son règne, ce qui eût épargné à son peuple bien des guerres et des souffrances (p.22-24). Et le tsar conclut: 'Je ne pensai qu'à faire des esclaves & des soldats' (p.27).

L'opposition de Jean-Jacques Rousseau aux idées-forces de l'*Histoire de l'empire de Russie* fut tout aussi résolue. On connaît sa critique célèbre des réformes de Pierre le Grand, qui vise indirectement Voltaire:

[Le czar Pierre] a vu que son peuple étoit barbare, il n'a point vu qu'il n'étoit pas mûr pour la police; il l'a voulu civiliser quand il ne faloit que l'agguerrir. Il a d'abord voulu faire des Allemands, des Anglois, quand il faloit commencer par faire des Russes; il a empêché ses sujets de jamais devenir ce qu'ils pourroient être, en leur persuadant qu'ils étoient ce qu'ils ne sont pas [...] L'Empire de Russie voudra subjuguer l'Europe et sera subjugué lui-même. Les Tartares ses sujets ou ses voisins deviendront ses maîtres et les notres: Cette révolution me paroît infaillible. [3]

---

[3] *Du contrat social*, II, viii (*Œuvres complètes*, éd. B. Gagnebin et M. Raymond, Paris 1959-1995, iii.386).

Citant ce passage, Voltaire répliqua en 1765 dans son article 'Pierre le Grand et J.-J. Rousseau' (M.xx.218-20), puis en 1775 dans le début remanié de la 'Préface historique et critique'. Il s'agit là d'une opposition radicale entre deux conceptions politiques: comme le montre G. Goggi, Voltaire considère que civiliser la Russie, c'est l'amener au niveau des pays les plus avancés de l'Europe par une profonde transformation *économique et sociale*. Pour Rousseau, qui juge que vouloir civiliser la Russie est une erreur, il s'agit de promouvoir une constitution *politique* adaptée à la société russe, et apte à la défendre contre une prétendue menace d'invasion tatare. Cette polémique eut une résonance énorme.[4] On notera toutefois que ni dans son article de 1765, ni dans la 'Préface historique et critique', Voltaire ne répond vraiment sur le fond: il réagit surtout à la 'prophétie' de Jean-Jacques sur la chute prochaine de l'empire russe.

Le jugement de Diderot sur le premier volume fut mitigé. Nous l'analyserons en comparant ses lettres au compte rendu de la *Correspondance littéraire*. Quant à d'Alembert, il fait part de ses louanges et de ses réserves. Le 5 novembre 1760, il écrit à Voltaire que le premier tome est 'plein d'agrément et de Philosophie'. Sans doute, l'histoire de Pierre Ier n'est-elle 'pas aussi piquante que celle de Charles XII', mais c'est parce que 'l'histoire des fous est toujours plus amusante que celle des sages'. D'Alembert approuve la 'Préface', sauf sur un point: la vie privée du tsar. Il lui semble que 'ne peindre en lui que le souverain c'est ne le peindre que de profil'; il sent que Voltaire n'a pas été tout à fait à son aise, car il avait des raisons de cacher l'autre côté du visage de Pierre; on s'attendait à trouver 'ce contraste de rusticité et de génie, de férocité et de grandeur', qui faisait son caractère; or, Voltaire n'en a donné que la moitié. Par ailleurs, d'Alembert juge la fin de l'ouvrage 'un peu étranglée surtout quant à ce qui concerne la

---

[4] Voir l'article de G. Goggi, 'Diderot et l'abbé Baudeau: les colonies de Saratov et la civilisation de la Russie', *Recherches sur Diderot et sur l'Encyclopédie* 14 (1993), p.32.

guerre [la bataille de Poltava]'. Enfin, tout en croyant comme Voltaire qu'il y a de 'l'extravagance' à rechercher l'origine des Chinois, il est persuadé qu''ils ont reçu d'ailleurs tous les arts qu'ils avoient si longtemps avant nous', car 'ces arts sont chez eux au même point où ils étoient il y a deux mille ans', ils ne les ont pas perfectionnés, 'donc ils ne les ont pas inventés', 'donc d'autres peuples les avoient avant eux', ce qui 'feroit croire que ce peuple est resté seul de quelque grand bouleversement qui a détruit tous les peuples qui les environnoient, et qui les avoient éclairés' (D9384).

Des réserves, donc, mais un jugement d'ensemble plutôt favorable.[5] D'autres furent beaucoup plus sévères. D'Argens, il est vrai dans une lettre à Frédéric II, prétend que l'ouvrage 'est entièrement tombé' et que c'est justice.[6] Duclos pense que 'les deux principales histoires' de Pierre le Grand 'ont altéré ou omis plusieurs particularités importantes ou curieuses, par des motifs d'intérêt'.[7] On n'est pas plus content du second volume que du

[5] Dans une lettre à Mlle de Lespinasse du 25 juillet 1763, d'Alembert écrit: 'Ah! mon Dieu, oui, ce huitième volume de Voltaire est à faire vomir par la bassesse et la platitude de ses éloges. C'est bien la peine d'avoir plus de cent mille livres de rente et d'être dans un pays libre pour écrire ainsi l'histoire. Et à qui croit-il en imposer? Cela fait pitié!' Lortholary (p.50) a cru que ce jugement se rapportait à l'*Histoire de l'empire de Russie*, alors que d'Alembert fait ici allusion au huitième et dernier volume de l'édition de 1761-1763 de l'*Essai sur les mœurs*.

[6] Lettre du 3 novembre 1761 (*Œuvres de Frédéric le Grand*, éd. J. D. E. Preuss, Berlin 1846-1857, xix.261).

[7] Charles Pinot Duclos, *Mémoires secrets*, nouv. éd. (Paris 1864), ii.204 ss. Le second historien n'est pas Jacques Lacombe, auteur d'une *Histoire des révolutions de l'empire de Russie* (Paris 1760), comme le suppose Lortholary (*Le Mirage russe en France au XVIIIᵉ siècle*, p.296, n.79), mais Nestesuranoi, confondu par Duclos avec Huyssen (p.204, n.1). Duclos affirme que Voltaire a reçu de Chouvalov cinquante mille livres de médailles d'or, apportées par le chevalier d'Eon, qui les remit à des banquiers de Strasbourg. Le prince de Ligne prétend également avoir entendu Voltaire répondre à un solliciteur qui lui demandait son *Histoire de Russie*: 'Vous êtes fou [...] Si vous voulez savoir quelque chose, prenez celle de Lacombe. Il n'a reçu ni médailles ni fourrures, celui-là' (P. Morand, *Le Prince de Ligne*, Paris 1964, p.177).

premier, rapportent les *Mémoires secrets* de Bachaumont: 'on trouve cet ouvrage extrêmement croqué: on y voit briller de tems en tems les étincelles du génie de l'historien de *Charles XII*; mais ce n'est que par intervalles. D'ailleurs il est comme les prédicateurs; le saint du jour est toujours le plus grand chez lui: il avoit dans sa première histoire fait servir le Czar de contraste à la gloire de Charles XII, aujourd'hui Charles XII sert de marche-pied au Czar'. [8] Jugement modéré, mais qui reflète sans doute le sentiment général.

Quant à Dortous de Mairan, il écrit à Voltaire le 2 août 1762: 'Vous faites sentir partout combien le héros des loix, des sciences et des arts, est préférable au simple héros des conquêtes'. Mais, après ce bref éloge, il ajoute: 'Il est vrai que vous traitez assés mal mes bons chinois et mes Egyptiens'. Sa lettre de remerciement, très diplomatique, roule sur cette question de l'antériorité des uns ou des autres. Dortous de Mairan est moins catégorique que d'Alembert à propos des Chinois. Et, contrairement à de Guignes, il se garde bien de hasarder qu'ils aient subi une quelconque influence de l'Egypte. Mais il croit la civilisation des Egyptiens plus ancienne: 'mon foible pour eux', écrit-il, 'tombe encore davantage sur les sciences et les arts qui fleurirent chez eux de temps immémorial, et dont, à mon avis, ils furent les premiers instituteurs' (D10627).

Les *Mémoires de Trévoux*, qui avaient consacré deux recensions à l'*Histoire de Charles XII* en mars 1731 et en septembre 1732, ne firent aucun compte rendu de la nouvelle œuvre historique de Voltaire. Le *Journal des savants*, qui en septembre 1760 fait une critique plutôt favorable de l'*Histoire des révolutions de l'empire de Russie*, de Jacques Lacombe, ignore la parution du premier tome de l'*Histoire de l'empire de Russie* de Voltaire. Ce n'est qu'en juillet 1763 qu'il signale la sortie du second tome, sans annoncer de compte rendu à venir. [9] Le *Mercure de France*, qui, en juillet 1760,

---

[8] *Mémoires secrets* (à la date du 17 mai 1763), i.218.
[9] *Journal des savants* (juillet 1763), p.510.

donne lui aussi une assez longue critique de l'ouvrage de Lacombe, passe sous silence l'*Histoire de l'empire de Russie*. Alors qu'il publie par ailleurs des lettres et des pièces fugitives de Voltaire, il faut attendre le mois de juin 1763 pour qu'apparaisse le bref entrefilet suivant: 'La célébrité de l'Auteur & celle du Héros dont il vient d'achever l'histoire, faisoient attendre avec impatience le volume que nous annonçons, avec autant de plaisir que nous nous proposons d'en donner bientôt l'Extrait'. [10] L'annonce ne sera d'ailleurs pas suivie d'effet, alors que le *Mercure de France*, en février 1732, avait consacré un compte rendu à l'*Histoire de Charles XII*.

En revanche, comme on pouvait s'y attendre, le *Journal encyclopédique* fut plus qu'élogieux. En deux extraits truffés de citations, le 15 septembre et le 1er octobre 1760, il analyse et résume pendant une cinquantaine de pages l'œuvre de cet 'auteur chéri', qui 'possède dans un degré si éminent le rare talent d'instruire et de plaire'. [11] A la fin du premier extrait, le journal justifie son compte rendu, exceptionnellement long, en disant qu'on ne s'arrache pas sans peine à la lecture des ouvrages de Voltaire.

Contrairement à un avis largement partagé, il juge que la 'Préface' est 'un chef-d'œuvre de philosophie et de goût' (p.59). 'Quoi de plus piquant' que le portrait 'de ces pesants annalistes qui par des étymologies forcées et des conjectures puériles ont la manie de rapporter l'origine des nations modernes aux plus célèbres d'entre les anciens peuples' (p.55). L'auteur est d'accord avec Voltaire sur l''observation importante' selon laquelle les montagnes ne sont pas formées par le roulement des flots de la mer (p.60). Il trouve que la description des seize gouvernements est un 'coup d'œil rapide, précis et intéressant' (p.61). En ce qui concerne 'l'état politique de la Russie avant Pierre le Grand', il estime avec Voltaire que 'tout y étoit à faire' (p.69). Quant au traité de paix

---

[10] *Mercure de France* (juin 1763), p.108.
[11] *Je* (15 septembre 1760), vi.iii.53-81; (1er octobre 1760), vii.22-44, ici, p.22.

avec les Chinois, qu'il croit à tort conclu par Pierre, [12] ce qu'en dit Voltaire est 'un morceau neuf': la formule de jurement commune aux Chinois et aux chrétiens montre en effet que le gouvernement de la Chine n'est ni athée ni idolâtre (p.74-76).

Le premier octobre, le *Journal encyclopédique* note que Pierre, 'pas encore maître de ses passions', a tiré l'épée contre Lefort (p.23); mais 'on vit bientôt ce grand prince entièrement occupé du bonheur & de la gloire de sa nation' (p.28). L'auteur cite le passage où Voltaire oppose Charles XII qui dévaste la Pologne à Pierre Ier qui établit des manufactures et exploite les mines de Sibérie (p.33). Il rapporte l'anecdote sur le tsar qui, à la prise de Narva, souille son épée dans le sang de ses soldats qui se livraient au pillage et au massacre (p.34). Il s'indigne du supplice de Patkul, 'qui suffit pour ternir à jamais la réputation du fougueux roi de Suède' (p.38). Il déclare n'avoir pu jeter qu'un coup d'œil sur ce volume écrit 'avec tant de noblesse, de force et de vérité', mais n'en affirme pas moins que 'partout il élève l'âme' et l'instruit (p.44)...

Le Ier mai 1763, le *Journal encyclopédique* commence à rendre compte du second volume. [13] Il rend un juste hommage au travail 'considérable' accompli par l'auteur. Il loue sa 'justesse d'esprit' et sa 'pénétration' pour distinguer les choses vraiment grandes de celles 'qui n'ont qu'une grandeur factice', sa 'fermeté d'âme' pour dire la vérité, et sa 'philosophie' pour découvrir les causes des faits (p.4-5). Il remarque que ce second tome couvre les quinze dernières années du règne de Pierre, et que c'est dans ce court laps de temps que le tsar a donné au Nord une face nouvelle (p.6-7). Sur l'affaire du tsarévitch, il approuve implicitement la thèse officielle, sans s'embarrasser des considérations de Voltaire sur les responsabilités respectives d'Alexis et de Pierre: c'est 'la crainte, ou plutôt la triste certitude de laisser à ses peuples un successeur dont l'incapacité plongeroit la Russie dans son ancienne barbarie' qui 'força le trop

---

[12] Le traité de Nertchinsk a été conclu par Sophie peu de temps avant le coup d'Etat de Pierre (voir I.vii, n.12).

[13] *Je* (Ier mai 1763), p.3-25.

malheureux Pierre à immoler comme Brutus, au bonheur de la Patrie, un fils coupable, & cependant chéri' (p.7-8).

Le 15 mai 1763,[14] après des résumés et des citations des chapitres sur les intrigues de Görtz, les opérations militaires entre la Russie et la Suède et le séjour de Pierre le Grand à Paris, le *Journal encyclopédique* revient plus longuement sur le procès d'Alexis. Il répète que le tsar s'était vu 'forcé' de sacrifier son fils 'à la tranquillité publique', et juge que la narration de Voltaire est 'écrite avec autant de force que de vérité' (p.62). Plus sévère que Voltaire à l'égard du tsarévitch et plus indulgent que lui à l'égard du tsar, il estime qu'Alexis, 'par les conseils des factieux', a répondu 'd'une manière aussi basse que révoltante'; que, dès l'instant où il s'était mis entre les mains de Charles VI, il 'méritoit d'être jugé suivant les loix, car rien ne peut justifier sa démarche'; que sa lettre aux sénateurs n'est certes pas parvenue à destination, mais que 'les expressions d'Alexis désignoient une résolution assurée de monter sur le trône, & d'exciter des troubles' (p.63-65). Le journal évoque le drame cornélien du tsar, qui devait sacrifier son fils ou sa patrie; on peut trouver Pierre Ier cruel comme particulier, mais il était législateur (p.70). Admettant la thèse officielle de la mort du tsarévitch, le journal conclut: 's'il reste à quelqu'un des soupçons au sujet de la mort précipitée d'Alexis, qu'il voie avec quelle force l'historien du Czar justifie son héros & l'Impératrice Catherine' (p.71).

L'auteur du compte rendu juge que, 'semblable à son héros', Voltaire 'a surmonté sans peine les difficultés qui eussent arrêté tout autre historien'. Et il stigmatise les 'stupides zoïles' qui avaient attaqué 'par des injures grossières & de faux raisonnemens les morceaux les plus intéressans du premier volume'. Faisant allusion à Müller, il rappelle que, révolté, Voltaire a répondu à l'un de ces

[14] *Je* (15 mai 1763), p.47-73.

détracteurs, dont les observations formaient un gros volume allemand envoyé alors à Bouillon. [15]

L'Année littéraire fit une recension pour chacun des deux volumes. La première, du 18 novembre 1760, [16] fut une critique sévère mêlée de quelques éloges. Fréron trouve la 'Préface' indigne de Voltaire: l'auteur s'y adonne selon lui à des plaisanteries qu'on n'eût pas pardonnées à Falstaff. Dans l''Avant-propos', il foule aux pieds l'idole (Charles XII) qu'il avait encensée. Les deux premiers chapitres sont ennuyeux, mis à part le passage sur les Samoyèdes (p.298) et les petits détails sur les raskolniks, dans lesquels Voltaire 'brille beaucoup' (p.302). On dirait que l'auteur 's'est donné seulement la peine de transcrire les mémoires qu'on lui a communiqués' (p.299). Fréron accuse Voltaire d'un 'anachronisme assez considérable' dans la christianisation de la Russie, mais affirme lui-même par erreur que les Russes embrassèrent le christianisme dès le neuvième siècle (p.301). *L'Année littéraire* loue cependant Voltaire d'avoir eu la 'noble hardiesse' de plaider la cause de Patkul (p.310). Elle partage avec lui son admiration pour le 'génie créateur et législateur' de Pierre le Grand (p.309) et approuve sa 'remarque judicieuse' sur Poltava, qui a eu pour résultat la félicité du plus vaste empire de la terre (p.311).

Le 17 mai 1763, [17] *L'Année littéraire* juge que le deuxième volume, 'plus travaillé' que le premier, ne répond cependant pas à la réputation de Voltaire: l'histoire y est 'décousue et mal ordonnée' (p.243). Il y a dans la nouvelle 'Préface' une distinction 'assez juste' entre erreur et mensonge (p.247); et ce qu'elle renferme de mieux est la discussion critique d'Olearius (p.244). En ce qui concerne les effectifs des Russes à la bataille du Prut (voir II.i, n.88), Fréron estime que le Journal de Pierre le Grand est plus fiable qu'une ordonnance écrite douze ans après la campagne

[15] Il s'agit des critiques de G. F. Müller parues dans le *Journal encyclopédique* du 1er décembre 1762; voir ci-dessous, app. x.

[16] *L'Année littéraire* (1760), vii.289-313.

[17] *L'Année littéraire* (1763), ii.243-68.

(p.250). Non sans raison, il juge 'chimériques' les projets de Görtz et d'Alberoni, car un esprit 'moins romanesque' que Voltaire aurait dit que Pierre le Grand et Charles XII étaient irréconciliables (p.255). La tentative d'union des Eglises a été l'occasion de ridiculiser le zèle des docteurs de la Sorbonne et de décrier une fois de plus la religion chrétienne: Voltaire 'ne se guérira-t-il jamais de cette manie?' (p.259).

La condamnation d'Alexis est pour Fréron l'endroit qui lui a paru traité avec le 'plus de soin'. Voltaire y entre 'dans un très grand détail' sur les circonstances du procès, dont il discute les articles 'avec beaucoup de précision'. Ce morceau 'mérite d'être lu', car nulle part cette affaire n'est 'aussi bien approfondie'. Voltaire y montre que les fautes du tsarévitch n'étaient que des désirs secrets qui dans aucun autre pays d'Europe n'auraient été condamnés d'une manière aussi rigoureuse (p.261). Fréron est moins convaincu lorsque Voltaire affirme que Catherine n'a contribué en rien au malheur d'Alexis. Il lui semble qu'elle était seulement plus modérée que Pierre dans sa haine: conseiller de mettre le tsarévitch au couvent, 'n'étoit-ce pas faire un assez grand tort à l'héritier présomptif de la couronne que de le forcer à prendre un état qui devoit l'en exclure à jamais?' (p.263). Avec une certaine mauvaise foi, Fréron prétend que, dans un autre ouvrage, Voltaire laissait entendre qu'Alexis était mort empoisonné, et que, dans l'*Histoire de l'empire de Russie*, il se réfute lui-même sans se rétracter. [18]

Se demandant si Catherine a empoisonné Pierre, Fréron se garde de trancher en imitant Voltaire, qui 'est souvent si prompt et si hardi à justifier les heureux coupables et à noircir les innocents que la fortune abandonne' (p.267). Après cette perfidie, il conclut en faisant écho à la phrase de Voltaire sur les critiques, à la fin de

---

[18] *L'Année littéraire* (1763), ii.264. En réalité, tout en rappelant que Pierre avait à Moscou 'une des plus belles apothicaireries de l'Europe', Voltaire, dans les *Anecdotes*, jugeait probable qu'Alexis avait pu mourir 'de la révolution que fit dans son esprit un arrêt si étrange et si funeste' (l.399-404).

sa 'Préface': 'ce sont des serpents qui rongent la lime; il faut les laisser faire'. Si Voltaire écrivait avec moins de précipitation, rétorque Fréron, 'cette *lime*, dont il fait peu d'usage, ne seroit pas exposée à la morsure importune d'un si grand nombre de *serpens*. Sa méthode ordinaire est de décrier ses censeurs, & d'en parler avec mépris; il faut le laisser dire' (p.268).

La *Correspondance littéraire* rendit compte du premier volume dans ses livraisons du 1er et du 15 novembre 1760 (CLT, iv.308-13). Le texte en est très proche de celui de deux lettres de Diderot: à Damilaville, le 19 octobre, et à Sophie Volland, le 20 octobre. Le 1er novembre, le recenseur note tout d'abord que l'ouvrage n'a pas eu le succès 'que l'importance du sujet et la réputation de l'auteur semblaient promettre. On s'attendait à mieux'. Ce qui a été le plus attaqué, c'est la 'Préface': 'on la trouve puérile et de mauvais goût, c'est, dit-on, le ton de la facétie', elle ne figurerait pas même parmi les *Mélanges de littérature* de Voltaire (iv.308). Mais l'auteur de la recension ne partage pas ce point de vue, que Diderot exprimait dans ses lettres:[19] il est moins choqué que le public, et même le passage contre le système qui fait des Chinois une colonie égyptienne lui paraît 'd'une très excellente critique'. En revanche, il n'admet pas plus que d'Alembert le point de vue de Voltaire sur la vie privée des grands hommes: sinon, 'il faut que mon vieux Plutarque ne soit bon qu'à jeter au feu'; 'c'est la vie publique qui m'apprend à connaître l'homme public; c'est la vie domestique qui m'apprend à connaître l'homme'; aux yeux d'un philosophe, ces détails sont aussi intéressants que les faits importants; les dérober, 'c'est non seulement faire un larcin à la vérité, mais c'est appauvrir son tableau'.[20] En outre, la conséquence

[19] Voir Diderot à Damilaville, 19 octobre 1760, et à Sophie Volland, 20 octobre 1760 (*Correspondance*, éd. G. Roth et J. Varloot, Paris 1955-1970, iii.160, 177). C'est Damilaville qui a envoyé à Diderot l''Histoire du czar'.

[20] CLT, iv.309. Le 20 octobre 1760, Diderot écrivait à Sophie Volland: 'On y avance sur la fin qu'il ne faut point écrire la vie domestique des grands hommes. Cet étrange paradoxe est appuyé de raisons que l'honnêteté rend spécieuses; mais c'est une fausseté, ou mon ami Plutarque est un sot' (*Correspondance*, iii.177).

de ce principe, c'est que, dans sa 'Préface', Voltaire ne dit pas un mot du procès d'Alexis. Sur ce point, la *Correspondance littéraire* se montre particulièrement sévère: 'Je ne sais', écrit-elle, 'si, avec cette discrétion, l'auteur est parvenu à plaire à la cour de Pétersbourg; mais ce que je sais, c'est qu'elle a déplu à tous les honnêtes gens'; supprimer une partie des faits pour faire la cour à la fille de Pierre le Grand, et rabaisser le mérite des rivaux du tsar dont on a été l'historien est 'un projet indigne d'un homme de génie' (iv.309-10).

Le 15 novembre, la *Correspondance littéraire* poursuit sa critique en assurant d'emblée que ce premier volume n'est pas l'ouvrage d'un historien, mais d'un philosophe. Sans doute a-t-il 'la chaleur et les grâces d'un roman', car Voltaire est 'le premier bel esprit du siècle'; mais cela ne convient pas à la 'dignité de l'histoire' dont la marche est 'grave et posée'; or, celle de Pierre 'court toujours'. L'auteur de la recension accorde pourtant qu'elle plaît jusqu'à la fin, et qu'un homme d'esprit 'en a dit avec beaucoup de justesse que si les gazettes étaient faites comme cela, il n'en voudrait perdre aucune'.[21] Mais on ne retient rien de cette histoire: la description de la Russie est commune, et si l'on se demandait quel grand tableau on a vu dans cette histoire, quelle réflexion profonde on a retenue, on n'aurait rien à répondre.[22] Pour l'auteur du compte rendu, il semble que le 'crime' dont Voltaire s'est rendu coupable en 'déguisant la vérité' ait rendu son travail 'insipide' (iv.311). Il fallait passer rapidement sur tous les faits de guerre et 's'étendre sur tout ce qui pouvait servir au développement du génie de Pierre', car c'est cela que nous cherchions à savoir. La *Correspondance littéraire* concède qu'il y a deux endroits assez réussis: le

[21] CLT, iv.310-11. L'homme d'esprit est Diderot; voir sa lettre à Damilaville du 19 octobre 1760 (*Correspondance*, iii.161).
[22] CLT, iv.311-12. Cf. les lettres de Diderot à Damilaville et à Sophie Volland, *Correspondance*, iii.160-61 et 179.

chapitre sur les cruautés de Sophie (mais ce n'est pas du Tacite) et la peinture des mœurs des Samoyèdes. [23]

En mai 1763, la *Correspondance littéraire* rend compte du second volume de l'*Histoire de l'empire de Russie* (CLT, v.288-90). Elle concentre sa critique sur deux points: l'affaire du tsarévitch Alexis et le caractère du tsar. Sur le premier point, l'auteur de la recension se montre particulièrement sévère: il ne reproche pas à Voltaire d'avoir 'déguisé la conduite de Pierre envers son fils sous des couleurs fausses'; mais de laisser le lecteur 'dans une incertitude qui ne permet pas d'asseoir un jugement solide'. Or, Voltaire 'a certainement un sentiment là-dessus, et l'historien doit être assez honnête homme pour ne jamais cacher son sentiment sur les choses qu'il se permet de traiter' (v.288). 'Les réticences, les ménagements, les considérations particulières, ôtent à l'histoire sa liberté et sa noblesse, et rendent l'historien méprisable'. Pour ce qui est du tsar, on apprend les faits de son règne, mais 'on ne connaît bien ni le caractère de cet homme extraordinaire', ni d'ailleurs celui de Catherine, 'ni celui d'aucun des personnages qui ont été les instruments de si grandes révolutions' (v.289).

Dans l'*Encyclopédie*, plusieurs articles de Jaucourt démarquent l'*Histoire de l'empire de Russie*. L'article 'Pétersbourg' reprend presque textuellement Voltaire, avec ses erreurs, mais n'idéalise pas comme lui la capitale, et se montre critique à l'égard de Pierre, de ses réformes et du procès d'Alexis; l'article 'Russie' est composé des trois premiers chapitres de l'*Histoire de l'empire de Russie*, auxquels il se réfère explicitement, mais Jaucourt y conteste le chiffre de la population avancé par Voltaire et le réduit de moitié (12 millions); l'article 'Samoyèdes' saute le début du texte de Voltaire, mais y renvoie ensuite en le recopiant presque intégralement dans sa première partie; les articles 'Sibérie' et 'Tsar'

---

[23] CLT, iv.312-13. Cf. la lettre de Diderot à Damilaville, et la lettre à Sophie Volland, avec une curieuse erreur sur le jeune Pierre qui aurait été conduit par ses sœurs en pleurs vers de féroces soldats qui voulaient l'égorger! Diderot a sans doute confondu avec l'un des oncles du tsar (*Correspondance*, iii.163, 179).

démarquent également Voltaire: pour le titre de tsar, Jaucourt ne donne pas d'étymologie, mais, dans l'article 'Russie', il n'exclut pas qu'il s'agisse d'un terme oriental; l'article 'Ukraine', mises à part les six premières lignes, est une reprise textuelle de la description de Voltaire, à laquelle se réfère Jaucourt. Ainsi, dans l'*Encyclopédie*, l'*Histoire de l'empire de Russie* est largement mise à contribution: certains points de vue critiques se font jour, mais on peut dire que pour le thème russe, la source essentielle est Voltaire.

L'historien Pierre-Charles Levesque, qui a passé sept ans en Russie, a fait preuve de plus d'indulgence à l'égard de Voltaire que Fréron ou La Beaumelle, ou que la *Correspondance littéraire*. Dans son *Histoire de Russie*, publiée en 1782, il conteste il est vrai implicitement le jugement de Voltaire sur Boris Godounov[24] et son étymologie du mot *tsar*.[25] Mais il estime qu'il manquait des éléments nécessaires pour en discuter; et Levesque va jusqu'à affirmer: si Voltaire 'avait été mieux servi par ceux qui lui envoyaient des notes, je n'aurais pas osé écrire après lui l'histoire de Pierre Ier'; 'il paraît', ajoute-t-il, 'qu'on ne lui avait fait traduire que des extraits mal faits & tronqués du journal de Pierre le Grand' (i.xxix).

Tout en admirant Voltaire, Nicolas-Gabriel Le Clerc, qui lui aussi a séjourné longtemps en Russie, est plus nuancé dans ses jugements. Dans son *Histoire physique, morale, civile et politique de la Russie ancienne et moderne*, parue à partir de 1783, il approuve certains passages de l'*Histoire de l'empire de Russie*. Citant une page sur la Perse, il rappelle comment Voltaire oppose Pierre Ier

---

[24] Dans son *Histoire de Russie* (Paris 1782), Levesque, tout en reconnaissant les 'vices' de Boris, souligne ses côtés positifs: pendant les famines, par exemple, il force les riches à lui vendre leurs grains à moitié prix pour les distribuer au peuple (iii.157). Voir ci-dessous, i.iii, n.2.

[25] Levesque, ii.309-10. Voir ci-dessous, i.ii, n.47.

et le shah: un seul homme, par son 'génie actif', éleva sa patrie, alors qu'un seul homme, 'faible et indolent', fit tomber la sienne. [26] Il loue la manière dont Voltaire présente la 'fête des cardinaux', par laquelle le tsar ridiculisait les anciens moines: contrairement à des écrivains 'sans génie' pour lesquels ces divertissements ont paru bizarres, Voltaire avait cette 'sagacité' qui lui a permis de ne pas prendre le change (iii.546). Toutefois, Le Clerc note en passant, à propos du tsar Pierre, que Voltaire 'peint toujours à grands traits, mais les traits ne sont pas toujours ressemblants; et de plus cet écrivain, unique en son genre, néglige souvent les détails historiques qui sont si précieux aux lecteurs' (iii.506-507). Le Clerc fait aussi quelques critiques précises: il relève par exemple que, contrairement à ce que dit Voltaire, Pierre le Grand ne s'est pas contenté d'examiner les projets de Görtz: il s'y est fortement impliqué, allant jusqu'à vouloir replacer Stanislas sur le trône de Pologne et envisager une descente en Angleterre avec la Suède. [27]

Mais c'est le chapitre sur le tsarévitch qui, dans l'ouvrage touffu de Le Clerc, fait l'objet d'une analyse minutieuse: quatre-vingts pages de commentaires où les jugements de Voltaire sont systématiquement passés au crible. Il annonce qu'il s'écartera de son opinion quand elle lui paraîtra celle d'un courtisan plutôt que celle de l'historien philosophe 'qui avoit calculé les délits et les peines, & qui s'étoit montré plus d'une fois le défenseur courageux & le bienfaiteur de l'innocence opprimée'. Il convient que la position de Voltaire était 'embarrassante', car 'il est presqu'impossible que les ouvrages commandés soient exacts'; et il prend en compte la lenteur avec laquelle Taubert, 'chargé de la rédaction des Mémoires de Pétersbourg', avait fait parvenir ces derniers à Voltaire. Bref, 'il faut être juste envers cet homme célèbre' (iii.420-21).

En se livrant à un examen critique des neuf chefs d'accusation

---

[26] Nicolas-Gabriel Le Clerc, *Histoire physique, morale, civile et politique de la Russie ancienne et moderne* (Paris 1783-1784), iii.552-53.
[27] Le Clerc, iii.505-506. Voir ci-dessous, II.xv, n.4.

retenus contre Alexis, Le Clerc convient que pour le premier – la lettre du diplomate autrichien Pleyer sur la mutinerie de soldats russes dans le Mecklembourg – il n'y a rien à ajouter à ce que dit Voltaire pour 'faire sentir le ridicule et l'insuffisance' de cette déposition (iii.453). A propos du septième chef d'accusation (dans le quatrième interrogatoire), Le Clerc laisse éclater son indignation: 'La plume échappe des mains à chaque instant, & le cœur se soulève en lisant avec attention toutes les scènes d'horreur de ce barbare procès'; il ne peut qu'être d'accord avec Voltaire, qui 'observe très judicieusement' que les sentiments secrets ne peuvent faire l'objet d'un procès criminel (iii.462).

Mais il ne conçoit pas comment Voltaire, en relatant la rencontre de Pierre et d'Alexis le 13 février 1718, 'a pu se résoudre à faire passer dans ses écrits ce monument de perfidie & de trahison de la part du Tzar'. 'C'est en vain, malgré le charme de son style, qu'il a cru pouvoir le justifier. Un panégyriste qui ne veut que louer, doit cacher les faiblesses de son héros, plutôt que de chercher à les justifier'. Pierre fut parjure et traître envers son fils, par orgueil et 'par un amour désordonné de sa propre gloire & de son autorité'. Voltaire devait l'en blâmer, parce que, selon ses propres termes, 'celui qui loue un tyran est un lâche' (iii.435-36).

Aussi Le Clerc ne peut-il admettre que 'jamais prince ne fut déshérité d'une manière si authentique'. Et il conteste le parallèle entre le droit romain et le droit russe auquel s'était risqué Voltaire pour étayer cette affirmation. Avec l'aide d'un juriste, l'avocat Hecquet, il montre en effet que si les pères, à l'origine de la République, avaient le droit de se choisir un successeur, la loi romaine a changé et a permis aux enfants déshérités de se pourvoir devant le juge pour faire annuler le testament du père. Le Clerc rappelle aussi qu'avant la loi d'exhérédation promulguée par le tsar en 1715, il y avait partage égal entre les héritiers, et que les lois russes, sous Catherine II, ne permettent pas aux pères d'exhéréder leurs enfants (iii.439-43). Selon Le Clerc, même si le tsarévitch s'était rendu incapable de succéder à son père, il ne s'ensuit pas que la conduite de Pierre doive paraître sans reproche:

le refus d'accepter la renonciation d'Alexis au trône, 'suivi de cette exhérédation infamante, annonce un dessein formé depuis longtemps de le perdre'. Les serments du tsar n'étaient qu'un piège, et l'exhérédation fut 'un chef-d'œuvre d'iniquité', alors que Pierre avait deux moyens d'exclure son fils du trône: 'accepter sa renonciation volontaire, ou user de son droit de souverain et de père, sans jugement, en faisant porter l'exhérédation sur l'indignité de son fils, sans s'obstiner à le faire paraître criminel' (iii.443-46).

Quant aux intérêts de dix-huit millions d'hommes opposés à ceux d'un seul, cette manière de raisonner fait frémir Le Clerc; il en voit les 'conséquences affreuses': la crainte, souvent ridicule, d'un mal futur, suffirait-elle 'pour autoriser à faire périr une foule d'innocents'? D'ailleurs, pourquoi prêter au tsar des motifs dont il n'eut peut-être jamais l'idée? 'Ne peut-on pas dire que la mort d'Alexis eut les mêmes causes que son exhérédation?' A l'idée que le tsarévitch pourrait, après la mort de Pierre, protester contre sa mise à l'écart, 'le courroux du Tzar se ranime, l'orgueil achève d'étouffer la nature, & la mort d'Alexis est résolue' (iii.447-49). Pour Le Clerc, c'est la passion, plus que la raison d'Etat, qui explique le comportement de Pierre. Il ne croit pas au drame cornélien qu'imagine Voltaire: si le tsar a sacrifié son fils aux intérêts de sa nation, cette réflexion lui semble tout au plus applicable à l'exhérédation. Mais il refuse de se prêter 'à l'illusion que Voltaire paroît chercher à faire naître'. Pierre fut à ses yeux 'plus homme que père, plus tyran que souverain, plus jaloux des intérêts du fondateur que de ceux du législateur [...] L'amour-propre lui avoit fait perdre tout sentiment de tendresse & de pitié: ce tyran *égoïste* ne pardonne jamais'. Son cœur 'n'eut point à combattre ces terribles efforts de la nature' (iii.449, 495).

Le Clerc montre que Pierre viole son propre code (iii.450) et que les chefs d'accusation ne sont qu'un piège: si Alexis nie les faits qu'on lui reproche, il encourt la menace, et s'il les avoue, rien ne peut le sauver. 'Le Tzar, en lui donnant l'espoir de se préserver de la mort par une confession sans réticence, continue de se jouer de la faiblesse de son fils & de sa confiance en ses promesses: il se ménage le barbare plaisir de le faire mourir déshonoré aux yeux de la nation, & de prolonger son supplice par ses interrogatoires captieux & renaissants, mille fois plus cruels que la mort même' (iii.461).

Rapportant la dernière déposition du tsarévitch, qui contredit celle qu'il avait faite lors du premier interrogatoire, Voltaire observe que c'est la deuxième fois que le tsarévitch confesse des pensées secrètes, mais qu'aucun tribunal en Europe ne condamne quiconque pour des pensées criminelles. 'Assurément on ne peut pas justifier Alexis avec plus de force & de solidité', commente Le Clerc. 'Mais Voltaire, qui ne semble s'être proposé que d'exercer l'office de rapporteur dans ce procès intéressant, laisse trop entrevoir son opinion personnelle, & son opinion n'est pas celle d'un juge tout à fait impartial'. Non sans pertinence, Le Clerc remarque que Voltaire 'semble se faire à lui-même des objections, pour se donner lieu de les réfuter', mais que 'la réfutation est facile à écarter, & les objections restent' (iii.466). Les objections du type 'On peut répondre [...] qu'Alexis avait mis son père en droit de le punir' ne sont d'ailleurs même pas suivies de réfutations: celles-ci restent implicites.

Le Clerc note que Voltaire paraît faire un mérite au tsar d'avoir consulté les juges et les évêques (iii.469). En effet, son pouvoir reconnu était tel 'qu'il pouvoit faire mourir son fils coupable de désobéissance sans consulter personne'. A partir de la phrase de Voltaire, le raisonnement de Le Clerc est tout autre: elle fait naître d'abord en lui 'un mouvement de compassion pour un peuple soumis à la tyrannie' (iii.486); ensuite, Le Clerc pense que Pierre, qui ne recule pas devant l'infanticide, est effrayé par le parjure. Il a besoin que sa conduite soit publiquement justifiée, ce qui ne sera pas difficile. 'La raison d'Etat, chez un despote, est souvent celle qui dispense d'en donner d'autre, & qui sert de voile à ses cruautés, à ses passions, à sa tyrannie' (iii.468-69).

Pierre demande à ses juges de ne pas le flatter: mais, comme il parle en despote, 'c'est demander l'impossible'. Aussi Le Clerc reproche-t-il violemment à Voltaire d'avoir fait 'la plus brillante apologie' de la réponse du clergé (iii.470):

Parmi toutes les épigrammes & les calomnies que les détracteurs de la religion chrétienne ont pu se permettre contre ses défenseurs, il n'en seroit peut-être pas de plus mordante que cette comparaison de la réponse du clergé russe avec les écrits des pères de l'Eglise, si Voltaire avoit donné lieu de douter qu'il ne fût de bonne foi dans l'éloge qu'il a fait de cette pièce remplie d'astuce & de détour, dictée par la bassesse, la flatterie & la crainte, infectée même du poison le plus subtil.

Et Le Clerc se livre à une explication de texte qui ne manque pas de pertinence. 'Nouveaux Pilates', les 'dépositaires de la morale sainte de l'Evangile' donnent leur avis 'avec une indifférence d'autant plus criminelle, qu'ils savent que par sa tournure artificieuse, il est plus propre à favoriser le dessein atroce du père, qu'à sauver le fils'. En donnant le choix à Pierre entre l'Ancien et le Nouveau Testament, entre la sévérité et la miséricorde, le clergé lui suggère en effet qu'il sera 'également innocent aux yeux de Dieu'. Si le tsar hésite à faire périr son fils, ses scrupules seront levés par la loi du Lévitique, *rapportée dans l'Evangile de Saint Matthieu*. Et pourquoi userait-il de miséricorde, puisque l'exemple tiré du Nouveau Testament est celui de Jésus-Christ pardonnant à la femme adultère? Celle-ci ne l'avait pas offensé personnellement. Les évêques se sont bien gardés de citer l'exemple de Jésus pardonnant à ses ennemis et priant pour ses bourreaux. Ils exagèrent les fautes d'Alexis en parlant de ses crimes. Ils 's'appuient sur la religion pour conseiller le meurtre': si Pierre voulait comme David épargner son fils, ils lui laissent entendre que 'la justice divine n'épargnera point le nouvel Absalon'. C'est 'une flatterie assaisonnée par le fanatisme' (iii.470-72).

Et cette pièce, Voltaire a osé la comparer aux ouvrages des plus illustres Pères de l'Eglise! Pour Le Clerc, elle en est 'aussi éloignée par la force qu'elle leur est opposée pour la morale' (iii.473). Quel contraste avec la clémence dont fit preuve Charlemagne envers son fils Pépin et son cousin Tassillon, duc de Bavière, qui avaient conspiré contre lui! (iii.473, 500). Quel contraste aussi avec l'avis du Conseil de conscience de Philippe II, qui avait incité le roi à pardonner à don Carlos! En revanche, la conduite des inquisiteurs, qui avaient encouragé Philippe à condamner son fils, ressemble de manière frappante à celle du clergé russe (iii.473-75).

Contrairement à Voltaire, Le Clerc ne croit donc pas que ce fut la nation elle-même qui condamna Alexis. Ce 'reproche' fait à la nation russe ne lui paraît pas fondé: Voltaire ne dit-il pas lui-même qu'on demanda aux juges, non une sentence, mais *leurs sentiments*? Le clergé laissait le tsar choisir, et les juges n'ont été que les échos des ennemis du tsarévitch, en répétant l'arrêt qu'on leur a dicté (iii.486-87). Pierre n'eût-il pas agi plus sagement, se demande Le Clerc, 'en faisant périr secrètement son fils, qu'en donnant à sa mort un éclat qui n'a servi qu'à manifester son injustice, en même tems que sa cruauté réfléchie?' Mais il eût été mieux encore de se contenter de la *mort civile* d'Alexis: Voltaire n'écrit-il pas lui-même que le tsar avait tenu à publier un arrêt qui, en rendant Alexis *mort civilement*, 'le mettait pour jamais hors d'état de réclamer la couronne?' (iii.487). Tout ce qu'il a rapporté semble en effet 'propre tout au plus à justifier l'exhérédation du Tzarévitz'. Et, sans chercher à flétrir la mémoire de Pierre le Grand, 'c'est en gémissant sur le sort de l'humanité' que Le Clerc est forcé de reconnaître que 'la condamnation d'Alexis fut l'ouvrage de son père' (iii.485).

Sur la mort du tsarévitch, 'divers auteurs ont rapporté des circonstances bien différentes' de celles que Voltaire a relatées. Un Russe contemporain du tsar a affirmé à Le Clerc qu'Alexis était mort d'un vésicatoire empoisonné que le chirurgien de Pierre lui avait appliqué au sortir d'un bain de vapeur (iii.488). Quant à Catherine, dont Voltaire prend la défense, des présomptions se sont élevées contre elle: à qui profite le crime? (iii.489). Le Clerc, pour finir, pense que toutes les conjectures sur la mort d'Alexis sont détruites par le récit de Peter Henry Bruce, 'témoin de l'événement, & l'un des confidents de cette tragédie': 'si l'on doit ajouter foi à son rapport', le tsarévitch aurait été empoisonné par le maréchal Weide, sans doute sur l'ordre du tsar.[28] Le Clerc n'en estime pas moins que Pierre peut conserver le titre de Grand grâce au repentir qu'il a manifesté après la mort de son fils.[29]

En Angleterre, deux périodiques rendirent compte, de manière très inégale, de l'*Histoire de l'empire de Russie*. *The Gentleman's magazine* signala la parution du premier volume en novembre 1760 et, en février 1761, la traduction de Thomas Nugent. En septembre 1763, il rapporta l'anecdote de Karl Skavronski, frère aîné de l'impératrice Catherine.[30] Mais c'est *The Monthly review* qui fit de larges recensions de l'ouvrage. En novembre 1760, la revue confesse son désappointement: l'œuvre de Voltaire est presque entièrement dépourvue de cette vivacité d'esprit qui caractérise son auteur (xxiii.398); le témoignage de Stanislas lui paraît suspect; dans la description de la Russie, il y a peu de nouveau par rapport à Perry et à d'autres, sauf le chiffre de la population; mais la revue de Londres trouve judicieuses les observations de Voltaire sur les Chinois et les Egyptiens; et surtout, jugeant qu'on ne peut se faire une meilleure idée des révoltes des streltsy qu'en lisant le quatrième chapitre, elle le traduit entièrement (xxiii.401-405). En février 1761, *The Monthly review* revient sur l'*Histoire de l'empire de Russie* en en traduisant des extraits de la fin du chapitre 9 à la fin du chapitre 18 (xxiv.127-34).

[28] Le Clerc, iii.489. Selon Bruce, 'on répandit dans le public qu'à la lecture qui lui fut faite de sa sentence de mort, la frayeur le fit tomber en apoplexie, & qu'il en mourut. Très peu de personnes ajoutèrent foi à cette mort naturelle; mais il étoit dangereux de dire ce que l'on en pensoit' (iii.492-93). Le Clerc cite en note l'original anglais de ce récit, tiré du livre vi des *Mémoires* de Bruce publiés à Londres en 1782.

[29] Ce repentir, selon Le Clerc, est prouvé par deux faits: par une médaille du 20 décembre dédiée 'à une douleur inconnue', et dont la devise est une allusion à la Providence; et par une retraite que Pierre fit à Peterhof, où il voulait se laisser mourir de faim après la mort du fils de Catherine, qui lui rappelait 'l'atrocité de celle d'Alexis' (iii.500-501).

[30] *The Gentleman's magazine* (novembre 1760), xxx.543; (février 1761), xxxi.95; (septembre 1763), xxxiii.450-51.

Mais c'est au deuxième tome de l'ouvrage de Voltaire que *The Monthly review* consacra ses recensions les plus détaillées. Dans son numéro de juin 1763, la revue observe que la cour de Russie a envoyé des mémoires à Voltaire pour qu'il fasse le panégyrique de Pierre le Grand, mais qu'il a accompli sa tâche avec habileté et avec la plus grande apparence d'impartialité, sinon d'une manière toujours réellement impartiale (xxviii.547). *The Monthly review* relève ensuite des anecdotes telle que la 'très singulière aventure' de Karl Skavronski ou les cruautés de Stenbock, résume le séjour de Pierre à Paris, et s'arrête longuement sur la partie 'la plus sérieuse et la plus équivoque': la conduite du tsar envers son fils. L'auteur du compte rendu estime que Voltaire se donne beaucoup de mal pour prouver que les historiens qui ont dit que le tsarévitch avait péri de la main de son père se sont trompés. A la lecture de ce récit, la conduite de Pierre lui paraît 'très inconsistante et problématique' (xxviii.552). Il est vraisemblable qu'Alexis n'a été ni décapité par son père, ni empoisonné par Catherine, mais il est très probable, selon lui, que, d'après le récit même de sa mort par Voltaire, il a été empoisonné par quelqu'un (xxviii.554). L'auteur loue la sagacité et la 'merveilleuse finesse' de Voltaire, qui se demande comment on peut verser les saintes huiles sur un corps sans tête en présence de toute la cour; et il relève un argument de poids en faveur du tsar: si ce dernier avait réellement empoisonné son fils, il aurait perdu le fruit de toutes les peines qu'il avait prises pour convaincre l'Europe de son droit de punir un coupable (xxviii.555). Comme Voltaire, il est frappé par le fait que cette catastrophe n'a pas empêché le tsar de continuer à œuvrer pour le bonheur de son peuple; et il en voit de remarquables preuves dans les réformes concernant le commerce, les lois et la religion (xxviii.557).

En mars 1764, *The Monthly review* achève son compte rendu du second tome en observant qu'aucun écrivain n'était plus qualifié que Voltaire pour écrire cette histoire: familier des princes, correspondant de leurs ministres, n'est-il pas de surcroît animé par l'amour de la liberté et l'avocat des droits de la nature humaine?

Ses écrits historiques sont 'une charte des privilèges du genre humain'. Les auteurs de la revue prient Voltaire d'accepter cet éloge, dont son *Histoire de Russie* est aussi digne que toutes ses autres œuvres historiques (xxx.207). Ils traduisent les passages sur le caractère de Catherine et sur son rôle dans les négociations avec Baltadgi, qu'ils considèrent comme la partie la plus intéressante de l'ouvrage (xxx.209-14).

Entre 1761 et 1778, il y eut douze éditions anglaises de l'*Histoire de l'empire de Russie*, avec trois traductions différentes. Mais ce succès apparent ne confirme pas l'accueil favorable de la *Monthly review*, qui semble isolé. Malgré ses efforts très réels pour rassembler une vaste documentation et rester impartial, Voltaire, en effet, 'n'échappa pas aux soupçons de parti pris et d'injustice', et son ouvrage suscita de nombreuses réserves, particulièrement chez des Irlandais. [31] Selon André-Michel Rousseau, dans ce livre, 'tout ou presque déplut': les contradictions avec l'*Histoire de Charles XII*, la servilité d'un rédacteur à gages, un style plat et sans réflexions originales. *The London chronicle, or universal evening post* jugea l'ouvrage très méprisable. 'Même la *Critical review*, d'ordinaire favorable, resta tiède', et, en 1778, *The Monthly review*, dont on a vu les éloges dans les années 1760, finit par qualifier l'œuvre de 'slovenly history'. [32] Sans doute les flagorneries de Voltaire à l'égard de Catherine II ne sont-elles pas étrangères à ce revirement. De toute façon, l'opinion anglaise semble avoir été dans l'ensemble très critique. Les particuliers, tels que le diplomate Richard Phelps, lord Hardwicke, William Seward ou Richard Hurd, 'manifestèrent la même désapprobation'. [33]

C'est surtout le chapitre sur le tsarévitch qui 'échauffa les esprits'. 'Le plus véhément' fut Horace Walpole, 'qui pleurait déjà

---

[31] A.-M. Rousseau, *L'Angleterre et Voltaire*, Studies 145-147 (1976), iii.847.

[32] Rousseau, iii.709. A.-M. Rousseau renvoie en note à la *Monthly review* des années 1760, sans en citer d'extraits et sans rappeler que la critique de la revue était très favorable. Il se réfère aussi à *The Annual register* de 1770, sans commentaire.

[33] Rousseau, iii.709-10.

d'ennui et de pitié à la lecture du premier volume' et qui prétendait que Voltaire écrivait mieux l'histoire sans documents. Comme chez ses compatriotes, la hargne de Walpole s'expliquait par l'exaspération que suscitaient les flagorneries de Voltaire envers Catherine II. [34] Ces flatteries, qui lui aliénaient l'opinion anglaise, amenaient celle-ci à condamner rétrospectivement une œuvre qui avait été écrite avant le règne de l'impératrice.

En Allemagne, on connaît la réaction de Frédéric II. Le 31 octobre 1760, il écrit à Voltaire: 'Dites-moi, je vous prie, de quoi vous avisez vous d'écrire l'histoire des loups et des ours de la Sibérie? [...] Je ne lirai point l'histoire de ces barbares; je voudrais même pouvoir ignorer qu'ils habitent notre hémisphère' (D9367). Frédéric était en guerre contre les Russes, et c'était précisément pendant cette guerre qu'allait paraître un livre à la gloire de Pierre le Grand! Dans sa lettre à Chouvalov du 2 décembre 1760, Voltaire feindra de s'étonner de la réaction de Frédéric: 'Je ne croiais pas choquer ce prince en célébrant un grand homme' (D9441). Après la mort de Voltaire, Frédéric interviendra auprès des éditeurs de Kehl pour que soient supprimés les passages de leur correspondance sur Pierre le Grand, mais ceux-ci seront imprimés. [35]

Pour le public allemand, G. F. Müller fit paraître anonymement une critique détaillée de l'*Histoire de l'empire de Russie* dans deux livraisons du périodique de Hambourg *Neues gemeinnütziges Magazin* (décembre 1760 et janvier 1761). Dans une lettre inconnue à Voltaire, du 14 août 1762, Pierre Rousseau proposa de donner dans le *Journal encyclopédique* une traduction de ce qui méritait d'être extrait de cette 'longue et très insipide critique'. [36] Le 20 août, Voltaire répondit à Rousseau: 'Au reste monsieur vous ferez fort bien, et je vous remercierai de faire imprimer dans votre journal la critique allemande de l'histoire de Pierre le Grand'

[34] Rousseau, iii.710, 747; iii.711 et 816.
[35] Voir Ch. Mervaud, *Voltaire et Frédéric II: une dramaturgie des Lumières*, p.100, n.129, et p.541.
[36] D10661, commentaire.

(D10661). Le *Journal encyclopédique* publia la lettre de Voltaire le 1er novembre [37] et, le 1er décembre, la traduction de l'article de Müller, présenté bien entendu comme un auteur anonyme.

Comparée à l'original allemand, la version française parue dans le *Journal encyclopédique* [38] est considérablement réduite: le traducteur a condensé et remanié de nombreux passages, et en a surtout sauté beaucoup d'autres. Il a éliminé notamment beaucoup de critiques de détails. Elles correspondent à celles qui avaient été communiquées à Voltaire et qui sont conservées dans les papiers de Müller. Par ailleurs, le *Neues gemeinnütziges Magazin* annonçait une suite de la recension de Müller [39] qui apparemment n'a jamais paru. Mais cette suite a été publiée en français dans le *Journal encyclopédique*. Ainsi, la traduction française correspondant au journal allemand s'arrête à la ligne 258 de l'appendice x. Pour les six dernières pages ajoutées, on ne connaît pas l'original.

Il y a dans le *Journal encyclopédique* des erreurs de traduction. Un relevé systématique n'aurait aucun sens. Mais il importe de signaler celles qui figurent dans des passages qui ont fait réagir Voltaire. Müller ne dit pas qu'il n'est point homme de lettres, mais qu'il n'est pas savant de profession. [40] Il ne se targue pas de parler parfaitement le russe, mais écrit plus modestement qu'il a 'quelque connaissance' de la langue. [41] Il y a plus grave: Müller avait bien traduit le passage où Voltaire déclare que son livre est 'une confirmation et un supplément' de l'*Histoire de Charles XII*. Or, dans le *Journal encyclopédique*, la retraduction en français lui fait dire qu'il s'agit d'une 'simple continuation': d'où la réaction de

[37] Voltaire s'y réfère dans une note du *Journal encyclopédique* (app. x, l.382, n.*m*).

[38] Voir ci-dessous, app. x. Šmurlo n'a pas disposé du texte du périodique allemand (p.8, n.15). Il n'a donc pu comparer les critiques de Müller ni à celles qu'il a tirées de ses papiers ni au texte du *Journal encyclopédique*.

[39] 'Die Fortsetzung künftig' (*Magazin*, janvier 1761, p.117).

[40] *Magazin*, décembre 1760, p.716; app. x, l.44, et la note *e* de Voltaire.

[41] *Magazin*, décembre 1760, p.716; app. x, l.48-49 et n.*d*.

Voltaire. [42] On assiste ainsi à un dialogue de sourds, puisque Voltaire ne disposait pas de l'original, et d'ailleurs ne lisait pas l'allemand.

Certaines formulations désobligeantes du *Neues gemeinnütziges Magazin* ont été sautées. Müller avait regretté que Voltaire confonde parfois la superstition qu'il faut extirper et les effusions d'un cœur religieux qu'il semble mépriser; [43] il déclarait sans ambages que Chouvalov n'aurait pas été trompé dans son attente s'il avait trouvé en Voltaire un caractère plus souple; il prétendait que, si Voltaire avait envoyé son manuscrit en Russie, ce n'était pas pour qu'il fût corrigé, et que, de deux choses l'une: ou bien il n'avait pas eu la patience d'attendre les corrections, ou bien il avait cru que son livre trouverait des lecteurs sans elles. [44]

Mais, tout compte fait, la version française était parfois plus blessante que l'original allemand. L'évocation des 'présents considérables' que Voltaire aurait reçus de Russie ne pouvait que provoquer une verte réplique: [45] Müller n'y faisait aucune allusion. A propos de la ville polonaise de Zolkiew, la version du *Journal encyclopédique* prétendait qu'en somme Voltaire avait pris le Pirée pour un homme; Müller écrivait simplement: 'il semble qu'il s'agisse d'un homme qui a fait des propositions'. [46] 'Voilà bien des erreurs en peu de mots', lit-on dans le *Journal* à propos de ce que dit Voltaire d'Albert de Brandebourg. 'M. Arnd', conclut l'auteur, 'n'a point l'art de faire un anachronisme de 132 ans'. [47] Ces phrases ne figurent pas dans le texte allemand, qui se borne à rétablir les faits.

En 1761 paraissent deux traductions allemandes du premier

---

[42] 'Eine Bestätigung und Ergänzung' (*Magazin*, janvier 1761, p.104); app. x, l.207 et n.*r*.

[43] *Magazin*, décembre 1760, p.718.

[44] *Magazin*, décembre 1760, p.719.

[45] App. x, l.92-93 et n.*h*.

[46] *Magazin*, décembre 1760, p.725; app. x, l.190.

[47] App. x, l.251-52 et 257-258.

volume de l'*Histoire de l'empire de Russie*. L'une, éditée à la mi-mai sous le titre de *Geschichte des russischen Reichs unter Peter dem Grossen* [...] *mit Zusätzen und Verbesserungen*, était due à Johann Michael Hube. Précédée d'une préface du géographe Anton Friedrich Büsching, elle était pourvue de notes, de 'compléments et de corrections', comme l'indique le titre. L'autre traduction, dont on ignore l'auteur, parut à Leipzig, sans la participation de Büsching. [48]

L'ouvrage de Voltaire suscitait alors un grand intérêt en Allemagne: beaucoup de libraires avaient eu le projet de le faire traduire. [49] Mais l'examen de l'édition de Francfort conduit à s'interroger sur les raisons qui ont incité à l'entreprendre. La correspondance entre Büsching et G. F. Müller, publiée à Berlin en 1995, [50] permet en effet, non seulement de reconstituer l'histoire de cette édition, mais d'en éclairer les motifs, ou du moins d'évoquer la réception complexe de l'œuvre de Voltaire en Allemagne et en Russie.

La correspondance entre Büsching et Müller nous apprend que c'est Müller qui a attiré l'attention de Büsching, alors professeur de théologie à Göttingen, sur l'*Histoire de l'empire de Russie*: le 3 août 1760, répondant à une lettre inconnue de Müller, Büsching

[48] Sur cette question des premières traductions allemandes de l'*Histoire de l'empire de Russie*, voir l'article de P. Hoffmann et G. Lehmann-Carli, 'Les échos allemands de l'*Histoire de Pierre le Grand* par Voltaire', *Philologiques IV. Transferts culturels triangulaires France-Allemagne-Russie*, sous la direction de K. Dmitrieva et M. Espagne (Paris [1996]), p.55-72. On supposait auparavant que l'édition de Leipzig avait paru avec une préface de Büsching (cf. Platonova, 'Vol'ter v rabote nad *Istorieï Rossii pri Petre Velikom*' ['L'élaboration de l'*Histoire de la Russie sous Pierre le Grand* de Voltaire'], p.24, n.40).

[49] Voir la lettre de Büsching à G. F. Müller du 15 avril 1761, citée en traduction française par P. Hoffmann, p.60.

[50] *Geographie, Geschichte und Bildungswesen in Russland und Deutschland im 18. Jahrhundert: Briefwechsel Anton Friedrich Büsching–Gerhard Friedrich Müller 1751-1783* (Berlin 1995).

déclare en effet qu'il ne sait encore rien de l'ouvrage de Voltaire.[51]
Le 25 janvier 1761, après l'avoir enfin reçu, il écrit:

J'ai lu ce livre avec la plus grande avidité et j'ai trouvé confirmé le jugement de votre Excellence. La description géographique de l'Empire russe est extrêmement réduite et erronée. Mais comme la partie historique mérite d'être lue, je fais traduire le livre ici en allemand, corrige quand c'est nécessaire la traduction, et ajoute des notes, là où il le faut et où c'est utile. A la place de l'esquisse géographique de Voltaire, j'en ai rédigé une qui précède le volume.[52]

Dans cette lettre, Büsching évoque aussi la recension de l'ouvrage de Voltaire qu'il destine aux *Göttingische gelehrte Nachrichten*, mais qui ne paraîtra qu'en août.[53] Il y relève 'beaucoup d'erreurs'.

Le 16 février 1761, Müller fait parvenir à son correspondant la copie de remarques qui ont été envoyées à Voltaire, en précisant: 'Elles ne sont pas de moi, mais j'y ai ajouté quelques indications'.[54] On ignore l'auteur et la teneur de ces remarques, qui ne se trouvent pas dans le brouillon de lettre de Müller. Par la suite, dans des lettres non conservées, Müller a envoyé d'autres observations à Büsching.

La traduction de Hube parut avec trois séries de notes ainsi décrites par Büsching dans sa lettre à Müller du 24 mai 1761: 'les notes inspirées par Pétersbourg sont signalées par des chiffres, les miennes par des lettres, mais celles de Voltaire par des astérisques'.[55] Ces 'compléments et corrections', comme l'indique le titre

---

[51] Hoffmann, p.59. Büsching (1724-1793), critiqué par les milieux protestants de Göttingen à cause de sa thèse de théologie, partira en 1761 pour Pétersbourg, où il deviendra le pasteur de la communauté luthérienne. Mal vu, il quittera la Russie en 1765 et deviendra directeur de gymnase à Berlin.

[52] Hoffmann, p.59. Traduction française de l'auteur.

[53] *Göttingische gelehrte Nachrichten*, 1er août 1761, p.128-36.

[54] Hoffmann, p.59-60.

[55] Hoffmann, p.61. Dans la préface de l'édition de Francfort (p.5), Büsching précise également que les notes désignées par des lettres sont de lui, mais ne parle pas de celles qui sont désignées par des chiffres.

allemand de l'ouvrage, ont été publiés par Šmurlo, dans leur traduction française: 68 remarques de Büsching et 81 de Müller, identiques à celles qui sont conservées dans ses papiers.[56] On en trouvera le détail dans les notes de la présente édition.

Quant à la préface de Büsching,[57] elle était sévère pour Voltaire. Büsching y relevait que l'ouvrage contenait beaucoup de fautes portant sur les noms russes de personnes et de lieux, qu'il s'était efforcé de corriger dans le texte même de la traduction. Il déplorait que Voltaire ait fait peu d'usage des documents envoyés de Russie[58] et que l'histoire de Pierre le Grand n'ait pas été confiée à un historien moins superficiel. Prenant au pied de la lettre le compliment que Voltaire faisait à Chouvalov à la fin de sa description de Moscou (1.i.321-322), il estimait que ce dernier aurait été plus capable que l'écrivain français de rédiger l'histoire du tsar.[59] Quant à Müller, il eût écrit une histoire bien plus exacte et bien plus complète que celle de Voltaire, dont les œuvres historiques n'avaient pas la valeur de ses œuvres poétiques; aussi, pour ses corrections, Büsching s'était-il fondé surtout sur la *Sammlung russischer Geschichte* de Müller.[60] Mais la critique la plus grave portait sur la 'science géographique' de Voltaire, tellement insuffisante que 'le volume des corrections aurait dépassé celui du texte': aussi, comme Büsching l'annonçait dans sa lettre à Müller

---

[56] Šmurlo précise qu'il n'a pas reproduit toutes les observations de Büsching, car beaucoup manquent d'originalité et ne font que paraphraser celles de Müller (p.253). Il se demande si c'est le texte allemand ou le texte français de ces remarques qui a servi d'original à l'autre (p.251). La question n'est effectivement pas facile à résoudre. Mais il existe une traduction française de la préface de Büsching (Platonova, 'Vol'ter v rabote', p.17). On peut supposer que l'original des remarques était également l'allemand.

[57] Datée de Göttingen, 10 mars 1761, elle ne comporte que dix pages. La pagination est partielle.

[58] 'Vorrede', p.4. On peut supposer que cette critique fait écho à celle de Müller, puisque Büsching n'avait aucune connaissance des manuscrits envoyés à Voltaire.

[59] Voir la traduction de ce passage dans l'article de Lehmann-Carli, p.65, n.38.

[60] 'Vorrede', p.[5v]. Cette publication de Müller (Pétersbourg 1732-1764) comprend neuf volumes.

340

du 25 janvier 1761, avait-il préféré substituer à la 'Description géographique' de Voltaire son propre texte, tiré de sa *Description de la terre*. [61]

Büsching n'en considérait pas moins, comme il le disait dans sa lettre à Müller du 25 janvier 1761, que l'*Histoire de l'empire de Russie* méritait d'être lue en raison de ses qualités de style et de la manière dont Voltaire avait décrit les actions les plus remarquables de Pierre le Grand. [62] Pour aller plus vite, Büsching n'avait pas fait traduire la 'Préface historique et critique'. Mais il en donnait un résumé et une analyse favorable dans les trois dernières pages, en faisant notamment l'éloge de ses 'digressions vivantes'.

La correspondance de Büsching atteste que l'édition de Francfort a été faite sous son impulsion, mais qu'elle a été encouragée par Müller. Peut-on aller jusqu'à dire qu'elle a été 'lancée à l'initiative de cercles officiels de Saint-Pétersbourg'? [63] On l'a supposé pour la traduction de Leipzig. [64] Mais, pour l'édition de Francfort, on a plutôt le sentiment du contraire. Comment Pétersbourg aurait-il pu favoriser une publication où l'ouvrage de Voltaire était à ce point critiqué? Et cela alors que Chouvalov, dans ses lettres, louait l'*Histoire de l'empire de Russie*? Il est plus vraisemblable de supposer qu'il s'agissait d'une initiative personnelle de Müller: après son intervention dans le *Neues gemeinnütziges Magazin*, l'adversaire de Voltaire réglait une fois de plus ses comptes avec lui, par Büsching interposé. Ces critiques ne passèrent pas inaperçues en Europe. Elles ne pouvaient que déplaire à la cour de Russie, car 'elles donnaient des armes aux ennemis contre lesquels la défense de Voltaire était nécessaire'. [65] Le piquant de l'affaire, c'est que,

---

[61] 'Vorrede', p.5 et [5v]. La *Description de la terre* (*Erdbeschreibung*) de Büsching avait commencé à paraître en 1754. Elle comprendra onze volumes.

[62] 'Vorrede', p.3 et [4v].

[63] Hoffmann, p.63.

[64] La traduction de Leipzig 'avait manifestement été commandée par le gouvernement russe' (Lehmann-Carli, p.64), mais voir n.66.

[65] Platonova, 'Vol'ter v rabote', p.16-17. Hoffmann conteste ce point de vue, à notre avis à tort (p.63).

entraîné par son animosité contre Voltaire, Müller collaborait à une opération qui pouvait passer pour antirusse!

Chouvalov le savait-il? Sa lettre à Müller du 22 juin/3 juillet 1761 (app. XI) permet de le supposer. Quoi qu'il en soit, dans une lettre à Voltaire du 6/17 juin 1760, il écrit: 'On ignore à présent de qui viennent les calomnies odieuses répandues sur nos souverains et notre nation, à cause de la réfutation que la préface de l'édition de Berlin vient d'en faire'. Et il ajoute: 'Je regarde votre défense comme notre Armée, avec cette différence que ses succès victorieux tombent à la fin en oubli, et que vos écrits, sont autant de monumens consacrés à l'immortalité' (D8987). N. Platonova, qui a publié le brouillon de cette lettre non daté, a cru que Chouvalov faisait allusion à la préface de Büsching. Or, la lettre holographe parue en 1971 dans la *Correspondance* de Voltaire porte une date qui exclut cette hypothèse: en juin 1760, on l'a vu, Büsching ne connaissait pas encore l'*Histoire de l'empire de Russie*. Il est difficile de dire ce qu'entend Chouvalov par 'édition de Berlin' et quelle publication allemande il évoque par là, mais il est sûr qu'il ne peut s'agir de l'édition de Francfort. [66]

Johann Christoph Gottsched rendit compte du premier volume de l'*Histoire de l'empire de Russie* dans le numéro de mars 1761 de la revue *Das neueste aus der anmuthigen Gelehrsamkeit*, et, dans celui de décembre, des deux traductions allemandes de l'ouvrage. Gottsched critiquait la 'légèreté' avec laquelle Voltaire utilisait les sources mises à sa disposition par les Russes. Le traducteur de l'édition de Leipzig évoqua cette opinion de Gottsched, et fit cette observation sarcastique: 'Quel Français a jamais considéré comme

[66] Hoffmann ne se pose pas la question de la datation du brouillon publié par Platonova et ne semble pas connaître la lettre holographe de la *Correspondance*. Il estime que Chouvalov n'a voulu prendre ses distances que par rapport aux déclarations partiales de Büsching, et non par rapport à l'édition elle-même (p.63). La date de la lettre exclut cette hypothèse. Quant à Müller, il nie avoir participé à l'édition de Leipzig et à la 'traduction' de Büsching (voir ses lettres à Chouvalov, app. XI, p.1260-61).

nécessaire d'étudier la géographie et la généalogie comme un Allemand?'[67]

Dans sa préface, Büsching observait que Voltaire se refusait à faire de vaines recherches sur l'origine des peuples de l'empire de Russie (p.[7]). Or, les représentants de l'école historique de Göttingen, comme ceux de l''histoire impériale' allemande, soutenaient au contraire que l'origine d'un peuple et les débuts d'un Etat pouvaient 'prédéterminer une organisation sociale et une législation'.[68] Ce sera le point de départ de la critique d'August Ludwig Schlözer.

Dans un rapport de 1768 à l'Académie de Pétersbourg dont il était membre, Schlözer faisait allusion aux 'folies' répandues sur la Russie par un certain nombre d'historiens, dont Voltaire. Mais c'est en 1769 qu'il fit paraître dans l'*Allgemeine deutsche Bibliothek* de Friedrich Nicolaï une recension particulièrement sévère du second volume de la traduction allemande de l'*Histoire de l'empire de Russie*. On lit dans ce bref compte rendu que l'ouvrage de Voltaire est spirituel, mais parsemé d'erreurs et de mensonges historiques, et témoigne d'une 'ignorance souvent grossière'; que l'auteur, 'qui autrefois répandait les anecdotes les plus scandaleuses sur la Russie', maintenant 'mû par le sens d'un devoir bien rémunéré, prend l'allure de vouloir les dissimuler (mais sans les renier) et par de méchantes tournures laisse voir au connaisseur de l'histoire et du cœur de Voltaire qu'il conserve toujours ses anciennes convictions'. Et le compte rendu s'achevait par des variations sur le 'laudateur stipendié' du tsar.[69]

Le jugement sarcastique de Schlözer s'explique sans doute par le fait que l'historien de Göttingen accordait plus d'importance à la critique empirique des sources qu'à la conception 'philosophique' de l'histoire et à des vues sur l'histoire de la civilisation.[70] En 1802,

[67] Cité en traduction française par Lehmann-Carli, p.64.
[68] Lehmann-Carli, p.65.
[69] Voir la traduction complète de ce compte rendu par Lehmann-Carli, p.67.
[70] Lehmann-Carli, p.67 et 68.

il reviendra encore sur l'ouvrage de Voltaire pour lui reprocher d'avoir été le 'panégyriste' de Pierre le Grand et d'avoir commis d''innombrables erreurs'. Il mentionnait en passant que Levesque avait faussement accusé Müller d'avoir par jalousie envoyé à Voltaire des extraits tronqués et mal faits.[71] Il est probable que Schlözer, qui connaissait le processus d'occidentalisation de la Russie depuis le dix-septième siècle, ne pouvait admettre le mythe voltairien du tsar rénovateur.[72]

En Russie, la réception de l'ouvrage de Voltaire est inextricablement mêlée à son élaboration, c'est-à-dire aux critiques suscitées par le manuscrit et par les deux volumes imprimés. On a vu que Chouvalov, avec bien des précautions oratoires, se faisait l'écho de ces critiques dans ses lettres à Voltaire. Mais il voulait surtout l'encourager dans son œuvre, en louant longuement cet 'édifice superbe' qu'il était en train d'élever avec 'de simples briques' (D8987). Büsching avait écrit dans sa préface que Voltaire avait reçu une généreuse récompense pour son livre. Jugeant cette remarque offensante, Chouvalov demanda à Taubert d'intervenir auprès de Büsching. Mais celui-ci refusa obstinément de s'expliquer publiquement sur ce point.[73] Quant aux observations des censeurs de Pétersbourg, essentiellement celles de Lomonossov et de G. F. Müller, on en trouvera l'analyse dans le chapitre 'Genèse',[74] les principales d'entre elles étant reproduites ou résumées dans nos notes. On se souviendra aussi que Müller a continué ses critiques bien après la parution de l'*Histoire de l'empire de Russie*: en 1769,

[71] Lehmann-Carli, p.68-69. Voir ci-dessus, p.325.

[72] Lehmann-Carli, p.71. Mais on peut se demander dans quelle mesure Schlözer a subi l'influence de l'*Essai sur les mœurs* pour sa 'représentation d'une histoire universelle' (p.70).

[73] A. Brikner, 'Anton-Friedrich Büsching', *Istoritcheskiï Vestnik*, t.xxv, Saint-Pétersbourg 1886, p.11, d'après *Anton Friedrich Büsching's eigene Lebensgeschichte*, Halle 1789, p.380-83. Voir *Vol'ter v Rossii, bibliografitcheskiï oukazatel' 1735-1995. Russkie pisateli o Vol'tere* (*Voltaire en Russie. Bibliographie 1735-1995). Jugements des écrivains russes sur Voltaire*), Moscou 1995, p.115, n° 1655a.

[74] Voir ci-dessus, p.103-104, 135-45, 149, 152.

il fit paraître à Halle dans le *Büschings Magazin für die neue Historie und Geographie* une série de remarques sur le chapitre consacré à l'affaire du tsarévitch. [75] Voltaire n'en tint pas compte. En 1773, Müller annota d'une plume rageuse un extrait d'une lettre de Voltaire à Catherine II. [76] En 1782, peu avant sa mort, Müller publia encore dans le *Büschings Magazin* un article en français apparemment rédigé dès 1763, 'Eclaircissement sur une lettre du roi de France Louis XIII au tsar Michel Fedrowitch de l'année 1635'. Il y reproche encore à Voltaire de n'avoir pas eu la patience de profiter de ses remarques. Quand l'article parut, Voltaire était mort, mais Müller continuait à régler ses comptes avec lui. [77]

En dehors des critiques de Lomonossov et de Müller, l'ouvrage de Voltaire n'a éveillé que peu d'échos dans la Russie du dix-huitième siècle. Mais il figurait dans les catalogues de livres français des libraires russes: dans celui de J.-J. Weitbrecht, libraire de l'Académie des sciences (Pétersbourg 1773, p.89), de Germain Klostermann (Pétersbourg 1788, p.34; 1790, p.90; 1794, p.77, 82), de F. Courtener (Moscou 1797, p.29), de Christian Rudiger (Moscou 1781, p.47; 1798, p.65); on le trouvait également dans le catalogue de la bibliothèque personnelle de A. R. Vorontsov (1766, manuscrit, f.134, 214v), dans celui de M. M. Chtcherbatov (manuscrit, s.d.) et, bien entendu, dans celui de G. F. Müller (manuscrit, s.d., f.20v). [78] Dans une liste établie en 1764 à l'univer-

---

[75] Voir Š, p.248 et 253.

[76] Extrait de lettre publié par Lioublinski avec les commentaires de Müller (voir D18115).

[77] Š, p.149-53. Voltaire avait écrit que Chouvalov, qui lui avait procuré tous ses mémoires, était 'bien plus capable que lui' de composer son histoire (1.i.320-322). On imagine fort bien que Müller ait pu être ulcéré par cette phrase.

[78] V. Somov, 'Frantsouzskaïa "Rossika" epokhi Prosvechtchenia i rousskii tchitatel' ['Les "rossica" français de l'époque des Lumières et le lecteur russe'], dans *Frantsouzskaïa kniga v Rossii v XVIII v.* [*Le Livre français en Russie au XVIIIe siècle*] (Leningrad 1986), p.244. En 1777, l'ouvrage de Voltaire était donné en récompense aux meilleurs élèves du corps des cadets (Somov, p.191). A noter que des extraits du premier volume avaient paru à Moscou en 1761 dans le *Journal des sciences et des arts* (voir ci-dessous, p.347).

sité de Moscou, l'*Histoire de l'empire de Russie* était considérée comme l'un des rares manuels disponibles alors pour l'étude de l'histoire nationale. [79]

Il n'y eut aucune traduction russe imprimée du livre de Voltaire au dix-huitième siècle: [80] les deux premières, l'une partielle, l'autre complète, ne datent que de 1806 et 1809. Mais une traduction manuscrite du premier volume a été effectuée en 1761 par Nikolaï Nikolaevitch Bantych-Kamenski (1737-1814), alors étudiant à l'université de Moscou tout en étant inscrit à l'Académie ecclésiastique; elle a brûlé en 1812, lors de l'incendie de Moscou, mais une copie, faite vers 1770-1780, en est conservée à la Bibliothèque nationale de Saint-Pétersbourg. [81] Une autre traduction manuscrite, due à l'écrivain Fedor Aleksandrovitch Emine (1735-1770), semble perdue. Son histoire est assez extraordinaire: au début de juillet 1767, Emine avait achevé la traduction de l'*Histoire de l'empire de Russie* 'avec l'agrément de l'Académie des sciences' et il avait même reçu de la commission de l'Académie l'autorisation de l'éditer; mais, cette tâche ardue accomplie, il écrivit à l'Académie qu'il reniait son travail, ainsi que Voltaire et ses idées, car il avait une autre intention, beaucoup plus utile; et, peu de temps après, il publiait sa propre *Histoire de la Russie*, en trois tomes! On comprend mieux ce revirement quand on sait que, par la suite, Emine ne se privait pas de critiquer Voltaire dans la presse russe: tout en louant son esprit, il lui reprochait de ne s'occuper que de balivernes, et voyait dans *Candide* une des preuves du profond déclin littéraire de la France. [82]

---

[79] P. R. Zaborov, *Rousskaïa literatoura i Vol'ter. XVIII – pervaïa tret' XIX veka* [*La Littérature russe et Voltaire. XVIIIe s. – premier tiers du XIXe s.*] (Leningrad 1978), p.67, n.258.

[80] Voir ci-dessous, 'Traductions', p.373.

[81] Cote: Q IV.362. Une autre copie, identique, se trouve en Belgique.

[82] Zaborov, *Rousskaïa literatoura i Vol'ter*, p.70.

Manuscrit et éditions

Des manuscrits originaux de l'*Histoire de l'empire de Russie* nous ne connaissons qu'une version du chapitre 10 de la seconde partie (MS1).

La première édition fut éditée à Genève par Gabriel Cramer en 1759 (tome 1) et 1763 (tome 2). Cramer était également responsable de la publication du premier volume d'une édition in-douze (59P), de nouvelles éditions séparées en 1765 (65 et 65G) et 1773 (73) et des éditions collectives de 1768 (w68) et 1775 (w75G). La plupart des autres éditions séparées de l'œuvre ne peuvent être facilement inventoriées à cause de l'existence de nombreux exemplaires composites, formés – intentionnellement ou par hasard – par la réunion de volumes provenant de sources différentes.

Pour les éditions retenues pour l'établissement du texte, voir ci-dessous, p.374.

Notons que des extraits du premier volume ont paru dans le périodique *Journal des sciences et des arts* édité à Moscou en 1761, tome 2, no 1 (BV 3685; *Dictionnaire des journaux*, sous la direction de Jean Sgard, Oxford, Paris, 1991, no 712).

MS1

Ce manuscrit de 18 pages, une copie sans doute effectuée en Russie, présente un état jusqu'ici inconnu du texte du chapitre 10 de la seconde partie. Dans les marges figurent les numéros des pages (2 à 44) du manuscrit mentionné par Voltaire le 6 novembre 1761 (D10140) ainsi que les questions posées par Voltaire. Pour une discussion des nombreuses variantes qu'il présente, voir ci-dessus, p.289.

RGADA, Fonds 199, Portefeuille de Gerhard Friedrich Müller, opis 1, n° 149, partie 2, n° 1, 3, f.68-76.

cecy est bon?

Ce qu'il y eut encore d'extraordinaire dans cette fatalité c'est que Czarine Catherine, haïe du Czarovitz, & menacée ouvertement du sort le plus triste, si jamais ce prince regnait, ne contribua pourtant en rien à son malheur, & ne fut ni accusée ni même soupçonnée par aucun ministre etranger, residant à cette cour, d'avoir fait la plus legère démarche contre un beau fils, dont elle avait tout à craindre. Il est vrai qu'on ne dit point qu'elle ait demandé grace pour lui. Mais tous les memoires de ce tems la & sur tout ceux du comte de Bassevitz asurent unanimement, qu'elle plaignit son infortune.

J'ai en main les memoires d'un ministre public, où se trouve ces propres mots. « J'etais present quand l'empereur dit au Duc de Holstein, que Catherine l'avait prié d'empecher qu'on ne prononçant au Czarovitz sa condamnation. Contentez vous, me dit elle, de lui faire prendre le froc, parce que cet opprobre d'un arret de mort signifié rejaillira sur votre petit fils.

Le Czar ne se rendit point aux prieres de sa femme, il crut qu'il etait important que la sentence fut prononcée publiquement au prince, à fin qu'après cet acte solemnel il ne put jamais revenir contre un arret auquel il avait acquiescé lui même, & qui le rendant mort civilement, le mettrait pour jamais hors d'etat de reclamer la couronne. Cependant après la mort de Pierre si un parti puissant se fut élevé en faveur d'Alexis, cete mort civile l'aurait elle empeché de regner?

L'arret fut prononcé au Prince. Les mêmes Memoires m'apprennent qu'il tomba en convulsion à ces mots, les loix divines & ecclesiastiques, civiles & militaires condamnent à mort sans misericorde ceux dont les attentats contre leur pére & leur souverain sont manifestes. Ses convulsions se tournerent en apoplexie; on eut peine à le faire revenir. il reprit un peu ses sens, & dans cet intervale de vie & de mort il fit prier son pére de venir le voir. Le Czar vint; les larmes coulerent des yeux du pére & de ce fils infortuné; le coupable demanda pardon, le pére pardona publiquement.

L'extrême onction fut administrée solemnellement au malade agonizant il mourut en presence de toute la cour, le lendemain de cet arret funeste. Son corps fut porté d'abord à la cathedrale, & deposé dans un cercueil ouvert. il y resta quatre jours exposé à tous les regards, & enfin fut inhumé dans l'Eglise de la citadelle, à côté de son epouse. Le Czar & la Czarine asisterent à la ceremonie funebre.

On est indispensablement obligé icy d'imiter si on ose le dire, la conduite du Czar, c'est à dire de soumettre au jugement du public tous les faits qu'on vient de raconter avec la fidelité la plus scrupuleuse & non seulement ces faits, mais les bruits qui coururent, & ce qui fut imprimé sur ce triste sujet par les auteurs les plus accredités.

Lamberti, le plus impartial de tous, & le plus exact qui s'est borné à raporter les pieces originales & autentiques, concernant les afaires de l'Europe, semble s'eloigner icy de cete impartialité & de ce dis-

1. Page du manuscrit du chapitre 10 de la deuxième partie, sigle MS1. Archives russes d'actes anciens, Moscou, Dossier Müller.

59 et 63 (Genève, Cramer, 1759-1763)

Tome 1 (sigle 59)

HISTOIRE / DE L'EMPIRE / DE RUSSIE / SOUS / PIERRE LE GRAND, / *Par l'Auteur de l'hiſtoire de* / Charles XII. / *TOME PREMIER.* / [*ornement, 40 x 45 mm*] / [*filet gras-maigre, 58 mm*] / MDCCLIX. / [*lignes 1, 3, 5, 8 et filet en rouge*]

[*faux-titre*] HISTOIRE / DE / L'EMPIRE / DE RUSSIE. / *TOME REMIER.* /

8°. sig. *⁸ **⁸ ***⁴ A-T⁸ 1 (T8 bl.) (± **2.7, A1.8); pag. XXXIX [xl] 302 [303-305]; $4 signé, chiffres arabes (– *1-2, ***4); tomaison '*Tom. I.*' (– *, ***); réclames par page.

[i] faux-titre; [ii] bl.; [iii] titre; [iv] bl.; [v]-XXXIX Préface; [xl] bl.; [1]-296 Histoire de l'Empire de Russie sous Pierre le Grand; 297-302 Table des chapitres contenus dans ce volume; [303-304] bl.; Errata.

Tome 2 (sigle 63)

HISTOIRE / DE L'EMPIRE / DE RUSSIE / SOUS / PIERRE LE GRAND, / *Par l'Auteur de l'hiſtoire de* / Charles XII. / *TOME SECOND.* / [*ornement, 41 x 45 mm*] / [*filet gras-maigre, 65 mm*] / MDCCLXIII. /

[*faux-titre*] HISTOIRE / DE / L'EMPIRE / DE RUSSIE. / *TOME SECOND.* /

8°. π² *⁸ A-T⁸ V⁴ X⁴ (X4 bl.); pag. [4] XVI 318 (p.273-288 numérotées '271'-'286'); $4 signé, chiffres arabes (– V3-4, X3-4); tomaison '*Tom. II.*' (– V, X); réclames par page.

[1] bl.;[2] faux-titre; [3] bl.; [4] titre; [i]-XVI Au lecteur; [1]-271 Histoire de l'Empire de Russie sous Pierre le Grand. Seconde partie; [272]-296 Pièces originales selon les traductions faites alors par l'ordre de Pierre Ier; 297-298 Table des chapitres contenus dans ce second volume; 299-318 Table des matières.

La première édition de l'ouvrage, imprimée et éditée à Genève par Cramer.

Dans le premier volume le cartonnage de **2.7 porte sur la page XXX: le texte non cartonné donne 'il faut laisser aboyer les Fréron & leurs semblables', corrigé en 'il faut laisser aboyer les petits faiseurs de brochures'. Le cartonnage de A1.8 porte sur la page 2: 'Charles douze ne méritait que d'être le premier soldat de Pierre le Grand' est corrigé en 'Charles douze méritait d'être le premier soldat de Pierre le Grand'. Voltaire fait référence à cette correction dans D8433a.

L'errata (tome 1) comporte trois corrections mineures pour les pages 119, 268 et 275. L'avis 'Au lecteur' (sigle 63 avis) dans le tome 2 contient une liste de huit erreurs du premier volume (voir ci-dessous, app. 1, l.11-36).

Bn: Rés. Z Beuchot 363; – Rés. M 1033-1034 (sans π1 du tome 1); – M 36439-36440 (sans π1 du tome 1); ImV: D Histoire 8/1759/1w (**4 et π1 du tome 1 manquent); Taylor: V7 H5 1759 (T8 du tome 1 absent; π1 relié après ***4); BPU: Hf 7457 Rés. (non cartonné; les pages à cartonner ont été marquées d'un crayon sanguine avant que les feuilles fussent pliées pour la reliure); Bodleian: Godw. 229; – 27524 e 81s-t (sans π1 du tome 1).

59*

Un exemplaire du premier volume de la première édition, sur grand papier, avec des annotations et corrections de la main de Voltaire et Wagnière.

La reliure de cet exemplaire, en maroquin rouge, est pareille à celle de plusieurs exemplaires d'ouvrages de Voltaire qui se trouvent dans sa bibliothèque à Saint-Pétersbourg. La feuille de garde porte l'inscription 'A Mandelstoh, Tubingue 1809'. Nous ignorons tout de son histoire avant cette date mais il s'agit probablement de l'exemplaire envoyé par Voltaire à Chouvalov (voir ci-dessus, p.144). Il fut donné à la bibliothèque de Neuchâtel par 'M. Eug. Borel, Prof. à Stuttgart'.

Les *variantes* fournies par les corrections manuscrites se trouvent à leur place dans l'apparat critique; les *commentaires* de Voltaire sont reproduits ci-dessous dans l'appendice VIII.

Nous devons la connaissance de cet exemplaire à l'amabilité de M. Jean-Daniel Candaux.

Bibliothèque cantonale et universitaire, Neuchâtel: Ms A 332.

HISTOIRE
DE L'EMPIRE
DE RUSSIE
SOUS
PIERRE LE GRAND,

Par l'Auteur de l'histoire de
CHARLES XII,

TOME PREMIER.

MDCCLIX.

2. *Histoire de l'empire de Russie sous Pierre le Grand*: page de titre
du premier volume de la première édition, sigle 59.
Taylor Institution, Oxford.

59*1

Un exemplaire de la première édition avec des notes touchant 1.ii.133-135.

StP: 4-212 (BV 3615).

59P (Genève, Cramer, 1759; Paris, Panckoucke, 1763)

Tome 1

HISTOIRE / DE L'EMPIRE / DE RUSSIE / SOUS / PIERRE LE GRAND, / *TOME PREMIER.* / [*ornement, 40 x 45 mm*] / [*filet gras-maigre, 45 mm*] / *MDCCLIX.* /

[*faux-titre*] HISTOIRE / DE / L'EMPIRE / DE RUSSIE. / *TOME PREMIER.* /

12°. sig. *¹² **⁸ A-M¹² N⁴ (N4 bl.); pag. XL 294; $6 signé, chiffres arabes (– *1-2, **6, N3-4); tomaison 'Tom. I.' (– *; I, L, M 'Tome I.'; N 'Tom. I.'); réclames par page.

[i] faux-titre; [ii] bl.; [iii] titre; [iv] bl.; [v]-XL Préface;[1]-288 Histoire de l'Empire de Russie sous Pierre le Grand; 289-294 Table des chapitres contenus dans ce volume.

Tome 2

HISTOIRE / DE L'EMPIRE / DE RUSSIE, / SOUS / PIERRE LE GRAND. / *Par l'Auteur de l'Hiſtoire* / DE CHARLES XII. / TOME SECOND. / [*ornement typographique*] / A PARIS, / Chez C. J. PANCKOUCKE, Libraire, rue & / à côté de la Comédie Françoiſe, / au Parnaſſe. / [*filet gras-maigre, 61 mm*] / *M DCC LXIII.* /

[*faux-titre*] HISTOIRE / DE L'EMPIRE / DE RUSSIE. / TOME SECOND. /

12°. a¹² A-O¹² (a1, O12 bl.); pag. xxiv 334; $6 signé, chiffres arabes (– a1-3; A5 signé 'Av'); réclames par page.

[i-ii] bl; [iii] faux-titre; [iv] bl.; [v] titre; [vi] bl.; vij-xxiv Au lecteur; [1]-288 Histoire de l'Empire de Russie sous Pierre le Grand. Seconde partie; [289]-331 Pièces originales selon les traductions faites alors par l'ordre de Pierre Ier; 332-334 Table des chapitres contenus dans ce second volume.

Variante de la page de titre, sans adresse: '[...] / TOME SECOND. / [*ornement typographique*] / [*filet gras-maigre, 60 mm*] / *M DCC LXIII.*'

Le premier volume a été imprimé par Cramer. BnC indique à tort qu'il s'agit d'un 'tirage' de l'édition in-octavo. En fait le texte a été entièrement recomposé. Le deuxième volume a été imprimé en France, peut-être à Lyon.

Bn: Z 24821; – 8° M 25285 (tome 2 seulement; page de titre sans adresse); ImV: D Histoire 8/1759/2 (page de titre sans adresse); – D Histoire 8/1760/1 (tome 2 seulement; page de titre sans adresse); BL: 9455 aaa 3 (page de titre sans adresse).

59X (1759-1763)

Tome 1

HISTOIRE / DE L'EMPIRE / DE RUSSIE / SOUS / PIERRE LE GRAND, / *Par l'Auteur de l'Histoire* / de Charles XII. / *TOME PREMIER.* / [*ornement, 40 x 45 mm*] / [*filet gras-maigre, 54 mm*] / MDCCLIX. /

[*faux-titre*] HISTOIRE / DE / L'EMPIRE / DE RUSSIE. / *TOME PREMIER.* /

12°. sig. *⁶ **⁶ ***⁶ A-Aa⁶ Bb²; pag. XXXIX [xl] 236 239-290; \$3 signé, chiffres arabes (– *1-2, A2, I3, Bb2; A1 signé '****', A3 'A', A4 'A2', Y2 'Y3'); tomaison '*Tom. I.*' (– *, A, B, C; + A3; H, I, K, P, R, V, Z '*Tome I.*'; Bb '*Tome. I.*'); réclames par page.

[i] faux-titre; [ii] bl.; [iii] titre; [iv] bl.; [v]-XXXIX Préface; [1]-284 Histoire de l'Empire de Russie sous Pierre le Grand; 285-290 Table des chapitres contenus dans ce volume.

Tome 2

HISTOIRE / DE L'EMPIRE / *DE RUSSIE,* / SOUS / PIERRE LE GRAND, /
Par l'Auteur de l'Histoire / de *CHARLES XII.* / TOME SE-COND. / [*ornement, 40 x 45 mm*] / [*filet gras-maigre, 62 mm*] / M. DCC. LXIII. /

[*faux-titre*] HISTOIRE / *DE* / L'EMPIRE / *DE* / RUSSIE, / *TOME SECOND.* /

12°. A-Cc⁶ Dd⁶; pag. xx 297; $3 signé, chiffres arabes (– A1-2, D2, Bb2, Dd2; L2 signé 'L3', L3 'L5', S3 'S5', Y3 'Y5', Aa3 'Aa5'); tomaison '*Tome II.*' réclames par page.

[i] faux-titre; [ii] bl.; [iii] titre; [iv] bl.; v-xx Au lecteur; [1]-248 Histoire de l'Empire de Russie sous Pierre le Grand; 249-276 Pièces originales, selon les traductions faites alors par l'ordre de Pierre Ier; 277-278 Table des chapitres contenus dans ce second volume; 279-297 Table des matières.

Une édition de provenance incertaine. Les deux volumes semblent sortir de deux ateliers différents.

ImV: D Histoire 8/1759/3.

60P (Paris?, Panckoucke?, 1760)

HISTOIRE / DE L'EMPIRE / DE RUSSIE, / SOUS / PIERRE LE GRAND, / *Par l'Auteur de l'Hiſtoire* / DE CHARLES XII. / *TOME PREMIER.* / [*ornement, 7 x 41 mm*] / [*filet gras-maigre, 54 mm*] / *MDCCLX.* / [*lignes 1, 3, 5, 8 et filet en rouge*]

[*faux-titre*] HISTOIRE / DE L'EMPIRE / DE RUSSIE. / TOME PREMIER. /

12°. sig. *a*⁸ *b*⁴ *c*⁸ *d*² A-Cc⁸,⁴ Dd²; pag. xliij [xliv] 316; $4,2 signé, chiffres arabes (– *a*1-2, T3, Aa2; + *a*5, *b*3, *c*5); tomaison '*Tome I.*' (– *a*; B '*Tom. I.*'; P '*Partie I.*'; R '*Tome. I.*' Dd '*TOME* I.'); réclames par page.

[i] faux-titre; [ii] bl.; [iii] titre; [iv] bl.; [v]-xliij Préface; [xliv] bl. à l'exception de la réclame 'HISTOIRE'; [1]-312 Histoire de l'Empire de Russie sous Pierre le Grand; [313]-316 Table des chapitres contenus dans ce volume.

Une édition de provenance incertaine attribuée par BnC à Panckoucke.

Bn: 8° M 25285 (1) (pour le tome 2 voir 59P); BL: 9455 aaa 3 (pour le tome 2 voir 59P).

61A (Amsterdam, 1761-1764)

Tome 1

[titre] HISTOIRE / DE L'EMPIRE / DE RUSSIE / SOUS / PIERRE

LE GRAND, / Par l'Auteur de l'Histoire / de Charles XII. / *TOME PREMIER.* / [*ornement, 52 x 40 mm*] / A AMSTERDAM, / *AUX DÉPENS DE LA COMPAGNIE,* / MDCCLXI. / [*lignes 1, 3, 5, 8, 9 et 11 en rouge*]

8°. sig. π^2 *3-8 **8 ****4 A-R8 S4; pag. XL 279; $5 signé, chiffres arabes (– *5, ***4, S4); tomaison '*Tome I*.'; réclames par page.

[i] bl.; [ii] portrait gravé d'Elisabeth de Russie; [iii] titre; [iv] bl.; [v]-XL Préface; [1]-274 Histoire de l'Empire de Russie sous Pierre le Grand; [275]-279 Table des chapitres contenus dans ce volume.

Tome 2

[titre] HISTOIRE / DE L'EMPIRE / DE RUSSIE / SOUS / PIERRE LE GRAND, / Par l'Auteur de l'Histoire / de Charles XII. / *TOME SECOND.* / [*ornement, 52 x 40 mm*] / A AMSTERDAM, / *AUX DE'PENS DE LA COMPAGNIE,* / MDCCLXIV. / [*lignes 1, 3, 5, 8, 9 et 11 en rouge*]

[*faux-titre*] HISTOIRE / DE L'EMPIRE / DE RUSSIE. / *TOME SECOND.* /

8°. sig. *8 **4 A-R8 S4; pag. XXIV 280; $5 signé, chiffres arabes (– *1-2, **4, S4); tomaison '*Tome II*.' (– *); réclames par page.

[i] faux-titre; [ii] bl.; [iii] titre; [iv] bl.; [v]-XXIV Au lecteur; [1]-242 Histoire de l'Empire de Russie sous Pierre le Grand; 243-278 Pièces originales selon les traductions faites alors par l'ordre de Pierre Premier; 279-280 Table des chapitres contenus dans ce second volume.

Une édition hollandaise.

ImV: D Histoire 8/1761/4; Taylor: V7 H5 1761 (3-4); Uppsala: Hist. Rysk 1682-1725.

61L1 (Leipzig, Lankisch, 1761)

HISTOIRE / DE L'EMPIRE / DE RUSSIE / SOUS / PIERRE LE GRAND, / *Par l'Auteur de l'hiftoire de* / Charles XII. / TOME PREMIER. / [*ornement, 42 x 46 mm*] / Avec Privilége de Sa Majeſte le Roi de Pologne / & Electeur de Saxe. / [*filet, 72 mm*] / A LEIPZIG, / Chez FREDER. LANKISCH et HERETIERS / MDCCLXI, / [*lignes 1, 3, 5, 8 et 12 en rouge*]

12°. sig. π^2 a^6 b^8 A-P^8 Q^4 (Q4 bl.); pag. [2] XXX 242 [243-246]; $5 signé, chiffres arabes (− a5, Q2-4; a1 signé 'a2', a2 'a3', a3 'a4', a4 'a5'); tomaison '*Tom. I.*' (N '*Tom. I*'); réclames par page.

[1] bl.; [2] portrait gravé d'Elisabeth; [i] titre; [ii] bl.; [iii]-XXX Préface; [1]-242 Histoire de l'empire de Russie sous Pierre le Grand; [243-246] Table des chapitres contenus dans ce volume.

Dans les deux exemplaires consultés, ce volume est accompagné par le tome 2 de 61L2 édité par Junius en 1764.

ImV: D Histoire 8/1761/2; Taylor: V7 H5 1761 (5-6).

61L2 (Leipzig, Lankisch, 1761; Leizig, Junius, 1764)

Tome 1

HISTOIRE / DE L'EMPIRE / DE RUSSIE / SOUS / PIERRE LE GRAND, / *Par l'Auteur de l'hiftoire de* / CHARLES XII. / TOME PREMIER. / [*ornement, 42 x 46 mm*] / Avec Privilége de Sa Majefté le Roi de Pologne / & Electeur de Saxe. / [*filet, 74 mm*] / A LEIPZIG, / Chez FRÉDER. LANKISCH ET HERITIERS / MDCCLXI. / [*lignes 1, 3, 5, 8 et 12 en rouge*]

12°. sig. π^2 a^6 b^8 A-P^8 Q^4; pag. [2] XXX 242 [243-246]; $5 signé, chiffres arabes (− a5, Q2-4; a1 signé 'a2', a2 'a3', a3 'a4', a4 'a5'); tomaison '*Tom. I.*' (N '*Tom. I*'); réclames par page.

[1] bl.; [2] portrait gravé d'Elisabeth; [i] titre; [ii] bl.; [iii]-XXX Préface; [1]-242 Histoire de l'empire de Russie sous Pierre le Grand; [243-246] Table des chapitres contenus dans ce volume.

Tome 2

[...] / TOME SECOND. / [...] / [*filet, 73 mm*] / A LEIPZIG, / Chez JEAN FREDERIC JUNIUS. / MDCCLXIV. /

12°. sig. π^8 A-R^8; pag. XVI 249 [250-272]; $5 signé, chiffres arabes (π2 signé '2', π3 '3', π4 '4', π5 '5'); tomaison '*Tom. II.*' (− D; B '*Tome I.*'); réclames par page.

[i] titre; [ii] bl.; [iii]-XVI Au lecteur; [1]-222 Histoire de l'empire de Russie sous Pierre le Grand; 223-249 Pièces originales selon les traductions faites alors par l'ordre de Pierre Ier; [250-251] Table des chapitres contenus dans ce second volume; [252-272] Table des matières.

Le tome 1 est une deuxième édition par l'éditeur de 61L1.

ImV: D Histoire 8/1761/3 (manque Q4 du tome 1).

61X1 (Lyon?, Bruyset?, 1761-1763)

Tome 1

HISTOIRE / *DE L'EMPIRE* / DE RUSSIE / *SOUS* / PIERRE LE GRAND. / *Par l'Auteur de l'Histoire de* / CHARLES XII. / [*ornement typographique*] / [*filet gras-maigre, 60 mm*] / M. DCC. LXI. /

[*faux-titre*] HISTOIRE / *DE L'EMPIRE* / DE RUSSIE. /

12°. sig. *a*⁸ *b*⁴ *c*⁸ *d*⁴ A-Gg⁸,⁴ Hh⁸ Ii²; pag. xlviij 379; \$4,2 signé, chiffres romains (– a1-2, Ii2); réclames par cahier.

[i] faux-titre; [ii] bl.; [iii] titre; [iv] bl.; v-xlvj Préface; xlvij-xlviij Avant-propos; 1-372 Histoire de l'Empire de Russie sous Pierre le Grand; 373-379 Table des chapitres.

Tome 2

HISTOIRE / *DE L'EMPIRE* / DE RUSSIE, / *SOUS* / PIERRE LE GRAND. / *Par l'Auteur de l'Histoire de* / Charles XII. / *TOME SECOND.* / [*ornement typographique*] / [*filet gras-maigre, 57 mm*] / M. DCC. LXIII. /

[*faux-titre*] HISTOIRE / *DE L'EMPIRE* / DE RUSSIE. /

12°. a⁸ b⁴ A-L⁸,⁴ M²; pag. *xxiv* 411; \$4,2 signé, chiffres romains (– a1-2, M2); tomaison '*Tome II.*' (– a); réclames par cahier.

[i] faux-titre; [ii] bl.; [iii] titre; [iv] bl.; *v-xxiv* Au lecteur; 1-360 Histoire de l'Empire de Russie sous Pierre le Grand; 361-388 Pièces originales selon les traductions faites alors par l'ordre de Pierre Premier; 389-390 Table des chapitres contenus dans ce second volume; 391-401 Table des matières contenues dans le premier volume; 402-411 Table des matières contenues dans le second volume.

Nouvelle émission en 1780, avec le cartonnage de a2.7. Pages de titre de 1780: 'HISTOIRE / *DE L'EMPIRE* / DE RUSSIE / *SOUS* / PIERRE LE GRAND. / *Par* VOLTAIRE. / [*filet orné, 63 mm*] / TOME PREMIER. [TOME SECOND.] / [*filet orné, 63 mm*] / [*ornement typographique*] / *A AMSTERDAM.* / [*filet gras-maigre, 55 mm*] / M.

DCC. LXXX.'. A la page xiv du tome 1 la ligne 'Fait à Commercy ce 11 Juilet 1759.' disparaît en 1780.

Cette édition est attribuée par BnC à Bruyset de Lyon. Voir Dominique Varry, 'Voltaire et les imprimeurs-libraires lyonnais', *Voltaire et ses combats* (Oxford 1997), i.491-92.

Bn: Rés. Z Bengesco 219 (1761-1763); – 8° M 25281 (1780); ImV: D Histoire 8/1761/1 (1761; tome 1 seulement); – D Histoire 8/1780/1 (1780); Taylor: V7 H5 1761 (2) (1761-1763); – V7 H5 1780 (1780); Uppsala: Hist. Ryssl. 1682-1715 (1761-1763).

61x2 (Lyon?, Bruyset?, 1761)

Une nouvelle impression du tome 1 de 61x1 à partir de la même composition mais avec des bandeaux et ornements différents.

Bn: M 35225.

63

Voir ci-dessus, 59 (tome 2).

63 avis

Voir ci-dessus, 59 (tome 2) 'Au lecteur', et appendice 1.

w64r (Rouen?, 1764)

COLLECTION / *COMPLETE* / DES ŒUVRES / *de Monsieur* / DE VOLTAIRE, / NOUVELLE ÉDITION, / *Augmentée de ſes dernieres Pieces de Théâtre*, / & *enrichie de 61 Figures en taille-douce*. / TOME QUINZIEME. [TOME SEIZIEME.] / [*ornement typographique*] / *A AMSTERDAM*, / Aux Dépens de la Compagnie. / [*filet gras-maigre, 48 mm*] / M. DCC. LXIV. /

Tome 15

12°. sig. a¹² A-I¹² K⁶; pag. xxiv 228 (p.134 numérotée '144'); \$6 signé, chiffres arabes (– a1, K4-6; a2-6 signés 'Aij'-'Avj'); tomaison '*Tome XV*.' (– a1); réclames par cahier.

[i] titre; [ii] bl.; iij-xxij Préface; xxiij-xxiv Avant-propos; [1]-227 Histoire de l'Empire de Russie sous Pierre le Grand; 228 Table des chapitres.

Tome 16

12°. sig. a⁸ A-K¹² L⁴ (L4 bl.); pag. [4] xij 246 (p.196 numérotée '396'); $6 signé, chiffres arabes (– a5-6, L3-4; a3 signé 'a2', a4 'a3'); tomaison '*Tome II.*'; réclames par cahier.

[1] faux-titre; [2] bl.; [3] titre; [4] bl.; [i]-xij Au lecteur; [1]-211 Histoire de l'Empire de Russie sous Pierre le Grand. Seconde partie; 212-244 Pièces originales selon les traductions faites alors par l'ordre de Pierre Ier; 245-246 Table des chapitres contenus dans ce volume.

Les 12 premiers volumes furent publiés en 1748 et font partie de l'édition supprimée à la demande de Voltaire.

Cette édition se trouve aussi avec des pages de titre individuelles:

HISTOIRE / *DE L'EMPIRE* / DE RUSSIE / *SOUS* / PIERRE LE GRAND, / *Par l'Auteur de l'Hiſtoire de* Charles XII. / *TOME PREMIER.* / [*ornement typographique*] / [*filet gras maigre, 53 mm*] / *MDCCLXIV.* /

SUITE / DE L'HISTOIRE / *DE L'EMPIRE* / DE RUSSIE / *SOUS* / PIERRE LE GRAND, / *Par l'Auteur de l'Hiſtoire de* Charles XII. / *TOME SECOND.* / [*ornement typographique*] / [*filet gras maigre, 52 mm*] / *MDCCLXIV.* /

[faux-titre, tome 2] HISTOIRE / DE / *L'EMPIRE* / DE RUSSIE. / *TOME SECOND.* /

Bn: Rés. Z Beuchot 26 (15); – Rés. p M 219 (pages de titre individuelles); ImV: D Histoire 8/1764/1 (pages de titre individuelles); Lausanne: AA 9894 (pages de titre individuelles; manque L4 du tome 2).

65 (Genève, Cramer, 1765)

HISTOIRE / DE L'EMPIRE / DE RUSSIE / SOUS / PIERRE LE GRAND, / *Par l'Auteur de l'hiſtoire de* Charles XII. / TOME PREMIER. [TOME SECOND.] / [*ornement, 41 x 45 mm*] / [*filet gras-maigre, 65 mm*] / *M. DCC. LXV.* /

[*faux-titre*] HISTOIRE / DE L'EMPIRE / DE RUSSIE. / *TOME PREMIER. [TOME SECOND.]* /

Tome 1

8°. sig. A-S⁸ T²; pag. 292; $4 signé, chiffres arabes (– A1-2); tomaison '*Tom. I.*' (– A); réclames par page.

[1] faux-titre; [2] bl.; [3] titre; [4] bl.; [5]-34 Préface; [35]-275 Histoire de l'Empire de Russie sous Pierre le Grand; 276-280 Table des chapitres contenus dans ce volume; 281-292 Table des matières contenues dans ce premier volume.

Tome 2

8°. sig. A-R⁸ S⁴ T²; pag. 283; $4 signé, chiffres arabes (– A1-2, S4, T2); tomaison '*Tom. II.*' (– A; Q, R '*Tom. II.*'); réclames par page.

[1] faux-titre; [2] bl.; [3] titre; [4] bl.; [5]-18 Au lecteur; [19]-239 Histoire de l'Empire de Russie sous Pierre le Grand. Seconde partie; [240]-270 Pièces originales selon les traductions faites alors par l'ordre de Pierre I; 271-272 Table des chapitres contenus dans ce volume; [273]-283 Table des matières contenues dans ce second volume.

Voltaire est peu intervenu dans cette édition par Cramer, publiée pour accompagner la *Collection complète* de 1756 et années suivantes.

L'ajout d'un 'dit-on' (II.i.238) rend son estimation des effectifs turcs moins affirmative; celui d'un 'au juste' a un effet semblable (II.i.460).

Il corrige quelques erreurs, entre autres celles de l'errata de 59: I.v.65, I.vi.58, I.xii.164, II.i.309, II.vi.122, II.x.4, II.xiii.28, II.xvi.250; les interventions concernent souvent les noms propres ou termes russes: I.i.60, 345, I.ii.85, I.iv.35, I.vi.125, I.x.235, I.xviii, 9, 110, 111, II.i.65, II.iv.29, 38, II.v.14, II.viii.3, II.x.820, II.xi.118; une nouvelle erreur est introduite: I.viii.14.

BPU: S 1864.

65G (Genève, Cramer, 1765)

HISTOIRE / DE L'EMPIRE / DE RUSSIE / SOUS / PIERRE LE GRAND, / *Par l'Auteur de l'histoire de* CHARLES XII. / TOME PREMIER. [TOME SECOND.] / [*ornement, 41 x 45 mm*] / [*filet gras-maigre, 65 mm*] / M. DCC. LXV. /

[*faux-titre*] HISTOIRE / DE L'EMPIRE / DE RUSSIE. / *TOME PREMIER. [TOME SECOND.]* /

Tome 1

8°. sig. A-S⁸; pag. 288; $4 signé, chiffres arabes (– A1-2, S2); tomaison '*Tom. I.*' (– A); réclames par page.

[1] faux-titre; [2] bl.; [3] titre; [4] bl.; [5]-34 Préface; [35]-274 Histoire de l'Empire de Russie sous Pierre le Grand; 275-279 Table des chapitres contenus dans ce volume; 280-288 Table des matières contenues dans ce premier volume.

Tome 2

8°. sig. A-R⁸ S⁴; pag. 280; $4 signé, chiffres arabes (– A1-2, S1, S3-4); tomaison '*Tom. II.*' (– A; Q, R 'Tom. II.'); réclames par page.

[1] faux-titre; [2] bl.; [3] titre; [4] bl.; [5]-18 Au lecteur; [19]-239 Histoire de l'Empire de Russie sous Pierre le Grand. Seconde partie; [240]-270 Pièces originales selon les traductions faites alors par l'ordre de Pierre I; 271-272 Table des chapitres contenus dans ce volume; [273]-280 Table des matières contenues dans ce second tome.

Une deuxième édition par Cramer datée de 1765.

Bn: Z 24735-24736; BPU: S 23128.

w68 (Genève, Cramer, 1768)

HISTOIRE / DE / CHARLES XII. / ROI DE SUEDE, / *DIVISÉE EN HUIT LIVRES*, / Avec l'Hiſtoire de l'Empire de Ruſſie ſous Pierre le Grand, / en deux Parties diviſées par Chapitres. Ces deux ouvrages / ſont précédés des piéces qui leur ſont rélatives, & ſont ſuivies / dc Tables des Matières, &c. &c. / [*filet, 119 mm*] / *GENEVE.* / [*filet maigre-gras, 120 mm*] / M. DCC. LXVIII. /

[*faux-titre*] COLLECTION / Complette / DES / *ŒUVRES* / DE / Mᴿ. DE VOLTAIRE. / [*filet gras-maigre, 119 mm*] / *TOME SEPTIÉME.* / [*filet maigre-gras, 121 mm*] /

4°. sig. π² A-Gggg⁴; pag. [4] 607; $3 signé, chiffres romains; tomaison '*Tom. II.*'; réclames par cahier.

[1] faux-titre; [2] bl.; [3] titre; [4] bl.; 1-296 autres textes; [297] Pp1r 'HISTOIRE / DE L'EMPIRE / DE RUSSIE / SOUS / PIERRE LE GRAND. / *PREMIERE PARTIE.* / *Tom. II.* Pp'; [298] bl.; 299-311 Préface historique et critique; [312] bl., à l'exception de la réclame

'HISTOIRE'; 313-571 Histoire de l'empire de Russie sous Pierre le Grand; 572-590 Piéces originales selon les traductions faites alors par l'ordre de Pierre premier; 591-602 Table des matières contenues dans l'Histoire de Pierre le Grand; 603-607 Table des piéces contenues en la seconde portion de ce second volume.

La grande édition in-quarto des œuvres de Voltaire, dont les vingt-quatre premiers volumes furent édités à Genève par Cramer.

La 'Préface' acquiert son nouveau titre de 'Préface historique et critique'. Elle a été remaniée: l.75-77*v* (suppression de la lettre du comte de Tressan, reprise dans l''Avis important sur l'Histoire de Charles xii', V 4, p.579-80); 233 (correction d'erreur), 86-87, 209, 259-261; 268-271 (ajout sur Suétone); 380a-459 (§ viii repris de l'avis 'Au lecteur' de 63. L''Avant-propos' a été mis à jour, l.8-10 (le nom de Catherine ii y figure désormais).

Dans 1.i, il introduit une nouvelle rubrique pour Kamtschatka (507b, 661-662), ajoute une précision sur les Ostiaks (597-600) et reprend encore une partie de l'avis 'Au lecteur' de 63 concernant les Kamtchadales (671-723). Un ajout concerne les jésuites en Russie (1.ii.343-346). Dans un autre, il prodigue ses éloges à Catherine ii 'qui a osé venger la nature et la religion en ôtant au clergé et aux moines des richesses odieuses' (1.ii.135-141).

Voltaire rectifie des erreurs: 1.i.1, 34-35, 321-322, 543, 1.ii.174, n.*c*, 1.iii.184-185, 11.i.395, 11.x.255, 11.xiv.30-31; parfois à la suite des critiques des Russes: 1.i.39, 40-42, 128, 378, 594, 663, 1.ii.133-134, 250-251, 1.iii.201; parfois il en introduit d'autres: 1.iii.184-185, 1.viii.14.

Plusieurs corrections portent sur les noms propres ou des termes russes: 1.i, n.*c*, 345, 377, 1.ii.85, 1.vi.125, 1.ix.183, 1.xi.96, 1.xiii.120, 1.xv.25, 1.xviii.111, 11.i.6, 71, 178, 11.iv.120, 216,11.v.14, 11.viii.157, 11.ix.118, 11.x.823, 11.xii.20, 94, 11.xv.*c*, 41, 11.xvi.104, 198, 11.xvii.113.

Taylor: VF.

71L (Lausanne, Grasset, 1771)

HISTOIRE / DE / *L'EMPIRE DE RUSSIE* / SOUS / PIERRE LE GRAND, / *DIVISÉE EN DEUX PARTIES.* / Par M^R. de VOLTAIRE. / Précédée et ſuivie des piéces qui lui ſont rélatives, & /

accompagnée d'une Table de matiéres. / [*ornement, 42 x 29 mm*] / *A LAUSANNE,* / Chez François Grasset & Comp. / [*filet orné, 82 mm*] / M. DCC. LXXI. /

8°. sig. *⁴ A-O⁸ P⁴ Q-Kk⁸ Ll⁴; pag. VIII 230 [2] 231-526; $5 signé, chiffres arabes (– *1-2, *4, P4, Ll4); tomaison '*Hiſt. de Pierre le Grand.*' (– B, C; A '*Hiſt. de Pierre le Grand.*'; E '*Hiſt. de Pierre le grand.*'; Q-X, Z-Ee, Gg-Ll '*Hiſt. de Pierre I. ſeconde Part.*'; Ff 'Hiſt. de Pierre I. ſeconde Part.'); réclames par cahier.

[i] faux-titre; [ii] bl.; [iii] titre; [iv] bl.; V-VIII Table des pièces contenues dans les deux parties de ce volume; [1] A1r 'HISTOIRE / DE L'EMPIRE / *DE RUSSIE* / SOUS / PIERRE LE GRAND. / [*filet orné, 75 mm*] / *PREMIERE PARTIE.* / [*filet orné, 75 mm*] / *Hist. de Pierre le Grand.* A'; [2] bl.; 3-22 Préface historique et critique; 23-230 Histoire de l'empire de Russie sous Pierre le Grand; [*1*] P4r 'HISTOIRE / DE / *L'EMPIRE DE RUSSIE* / SOUS / PIERRE LE GRAND. / [*filet, 80 mm*] / *SECONDE PARTIE.* / [*filet, 80 mm*]'; [2] bl.; 231-427 Histoire de l'empire de Russie sous Pierre le Grand. Seconde partie; 428-456 Pièces originales selon les traductions faites alors par l'ordre de Pierre premier; [457] Avis des éditeurs; 458-479 Anecdotes sur le czar Pierre le Grand; 480-486 Remarques sur l'histoire; 487-492 Nouvelles considérations sur l'histoire; 493-495 De l'utilité de l'histoire; 496-505 Pyrrhonisme de l'histoire; 506-526 Table des matières contenues dans l'histoire de Pierre le Grand.

Une édition séparée par François Grasset de Lausanne. Les cahiers A-Ff sont identiques à ceux de w70L.

ImV: D Histoire 8/1771/1.

w70L (Lausanne, Grasset, 1771)

HISTOIRE / DE / *L'EMPIRE DE RUSSIE* / SOUS / PIERRE LE GRAND, / *DIVISÉE EN DEUX PARTIES.* / Suivie des pièces qui lui ſont rélatives, & accompagnée / d'une Table de matiéres. / [*filet, 80 mm*] / TOME SIXIEME. / [*filet, 79 mm*] / [*ornement, 42 x 29 mm*] / [*filet orné, 82 mm*] / M. DCC. LXXI. /

[*faux-titre*] COLLECTION / COMPLETTE / *DES* / *ŒUVRES* / DE / Mᴿ. DE VOLTAIRE. / [*filet gras-maigre, 79 mm*] / *TOME DOUZIEME.* / [*filet maigre-gras, 79 mm*] /

8°. sig. *⁴ A-O⁸ P⁴ Q-Gg⁸ Hh⁴; pag. VIII 230 [2] 231-478; $5 signé, chiffres arabes (− *1-2, *4, P4); tomaison '*Hiſt. de Pierre le Grand.*' (− B, C; A '*Hist. de Pierre le Grand.*'; E '*Hiſt. de Pierre le grand.*'; Q-X, Z-Ee, Gg, Hh '*Hiſt. de Pierre I. ſeconde Part.*'; Ff 'Hiſt. de Pierre I. ſeconde Part.'); réclames par cahier.

[i] faux-titre; [ii] bl.; [iii] titre; [iv] bl.; V-VIII Table des pièces contenues dans les deux parties de ce volume; [1] A1*r* 'HISTOIRE / DE L'EMPIRE / *DE RUSSIE* / SOUS / PIERRE LE GRAND. / [*filet orné, 75 mm*] / *PREMIERE PARTIE.* / [*filet orné, 75 mm*] / *Hist. de Pierre le Grand.* A'; [2] bl.; 3-22 Préface historique et critique; 23-230 Histoire de l'empire de Russie sous Pierre le Grand; [1] P4*r* 'HISTOIRE / DE / *L'EMPIRE DE RUSSIE* / SOUS / PIERRE LE GRAND. / [*filet, 80 mm*] / *SECONDE PARTIE.* / [*filet, 80 mm*]'; [2] bl.; 231-427 Histoire de l'empire de Russie sous Pierre le Grand. Seconde partie; 428-456 Pièces originales selon les traductions faites alors par l'ordre de Pierre premier; 457-478 Table des matières, contenues dans l'histoire de Pierre le Grand.

Une édition par François Grasset de Lausanne. Les cahiers A-Ff sont identiques à ceux de 71L.

Lausanne: AA 185 (12).

w71 (Liège, Plomteux, 1771)

HISTOIRE / *DE* / *CHARLES XII.* / ROI DE SUEDE, / *DIVISÉE EN HUIT LIVRES*, / Avec l'Hiſtoire de l'Empire de Ruſſie ſous PIERRE / LE GRAND, en deux Parties diviſées par / Chapitres. Ces deux Ouvrages ſont précédés des / piéces qui leur ſont rélatives, & ſont ſuivies de / Tables des Matières, &c. &c. / [*ornement, 42 x 26 mm*] / *GENEVE,* / [*filet maigre-gras, 59 mm*] / M. DCC. LXXI. /

[*faux-titre*] COLLECTION / *COMPLETTE* / DES / *ŒUVRES* / DE / M^R. DE VOLTAIRE. / [*filet orné, 76 mm*] / *TOME SEPTIEME.* / [*filet orné, 76 mm*] /

12°. sig. π² A-Dd¹² Ee⁸; pag. [4] 664; $6 signé, chiffres arabes (− Ee5-6); tomaison '*Tome II.*'; réclames par cahier.

[1] faux-titre; [2] bl.; [3] titre; [4] bl.; 1-323 autres textes; [324] bl.; [325] O7*r* 'HISTOIRE / DE L'EMPIRE / DE RUSSIE / SOUS / PIERRE

LE GRAND. / *PREMIERE PARTIE.*'; [326] bl.; 327-340 Préface historique et critique; 341-626 Histoire de l'empire de Russie sous Pierre le Grand; 627-647 Piéces originales selon les traductions faites alors par l'ordre de Pierre premier; 648-659 Table des matières contenues dans l'Histoire de Pierre le Grand; 660-664 Table des piéces contenues en la seconde portion de ce second volume.

Cette édition liégoise reprend le texte de w68. Voltaire n'a pas participé à sa préparation.

Lausanne: Az 5982 (7).

w72P (Paris, Panckoucke, 1772)

ŒUVRES / DE MONSIEUR DE V***. / [*filet gras-maigre, 75 mm*] / HISTOIRE / *DE L'EMPIRE* / DE RUSSIE, / SOUS / PIERRE LE GRAND. / NOUVELLE ÉDITION, / *FAITE fur l'Édition de Genève*, in-4°. / [*ornement, 23 x 21 mm*] / *A NEUCHATEL.* / [*filet orné, 56 mm*] / M. DCC. LXXII. /

120. sig. A-Y^{12} Z^6 (Z6 bl.?); pag. '338'[=538]; $6 signé, chiffres romains (– A1); tomaison 'Hiſt. de Ruſſ.' (– A); réclames par cahier.

[1] titre; [2] bl; [3]-28 Préface historique et critique; [29]-266 Histoire de l'empire de Russie, sous Pierre le Grand. Première partie; [267]-490 Histoire de l'empire de Russie, sous Pierre le Grand. Seconde partie; 491-525 Pièces originales, selon les traductions faites alors, par ordre de Pierre premier; 526-536 Table des chapitres contenus en ce volume; [537]-'338'[=538] Distribution des ouvrages de M. de V***. Edition de Neuchatel.

Bn: 80 M 25284 (manque Z6).

73 (Genève, Cramer, 1773)

HISTOIRE / DE L'EMPIRE / *DE RUSSIE* / SOUS / PIERRE LE GRAND, / *Par l'Auteur de l'Hiſtoire de* CHARLES XII. / TOME PREMIER. [TOME SECOND.] / [*ornement typographique; tome 2, ornement, 40 x 45 mm*] / [*filet gras-maigre, 70 mm; tome 2, 68 mm*] / M. DCC. LXXIII. /

[*faux-titre*] HISTOIRE / *DE L'EMPIRE* / DE RUSSIE. / *TOME PREMIER. [TOME SECOND.]* /

Tome 1

8°. sig. A-S⁸; pag. 287 (p.178 numérotée '278', 230 '130', 248 '2 8'); \$4 signé, chiffres arabes (– A1-2); tomaison '*Tom. I.*' (– A; F, H, L, M, N, O, Q, R '*Tome I.*'); réclames par cahier.

[1] faux-titre; [2] bl.; [3] titre; [4] bl.; [5]-34 Préface; [35]-274 Histoire de l'Empire de Russie sous Pierre le Grand; 275-279 Table des chapitres contenus dans ce volume; 280-287 Table des matières contenues dans ce premier volume.

Tome 2

8°. sig. A-R⁸ S⁴; pag. 280 (p.46 non numérotée; p.126 numérotée '129', 216 '217', 248 'n48'); \$4 signé, chiffres arabes (– A1-2, S3-4); tomaison '*Tom. II.*' (– A; E, F, H, K, M, N, P '*Tome II.*'; Q, R 'Tome II.'); réclames par cahier.

[1] faux-titre; [2] bl.; [3] titre; [4] bl.; [5]-18 Au lecteur; [19]-239 Histoire de l'Empire de Russie sous Pierre le Grand. Seconde partie; [240]-270 Piéces originales selon les traductions faites alors par l'ordre de Pierre I; 271-272 Table des chapitres contenus dans ce volume; [273]-280 Table des matières contenues dans ce second volume.

Cette édition a probablement été imprimée par ou pour Cramer: les ornements aux pages [35], [153] et [170] du tome 1 semblent être les mêmes que ceux qui figurent dans la première édition.

Bn: Z 24785 (tome 1 seulement); ImV: A 1770/1 (45-46); BPU: Te 8527; Taylor: V7 H5 1773 (1-2).

w75G (Genève, Cramer, 1775)

[*encadrement*] HISTOIRE / DE / L'EMPIRE DE RUSSIE / SOUS / PIERRE LE GRAND, / *DIVISÉE* / EN DEUX PARTIES. / M. DCC. LXXV. /

[*faux-titre, avec encadrement*] TOME VINGT-DEUXIÉME. /

8°. sig. π² A-Z⁸ Aa⁴ (± B4.5, Q2.7); pag. [4] 375; \$4 signé, chiffres romains (– Aa3-4); sans tomaison; réclames par cahier.

[1] faux-titre; [2] bl.; [3] titre; [4] bl.; 1-20 Preface historique et critique; 21-328 Histoire de l'empire de Russie sous Pierre le Grand; 329-350 Pièces originales selon les traducions faites alors par l'ordre de Pierre

premier; 351-370 Table des matières, contenues dans l'Histoire de Pierre le Grand; 371-375 Table des chapitres contenus dans l'Histoire de Pierre le Grand.

Cette édition dite *encadrée* est la dernière revue par Voltaire.

Le cartonnage de B4.5 touche la page 23 (1.i.32-33); Q2.7 touche page 253 (II.ix.111).

Voltaire continue à remanier son texte. Il réécrit le début de la 'Préface', y fait allusion au 'visionnaire' Rousseau et rend public le rôle joué par Chouvalov, 'l'homme de l'empire peut-être le plus instruit', qui lui a communiqué 'les documents authentiques nécessaires' (cf. ajout dans 1.ii.90-92). Il introduit une allusion au peuple juif (l.184-185).

Dans l''Avant-propos', Voltaire introduit quelques lignes élogieuses à destination de Catherine II 'qui a porté si loin la gloire de la Russie' (l.8-10). Il conclut: 'L'histoire de Charles XII était amusante, celle de Pierre Iᵉʳ est instructive' (l.21-22).

L'addition d'un 'on m'assure' ou 'dit-on' rend ses affirmations moins catégoriques (1.i.533-534, 546-547); les 'anciennes sévérités' sont remplacées par les 'anciennes cruautés' pour mieux faire ressortir 'l'humanité qu'on exerce aujourd'hui' (1.viii.43); il ajoute quelques lignes sur l'indépendance de l'Eglise russe (1.ii.263-265); il corrige son information sur le béhémoth (1.vii.17-21).

Si Voltaire a fait quelques corrections de style ('Préface', l.185, 1.i.35, 47, etc.), quelques corrections de détail (1.x.165, 240), ce sont de nouveau les noms propres et termes étrangers, surtout russes, qui ont fait l'objet d'interventions: 'Préface', l.262, 1.i.658, 725, 1.ii.302, 1.v.95, 1.vi.125, 1.vii.52, 1.viii.32, 1.ix.24, 1.x.264; 1.xii.118, 1.xv.9, 25, 1.xvi.1, 16, 20, 99, 1.xvii.55, 1.xviii.9, 111, 1.xix.208, II.i.3, 6, 49, 72, 107, 174, 178, 285, 289, 436, II.iii.41, II.iv,38, 223, II.v.14, II.viii.102, 110, 112, II.xii.16, 20, 51, 70, 94, II.xv.71, II.xvi.198.

De nouvelles erreurs sont introduites: 1.v.25-26 ('l'âme' pour 'l'arme'), 1.ix.264-265 (saut du même au même?).

Taylor: VI 1775 (22).

w75x (Lyon?, 1775)

[*encadrement*] HISTOIRE / DE / *L'EMPIRE DE RUSSIE* / SOUS /

PIERRE LE GRAND, / *DIVISÉE* / EN DEUX PARTIES. / [*ornement typographique*] / [*filet orné, 78 mm*] / *M. DCC. LXXV.* /

[*faux-titre, avec encadrement*] ŒUVRES / DE / M^R. *DE VOL-TAIRE.* / [*filet, 77 mm*] / TOME VINGT-DEUXIÈME. / [*filet, 75 mm*] /

8°. sig. π² A-Z⁸ Aa⁴; pag. [*4*] 376; $4 signé, chiffres romains (− Aa3-4); tomaison 'Hiſt. de la Ruſſie.' (− Aa; A-C 'Hiſt. de Ruſſie.'; réclames par cahier.

[*1*] faux-titre; [*2*] bl. à l'exception de l'encadrement; [*3*] titre; [*4*] bl. à l'exception de l'encadrement; [1]-16 Preface historique et critique; [17]-327 Histoire de la Russie sous Pierre le Grand; [328]-350 Pièces originales selon les traductions faites alors par l'ordre de Pierre premier; 351-356 Table des chapitres contenus dans l'Histoire de l'empire de Russie, sous Pierre le Grand; 357-376 Table des matières contenues dans ce volume; 376 Errata.

Une imitation ou contrefaçon de w75G qui tire cependant ses textes de plusieurs sources différentes. Tel est le cas ici, où l'*L'Histoire de l'Empire de Russie* est imprimée à partir d'une édition antérieure. Voltaire était au courant de l'existence de cette édition mais nous ne connaissons pas le rôle qu'il aurait pu jouer dans sa préparation.

ImV: 91/3549.

78 (Lausanne, Pott, 1778)

HISTOIRE / DE / *L'EMPIRE DE RUSSIE*, / SOUS / PIERRE LE GRAND, / *DIVISÉE EN DEUX PARTIES*. / Suivie des pieces qui lui ſont rélatives, & accompagnée / d'une Table de matieres. / *NOUVELLE EDITION*. / [*ornement, 50 x 34 mm*] / *A LAU-SANNE*. / Chez JULES HENRI POTT & COMP. / [*filet gras-maigre, 80 mm*] / M. D. CC. LXXVIII. /

[*faux-titre*] HISTOIRE / *DE* / *L'EMPIRE DE RUSSIE*. /

Une émission des feuilles de w70L avec un nouveau faux-titre et titre.

Bodley: Meerm 868.

K84 (Kehl, 1784)

OEUVRES / COMPLETES / DE / VOLTAIRE. / TOME VINGT-QUATRIEME. / [*filet anglais, 35 mm*] / DE L'IMPRIMERIE DE LA SOCIÉTÉ LITTÉRAIRE- / TYPOGRAPHIQUE. / 1784. /

[*faux-titre*] OEUVRES / COMPLETES / DE / VOLTAIRE. /

8°. sig. π^2 A-Dd^8 Ee^2; pag. [*4*] 435; \$4 signé, chiffres arabes (– A1); tomaison: '*Hiſt. de Ruſſie.*' (– A; P '*Hiſtoire de Ruſſie.*'); réclames par cahier.

[*1*] faux-titre; [*2*] bl.; [*3*] titre; [*4*] bl.; [1] A1*r* 'HISTOIRE / DE / L'EMPIRE DE RUSSIE, / SOUS / *PIERRE LE GRAND;* / DIVISÉE EN DEUX PARTIES.'; [2] bl.; [3]-26 Preface historique et critique; [27]-370 Histoire de l'Empire de Russie sous Pierre le Grand; [371]-394 Pièces originales selon les traductions faites alors par l'ordre de Pierre I; [395] Bb6*r* 'ANECDOTES / SUR LE CZAR / *PIERRE LE GRAND.*'; [396] Avertissement; [397]-413 Anecdotes sur le czar Pierre le Grand; [414]-418 Table des chapitres contenus dans l'Histoire de Pierre le Grand; [419]-435 Table des matières contenues dans l'Histoire de Pierre le Grand.

La première impression in-octavo de l'édition de Kehl.

Le texte a subi quelques modifications dont il est difficile d'établir l'origine. Elles concernent surtout la 'Préface': l.10-11, 29, 46, 60-61, 101, 119-120, 189, 193, 197-198, 232, 294, 413, 449-450. Les lignes 248-257 ont été supprimées. Dans 1.ix, deux phrases ont été transposées, probablement dans le but de donner une présentation chronologique des faits (l.143-145, 189-192). Ces interventions sont probablement imputables aux éditeurs.

Taylor: VF (π1 absent).

K85 (Kehl, 1785)

OEUVRES / COMPLETES / DE / VOLTAIRE. / TOME VINGT-QUATRIEME. / [*filet anglais, 39 mm*] / DE L'IMPRIMERIE DE LA SOCIÉTÉ LITTÉRAIRE- / TYPOGRAPHIQUE. / 1785. /

[*faux-titre*] OEUVRES / COMPLETES / DE / VOLTAIRE. /

8°. sig. π^2 A-Dd^8 Ee^2; pag. [4] 435; $4 signé, chiffres arabes (– Ee2); tomaison: '*Hiſt. de Ruſſie.*' (F, H, I, K, O, P, S, X, Bb, Ee '*Hiſtoire de Ruſſie.*'); réclames par cahier.

[*1*] faux-titre; [*2*] bl.; [*3*] titre; [*4*] bl.; [1] A1*r* 'HISTOIRE / DE / L'EMPIRE DE RUSSIE, / SOUS / *PIERRE LE GRAND;* / DIVISÉE EN DEUX PARTIES. / *Hiſt. de Ruſſie.* A'; [2] bl.; [3]-26 Preface historique et critique; [27]-370 Histoire de l'Empire de Russie sous Pierre le Grand; [371]-394 Pièces originales selon les traductions faites par l'ordre de Pierre I; [395] Bb6*r* 'ANECDOTES / SUR LE CZAR / *PIERRE LE GRAND.*'; [396] Avertissement; [397]-413 Anecdotes sur le czar Pierre le Grand; [414]-418 Table des chapitres contenus dans l'Histoire de Pierre le Grand; [419]-435 Table des matières contenues dans l'Histoire de Pierre le Grand.

La deuxième version in-octavo de l'édition de Kehl.

Taylor: VF.

K12 (Kehl, 1785)

OEUVRES / COMPLETES / DE / VOLTAIRE. / TOME VINGT-SEPTIEME. / [*filet anglais, 27 mm*] / DE L'IMPRIMERIE DE LA SOCIÉTÉ LITTÉRAIRE- / TYPOGRAPHIQUE. / 1785. /

[*faux-titre*] OEUVRES / COMPLETES / DE / VOLTAIRE. /

12°. sig. π^2 A-Xx^{8,4} Yy^4; pag. [4] 536; $4,2 signé, chiffres arabes; tomaison: '*Hiſt. de Ruſſie.*'); réclames par cahier.

[*1*] faux-titre; [*2*] bl.; [*3*] titre; [*4*] bl.; [1] A1*r* 'HISTOIRE / DE / L'EMPIRE DE RUSSIE, / SOUS / *PIERRE LE GRAND;* / DIVISÉE EN DEUX PARTIES. / *Hiſt. de Ruſſie.* A'; [2] bl.; [3]-28 Preface historique et critique; [29]-454 Histoire de l'Empire de Russie sous Pierre le Grand; [455]-479 Pièces originales selon les traductions faites alors par l'ordre de Pierre I; [480] bl. à l'exception de la réclame 'ANECDOTES'; [481] Ss1*r* 'ANECDOTES / SUR LE CZAR / *PIERRE LE GRAND.* / *Hiſt. de Ruſſie.* Ss'; [482] Avertissement; [483]-500 Anecdotes sur le czar Pierre le Grand; [501]-507 Table des chapitres contenus dans l'Histoire de Pierre le Grand; [508]-536 Table des matières contenues dans l'Histoire de Pierre le Grand.

La version in-douze de l'édition de Kehl.

Taylor: VF.

Traductions

Allemand

Geschichte des Russischen Reichs unter Peter dem Grossen. Frankfurt & Leipzig, Brönner, 1761-1763. Trad. Johann Michael Hube. Préface par Büsching.
(Minzloff 26).

Geschichte des Russischen Reichs unter Peter dem Grossen. Leipzig, Lankischen Buchhandlung, 1761-1763. Le traducteur du premier volume est inconnu; le deuxième volume reprend l'édition Büsching.

Sur les traductions allemandes de l'*Histoire de l'empire de Russie* voir Peter Hoffmann et Gabriela Lehmann-Carli, 'Les échos allemands de l'*Histoire* de Pierre le Grand par Voltaire', *Philologiques IV. Transferts culturels triangulaires France-Allemagne-Russie*, Paris 1996, p.55-63.

Anglais

The History of the Russian Empire under Peter the Great, by M. de Voltaire. London, Nourse, Vaillant Davis & Reymers, [1761]-1763. Translated by J. Johnson.

History of the Empire of Russia. Dublin, 1761. Tome 1 seulement.

The History of the Russian Empire under Peter the Great, by M. de Voltaire. London 1764.

The History of the Russian Empire under Peter the Great, by M. de Voltaire. Glasgow, Urie, 1764.

The History of the Russian Empire under Peter the Great, by M. de Voltaire. London, Johnston, 1769.

The History of the Russian Empire under Peter the Great, by M. de Voltaire. Edinburgh, Dickson, 1769.

The History of the Russian Empire under Peter the Great, by M. de Voltaire. Glasgow, Urie, 1769.

The History of the Russian Empire under Peter the Great, translated from the French of M. de Voltaire. Edinburgh, Martin & Wotherspoon, 1769.

The History of the Russian Empire under Peter the Great, by M. de Voltaire. Berwick, Taylor, [c.1770].

The History of the Russian Empire under Peter the Great, by M. de Voltaire. Abderdeen, Boyle, 1777.

The History of the Russian Empire under Peter the Great, newly translated from the French of M. de Voltaire. London, Millar &c., 1778.

Danois

Keiser Peter den Stores Liv og Levnet som indbesatter det Rusiske Riges historie udi hans regierings-Tod. Kiøbenhavn, Pelt, 1766-1769.

Portugais

Historia do Imperio do Rossia no tempo de Pedro o Grande. Lisboa, Officina Luisiana, 1781-1782.

Suédois

Ryska Rikets historia, under Peter den Store. Öfwersåttning ifrån Fransosken. Första delen. Cederholm, tryckt uti Kongl. Finsta Boktryckeriet, 1767. Avec un 'företal' signé David Sack. Seul le premier volume a paru.

Russe

Une traduction manuscrite du premier volume a été effectuée en 1761 par Nikolaï Nikolaevitch Bantych-Kamenski (1737-1814); elle a brûlé en 1812, mais une copie, faite vers 1770-1780, en est conservée à la Bibliothèque nationale de Saint-Pétersbourg.

La copie manuscrite d'une traduction de *Histoire de l'empire de Russie*, 367 pages en deux volumes, a été proposée par Richard Hatchwell de Chippenham dans son catalogue 26 de 1986.

8. *Principes de cette édition*

L'édition choisie comme texte de base est w75G, la dernière revue par Voltaire.[1]

Quant aux variantes figurant dans l'apparat critique, elles proviennent des éditions suivantes: 59, 59*, 59*1, 63, 65, w68 et κ (dont nous n'avons pas reproduit les notes infrapaginales dues aux éditeurs). Ces variantes ne portent pas sur la ponctuation, sauf quand elles entraînent des modifications du sens.

Transcription des noms russes

Une des difficultés de l'entreprise tenait à la transcription des noms russes. Nous avons renoncé à la translittération dite internationale, la seule satisfaisante, mais réservée aux publications spécialisées: elle ne peut que déconcerter ceux qui ne lisent pas le russe. Nous avons opté pour une transcription traditionnelle, avec des incohérences que nous pardonneront les lecteurs russophones et russisants. Pour le *e*, nous avons hésité entre *e* et *ie*: nous écrivons par exemple Cheremetiev (et non Cheremetev), nemietskaïa (et non nemetskaïa) sloboda, bien qu'il y ait en russe la même graphie *e* dans ces mots, où le *m* , le *n* et le *t* sont également mouillés. Nous avons transcrit le *ë* (qui se prononce io) tantôt par *io* (Piotr, et non Petr), tantôt par *e* (Fedor, et non Fiodor).

Dans d'autres cas, les choix sont moins arbitraires: nous écrivons Golitsyne, Narychkine (et non Golitsyn, Narychkin), pour éviter que le lecteur francophone ne nasalise la finale. Nous avons distingué le *i* du *i dur* (transcrit par *y*). Nous avons tenu à écrire Chouvalov (et non Shuvalov, à l'anglaise), puisque le phonème *ch* est dans ce cas le même que dans Cheremetiev, Chafirov, Menchikov. Il convient de ne pas le confondre avec le *tch* de Tchernychev, et de Prokopovitch. Nous avons cependant respecté l'orthographe de E. F. Šmurlo (prononcé Chmourlo), puisque cet auteur signe ainsi ses publications à

---

[1] Voltaire n'a pas corrigé l'*Histoire de l'empire de Russie* dans l'exemplaire qui figure dans sa bibliothèque; voir S. S. B. Taylor, 'The definitive text of Voltaire's works: the Leningrad *encadrée*', *Studies* 124 (1974), p.7-132.

l'étranger; de même, nous conservons la graphie adoptée en France par le prince Augustin Galitzin, pour le distinguer des autres Golitsyne. En revanche, nous avons harmonisé l'orthographe de l'historien Klioutchevski (écrit Klut-chevski dans une traduction française), afin de ne pas déconcerter le lecteur, qui pourrait croire qu'il s'agit de deux auteurs différents. Il va sans dire que nous ne modifions pas l'orthographe des noms russes dans le texte de Voltaire: on les trouvera dans l'index avec des renvois aux formes modernes.

Pour les prénoms russes, nous avons rompu avec la tradition universitaire qui consiste à les franciser: nous avons donc écrit Alekseï (et non Alexis), Feofan (et non Théophane), Stepan ou Stefan selon les cas (et non Stéphane ou Etienne), Vassili (et non Basile). Mais nous avons gardé Alexandre (au lieu d'Aleksandr), puisque la prononciation n'en est pas affectée. Bien entendu, ces principes ne s'appliquent pas aux prénoms des souverains, princes et princesses du sang, habituellement francisés: Pierre, Alexis, Elisabeth... De même, nous conservons les graphies des noms de famille consacrées par l'usage: Apraxine (et non Apraksine). Faute de pouvoir recourir à l'emploi du cyrillique, nous avons étendu ces règles aux transcriptions de titres d'ouvrages ou d'articles en russe. Dans les citations, nous respectons l'orthographe des noms de lieux et de personnes. En revanche, lorsque nous résumons des textes envoyés de Pétersbourg à Voltaire, nous modernisons l'orthographe.

Traitement du texte de base

On a respecté l'orthographe des noms propres de personnes et de lieux, ainsi que celle des mots étrangers. Mais un compromis s'est parfois imposé en ce qui concerne les accents. Nous écrivons ainsi: Alexandre pour Aléxandre; Barthélemi pour Barthelemi; Frédéric pour Fréderic, Séverie pour Séverie. Le texte de base porte indifféremment Feodor et Fédor pour désigner la même personne: nous écrivons Fédor. Le texte de base porte indifféremment 'Pierre premier' et 'Pierre I.', 'Charles douze' et 'Charles XII.'; nous écrivons 'Pierre Ier' et 'Charles XII'.

On a corrigé les erreurs et coquilles suivantes sans les faire figurer dans l'apparat critique: I.i, n.e, 'Voronesteh' a été corrigé en 'Voronestch'; I.ii.257, 'demeuré la même' 'demeuré le même'; I.v.25, 'devenue l'âme des' en 'devenue l'arme des'; I.vii, n.c, '1589' en '1689'.

On a incorporé au texte de base les rubriques marginales telles qu'elles figurent dans w68, la dernière édition révisée par Voltaire avant w75G dont la disposition typographique (encadrement) a obligé l'éditeur à les supprimer.

On a conservé les italiques du texte de base, à trois exceptions près: on

374

imprime en romain 1) les noms propres de personnes, 2) la 'Préface historique et critique', 3) les 'Pièces originales', composés en italique dans le texte de base.

On en a aussi respecté scrupuleusement la ponctuation, à deux exceptions près: les guillemets au long sont remplacés par des guillemets ouvrants et fermants; le point qui suit presque toujours les chiffres romains et arabes a été supprimé, la terminaison appropriée remplaçant l'usage du point (par exemple, 'Pierre I.' devient 'Pierre Ier'). On a aussi remplacé le point-virgule par les deux points devant une citation dans quelques rares cas: I.i.32, II.i.183, II.iv.4, 134, II.x.4, 639.

Par ailleurs, le texte de w75G a fait l'objet d'une modernisation portant sur la graphie, l'accentuation et la grammaire. Les particularités du texte de base dans ces trois domaines étaient les suivantes:

I. *Particularités de la graphie*

1. Consonnes
   - absence de la consonne *p* dans le mot 'tems' et ses composés 'contretems' et 'longtems'.
   - absence de la consonne *t* dans les finales en -*ans* et en -*ens*: assiégeans, documens, Drabans, éléphans, étonnans, florissans, etc. (mais: garants).
   - redoublement de consonnes contraire à l'usage actuel: aggrandir, allarmer, allarmes, appaiser, appeller, appercevoir, applanir, attelier, complette, conclurre, dissenterie, échaffaud, imbécille, jetter, Laponne, mammelle, projetter, rappeller, rejetton, renouveller, secrette, Serrail.
   - présence d'une seule consonne là où l'usage actuel prescrit son doublement: courier, falu, falait, fourage, pourait (et: pourrait), Rabin, rafiné, Sabat.

2. Voyelles
   - emploi de *y* à la place de *i* dans: asyle, ayent, ayeul, côtoye, croye, défrayent, deploye, employe, enyvrer, essuye, gayeté, gayement, hyver, May, noye, Payen, satyre, satyrique, truye, voyent, yvoire, yvre, yvresse.
   - emploi de *i* à la place de *y* dans: dissenterie, essuier, prévoiait, prosélites, stile.
   - emploi de la graphie -*oi* pour -*ai* dans: Albanois, Japonois, monnoie.

3. Graphies particulières
   - l'orthographe moderne a été rétablie dans les mots suivants: agonizant, almanac, Amianthe, Anséatique, Arcange, autenticité, autentique, avanture, bandolière, batême, batisé, bienfaicteur, bled, bon homme, Bourgue-

mestre, cahos, caravanseraïs, contract, coulevrine, Dixme, domter, dores-
navant, échaffaut, encor, ensorte que, entousiasme, essain, étendart,
Européane, fauxbourg, Felt-Maréchal, golphe (et: golfe), hazard, hazarder,
inadvertence, indomtable, inlisibles, isle, jurisdiction, lézé, Markgrave,
monachale, nuds, oeconomie, Patriarchal, Patriarchat, promt, promtitude,
prophané, quarré, solemnel, solemnité, vizir, vuide, vuider.

4. Divers

- utilisation systématique de la perluette, sauf en tête de phrase.
- élision archaïque: l'onziéme, lorsqu'allant, presqu'épuisés, presqu'inconnu, quoiqu'encore, quoiqu'inférieurs.

5. Abréviations

- Mr., Mrs., Sr et St. deviennent respectivement M., MM., sieur et St

6. Le trait d'union

- il a été supprimé dans les mots suivants: à-peu-près, au-delà, au-lieu,
aussi-bien, aussi-tôt, bas-officiers, bonne-foi, clair-voyant, Corps-de-
Ville, dès-à-présent, dès-lors, genre-humain, grand-homme, grand-Visir,
hôtel-de-ville, jets-d'eau, juste-au-corps, Lettres-patentes, Lieutenant-
Général, mal-entendu, mal-intentionnés, mot-à-mot, non-seulement, Of-
ficiers-Généraux, par-là, peu-à-peu, plus-tôt, si-tôt, tour-à-tour, tout-à-
coup, tout-à fait, tout-à-l'heure; très-inquiétante, très-rare, très-vraisem-
blable, etc. (mais aussi: très rare, très instruit, etc.).
- il a été rétabli dans les noms et expressions suivants: au dessous, beaux
Arts, nue tête, sur le champ, Viceroi.

7. Majuscules rétablies

- nous mettons la majuscule initiale aux titres d'ouvrage si elle manque.
- conformément à l'usage moderne, nous mettons la majuscule à: ancien
Testament, nouveau Testament, la bourse, dieu (unique), église (l'), état
(l'), les gobelins, guerre de trente ans, la savonnerie.

8. Majuscules supprimées

- a. Nous mettons la minuscule aux mots suivants qui portent en général
une majuscule dans le texte de base: Abakumistes, Abbaye, Abbé,
Académies, Administrateur, Aide-de-camp, Amazones, Ambassade, Am-
bassadeur, Amianthe, Amiral, Amnistie, Anatomiste, Antiquité, Apôtre,
Archevêque, Archiduc, Archiduchesse, Archimandrite, Archiprêtre,
Architecte, Artiste, Assesseur, Astronome, Astronomie, Auditeur-Géné-

ral, Bacha, Bachi, Barbares, Baron, Bostangi, Boujouk, Bourguemestre, Boyard, Bul, Calendrier, Calife, Cap, Capitaine, Capucins, Cardinal, Carême, Carnaval, Cathédrale, Catholiques, Cercle Polaire, Chambellan, Chancellerie, Chapelain, Chef, Chevalier, Chirurgien, Chrêtiens, Chrêtienté, Christianisme, Ciel, Clergé, Collège, Colonel, Colonie, Commandant, Commissaire, Communion, Compagnie de négoce, Comte, Comté, Comtesse, Concile, Confesseur, Confession, Congrès, Conquérant, Conseiller, Consul, Continent, Contre-Amiral, Corégente, Cour, Couronne, Courtisan, Croisade, Czar, Czarine, Czarovitz, Dames, Dauphin, Déluge, Démons, Députés, Diaconesse, Diak, Diète, Dieu (un), Divinité, Dixme, Docteur, Drabans, Dragoman, Duc, Duché, Duchesse, Ecclésiastique, Ecrivain, Edit, Electeur, Electorat, Empereur, Empire, Envoyé, Epoux, Epouse, Etat-Major, Evêché, Evêque, Fable, Favori, Felt-Maréchal, Fief, Flibustiers, Garde des Sceaux, Général, Général-Major, Généralissime, Gentilhomme, Géographe, Géographie, Géomètre, Globe, Gnostique, Gouvernement, Gouverneur, Grand-Duc, Grand-Maître, Grands (les), Hémisphère, Héros, Hetman, Hiérarchie, Historien, Hospodar, Impératrice, Imrour, Ingénieur, Intendant, Janissaires, Jésuites, Jubilé, Juge, Jurisconsulte, Justice, Kam, Kiaia, Knès, Lecteur, Juif, Légat, Législateur, Lèse-Majesté, Lettres-patentes, Libérateur, Lieutenant, Lieutenant-Général, Liturgie, Madame, Mages, Magistrat, Mahométan, Maison (famille), Maître, Mandarin, Manichéïsme, Maréchal, Markgrave, Marquis, Marquisat, Mathématicien, Mathématique, Médecin, Métropolitain, Métropolite, Ministre, Ministère, Mirza, Monarchie, Monarque, Monastère, Monde, Morale, Mythologie, Naphte, Nation, Négocians, Noblesse, Officiers, Ordre (militaire), Pacha, Padischa, Paganisme, Pair, Palatinat, Pape, Parlement, Patriarchat, Patriarche, Payens, Philosophe, Philosophie, Physique, Plénipotentiaires, Pole, Potentat, Pontife, Prélat, Prélature, Président, Prêtre, Primat, Prince, Princesse, Procureur, Procureur-Général, Professeur, Prophête, Protestant, Province, Puissances, Quaker, Rabin, Rangifères, Raspopites, Régent, Régence, Reine, Religieux, Religion, Rennes, République, Résident, Roi, Roman, Romancier, Royaume, Sacerdoce, Satrape, Sauvages, Sciences, Seigneur, Sénat, Serrail, Soleil, Souverain(e), Stadhouder, Strélits, Sultan, Suprématie, Synode, Synagogue, Temple, Thaïm, Théologien, Tribunal, Triumvir, Trône, Tyran, Univers, Université, Vaïvode, Vice-Amiral, Vice-Chancelier, Vice-Czar, Viceroi, Visiriat, Zone.

— langues: Allemand, Finlandais, Français, Grec, Hollandais, Latin.

— les mois de l'année: Février, Mai, Juin, etc.

– les points cardinaux: Midi, Nord, Nord-Est, Occident, Orient, Septentrion, Sud (désignant une direction).

b. Nous mettons la minuscule aux adjectifs qualificatifs suivants qui portent en général une majuscule dans le texte de base:

– adjectifs désignant des nations ou des peuples: Calmouk, Chinois, Cosaque, Européane, Français, Grec, Hollandais, Indien, Italien, Laponne, Moscovite, Portugais, Romain, Russe, Sibérien, Suédois, Tartare, Turc, Zaporavien, etc.

– adjectifs désignant des religions ou des églises: Basilien, Catholique, Chrêtien, Episcopal, Evangélique, Gallican, Grec, Judaïque, Latin, Luthérien, Musulman, Protestant, Reformé.

– les adjectifs: Anséatique, Czarien, Grégorien (calendrier), Nomade, Patriarchal, Royal.

II. *Particularités d'accentuation*

L'accentuation a été rendue entièrement conforme aux usages modernes à partir des caractéristiques suivantes du texte de base:

1. L'accent aigu

– il est absent dans: caravan-seraïs, desastre, desavouer, desesperé, desespoir, deshériter, desir, desirer, impieté, pepiniére, Reformé, reparé, replique, requisition, retention, sequestre, sequestrer.

– contrairement à l'usage actuel, il est présent dans: Aléxandre, papéterie, régistre, rélation, séconder, zibéline.

– il est employé au lieu du grave: aliéne, assiége, avénement, bégue, déréglement, fidélement, grossiéreté, légéreté, niéce, piéce, piége, réglement, régne, régnent, secrétement, siécle, siége, soulévement; les finales *-érement*: entiérement, familiérement, légérement, particuliérement, sévérement, etc.; le suffixe *-iéme* des adjectifs numéraux ordinaux: troisiéme, douziéme, etc.

2. L'accent grave

– il est présent dans: incognitò.

– il est absent dans: déja.

3. L'accent circonflexe

– il est employé au lieu de l'aigu dans: chrêtiens, chrêtienté; et au lieu du grave dans: diadême, emblême, Prophête, stratagême, système.

378

– il est présent dans des mots qui ne le comportent pas selon l'usage actuel:
chûte, ôtage, plûpart, toûjours; bû, lû, plû, vû.

– il est absent dans: ame, cloitré, diner, disgrace, grace, idolatrie, infame,
Pole, théatre; quelques formes de passé simple: apprimes, partimes,
traitames; quelques formes de l'indicatif: connait, croit, parait.

4. Le tréma
– contrairement à l'usage actuel, on le trouve dans: éblouï, essuïa, étenduë,
évanouïs, inouï, jouïr, lieuës, Manichéïsme, obéï, rejouïssance, rouë, ruë,
vuë; accruë, perduës, reconnuë, renduës, venuë.

III. *Particularités grammaticales*

– Aucune règle fixe pour l'accord du participe passé.
– L'adjectif numéral cardinal 'cent' demeure invariable, même quand il est
multiplié sans être suivi d'un autre nombre.
– Emploi de l's adverbial dans: jusques, guères.
– Emploi du pluriel en -x dans: loix.
– Accord de l'adverbe dans: toute entière.

3. Frontispice du premier volume de la première édition de l'*Histoire de l'empire de Russie sous Pierre le Grand*, sigle 59. Taylor Institution, Oxford.

HISTOIRE DE L'EMPIRE DE RUSSIE

SOUS

PIERRE LE GRAND,

divisée en deux parties

PRÉFACE HISTORIQUE ET CRITIQUE

§ I [1]

Lorsque vers le commencement du siècle où nous sommes, le czar

a   59, 65:   PRÉFACE//

1-41   59, 65:   Qui aurait dit en 1700, qu'une cour magnifique et polie serait
établie au fond du golfe de Finlande, que les habitants de Solikam, de Casan et des
bords du Volga et du Saïk, [2] seraient au rang de nos troupes les mieux disciplinées,
qu'ils remporteraient des victoires en Allemagne après avoir vaincu les Suédois et
les Ottomans; qu'un empire de deux mille lieues, presque inconnu de nous
jusqu'alors, serait policé en cinquante années; que son influence s'étendrait sur
toutes nos cours, et qu'en 1759 le plus zélé protecteur des lettres en Europe serait
un Russe? [3] Qui l'aurait dit, eût passé pour le plus chimérique de tous les hommes.
Pierre le Grand ayant fait et préparé seul toute cette révolution, que personne
n'avait pu prévoir, est peut-être de tous les princes celui dont les faits méritent le
plus d'être transmis à la postérité. ¶La cour de Pétersbourg a fait parvenir à
l'historien chargé de cet ouvrage tous les documents authentiques. Il est dit dans le
corps de cette histoire, que ces mémoires sont déposés dans la bibliothèque publique
de Genève, ville assez fréquentée, et voisine des terres où cet historien demeure;
mais comme toutes les instructions, et tout le journal de Pierre le Grand, ne lui ont
pas encore été communiqués, il a pris le parti de garder chez lui ces archives, qui
seront montrées à tous les curieux avec la même facilité qu'elles le seraient par les
gardes de la bibliothèque de Genève, et le tout y sera déposé quand le second
volume sera achevé. ¶Le public [avec décalage consécutif à la numérotation des
sections]

w68:   Qui aurait dit [voir ci-dessus, variante de 59, 65] au rang des
troupes les mieux disciplinées, [voir ci-dessus, variante de 59, 65] tous les documents

---

[1] Le début actuel de la préface date de 1775. On relève entre autres dans la
première version la phrase où il est dit que Pierre le Grand a 'fait et préparé seul
toute cette révolution'.

[2] Lomonossov fit observer qu'il fallait écrire *Jaïque* et non *Saïque*; voir Š, p.255.
Ce n'était qu'une faute d'impression: partout ailleurs, Voltaire a écrit *Jaïk*. Le Iaïk
est l'ancien nom du fleuve Oural (cf. *Encyclopédie*, art. 'Jaïck').

[3] Voir ci-dessous, n.10.

Pierre jetait les fondements de Pétersbourg ou plutôt de son empire, personne ne prévoyait le succès. Quiconque aurait imaginé alors qu'un souverain de Russie pourrait envoyer des flottes victorieuses aux Dardanelles, subjuguer la Crimée, chasser les Turcs de quatre grandes provinces, dominer sur la mer Noire,[4] établir la plus brillante cour de l'Europe, et faire fleurir tous les arts au milieu de la guerre, quiconque l'eût dit n'eût passé que pour un visionnaire.

Mais un visionnaire plus avéré est l'écrivain qui prédit en ... dans je ne sais quel contrat social, ou insocial, que l'empire de Russie allait tomber. Il dit en propres mots, *Les Tartares ses sujets ou ses voisins, deviendront ses maîtres et les nôtres. Cela me paraît infaillible.*[5]

---

authentiques. Il n'a écrit que sur des preuves incontestables. ¶Le public [avec décalage consécutif à la numérotation des sections]
    10-11   K: prédit en 1762, dans

[4] Les forces russes de Catherine II franchirent le Danube, ce qui ne s'était pas vu depuis Sviatoslav au dixième siècle; elles poussèrent même au sud de Choumla, jusque dans les Balkans. Mais elles n'allèrent pas jusqu'aux Dardanelles. Par le traité de Kutchuk-Kaïnardgi (1774), la Russie obtenait pour ses navires marchands le droit de naviguer dans les eaux turques, et même la traversée des Détroits. Mais elle ne 'dominait' pas sur la mer Noire, dont une partie du littoral septentrional restait aux mains des Turcs. Par ailleurs, la Crimée n'était pas 'subjuguée': elle devenait indépendante, et continuait à reconnaître le sultan comme chef spirituel des Tatars musulmans. En 1765, dans son article 'Pierre le Grand et J.-J. Rousseau', Voltaire écrit de même que les Russes sont les 'conquérants' de la Crimée et 'dominent' sur le Pont-Euxin (M.xx.221).

[5] *Du contrat social* (1762), II.viii (*Œuvres complètes*, éd. B. Gagnebin et M. Raymond, Paris, 1959-1995, iii.386). La citation est exacte, sauf la fin: 'Cette révolution me paraît infaillible'. Citant intégralement ce passage célèbre de Rousseau dirigé contre la première édition de l'*Histoire de l'empire de Russie*, Voltaire l'avait commenté et réfuté plus longuement dans son article 'Pierre le Grand et J.-J. Rousseau', où le *Contrat social* était déjà qualifié d'"insocial' (M.xx.219). Il avait écrit cette même année 1765: 'La cour de Pétersbourg nous regardera comme de grands astrologues si elle apprend qu'un de nos garçons horlogers a réglé l'heure à laquelle l'empire russe doit être détruit' (*Idées républicaines*, M.xxiv.423). Il s'agit là d'une opposition radicale entre deux conceptions politiques, comme l'a rappelé

15   C'est une étrange manie que celle d'un polisson qui parle en maître aux souverains, et qui prédit infailliblement la chute prochaine des empires, du fond du tonneau où il prêche, et qu'il croit avoir appartenu autrefois à Diogène. Les étonnants progrès de l'impératrice Catherine seconde, et de la nation russe, sont une
20   preuve assez forte que Pierre le Grand a bâti sur un fondement ferme et durable.

    Il est même de tous les législateurs après Mahomet, celui dont le peuple s'est le plus signalé après lui. Les Romulus et les Thésées n'en approchent pas. [6]

25   Une preuve assez belle qu'on doit tout en Russie à Pierre le Grand, est ce qui arriva dans la cérémonie de l'action de grâces rendue à Dieu selon l'usage dans la cathédrale de Pétersbourg pour la victoire du comte d'Orlof, qui brûla la flotte ottomane tout entière le... 1770. [7]

30   Le prédicateur nommé Platon, et digne de ce nom, passa au milieu de son discours de la chaire où il parlait, au tombeau de Pierre le Grand, et embrassant la statue de ce fondateur, C'est toi, dit-il, qui as remporté cette victoire, c'est toi qui as construit parmi nous le premier vaisseau etc. etc. [8] Ce trait que nous avons rapporté

---

29   K: entière en 1770.

G. Goggi ('Diderot et l'abbé Baudeau: les colonies de Saratov et la civilisation de la Russie', *Recherches sur Diderot et sur l'Encyclopédie* 14, 1993, p.32). Voir ci-dessus, p.314; voir aussi le commentaire de l'édition de Kehl, qui défend Rousseau (xxiv.3).

[6] Voir l'objection des éditeurs de Kehl: 'en quatre siècles de victoires continuelles elle [Rome] forma un empire six fois plus peuplé que celui de Russie et six fois plus grand, si on ne compte pas les déserts pour des provinces' (xxiv.4).

[7] Partie de Cronstadt, l'escadre russe, commandée par Alekseï Orlov (1737-1807), rejoignit la flotte ottomane à Chio et la brûla dans la baie de Tchesmé le 6 juillet 1770.

[8] C'est la princesse Dachkova, venue à Ferney en mai 1771, qui conta à Voltaire l'anecdote du sermon de Platon, archevêque de Tver (voir Voltaire à Catherine II, 15 mai 1771, D17191). Le sermon de Piotr Gueorguiévitch Levchine (Platon en religion), traduit en français par la princesse Dachkova, parut sous le titre *Sermon prêché par ordre de S. M. impériale sur la tombe de Pierre le Grand le lendemain du*

ailleurs,[9] et qui charmera la postérité la plus reculée, est comme   35
la conduite de plusieurs officiers russes, un exemple du sublime.

Un comte de Shouvalof chambellan de l'impératrice Elizabeth,
l'homme de l'empire peut-être le plus instruit,[10] voulut en 1759
communiquer à l'historien de Pierre, les documents authentiques
nécessaires, et on n'a écrit que d'après eux.[11]   40

§ II

Le public a quelques prétendues histoires de Pierre le Grand. La
plupart ont été composées sur des gazettes. Celle qu'on a donnée
à Amsterdam en quatre volumes sous le nom du boyard Nestesuranoy, est une de ces fraudes typographiques trop communes.[12] Tels
sont les mémoires d'Espagne sous le nom de don Juan de   45
Colmenar,[13] et l'histoire de Louis XIV composée par le jésuite La

---

46 K: Colmenar, l'histoire

---

jour que l'on reçut à St. Petersbourg la nouvelle de la victoire navale remportée sur la
flotte turque, dans l'église cathédrale de St. Petersbourg (Londres 1771; BV2756).

[9] Voltaire y fait allusion dans l'article 'Eglise' des Questions sur l'Encyclopédie
(1771; M.xviii.506).

[10] Ivan Ivanovitch Chouvalov (1727-1797) n'était pas comte. Favori de l'impératrice Elisabeth, il est le co-fondateur (avec Lomonossov) de l'université de Moscou
(1755) et le fondateur de l'Académie des beaux-arts de Pétersbourg (1757). De 1763
à 1773, il voyage à l'étranger. Il fut, on le sait, l'un des principaux correspondants
de Voltaire. Il vint le saluer à Ferney de la part de Catherine II en 1773; voir ci-
dessus, p.94.

[11] On sait que Voltaire s'est aussi appuyé sur les sources occidentales; voir ci-
dessus, p.158-61.

[12] Les Mémoires du règne de Pierre le Grand, empereur de Russie, père de la patrie,
etc. etc. etc. Par le B. Iwan Nestesuranoi (La Haye, Amsterdam 1725-1726; BV3047:
Amsterdam 1728-1730) sont attribués à Jean Rousset de Missy (1686-1762),
protestant réfugié en Hollande en 1709, membre de la Société des sciences de Berlin
(1732). Il a écrit aussi des Mémoires du règne de Catherine, impératrice et souveraine
de toute la Russie (Amsterdam 1728), et de nombreux autres ouvrages.

[13] Juan Alvarez de Colmenar est l'auteur de Les Délices de l'Espagne et du
Portugal (Leide 1707), mais Voltaire pense sans doute aux Annales d'Espagne et de
Portugal [...] Par don Juan Alvarez de Colmenar (Amsterdam 1741; BV56) dont il

Motte sur de prétendus mémoires d'un ministre d'Etat, et attribuée
à La Martinière;[14] telles sont l'histoire de l'empereur Charles VI[15]
et celle du prince Eugène,[16] et tant d'autres.

50 C'est ainsi qu'on a fait servir le bel art de l'imprimerie au plus
méprisable des commerces. Un libraire de Hollande commande
un livre comme un manufacturier fait fabriquer des étoffes; et il
se trouve malheureusement des écrivains que la nécessité force de
vendre leur peine à ces marchands, comme des ouvriers à leurs

55 gages; de là tous ces insipides panégyriques et ces libelles diffama-
toires dont le public est surchargé: c'est un des vices les plus
honteux de notre siècle.

Jamais l'histoire n'eut plus besoin de preuves authentiques que
dans nos jours, où l'on trafique si insolemment du mensonge.

---

s'est lui-même servi (CN, i.91-93). Barbier en attribue la traduction à Pierre
Massuet, mais d'après A. Palau y Dolcet, *Manuel del librero hispano-americano*, 2[e]
éd. (Barcelona 1948-1977), i.193, il s'agit d'une traduction supposée, Alvarez de
Colmenar n'étant qu'un pseudonyme (Conlon, 41:290). Ces œuvres ne sont pas
dépourvues de notions exactes, mais ont été défigurées par des additions de l'éditeur
hollandais, hostile à l'Eglise catholique.

[14] Yves-Joseph de La Mothe, dit de La Hode (1680-1738), ex-jésuite, une des
bêtes noires de Voltaire, auteur, entre autres, d'une *Histoire de la vie et du règne de
Louis XIV, roi de France et de Navarre. Rédigée sur les Mémoires de feu monsieur le
comte de* ***(La Haye 1740-1742) en 5 volumes, publiée par Bruzen de La Martinière;
cf. *Des mensonges imprimés*, ch.1 (V 31B, p.371).

[15] P.-A. La Lande, *Histoire de l'empereur Charles VI de glorieuse mémoire* [...]
*tirée de mémoires et autres pièces authentiques, manuscrites et autres, desquelles on a
puisé des anecdotes très curieuses, et qui n'avaient point encore paru* (La Haye 1743;
BV1881). Voir la lettre de septembre 1760 (D9264), dans laquelle Voltaire demande
à Cramer de supprimer cette allusion désobligeante à La Lande: ce dernier, frère
de Mme de Montpéroux, est venu dîner chez lui. Il propose donc la variante
suivante: 'tels sont les mémoires du maréchal de Barvick, du comte de Bonneval,
et tant d'autres'. Voltaire se réfère aux *Mémoires du maréchal de Berwik, duc et pair
de France, et généralissime des armées de Sa Majesté*, par Plantavit de La Pause (La
Haye 1737; BV2749) et aux *Mémoires du comte de Bonneval* (Londres 1737) dont
l'auteur est inconnu. Le texte n'a pas été changé.

[16] Eléazar de Mauvillon, *Histoire du prince François Eugène de Savoie* (Amsterdam
1740; BV2377: Vienne 1741); cf. CN, v.554.

L'auteur qui donne au public l'histoire de l'empire de Russie sous   60
le règne de Pierre le Grand, est le même qui écrivit il y a trente
ans l'histoire de Charles XII, sur les mémoires de plusieurs
personnes publiques qui avaient longtemps vécu auprès de ce
monarque. La présente histoire est une confirmation et un supplément de la première. [17]   65

On se croit obligé ici, [18] par respect pour le public et pour la
vérité, de mettre au jour un témoignage irrécusable, qui apprendra
quelle foi on doit ajouter à l'Histoire de Charles XII.

Il n'y a pas longtemps que le roi de Pologne duc de Lorraine
se faisait relire cet ouvrage à Commercy; il fut si frappé de la   70
vérité de tant de faits dont il avait été le témoin, et si indigné de
la hardiesse avec laquelle on les a combattus dans quelques libelles,
et dans quelques journaux, [19] qu'il voulut fortifier par le sceau de
son témoignage la créance que mérite l'historien; [20] et que ne

---

60-61   K: sous Pierre

---

[17] Chouvalov essaya vainement de faire modifier cette phrase (voir ci-dessus, p.136). Dans le *Journal encyclopédique* du 1ᵉʳ décembre 1762, G. F. Müller reproche à Voltaire de présenter son ouvrage comme 'une simple continuation' de l'*Histoire de Charles XII* (app. x, l.207). D'où la protestation de Voltaire (note *r*). Or, le texte de Müller a été mal traduit (voir ci-dessus, p.336).

[18] Les deux paragraphes qui suivent ainsi que la lettre reproduite dans la variante ci-dessous furent repris en 1768 dans l''Avis important sur l'*Histoire de Charles XII*' (V 4, p.579).

[19] Parmi les 'libelles' qui ont combattu l'*Histoire de Charles XII*, rappelons les *Remarques historiques et critiques sur l'Histoire de Charles XII* (Londres 1732) d'Aubry de La Mottraye et l'ouvrage de Jöran Andersson Nordberg, *Histoire de Charles XII, roi de Suède* (La Haie 1742-1748; BV2581); voir la lettre de Voltaire à Nordberg et ses réponses à La Mottraye dans V 4, p.557-66 et 585-607.

[20] Lomonossov observe que Stanislas Leszczynski n'a pas été témoin de tous les actes de Charles XII et que, même s'il en avait été ainsi, cela n'aurait aucune importance, car c'est Charles qui lui a donné la couronne et Pierre qui la lui a enlevée (Š, p.257).

75 pouvant écrire lui-même il ordonna à un de ses grands officiers d'en dresser un acte authentique. (*a*)

Cet acte envoyé à l'auteur, lui causa une surprise d'autant plus agréable, qu'il venait d'un roi aussi instruit de tous ces événements que Charles XII lui-même, et qui d'ailleurs est connu dans l'Europe 80 par son amour pour le vrai autant que par sa bienfaisance.

On a une foule de témoignages aussi incontestables sur l'Histoire

(*a*) Il est imprimé au-devant de l'Histoire de Charles XII, pag. 55 et 56.

75-77 59, 65: dresser l'acte suivant. [avec note: On est obligé de le faire imprimer; on a pris seulement la liberté d'épargner aux yeux du lecteur quelques termes trop honorables; on sent assez qu'on ne les doit qu'à l'indulgence et à la bonté, et on se réduit uniquement au témoignage donné en faveur de la vérité.] *Nous lieutenant général des armées du roi, grand maréchal des logis de Sa Majesté polonaise, et commandant en Toulois, les deux Barrois etc., certifions que Sa Majesté polonaise, après avoir entendu la lecture de l'Histoire de Charles XII, écrite par M. de V... (dernière édition de Genève), après avoir loué le style... de cette histoire, et* avoir admiré ces traits... qui caractérisent tous les ouvrages de cet illustre auteur, nous a fait l'honneur de nous dire qu'il était prêt à donner un certificat à M. de V..., pour constater l'exacte vérité des faits contenus dans cette histoire. Ce prince a ajouté que M. de V... n'a oublié, ni déplacé aucun fait, aucune circonstance intéressante; que tout est vrai, que tout est en son ordre dans cette histoire: qu'il a parlé sur la Pologne, et sur tous les événements qui y sont arrivés etc. comme s'il en eût été témoin oculaire. Certifions de plus, que ce prince nous a ordonné d'écrire sur-le-champ à M. de V..., pour lui rendre compte de ce que nous venions d'entendre, et l'assurer de son estime et de son amitié. ¶*Le vif intérêt que nous prenons à la gloire de M. de V..., et celui que tout honnête homme doit avoir pour ce qui constate la vérité des faits dans les histoires contemporaines, nous a pressé de demander au roi de Pologne la permission d'envoyer à M. de V... un certificat en forme de tout ce que Sa Majesté nous avait fait l'honneur de nous dire. Le roi de Pologne non seulement y a consenti, mais même nous a ordonné de l'envoyer, avec prière à M. de V... d'en faire usage toutes les fois qu'il le jugera à propos, soit en le communiquant, soit en le faisant imprimer, etc. ¶Fait à Commercy ce 11 juillet 1759.* ¶LE COMTE DE TRESSAN. ¶Cet acte
n.*a* w68: Il est imprimé au commencement de ce volume, p.48 et 49.
81 59, 65: aussi authentiques sur

du siècle de Louis XIV,[21] ouvrage non moins vrai et non moins important, qui respire l'amour de la patrie, mais dans lequel cet esprit de patriotisme n'a rien dérobé à la vérité, et n'a jamais ni outré le bien, ni déguisé le mal; ouvrage composé sans intérêt, 85 sans crainte et sans espérance, par un homme que sa situation met en état de ne flatter personne.

Il y a peu de citations dans le Siècle de Louis XIV, parce que les événements des premières années connus de tout le monde, n'avaient besoin que d'être mis dans leur jour, et que l'auteur a 90 été témoin des derniers. Au contraire, on cite toujours ses garants dans l'Histoire de l'empire de Russie, et le premier de ces témoins c'est Pierre le Grand lui-même.

§ III

On ne s'est point fatigué dans cette histoire de Pierre le Grand à rechercher vainement l'origine de la plupart des peuples qui 95 composent l'empire immense de Russie,[22] depuis le Kamshatka jusqu'à la mer Baltique. C'est une étrange entreprise de vouloir prouver par des pièces authentiques que les Huns vinrent autrefois du nord de la Chine en Sibérie, et que les Chinois eux-mêmes sont une colonie d'Egyptiens. Je sais que des philosophes d'un grand 100

86-87   59, 65:   met hors d'état de flatter personne.

[21] La première édition du *Siècle de Louis XIV* avait paru à Berlin en 1751.
[22] Dans le *Journal encyclopédique* du 1er décembre 1762, Müller objecte qu''il n'est point inutile de remonter à l'origine des peuples'. Voltaire rétorque que ces recherches 'n'ont servi jusqu'à présent, qu'à épaissir les ténèbres qui couvrent l'origine des peuples' (app. x, l.214-215 et n.*t*). Dans son article 'Histoire', Voltaire affirme encore que 'toutes les origines des peuples sont absurdes' et que les premières annales des nations modernes 'ne sont pas moins fabuleuses': ce qu'elles rapportent entre aussi 'dans l'histoire des opinions', c'est-à-dire des erreurs humaines. Sceptique sur les origines, Voltaire s'en tient aux rares 'monuments incontestables' dont dispose l'historien sur l'antiquité (V 33, p.165-66).

mérite [23] ont cru voir quelques conformités entre ces peuples: mais on a trop abusé de leurs doutes; on a voulu convertir en certitude leurs conjectures. [24]

105   Voici, par exemple, comme on s'y prend aujourd'hui pour prouver que les Egyptiens sont les pères des Chinois. Un ancien a conté que l'Egyptien Sésostris alla jusqu'au Gange; or s'il alla vers le Gange, il put aller à la Chine, qui est très loin du Gange; donc il y alla, donc alors la Chine n'était point peuplée; il est donc clair que Sésostris la peupla. Les Egyptiens dans leurs fêtes

101   K: voir quelque conformité entre

[23] Le philosophe 'd'un grand mérite' est Jean-Jacques Dortous de Mairan (1678-1771), physicien, mathématicien, membre de l'Académie des sciences, et ami de Voltaire. Il est l'auteur de *Lettres de M. de Mairan au R. P. Parrenin* [...] *contenant diverses questions sur la Chine* (Paris 1759; BV2271). Le 9 août 1760, Voltaire lui écrit: 'Or ces philosophes d'un grand mérite, c'est vous, Monsieur, et ceux qui abusent de vos doutes, ce sont les Guignes' (D9126).

[24] Celui qui a 'trop abusé des doutes' de Mairan est Joseph de Guignes (1721-1800), auteur de deux ouvrages sur l'histoire des Huns: *Histoire des Huns et des peuples qui en sont sortis* (Paris 1751) et *Histoire générale des Huns* (Paris 1756-1758; BV1573) et d'un *Mémoire dans lequel on prouve, que les Chinois sont une colonie égyptienne* (Paris 1759; BV1574). Voltaire les a lus (CN, iv.255-58). Il écrit de Joseph de Guignes: 'J'ai été obligé en conscience de me moquer de lui (sans le nommer pourtant) dans la préface de l'histoire de Pierre le grand' (D9126); voir aussi le *Fragment sur l'histoire générale*, de 1773 (M.xxix.233). En 1761, en voyant au musée de Turin une statue d'Isis couverte d'hiéroglyphes, John Tuberville Needham reprit à son compte la thèse de de Guignes. Charles Bonnet l'en félicita en lui écrivant: 'J'aime à voir cette antiquité si vantée des Chinois rabaissée au niveau de celle des Egyptiens qui se mesure elle-même par notre chronologie sacrée. Ce n'était pas le compte de Voltaire et je vous sais gré d'avoir si bien repoussé ses insultes et ses railleries. Vous avez tiré de votre statue le meilleur parti possible et vous n'avez assurément rien négligé pour arriver à la découverte du vrai'. L'enjeu était en effet de réfuter Voltaire, qui discréditait la 'chronologie sacrée' en affirmant la plus haute antiquité des Chinois; voir J.-M. Moureaux, 'Needham vu par lui-même et par ses pairs', *Voltaire et ses combats*, éd. U. Kölving et Ch. Mervaud (Oxford 1997), p.926. Müller estimait qu'il est 'plus commode de ne pas faire des recherches, et beaucoup moins aisé de travailler utilement comme M. de Guignes que de faire une satire contre l'excellent ouvrage de ce savant' (*Je*, 1er décembre 1762, app. x, l.215-218).

allumaient des chandelles; les Chinois ont des lanternes; donc on   110
ne peut douter que les Chinois ne soient une colonie d'Egypte.
De plus, les Egyptiens ont un grand fleuve, les Chinois en ont un.
Enfin il est évident que les premiers rois de la Chine ont porté les
noms des anciens rois d'Egypte: car dans le nom de la famille Yu,
on peut trouver les caractères qui arrangés d'une autre façon   115
forment le mot *Menès*. [25] Il est donc incontestable que l'empereur
Yu prit son nom de Menès roi d'Egypte, et l'empereur Ki est
évidemment le roi *Atoës*, en changeant *k* en *a* et *i* en *toës*. [26]

Mais si un savant de Tobol ou de Pékin avait lu quelques-uns
de nos livres, il pourrait prouver bien plus démonstrativement que   120
nous venons des Troyens. Voici comme il pourrait s'y prendre, et
comme il étonnerait son pays par ses profondes recherches. Les
livres les plus anciens, dirait-il, et les plus respectés dans le petit
pays d'Occident nommé France, sont les romans: ils étaient écrits
dans une langue pure, dérivée des anciens Romains, qui n'ont   125
jamais menti. Or plus de vingt de ces livres authentiques déposent
que Francus, fondateur de la monarchie des Francs, était fils

119-120   K: lu quelqu'un de

[25] Voltaire croit les Chinois plus anciens que les Egyptiens, et ne cesse de se
moquer de ceux qui veulent prouver que l'empereur de Chine Yü est le roi d'Egypte
Ménès (CN, iv.257-58; voir aussi D9126 et, en 1776, les *Lettres chinoises, indiennes
et tartares*, VII, 'Sur la fantaisie qu'ont eue quelques savants d'Europe de faire
descendre les Chinois des Egyptiens', M.xxix.475). Le légendaire Ménès passe pour
avoir unifié l'Egypte au début du troisième millénaire.
[26] L'exemple Ki/Atoës se trouve dans de Guignes (*Mémoire dans lequel on prouve,
que les Chinois sont une colonie égyptienne*, p.76), mais pas sous cette forme caricaturale.
Voltaire écrira de même plaisamment à Catherine II: 'il n'y a qu'à changer Alex en
Démé, et is en tri, pour avoir le véritable nom de l'archevêque' (D13134). Selon de
Guignes, Ki serait le successeur de Yü. Or, l'archéologie n'a révélé aucune trace de
cette première dynastie chinoise (les Xia), fondée par le mythique Yü, et qui aurait
régné du vingt-deuxième au dix-septième siècles. Quant à Athoès, que de Guignes
fait succéder à Ménès, il n'a pas plus d'existence assurée que Ki.

d'Hector;[27] le nom d'Hector s'est toujours conservé depuis dans la nation; et même dans ce siècle, un de ses plus grands généraux
130 s'appelait Hector de Villars.[28]

Les nations voisines ont reconnu si unanimement cette vérité, que l'Arioste, un des plus savants Italiens, avoue dans son Roland, que les chevaliers de Charlemagne combattaient pour avoir le casque d'Hector.[29] Enfin, une preuve sans réplique, c'est que les
135 anciens Francs, pour perpétuer la mémoire des Troyens leurs pères, bâtirent une nouvelle ville de Troye en Champagne; et ces nouveaux Troyens ont toujours conservé une si grande aversion pour les Grecs leurs ennemis, qu'il n'y a pas aujourd'hui quatre de ces Champenois qui veuillent apprendre le grec. Ils n'ont même
140 jamais voulu recevoir de jésuites chez eux;[30] et c'est probablement parce qu'ils avaient entendu dire que quelques jésuites expliquaient autrefois Homère aux jeunes lettrés.

Il est certain que de tels raisonnements feraient un grand effet à Pékin et à Tobol: mais aussi un autre savant renverserait cet

[27] On sait que *La Franciade* de Ronsard repose sur la légende de l'origine troyenne des Français, comme l'*Enéide* de Virgile sur cette même légende pour les Romains; voir aussi la lettre de Voltaire à Chouvalov du 11 juin 1761 (D9818) et le *Dictionnaire philosophique*, art. 'Abraham' (V 35, p.295-96).

[28] Claude-Louis-Hector, duc de Villars (1653-1734), ambassadeur et maréchal de France. Pendant la guerre de la Succession d'Espagne, il écrasa l'armée autrichienne à Höchstädt (20 septembre 1703) et remporta la victoire de Denain sur les Austro-Hollandais du prince Eugène (24 juillet 1712).

[29] Dans *Orlando furioso*, Mandricard, roi de Tartarie d'origine troyenne, porte le casque d'Hector. Roger, chevalier sarrasin descendant d'Hector, arbore en guise d'emblème l'aigle blanc de son lointain ancêtre. Cet aigle blanc, symbole de celui qui avait ravi Ganymède sur le mont Ida, figure aussi sur les armes de Mandricard. Les deux Sarrasins, qui ne sont pas des 'chevaliers de Charlemagne', se battent en duel parce que Mandricard a cru que Roger avait usurpé le droit de porter l'emblème troyen.

[30] Est-ce une plaisanterie de Voltaire? On sait que Troyes était à proximité d'un des plus importants foyers de jansénisme (la région de Châlons-sur-Marne). Par ailleurs, beaucoup d'artisans et d'industriels de Troyes avaient adhéré au protestantisme. La révocation de l'édit de Nantes provoqua le départ d'un grand nombre d'entre eux et appauvrit la ville.

édifice, en prouvant que les Parisiens descendent des Grecs. Car, 145
dirait-il, le premier président d'un tribunal de Paris s'appelait
Achille de Harlai. [31] Achille vient certainement de l'Achille grec,
et Harlai vient d'Aristos, en changeant *istos* en *lai*. Les champs
Elisées qui sont encore à la porte de la ville, et le mont Olimpe
qu'on voit près de Mezière, [32] sont des monuments contre lesquels 150
l'incrédulité la plus déterminée ne peut tenir. D'ailleurs toutes les
coutumes d'Athènes sont conservées dans Paris; on y juge les
tragédies et les comédies avec autant de légèreté qu'elles l'étaient
par les Athéniens; on y couronne les généraux des armées sur les
théâtres comme dans Athènes; et en dernier lieu le maréchal de 155
Saxe reçut publiquement des mains d'une actrice une couronne
qu'on ne lui aurait pas donnée dans la cathédrale. [33] Les Parisiens
ont des académies qui viennent de celles d'Athènes, une église,
une liturgie, des paroisses, des diocèses, toutes inventions grecques,
tous mots tirés du grec; les maladies des Parisiens sont grecques, 160
apoplexie, phtisie, péripneumonie, cachexie, dysenterie, jalousie [34]
etc.

Il faut avouer que ce sentiment balancerait beaucoup l'autorité
du savant personnage qui a démontré tout à l'heure que nous
sommes une colonie troyenne. Ces deux opinions seraient encore 165
combattues par d'autres profonds antiquaires; les uns feraient voir

147   59:   Achille du Harlai.

[31] Achille de Harlay, comte de Beaumont (1536-1619), président du Parlement
de Paris et ardent gallican.
[32] Le mont Olympe est situé à l'est de Mézières et au sud de Charleville, dans un
méandre de la Meuse. Il y eut sur le site un centre romain, puis une forteresse édifiée
par Charles de Gonzague et détruite par Louis XIV.
[33] C'est en 1745, après la victoire de Fontenoy, que le maréchal de Saxe fut
couronné à l'Opéra par Mlle de Metz, l'actrice qui interprétait le rôle de la Gloire
dans *Armide*, de Lully. Dans *Les Trois manières*, conte en vers de 1763, Voltaire
évoque ce triomphe du maréchal de Saxe (M.x.30-31).
[34] Plaisanterie de Voltaire: la jalousie est une 'maladie' qui ne vient pas directement
du grec; le mot est dérivé de *jaloux*, issu du bas latin *ʒelosus* (du grec *ʒelos*).

que nous sommes Egyptiens, attendu que le culte d'Isis fut établi
au village d'Issy sur le chemin de Paris à Versailles. D'autres
prouveraient que nous sommes des Arabes, comme le témoigne le
170 mot d'*almanach*, d'*alambic*, d'*algèbre*, d'*amiral*. Les savants chinois
et sibériens seraient très embarrassés à décider; et nous laisseraient
enfin pour ce que nous sommes.

Il paraît qu'il faut s'en tenir à cette incertitude sur l'origine de
toutes les nations.[35] Il en est des peuples comme des familles;
175 plusieurs barons allemands se font descendre en droite ligne
d'Arminius:[36] on composa pour Mahomet une généalogie par
laquelle il venait d'Abraham et d'Agar.[37]

Ainsi la maison des anciens czars de Russie venait du roi de
Hongrie Bela, ce Bela d'Attila, Attila de Turck père des Huns, et
180 Turck était fils de Japhet.[38] Son frère Russ avait fondé le trône de
Russie;[39] un autre frère nommé Camari établit sa puissance vers
le Volga.

[35] Müller rapproche implicitement ce passage du début du § III pour reprocher à
Voltaire de mépriser les recherches sur l'origine des peuples (*Je*, 1er décembre 1762,
app. x, l.219-224).

[36] Arminius (Hermann), chef des Chérusques (vers 18 av. J.-C.-21), vainquit les
légions de Varus, mais fut battu par Germanicus. Il est vénéré en Allemagne comme
un héros national; voir *Essai sur les mœurs*, ch.15.

[37] Voir *Essai sur les mœurs*, ch.6.

[38] Müller a pris au sérieux la plaisanterie de Voltaire! Et il a cru qu'il se contredisait
en faisant lui-même des recherches pour prouver que Bela était le fondateur de la
maison des anciens tsars, fable absurde prise dans Giles Fletcher. Voltaire lui
répliqua que ce n'était pas ce qu'il avait voulu dire, et qu'il s'en fallait davantage
qu'il l'ait pensé (*Je*, 1er décembre 1762, app. x, l.221, n.*v*). Dans l'*Extrait de La
Description géographique de La Russie*' de Fletcher, on lit en effet que la famille
des empereurs de Russie 'tire son origine des Roys de Hongrie', ce qui est d'autant
plus vraisemblable qu'en 1059 'régnoit en Hongrie un prince nommé Bela qui
introduisit le christianisme' (MS 4-1, f.20). Ivan Vassilievitch, recommandant à un
orfèvre anglais de ne pas se laisser tromper par les Russes, qui sont 'tous des
voleurs', lui précisait: 'aprens que je ne suis pas Russe, et que mes ancêtres étoient
Hongrois, et descendans des Huns' (f.20*v*-21*r*). Le manuscrit 'Généalogie des
Grands Ducs' tiré de Hakluyt indique: 'La maison de Bela prétend tirer son origine
d'Auguste' (MS 5-30, f.124*r*). Bela 1er fut roi de Hongrie de 1061 à 1063.

[39] 'Ceux qui donnent dans les fables le font venir [le nom de *Russiens*] de Russ,

Tous ces fils de Japhet étaient, comme chacun sait, les petits-fils de Noé, inconnu à toute la terre excepté à un petit peuple très longtemps inconnu lui-même. Les trois enfants de ce Noé allèrent vite s'établir à mille lieues les uns des autres, de peur de se donner des secours, et firent probablement avec leurs sœurs des millions d'habitants en très peu d'années.

Quantité de graves personnages ont suivi exactement ces filiations, [40] avec la même sagacité qu'ils ont découvert comment les Japonais avaient peuplé le Pérou. [41] L'histoire a été longtemps écrite dans ce goût, qui n'est pas celui du président de Thou, et de Rapin-Toyras. [42]

185

190

§ IV

S'il faut être un peu en garde contre les historiens qui remontent à la tour de Babel et au déluge, il ne faut pas moins se défier de ceux qui particularisent toute l'histoire moderne, qui entrent dans tous les secrets des ministres, et qui vous donnent malheureusement

195

184-185   59-w68:   de Noé, de qui les trois enfants allèrent
189   κ: Plusieurs graves
193   κ: Rapin de Thoyras.
197-198   κ: donnent audacieusement la relation

---

frère de Lech, roi de Pologne, qui, selon eux, a commandé en Russie' (Rousset de Missy, i.3-4). Lech est le nom du héros légendaire de la première tribu polonaise.

[40] Par exemple dom Calmet, qui, dans son *Dictionnaire de la Bible*, donne la généalogie de tous les peuples en remontant à Noé.

[41] Plaisanterie de Voltaire? Cette fable n'est rapportée ni par Augustin de Zarate dans son *Histoire de la découverte et de la conquête du Pérou* (Amsterdam 1717; BV3865) ni par Garcilaso de La Vega dans son *Histoire des Incas* (Paris 1744; BV1953).

[42] Jacques-Auguste de Thou (1553-1617) et Paul de Rapin-Thoyras (1671-1725), historiens souvent cités par Voltaire. Il possède du premier l'*Histoire universelle* (Basle 1742; BV3297), et du second l'*Histoire d'Angleterre* (La Haye 1749; BV2871), et l'*Abrégé de l'Histoire d'Angleterre* (La Haye 1730; BV2872).

396

la relation exacte de toutes les batailles dont les généraux auraient eu bien de la peine à rendre compte.

200   Il s'est donné depuis le commencement du dernier siècle près de deux cents grands combats en Europe, la plupart plus meurtriers que les batailles d'Arbelle et de Pharsale: mais très peu de ces actions ayant eu de grandes suites, elles sont perdues pour la postérité. S'il n'y avait qu'un livre dans le monde, les enfants en 205 sauraient par cœur toutes les lignes, on en compterait toutes les syllabes; s'il n'y avait eu qu'une bataille, le nom de chaque soldat serait connu, et sa généalogie passerait à la dernière postérité: mais dans cette longue suite à peine interrompue de guerres sanglantes que se font les princes chrétiens, les anciens intérêts qui tous ont 210 changé, sont effacés par les nouveaux; les batailles données il y a vingt ans sont oubliées pour celles qu'on donne de nos jours; comme dans Paris les nouvelles d'hier sont étouffées par celles d'aujourd'hui, qui vont l'être à leur tour par celles de demain; et presque tous les événements sont précipités les uns par les autres 215 dans un éternel oubli. C'est une réflexion qu'on ne saurait trop faire; elle sert à consoler des malheurs qu'on essuie; elle montre le néant des choses humaines. Il ne reste pour fixer l'attention des hommes que les révolutions frappantes qui ont changé les mœurs et les lois des grands Etats; et c'est à ce titre que l'histoire de Pierre 220 le Grand mérite d'être connue.

    Si on s'est trop appesanti sur quelques détails de combats et de prises de villes qui ressemblent à d'autres combats et à d'autres sièges, on en demande pardon au lecteur philosophe; et on n'a d'autre excuse sinon que ces petits faits étant liés aux grands, 225 marchent nécessairement à leur suite.

    On a réfuté Norberg dans les endroits qui ont paru les plus

209   59, 65:   qui ont tous

importants, et on l'a laissé se tromper impunément sur les petites choses. [43]

§ V

On a fait l'histoire de Pierre le Grand la plus courte et la plus pleine qu'on a pu. Il y a des histoires de petites provinces, de petites villes, d'abbayes même de moines en plusieurs volumes in-folio; les mémoires d'un abbé retiré quelques années en Espagne, où il n'a presque rien fait, contiennent huit tomes: [44] un seul a suffi pour la vie d'Alexandre. [45]

Il se peut qu'il y ait encore des hommes enfants qui aiment mieux les fables des Osiris, des Bacchus, des Hercules, des Thésées, consacrées par l'antiquité, que l'histoire véritable d'un prince moderne, soit parce que ces noms antiques d'Osiris et d'Hercule flattent plus l'oreille que celui de Pierre, soit parce que des géants et des lions terrassés plaisent plus à une imagination faible que des lois et des entreprises utiles. Cependant il faut avouer que la défaite du géant d'Epidaure, [46] et du voleur Sinnis, [47] et le combat contre

232   K: abbé [avec note: L'abbé de Montgon]
233   59, 65:   contiennent sept tomes:

[43] Sur Jöran Andersson Nordberg (1677-1744), chapelain de Charles XII et auteur d'une *Histoire de Charles XII, roi de Suède*, traduite du suédois par Carl Gustaf Warmholtz (La Haie 1742-1748), voir ci-dessus, p.159-60.

[44] L'abbé Charles-Alexandre de Montgon (1690-1770), dont les *Mémoires* [...] *contenant les différentes négociations dont il a été chargé dans les cours de France, d'Espagne, et de Portugal, et divers événements qui sont arrivés depuis l'année 1725 jusques à présent*, d'abord publiés en 1748-1749, comprenaient 5 volumes (s.l.; BV2503). L'édition de Lausanne (1752-1753) comporte effectivement 8 volumes. Voltaire possédait le huitième.

[45] Voltaire songe peut-être à la *Vie d'Alexandre* de Plutarque.

[46] Périphétès, fils d'Héphaistos, qui assommait avec une massue les voyageurs qui passaient près d'Epidaure. Tué par Thésée.

[47] Brigand de Corinthe qui dépouillait les voyageurs et les écartelait en les attachant à la cime de deux pins qu'il courbait l'un vers l'autre et laissait ensuite se redresser. Sinis fut tué par Thésée.

la truie de Crommion,[48] ne valent pas les exploits du vainqueur de Charles XII, du fondateur de Pétersbourg, et du législateur d'un
245 empire redoutable.

Les anciens nous ont appris à penser, il est vrai: mais il serait bien étrange de préférer le Scythe Anacarsis[49] parce qu'il était ancien, au Scythe moderne qui a policé tant de peuples.[50] On ne voit pas que le législateur de la Russie doive céder à Lycurgue et
250 à Solon.[51] Les lois de l'un, qui recommandent l'amour des garçons aux bourgeois d'Athènes, et qui le défendent aux esclaves; les lois de l'autre, qui ordonnent aux filles de combattre toutes nues à coups de poing dans la place publique, sont-elles préférables aux lois de celui qui a formé les hommes et les femmes à la société,
255 qui a créé la discipline militaire sur terre et sur mer, et qui a ouvert à son pays la carrière de tous les arts?[52]

Cette histoire contient sa vie publique, laquelle a été utile, non sa vie privée, sur laquelle on n'a que quelques anecdotes, d'ailleurs assez connues.[53] Les secrets de son cabinet, de son lit, et de sa
260 table, ne peuvent être bien dévoilés par un étranger, et ne doivent point l'être. Si quelqu'un eût pu donner de tels mémoires, c'eût

248-257   K: peuples. ¶Cette histoire
259-261   59, 65:   connues. Ce n'est point à un étranger à dévoiler les secrets
[...] table. Si

[48] Autre exploit de Thésée; voir par exemple Ovide, *Métamorphoses*, vii.435.
[49] Anacharsis, philosophe d'origine scythe (VIe siècle av. J.-C.), précurseur des cyniques, tué dans son pays pour avoir voulu introduire le culte de Déméter.
[50] Pierre n'est pas un Scythe, parce que les Slaves ne se sont jamais appelés Scythes et ne l'ont jamais été, remarque avec raison Lomonossov (S, p.257-58).
[51] Sur le Solon et Lycurgue du Nord, voir aussi le *Parallèle de Pierre le Grand avec Alexandre le Grand et Lycurgue* [*le*] *Législateur* (V. Černy, *L'Apothéose de Pierre le Grand*, Prague 1964, p.91-108) et la lettre de Voltaire à Chauvelin du 3 novembre 1760 (D9378).
[52] Pourquoi ce passage a-t-il été supprimé dans K? Parce qu'il est caricatural?
[53] Voltaire s'était engagé à ne pas s'étendre sur la vie privée de Pierre; voir ci-dessus, p.99-100.

été un prince Menzikoff, un général Sheremetof,[54] qui l'ont vu si longtemps dans son intérieur; ils ne l'ont pas fait; et tout ce qui aujourd'hui ne serait appuyé que sur des bruits publics, ne mériterait point de créance. Les esprits sages aiment mieux voir   265 un grand homme travailler vingt-cinq ans au bonheur d'un vaste empire, que d'apprendre d'une manière très incertaine ce que ce grand homme pouvait avoir de commun avec le vulgaire de son pays. Suétone rapporte ce que les premiers empereurs de Rome avaient fait de plus secret; mais avait-il vécu familièrement avec   270 douze Césars?[55]

§ VI

Quand il ne s'agit que de style, que de critique, que de petits intérêts d'auteur, il faut laisser aboyer les petits faiseurs de brochures; on se rendrait presque aussi ridicule qu'eux, si on perdait son temps à leur répondre, ou même à les lire: mais quand   275 il s'agit de faits importants, il faut quelquefois que la vérité s'abaisse à confondre même les mensonges des hommes méprisables; leur opprobre ne doit pas plus empêcher la vérité de s'expliquer, que la bassesse d'un criminel de la lie du peuple n'empêche la justice d'agir contre lui: c'est par cette double raison qu'on a été obligé   280

262   59: Menzikof [*passim*]
      59-w68: Sheremeto [*passim*]
268-271   59, 65: de son pays.//
273-274   59 non cartonné: aboyer Fréron et leurs semblables; on

[54] Alexandre Danilovitch, prince Menchikov (1673-1729), le plus proche compagnon de Pierre le Grand. Boris Petrovitch Cheremetiev (1652-1719), comte, feldmaréchal, l'un des collaborateurs les plus importants du tsar.
[55] Cet ajout de w68 (cf. variante) ne répond probablement pas à une critique. Il confirme plutôt la conception de l'histoire de Voltaire: il convient selon lui d'"imiter Tite-Live, qui traite les grands objets, et non Suétone, qui ne raconte que la vie privée' (à Chouvalov, 17 juillet 1758, D7792).

d'imposer silence au coupable ignorant[56] qui avait corrompu l'histoire du siècle de Louis XIV par des notes aussi absurdes que calomnieuses, dans lesquelles il outrageait brutalement une branche de la maison de France, et toute la maison d'Autriche, et cent
285 familles illustres de l'Europe dont les antichambres lui étaient aussi inconnues que les faits qu'il osait falsifier.

C'est un grand inconvénient attaché au bel art de l'imprimerie, que cette facilité malheureuse de publier les impostures et les calomnies.[57]

290 Le prêtre de l'Oratoire Le Vassor,[58] et le jésuite La Motte, l'un mendiant en Angleterre, l'autre mendiant en Hollande, écrivirent tous deux l'histoire pour gagner du pain: l'un choisit le roi de France Louis XIII pour l'objet de sa satire; l'autre prit pour but Louis XIV.[59] Leur qualité d'apostat ne devait pas leur concilier la
295 créance publique; cependant c'est un plaisir de voir avec quelle confiance ils annoncent tous deux qu'ils sont chargés du dépôt de la vérité: ils rebattent sans cesse cette maxime, qu'il faut oser dire

294 K84: qualité de moine apostat
 K85: qualité de moines apostats

[56] La Beaumelle; voir la lettre de Voltaire à M. Roques et le *Supplément au Siècle de Louis XIV* (*OH*, p.1223-74); voir aussi *Le Siècle de Louis XIV*, ch.6, note (*OH*, p.678-79).
[57] En mai 1742, Voltaire déplorait 'le malheur inséparable du bien qu'a produit l'imprimerie': une foule de pièces scandaleuses et de libelles (à Nordberg, D2609).
[58] L'oratorien Michel Le Vassor (1648-1718), moine converti au protestantisme, réfugié en Hollande, puis en Angleterre où il mourut, auteur d'une *Histoire du règne de Louis XIII, roi de France et de Navarre* (Amsterdam 1712-1720; BV2107). Voltaire l'éreinte dans *Le Siècle de Louis XIV*, 'Catalogue des écrivains', où il le traite de 'déclamateur odieux' (*OH*, p.1182), et dans l'*Histoire du Parlement de Paris*, ch.52, où il le considère comme un 'compilateur grossier, qui a fait un libelle en dix-huit volumes' (M.xvi.32).
[59] Voir ci-dessus, n.14. Voltaire l'épingle dans *Le Siècle de Louis XIV* (*OH*, p.854, 857, 904, 946, 991).

tout ce qui est vrai: ils devaient ajouter qu'il faut commencer par en être instruit.

Leur maxime dans leur bouche est leur propre condamnation: mais cette maxime en elle-même mérite bien d'être examinée, puisqu'elle est devenue l'excuse de toutes les satires. 300

Toute vérité publique, importante, utile, doit être dite sans doute: mais s'il y a quelque anecdote odieuse sur un prince, si dans l'intérieur de son domestique il s'est livré comme tant de particuliers 305 à des faiblesses de l'humanité connues peut-être d'un ou deux confidents, qui vous a chargé de révéler au public ce que ces deux confidents ne devaient révéler à personne? Je veux que vous ayez pénétré dans ce mystère, pourquoi déchirez-vous le voile dont tout homme a droit de se couvrir dans le secret de sa maison? et 310 par quelle raison publiez-vous ce scandale? Pour flatter la curiosité des hommes, répondez-vous, pour plaire à leur malignité, pour débiter mon livre, qui sans cela ne serait pas lu. Vous n'êtes donc qu'un satirique, qu'un faiseur de libelles, qui vendez des médisances, et non pas un historien. 315

Si cette faiblesse d'un homme public, si ce vice secret que vous cherchez à faire connaître, a influé sur les affaires publiques, s'il a fait perdre une bataille, dérangé les finances de l'Etat, rendu les citoyens malheureux, vous devez en parler: votre devoir est de démêler ce petit ressort caché qui a produit de grands événements; 320 hors de là vous devez vous taire. [60]

Que nulle vérité ne soit cachée: c'est une maxime qui peut souffrir quelques exceptions. [61] Mais en voici une qui n'en admet point: *Ne dites à la postérité que ce qui est digne de la postérité.*

---

[60] Voltaire reprend presque textuellement l'argumentation de l'article 'Histoire' de l'*Encyclopédie*: pour faire le portrait d'un grand homme, l'historien ne doit révéler aucune faiblesse 'qui n'a point influé sur les affaires publiques'; sinon, il fait une satire, et non de l'histoire (V 33, p.183). Diderot et d'Alembert ne seront pas d'accord avec cette conception (voir ci-dessus, p.314 et 322).

[61] Voltaire fait allusion à la maxime de Cicéron: 'Que l'historien n'ose dire une fausseté, ni cacher une vérité' (*De oratore*, II.xv.62). 'La première partie de ce précepte est incontestable', écrit Voltaire dans l'article 'Histoire'. Quant à l'autre,

§ VII

325 Outre le mensonge dans les faits, il y a encore le mensonge dans les portraits. Cette fureur de charger une histoire de portraits a commencé en France par les romans. C'est Clélie [62] qui mit cette manie à la mode. Sarrazin dans l'aurore du bon goût fit l'histoire de la conspiration de Valstein, qui n'avait jamais conspiré; [63] il ne

330 manque pas, en faisant le portrait de Valstein qu'il n'avait jamais vu, de traduire presque tout ce que Salluste dit de Catilina que Salluste avait beaucoup vu. C'est écrire l'histoire en bel esprit; et qui veut trop faire parade de son esprit ne réussit qu'à le montrer, ce qui est bien peu de chose.

335 Il convenait au cardinal de Retz de peindre les principaux personnages de son temps qu'il avait tous pratiqués, et qui avaient été ou ses amis ou ses ennemis; il ne les a pas peints sans doute de ces couleurs fades dont Maimbourg [64] enlumine dans ses histoires

---

il faut l'examiner: 'si une vérité peut être de quelque utilité à l'Etat, votre silence est condamnable. Mais je suppose que vous écriviez l'*histoire* d'un prince qui vous aura confié un secret, devez-vous le révéler? Devez-vous dire à la postérité ce que vous seriez coupable de dire en secret à un seul homme?' (V 33, p.183).

[62] Roman de Mlle de Scudéry, en dix volumes (1656; BV3122). Sur Madeleine de Scudéry, voir *Le Siècle de Louis XIV*, 'Catalogue des écrivains' (*OH*, p.1208).

[63] Jean-François Sarasin (vers 1615-1654). Dans le 'Catalogue des écrivains', Voltaire estime qu'il a 'écrit agréablement en prose et en vers' (*OH*, p.1206). *La Conspiration de Valstein*, inachevée, se trouve entre autres dans les *Œuvres* de Sarasin éditées à Paris en 1696 (BV3089). Elle fut écrite 'dans l'aurore du bon goût', c'est-à-dire au commencement du règne de Louis XIV. Albrecht Eusebius Wenzel von Wallenstein (1583-1634), général tchèque au service de l'Empire pendant la guerre de Trente ans, finit par trahir Ferdinand II, peut-être dans l'espoir de devenir roi de Bohême. Relevé de son commandement, il fut assassiné par son entourage avant d'avoir pu rejoindre les Suédois. On sait que ce personnage célèbre a inspiré à Schiller sa trilogie dramatique de *Wallenstein* (1798-1799).

[64] Louis Maimbourg (1610-1686), jésuite, historien et controversiste, auteur d'ouvrages sur l'arianisme, les croisades (BV2262), le calvinisme (BV2263), le luthéranisme (BV2264), le schisme des Grecs (BV2265)... Dans le *Supplément au Siècle de Louis XIV* (1753), Voltaire avait écrit: 'Il n'appartient qu'au P. Maimbourg de faire des portraits recherchés et fleuris des héros que l'on n'a pas vus de près' (*OH*, p.1255).

403

romanesques les princes des temps passés. Mais était-il un peintre fidèle? La passion, le goût de la singularité n'égaraient-ils pas son pinceau? Devait-il, par exemple, s'exprimer ainsi sur la reine mère de Louis XIV: *Elle avait de cette sorte d'esprit qui lui était nécessaire pour ne pas paraître sotte aux yeux de ceux qui ne la connaissaient pas; plus d'aigreur que de hauteur, plus de hauteur que de grandeur, plus de manière que de fonds, plus d'application à l'argent que de libéralité, plus de libéralité que d'intérêt, plus d'intérêt que de désintéressement, plus d'attachement que de passion, plus de dureté que de fierté, plus d'intention de piété que de piété, plus d'opiniâtreté que de fermeté, et plus d'incapacité que tout ce que dessus?* [65]

Il faut avouer que les obscurités de ces expressions, cette foule d'antithèses et de comparatifs, et le burlesque de cette peinture si indigne de l'histoire, ne doivent pas plaire aux esprits bien faits. Ceux qui aiment la vérité doutent de celle du portrait, en lui comparant la conduite de la reine; et les cœurs vertueux sont aussi révoltés de l'aigreur et du mépris que l'historien déploie en parlant d'une princesse qui le combla de bienfaits, qu'ils sont indignés de voir un archevêque faire la guerre civile, comme il l'avoue, uniquement pour le plaisir de la faire.

S'il faut se défier de ces portraits tracés par ceux qui étaient si à portée de bien peindre, comment pourrait-on croire sur sa parole un historien, s'il affectait de vouloir pénétrer un prince qui aurait vécu à six cents lieues de lui? Il faut en ce cas le peindre par ses actions, et laisser à ceux qui ont approché longtemps de sa personne le soin de dire le reste.

Les harangues sont une autre espèce de mensonge oratoire que les historiens se sont permis autrefois. On faisait dire à ses héros ce qu'ils auraient pu dire. Cette liberté surtout pouvait se prendre avec un personnage d'un temps éloigné: mais aujourd'hui ces

---

[65] Jean-François-Paul de Gondi, cardinal de Retz, *Mémoires du cardinal de Retz contenant ce qui s'est passé de remarquable en France pendant les premières années du règne de Louis XIV*, nouv. éd. (Amsterdam 1731; BV2967), i.214. Après 'fierté', Voltaire a sauté le membre de phrase 'plus de mémoire des injures que des bienfaits'.

fictions ne sont plus tolérées: on exige bien plus; car si on mettait
370 dans la bouche d'un prince une harangue qu'il n'eût pas prononcée,
on ne regarderait l'historien que comme un rhéteur.

Une troisième espèce de mensonge, et la plus grossière de toutes,
mais qui fut longtemps la plus séduisante, c'est le merveilleux: il
domine dans toutes les histoires anciennes, sans en excepter une
375 seule.

On trouve même encore quelques prédictions dans l'histoire de
Charles XII par Norberg: mais on n'en voit dans aucun de nos
historiens sensés qui ont écrit dans ce siècle; les signes, les prodiges,
les apparitions sont renvoyés à la fable. L'histoire avait besoin
380 d'être éclairée par la philosophie.

§ VIII

Il y a un article important qui peut intéresser la dignité des
couronnes. Oléarius qui accompagnait en 1634 des envoyés de
Holstein en Russie et en Perse, [66] rapporte au livre troisième de

380a-459   59, 65, absent; texte repris de l'avis 'Au lecteur' de 63; voir ci-dessous,
app. I, l.106-184
381   63:   article plus important

[66] Il y eut deux voyages d'Olearius: le premier, en Moscovie, d'octobre 1633 à
janvier 1635, le second, en Moscovie et en Perse, d'octobre 1635 à août 1638. Adam
Oelschläger, dit Olearius (1603-1671), était mathématicien et bibliothécaire de
Frédéric Ier (1597-1659), duc de Holstein-Gottorp. Ce dernier, voulant établir le
commerce de la soie à Friedrichstadt en Holstein, envoya une ambassade auprès du
tsar et du 'sophi'. Les deux ambassadeurs, Philippe Crusius et Otton Brüggemann,
furent accompagnés par Olearius, dont la relation de voyage en allemand a été
imprimée plusieurs fois. La traduction française, par A. de Wicquefort, *Relation du
voyage en Moscovie, Tartarie et Perse fait à l'occasion d'une ambassade au grand duc
de Moscovie et au roi de Perse par le duc de Holstein depuis l'an 1633 jusques en l'an
1639* (Paris 1656), a connu quatre éditions au dix-septième siècle et plusieurs autres
éditions au dix-huitième (BV2606: *Voyages très curieux et très renommés faits en
Moscovie, Tartarie et Perse [...] dans lesquels on trouve une description curieuse et la
situation exacte des pays et Etats par où il a passé*, nouv. éd., Amsterdam 1727).

son histoire, que le czar Ivan Basilovitz avait relégué en Sibérie un ambassadeur de l'Empereur:[67] c'est un fait dont aucun autre historien, que je sache, n'a jamais parlé: Il n'est pas vraisemblable que l'Empereur eût souffert une violation du droit des gens si extraordinaire et si outrageante.

Le même Oléarius dit dans un autre endroit: 'Nous partîmes le 13 février 1634[68] de compagnie avec un certain ambassadeur de France, qui s'appelait Charles de Tallerand, prince de Chalais, etc. Louis l'avait envoyé avec Jacques Roussel en ambassade en Turquie et en Moscovie; mais son collègue lui rendit de si mauvais offices auprès du patriarche,[69] que le grand-duc[70] le relégua en Sibérie.'[71]

Au livre troisième, il dit que cet ambassadeur, prince de Chalais, et le nommé Roussel son collègue qui était marchand, étaient

385

390

395

396   63:   ambassadeur, le prince de

---

[67] Olearius (1659), i.147; (1727), i.207. Olearius ajoute qu'Ivan Vassilievitch 'fit si maltraiter' l'ambassadeur 'que le pauvre homme se résolut enfin de changer de religion, afin de trouver en sa révolte quelque soulagement à son mal'.

[68] La date de 1634 ne figure pas dans la phrase d'Oléarius. Il faut lire 1635, comme le montre le contexte. Cette erreur a été remarquée par le prince A. Labanoff, *Lettre à M. le rédacteur du Globe au sujet de la prétendue ambassade en Russie de Charles de Talleyrand* (Paris 1827), p.4. La lettre est datée du 15 novembre 1827.

[69] Josaphat Ier (1634-1641), successeur de Philarète.

[70] Michel Romanov.

[71] Olearius (1659), i.50-51; (1727), i.69-70. Voltaire a coupé en plusieurs endroits: Olearius indique que 'Tallerand' est aussi marquis d'Exideuil, comte de Grignol, baron de Mareuil et de Boisville; il désigne 'Louis' sous le nom de 'Louis XIII, roi de France et de Navarre'; il précise que Talleyrand, âgé d'environ trente-six ans, resta prisonnier trois ans en Sibérie, 'jusqu'à ce que les artifices & malices de Roussel, qui ne travailloit qu'à mettre les princes en mauvaise intelligence, ayant été reconnues, on le remit en liberté après la mort du patriarche'. Le patriarche en question est Josaphat Ier. Mais, si Talleyrand a été libéré vers 1638, ce fut avant la mort de Josaphat.

406

envoyés de Henri IV. [72] Il est assez probable que Henri IV mort en 1610, n'envoya point d'ambassade en Moscovie en 1634. Si

400 Louis XIII avait fait partir pour ambassadeur un homme d'une maison aussi illustre que celle de Tallerand, il ne lui eût point donné un marchand pour collègue; l'Europe aurait été informée de cette ambassade, et l'outrage singulier fait au roi de France eût fait encore plus de bruit. [73]

405 Ayant contesté ce fait incroyable, et voyant que la fable d'Oléarius avait pris quelque crédit, je me suis cru obligé de demander des éclaircissements au dépôt des Affaires étrangères en France. [74] Voici ce qui a donné lieu à la méprise d'Oléarius.

Il y eut en effet un homme de la maison de Tallerand, qui ayant

410 la passion des voyages, alla jusqu'en Turquie, sans en parler à sa famille, et sans demander de lettres de recommandation. Il rencontra un marchand hollandais nommé Roussel, [75] député d'une

---

405   63: incroyable dans le premier volume, et

---

[72] Dans l'édition allemande, Olearius parle simplement du 'roi de France', et, dans les éditions françaises du dix-septième siècle, le traducteur Wicquefort ne nomme pas non plus Henri IV: il est seulement question du 'roi défunt', qui désigne évidemment Louis XIII (Olearius, 1659, i.147). Mais l'édition de 1727 consultée par Voltaire désigne effectivement Henri IV (i.207), ce qui est en contradiction avec le passage de i.69-70, cité dans le paragraphe précédent.

[73] Voltaire a raison: ce n'est pas Louis XIII qui avait envoyé Charles de Talleyrand en Russie, mais Bethlem-Gabor, prince de Transylvanie. C'est ce qu'explique Louis XIII dans une lettre à Michel Romanov du 3 mars 1635, dans laquelle il demande au tsar la libération de Talleyrand, non comme son ambassadeur, mais comme son sujet. Cette lettre a été publiée par G. F. Müller en 1782. Elle figure aussi dans le post-scriptum de la *Lettre à M. le rédacteur du Globe* de Labanoff. Elle a été republiée en 1890 par A. Rambaud dans le *Recueil des instructions données aux ambassadeurs et ministres de France* (Paris 1890), viii (Russie).33-36, où la question est éclaircie. D'après la lettre de Louis XIII, Talleyrand est arrivé à Moscou en mai 1630. C'est à Riga qu'Olearius l'a rencontré en 1635.

[74] Voir la lettre de Voltaire à Choiseul du 12 décembre 1761 (D10205).

[75] Selon Tallemant Des Réaux, Jacques Roussel était originaire de Châlons (*Les Historiettes*, Paris 1854-1860, iv.391).

compagnie de négoce, et qui n'était pas sans liaisons avec le ministère de France. Le marquis de Tallerand se joignit avec lui pour aller voir la Perse; et s'étant brouillé en chemin avec son compagnon de voyage, Roussel le calomnia [76] auprès du patriarche de Moscou; on l'envoya en effet en Sibérie; il trouva le moyen d'avertir sa famille, et au bout de trois ans, le secrétaire d'Etat, M. Des-Noyers, obtint sa liberté de la cour de Moscou. [77]

Voilà le fait mis au jour: il n'est digne d'entrer dans l'histoire, qu'autant qu'il met en garde contre la prodigieuse quantité d'anecdotes de cette espèce, rapportées par les voyageurs. [78]

415

420

413 K: sans liaison avec

[76] Tallemant Des Réaux rapporte qu'en se rendant à Moscou avec l'ambassadeur de Moscovie auprès de Bethlem-Gabor, Roussel et Talleyrand menaient un si grand train de vie qu'ils eurent bientôt mangé une bonne partie de leur argent. Roussel se chargea alors de la dépense, mais s'y prit mal, et l'argent manqua à mi-chemin. Le marquis fut contraint de prendre tout ce que ses gentilshommes pouvaient avoir. Ceux-ci, en colère, 'dirent quelques injures à Roussel, meslées de quelques coups de poing, ce qui le piqua tellement qu'il résolut de s'en venger, et pratiqua si bien l'ambassadeur de Moscovie, qui estoit neveu du patriarche, que le grand-duc envoya le marquis en Sibérie' (*Historiettes*, iv.393-94). D'après la lettre de Louis XIII à Michel Romanov, Roussel avait accusé Talleyrand de s'être servi 'du prétexte d'ambassadeur' pour entrer en Russie 'à dessein seulement de reconnaître [les] ports, passages et forces, pour après en avertir le roi de Pologne'.

[77] Selon Müller, ce n'est pas Sublet de Noyers qui obtint la libération de Talleyrand, mais le roi lui-même. La lettre de Louis XIII n'a pas été contresignée par Sublet de Noyers, mais par Bouthillier ('Eclaircissement sur une lettre du roi de France Louis XIII au tsar Michel Fedorowitch de l'année 1635', *Büschings Magazin für die neue Historie und Geographie*, Halle 1782, xvi.353); voir aussi Š, qui fait allusion à ce passage (p.151). François Sublet de Noyers (1588-1645) sera secrétaire d'Etat à la Guerre à partir de 1636. Léon Bouthillier, comte de Chavigny et de Buzançais (1608-1652), était secrétaire d'Etat aux Affaires étrangères depuis 1632.

[78] L'historien Pierre-Charles Levesque voulut combattre l'opinion de Voltaire et rétablir le fait supposé dans un mémoire sur les anciennes relations entre la France et la Russie, lu en 1796 à l'Institut. Labanoff, qui reproduit ce mémoire (*Lettre à M. le rédacteur du Globe*, p.8-14), montre que Levesque s'est trompé sur plusieurs points, et donne raison à Voltaire. Il affirme que le droit des gens n'a pas été violé par les Russes, puisque Talleyrand n'était pas ambassadeur de France (p.1 et 16).

Il y a des erreurs historiques; il y a des mensonges historiques.
Ce que rapporte Oléarius n'est qu'une erreur; mais quand on dit
425 qu'un czar fit clouer le chapeau d'un ambassadeur sur sa tête, c'est
un mensonge.[79] Qu'on se trompe sur le nombre et la force des
vaisseaux d'une armée navale, qu'on donne à une contrée plus ou
moins d'étendue, ce n'est qu'une erreur, et une erreur très
pardonnable. Ceux qui répètent les anciennes fables dans lesquelles
430 l'origine de toutes les nations est enveloppée, peuvent être accusés
d'une faiblesse commune à tous les auteurs de l'antiquité; ce n'est
pas là mentir, ce n'est proprement que transcrire des contes.

L'inadvertance nous rend encore sujets à bien des fautes, qu'on
ne peut appeler mensonges. Si dans la nouvelle Géographie
435 d'Hubner[80] on trouve que les bornes de l'Europe sont à l'endroit
où le fleuve Oby se jette dans la mer Noire,[81] et que l'Europe a
trente millions d'habitants, voilà des inattentions que tout lecteur
instruit rectifie. Cette Géographie vous présente souvent des villes
grandes, fortifiées, peuplées, qui ne sont plus que des bourgs
440 presque déserts; il est aisé alors de s'apercevoir que le temps a tout
changé; l'auteur a consulté des anciens, et ce qui était vrai de leur
temps, ne l'est plus aujourd'hui.

On se trompe encore en tirant des inductions. Pierre le Grand

[79] Cruauté attribuée au tsar Ivan Vassilievitch (Ivan IV le Terrible); voir la lettre
de Voltaire à Chouvalov du 11 juin 1761 (D9818). Cette 'anecdote' est rapportée
par plusieurs auteurs, dont l'un serait Albert Krantz, comme Voltaire le précise
dans I.ii.166-168. Elle figure dans le MS 5-32: d'après ce manuscrit, Ivan aurait fait
clouer le chapeau sur la tête d'un ministre ou envoyé de France. Quant à l'envoyé
d'Angleterre, Jerome Bowes, il n'hésita point à se couvrir, et répondit à Ivan que
sa souveraine saurait bien le venger s'il subissait un affront. La réponse plut à Ivan
qui admira sa hardiesse (f.151). L'anecdote est apparemment tirée de la *Relation
curieuse de l'état présent de la Russie* de Samuel Collins (Paris 1679), p.69-70:
toutefois, Collins, ancien médecin du tsar Alexis, ne parle pas d'un envoyé de
France, mais d'un ambassadeur d'un prince étranger.
[80] La traduction française de la *Géographie universelle* de Johann Hübner avait
paru à Bâle en 1746 (BV1686; cf. BV1687: Basle 1761; nous citons l'édition de 1757).
[81] Hübner ne se trompe pas: il écrit que l'Ob 'se décharge' ou 'se dégorge' dans
la 'Mer Glaciale' (1757, iii.4 et 182).

abolit le patriarcat. Hubner ajoute qu'il se déclara patriarche lui-même. [82] Des anecdotes prétendues de Russie vont plus loin, et disent qu'il officia pontificalement; [83] ainsi, d'un fait avéré on tire des conclusions erronées, ce qui n'est que trop commun. [84]   445

Ce que j'ai appelé mensonge historique est plus commun encore; c'est ce que la flatterie, la satire, ou l'amour insensé du merveilleux fait inventer. L'historien qui pour plaire à une famille puissante   450
loue un tyran, est un lâche; celui qui veut flétrir la mémoire d'un bon prince est un monstre; et le romancier qui donne ses imaginations pour la vérité, est méprisé. Tel qui autrefois faisait respecter des fables par des nations entières, ne serait pas lu aujourd'hui des derniers des hommes.   455

Il y a des critiques plus menteurs encore, qui altèrent des passages, ou qui ne les entendent pas; qui inspirés par l'envie, écrivent avec ignorance contre des ouvrages utiles: ce sont les serpents qui rongent la lime, il faut les laisser faire.

449-450   K: merveilleux font inventer.

[82] Hübner, *Géographie universelle*, iii.359.
[83] Léonor-Jean-Christine Soulas d'Allainval, *Anecdotes du règne de Pierre Premier, dit le Grand, czar de Moscovie* ([Paris] 1745; BV51), p.VIII.
[84] Selon les *Anecdotes sur le czar Pierre le Grand*, on l'a vu (l.179), Pierre faisait les 'fonctions' de patriarche. Voltaire a donc ensuite changé d'avis.

PREMIÈRE PARTIE

AVANT-PROPOS

Dans les premières années du siècle où nous sommes, le vulgaire ne connaissait dans le Nord de héros que Charles XII.[1] Sa valeur personnelle qui tenait beaucoup plus d'un soldat que d'un roi, l'éclat de ses victoires et même de ses malheurs, frappaient tous
5 les yeux qui voient aisément ces grands événements, et qui ne voient pas les travaux longs et utiles. Les étrangers doutaient même alors que les entreprises du czar Pierre premier pussent se soutenir;[2] elles ont subsisté, et se sont perfectionnées sous les impératrices Anne et Elizabeth, mais surtout sous Catherine
10 seconde qui a porté si loin la gloire de la Russie. Cet empire est aujourd'hui compté parmi les plus florissants Etats, et Pierre est dans le rang des plus grands législateurs. Quoique ses entreprises n'eussent pas besoin de succès aux yeux des sages, ces succès ont affermi pour jamais sa gloire. On juge aujourd'hui que Charles XII

8-10   59, 65: perfectionnées, surtout sous l'impératrice Elizabeth sa fille. Cet
       w68: perfectionnées, surtout sous l'impératrice Elizabeth sa fille, et encore plus sous Catherine seconde. Cet
13   κ: sages, ses succès
14-15   59 non cartonné: Charles XII ne méritait que d'être

[1] Remarque de Lomonossov (en russe), portant sur le manuscrit de Voltaire: 'Les actions héroïques de Pierre, ses grandes entreprises et ses travaux glorieux se sont manifestés avant les batailles de Loewenhaupt et de Poltava' (Š, p.258). On ne connaît pas la version française des remarques de Lomonossov envoyées à Voltaire (voir ci-dessus, p.103). Par 'batailles de Loewenhaupt', Lomonossov entend sans doute les batailles qui ont précédé celle de Poltava, et dans lesquelles le général suédois était impliqué (notamment sa défaite à Lesnaïa).
[2] Voir ci-dessus, la lettre de Voltaire à Chauvelin du 3 novembre 1760 (p.271).

méritait d'être le premier soldat de Pierre le Grand.[3] L'un n'a   15
laissé que des ruines, l'autre est un fondateur en tout genre. J'osai
porter à peu près ce jugement il y a trente années, lorsque j'écrivis
l'histoire de Charles.[4] Les mémoires qu'on me fournit aujourd'hui
sur la Russie, me mettent en état de faire connaître cet empire,
dont les peuples sont si anciens,[5] et chez qui les lois, les mœurs et   20
les arts sont d'une création nouvelle. L'histoire de Charles XII était
amusante, celle de Pierre Ier est instructive.[6]

21-22   59-w68: nouvelle.//

[3] En août 1759, Voltaire écrit à Cramer: 'n'oubliez pas notre préface russe et pour
dieu songez au carton où Charles douze méritait d'être le premier soldat du csar
Pierre' (D8433a). Dans l'*Esprit des lois* (x.xiii), Montesquieu avait dit en parlant de
Charles XII: 'Il n'était point Alexandre, mais il aurait été le meilleur soldat
d'Alexandre'. Cela vaut à Voltaire d'être traité de plagiaire dans la *Lettre du czar
Pierre à M. de Voltaire sur son Histoire de Russie* ([s.l.] 1761) attribuée à La Beaumelle
(p.28). Par ailleurs, il s'attire cette remarque sarcastique de Müller: 'L'avant-propos
de cette Histoire serait vraiment admirable, si M. de Voltaire eût supprimé ce trait
injurieux [...]. Une expression aussi dure offense également la nation suédoise et la
cour de Pétersbourg, qui ne demandait pas que, pour louer le czar on flétrît Charles
XII'. Réplique de Voltaire: 'Il faut pardonner au critique, il ignore la signification
du mot soldat: s'il regarde Charles XII comme un général; il faut lui pardonner
encore, il ne sait pas que la bravoure seule n'a jamais fait un général' (*Je*, Ier
décembre 1762, app. x, l.225-230 et n.*y*). Remarque de Büsching (en allemand):
'L'empereur Pierre Ier est en fait bien trop grand pour qu'il soit nécessaire, afin de
l'élever, de rapetisser le roi Charles XII. Son esprit véritablement grand et noble ne
méprisait nullement ce héros autant que le fait ici M. de Voltaire d'une manière
inconvenante, en inventant par-dessus le marché que ce jugement serait prononcé
par plusieurs, voire par le monde entier' (Š, p.258-59).
[4] Dès 1731, Voltaire écrivait en effet que Pierre était 'beaucoup plus grand
homme' que Charles XII ('Discours sur l'Histoire de Charles XII', V 4, p.153).
[5] Voir ci-dessus, 'Voltaire historien', p.195.
[6] Voir la fin de *L'Homme aux quarante écus* (V 66, p.408-409; *Romans et contes*,
p.475) et ci-dessus, p.211.

414

CHAPITRE PREMIER

Description de la Russie.

L'empire de Russie est le plus vaste de notre hémisphère; il s'étend d'occident en orient, l'espace de plus de deux mille lieues communes de France, et il a plus de huit cents lieues du sud au nord dans sa plus grande largeur.[1] Il confine à la Pologne et à la mer Glaciale; il touche à la Suède et à la Chine. Sa longueur, de l'île de Dago à l'occident de la Livonie, jusqu'à ses bornes les plus orientales, comprend près de cent soixante et dix degrés; de sorte que, quand on a midi à l'occident, on a près de minuit à l'orient de l'empire.[2]

---

1   59, 65:   vaste de l'univers; il s'étend

---

[1] Voltaire a arrondi les données du MS 6-7: 2170 lieues de longueur et 858 lieues de largeur (f.367r). Converties en kilomètres, les dimensions de la Russie seraient plus de 8000 km d'ouest en est, plus de 3200 du nord au sud (ou 3840 d'après la fin du paragraphe). Le MS 6-7 sur lequel s'appuie Voltaire minimise un peu les distances: la Russie de Pierre le Grand s'étendait sur près de 10 000 km d'ouest en est, et sur 4000 km du nord au sud (5000 en comprenant les archipels arctiques). Mais il les réduit beaucoup moins que Hübner, qui n'octroie à la Russie que 600 lieues (allemandes), soit 3000 km, en longueur et en largeur (*Géographie universelle*, Bâle 1757, iii.310), ou même que l'*Encyclopédie*, qui, à l'article 'Russie', pourtant démarqué de Voltaire, n'accorde à l'empire de Pierre que 'près de' (et non 'plus de') 2000 lieues d'occident en orient, et 700 lieues du sud au nord. Le MS 4-2, dont Voltaire n'a pas tenu compte, donnait aussi des dimensions inférieures à celles du MS 6-7: 'douze cent lieües d'Allemagne au moins' pour la longueur de l'empire, et pour la largeur trois à quatre cents lieues d'Allemagne (f.104r), soit respectivement 6000 km et 1500 à 2000 km. Voltaire a retenu les dimensions du MS 6-7, qui indiquait par ailleurs qu''il n'y a point d'état dans l'univers qui soit aussi étendû que l'Empire de Russie' (f.367r). Mais il a négligé le MS 5-37, qui faisait état de 2500 lieues de France de longueur (ce qui est exact) et de 400 à 500 lieues de largeur (f.237r), ce qui est nettement inférieur à la réalité. Müller estimait que 2000 lieues de France, 'c'est manifestement trop, puisque les degrés diminuent vers le nord' (Š, p.259; cf. app. X, l.236).

[2] Cf. MS 6-7: 'quand il est précisément midi à Dago, il est 11 heures 13' et 40" après minuit sur la frontière la plus orientale' (f.367r).

Sa largeur est de trois mille six cents verstes du sud au nord, ce qui fait huit cent cinquante de nos lieues communes. [3]

Nous connaissions si peu les limites de ce pays dans le siècle passé, que lorsque en 1689 nous apprîmes que les Chinois et les Russes étaient en guerre, et que l'empereur Cam-hi d'un côté, et de l'autre les czars Ivan et Pierre, envoyaient, pour terminer leurs différends, une ambassade à trois cents lieues de Pékin, sur les limites des deux empires, nous traitâmes d'abord cet événement de fable. [4]

Ce qui est compris aujourd'hui sous le nom de Russie, ou des Russies, est plus vaste que tout le reste de l'Europe et que ne le fut jamais l'empire romain, ni celui de Darius conquis par Alexandre: car il contient plus de onze cent mille de nos lieues carrées. [5] L'empire romain et celui d'Alexandre n'en contenaient chacun qu'environ cinq cent cinquante mille, et il n'y a pas un

[3] La verste correspond à 1,0668 km. Les 3600 verstes du MS 6-7 font donc 3840 km (les 858 lieues données comme équivalent ne représentent que 3432 km).

[4] Les Russes avaient construit vers 1650 la forteresse d'Albazin sur un territoire que les Chinois considéraient comme le leur. Ce fut là l'origine du conflit, ce qui n'empêcha pas la Russie d'envoyer plusieurs ambassades à Pékin. En août 1689, sous le règne de l'empereur K'ang-hi (1654-1722), un traité fut signé à Nertchinsk, à l'est du lac Baïkal (effectivement à 300 lieues environ de Pékin, comme l'indique Voltaire). La délégation chinoise était conduite par le prince So-San, l'ambassadeur Fedor Alekseevitch Golovine représentait les jeunes tsars Ivan V et Pierre Ier. Deux jésuites établis en Chine, le Français Jean-François Gerbillon et le Portugais Thomas Pereyra, servaient d'interprètes. D'après ce traité (en latin), le premier conclu par la Chine avec une puissance occidentale, la frontière entre les deux empires était fixée sur les fleuves Argoun et Gorbitsa. Albazin était détruit, la garnison russe évacuée, le commerce russo-chinois réglementé, et les Russes renonçaient aux territoires situés au nord de l'Amour en aval de la Gorbitsa.

[5] Pour Hübner, la superficie de la Russie est d'environ huit cent [mille] lieues carrées (iii.310). Voltaire a écrit sur un signet dans son exemplaire: 'Russie/ 800 lieues/ en quaré/ malheureux! dis onze cent' (CN, iv.540). Or, Voltaire n'a pas pris garde que Hübner entendait sans doute des lieues d'Allemagne, valant 5 km, et non des lieues françaises, de 4 km. Les 1100 mille lieues carrées de Voltaire feraient 17 600 000 km², alors que les 800 [mille] lieues carrées de Hübner correspondraient à 20 millions de km²! Un auteur réputé en géographie, remarque Müller, compte pour tout l'empire russien 200 000 lieues de France (Š, p.259).

HISTOIRE
DE L'EMPIRE
DE RUSSIE
SOUS
PIERRE LE GRAND,

Par l'Auteur de l'histoire de
CHARLES XII.

TOME SECOND.

MDCCLXIII.

4. *Histoire de l'empire de Russie sous Pierre le Grand*: page de titre
du deuxième volume de la première édition, sigle 59.
Taylor Institution, Oxford.

HISTOIRE
DE L'EMPIRE
DE RUSSIE
SOUS
PIERRE LE GRAND,

Par l'Auteur de l'Histoire
de Charles XII.

TOME SECOND.

A AMSTERDAM,
AUX DÉPENS DE LA COMPAGNIE,
MDCCLXIV.

5. *Histoire de l'empire de Russie sous Pierre le Grand*: page de titre
du deuxième volume de l'édition d'Amsterdam, sigle 61A.
Taylor Institution, Oxford.

royaume en Europe qui soit la douzième partie de l'empire romain. Pour rendre la Russie aussi peuplée, aussi abondante, aussi couverte
25 de villes que nos pays méridionaux, il faudra encore des siècles et des czars tels que Pierre le Grand. [6]

Un ambassadeur anglais qui résidait en 1733 à Pétersbourg, [7] et qui avait été à Madrid, dit dans sa relation manuscrite, que dans l'Espagne, qui est le royaume de l'Europe le moins peuplé, on
30 peut compter quarante personnes par chaque mille carré, et que dans la Russie on n'en peut compter que cinq: [8] nous verrons au chapitre second si ce ministre ne s'est pas abusé. Il est dit dans la

26   59*: <czars> [W]princes

32-33   59-w68: abusé. Le plus grand des ingénieurs et le meilleur des citoyens, le maréchal de Vauban, suppute qu'en France

w75G non cartonné: abusé. Le maréchal de Vauban, dans la Dîme royale, suppute qu'en France

[6] Remarque de Lomonossov: 'des empereurs tels' eût été mieux. Quant à Müller, il prie Voltaire de se servir du mot 'prince' depuis que les souverains russes ont pris le titre d'empereur. Le mot czar, 'en esclavon', signifie roi, comme dans les anciens livres traduits du grec (Š, p.260). Voir app. VIII, l.5-7.

[7] George Forbes, 3ᵉ comte de Granard (1685-1765), qui succède en novembre 1732 à Cyril Rondeau comme envoyé extraordinaire (voir C. de Grunwald, *Trois siècles de diplomatie russe*, Paris 1945, p.58, n.3). Il fit un traité de commerce entre l'Angleterre et la Russie en 1734. Il revint en Russie, chargé peut-être d'une commission secrète, en 1738; voir la lettre de Thomas de Lally-Tollendal au cardinal de Fleury du 2 octobre 1738, dans Rambaud, *Recueil des instructions*, viii.337.

[8] Dans son manuscrit anonyme, Forbes écrit: 'Therefore this Enumeration only determines, that the Number of the People cannot be less than *Eleven Millions* and its generally believ'd that they dont exceed *sixteen Millions* of Souls so that if the whole Number of People which this Empire contains were Divided by the whole Number of Square Miles, it would give about *Five Souls for every square mile*, whereas the Continent of Spain exclusive of Portugal, is reckoned to contain 148'218 square miles & to be *the worst Peopled country* in Europe; yet by an Account taken of the People of Spain the year 1728 it appeared, that there were 5'891'724 Souls in Spain which gives *41 Souls for every square mile in Spain*' (MS 1-2, f.212r; souligné par nous). Le manuscrit anglais ne compte pour la Russie que 3 303 485 milles carrés (f.209r), soit environ 8 500 000 km².

Dîme faussement attribuée au maréchal de Vauban, [9] qu'en France chaque mille carré contient à peu près deux cents habitants l'un portant l'autre. Ces évaluations ne sont jamais exactes, mais elles servent à montrer l'énorme différence de la population d'un pays à celle d'un autre.   35

Je remarquerai ici que de Pétersbourg à Pékin on trouverait à peine une grande montagne dans la route que les caravanes pourraient prendre par la Tartarie indépendante, par les plaines des Calmouks et par le grand désert de Kobi; [10] et il est à remarquer   40

34-35   59, 65:   contient deux cents habitants. Ces
35   59-w68:   jamais bien exactes
39   59, 65:   une montagne
40-42   59, 65:   indépendante; et de Pétersbourg [63 avis: β]
       59*:   indépendante ^{W}en passant par les plaines des Kalmouks, et par le grand desert nommé Cobi$^+$; et de

[9] Le *Projet d'une dîme royale* (s.l. 1707; BV3405) est bien de Sébastien Le Prestre, marquis de Vauban (1633-1707); cf. variante. L'ouvrage fut saisi et Vauban mourut quelques jours après. Dans le *Dictionnaire philosophique*, Voltaire attribue le livre à Pierre Le Pesant de Boisguilbert. Il a confondu avec un autre ouvrage de Boisguilbert, *Le Détail de la France*, présenté comme un *Testament politique de M. de Vauban* (V 36, p.70).

[10] Müller avait fait observer qu'il y avait plusieurs montagnes en passant par la Sibérie (Š, p.260). Peut-être Voltaire a-t-il été influencé par le père Philippe Avril qui, dans la description des six routes menant à la Chine, ne mentionne pas de montagnes (*Voyage en divers Etats d'Europe et d'Asie, entrepris pour découvrir un nouveau chemin à la Chine*, Paris 1692, p.170-74). Dans sa lettre à Chouvalov du 11 juin 1761, Voltaire rétorque à Müller: 'J'ai dit que les caravanes pouraient, en prenant un détour par la Tartarie indépendante, rencontrer à peine une montagne de Petersbourg à Pekin, et celà est très vrai en passant par les terres des Eluths, par les déserts des Kalmouks Kottkots, et par le païs des Tartares de Kokonor; il y a des montagnes à droite et à gauche, mais on pourait certainement aller à la Chine sans en franchir presque aucune' (D9818). Cette objection suscita une nouvelle remarque de Müller, qui se référa à la carte d'Asie de d'Anville et au témoignage de Fedor Baïkov, envoyé à Pékin (Š, p.189). Müller releva ensuite que la Tartarie indépendante était bien loin de la route de Pétersbourg à Pékin. Voltaire répliqua que l'auteur de la remarque n'était pas fort en géographie et que la route la plus courte pour aller de Pétersbourg à Pékin passait par Samarkand (*Je*, 1er décembre

que d'Arcangel à Pétersbourg, et de Pétersbourg aux extrémités de la France septentrionale, en passant par Dantzick, Hambourg, Amsterdam, on ne voit pas seulement une colline un peu haute. Cette observation peut faire douter de la vérité du système dans lequel on veut que les montagnes n'aient été formées que par le roulement des flots de la mer, supposé que tout ce qui est terre aujourd'hui a été mer très longtemps. [11] Mais comment les flots qui dans cette supposition ont formé les Alpes, les Pyrénées et le Taurus, n'auraient-ils pas formé aussi quelque coteau élevé de la Normandie à la Chine dans un espace tortueux de trois mille lieues? La géographie ainsi considérée pourrait prêter des lumières à la physique, ou du moins donner des doutes.

Nous appelions autrefois la Russie du nom de Moscovie, [12] parce

47   59-w68: la mer: on suppose que
      κ: la mer, en supposant que

1762; app. x, l.238 et n.*a*). Malgré cela, il tint compte de ces observations et modifia son texte (cf. app. VIII, l.9-10).

[11] Le système selon lequel 'le courant des mers a produit les montagnes qui couvrent la terre' est 'aussi faux que célèbre', écrit Voltaire à Chouvalov (D9818). Voltaire critique là l'opinion soutenue par Benoît de Maillet dans le *Telliamed*, puis par Buffon. Il la combat, entre autres, dans *La Philosophie de l'histoire* (V 59, p.90-91), dans son traité *Des singularités de la nature* et dans *Les Colimaçons du révérend père l'Escarbotier*, III, en 1768.

[12] Le terme de 'Moscovie' remonte au seizième siècle (on le trouve par exemple chez les cosmographes Belleforest et André Thevet, en 1575). Mais, à la mort d'Alexis, en 1676, la 'Moscovie' a bien changé: fortement centralisée, ouverte aux influences étrangères, et s'étendant jusqu'au Pacifique, elle est déjà devenue un empire de toutes les Russies. Pourtant, en France, au dix-huitième siècle, on continuera à parler de la 'Moscovie'; voir par exemple une gravure de 1717 réalisée à l'occasion du voyage de Pierre Ier à Paris et représentant 'le czar ou grand-duc de Moscovie', ou Montesquieu, *Lettres persanes* (1721), LI. Voltaire a bien senti cet anachronisme. Le titre de son ouvrage rétablit la perspective historique, 'l'ère pétersbourgeoise' consacrant la rupture définitive avec la période 'moscovite'. Dans l'*Essai sur les mœurs*, ch.190, il observe de même qu'aux seizième et dix-septième siècles on appelait la Russie la Moscovie, du nom de sa capitale Moscou, 'plus connue en Europe que le reste de ce vaste empire'. L'*Encyclopédie* se rallie à ce point de vue dans son court article 'Moscovie', elle note comme Voltaire que 'c'est

que la ville de Moscou, capitale de cet empire,[13] était la résidence   55
des grands-ducs de Russie:[14] aujourd'hui l'ancien nom de Russie
a prévalu.

Je ne dois point rechercher ici pourquoi on a nommé les contrées
depuis Smolensko jusqu'au delà de Moscou, la Russie blanche, et
pourquoi Hubner la nomme noire, ni pour quelle raison la Kiovie   60
doit être la Russie rouge.[15]

---

    60   59: Hibner

    59*: Hibner <la nomme noire> ^WStralemberg, Moréri, et d'autres, nom-
ment le païs de jaraslau, la russie noire⁺

---

ainsi qu'on nommoit autrefois les états du czar', mais 'on les nomme aujourd'hui
Russie ou l'*Empire russien*' (l'auteur renvoie à l'article 'Russie' et remarque que la
Moscovie ne désigne plus qu'une province de ce vaste empire). Quant au mot
'Russie', il a autrefois désigné la Russie du sud ou du sud-ouest (une partie de
l'ancienne 'Russie' kiévienne). Pour Belleforest, le mot est synonyme de Ruthénie
ou Podolie, dont la ville principale est Lembourg (Lvov), par opposition à la Kiovie
et à la Moscovie (*Cosmographie universelle*, Paris 1575, p.1821). C'est sans doute le
cas aussi pour Rabelais (*Tiers Livre*, ch.33) et pour Montaigne (III.i). Dans son récit
de voyage à Arkhangelsk (1586), Jean Sauvage emploie presque exclusivement le
terme de 'Moscovie', alors qu'en 1607 Jacques Margeret, qui a séjourné six ans dans
le pays, parle surtout de la 'Russie', dont 'l'empire inclut le grand-duché de
Moscovie'. Mais, en 1660, Guillaume Levasseur de Beauplan, dédiant sa *Description
d'Ukranie* à Jean Casimir, 'roi de Pologne, grand-duc de Lithuanie, Russie,
Prussie..., etc.', entend encore par 'Russie' la Ruthénie.

[13] Voltaire avait écrit que Moscou était devenue capitale à partir du quinzième
siècle. Lomonossov rectifia: à partir d'Ivan Kalita, vers 1320. Voltaire corrigea,
mais sans mentionner la précision de Lomonossov (Š, p.160 et 261).

[14] Cf. MS 6-7: 'Les Princes qui faisoient leur résidence à Moscou, se nommoient
Grands-Ducs de Moscovie pour se distinguer des autres' (f.367r).

[15] Cf. MS 4-2: 'On ne s'arrêtera pas non plus a la division qu'on a faite de grande,
petite, blanche, rouge et noire, dont les trois premiers appartiennent aux Russes,
les deux derniers aux Polonois' (f.96). Pour Hübner, la Russie noire est 'ce grand
Roïaume que nous appelons Moscovie' (iii.309). Müller remarque que la Russie
blanche ne comprend que le gouvernement de Smolensk et une partie de la Lituanie.
La Russie rouge est la partie de la Pologne qui renferme les palatinats de Leopol et
de Galitch. La Kiovie est en Petite Russie. Quant à la Russie noire, on n'en connaît
point, et Hübner n'est pas un garant (Š, p.262). Le 11 juin 1761, Voltaire écrit à
Chouvalov: 'Je ne conçois pas comment on peut me dire, *qu'on ne connaît point la*

Il se peut encore que Madiès le Scythe, qui fit une irruption en Asie près de sept siècles avant notre ère, [16] ait porté ses armes dans ces régions, comme ont fait depuis Gengis et Tamerlan, et
65 comme probablement on avait fait longtemps avant Madiès. Toute antiquité ne mérite pas nos recherches; celles des Chinois, des Indiens, des Perses, des Egyptiens, sont constatées par des monuments illustres et intéressants. Ces monuments en supposent encore d'autres très antérieurs, puisqu'il faut un grand nombre de siècles
70 avant qu'on puisse seulement établir l'art de transmettre ses pensées par des signes durables, et qu'il faut encore une multitude de siècles précédents pour former un langage régulier. Mais nous n'avons point de tels monuments dans notre Europe aujourd'hui si policée; l'art de l'écriture fut longtemps inconnu dans tout le
75 Nord: le patriarche Constantin, qui a écrit en russe l'histoire de Kiovie, avoue que dans ces pays on n'avait point l'usage de l'écriture au cinquième siècle. [17]

Russie noire. Qu'on ouvre seulement le dictionnaire de Moréri, au mot Russie, et presque tous les géographes; on trouvera ces mots, *Russie noire entre la Volhinie et la Podolie* etc.' (D9818). Müller réplique qu'il n'y a pas de pays entre la Volhynie et la Podolie, qui sont deux provinces attenantes, et qu'apparemment quelqu'un qui ne savait pas assez de russe a pris *tschermnaia*, qui signifie 'rouge', pour *tschernaia*, qui signifie 'noire' (Š, p.190). Dans le *Journal encyclopédique*, Voltaire observe qu'il n'a pas dit qu'il y avait une Russie noire, mais qu'il ne chercherait pas pourquoi Hübner en parle (app. x, l.242 et n.*b*). Déconcerté par des affirmations contradictoires, il a renoncé à élucider la question, pourtant bien exposée par Müller. Mais, dans l'édition de 1761 de l'*Essai sur les mœurs*, il supprima la 'Russie noire'. Cf. app VIII, l.12-15.

[16] Madiès, chef des Scythes qui envahirent la Haute Asie et vainquirent le roi des Mèdes Cyaxare (633-584 av. J.-C.), comme Voltaire le précise plus loin. Madiès est évoqué également dans l'*Essai sur les mœurs*, ch.4.

[17] Comme Strahlenberg, Voltaire confond l'apôtre des Slaves Constantin (qui n'était pas patriarche, puisque le patriarcat ne sera créé en Russie qu'en 1589) avec le moine Nestor, auteur de la *Chronique des temps passés* (début du douzième siècle); voir app. VIII, l.17-21. Il n'a pas tenu compte de la remarque de Müller: 'C'est un moine du couvent de Petcherski à Kiew, nommé Nestor, qui a écrit en russe l'histoire de Kiovie, ou plutôt les premières annales de Russie' (Š, p.262). Quant à Constantin (Cyrille en religion), il était originaire de Salonique et n'a jamais séjourné à Kiew. Avec son frère Méthode, il traduisit les Evangiles en vieux slave

Que d'autres examinent si des Huns, des Slaves et des Tartars ont conduit autrefois des familles errantes et affamées vers la source du Boristhène.[18] Mon dessein est de faire voir ce que le czar Pierre a créé, plutôt que de débrouiller inutilement l'ancien chaos.[19] Il faut toujours se souvenir qu'aucune famille sur la terre ne connaît son premier auteur, et que par conséquent aucun peuple ne peut savoir sa première origine.

Je me sers du nom de *Russes* pour désigner les habitants de ce grand empire.[20] Celui de *Roxelans* qu'on leur donnait autrefois[21] serait plus sonore, mais il faut se conformer à l'usage de la langue

80

85

(sur la base du vieux bulgaro-macédonien), évangélisa les Moraves et mourut à Rome en 869. Müller observe que Nestor n'a jamais dit que l'usage de l'écriture était inconnu en Russie au cinquième siècle, mais que l'écriture slavonne a été inventée par Constantin-Cyrille au neuvième siècle (Š, p.263). Dans 1.x, Voltaire affirmera au contraire que les Russes connaissaient l'usage des lettres depuis le cinquième siècle (l.190).

[18] Le Borysthène est l'ancien nom du Dniepr.

[19] C'est une fois de plus, appliqué à la Russie, le refus de rechercher les origines (voir par exemple *La Princesse de Babylone, Romans et contes*, p.409-10).

[20] La terminologie a longtemps hésité. On disait encore les 'Moscovites' à l'époque de Voltaire (voir par exemple certains articles de l'*Encyclopédie*). La *Chanson de Roland* mentionne déjà des 'Ros' au temps de la 'Russie' kiévienne. Ghillebert de Lannoy, au début du quinzième siècle, est sans doute l'un des premiers à parler des 'Russes'. Jean Sauvage les appellera 'Rousses' et Levasseur de Beauplan 'Rus' ou 'Roux' (le mot 'Roux' se rencontre encore chez Avril en 1692).

[21] Les Roxolans n'ont rien à voir avec les Russes. C'est un ancien peuple sarmate établi sur les bords de la mer d'Azov. Ils attaquèrent l'empire romain sous Marc Aurèle et furent soumis ou exterminés par les Goths. Voltaire répète ici un lieu commun, puisque les Roxolans sont mentionnés comme 'Variagues Rossi' jusque dans un manuscrit de Pétersbourg (Bn F12937, f.490). Thevet est probablement l'un des premiers à avoir présenté les Roxolans comme les ancêtres des Russes: 'C'est sans doubte près le Tanaïs, où Don', écrit-il en 1575, 'que ont iadis habité les *Roxolans* que à present on nomme Russiens' (*Cosmographie moscovite*, Paris 1858, p.8). Dans l'*Encyclopédie*, l'article 'Russie', de Jaucourt, fait allusion aux 'anciens Roxelans ou slavons' (xiv.443a). La légende des Roxolans ancêtres des Russes aura encore cours au dix-neuvième siècle: voir E. de Montulé, *Voyages en Angleterre et en Russie* (Paris 1825), ii.66, ou un mémoire de Daunou inédit en décembre 1829 (M.xvi.396). Voir app. VIII, l.7-9.

dans laquelle on écrit. Les gazettes et d'autres mémoires depuis quelque temps emploient le mot de *Russiens*; mais comme ce mot approche trop de *Prussiens*, je m'en tiens à celui de *Russes* que presque tous nos auteurs leur ont donné; [22] et il m'a paru que le peuple le plus étendu de la terre doit être connu par un terme qui le distingue absolument des autres nations.

Il faut d'abord que le lecteur se fasse, la carte à la main, une idée nette de cet empire, [23] partagé aujourd'hui en seize grands gouvernements, [24] qui seront un jour subdivisés, quand les contrées

[22] Chouvalov avait prié Voltaire de remplacer les Russes par les Russiens: 'Ce mot est plus voisin de Notre langue et paraît être meilleur' (3/14 octobre 1758, D7903). Voltaire répond le 23 décembre: 'Je me servirai du mot de *Russien*, si vous le voulez, mais je vous supplie de considérer qu'il ressemble trop à Prussien, et qu'il en paraît un diminutif, ce qui ne s'accorde pas avec la dignité de vôtre Empire. Les Prussiens s'appellaient autrefois Borusses, comme vous savez, et par cette dénomination ils paraissaient subordonnés aux Russes. Le mot de Russe a d'ailleurs quelque chose de plus ferme, de plus nôble, de plus original que celui de Russien; ajoutez que Russien ressemble trop à un terme très désagréable dans nôtre langue, qui est celui de Ruffien, et la pluspart de nos dames prononçant les ss comme les ff, il en résulte une équivoque indécente qu'il faut éviter' (D7993). Cf. 'Corrections à faire au Premier Volume', app. VII, l.7-9. Müller n'avait pas été convaincu: il souhaitait conserver le mot 'russien' au moins comme adjectif (Š, p.263), ce qu'avait d'ailleurs fait Voltaire lui-même dans l'*Histoire de Charles XII* (V 4, p.411 et 498: 'du rite russien', 'un boyard russien'). Le mot 'Russien' n'est pas récent à l'époque de Voltaire, contrairement à ce qu'il pense. Il remonte au moins au seizième siècle, comme l'adjectif. Celui-ci sera en usage jusque dans la seconde moitié du dix-huitième siècle (cf. les *Lettres russiennes* de Strube de Piermont, et les articles de l'*Encyclopédie*. On le rencontre encore, ainsi que le substantif, dans le *Supplément* de 1776, art. 'Asie septentrionale', p.635 et 639). On voit que la concurrence entre 'Russes' et 'Russiens' ne cesse pas après la parution de l'*Histoire de l'empire de Russie*. Mais Voltaire a contribué à imposer le mot 'Russe'.

[23] C'est ce que Voltaire recommandait de faire à Mme Du Deffand le 10 octobre 1760 (D9297).

[24] Pierre le Grand avait créé huit 'gouvernements' en 1708, puis onze. Ils étaient devenus seize par la suite. Mais Philipp-Johann Tabbert von Strahlenberg avait mis Voltaire dans l'embarras: 'Le Baron de Stralemberg n'est-il pas en général un homme bien instruit? Il dit en effet qu'il y avait seize gouvernements; mais que de son temps ils furent réduits à quatorze. Aparemment depuis lui, on a fait un nouveau partage' (à Chouvalov, 1er août 1758, D7811). En fait, Strahlenberg ne parle que de *quatorze* gouvernements (*Description historique de l'empire russien*, trad. J.-L. Barbeau de La Bruyère, Amsterdam, Paris 1757; BV3215, i.15-16). A cette objection, les Russes

du Septentrion et de l'Orient auront plus d'habitants. [25]

Voici quels sont ces seize gouvernements, dont plusieurs renferment des provinces immenses.

DE LA LIVONIE

La province la plus voisine de nos climats est celle de la Livonie. 100
C'est une des plus fertiles du Nord. [26] Elle était païenne au douzième siècle. Des négociants de Brême et de Lubeck y commercèrent, [27]

99a K, la rubrique figure en manchette [*passim*]

---

répondirent que Strahlenberg était certes l'un des meilleurs étrangers qui ont écrit sur la Russie, mais qu'il était loin d'être 'aussi véridique en tout qu'on le suppose', car 'sa qualité de prisonnier suffisait pour l'éloigner des sources où il aurait pu puiser'. Les Russes énumèrent ensuite les gouvernements créés par Pierre et ses successeurs, et confirment qu'ils sont bien au nombre de seize (app. v, l.1-34).

[25] Remarque de Lomonossov: 'les gouvernements sont depuis longtemps divisés chez nous en provinces et districts' (Š, p.264).

[26] 'La Livonie n'est-elle pas la province la plus fertile du Nord?' demande Voltaire à Chouvalov le 1er août 1758 (D7811). C'est en effet ce qu'il affirmait dans l'*Histoire de Charles XII* (V 4, p.176). A cette objection, les Russes répondent entre autres que 'ce nom [...] lui vient du temps qu'elle appartenoit à la Suède, dont elle étoit, pour ainsi dire, le magazin', mais que, 'un champ en Livonie ne donne pas la moitié de ce qu'il rapporte en Carélie' (app. v, l.38-43). Lomonossov fait remarquer de son côté que Viatka et plusieurs autres provinces du Nord sont beaucoup plus fertiles que la Livonie (Š, p.264). C'est à la suite de ces observations que Voltaire a admis que la Livonie était seulement 'une des plus fertiles'. Selon Šmurlo (p.141-42), Voltaire, qui vit en Europe occidentale et considère la Livonie comme un pays du Nord, n'a pas la même perception géographique qu'un Russe comme Lomonossov, pour qui la Livonie est moins nordique que Viatka ou d'autres provinces. Mais un Occidental comme Olearius écrivait simplement que la Livonie était 'très fertile, particulièrement en blé', ou même que 'la Moscovie est plus fertile que la Livonie' (*Relation du voyage en Moscovie, Tartarie et Perse*, 1659, i.75, 118).

[27] Les Russes ayant fait remarquer que Brême avait commercé avec la Livonie avant Lübeck, 'qui était alors dans un état fort médiocre' (Š, p.264), Voltaire objecte: 'Brême étant plus éloignée de la Livonie que Lubek, et étant bien moins puissante, est-il vraisemblable qu'elle ait commercé avec la Livonie avant Lubek?' (D7811). Les Russes répondent que les marchands de Brême sont bien les premiers qui ont abordé en Livonie en 1158. Lübeck était alors 'au berceau', mais étant

426

et des religieux croisés, nommés *Porte-glaives*, unis ensuite à
l'ordre Teutonique, s'en emparèrent au treizième siècle, dans le
105 temps que la fureur des croisades armait les chrétiens contre tout
ce qui n'était pas de leur religion. Albert margrave de Brandebourg,
grand-maître de ces religieux conquérants, se fit souverain de la
Livonie et de la Prusse brandebourgeoise, vers l'an 1514. [28] Les
Russes et les Polonais se disputèrent dès lors cette province. [29]
110 Bientôt les Suédois y entrèrent: elle fut longtemps ravagée par
toutes ces puissances. Le roi de Suède Gustave-Adolphe la conquit.
Elle fut cédée à la Suède en 1660 par la célèbre paix d'Oliva; [30] et

---

devenue plus puissante, elle profita de la proximité et s'empara du commerce de la
Livonie aux dépens de Brême (app. v, l.51-66; cf. app. vii, l.10-12).

[28] Albert de Brandebourg (1490-1568) appartenait à la branche cadette des
Hohenzollern. Son texte primitif ayant suscité les critiques des Russes, Voltaire
écrit à Chouvalov le 1er août 1758: 'En 1514 L'ordre Teutonique n'était-il pas
suzerain de la Livonie? Albert de Brandebourg ne céda t'il pas ses droits à Gautier
de Plettanberg en 1514? Et le grand prieur de Livonie ne fut-il pas déclaré prince
de l'Empire germanique en 1530? Ces faits sont constatés dans la plus part des
annalistes allemands' (D7811). Les Russes répondent qu'Albert de Brandebourg
n'avait que la 'suprême juridiction' de la Livonie, et qu'en 1521 (et non en 1514) il
l'avait cédée pour une somme d'argent à Gautier de Plettenberg, grand prieur de
l'ordre livonien. Le refus d'Albert de reconnaître Sigismond de Pologne pour son
souverain occasionna une guerre entre lui et les Polonais. Par la paix de Cracovie
en 1525 Albert devenait duc héréditaire de Prusse, mais sous la suzeraineté de la
Pologne. Il dispensa alors les provinces de Livonie du serment qu'elles lui avaient
prêté (app. v, l.67-90). Voltaire modifia son texte, mais Müller jugea qu'il commettait
encore 'bien des erreurs en peu de mots': la Livonie, en 1525, ne dépendait plus
de la Prusse, et Albert n'était plus qu'un feudataire de Sigismond. La Prusse
brandebourgeoise n'est devenue souveraine qu'en 1657, et Müller ironise en
renvoyant à Jean-Godefroi Arnd, qui dans sa *Chronique de Livonie* (Halle 1753) n'a
point, comme Voltaire, 'l'art de faire un anachronisme de 132 ans' (*Je*, 1er décembre
1762, app. x, l.250-258). Dans les *Annales de l'Empire*, Voltaire écrivait déjà
qu'Albert de Brandebourg était 'souverain de la partie qu'on appelle la Prusse
ducale, en rendant hommage et payant tribut au roi de Pologne' (M.xiii.492).

[29] Seulement 'depuis que les Livoniens se sont mis sous la protection de la
Pologne l'an 1561', observe Müller (Š, p.265).

[30] Entre la Suède, la Pologne, le Brandebourg et l'Empereur. La Pologne cédait
la Livonie à la Suède et renonçait à sa suzeraineté sur la Prusse.

enfin le czar Pierre l'a conquise sur les Suédois, comme on le verra
dans le cours de cette histoire. [31]

La Courlande [32] qui tient à la Livonie, est toujours vassale de la   115
Pologne, mais dépend beaucoup de la Russie. [33] Ce sont là les
limites occidentales de cet empire dans l'Europe chrétienne.

DES GOUVERNEMENTS DE REVEL, DE PÉTERSBOURG
ET DE VIBOURG

Plus au nord, se trouve le gouvernement de Revel, et de l'Estonie. [34]
Revel fut bâtie par les Danois au treizième siècle. Les Suédois ont
possédé l'Estonie depuis que le pays se fut mis sous la protection   120
de la Suède en 1561; [35] et c'est encore une des conquêtes de Pierre.

Au bord de l'Estonie est le golfe de Finlande. C'est à l'orient
de cette mer, et à la jonction de la Neva, et du lac de Ladoga, [36]

123   59*:   mer <et à la jonction> ^{W}à l'embouchure$^+$ de la Neva
       63 avis: à l'embouchure de la Neva

[31] Voir ci-dessous, I.xix (p.696-97).

[32] La Courlande est la partie littorale de la Lettonie (à l'ouest de la Livonie),
entre la Baltique et la Dvina. Elle sera annexée par la Russie en 1795.

[33] Müller remarque que la Courlande n'est devenue vassale qu'en 1561, quand,
pour échapper au danger russe, Gotthard Kettler (v.1517-1587), grand-maître des
Porte-Glaive, fit proclamer Sigismond-Auguste duc de Livonie et se reconnut son
vassal pour le duché de Courlande. Müller observe aussi que le mot *dépend* pourrait
être mal interprété: 'On veut dire sans doute que les ducs de Courlande ont été et
sont actuellement obligés d'avoir beaucoup d'égards pour la Russie' (Š, p.265-66;
cf. app. VII, l.15-17; app. VIII).

[34] Müller avait corrigé 'de Revel *ou* de l'Estonie' (Š, p.266). Voltaire n'en a pas
tenu compte. Revel est l'ancien nom de Tallin, capitale de l'Estonie.

[35] D'abord partagés entre Danois et Allemands, les Estoniens furent entièrement
soumis aux chevaliers Teutoniques en 1346. A la suite de la campagne de Livonie
d'Ivan le Terrible, la confédération livonienne à laquelle appartenait l'Estonie se
disloqua en 1561: le nord-est du pays tomba au pouvoir de la Suède, et la Pologne
s'empara du sud. Au dix-septième siècle, la Suède étendit son autorité sur l'ensemble
de l'Estonie.

[36] Voltaire avait situé Pétersbourg 'à la jonction' de la Neva et du lac Ladoga,
ce qui correspond à l'emplacement de Schlüsselburg. Müller corrigea: 'C'est à

qu'est la ville de Pétersbourg, la plus nouvelle et la plus belle ville
125 de l'empire, bâtie par le czar Pierre,[37] malgré tous les obstacles
réunis qui s'opposaient à sa fondation.

Elle s'élève sur le golfe de Cronstadt, au milieu de neuf bras de
rivières,[38] qui divisent ses quartiers; un château[39] occupe le centre
de la ville, dans une île formée par le grand cours de la Neva: sept
130 canaux[40] tirés des rivières baignent les murs d'un palais, ceux de
l'Amirauté, du chantier des galères, et plusieurs manufactures.
Trente-cinq grandes églises sont autant d'ornements à la ville: et
parmi ces églises il y en a cinq pour les étrangers, soit catholiques

---

128   59, 65:   château inexpugnable occupe
      59*:   château ᵂ↑qui pouvait être⁺ inexpugnable occupe

---

l'embouchure de la Neva, et à une distance de plus de huit lieues d'Allemagne' (Š,
p.266). Voltaire modifia son texte, mais machinalement (voir Š, p.162-63). Dans
l'avis 'Au lecteur' de 63, il écrivit 'à l'embouchure [de la Neva et du lac Ladoga]'
(app. 1, l.16), ce qui est absurde.

[37] Müller se demande 'quel voyageur ou quels auteurs ont appris à M. de Voltaire
que Pétersbourg [...] était la ville la plus moderne de la Russie', et il cite des villes
plus récentes: Cronstadt, Oranienbourg, Ekaterinbourg... (Je, 1ᵉʳ décembre 1762,
app. X, l.259-267). Voltaire ne tint pas compte de cette indication.

[38] La Neva n'a que trois bras, corrige Müller. Les petites rivières (Moïka et
Fontanka) ont été jointes par des canaux à la grande Neva. Voltaire réplique en
renvoyant à l'ouvrage de John Perry, Etat présent de la Grande Russie (Je, 1ᵉʳ
décembre 1762, app. X, l.268 et n.c).

[39] 'Un château inexpugnable', selon la première édition. Müller a critiqué cette
exagération et prié Voltaire de vouloir bien suivre la description qu'on lui avait
envoyée (Š, p.268). Voltaire a supprimé l'épithète à partir de w68: la 'Description
de S. Petersbourg et de ses environs' ne présente en effet la forteresse Pierre-et-
Paul que comme un 'hexagone régulier', qui renferme une 'belle cathédrale' (MS 6-
9, f.377r). Voltaire n'a pas tenu compte de la chronologie fournie par le MS 2-19
('Epoques des principaux bâtiments publics à S. Petersbourg'). Il ne semble pas non
plus s'être servi du plan de Pétersbourg que Chouvalov lui avait fait parvenir (voir
D7248).

[40] 'Il vaut mieux dire plusieurs canaux', conseille Müller: quelques-uns servent
de communication entre la Neva et la Moïka, d'autres 'environnent les chantiers de
vaisseaux de guerre et des galères, ainsi que les magasins de l'Amirauté' (Š, p.268).

429

romains, soit réformés, soit luthériens: [41] ce sont cinq temples
élevés à la tolérance, [42] et autant d'exemples donnés aux autres   135
nations. Il y a cinq palais; l'ancien que l'on nomme celui d'Eté,
situé sur la rivière de Neva, est bordé d'une balustrade immense
de belles pierres, tout le long du rivage. Le nouveau palais d'Eté
près de la porte triomphale, est un des plus beaux morceaux
d'architecture qui soient en Europe; [43] les bâtiments élevés pour   140
l'Amirauté, pour le corps des cadets, pour les collèges impériaux,
pour l'Académie des sciences, la Bourse, le magasin des marchandises, celui des galères, sont autant de monuments magnifiques. [44]

138-139   59*: palais d'Eté $^{W\uparrow}$élevé$^{+}$ près de la porte triomphale, <est> ^{W}qui
n'existe plus est^{+} un

[41] Selon la 'Description de S. Petersbourg', la ville comptait plus de quarante
églises russes, auxquelles s'ajoutaient cinq églises luthériennes, trois églises réfor-
mées, et une église catholique (MS 6-9, f.379v-380r).

[42] Sur la 'pleine liberté de conscience' établie par Pierre le Grand, voir Fontenelle
(iii.223). Weber la rappelait également (ii.81-82). La relative tolérance religieuse
des Russes date d'avant le tsar réformateur; voir par exemple Margeret, *Etat de
l'empire de Russie* (1607), éd. A. Bennigsen (Paris 1983), p.56. Mais les catholiques,
avant le début du dix-huitième siècle, ne pouvaient pratiquer leur culte en Russie,
comme l'observent la plupart des voyageurs.

[43] 'Il n'y a [...] aucune balustrade de belles pierres le long du rivage', corrige
Müller. 'Le nouveau palais d'été est peut-être le plus vaste bâtiment de bois qu'il y
ait, mais ce serait trop que d'en faire un des plus beaux morceaux d'architecture que
ce soit en Europe. Il est bâti sur un rez-de-chaussée de briques'. Quant à la 'porte
triomphale', elle n'existe plus: 'Elle était bâtie de bois pour l'entrée publique de Sa
Majesté Impériale à son retour de Moscou; on l'a ôtée il y a longtemps' (Š, p.268-
69); cf. la version corrigée de 59*. La 'Description de S. Petersbourg' rapportait
effectivement que le Palais d'Eté, sur la Fontanka, n'était que de bois, 'appuyé sur
des sortes de briques'. Elle ne disait rien du 'nouveau château Impérial', que l'on
construisait sur le bord de la Neva, à la place de l'ancien Palais d'Hiver (MS 6-9,
f.378v).

[44] 'La bourse, le magasin des galères, celui pour les provisions de la Cour, la
maison de la police, sont tous des bâtiments spacieux, mais ils ne sont pas d'une
architecture à mériter le nom de monuments magnifiques', proteste Müller. 'Il n'y
a point d'arsenal bâti de pierre. Les casernes pour les gardes ne sont que des maisons
de bois' (Š, p.269).

La maison de la police, celle de la pharmacie publique, où tous les
145 vases sont de porcelaine;[45] le magasin pour la cour, la fonderie,
l'arsenal, les ponts, les marchés, les places, les casernes pour
la garde à cheval, et pour les gardes à pied, contribuent à
l'embellissement de la ville, autant qu'à sa sûreté.[46] On y compte
actuellement quatre cent mille âmes.[47] Aux environs de la ville
150 sont des maisons de plaisance, dont la magnificence étonne les
voyageurs: il y en a une dont les jets d'eau sont très supérieurs à

[45] Voir MS 6-9, f.378ν. L'apothicairerie située dans la citadelle, une des plus belles
qu'on puisse voir, selon Weber, contenait des vases qui étaient tous 'de la plus belle
porcelaine de la Chine' et valaient plusieurs milliers de roubles (ii.13). Fontenelle
situe cette 'apoticairerie publique' à Moscou (iii.218), ainsi que Rousset de Missy,
qui la décrit longuement comme 'un des plus grands ornements' de la ville et 'un
des plus beaux établissements' du règne de Pierre Ier, avec le grand nombre de ses
pots, qui sont tous de porcelaine de Chine (iii.53-54).

[46] Lomonossov trouvait que Voltaire n'avait pas bien décrit Pétersbourg (Š,
p.267-68). Quant à Müller, il critique en détail, on l'a vu, cette description fantaisiste.
Mais Voltaire ne changea rien à son texte. La 'Description de S. Petersbourg'
mentionnait pourtant honnêtement le grand nombre de maisons et de bâtiments en
bois et en briques qui subsistaient dans la capitale. Peut-être Voltaire a-t-il été
influencé par Weber, qui affirmait que Pétersbourg comptait une trentaine de palais
de pierre sur le quai de la Neva (ii.26) et annonçait d'entrée de jeu que la nouvelle
capitale était 'une des merveilles du monde' (i.1-2). Toutefois, il ne s'est apparemment
pas inspiré de cette longue description de 88 pages. Dans son article 'Pétersbourg'
de l'*Encyclopédie*, Jaucourt reprend presque textuellement certains passages de
Voltaire, avec ses erreurs. Mais il n'idéalise pas la capitale: les bâtiments (bourse,
etc.) ne sont plus des monuments 'magnifiques' mais simplement 'utiles'. La ville
semble une des plus belles d'Europe, mais 'on est bien désabusé quand on la voit
de près': l'architecture est 'bâtarde', les palais sont 'de mauvais goût, mal construits
et mal entretenus'. En s'inspirant peut-être de Weber, Jaucourt signale maints
inconvénients de la ville, où les inondations et les incendies sont fréquents. Son
article se termine d'ailleurs par un portrait fort négatif de Pierre le Grand.

[47] Chiffre sans doute exagéré. 'Plus de trois cent mille', avançait Voltaire dans sa
lettre à Darget du 5 octobre 1757 (D7412). Trois cent mille, selon Jaucourt, dans
l'article 'Pétersbourg' de l'*Encyclopédie*. Ce sera aussi la population de Moscou à la
fin du dix-huitième siècle. Dans ses *Lettres sur la Russie* (Londres 1769), écrites en
1739, Algarotti donnait un chiffre bien inférieur pour Pétersbourg: 120 000 habitants
(p.107). Plusieurs Français qui ont voyagé en Russie ont assuré Fréron que la ville
ne comptait pas plus de 100 000 âmes en 1760 (*L'Année littéraire*, 1760, vii.299).

431

ceux de Versailles.[48] Il n'y avait rien en 1702, c'était un marais impraticable. Pétersbourg est regardé comme la capitale de l'Ingrie, petite province conquise par Pierre premier. Vibourg conquis par lui,[49] et la partie de la Finlande, perdue et cédée par la Suède en 1742,[50] sont un autre gouvernement.

155

ARCANGEL

Plus haut en montant au nord, est la province d'Arcangel, pays entièrement nouveau pour les nations méridionales de l'Europe.[51] Il prit son nom de St Michel l'Archange, sous la protection duquel il fut mis,[52] longtemps après que les Russes eurent reçu le christianisme,[53] qu'ils n'ont embrassé qu'au commencement du

160

[48] Les jets d'eau de Peterhof (aujourd'hui Petrodvoretz) 'surpassent de beaucoup ceux de Versailles et de Saint-Cloud' ('Description de Petersbourg', MS 6-9, f.380v). Lomonossov et Müller auraient aimé que Voltaire insistât plus sur les 'magnifiques maisons de plaisance' de Pierre à Peterhof et Tsarskoïé Selo (Š, p.268, 269). Elles sont décrites dans le MS 6-9, f.380.

[49] Vyborg, au nord-ouest de Pétersbourg, sur le golfe de Finlande, cédée par la Suède à la Russie au traité de Nystad, en 1721.

[50] En 1743, corrige Müller (Š, p.269). C'est en 1744 qu'Elisabeth créa les gouvernements de Vyborg et d'Orenbourg (Š, p.173). Voltaire négligea cette petite erreur de date.

[51] 'Dans la province de la Dvina où se trouve actuellement Arkhangelsk, les Danois et d'autres peuples du Nord commerçaient il y a mille ans et plus', remarque Lomonossov, qui renvoie à Snorri Sturluson, l'auteur islandais du douzième siècle (Š, p.269). Quant à Müller, il objecta: 'Il avait été connu depuis plusieurs siècles sous le nom de Biarmie' (Š, p.270). Voltaire ne corrigea pas, ce qui suscita une réaction brutale de Müller: 'Il semble que M. de Voltaire n'ait écrit son histoire que pour nier les faits les plus connus [...] Quoi l'ancienne Biarme est un pays nouveau?' Voltaire répliqua qu'on appelle pays nouveau celui qui, peu connu, sort enfin de son obscurité (Je, 1er décembre 1762, app. x, l.272-274 et n.d).

[52] Remarques de Müller: il y avait deux couvents à Arkhangelsk, l'un dédié à saint Nicolas, l'autre à l'archange saint Michel. C'est ce dernier qui a donné son nom à la ville. La coutume de mettre des villes sous la protection des saints est absolument inconnue en Russie (Je, 1er décembre 1762, app. x, l.274-286).

[53] Cela paraît déplacé ici, observe Müller (Š, p.270).

onzième siècle. [54] Ce ne fut qu'au milieu du seizième que ce pays fut connu des autres nations. [55] Les Anglais en 1533 [56] cherchèrent un passage par les mers du Nord et de l'Est, pour aller aux Indes orientales. Chancelor, capitaine d'un des vaisseaux équipés pour cette expédition, découvrit le port d'Arcangel dans la mer Blanche. [57] Il n'y avait dans ce désert qu'un couvent avec la petite église de St Michel l'Archange. [58]

De ce port ayant remonté la rivière de la Duina, les Anglais arrivèrent au milieu des terres, et enfin à la ville de Moscou. Ils se rendirent aisément les maîtres du commerce de la Russie, qui de la ville de Novogorod, où il se faisait par terre, fut transporté à ce port de mer. Il est à la vérité inabordable sept mois de l'année: [59]

171   K: Russie, lequel de
172-173   59*: transporté ᵂ↑en partie⁺ à ce port

[54] En fait la conversion officielle des Russes, sous le grand-prince de Kiev Vladimir, remonte à 988 (Voltaire donne d'ailleurs plus loin la date de 987). Mais il y eut longtemps des résistances du paganisme populaire au christianisme.

[55] Avant le seizième siècle, la Russie du Nord était effectivement très peu connue en Europe occidentale, sauf des Scandinaves (voir ci-dessus, n.51).

[56] En 1553, rectifie justement Müller (Š, p.271). Voltaire donne la bonne date dans l'*Essai sur les mœurs*, ch.119 (ii.139). Mais ici, il ne corrigea pas.

[57] Ils abordèrent d'abord à Saint-Nicolas, petit couvent à l'embouchure de la Dvina, observe Müller. Le couvent d'Arkhangelsk, où on a depuis bâti la ville, était situé de 70 à 80 verstes plus haut sur cette rivière (Š, p.271). Richard Chancellor effectua un second voyage en Russie en 1555-1556. Le port d'Arkhangelsk ne fut construit qu'en 1583.

[58] Ce n'était pas un désert, objecte avec raison Müller: il y avait la ville de Kholmogory et plusieurs villages. Voltaire a suivi Olearius (voir app. VII, l.26-30; app. VIII, l.42-43).

[59] C'est une nouvelle branche de commerce qui fut établie à Arkhangelsk, corrige Müller: Novgorod conserva le sien pour Narva et Revel (Š, p.271). Voltaire avait suivi Olearius (voir app. VII, l.31-32). Il ne rectifia pas. Mais il avait d'abord écrit que le port était 'inabordable neuf mois de l'année'. A la suite d'une remarque de Lomonossov (Š, p.160 et 271), il a réduit à sept mois la période pendant laquelle il est bloqué par les glaces (le marin Jean Sauvage ne comptait que sur trois mois à trois mois et demi de libre accès).

433

cependant il fut beaucoup plus utile que les foires de la grande
Novogorod, tombées en décadence par les guerres contre la   175
Suède. [60] Les Anglais obtinrent le privilège d'y commercer sans
payer aucun droit, [61] et c'est ainsi que toutes les nations devraient
peut-être négocier ensemble. Les Hollandais partagèrent bientôt
le commerce d'Arcangel, qui ne fut pas connu des autres peuples. [62]

Longtemps auparavant, les Génois et les Vénitiens avaient établi   180
un commerce avec les Russes par l'embouchure du Tanaïs, où ils
avaient bâti une ville appelée Tana: [63] mais depuis les ravages de

---

181-182   59*:   Tanaïs, où <ils> [W]les génois[+] avaient [...] Tana<:> [W↑]près de
l'ancienne Tanaïs où les grecs établirent un comptoir, de temps imêmorial mais[+]
depuis les

---

[60] Après de longues guerres contre la Pologne et la Suède, Ivan IV dut rendre ses
conquêtes en Livonie. Il avait échoué dans ses efforts pour établir des relations avec
l'Occident par la Baltique. Le commerce de 'Novgorod la Grande' en souffrit. Mais
le déclin de la ville-Etat s'était amorcé depuis longtemps, avant même d'être annexée
par Moscou en 1478.

[61] Müller fait observer que ce privilège fut ensuite aboli: les Anglais durent payer
comme les autres les droits de dix pour cent. L'ambassadeur Carlisle tenta de faire
rétablir la franchise, sans succès (Š, p.272).

[62] La relation de Jean Sauvage était alors inédite. Seuls, A. Thevet et quelques
marchands en avaient lu des copies en 1586. Elle ne sera publiée qu'au dix-neuvième
siècle (voir M. Mervaud, 'Un Normand en Russie au XVIᵉ siècle: le voyage du
Dieppois Jean Sauvage', *Etudes normandes*, 1986, nᵒ 2, p.38-52, et une édition
critique du texte de J. Sauvage dans M. Mervaud et J.-C. Roberti, *Une infinie
brutalité: l'image de la Russie dans la France des XVIᵉ et XVIIᵉ siècles*, Paris 1991,
p.75-83). L'article 'Archangel' de l'*Encyclopédie* précisait que les Français, les
Suédois, les Danois et 'ceux de Hambourg et de Brême' ont des correspondants à
Arkhangelsk.

[63] Sont-ce les Vénitiens ou les Génois qui ont fondé Tana? A cette question de
Voltaire à Chouvalov le 1ᵉʳ août 1758, les Russes répondirent que la ville de Tanaïs
avait été bâtie par les Grecs et que les Génois l'avaient prise aux nomades Polovtses
avant l'invasion tatare. Puis la ville fut conquise par les Turcs (app. V, l.91 ss.).
Apparemment peu satisfait de cette longue mise au point, Voltaire attribua la
construction de Tana aux Génois et aux Vénitiens (cf. app. VII, l.33-40). Müller lui
fit remarquer que les Vénitiens n'eurent aucune part à ce commerce (Š, p.272).
Avec le déclin du monde grec, Tanaïs (ancien nom d'Azov) avait perdu toute
importance au moyen âge. En 1316, les marchands génois, relayés par les Vénitiens

434

185 Tamerlan dans cette partie du monde, cette branche du commerce des Italiens avait été détruite; celui d'Arcangel a subsisté avec de grands avantages pour les Anglais et les Hollandais, jusqu'au temps où Pierre le Grand a ouvert la mer Baltique à ses Etats. [64]

LAPONIE RUSSE, [65]

Du gouvernement d'Arcangel.

A l'occident d'Arcangel, et dans son gouvernement, est la Laponie russe, troisième partie de cette contrée; les deux autres appartiennent à la Suède, et au Dannemarck. [66] C'est un très grand pays,

---

en 1332, lui redonnèrent vie en établissant un comptoir appelé Tana. Tamerlan la détruisit en 1395. Reconstruite par les Génois, elle fut conquise par les Turcs en 1471. Pierre le Grand tenta à plusieurs reprises d'arracher Azov aux Turcs. La ville ne devint définitivement russe qu'en 1739.

[64] Müller observe que le commerce d'Arkhangelsk subsiste encore, bien qu'il soit moins florissant depuis que la plus grande partie en a été transférée à Pétersbourg (Š, p.272). Les *Considérations sur l'état de la Russie sous Pierre le Grand*, envoyées par Frédéric de Prusse à Voltaire en 1737, notaient que le commerce d'Arkhangelsk avait chuté depuis la création de Pétersbourg, sauf pour le bois, le goudron et l'huile de baleine. Des droits plus élevés avaient frappé Arkhangelsk pour favoriser le commerce de Pétersbourg (app. III, v.382-414). Le nombre de navires entrés chaque année dans le port d'Arkhangelsk tomba de 150 pour la période 1716-1720 à 50 pour la période 1721-1725 (Portal, p.102).

[65] Le 1er août 1758, Voltaire rappelait à Chouvalov qu'il avait vu vingt ans auparavant chez le roi Stanislas deux Lapons probablement de pure race: 'Leur taille était de trois pieds et demi, leur visage plus large que long, des yeux très petits, des oreilles immenses' (D7811). Voltaire formulait à cette occasion deux hypothèses: que les Lapons et les Samoyèdes s'étaient ordinairement mélangés aux autres nations, mais qu'ils étaient faits pour leur climat, comme leurs rennes, et donc autochtones; voir l'objection n° 6 et la réponse des Russes, qui se contentent de renvoyer à l'extrait du 'Mémoire' sur les Lapons et les Samoyèdes qu'ils ont fait parvenir à Voltaire (app. v, l.167-184). C'est en fait en 1748 que Voltaire a vu les deux Lapons offerts par Charles XII à Stanislas Leszczynski. Rappelons aussi que le sort des deux Lapones amenées à Paris par Maupertuis l'a beaucoup amusé.

[66] Les traités de Täyssinä (1595) et de Knäred (1613) ont confirmé le partage politique de la Laponie entre la Suède, le Danemark et la Russie.

qui occupe environ huit degrés de longitude, et qui s'étend en   190
latitude du cercle polaire au cap Nord. Les peuples qui l'habitent
étaient confusément connus de l'antiquité, sous le nom de Troglo-
dites et de Pygmées septentrionaux;[67] ces noms convenaient en
effet à des hommes hauts pour la plupart de trois coudées, qui
habitent des cavernes: ils sont tels qu'ils étaient alors, d'une couleur   195
tannée, quoique les autres peuples septentrionaux soient blancs;
presque tous petits,[68] tandis que leurs voisins et les peuples

195   59*:   habit<ent>^{W}aient

[67] Dans l'*Essai sur les mœurs*, ch.119, Voltaire précisait que la Laponie avait été
désignée ainsi par Strabon, *Rerum geographicarum*, VII.318 et XI.506 (ii.140). Mais
c'est une erreur: les Troglodytes dont parle Strabon ne vivent pas en Laponie, mais
au Caucase et au sud du Danube.

[68] Müller observe que les Lapons sont moins petits que ne le dit Voltaire, et à
peu près de la même taille que les Samoyèdes et les Finnois. Comme Lomonossov,
il remarque qu'ils sont blancs, et que leur 'couleur tannée' est due à l'huile de
poisson dont ils s'enduisent le visage et le corps, en s'exposant au soleil. Ils ne
vivent pas dans des cavernes, dit Müller, mais dans des cabanes transportables
couvertes d'écorce ou de peaux de rennes et d'élans. Lomonossov explique leur
faiblesse physique relative (à quatorze ans il dominait à la lutte des Lapons de trente
ans) par leur nourriture composée presque exclusivement de poisson, et témoigne
que, pour en avoir vues nues, les Lapones ont la peau plus blanche que le
cabillaud qu'elles mangent (Š, p.272-74). Les Lapons sont effectivement des blancs
brachycéphales et de taille au-dessous de la moyenne. Müller renvoyait de nouveau
à l'extrait du 'Mémoire' adressé à Voltaire, et dont l'auteur avait passé plusieurs
années parmi ces peuples du Nord (Š, p.274). Ce 'Mémoire' a été publié ensuite à
Königsberg en 1762. L'auteur de cet ouvrage de 112 pages, *Mémoire sur les
Samoyèdes et les Lapons*, est Timothée Merzahn von Klingstöd. Une traduction
allemande avait paru à Hambourg en décembre 1761 sans l'autorisation de l'auteur,
comme nous l'apprend la préface de l'éditeur. L'extrait envoyé à Voltaire ne
comprend que quatre feuillets manuscrits: le début coïncide avec la page 17 du texte
imprimé. Merzahn von Klingstöd, qui a effectué un 'assez long séjour à Archangel'
et dans la région (p.9), rappelle que son *Mémoire* a été envoyé à Voltaire. Mais,
comme Müller, il constate que 'cet illustre auteur n'en a fait qu'un usage fort
superficiel'. Et il observe que Büsching va encore plus loin, en faisant le même
reproche au sujet de tous les documents que Chouvalov a fournis à Voltaire (p.8-
12). Merzahn avait sans doute raison. Il montre par exemple que les Lapons et les
Samoyèdes ne sont pas si petits que le prétend Voltaire. Il y en a même qui ont la

d'Islande sous le cercle polaire, sont d'une haute stature; ils semblent faits pour leur pays montueux, agiles, ramassés, robustes;
200 la peau dure, pour mieux résister au froid; les cuisses, les jambes déliées; les pieds menus, pour courir plus légèrement au milieu des rochers dont leur terre est toute couverte; aimant passionnément leur patrie, qu'eux seuls peuvent aimer; et ne pouvant même vivre ailleurs. On a prétendu, sur la foi d'Olaüs, que ces peuples
205 étaient originaires de Finlande, et qu'ils se sont retirés dans la Laponie, [69] où leur taille a dégénéré. Mais pourquoi n'auraient-ils pas choisi des terres moins au nord, où la vie eût été plus commode? Pourquoi leur visage, leur figure, leur couleur, tout, diffère-t-il entièrement de leurs prétendus ancêtres? Il serait peut-être aussi
210 convenable de dire que l'herbe qui croît en Laponie, vient de l'herbe du Dannemarck, et que les poissons particuliers à leurs lacs viennent des poissons de Suède. Il y a grande apparence que les Lapons sont indigènes, [70] comme leurs animaux sont une

---

taille requise pour les recrues de l'armée: deux archines et quatre verchoks, soit environ 1 mètre 60 ('Mémoire abrégé sur les Sämojedes et les Lappons', MS 6-8, f.374r; *Mémoire* imprimé, p.47-48).

[69] Olaus Magnus (Olof Månsson), prêtre et diplomate suédois (1490-1557), est l'auteur de *Historia de gentibus septentrionalibus* (1555). Voltaire ne possédait pas cet ouvrage, mais avait l'*Histoire de la Laponie, sa description, l'origine, les mœurs, la manière de vivre de ses habitants, leur religion, leur magie, et les choses rares du pays* de Johann Gerhard Scheffer, traduite du latin (Paris 1678; BV3113). Scheffer cite abondamment Olaus Magnus et pense également que les Lapons 'tirent vraisemblablement leur origine des Finnons ou Finlandais' et ont été contraints de quitter la 'Finonie' par un capitaine nommé Mathias Kurk (p.19-22). Salomon Varnesobre, directeur de la Compagnie impériale du Groenland à Kola vers 1730, rapporte que des Lapons âgés prétendent descendre des Samoyèdes (An, Marine, 2 JJ 72, XIX, II, 2).

[70] Müller avance au contraire que les Lapons peuvent avoir été forcés par leurs voisins de partir vers le nord: 'Ce n'est pas avec les hommes comme avec les herbes et les poissons' (Š, p.274). Voltaire semble avoir pourtant raison. Il développait la même argumentation dans l'*Essai sur les mœurs* (ii.140-41) pour réfuter Buffon qui, dans son *Histoire naturelle*, range les Lapons dans la même espèce que les Samoyèdes. Dans l'article 'Laponie' de l'*Encyclopédie*, Jaucourt se rallie à l'avis de Voltaire en se référant à l'*Essai sur les mœurs*. John Perry estimait comme Pierre le Grand que les peuples des contrées septentrionales provenaient de l'Amérique, à une époque

production de leur pays, que la nature les a faits les uns pour les autres. 215

Ceux qui habitent vers la Finlande ont adopté quelques expressions de leurs voisins, ce qui arrive à tous les peuples. Mais quand deux nations donnent aux choses d'usage, aux objets qu'elles voient sans cesse, des noms absolument différents, c'est une grande présomption qu'un de ces peuples n'est pas une colonie de l'autre. 220 Les Finlandais appellent un ours *karu*, et les Lapons *muriet*: le soleil en finlandais se nomme *auringa*, en langue lapone *beve*. Il n'y a là aucune analogie. [71] Les habitants de Finlande et de la Laponie suédoise ont adoré autrefois une idole qu'ils nommaient Iumalac; et depuis le temps de Gustave-Adolphe, auquel ils doivent 225 le nom de luthériens, ils appellent Jésus-Christ le fils d'Iumalac. [72]

---

214 59, 65: pays, et que la

---

où le froid était moins excessif, 'sans cela il n'y a guère d'apparence que des hommes eussent choisi un climat si stérile et si sauvage' (p.67).

[71] Müller remarque au contraire qu'on trouve quantité de mots qui sont les mêmes en finnois et en lapon, et renvoie à Scheffer (Š, p.275). Les noms finnois *aurinko* et *karhu* sont effectivement différents des noms lapons correspondants, comme quinze autres noms cités par Scheffer (p.154). Mais ce dernier, qui juge probable la parenté du finnois et du lapon, commence par donner une liste de 32 noms semblables (dont Iumala: Dieu) à l'appui de sa thèse sur l'origine finnoise des Lapons (p.151-52). Guillaume Delisle notait aussi que les deux langues ont beaucoup de rapport (An, Marine, 2 JJ 72). Effectivement, le lapon est proche des langues finnoises et fait partie comme elles des langues ouraliennes. Merzahn von Klingstöd tirait argument de cette 'affinité': 'leur langage ayant beaucoup de raport à celui des Finnois, au lieu qu'il diffère entièrement de la langue Samojede, sert de preuve évidente, que ce n'est qu'aux premiers nommés que cette nation doit son origine' (MS 6-8, f.374*v*). Dans la version imprimée, il assure de même: 'ce n'est qu'aux Finnois que les Lappons doivent leur origine' (p.48-49).

[72] Voltaire n'a pas tenu compte de l'observation de Müller: *Jumala* (et non *Iumalac*) en lapon 'signifie Dieu, Etre suprême, et n'est rien moins qu'une idole' (*Je*, 1er décembre 1762; app. x, l.295-297; cf. app. VII, l.54-56). Selon Strahlenberg, la Femme d'or, ancienne divinité païenne des Finnois, a été adorée 'sous le nom de *Jumala* ou *Gumala*, qui est le même nom que cette nation donne aujourd'hui au vrai Dieu' (i.312-13). A l'article 'Jumala', l'*Encyclopédie*, en 1765, expliquera de même que c'est la divinité suprême des Lapons.

Les Lapons moscovites sont aujourd'hui censés de l'Eglise grecque;
mais ceux qui errent vers les montagnes septentrionales du cap
Nord, se contentent d'adorer un Dieu sous quelques formes
230 grossières, ancien usage de tous les peuples nomades. [73]

Cette espèce d'hommes peu nombreuse [74] a très peu d'idées, et
ils sont heureux de n'en avoir pas davantage; car alors ils auraient
de nouveaux besoins qu'ils ne pourraient satisfaire; ils vivent
contents et sans maladies, en ne buvant guère que de l'eau dans le
235 climat le plus froid, et arrivent à une longue vieillesse. [75] La
coutume qu'on leur imputait de prier les étrangers de faire à leurs
femmes et à leurs filles l'honneur de s'approcher d'elles, vient
probablement du sentiment de la supériorité qu'ils reconnaissaient
dans ces étrangers, en voulant qu'ils pussent servir à corriger les
240 défauts de leur race. [76] C'était un usage établi chez les peuples

[73] Merzahn von Klingstöd signale qu'un petit nombre de familles lapones établies
sur les frontières sont la seule race de Lapons qui n'ait pas encore embrassé le
christianisme (MS 6-8, f.374v; *Mémoire* imprimé, p.54).

[74] Selon Varnesobre, ils étaient autrefois plusieurs milliers, mais en 1730 il n'y
avait plus que 1313 hommes, et, 'si l'on continue à leur faire paier ce qu'ils paient
journellement, ils périront tous' (An, Marine, 2 JJ 72, XIX, II.4). Merzahn von
Klingstöd ne comptait lui aussi qu''environ douze cent familles Lappones' (MS 6-8,
f.373r; '1200' dans le *Mémoire* imprimé, p.20). Actuellement, ils sont environ 2000
dans la presqu'île de Kola, sur un total d'environ 36 500.

[75] Varnesobre a trouvé beaucoup d'hommes et de femmes 'qui avaient passé l'âge
de 100 ans' (An, Marine, 2 JJ 72, XIX, II.2).

[76] 'Jamais Lapon n'offrit sa femme aux étrangers', proteste Müller (*Je*, 1er
décembre 1762, app. X, l.296). Voltaire a lu le *Voyage en Laponie* de Regnard (voir
app. VII, l.59) dont les *Œuvres* figurent dans sa bibliothèque (BV2918). Regnard
affirme que les Lapons partagent leurs femmes avec les étrangers. Merzahn von
Klingstöd considère comme un 'tissu de fables' tout ce qu'on lit dans plusieurs
relations sur la polygamie des Lapons ou 'leur facilité à accorder ou même à offrir
leurs femmes aux étrangers qui passent par leur païs' (*Mémoire* imprimé, p.55-56).
Le texte manuscrit jugeait sans fondement, non seulement la pluralité des femmes,
mais 'leur coutume de s'allier sans avoir la moindre attention pour les liaisons du
sang', sauf peut-être chez un petit nombre de Lapons sauvages (MS 6-8, f.374v-
375r). Scheffer nie que les Lapons offrent leurs femmes aux étrangers, même si telle
était peut-être la coutume 'aux premiers siècles' (*Histoire de la Laponie*, p.274-75).
Voir aussi les fantasmes sur les filles prêtées chez les sauvages, au dix-huitième
siècle (Diderot, *Supplément au voyage de Bougainville*, sur les mœurs de Tahiti).

439

vertueux de Lacédémone. Un époux priait un jeune homme bien fait de lui donner de beaux enfants qu'il pût adopter. La jalousie et les lois empêchent les autres hommes de donner leurs femmes: mais les Lapons étaient presque sans lois, et probablement n'étaient point jaloux. [77]

245

MOSCOU

Quand on a remonté la Duina du nord au sud, on arrive au milieu des terres à Moscou la capitale de l'empire. Cette ville fut longtemps le centre des Etats russes, avant qu'on se fût étendu du côté de la Chine et de la Perse.

Moscou situé par le 55ᵉ degré et demi de latitude, dans un terrain moins froid et plus fertile que Pétersbourg, est au milieu d'une vaste et belle plaine, [78] sur la rivière de Moska, (*a*) et de deux autres

250

(*a*) En russe *Moskwa*. [79]

[77] Scheffer affirme au contraire que les Lapons 'sont si jaloux […] que si une femme rencontre un homme en son chemin, & qu'elle s'arrête un moment à lui parler, son mari forme aussitôt un mauvais jugement de sa fidélité'. Il rapporte qu'un Lapon ivre ayant voulu forcer la femme de son hôte fut puni (*Histoire de la Laponie*, p.274-75). La Martinière écrit de son côté que les Lapones moscovites sont belles et que, 'n'estoit qu'elles connoissent la jalousie de leurs maris, dont elles craignent la fureur, elles se prostitueroient volontiers. Cause pour laquelle ils les font retirer en un autre lieu, lorsque les étrangers arrivent' (*Voyage des pays septentrionaux dans lequel se voit les mœurs, manière de vivre, et superstitions des Norweguiens, Lappons, Kiloppes, Borandiens, Sybériens, Samojedes, Zembliens et Islandais*, Paris 1671; BV1886, p.69). Dans l'article 'Russie' de l'*Encyclopédie*, Jaucourt reprend intégralement la fin de ce passage, depuis 'les Lapons moscovites sont aujourd'hui censés de l'Eglise grecque' jusqu'à 'n'étaient point jaloux'. Dans l'article 'Laponie', il estime Voltaire supérieur à 'l'histoire mal digérée de Scheffer'. Sur les Lapons bons sauvages opposés aux Russes fourbes, voir Varnesobre, pour qui 'il seroit à souhaiter que toutes les nations de l'Europe fussent de si bonne foi que ces pauvres gens' (An, Marine, 2 JJ 72, XIX, 11.3).

[78] Lomonossov écrit que Moscou est située sur des collines et des plaines où de nombreuses villes se sont réunies en une seule (Š, p.276).

[79] Sur la position de Voltaire par rapport à l'orthographe des noms russes, voir ci-dessus, p.138-39.

440

petites[80] qui se perdent avec elle dans l'Occa, et vont ensuite
grossir le fleuve du Volga. Cette ville n'était au treizième siècle
255 qu'un assemblage de cabanes,[81] peuplées de malheureux opprimés
par la race de Gengis-Kan.

Le Cremelin(*b*) qui fut le séjour des grands-ducs, n'a été bâti
qu'au quatorzième siècle,[83] tant les villes ont peu d'antiquité dans
cette partie du monde. Ce Cremelin fut construit par des architectes
260 italiens, ainsi que plusieurs églises dans ce goût gothique, qui était
alors celui de toute l'Europe; il y en a deux du célèbre Aristote de
Bologne,[84] qui florissait au quinzième siècle; mais les maisons des
particuliers n'étaient que des huttes de bois.[85]

Le premier écrivain qui nous fit connaître Moscou, est Olea-

(*b*) En russe *Kremln*.[82]

264   59*:   Moscou ^{W↑}en détail⁺ est

---

[80] Ce sont les deux affluents de la Moskova, la Yaouza, à l'est de Moscou, et la
Neglinnaïa, actuellement couverte, à l'ouest du Kremlin. Ces deux noms étaient
mentionnés dans le MS 6-10, f.282r. Voir *Encyclopédie*, art. 'Moscou', qui compte
cent cinquante petites rivières et ruisseaux dans la ville.

[81] Müller rappelle entre autres que Daniel, fils d'Alexandre Nevski, bâtit le
Kremlin de Moscou en 1300 et que le fils de Daniel, Iouri, fit de la ville la capitale
de la Russie (Š, p.276).

[82] Plus exactement *Kreml*.

[83] Avant le quatorzième siècle, le Kremlin s'appelait *detinets*. Il fut entouré d'une
muraille en bois (1156), puis en pierre blanche (1367), et enfin en briques à la fin du
quinzième siècle.

[84] Ridolfo (dit Aristote) Fioravanti (v.1415 ou 1420-v.1486) bâtit la cathédrale de
la Dormition en 1475-1479, non 'dans le goût gothique', mais en respectant le style
byzantino-russe. Dans ses remarques au brouillon, Müller s'est demandé si l'on
devait considérer comme célèbre un architecte dont les historiens ont su si peu de
chose. Il a recopié cette observation au propre, mais l'a ensuite biffée soigneusement
(Š, p.12).

[85] Plusieurs particuliers avaient déjà des maisons de pierre au quinzième siècle,
observe Müller (Š, p.277). Au dix-septième siècle, quantité de Moscovites avaient
des maisons de pierre ou de brique (Carlisle, *Relation*, éd. 1857, p.72).

441

rius,[86] qui en 1633 accompagna une ambassade d'un duc de Holstein, ambassade aussi vaine dans sa pompe qu'inutile dans son objet.[87] Un Holstenois devait être frappé de l'immensité de Moscou,[88] de ses cinq enceintes, du vaste quartier des czars, et d'une splendeur asiatique qui régnait alors à cette cour. Il n'y avait rien de pareil en Allemagne, nulle ville à beaucoup près aussi vaste, aussi peuplée.

Le comte de Carlisle, au contraire, ambassadeur de Charles II en 1663 auprès du czar Alexis, se plaint dans sa relation,[89] de n'avoir trouvé ni aucune commodité de la vie dans Moscou, ni

265

270

[86] Sur Olearius, voir la 'Préface historique et critique', n.66. Olearius n'est pas le 'premier écrivain' qui 'nous fit connaître Moscou', comme le remarque Müller: il y en eut beaucoup d'autres (Š, p.278). Le premier fut Herberstein, dont l'ouvrage parut en 1549 en latin, puis en allemand et en italien. Voltaire ignore aussi Margeret, dont le récit, publié en 1607, avait été réédité en 1669.

[87] Pour Müller, l'objet de l'ambassade n'était pas inutile (il s'agissait d'établir le commerce avec la Perse), et la pompe était nécessaire pour faire connaître la grandeur de leur maître aux Persans (Š, p.278). Voltaire réagit en raillant cette 'chimérique ambassade' et ses 'plaisants ambassadeurs', un 'marchand fripon' et un 'docteur en droit' (app. VII, l.68-72; app. VIII, l.69-70). Le docteur en droit est Philippe Crusius, jurisconsulte et conseiller d'Etat. Quant à Brüggemann, le 'marchand fripon' de Hambourg, il outragea Olearius, qui se plaignit de lui et le fit condamner à son retour en Holstein (Olearius, *Voyages très curieux et très renommés faits en Moscovie, Tartarie et Perse*, Amsterdam 1727, i.1090-91). Selon Olearius, Brüggemann s'était signalé par ses propos offensants contre les Turcs et les Russes (i.473-75); il aurait eu le dessein de partir d'Astrakhan avec quelques amis en abandonnant le reste de la compagnie, intention qui 'n'était pas meilleure que celle de Roussel' (i.1091-92).

[88] Müller trouve que Voltaire parle avec trop de mépris de cet auteur 'dont l'érudition et les connaissances sont assez connues par ses ouvrages' (Š, p.278).

[89] *Relation de trois ambassades de monseigneur le comte de Carlisle* (Amsterdam 1670; BV2452: Amsterdam 1700). L'auteur était un membre de l'ambassade, Guy Miège. Son récit, rédigé en français, fut publié en anglais en 1669 et en français l'année suivante. Charles Howard, baron Dacre, vicomte de Morpeth, comte de Carlisle (1628-1684) devint ensuite gouverneur de la Jamaïque. Selon Müller, la comparaison entre Olearius et Carlisle ne paraît pas toujours juste: Carlisle ne parle pas si désavantageusement de Moscou que ne le dit Voltaire; s'il l'avait fait, on pourrait l'attribuer à l'échec de ses négociations (Š, p.278). A noter d'ailleurs qu'Olearius est très négatif dans ses jugements sur la Russie et les Russes.

442

275 hôtellerie dans la route, ni secours d'aucune espèce. [90] L'un jugeait comme un Allemand du Nord, l'autre comme un Anglais; et tous deux par comparaison. L'Anglais fut révolté de voir que la plupart des boyards avaient pour lit des planches, ou des bancs, sur lesquels on étendait une peau ou une couverture; [91] c'est l'usage antique de

280 tous les peuples. Les maisons presque toutes de bois étaient sans meubles, presque toutes les tables à manger sans linge, point de pavé dans les rues, [92] rien d'agréable et de commode, très peu d'artisans, encore étaient-ils grossiers, et ne travaillaient qu'aux ouvrages indispensables. Ces peuples auraient paru des Spartiates,

285 s'ils avaient été sobres.

Mais la cour dans les jours de cérémonie paraissait celle d'un roi de Perse. Le comte de Carlisle dit, qu'il ne vit qu'or et pierreries sur les robes du czar et de ses courtisans: [93] ces habits n'étaient pas fabriqués dans le pays: cependant il était évident qu'on pouvait

290 rendre les peuples industrieux, puisqu'on avait fondu à Moscou

---

276   59, 65:   Allemand, l'autre comme

---

[90] Carlisle, *Relation*, éd. 1857, p.51. Weber signalera lui aussi l'absence d'hôtelleries sur les routes (i.191). Locatelli déplorera qu'il n'y ait pas en 'Moscovie' de 'cabarets' où l'on puisse être logé et nourri (*Lettres moscovites*, Paris 1736, p.57).

[91] 'Dans ces pays du Nord, il était très rare d'avoir un lit', notait Voltaire dans l'*Essai sur les mœurs*, en se référant déjà à Carlisle (ii.751). Carlisle dit au contraire que les lits ne manquent que chez le menu peuple, et non chez les 'personnes de qualité', objecte Müller (Š, p.279; cf. Carlisle, *Relation*, éd. 1857, p.321). Jacques Jubé témoigne également que les lits sont inconnus en Russie (*La Religion, les mœurs et les usages des Moscovites*, éd. M. Mervaud, Studies 294, 1992, p.165), sauf chez les 'personnes de distinction' (p.146, 160, 212). Weber affirmait que les Russes en général n'en connaissaient pas l'usage (ii.68). La plupart des voyageurs sont frappés par cette absence de lits en Russie, jusqu'au dix-neuvième siècle. A noter que G. Miège, auteur de la Relation de Carlisle, avait habité trente ans en Angleterre, mais était Suisse.

[92] Sur les maisons de bois de Moscou et les rues pavées de rondins de sapin, voir Carlisle, *Relation*, éd. 1857, p.71.

[93] Carlisle (1700), p.340. Carlisle, éd. 1857, p.84.

longtemps auparavant, sous le règne du czar Boris Godono, [94] la plus grosse cloche qui soit en Europe, [95] et qu'on voyait dans l'église patriarcale des ornements d'argent qui avaient exigé beaucoup de soins. Ces ouvrages dirigés par des Allemands et des Italiens étaient des efforts passagers; c'est l'industrie de tous les jours, et la multitude des arts continuellement exercés, qui fait une nation florissante. La Pologne alors, et tous les pays voisins des Russes, ne leur étaient pas supérieurs. Les arts de la main n'étaient pas plus perfectionnés dans le nord de l'Allemagne, et les beaux-arts n'y étaient guère plus connus au milieu du dix-septième siècle.

Quoique Moscou n'eût rien alors de la magnificence et des arts de nos grandes villes d'Europe, cependant son circuit de vingt mille pas, [96] la partie appelée la ville chinoise, [97] où les raretés de la

295

300

299   K: l'Allemagne; les

[94] *Godounoff*, corrige Müller (Š, p.279).

[95] Elle avait vingt pieds de diamètre et quarante de hauteur. Quarante ou cinquante personnes pouvaient se ranger sous cette cloche de neuf toises de circonférence (Carlisle, *Relation*, éd. 1857, p.73). Elle faisait l'admiration des voyageurs étrangers; voir Avril, *Voyage en divers Etats d'Europe et d'Asie*, p.320; Foy de La Neuville, *Relation curieuse et nouvelle de Moscovie* (Paris 1698), p.203 (BV1372: La Haye 1699).

[96] Ce nombre est manifestement trop petit, observe Müller: il suffit à peine pour le diamètre de Moscou, long de sept verstes, soit dix mille cinq cents pas (Š, p.279; *Je*, 1er décembre 1762; app. X, l.298-300). Müller a raison sur le fond, malgré des incohérences de détail: d'après un plan de 1739, la ville atteignait 10 km d'est en ouest et 12 km du nord au sud (*Moskva, illioustrirovannaïa istoria* [*Moscou, histoire illustrée*], Moscou 1984, i.160). Moscou avait donc une circonférence d'une trentaine de kilomètres ou, comme l'indiquait le MS 6-10, un circuit qui, en comprenant les faubourgs, allait 'au delà de 30 werstes' (f.282r).

[97] *Kitaï-gorod* ne signifie pas la Ville chinoise (on trouve encore cette erreur dans des publications récentes). Les censeurs de Pétersbourg ont fait observer à Voltaire qu'il ne devait pas suivre ici ses devanciers (par exemple Weber, i.201). Or, le MS 6-10 rapporte aussi cette erreur en parlant du 'quartier chinois' (f.282v). Le 11 juin 1761, Voltaire avait écrit à Chouvalov: 'L'observateur dit, *que ce quartier portait ce nom avant qu'on eût la moindre connaissance des Chinois et de leurs marchandises* [...] comment peut on appeler quelque chose *chinois*, sans sçavoir que la Chine existe?' (D9818). Les Russes répliquèrent en prétendant que c'était Voltaire, et non

305 Chine s'étalaient; le vaste quartier du Cremelin, où est le palais des czars, quelques dômes dorés, des tours élevées et singulières, [98] et enfin le nombre de ses habitants qui monte à près de cinq cent mille; [99] tout cela faisait de Moscou une des plus considérables villes de l'univers.

Théodore, ou Fédor, frère aîné de Pierre le Grand, commença
310 à policer Moscou. Il fit construire plusieurs grandes maisons de pierre, [100] quoique sans aucune architecture régulière. Il encourageait les principaux de sa cour à bâtir, leur avançant de l'argent, et leur fournissant des matériaux. C'est à lui qu'on doit les premiers haras de beaux chevaux, [101] et quelques embellissements utiles.

---

l'observateur, qui avait parlé de 'ville chinoise', traduction fausse (Š, p.192). Le nom de *Kitaï-gorod* n'est pas lié à la Chine, mais aux Tataro-Mongols. Il vient peut-être des *K'itan*, peuple turco-mongol qui a conquis la Chine au dixième siècle (d'où *Kitaï*, nom de la Chine en russe, et *Cathay* en ancien français). Dans la carte publiée par Avril, *Kitay* signifie les Tatars (p.98). Pour Olearius, c'était la 'ville du milieu' (*Voyages très curieux*, 1727, i.149), d'un mot mongol signifiant 'milieu, moyen'. Troisième signification possible: la 'ville forte', du tatar *kitaï*, 'forteresse'. Le quartier de *Kitaï-gorod* était bâti autour du Kremlin. Edifié dès le quatorzième siècle, il s'était d'abord appelé le 'grand Faubourg' (*Bolchoï possad*). C'était le quartier des marchands et de certains boïars. Au dix-huitième siècle, il constituait l'une des quatre villes entourées de remparts dont se composait Moscou.

[98] Le MS 6-10 précisait que plusieurs églises du Kremlin étaient couvertes de cuivre doré, et que la 'fort haute muraille' qui l'entoure était 'garnie de 15 tours', dont 'la fameuse tour de saint Jean' (f.282r).

[99] Chiffre avancé par Foy de La Neuville en 1698 (*Relation curieuse et nouvelle de Moscovie*, p.178). Moscou était bien une des plus grandes villes du monde au dix-septième siècle, mais elle ne dépassait pas les 200 000 habitants (*Istoria Moskvy* [*Histoire de Moscou*], Moscou 1952, i.446). Weber, en 1725, fait état de 200 000 à 300 000 âmes (i.338-39). A la fin du dix-huitième siècle, la ville comptait 300 000 habitants (*Moskva, illioustrirovannaïa istoria*, p.164).

[100] Fedor 'fit orner la ville de Moscou de quantité de bâtimens de pierre' (Strahlenberg, i.103).

[101] Fedor avait la passion des chevaux: il 'a fait venir de Prusse quantité de chevaux entiers & de jumens de meilleure race, & il a établi différens haras […], mais ces haras ont été abandonnés après sa mort' (Strahlenberg, i.104). Fedor 'aimait à monter à cheval et à entretenir des haras', lit-on également dans le manuscrit Bn F12937, f.509.

Pierre qui a tout fait, a eu soin de Moscou, en construisant   315
Pétersbourg; il l'a fait paver; il l'a orné et enrichi par des édifices,
par des manufactures: enfin un chambellan (c) de l'impératrice
Elizabeth fille de Pierre y a été l'instituteur d'une université depuis
quelques années. [102] C'est le même qui m'a fourni tous les mémoires
sur lesquels j'écris. Il était bien plus capable que moi de composer   320
cette histoire, même dans ma langue; tout ce qu'il m'a écrit, fait
foi que ce n'est que par modestie qu'il m'a laissé le soin de cet
ouvrage.

SMOLENSKO

A l'occident du duché de Moscou, est celui de Smolensko, partie
de l'ancienne Sarmatie européenne. Les duchés de Moscovie et de   325
Smolensko, composaient la Russie blanche proprement dite. [103]
Smolensko qui appartenait d'abord aux grands-ducs de Russie, fut

(c) M. de Shouvalof.

n.c   59-w68: Showalow
321-322   59, 65: écrit, et que j'ai déposé dans la Bibliothèque publique de
Genève, fait foi

[102] Cf. MS 6-10: 'Au reste il ne faut point passer sous silence l'Université établie
à Moscou depuis quelques années. Cette fondation doit son origine à un Seigneur
de la cour que l'on doit regarder avec justice comme le Mecene de la Russie'
(f.283r). L'université de Moscou a été fondée en 1755 à l'initiative de Lomonossov
(dont elle porte le nom) et d'Ivan Chouvalov.

[103] Müller observe que Moscou et toute la Russie d'Europe faisaient aussi partie
de la 'Sarmatie européenne'. Il demande sur quelles cartes Voltaire a vu que Moscou
était située dans la Russie blanche. Réponse de Voltaire: 'sur toutes celles qui ne
sont point défectueuses'. Il prétend qu'on a donné ce nom 'à cause de la grande
quantité de neige qui la couvre presque dans tous les temps de l'année'! Et il renvoie
à Paul Jove et à 'presque tous les écrivains qui ont parlé de ce pays' (app. x, l.303-
304 et n.f). Le nom de 'Russie blanche' vient peut-être des cheveux très blonds et
des vêtements blancs de ses habitants.

conquise par le grand-duc de Lithuanie au commencement du quinzième siècle, reprise cent ans après par ses anciens maîtres. [104]

330 Le roi de Pologne Sigismond III s'en empara en 1611. Le czar Alexis, père de Pierre, la recouvra en 1654; [105] et depuis ce temps elle a fait toujours partie de l'empire de Russie. Il est dit dans l'éloge du czar Pierre prononcé à Paris dans l'Académie des Sciences, [106] que les Russes avant lui n'avaient rien conquis à

335 l'occident et au midi: il est évident qu'on s'est trompé.

DES GOUVERNEMENTS DE NOVOGOROD, ET DE KIOVIE OU UKRAINE

Entre Pétersbourg et Smolensko est la province de Novogorod. On dit que c'est dans ce pays que les anciens Slaves, ou Slavons, firent leur premier établissement. [107] Mais d'où venaient ces Slaves, dont la langue s'est étendue dans le nord-est de l'Europe? *Sla*

340 signifie un chef, et *esclave* appartenant au chef. [108] Tout ce qu'on

340   59*: signifi$<$e$>^{W\uparrow}$ait dit-on$^+$ un chef

[104] Müller objecte qu'il faudrait dire 'à la fin du XIVe siècle': en 1396, Smolensk fut conquise par Vitold, grand-duc de Lithuanie. Vassili III la reprit en 1514 (Š, p.280). En fait, Vitold conquit deux fois Smolensk, en 1395 et en 1404, si bien que Müller et Voltaire ont raison tous les deux, comme le remarque Šmurlo (p.169, n.1).

[105] Tout ce passage est repris presque textuellement par Jaucourt dans son article 'Smolensko' de l'*Encyclopédie*.

[106] Fontenelle, iii.185.

[107] Le premier 'établissement' des Slaves n'est pas situé dans la région de Novgorod. Leur habitat primitif, au deuxième millénaire avant notre ère, était peut-être le sud et le sud-est de la Pologne actuelle, mais la question est controversée. Par 'Slaves', Voltaire entend peut-être ici les ancêtres des Slaves orientaux.

[108] En fait, le mot *esclave*, attesté dès le treizième siècle, vient de *sclavus*, variante de *slavus*, de nombreux Slaves ayant été réduits en esclavage. Quant au mot *Slaves*, Müller le fait dériver du russe *slava*, la gloire, et renvoie à 'l'excellent ouvrage' de Johann Christoph von Jordan, *De originibus Slavicis, opus chronologico-geographico-historicum* (Vindobonae 1745), qui selon lui éclaire la question posée par Voltaire (app. x, l.305-308). Bassewitz indique que le mot *Slave* signifie 'louange' (MS 3-3, f.70r). Apparu au dix-septième siècle sous la forme *Sclaves*, le mot *Slaves* correspond au russe *Slavianié*, qui n'a pas d'étymologie sûre.

sait de ces anciens Slaves, c'est qu'ils étaient des conquérants. Ils bâtirent la ville de Novogorod la grande, située sur une rivière navigable dès sa source,[109] laquelle jouit longtemps d'un florissant commerce, et fut une puissante alliée des villes hanséatiques. Le czar Ivan Basilovis (d) la conquit en 1467, et en emporta toutes les richesses, qui contribuèrent à la magnificence de la cour de Moscou,[110] presque inconnue jusqu'alors. 345

Au midi de la province de Smolensko, vous trouvez la province de Kiovie, qui est la petite Russie, la Russie rouge ou l'Ukraine,[111] traversée par le Dnieper, que les Grecs ont appelé Boristhène. 350 La différence de ces deux noms, l'un dur à prononcer, l'autre mélodieux, sert à faire voir, avec cent autres preuves, la rudesse

(d) En russe *Iwan Wassiliewitsch*.

345 59*: czar ᵂ↑ou grand-duc⁺ Ivan [...] en 14<67>ᵂ81
      65: Basilovitz
349 63 avis: Russie, avec une partie de la Russie rouge ou

[109] Müller remarque qu''une rivière navigable dès sa source est une énigme' et qu'en fait Novgorod est bâtie sur le Volkhov à l'endroit où il sort du lac Ilmen (Š, p.282).

[110] Lomonossov et Müller ont fait observer à Voltaire (Š, p.281) qu'il confondait le tsar Ivan Vassilievitch (Ivan IV le Terrible) avec son grand-père, le grand-prince Ivan Vassilievitch (Ivan III). En fait, Voltaire ne confond pas les deux souverains, qui portent le même prénom et le même patronyme, et qui sont ainsi désignés traditionnellement en Russie et par les voyageurs étrangers; mais il qualifie de *tsar* le *grand-prince* Ivan III. Il les distingue bien par la suite, mais par des prénoms et patronymes différents, d'où l'incohérence que lui reprocheront les Russes. Ivan III a conquis Novgorod en 1478 (et non en 1467). Müller objecte que la magnificence était 'assez connue à la cour de Moscou avant les dépouilles des Novgorodiens' (Š, p.282). Voltaire ne modifia pas son texte.

[111] Observation pertinente de Müller: la petite Russie est bien différente de la rouge, qui appartient à la Pologne. La province de Kiev est située dans la petite Russie, qui comprend aussi quelques provinces qui font partie de la Pologne (Š, p.282). Voltaire a modifié ainsi son texte dans l'avis 'Au lecteur' de 63 (voir variante). Mais 65 reprend le texte de 1759.

de tous les anciens peuples du Nord et les grâces de la langue grecque. La capitale Kiou, autrefois Kisovie, [112] fut bâtie par les empereurs de Constantinople, qui en firent une colonie: on y voit encore des inscriptions grecques de douze cents années: [113] c'est la seule ville qui ait quelque antiquité [114] dans ces pays où les hommes ont vécu tant de siècles sans bâtir des murailles. Ce fut là que les grands-ducs de Russie firent leur résidence dans le onzième siècle, [115] avant que les Tartares asservissent la Russie.

Les Ukrainiens, qu'on nomme Cosaques, sont un ramas d'anciens Roxelans, de Sarmates, de Tartares réunis. [116] Cette contrée faisait partie de l'ancienne Scythie. Il s'en faut beaucoup que Rome et Constantinople, qui ont dominé sur tant de nations, soient des pays comparables pour la fertilité à celui de l'Ukraine. La nature s'efforce d'y faire du bien aux hommes; mais les hommes n'y ont pas secondé la nature, vivant des fruits que produit une terre aussi

355

360

365

367   59*: vivant ᵂ↑pendant plusieurs siècles⁺ des

[112] Voltaire a maintenu ce terme de Kisovie, malgré la critique de Pétersbourg; cf. la lettre à Chouvalov du 11 juin 1761 (D9818).

[113] Grossière erreur de Voltaire, relevée par Lomonossov et Müller (Š, p.283): Kiev a été fondée au cinquième siècle par la tribu slave des Polianes. A Voltaire, qui allègue que La Martinière parle de la 'Kisovie' comme de l'ancien nom de Kiev, les Russes répondent qu'il s'agit d'une faute d'impression répétée par les compilateurs étrangers (Š, p.190-91). Ils affirment par ailleurs qu'on ne connaît aucune inscription grecque à Kiev (Š, p.191, 283).

[114] Les Annales de Russie donnent la ville de Novgorod pour plus ancienne, rappelle Müller (Š, p.283).

[115] La 'résidence' des grands-ducs de Russie était à Kiev bien avant le onzième siècle. Rurik, le premier prince varègue de l'Etat russe, avait fixé sa capitale à Novgorod. Son successeur, Oleg (879-912), s'était établi à Kiev dès la fin du neuvième siècle.

[116] Tissu de fables. Les Cosaques établis en Ukraine n'ont rien à voir avec les Roxolans, etc. Le mot est un emprunt turco-tatar signifiant 'homme libre'. C'est une population à l'origine mi-turque, mi-slave, composée de colons, de hors-la-loi et de fugitifs, mais russifiée par l'arrivée de paysans fuyant le servage. Müller a fait observer que les Ukrainiens n'étaient pas tous Cosaques, et qu'il y avait peu de Tatars transfuges parmi eux (Š, p.284).

inculte que féconde, et vivant encore plus de rapine; amoureux à l'excès d'un bien préférable à tout, la liberté; et cependent ayant servi tour à tour la Pologne et la Turquie. Enfin ils se donnèrent à la Russie en 1654 sans trop se soumettre, et Pierre les a soumis. [117]   370

Les autres nations sont distinguées par leurs villes, [118] et leurs bourgades. Celle-ci est partagée en dix régiments. A la tête de ces dix régiments était un chef élu à la pluralité des voix, nommé *hetman* ou *itman*. Ce capitaine de la nation n'avait pas le pouvoir suprême. [119] C'est aujourd'hui un seigneur de la cour que les souverains de Russie leur donnent pour *hetman*; c'est un véritable gouverneur de province semblable à nos gouverneurs de ces pays d'états qui ont encore quelques privilèges.   375

Il n'y avait d'abord dans ce pays que des païens et des mahométans; ils ont été baptisés chrétiens de la communion romaine, quand ils ont servi la Pologne; et ils sont aujourd'hui baptisés chrétiens de l'Eglise grecque, depuis qu'ils sont à la Russie. [120]   380

371   59*:   soumis ᵂen conservant leurs privileges.⁺

377   59, 65:   pour itman; c'est

380   59*:   païensᵂ, <et> il y eut ensuite⁺ des mahométans; <ils> ᵂplusieurs⁺ ont

[117] Les Ukrainiens ne vivent point de rapines, mais de leur industrie et de la culture des terres, objecte Müller. Ce sont les Zaporogues qui font le métier de brigands. Ce ne sont pas non plus les Ukrainiens, mais les Zaporogues, qui se mirent en 1709 sous la protection des Turcs, et qui furent soumis de nouveau aux Russes en 1733 (app. x, l.309-318). A propos de 'rapines', Voltaire a peut-être mal lu Vockerodt (voir ci-dessous, n.122).

[118] Ce qui n'empêche pas que l'Ukraine ne soit aussi 'distinguée par villes', observe Müller (Š, p.285; cf. app. VII, l.100-103; app. VIII, l.100-102).

[119] Remarque de Müller: l'hetman dépend naturellement de la cour de Russie, mais en Ukraine il n'a pas de supérieur ni d'égal. Quant au mot *itman*, il ne signifie rien (Š, p.285). Ce terme erroné d'*itman* est repris dans l'*Encyclopédie* à l'article 'Ukraine'.

[120] Lomonossov et Müller rappellent que les Ukrainiens, chrétiens de rite grec depuis Vladimir, le sont restés même lorsqu'ils dépendaient de la Pologne (Š, p.284). Müller objecte qu'il n'y eut jamais de mahométans en Ukraine. Voltaire n'a

385   Parmi eux sont compris ces Cosaques zaporaviens,[121] qui sont
à peu près ce qu'étaient nos flibustiers, des brigands courageux.
Ce qui les distinguait de tous les autres peuples, c'est qu'ils ne
souffraient jamais de femmes dans leurs peuplades,[122] comme on
prétend que les amazones ne souffraient point d'hommes chez
390 elles. Les femmes qui leur servent à peupler, demeuraient dans
d'autres îles du fleuve: point de mariage,[123] point de famille: ils
enrôlaient les enfants mâles dans leur milice, et laissaient les filles
à leurs mères. Souvent le frère eut des enfants de sa sœur, et le
père de sa fille. Point d'autres lois chez eux que les usages établis
395 par les besoins:[124] cependant ils eurent quelques prêtres du rite
grec. On a construit depuis quelque temps le fort Ste Elizabeth

---

391-393   59-w68: ils enrôlent les enfants [...] et laissent les filles [...] le frère
a des enfants

---

pas été convaincu: selon lui, après avoir été battus par Jean Sobieski, les Turcs
n'ont pas été chassés entièrement de l'Ukraine et y ont certainement exercé le
mahométisme (app. x, l.319-321 et n.*h*). Voir aussi app. VIII, l.109-112.

[121] Pour les Cosaques Zaporogues, la terminologie a longtemps hésité entre divers
termes: Zaporousky, Zaporoski, Saporovski, Saporogien... La forme *Zaporavien* (ou
Zaporovien) domine au dix-huitième siècle. On connaît une variante *Zaporoge* en
1720, mais la forme moderne *Zaporogue* n'apparaît qu'en 1787 chez le prince de
Ligne pour s'imposer à partir du dix-neuvième siècle.

[122] Sur les Zaporogues semblables aux 'flibustiers', voir l'*Histoire de Charles XII*
(V 4, p.345). 'Les Cosaques de Saporov, est un peuple composé de brigands [...]
Ils se distinguent des autres Cosaques, en ce qu'ils vivent dans le célibat, et ne
souffrent aucune femme parmi eux [...] Ils ont peu de bétail, cultivent peu la terre,
et ne vivent que de rapines' (*Considérations*, app. III, IV.233-238). 'Ils sont très
belliqueux et ne permettent pas aux femmes de demeurer avec eux' (MS 6-7, f.370*r*).

[123] Les Zaporogues ne sont pas un ordre militaire comme celui de Malte,
rétorque Müller: beaucoup ont des femmes, mais elles demeurent éloignées de leur
communauté, et ils vont les voir de temps en temps (Š, p.287).

[124] Müller affirme que les Zaporogues observent scrupuleusement les lois de
l'Eglise et 'sont généralement trop superstitieux pour donner occasion à croire que
l'inceste est plus en vogue chez eux que chez d'autres nations' (Š, p.287).

sur le Boristhène pour les contenir. [125] Ils servent dans les armées comme troupes irrégulières, et malheur à qui tombe dans leurs mains.

DES GOUVERNEMENTS DE BELGOROD, DE VÉRONISE, ET DE NISCHGOROD

Si vous remontez au nord-est de la province de Kiovie entre le [400] Boristhène et le Tanaïs, c'est le gouvernement de Belgorod qui se présente: il est aussi grand que celui de Kiovie. C'est une des plus fertiles provinces de la Russie; c'est elle qui fournit à la Pologne [126] une quantité prodigieuse de ce gros bétail, qu'on connaît sous le nom de bœufs de l'Ukraine. [127] Ces deux provinces sont à l'abri [405] des incursions des petits Tartares, par des lignes qui s'étendent du Boristhène au Tanaïs, garnies de forts et de redoutes.

Remontez encore au nord, passez le Tanaïs, vous entrez dans le gouvernement de Véronise, [128] qui s'étend jusqu'aux bords des

[125] Entre le Boristhène et le Boug, précise Müller. Il sert non à contenir les Zaporogues, mais à 'couvrir la nouvelle colonie de Serbiens qu'on y a établie depuis 1754 sur les rivières d'Ingul et d'Inguletz' (Š, p.287). Selon le MS 6-7, il s'agit du fort Sainte-Catherine, construit en nouvelle Serbie, sur la rive droite du Dniepr (f.370r).

[126] Et à l'Allemagne, ajoute Müller (Š, p.288).

[127] Ces bœufs ne viennent pas seulement du pays de Belgorod, mais de toute l'Ukraine russe et polonaise, précise Müller (Š, p.288).

[128] *Véronize* est la forme adoptée dans l'ouvrage de John Perry. La prononciation russe est *Voronège*, ont fait observer les censeurs russes. Mais, dans les mémoires envoyés à Voltaire, la ville était appelée *Woronestch*. Ne voulant pas 'prodiguer' les consonnes allemandes, Voltaire a préféré se conformer à 'la douceur de la prononciation française', en souhaitant à Müller 'plus d'esprit et moins de consonnes' (voir ci-dessus, p.138). Les Russes lui ont fait remarquer que *Véronise* n'était pas plus doux que *Voronège*, et que la transcription *Woronestch* était fautive (Š, p.192-93, 288). Voltaire n'en a pas moins signalé cette dernière transcription dans sa note; voir n.e). Il n'y a pas à passer le Tanaïs, observe Müller, puisque le gouvernement de Voronej s'étend des deux côtés du fleuve (Š, p.288). Voltaire négligea la remarque.

410 Palus-Méotides. [129] Auprès de la capitale que nous nommons
Véronise, (e) à l'embouchure de la rivière de ce nom qui se jette
dans le Tanaïs, Pierre le Grand a fait construire sa première flotte;
entreprise dont on n'avait point encore d'idée dans tous ces vastes
Etats. Vous trouvez ensuite le gouvernement de Nischgorod, [130]
415 fertile en grains, [131] traversé par le Volga.

ASTRACAN

De cette province vous entrez au midi dans le royaume d'Astracan.
Ce pays commence au 43e degré et demi de latitude, sous le plus
beau des climats, et finit vers le cinquantième, comprenant environ
autant de degrés de longitude que de latitude; borné d'un côté par
420 la mer Caspienne, de l'autre par les montagnes de la Circassie, et
s'avançant encore au delà de la mer Caspienne, le long du mont
Caucase; [132] arrosé du grand fleuve Volga, du Jaïk [133] et de plusieurs
autres rivières, entre lesquelles on peut, à ce que prétend l'ingénieur

(e) En Russie on écrit et on prononce *Voronestch*.

[129] La mer d'Azov.

[130] Nischni-Novgorod, corrige Müller (Š, p.289).

[131] Il a beaucoup de grains et de poissons, selon le MS 6-7, f.370v. Chappe
d'Auteroche notera que la ville est 'l'entrepôt de tous les grains des environs, ce
qui la rend très commerçante' (*Voyage en Sibérie, fait par ordre du roi en 1761,
contenant les mœurs, les usages des Russes, et l'état actuel de cette puissance, la
description géographique et le nivellement de la route de Paris à Tobolsk*, Paris 1768,
p.36). Au dix-neuvième siècle, les foires de Nijni-Novgorod devinrent célèbres.

[132] Le Caucase est en deçà de la Caspienne, écrit Müller, pour qui les meilleurs
géographes 'n'étendent le gouvernement d'Astracan' que jusqu'au Jaïk. Réplique
de Voltaire: 'Il suffit de consulter Olearius' (app. x, l.322-326 et n.i).

[133] Le fleuve Oural. Le Jaïk, d'où partira le soulèvement des Cosaques dirigé par
Pougatchev, sera débaptisé après l'écrasement de la révolte en 1775.

453

anglais Perri,[134] tirer des canaux,[135] qui en servant de lit aux
inondations, feraient le même effet que les canaux du Nil, et   425
augmenteraient la fertilité de la terre. Mais à la droite et à la gauche
du Volga et du Jaïk, ce beau pays était infesté, plutôt qu'habité,
par des Tartares,[136] qui n'ont jamais rien cultivé, et qui ont toujours
vécu comme étrangers sur la terre.

L'ingénieur Perri employé par Pierre le Grand dans ces quar-   430
tiers, y trouva de vastes déserts couverts de pâturages, de légumes,
de cerisiers, d'amandiers. Des moutons sauvages[137] d'une nourriture excellente paissaient dans ces solitudes. Il fallait commencer
par dompter et par civiliser les hommes de ces climats, pour y
seconder la nature, qui a été forcée dans le climat de Pétersbourg.   435

[134] Le capitaine John Perry (v. 1670-1733), ingénieur hydraulicien, auteur de
l'*Etat présent de la Grande Russie, contenant une relation de ce que S. M. czarienne a
fait de plus remarquable dans ses Etats, et une description de la religion, des mœurs etc.
tant des Russiens, que des Tartares et autres peuples voisins* (La Haye 1717; BV2699),
traduction son ouvrage anglais paru en 1716. Il avait été recommandé par le
marquis de Caermarthen à Pierre le Grand lors de son séjour en Angleterre.

[135] La distance entre la Volga et le Jaïk (l'Oural) est trop grande pour les réunir
par des canaux, rectifie Müller (Š, p.289). En effet, c'est pour creuser un canal
Volga-Don que Perry était venu en Russie. L'ouvrage ne put être achevé faute
d'un nombre suffisant d'ouvriers et des matériaux nécessaires. Après la défaite de
Narva, Perry reçut l'ordre de cesser le travail à la fin de 1701 (Perry, p.5). La perte
d'Azov en 1711 fit abandonner définitivement le projet, devenu sans objet tant que
les rives de la mer Noire n'étaient pas aux mains des Russes. Perry travailla à
d'autres projets de canaux (entre la Volga et le lac Ladoga et Pétersbourg), mais,
n'étant pas payé, il retourna en Angleterre en 1712. Nulle part il ne parle de la
possibilité de relier par un canal la Volga et l'Oural.

[136] Ce ne sont pas des Tatars, corrige Müller, mais des Kalmouks nomades qui
passent tantôt d'un côté, tantôt de l'autre de la Volga. Ils sont souvent inquiétés par
les Tatars du Kouban et d'autres hordes vagabondes. Pour se protéger contre ces
incursions, on a construit des forts entre le Don et la Volga, et jusqu'en Sibérie (Š,
p.289-90). Voltaire ne tint pas compte de ces observations.

[137] Ce sont des saïgas, espèce de chevreuils, précise Müller (Š, p.290). Le saïga
est une sorte d'antilope. Le mot (russe, d'origine turque) est employé par Buffon
en 1761. L'*Encyclopédie*, en 1765, consacre un article au saïga.

Ce royaume d'Astracan est une partie de l'ancien Capshak[138] conquis par Gengis-Kan, et ensuite par Tamerlan; ces Tartares dominèrent jusqu'à Moscou. Le czar Jean Basilides, petit-fils d'Ivan Basilovis,[139] et le plus grand conquérant d'entre les Russes, délivra 440 son pays du joug tartare au seizième siècle,[140] et ajouta le royaume d'Astracan à ses autres conquêtes, en 1554.

Astracan est la borne de l'Asie et de l'Europe,[141] et peut faire le commerce de l'une et de l'autre, en transportant par le Volga les marchandises apportées par la mer Caspienne. C'était encore un 445 des grands projets de Pierre de Grand: il a été exécuté en partie. Tout un faubourg d'Astracan est habité par des Indiens.[142]

439-440   59*: Basilovis, <et> ^Wun des[+] [...] les Russes <délivra son pays du> ^Wacheva de briser entièrement le[+] joug

[138] Le Qiptchaq (sud de la Russie et Crimée) était, au temps de l'occupation mongole, une partie de l'Etat de la Horde d'Or, qui avait pour capitale Saray, en amont de l'embouchure de la Volga. Le ms 5-36 rappelle que le 'Kipzac ou Capchac' avait eu pour souverain, non Gengis khan, mais son petit-fils, 'Batu Sagin' (f.224r). Batu khan (1204-1255) est le fondateur de la Horde d'Or.

[139] Voltaire distingue ainsi constamment Ivan IV (Jean Basilides) de son grand-père Ivan III (Ivan Basilovis), qui portent en russe le même prénom (Ivan) et le même patronyme (Vassilievtch).

[140] Le joug tatar a pris fin, non sous Ivan IV, mais sous Ivan III, en 1480. Lomonossov et Müller l'ont fait observer à Voltaire. Müller, de plus, reproche à Voltaire son incohérence dans les patronymes pour deux souverains qui s'appelaient tous les deux Ivan Vassilievitch (app. X, l.150-156). Voltaire ne fit aucune correction.

[141] Olearius en avait conscience. En arrivant à Astrakhan, sur la Volga qui selon lui sépare l'Europe de l'Asie, il déclarait: 'En sortant de cette partie du monde que nous pouvons appeler notre patrie, nous fîmes notre première démarche dans l'autre' (*Relation du voyage en Moscovie, Tartarie et Perse*, éd. 1659, i.314). Müller estime que 'c'est plutôt au Tanaïs que les géographes mettent cette borne' (S, p.291).

[142] Voir Olearius, *Voyages très curieux*, 1727, i.458. Ce sont eux qui contribuent le plus à y faire fleurir le commerce, affirme Avril (*Voyage en divers Etats d'Europe et d'Asie*, p.101). Les Arméniens occupaient aussi un faubourg tout entier à Astrakhan (Olearius, éd. 1727, i.458; Avril, p.97). Hübner écrit également qu'à Astrakhan on trouve en tout temps 'des Turcs, des Tartares, des Arméniens, des Persans & des Indes [*sic*]' (*Géographie universelle*, iii.348). Sur les quartiers des Arméniens et des Indiens d'Astrakhan, voir encore Cornelis De Bruyn, *Voyages par la Moscovie et la Perse*, dans *Voyage au Levant* (Rouen 1725), iii.297.

 OREMBOURG

Au sud-est du royaume d'Astracan est un petit pays nouvellement formé, qu'on appelle Orembourg:[143] la ville de ce nom a été bâtie en 1734[144] sur le bord du fleuve Jaïk. Ce pays est hérissé des branches du mont Caucase. Des forteresses élevées de distance en distance,[145] défendent les passages des montagnes et des rivières qui en descendent. C'est dans cette région auparavant inhabitée, qu'aujourd'hui les Persans viennent déposer et cacher à la rapacité des brigands leurs effets échappés aux guerres civiles. La ville d'Orembourg est devenue le refuge des Persans et de leurs fortunes,[146] et s'est accrue de leurs calamités; les Indiens, les

450

455

453   59*:   les <Persans> ᵂPeuples de boucarie viennent aporter les marchandises des indes, et que les persans sont venus quelquefois⁺ déposer

456-457   59*:   les Indiens<, les peuples de la grande Bukarie> ᵂmême⁺ y viennent

[143] Orenbourg se trouve au nord-est d'Astrakhan. Müller faisait remarquer qu''un pays qui s'étend de 15 degrés en longitude et de 10 en latitude ne doit pas être nommé *petit*'. Voltaire se justifia ainsi en 1763 dans l'avis 'Au lecteur': 'On peut laisser au pays d'Orembourg l'épithète de *petit*, parce qu'en effet ce gouvernement est petit en comparaison de la Sibérie à laquelle il touche' (voir app. I, l.37-39). Müller écrivait par ailleurs qu'il fallait lire Ore*n*bourg et que si la ville avait été construite en 1735, elle avait été transférée à 250 verstes plus au sud en 1741 ou 1742 (Š, p.291-92). 'Quelle géographie!', s'exclame-t-il dans le *Journal encyclopédique* du 1ᵉʳ décembre 1762 (app. X, l.335-336). Voltaire a conservé l'orthographe Ore*m*bourg.

[144] Voir MS 6-7, f.371r.

[145] Voir MS 6-7, f.371r.

[146] Les Persans y viennent très rarement, étant trop loin, affirme Müller. Ce sont les peuples de la Tartarie méridionale indépendante et de la Boukharie qui font le plus grand commerce à Orenbourg (Š, p.292).

peuples de la grande Bukarie y viennent trafiquer; [147] elle devient l'entrepôt de l'Asie.

DES GOUVERNEMENTS DE CASAN ET
DE LA GRANDE PERMIE

460

465

Au delà du Volga et du Jaïk, [148] vers le septentrion, est le royaume de Casan, qui comme Astracan tomba dans le partage d'un fils de Gengis-Kan, et ensuite d'un fils de Tamerlan, conquis de même par Jean Basilides. [149] Il est encore peuplé de beaucoup de Tartares mahométans. Cette grande contrée s'étend jusqu'à la Sibérie; il est constant qu'elle a été florissante et riche autrefois; elle a conservé encore quelque opulence. Une province de ce royaume appelée la

[147] Cf. MS 6-7: 'on voit des marchands de la Perse, de la Bocharie et des Indes fréquenter ses foires' (f.371r). Ce manuscrit, dû à un ou plusieurs Russes (dont peut-être Lomonossov), contredit l'avis de Müller rapporté ci-dessus, n.146. Voir la variante de 59*2.

[148] 'N.B. Je crois qu'il faut, au delà du Volga et de la Kama jusqu'au Iaïk' (note de Wagnière, dans A. Brown, 'Calendar of Voltaire manuscripts other than correspondance', Studies 77, 1970, p.59). L'erreur n'avait pas échappé à Müller: le royaume de Casan, objectait-il, ne s'étend pas jusqu'au Jaïk, qui appartient au gouvernement d'Orenbourg (Š, p.292). Voltaire ne corrigea pas.

[149] 'On ne connaît point de fils de Tamerlan qui ait régné sur Casan', objecte Müller (Š, p.292). Voltaire réplique que, selon Pétis de La Croix, le moine de Saint-Denis et Vattier, Tamerlan laissa 36 fils qui partagèrent ses conquêtes, et donc régnèrent après lui (Je, 1er décembre 1762, app. x, l.340-342 et n.k). Il se réfère à l'Histoire de Timur-Bec, traduite par François Pétis de La Croix (Paris 1722, p.301-302), à Pierre Vattier, traducteur de l'Histoire du grand Tamerlan d'Ahmed ben Arabschah (Paris 1658), et au 'religieux de Saint-Denis', historiographe officiel de Charles VI: né avant 1350, ce moine non identifié est l'auteur de la dernière partie des Chroniques de Saint-Denis (A. Molinier, Les Sources de l'Histoire de France, Paris 1904, iv.117-20). En fait, si Tamerlan eut bien de nombreux descendants (les Timurides), aucun d'entre eux ne régna à Kazan, dont le khanat fut fondé en 1438 par un prince tatar ayant fui la Horde d'Or, Oulou-Mohammed, petit-fils de Tokhtamych, l'adversaire de Tamerlan. Ce fils de Tamerlan est donc, comme l'écrit Müller, 'un enfant créé par M. de Voltaire'.

457

grande Permie, et ensuite le Solikam,[150] était l'entrepôt des marchandises de la Perse, et des fourrures de Tartarie. On a trouvé dans cette Permie une grande quantité de monnaie au coin des premiers califes, et quelques idoles d'or des Tartares; (f) mais ces monuments d'anciennes richesses ont été trouvés au milieu de la pauvreté, et dans des déserts; il n'y avait plus aucune trace de commerce; ces révolutions n'arrivent que trop vite et trop aisément dans un pays ingrat, puisqu'elles sont arrivées dans les plus fertiles.

Ce célèbre prisonnier suédois Stralemberg, qui mit si bien à profit son malheur, et qui examina tous ces vastes pays avec tant d'attention,[152] est le premier qui a rendu vraisemblable un fait qu'on n'avait jamais pu croire, concernant l'ancien commerce de ces régions. Pline et Pomponius-Mela rapportent que du temps d'Auguste, un roi des Suèves fit présent à Métellus Celer de quelques Indiens jetés par la tempête sur les côtes voisines de l'Elbe.[153] Comment des habitants de l'Inde auraient-ils navigué

(f) Mémoires de Stralemberg,[151] confirmés par mes mémoires russes.

[150] Müller observe qu'il faut lire *Solikamsk* et que la grande Permie n'a jamais changé de nom: Solikamsk n'est qu'une petite ville de cette province, dont la principale est Koungour. Il signale aussi que les fourrures ne viennent pas de la Tartarie, mais de la Sibérie (Š, p.293). Voltaire est plus près de la vérité que Müller, selon Šmurlo (p.143), car il existe une 'région de Solikam' (*Solikamskii krai*). Voir ci-dessous, app. VIII, l.123-126.

[151] Strahlenberg, i.310-13.

[152] Philipp-Johann Tabbert von Strahlenberg (1676-1747), né en Poméranie suédoise dans une famille anoblie par Charles XII. Officier fait prisonnier à Poltava, il passe treize ans en Sibérie. De retour en Suède, devenu lieutenant-colonel, il termine sa carrière comme commandant de la citadelle de Carlshamn, de 1740 à sa mort. Il est l'auteur d'un ouvrage en allemand sur les parties septentrionales et orientales de l'Europe et de l'Asie (Stockholm 1730), dont la traduction française (*Description historique de l'empire russien*, Amsterdam, Paris 1757), partielle et remaniée, est due à J.-L. Barbeau de La Bruyère, qui y a inclus notamment l'*Eloge du czar Pierre Ier* de Fontenelle.

[153] Pline l'Ancien, *Histoire naturelle*, II.170, d'après Cornelius Nepos, qui cite le témoignage de Quintus Metellus Celer, alors proconsul en Gaule. Selon Pomponius Mela, qui s'appuie comme Pline sur le récit de Cornelius Nepos, ces Indiens étaient

sur les mers germaniques? Cette aventure a paru fabuleuse à tous nos modernes, surtout depuis que le commerce de notre hémisphère a changé par la découverte du cap de Bonne-Espérance. Mais
485 autrefois il n'était pas plus étrange de voir un Indien trafiquer dans les pays septentrionaux de l'Occident, que de voir un Romain passer dans l'Inde par l'Arabie. Les Indiens allaient en Perse, s'embarquaient sur la mer d'Hyrcanie, [154] remontaient le Rha qui est le Volga, allaient jusqu'à la grande Permie par la Kama, et de
490 là pouvaient aller s'embarquer sur la mer du Nord ou sur la Baltique. Il y a eu de tout temps des hommes entreprenants. Les Tyriens firent de plus surprenants voyages.

Si après avoir parcouru de l'œil toutes ces vastes provinces, vous jetez la vue sur l'orient, c'est là que les limites de l'Europe et
495 de l'Asie se confondent encore. Il aurait fallu un nouveau nom pour cette grande partie du monde. Les anciens divisèrent en Europe, Asie et Afrique leur univers connu; ils n'en avaient pas vu la dixième partie; c'est ce qui fait que quand on a passé les Palus-Méotides, on ne sait plus où l'Europe finit, et où l'Asie
500 commence; tout ce qui est au delà du mont Taurus, était désigné

---

un présent du roi des Boiens, un peuple celte de la Bohême actuelle, et non du roi des Suèves, un peuple d'Allemagne du Nord (*Chorographie*, III.v.45, trad. A. Silberman, Paris 1988, p.79-80). Pline tirait de l'aventure des Indiens une conclusion plutôt pessimiste: 'Ainsi les mers entourent de tous côtés le globe qu'elles divisent en deux, et nous privent d'une partie du monde, aucun passage ne conduisant de là-bas jusqu'ici, ni d'ici jusque là-bas' (trad. J. Beaujeu, Paris 1950, p.75). Contrairement à 'quantité d'auteurs modernes', Strahlenberg ne doute pas que des Indiens soient passés en Russie par l'ouest, par l'embouchure du fleuve Petchora. Mais il considère que, au temps de Strabon, leur venue était un événement fort rare, ce qui explique qu'ils aient été envoyés en présent par le roi des Suèves (i.297-98 et 307). L'itinéraire par le Nord étant impossible, certains historiens ont pensé qu'il ne s'agissait pas d'Indiens, mais d'Esquimaux. Ou bien, ces Indiens seraient passés par les plaines de la Russie, mais alors, pourquoi seraient-ils apparus au nord de la Germanie avant d'être envoyés au roi des Suèves et des Boiens? (Silberman, p.278). Müller estimait que c'étaient probablement des Lapons ou quelque autre peuple du Nord qu'en ces temps reculés on avait pris pour des Indiens (Š, p.294).

[154] La Caspienne.

par le mot vague de Scythie, et le fut ensuite par celui de Tartarie ou Tatarie. Il serait convenable, peut-être, d'appeler terres Arctiques, ou terres du Nord, tout le pays qui s'étend depuis la mer Baltique jusqu'aux confins de la Chine, comme on donne le nom de terres Australes à la partie du monde non moins vaste, située sous le pôle Antarctique, et qui fait le contrepoids du globe. [155]

505

DU GOUVERNEMENT DE LA SIBÉRIE, DES SAMOYÈDES, DES OSTIAKS

Des frontières des provinces d'Arcangel, de Resan, [156] d'Astracan, s'étend à l'orient la Sibérie, avec les terres ultérieures jusqu'à la mer du Japon; elle touche au midi de la Russie par le mont Caucase; de là au pays de Kamshatka, on compte environ douze cents lieues de France; [157] et de la Tartarie méridionale, qui lui sert de limite, jusqu'à la mer Glaciale, on en compte environ quatre cents; [158] ce qui est la moindre largeur de l'empire. Cette contrée produit les plus riches fourrures; [159] et c'est ce qui servit à en faire

510

515

507b   59, 65:   DES OSTIAKS, DU KAMSHATKA, ETC. //

[155] La découverte de l'Asie septentrionale s'est faite peu à peu, remarque Müller. On n'a donc pas pu penser à lui donner un nouveau nom. En outre, il serait très difficile de fixer les limites des terres arctiques, fort différentes des terres australes, séparées du reste du monde par l'Océan (Š, p.294-95).

[156] C'est-à-dire apparemment Kazan, comme l'a noté Müller (Š, p.295). Voltaire a confondu Riazan et Kazan, et n'a pas corrigé. On trouve ce même Résan (pour Kazan) chez Jubé (*La Religion, les mœurs et les usages des Moscovites*, p.104).

[157] Soit 4800 km. Müller trouvait cette distance trop grande d'un tiers, la Sibérie étant selon lui à peine deux fois plus longue que large (Š, p.295). En fait, du Caucase au Kamtchatka, la distance à vol d'oiseau est d'au moins 7000 km.

[158] Exact. Il n'y avait alors qu'environ 1600 km entre l'océan Glacial et la frontière séparant la Sibérie occidentale de la 'Tartarie méridionale', au sud de Tobolsk. Les distances nord-sud augmentaient en allant vers l'est de la Sibérie.

[159] Voir MS 6-7, f.372r.

460

la découverte en 1563. [160] Ce ne fut pas sous le czar Fédor Ivanovits, mais sous Ivan Basilides au seizième siècle, qu'un particulier des environs d'Arcangel, nommé Anika, homme riche pour son état et pour son pays, [161] s'aperçut que des hommes d'une figure extraordinaire, vêtus d'une manière jusqu'alors inconnue dans ce canton, et parlant une langue que personne n'entendait, descendaient tous les ans une rivière qui tombe dans la Duina, (g) et venaient apporter au marché des martres et des renards noirs,

520

(g) Mémoires envoyés de Pétersbourg.

[160] Dès avant l'invasion mongole, les Novgorodiens avaient franchi l'Oural. En 1364, une expédition était allée jusqu'à l'Ob. Les Russes, par terre ou par mer, entraient en Sibérie par le Nord. Vers le milieu du seizième siècle, ils avaient déjà atteint l'embouchure de l'Iénissei.

[161] Voltaire ne suit pas ici, contrairement à ce qu'il indique à la note g, les manuscrits de Pétersbourg. Il s'inspire plutôt de Bruzen de La Martinière (*Le Grand dictionnaire géographique et critique*, La Haye 1726-1739; BV564). A l'article 'Sibérie' (vii.527-30), Bruzen de La Martinière rapporte en effet longuement l'histoire des enfants d''Aniconius', ou 'Anica', paysan fort riche demeurant près de la 'Witsogda' [Vytchegda], affluent de la Dvina septentrionale. Intrigués par les pelleteries apportées par les Samoyèdes, les 'Aniconiens' ou 'Aniciens' se rendirent chez eux en Sibérie et s'enrichirent. Dans l'article 'Sibérie' de l'*Encyclopédie*, Jaucourt démarque Voltaire et parle lui aussi des 'Aniciens'. En 1776, dans le grand article 'Asie septentrionale' du Supplément de l'*Encyclopédie* (i.636a), S. Engel mentionnera des 'Anicowiens'. Ce mystérieux Anica est Anikeï, Aniki ou Anika Stroganov (1498-1570), père de Iakov et de Grigori Stroganov, les célèbres marchands qui obtinrent d'importants privilèges (chasse aux fourrures, mines de sel et pêcheries) dans le nord-est de la Russie, notamment dans la région d'Oustioug, proche du confluent de la Dvina et de la Vytchegda. Le fondateur de la firme commerciale des Stroganov semblait plus connu, au dix-huitième siècle, que le cosaque Ermak, pionnier de la conquête de la Sibérie, que Bruzen de La Martinière ne mentionne pas et dont Voltaire ignore apparemment le nom, bien qu'il figure dans la réponse à l'une de ses objections (app. v, l.189), dans le manuscrit Bn F12937 ('Yermak', f.505), dans les *Voyages* de De Bruyn sous le nom de Yeremak (iii.335-36). Moreri parle longuement d'Ermak, et non d'Anika, à l'article 'Sibérie' (*Le Grand dictionnaire historique*), ainsi que le 'Mémoire sur le commerce de la Russie' dans le *Journal économique*, février 1751, p.63-65.

qu'ils troquaient pour des clous et des morceaux de verre, [162] comme les premiers sauvages de l'Amérique donnaient leur or aux   525 Espagnols; il les fit suivre par ses enfants et par ses valets jusque dans leur pays. C'étaient des Samoyèdes, peuples qui paraissent semblables aux Lapons, mais qui ne sont pas de la même race. Ils ignorent comme eux l'usage du pain; [163] ils ont comme eux le secours des rangifères ou rennes, qu'ils attellent à leurs traîneaux.   530 Ils vivent dans des cavernes, [164] dans des huttes au milieu des neiges: (h) mais d'ailleurs la nature a mis entre cette espèce d'hommes et celle des Lapons, des différences très marquées. [165] On m'assure leur mâchoire supérieure plus avancée au niveau de

(h) Mémoires envoyés de Pétersbourg.

533-534   59-w68: marquées. Leur mâchoire supérieure plus avancée est au niveau

[162] 'L'année suivante, il [Anica] en envoya un plus grand nombre, avec quelques-uns de ses parents, à qui il donna diverses marchandises de peu de valeur, comme de la verroterie' (Bruzen de La Martinière, vii.527-28).

[163] Cf. Bruzen de La Martinière, vii.528a.

[164] Pas dans des cavernes, mais dans des cabanes portatives faites de peaux de rennes ou d'élans, rectifie Müller, pour qui les habitations des Samoyèdes sont les mêmes que celles des Lapons (Š, p.296). Merzahn von Klingstöd, décrivant leurs tentes couvertes de peaux de rennes, écrit aussi, contrairement à ce que laisse entendre Voltaire à la note h: 'On voit bien par là, que tout ce qu'on raconte de leurs cabanes souterraines, se trouve destitué [sic] de fondement' (MS 6-8, f.376r; *Mémoire* imprimé: 'n'est rien moins que fondé', p.95). De Bruyn décrit aussi les 'tentes' des Samoyèdes, avec une illustration (*Voyages par la Moscovie et la Perse*, iii.10). Voltaire a peut-être été influencé par Perry, pour qui les huttes des Samoyèdes sont 'en partie sous terre' (p.64), ou par Hübner, selon qui les Samoyèdes demeurent 'dans des cabanes qu'ils creusent dans la terre' (*Géographie universelle*, iii.339).

[165] Voltaire tient à distinguer les Samoyèdes des Lapons, puisqu'il estime que ces derniers sont autochtones.

462

535 leur nez, leurs oreilles sont plus rehaussées. [166] Les hommes et les femmes n'ont de poil que sur la tête; le mamelon est d'un noir d'ébène. [167] Les Lapons et les Lapones ne sont marqués à aucun de ces signes. On m'a averti par des mémoires envoyés de ces contrées si peu connues, qu'on s'est trompé dans la belle Histoire naturelle

540 du jardin du Roi, lorsqu'en parlant de tant de choses curieuses concernant la nature humaine, on a confondu l'espèce des Lapons avec l'espèce des Samoyèdes. [168] Il y a beaucoup plus de races d'hommes qu'on ne pense. Celles des Samoyèdes et des Hottentots paraissent les deux extrêmes de notre continent: et si l'on fait

545 attention aux mamelles noires des femmes Samoyèdes, et au tablier que la nature a donné aux Hottentotes, [169] et qui descend, dit-on, à la moitié de leurs cuisses, on aura quelque idée des variétés de

543   59, 65:   pense. Celle des
546   K: Hottentites, qui
546-547   59-W68:   descend à la

[166] Les Samoyèdes ont 'le nez écrasé de sorte que le haut du nez se trouve presque au niveau avec les os des mâchoires supérieures, lesquelles ils ont très fortes et élevées' et 'les oreilles grandes et rehaussées' (Merzahn von Klingstöd, MS 6-8, f.373v; *Mémoire* imprimé, p.38, avec quelques corrections de style).

[167] Les hommes 'ont cela de commun avec leurs femmes, qui n'ont de poil sur aucune partie de leur corps, excepté à la tête'. Les femmes 'ont toutes les mammelles plates et petites', et le bout en est 'toujours noir comme du charbon' (MS 6-8, f.373v; *Mémoire* imprimé, p.39 et 44, avec de légères variantes). Les savants de Pétersbourg assurent Voltaire qu'il n'a trompé personne sur ce dernier point! (cf. Voltaire à Dortous de Mairan, 9 août 1760, D9126). Pierre-Martin de La Martinière avait noté que les Samoyèdes 'n'ont presque point de poil', sont 'encore plus trapus que les Lappons', ont 'la teste plus grosse', le nez 'plus large & camus', et sont 'd'un bazané de terre' (*Voyage des pays septentrionaux*, p.129).

[168] Merzahn von Klingstöd ne pense pas que les Samoyèdes et les Lapons soient une seule et même nation, car ils n'ont presque rien de commun, excepté leur manière de s'habiller (MS 6-8, f.374r; *Mémoire* imprimé, p.20, 45); aussi estime-t-il que Buffon se trompe lorsqu'il avance que 'les Lappons, les Zembliens, les Borandiens, les Samojèdes et les Tatares du Nord sont des peuples d'une même race' (MS 6-8, f.373r; *Mémoire* imprimé, p.21, avec de légères variantes).

[169] Sur le tablier des Hottentotes, voir V 64, p.359.

notre espèce animale, variétés ignorées dans nos villes, où presque tout est inconnu, hors ce qui nous environne.

Les Samoyèdes ont dans leur morale des singularités aussi grandes qu'en physique: ils ne rendent aucun culte à l'Etre suprême; ils approchent du manichéisme, ou plutôt de l'ancienne religion des mages, en ce seul point, qu'ils reconnaissent un bon et un mauvais principe. [170] Le climat horrible qu'ils habitent, semble en quelque manière excuser cette créance si ancienne chez tant de peuples, et si naturelle aux ignorants et aux infortunés.

On n'entend parler chez eux ni de larcins ni de meurtres; étant presque sans passions, ils sont sans injustice. Il n'y a aucun terme dans leur langue pour exprimer le vice et la vertu. [171] Leur extrême simplicité ne leur a pas encore permis de former des notions abstraites; le sentiment seul les dirige; et c'est peut-être une preuve incontestable que les hommes aiment la justice par instinct, [172] quand leurs passions funestes ne les aveuglent pas.

On persuada quelques-uns de ces sauvages, de se laisser conduire

---

[170] Les Samoyèdes 'admettent l'existence d'un Etre suprême et souverainement bon, et bienfaisant, ils ne lui rendent aucun culte, parce qu'ils supposent que cet Etre ne prend aucun intérêt aux choses d'ici bas. Ils joignent à cette idée celle d'un autre Etre éternel et invisible, extrêmement puissant, quoique subordonné au premier, enclin à faire du mal [...]; cependant ils ne lui rendent aucun culte' (MS 6-8, f.375r; Mémoire imprimé de Merzahn von Klingstöd, p.78-79, avec des variantes). Merzahn von Klingstöd ne parle pas de manichéisme. Il ajoute que les Samoyèdes croient à une espèce de métempsycose, ce qui semble indiquer qu'ils descendent de quelque nation asiatique qui a habité autrefois dans le voisinage des Indes (f.375r; Mémoire, p.80-81). A la fin de l'article 'Idole, idolâtre, idolâtrie', dans le Dictionnaire philosophique et dans l'Encyclopédie, Voltaire écrit: 'Il n'y a plus en Europe que quelques Lapons, quelques Samoyèdes, quelques Tartares qui aient persévéré dans la religion de leurs ancêtres' (V 33, p.203).

[171] Selon Merzahn von Klingstöd, les Samoyèdes ne connaissent aucune loi, et ignorent même jusqu'au nom des vices et des vertus (MS 6-8, f.375; Mémoire, p.83).

[172] S'ils s'abstiennent pourtant de faire du mal, affirme Merzahn von Klingstöd, c'est 'par un simple instinct de la nature' (MS 6-8, f.375v; Mémoire, p.83-84). Il assure en effet que les Samoyèdes ignorent les assassinats et les vols (f.375v; Mémoire, p.85); mais, contrairement à Voltaire, il insiste sur leur 'insensibilité' et leur absence de désirs (f.376v; Mémoire, p.102-103).

565 à Moscou. Tout les y frappa d'admiration. Ils regardèrent l'empereur comme leur dieu, et se soumirent à lui donner tous les ans une offrande de deux martres zibelines par habitant. [173] On établit bientôt quelques colonies au delà de l'Oby, et de l'Irtis; (*i*) on y bâtit même des forteresses. [174] Un Cosaque fut envoyé dans le pays 570 en 1595, [175] et le conquit pour les czars avec quelques soldats et quelque artillerie, comme Cortez subjugua le Mexique; mais il ne conquit guère que des déserts. [176]

En remontant l'Oby, [177] à la jonction de la rivière d'Irtis avec celle du Tobol, on trouva une petite habitation dont on a fait la ville

(*i*) En russe *Irtisch*.

569 59*: Cosaque <fut envoyé> ᵂalla⁺ dans <le> ᵂce⁺ pays

[173] Cf. Bruzen de La Martinière, *Le Grand dictionnaire*, vii.529a et b.

[174] Bruzen de La Martinière, vii.530a et 532b.

[175] Müller estime que l'histoire de la découverte de la Sibérie et des premières conquêtes russes 'mérite d'être plus détaillée' en fonction des mémoires envoyés à Voltaire. Il observe à juste titre que ce paragraphe n'est qu'un 'roman épisodique', affirme à tort qu'Ermak n'a pas été 'envoyé' en Sibérie, mais y est allé de son propre chef, 'comme on l'a marqué dans les mémoires précédents', et rappelle brièvement l'histoire du Cosaque (Š, p.296-97). La conquête de la Sibérie par les Russes a commencé avec l'expédition d'Ermak, ataman des Cosaques du Don, en 1581 (et non en 1595). Les Stroganov (voir ci-dessus, n.161) envoyèrent Ermak avec une troupe de 1650 Cosaques et autres volontaires pour étendre leur territoire au delà de l'Oural. En 1582, les Cosaques, peu nombreux, mais mieux armés que leurs adversaires, s'emparèrent de la capitale du khan de Sibérie, Kutchum. Ermak périt en 1585, mais des renforts envoyés auparavant par Ivan IV permirent de continuer la conquête et la colonisation de la Sibérie occidentale. Deux villes fortifiées y furent fondées, Tioumen en 1586 et Tobolsk en 1587.

[176] Dans l'article 'Samoyèdes' de l'*Encyclopédie*, Jaucourt recopie Voltaire en sautant le début sur Anika, et en complétant par d'autres informations.

[177] Les bâtisseurs de Tobolsk ne sont pas venus en remontant l'Oby, rectifie Müller, ils ont été envoyés de Tioumen, sur la Toura (Š, p.297). La Toura étant un affluent du Tobol, c'est effectivement en la descendant (et non en remontant l'Ob) qu'on trouve le confluent du Tobol et de l'Irtych.

465

de Tobol, (j) [178] capitale de la Sibérie, aujourd'hui considérable. Qui 575
croirait que cette contrée a été longtemps le séjour de ces mêmes
Huns [179] qui ont tout ravagé jusqu'à Rome sous Attila, et que ces
Huns venaient du nord de la Chine? Les Tartares usbecs ont
succédé aux Huns, [180] et les Russes aux Usbecs. On s'est disputé
ces contrées sauvages, ainsi qu'on s'est exterminé pour les plus 580
fertiles. La Sibérie fut autrefois plus peuplée qu'elle ne l'est, surtout
vers le midi: on en juge par des tombeaux, et par des ruines.

Toute cette partie du monde, depuis le soixantième degré ou
environ jusqu'aux montagnes éternellement glacées qui bornent
les mers du Nord, [181] ne ressemble en rien aux régions de la zone 585
tempérée; ce ne sont ni les mêmes plantes, ni les mêmes animaux
sur la terre, ni les mêmes poissons dans les lacs et dans les rivières.

Au-dessous de la contrée des Samoyèdes est celle des Ostiaks,
le long du fleuve Oby. [182] Ils ne tiennent en rien des Samoyèdes,
sinon qu'ils sont comme eux, et comme tous les premiers hommes, 590
chasseurs, pasteurs et pêcheurs: les uns sans religion, [183] parce qu'ils

(j) En russe *Tobolskoy*.

[178] La rivière se nomme Tobol et la ville Tobolsk, avait objecté Müller (Š, p.297).
La ville de Tobolsk, que Jaucourt, après Voltaire, juge 'considérable', comptait
environ quinze mille habitants.

[179] C'est ce qu'il sera très difficile à prouver, objecte Müller (Š, p.298).

[180] Les Ouzbeks n'ont jamais demeuré en Sibérie, corrige Müller (Š, p.298 et
app. x, l.358). Voltaire a tendance à confondre le sud de la Sibérie avec l'Asie
centrale, comme le montre la fin de ce paragraphe. Sur les Huns, voir ci-dessous,
app. VIII, l.129-130.

[181] Il n'y a presque aucune montagne le long de la mer Glaciale, remarque Müller,
qui reproche à Voltaire de n'avoir pas lu l'extrait qu'on lui a envoyé (app. x, l.359-
360). Müller fait sans doute allusion au MS 4-2, 'Extrait de La Description
Géographique de La Russie'.

[182] Voir MS 6-7, f.372r.

[183] Ils avaient la même religion que les Lapons et sont à présent presque tous
chrétiens, selon Müller (Š, p.298). Selon Weber, les Samoyèdes n'avaient pas de
religion (i.46).

466

ne sont pas rassemblés; les autres qui composent des hordes, ayant une espèce de culte, faisant des vœux au principal objet de leurs besoins; ils adorent, dit-on, une peau de mouton, [184] parce que rien
595 ne leur est plus nécessaire que ce bétail; de même que les anciens Egyptiens agriculteurs choisissaient un bœuf, pour adorer dans l'emblème de cet animal la divinité qui l'a fait naître pour l'homme. Quelques auteurs prétendent que ces Ostiaks adorent une peau d'ours, [185] attendu qu'elle est plus chaude que celle de mouton, il
600 se peut qu'ils n'adorent ni l'une ni l'autre. [186]

Les Ostiaks ont aussi d'autres idoles, dont ni l'origine ni le culte ne méritent pas plus notre attention que leurs adorateurs. On a fait chez eux quelques chrétiens vers l'an 1712; ceux-là sont chrétiens comme nos paysans les plus grossiers, sans savoir ce

594-595   59*:   besoins; <ils> ᵂ↑quelques uns⁺ adorent une peau de mou<ton, parce [...] ce bétail>ᵂton, d'autres de Renard⁺; de même
594   59, 65:   adorent une peau
597-600   59, 65:   pour l'homme.//
602   59, 65:   ne mérite pas

[184] Voltaire affirme en 1763 avoir trouvé cette information chez 'plusieurs voyageurs' (voir n.185). Müller lui a fait observer que les Ostiaks n'élevaient aucun bétail et que c'étaient des peaux d'ours qu'ils adoraient. Voltaire a tenu compte de la remarque, tout en estimant qu'il s'agissait là de broutilles (*Je*, 1ᵉʳ décembre 1762, app. x, l.363-365 et n.*l*).

[185] Par exemple Evert Isbrand Ides (que Voltaire ne possède pas), et pour qui l'idolâtrie des Ostiaks 's'etend encore jusques à l'adoration de la peau d'un ours, sur laquelle ils font leur serment' (*Relation du voyage de M. Evert Isbrand*, Amsterdam 1699, p.63-64). Jean-Bernard Muller rapporte que les Ostiaks pendent auprès d'une idole la peau de l'ours qu'ils ont tué et lui rendent de grands honneurs, en lui faisant leurs excuses de lui avoir donné la mort (*Mœurs et usages des Ostiackes*, dans Weber, ii.205-206). Voltaire écrit en 1763 dans l'"Avis au lecteur': 'On peut substituer une *peau d'ours* à la *peau de mouton* que plusieurs voyageurs prétendent être adorée par les Ostiaks. Si ces bonnes gens rendent un culte à ce qui leur est utile, une fourrure d'ours est encore plus adorable qu'une peau de mouton, et il faut avoir une peau d'âne pour s'appesantir sur ces bagatelles' (app. 1, l.39-44).

[186] Voltaire n'insiste pas sur l'*idolâtrie* des Ostiaks, comme le fait Isbrand Ides (p.62-63).

467

qu'ils sont. Plusieurs auteurs prétendent que ce peuple est originaire 605
de la grande Permie: [187] mais cette grande Permie est presque
déserte: pourquoi ses habitants se seraient-ils établis si loin, et si
mal? [188] Ces obscurités ne valent pas nos recherches. Tout peuple
qui n'a point cultivé les arts doit être condamné à être inconnu. [189]

C'est surtout chez ces Ostiaks, chez les Burates et les Jakutes 610
leurs voisins, [190] qu'on trouve souvent dans la terre de cet ivoire
dont on n'a jamais pu savoir l'origine: les uns le croient un ivoire
fossile, les autres les dents d'une espèce d'éléphant dont la race est
détruite. [191] Dans quel pays ne trouve-t-on pas des productions de
la nature qui étonnent et qui confondent la philosophie? 615

612   59, 65:   n'a pu jamais savoir

[187] Par exemple Jean-Bernard Muller, *Mœurs et usages des Ostiackes* (dans Weber,
ii.172-73), selon qui les Ostiaks, attachés à l'idolâtrie, ont quitté la grande Permie
pour fuir les persécutions chrétiennes. Bruzen de La Martinière reprend cette version
en se référant à Muller dans ses articles 'Ostiaques' et 'Sibérie' (*Le Grand dictionnaire*,
vi.151a et vii.535a). Ce qui le fait croire, rapporte avec raison le MS 4-2, c'est que la
langue des Ostiaks a une grande affinité avec l'ancienne langue de Perm, et aucune
avec celles des autres peuples païens de Sibérie (f.165r).

[188] Même raisonnement que pour les Lapons (cf. n.68 et 69). G. F. Müller trouve
'très faibles' les objections de Voltaire et réplique que selon les auteurs les Ostiaks
ont quitté la grande Permie parce qu'ils ont craint la supériorité des nations voisines
(Š, p.299). Ils ont été en effet victimes de la pénétration russe.

[189] Ce serait grand dommage pour l'histoire, la géographie, la connaissance
physique et morale de l'homme, estime Müller (Š, p.299).

[190] Bons voisins, qui demeurent de cent à deux cents lieues les uns des autres,
ironise Müller (Š, p.300). Voltaire réagit à cette observation (voir ci-dessous,
app. VIII, l.135-136).

[191] Aucun doute, ce sont des dents d'éléphant, assure Müller, qui se fonde sur
l'anatomie des os, et surtout du crâne (Š, p.300). Il s'agit bien entendu du mammouth,
comme le signalait le MS 4-2 (f.12v), et à propos duquel circulaient différentes
hypothèses, et même des fables; voir M. Mervaud, 'Un monstre sibérien dans
l'*Encyclopédie*, et ailleurs: le Béhémoth', *Recherches sur Diderot et sur l'Encyclopédie*
17 (1994), p.107-32, et C. Cohen, *Le Destin du mammouth* (Paris 1994), p.47-109.
Perplexe, Voltaire revient sur cette question au chapitre 7.

468

Plusieurs montagnes [192] de ces contrées sont remplies de cet amiante, de ce lin incombustible dont on fait tantôt de la toile, tantôt une espèce de papier.

620 Au midi [193] des Ostiaks sont les Burates, autre peuple qu'on n'a pas encore rendu chrétien. A l'est il y a plusieurs hordes qu'on n'a pu entièrement soumettre. [194] Aucun de ces peuples n'a la moindre connaissance du calendrier. Ils comptent par neiges, et non par la marche apparente du soleil; comme il neige régulièrement et longtemps chaque hiver, ils disent, Je suis âgé de tant de neiges,

625 comme nous disons, J'ai tant d'années.

Je dois rapporter ici ce que raconte l'officier suédois Stralemberg, qui ayant été pris à Pultava passa quinze ans en Sibérie, et la parcourut tout entière; [195] il dit qu'il y a encore des restes d'un ancien peuple dont la peau est bigarrée et tachetée, [196] qu'il a vu

616   59*:   <Plusieurs> ᵂQuelques⁺ montagnes

[192] Il n'y en a qu'une sur le bord de la rivière Tagil, observe Müller (Š, p.300).

[193] Il faudrait dire 'au sud-est', corrige Müller, qui remarque que Voltaire a oublié de parler des Toungouses, peuple qui occupe le milieu de la Sibérie (Š, p.300).

[194] Il n'y a que les Tchouktches qui ne sont pas entièrement soumis, rétorque Müller (Š, p.300). En fait, c'est Voltaire qui a raison: si les Tchoukches étaient les plus irréductibles, d'autres peuples (Koriaks, Youkaguirs, Kamtchadales, Yakoutes, Toungouses) étaient toujours prêts à se révolter, comme le rappellera Chappe d'Auteroche dans son *Voyage en Sibérie*. Et l'on sait que les remuants Bachkirs participeront au soulèvement de Pougatchev. Selon Müller, le mot *horde*, signifiant la résidence du khan, ne s'applique qu'aux Tatars. Il vaudrait mieux parler de 'peuples sauvages' (Š, p.300). Müller n'a pas vu que le mot *horde*, effectivement emprunté au tatar en 1559, avait pris un sens péjoratif dès le dix-huitième siècle.

[195] Il n'a pas été plus loin que de Tobolsk à Tara, Tomsk, Krasnoïarsk et Iénisseisk, affirme Müller (Š, p.301).

[196] Les Tatars dont parle Strahlenberg ne sont pas une race particulière. Certains sont tatoués: 'A l'occasion de ces peuples qui se peignent sur le corps diverses figures [...], je crois devoir ajouter qu'il y avoit autrefois en Sibérie une Horde de Tatars, appellée *Piegaga* ou *Piestra-Horda*, qui veut dire la Horde bigarrée, tachetée ou tigrée; mais aujourd'hui, elle est presque toute éteinte' (Strahlenberg, ii.183). Strahlenberg a vu à Tobolsk l'un de ces hommes, dont les cheveux étaient entourés de taches blanches et rondes 'de la grandeur d'une piece de 24 sols', et dont le corps portait des taches d'un brun noirâtre (ii.183-84). En voyageant plus loin en Sibérie,

des hommes de cette race; et ce fait m'a été confirmé par des   630
Russes nés à Tobol. Il semble que la variété des espèces humaines
ait beaucoup diminué; on trouve peu de ces races singulières, que
probablement les autres ont exterminées: [197] par exemple, il y a très
peu de ces Maures blancs, ou de ces Albinos, dont un a été présenté
à l'Académie des Sciences de Paris, et que j'ai vu. [198] Il en est ainsi   635
de plusieurs animaux dont l'espèce est très rare.

Quant aux Borandiens, dont il est parlé souvent dans la savante
Histoire du jardin du Roi de France, mes mémoires disent que ce
peuple est absolument inconnu. [199]

Tout le midi de ces contrées est peuplé de nombreuses hordes   640

---

634   59, 65: dont l'un a été
638   59-w68: Roi, mes mémoires

Strahlenberg a trouvé plusieurs autres hommes bigarrés, mais différents du premier:
'J'ai demandé à ces Tatars si ces taches leur venoient de naissance. Ils m'ont répondu
qu'il y en avoit qui les apportoient en venant au monde, & que chez d'autres
c'étoient des suites de maladies. On trouve beaucoup de ces hommes bigarrés le
long de la rivière Czulim, & proche la ville de Crasnoiar, sur le fleuve Ienisei, &c.'
(ii.184). En 1759, le *Dictionnaire* de Moreri rapporte les propos de Strahlenberg sur
les 'Tartares bigarrés' (x.47a). C'est un 'conte' ancien, assure Müller: les académiciens
envoyés en Sibérie et au Kamtchatka n'ont pu découvrir la moindre trace de cette
'horde bigarrée' (Š, p.301).

[197] 'Il y a beaucoup plus de races d'hommes qu'on ne pense', disait pourtant
Voltaire ci-dessus (l.542-543). Dans l'*Essai sur les mœurs*, ch.153, il affirme aussi que
la nature a répandu dans les terres australes 'des marques de sa variété et de sa
profusion' (ii.386). Sur l'anthropologie voltairienne, voir M. Duchet, *Anthropologie
et histoire au siècle des Lumières* (Paris 1971), p.291-92.

[198] Les Albinos ne sont pas une 'race' particulière. En 1744, Voltaire a écrit une
Relation touchant un Maure blanc. Il parle plus longuement des Albinos dans *La
Philosophie de l'histoire*, ch.2, où il affirme en avoir vu deux (V 59, p.93).

[199] Allusion à l'*Histoire naturelle* de Buffon (*Œuvres complètes*, Paris 1833-1834,
ix.169-73). C'est Merzahn von Klingstöd qui écrit que les Borandiens sont 'un
peuple prétendu, dont on ignore jusqu'au nom même dans tout le Nord' (MS 6-8,
f.373r). Pierre-Martin de La Martinière prétend avoir rencontré des Borandiens,
plus petits que les Lapons, au 'Boranday', et leur avoir donné du tabac et de l'eau-
de-vie en échange de fourrures (*Voyage des pays septentrionaux*, p.86-100).

de Tartares. Les anciens Turcs sont sortis de cette Tartarie pour aller subjuguer tous les pays dont ils sont aujourd'hui en possession. Les Calmouks, les Monguls, sont ces mêmes Scythes, qui conduits par Madiès s'emparèrent de la haute Asie, et vainquirent le roi des

645 Mèdes Cyaxares. [200] Ce sont eux que Gengis-Kan et ses enfants menèrent depuis jusqu'en Allemagne, [201] et qui formèrent l'empire du Mogol sous Tamerlan. Ces peuples sont un grand exemple des changements arrivés chez toutes les nations. Quelques-unes de leurs hordes, loin d'être redoutables, sont devenues vassales de la

650 Russie.

Telle est une nation de Calmouks qui habite entre la Sibérie et la mer Caspienne. [202] C'est là qu'on a trouvé en 1720 une maison souterraine de pierres, [203] des urnes, des lampes, des pendants d'oreilles, une statue équestre d'un prince oriental portant un

655 diadème sur sa tête, [204] deux femmes assises sur des trônes, un rouleau de manuscrits, envoyé par Pierre le Grand à l'Académie des Inscriptions de Paris, et reconnu pour être en langue du

---

[200] Cette hypothèse demande bien des preuves, observe Müller (Š, p.302). Les Scythes, d'origine iranienne, n'ont bien entendu rien de commun avec les Kalmouks et les Mongols. Dans ses *Lettres moscovites*, Locatelli affirmait que les Tartares étaient des Scythes (p.146).

[201] C'est Batu, petit-fils de Gengis, qui est allé en Silésie et en Hongrie, rectifie Müller (Š, p.302). Le MS 5-36 rappelait qu'avec 'Batu Sagin' avait commencé la domination des Tatars en Russie (f.223v-224v); voir ci-dessus, n.138.

[202] Ils occupent les deux rives de la Volga, assure Müller, qui reproche à Voltaire de n'avoir pas lu les imprimés envoyés (Š, p.302). En fait, les Kalmouks s'étaient fixés au dix-septième siècle dans les steppes russes de la Basse-Volga, donc près de la Caspienne, comme l'écrit Voltaire.

[203] Il n'y a point de maison souterraine, dit Müller (Š, p.301).

[204] Ce sont de petites statues ou idoles de bronze, précise Müller (Š, p.302). Weber a vu les 'idoles de Samarkand', figures d'airain représentant des minotaures, des bœufs, des oies, des vieillards difformes et des jeunes femmes. Ces figures portaient des chandeliers et étaient pourvues d''inscriptions inexplicables' (i.180-81). Il écrit par ailleurs qu'en 1716 et en 1718 on a trouvé 'assés de pieces antiques dans les ruines des temples païens le long de la Caspienne pour faire un cabinet séparé d'idoles' (i.298). Strahlenberg fait aussi allusion à ces 'quantités d'idoles' prises dans des temples situés dans les 'déserts des Kalmouks' (i.195).

Thibet: [205] tous témoignages singuliers que les arts ont habité ce pays aujourd'hui barbare, et preuves subsistantes de ce qu'a dit Pierre le Grand plus d'une fois, que les arts avaient fait le tour du monde. 660

DU KAMSHATKA

La dernière province est le Kamshatka, le pays le plus oriental du continent. Le Nord de cette contrée fournit aussi de belles fourrures; les habitants s'en revêtaient l'hiver, et marchaient nus l'été. On fut surpris de trouver dans les parties méridionales des 665 hommes avec de longues barbes, [207] tandis que dans les parties septentrionales, depuis le pays des Samoyèdes jusqu'à l'embouchure du fleuve Amour ou Amur, les hommes n'ont pas plus de barbe que les Américains. C'est ainsi que dans l'empire de Russie

658   59-w68: Tibet
661-662   59, 65: monde. ¶La dernière
663   59, 65: continent. Les habitants étaient absolument sans religion quand on l'a découvert. Le nord [206]

[205] Ce sont des rouleaux en langue tangoute trouvés en grande quantité près de l'Irtych, écrit Müller. Il renvoie à son Mémoire en latin sur la question publié dans les *Mémoires de l'Académie de Pétersbourg*, tome x, qu'on trouve à la Bibliothèque de Genève (Š, p.301). Strahlenberg mentionne également ces manuscrits sur rouleaux en tangout, kalmouk et mongol 'dont le czar a envoyé des portions à diverses Académies' (i.195). La 'langue du Tibet' dont parle Voltaire est le tangout, comme l'a bien vu Müller: voisine du tibétain, mais écrite avec des idéogrammes proches des caractères chinois, elle n'a été déchiffrée qu'au début du vingtième siècle.

[206] Phrase supprimée en 1768 après l'objection de Müller, qui se référait à l'ouvrage de Stepan Petrovitch Kracheninnikov sur le Kamtchatka, publié en russe à Pétersbourg en 1756: 'Ils en ont plus que tous les autres payens de la Sibérie'. En 1763, dans l'avis 'Au lecteur', Voltaire ajouta la description des croyances des Kamtchadales (app. 1, l.49-89). Il avait reçu, non le 'livre' de Kracheninnikov, comme l'écrit Šmurlo, mais un extrait (MS 2-24), à la fin de mars 1761 (D9712).

[207] Les Kamtchadales 'portent de très grandes barbes' (Strahlenberg, ii.188).

670 il y a plus de différentes espèces, plus de singularités, plus de
mœurs différentes que dans aucun pays de l'univers. [208]

Des mémoires récents [209] m'apprennent que ce peuple sauvage
a aussi ses théologiens, qui font descendre les habitants de cette
presqu'île, d'une espèce d'être supérieur, qu'ils appellent Kouthou.
675 Ces mémoires disent, qu'ils ne lui rendent aucun culte, et qu'ils
ne l'aiment, ni ne le craignent. [210]

Ainsi ils auraient une mythologie, et ils n'ont point de religion;
cela pourrait être vrai, et n'est guère vraisemblable; la crainte
est l'attribut naturel des hommes. On prétend que dans leurs
680 absurdités, ils distinguent des choses permises, et des choses
défendues: ce qui est permis, c'est de satisfaire toutes ses passions;
ce qui est défendu, c'est d'aiguiser un couteau ou une hache quand
on est en voyage, et de sauver un homme qui se noie. [211] Si en effet

---

671-723   59, 65:   l'univers. ¶D'abord [β repris de l'avis 'Au lecteur' de 63; voir
ci-dessous, app. I, l.51-101]

675   κ: culte, qu'ils

677   63:   ils ont une

681   63:   toutes les passions

---

[208] Fasciné par les 'allogènes', Voltaire a fortement conscience que la Russie est
un empire multiethnique. Il y est d'autant plus sensible qu'il pense que les espèces
humaines ont 'beaucoup diminué' (voir ci-dessus, l.631-632).

[209] Les 'Mémoires récents' sont la 'Description du Kamtchatka' (MS 2-24, f.287r-
307v). Ce manuscrit anonyme est la traduction d'un extrait de l'ouvrage de
Kracheninnikov (voir O. A. Aleksandrovskaïa, 'M. V. Lomonosov i sozdanie
sotchinenïi o geografii Rossii' ['M. V. Lomonossov et la création d'ouvrages sur la
géographie de la Russie], Vestnik AN SSSR, 1987/5, p.116).

[210] 'Le Dieu des Kamtchadales est un certain Kouthou, dont ils se disent descendus
[…] Ils ont une idée peu avantageuse de leur Dieu Kouthou; ils se figurent qu'il a
peu d'esprit, et pour cette raison, ne lui rendent presque aucun culte, et ne
l'invoquent guère. Ils ne sauraient lui pardonner d'avoir fait tant de montagnes et
de précipices et des rivières, ou trop basses ou trop rapides' (MS 2-24, f.292v-293v).
Cf. Kracheninnikov, Description du Kamtchatka, dans Chappe d'Auteroche, Voyage
en Sibérie, iii.65-66 (la traduction imprimée est un peu différente).

[211] Voir MS 2-24, f.294v; Kracheninnikov, Description du Kamtchatka, iii.72.

c'est un péché parmi eux de sauver la vie à son prochain, ils sont
en cela différents de tous les hommes, qui courent par instinct au   685
secours de leurs semblables, quand l'intérêt ou la passion ne
corrompt pas en eux ce penchant naturel. Il semble qu'on ne
pourrait parvenir à faire un crime d'une action si commune et si
nécessaire, qu'elle n'est pas même une vertu; que par une philosophie également fausse et superstitieuse, qui persuaderait qu'il ne   690
faut pas s'opposer à la Providence, et qu'un homme destiné par le
ciel à être noyé, ne doit pas être secouru par un homme: mais les
barbares sont bien loin d'avoir même une fausse philosophie.

Cependant ils célèbrent, dit-on, une grande fête, qu'ils appellent
dans leur langage d'un mot qui signifie *purification*;[212] mais de quoi   695
se purifient-ils, si tout leur est permis? et pourquoi se purifient-ils,
s'ils ne craignent ni n'aiment leur dieu Kouthou?

Il y a sans doute des contradictions dans leurs idées, comme
dans celles de presque tous les peuples; les leurs sont un défaut
d'esprit, et les nôtres en sont un abus; nous avons beaucoup plus   700
de contradictions qu'eux, parce que nous avons plus raisonné.

Comme ils ont une espèce de dieu, ils ont aussi des démons;
enfin, il y a parmi eux des sorciers, ainsi qu'il y en a toujours eu
chez toutes les nations les plus policées. Ce sont les vieilles qui
sont sorcières dans le Kamshatka,[213] comme elles l'étaient parmi   705
nous avant que la saine physique nous éclairât. C'est donc partout
l'apanage de l'esprit humain d'avoir des idées absurdes, fondées
sur notre curiosité et sur notre faiblesse. Les Kamshatkales ont

701-702   63:   nous en avons beaucoup plus qu'eux

[212] 'Tous les Kamtchadales ont une seule fête annuelle qui est une espèce de
purification de leurs péchés. Ils la célèbrent au mois de novembre' (MS 2-24, f.295v).
Cette fête dure un mois (f.296r); Kracheninnikov, *Description du Kamtchatka*, iii.77.
[213] 'Toutes les femmes, surtout les vieilles, passent pour sorcières chés les
Kamtchadales' (MS 2-24, f.294v); Kracheninnikov, *Description du Kamtchatka*, iii.74.

aussi des prophètes, qui expliquent les songes;[214] et il n'y a pas
710 longtemps que nous n'en avons plus.

Depuis que la cour de Russie a assujetti ces peuples en bâtissant
cinq forteresses dans leur pays,[215] on leur a annoncé la religion
grecque. Un gentilhomme russe très instruit[216] m'a dit qu'une de
leurs grandes objections était que ce culte ne pouvait être fait pour
715 eux, puisque le pain et le vin sont nécessaires à nos mystères, et
qu'ils ne peuvent avoir ni pain ni vin dans leur pays.[217]

Ce peuple d'ailleurs mérite peu d'observations; je n'en ferai
qu'une; c'est, que si on jette les yeux sur les trois quarts de
l'Amérique, sur toute la partie méridionale de l'Afrique, sur le
720 Nord, depuis la Laponie jusqu'aux mers du Japon, on trouve que
la moitié du genre humain n'est pas au-dessus des peuples du
Kamshatka.

D'abord un officier cosaque alla par terre de la Sibérie au
Kamshatka en 1701[218] par ordre de Pierre, qui après la malheureuse

[214] 'Ils sont persuadés qu'elles [les femmes] peuvent interpréter les songes et
prédire l'avenir' (MS 2-24, f.294v); Kracheninnikov, *Description du Kamtchatka*,
p.74.
[215] 'On peut fixer l'assujettissement de ce pays en 1697' (MS 2-24, f.307r). 'On y
a bâti cinq forts [...] Chacun de ces forts a une citadelle et une église, avec plusieurs
bâtimens et maisons' (f.307v); Kracheninnikov, *Description du Kamtchatka*, p.516,
553 ss.
[216] Il est sans doute inutile de s'interroger sur l'identité de ce gentilhomme, peut-
être imaginé par Voltaire.
[217] Au dos de la 'Description du Kamtchatka', on lit cette note autographe de
Voltaire: 'camshatka grand pays ou ny pain ny vin, comment messe?' (f.[307 A]v).
[218] Il s'agit du Cosaque sibérien Vladimir Vassilievitch Atlassov (Strahlenberg,
ii.189). Atlassov (mort en 1711) est le premier à avoir fourni de précieux renseignements sur le Kamtchatka et les îles Kouriles. Son expédition de 120 hommes eut
lieu de 1697 à 1699. S. Engel l'évoque dans l'article 'Asie septentrionale' (Supplément
de l'*Encyclopédie*, 1776, p.637). Voltaire ignore l'expédition russe de 1648, qui,
partie par mer de l'embouchure de la Lena, découvrit le Kamtchatka (Strahlenberg,
ii.189): il s'agit de l'expédition de Semion Dejnev (v. 1605-v. 1672), qui, avant
Béring, doubla le cap oriental: il longea les côtes sibériennes de l'embouchure de la
Kolyma jusqu'au golfe d'Anadyr, reconnaissant ainsi le détroit qui sépare la Sibérie
de l'Amérique. S. Engel l'évoquera longuement en 1776 dans l'article 'Asie
septentrionale' (p.636-37). Müller, qui ne parle ni de Dejnev ni d'Atlassov, écrit

journée de Nerva étendait encore ses soins d'un bord du continent   725
à l'autre. Ensuite en 1725, quelque temps avant que la mort le
surprît au milieu de ses grands projets, il envoya le capitaine
Béring Danois,[219] avec ordre exprès d'aller par la mer du Kamshatka
sur les terres de l'Amérique, si cette entreprise était praticable.
Béring ne put réussir dans sa première navigation.[220] L'impératrice   730

---

726   59-w68: Narva [*passim*]

qu'on enverra à Voltaire des mémoires en allemand imprimés à Pétersbourg. Il y
trouvera l'histoire des découvertes faites par les Russes du côté du Japon et de
l'Amérique, et celle de la malheureuse expédition de 'Bekovits' pour 'établir un
commerce par la Boccarie aux Indes' (Š, p.303). Les quatre mille Russes et les deux
mille Cosaques du prince Alexandre Bekovitch-Tcherkasski, tombés dans une
embuscade, avaient été massacrés en 1717 par le khan de Khiva, considéré pourtant
comme un ami des Russes (Waliszewski, *Pierre le Grand*, p.284). Weber rapporte
en détail cette histoire (i.315-18).

[219] L'oukase sur la première expédition du Kamtchatka a été effectivement signé
au début de 1725 ('Abrégé chronologique des événements les plus remarquables du
Règne de Pierre le Grand', MS 1-7, f.311r; original russe, de Lomonossov, publié
par G. N. Moiseeva, 'Iz arkhivnykh razyskaniï o Lomonosove (sokrachtchennoe
opisanie del gosoudaria Petra I)' ['Recherches d'archives sur Lomonossov (description abrégée des actions de l'empereur Pierre Ier)'], *Rousskaïa literatoura* 1979/3,
p.138). Dans sa lettre du 7 juin 1732, à Louis-Robert-Hippolyte de Bréhan, comte
de Plélo, ambassadeur de France au Danemark, le géographe Joseph-Nicolas Delisle
écrit que Vitus Béring est parti 'au commencement de l'année 1726 [*sic*], peu de
temps avant la mort de Pierre I' (copie, MS 3-9, f.123r).

[220] Peut-être Voltaire a-t-il lu la 'Relation succinte du voyage du capitaine Berings
dans la Sibérie' (Du Halde, *Description de la Chine*, iv.452-58): selon ce récit, Béring
fit deux expéditions au large du Kamtchatka en juillet-août 1728 et en juin-juillet
1729; lors du deuxième voyage, bien que les habitants du Kamtchatka lui aient dit
que par temps clair on découvrait en mer une terre, il n'en vit point alors qu'il
s'était avancé de plus de deux cents verstes en pleine mer. Selon Joseph-Nicolas
Delisle, arrivé au terme de son voyage, Béring 'a trouvé la mer libre de toutes parts,
et il a appris des gens du pays que la côte d'Asie ne s'avançoit pas vers l'Amerique
au de la de ce terme, mais qu'elle retournoit au Nord'Ouest. Ainsi ayant cru avoir
achevé sa commission, il s'en est retourné d'autant plus que le bâtiment qu'il avoit
n'étoit pas assés fort pour soutenir la haute mer, et qu'il ne pouvoit plus être maître
de ses gens qui étoient prêts à se revolter' (lettre de Delisle, 7 juin 1732, MS 3-9,
f.124r). Delisle parle cependant de l'utilité de cette mission, car il a rencontré Béring
plusieurs fois après son retour, en mai 1730, et a eu communication de ses cartes et

Anne l'y envoya encore en 1733.[221] Spengenberg[222] capitaine de vaisseau, associé à ce voyage, partit le premier du Kamshatka; mais il ne put se mettre en mer qu'en 1739, tant il avait fallu de temps pour arriver au port où l'on s'embarqua, pour y construire 735 des vaisseaux, pour les agréer, et les fournir des choses nécessaires. Spengenberg pénétra jusqu'au nord du Japon par un détroit que forme une longue suite d'îles, et revint sans avoir découvert que ce passage.

En 1741 Béring courut cette mer accompagné de l'astronome 740 de l'Isle de la Croyère,[223] de cette famille de l'Isle qui a produit de si savants géographes; un autre capitaine[224] allait de son côté à la

mémoires, qui lui ont permis de 'régler' les cartes des lieux entre Tobolsk et la côte de la mer Orientale. Grâce aux mémoires du navigateur, il est parvenu à se faire 'un systhème nouveau de la situation de ces pays asses différent de ce que l'on a cru jusqu'icy' et à établir une carte générale de la Russie qui 'n'a pas peu servi à encourager une nouvelle Entreprise que S. M. Cz. a ordonné' (copie de la lettre de Delisle à Plélo, 24 février 1733, MS 3-9, f.126r).

[221] Delisle parle de cette nouvelle expédition en préparation dans ses lettres du 24 février et du 9 juillet 1733 (MS 3-9, f.126r-127r).

[222] Martyn Petrovitch Spanberg (?-1761), capitaine russe originaire du Danemark. En 1725-1730, il participa à la première expédition au Kamtchatka à bord du *Saint-Gabriel*. En juin 1739, il partit du Kamtchatka à bord de l'*Archange Saint-Michel*, et, après la mort de Béring, prit le commandement de l'expédition. Selon l'*Histoire générale des voyages* de l'abbé Prévost, qui le considère comme un Allemand, il atteignit le Japon 'au travers de plusieurs îles' et alla jusqu'à l'un des lieux les plus méridionaux de Yeso (Hokkaidō), mais ne descendit pas à terre (Paris 1745-1770, XV.170). La source de Voltaire est sans doute Strahlenberg, qui donne au navigateur le nom de 'Spangenberg' et rapporte qu'il dressa une carte publiée dans l'*Atlas russien*, où l'on voit qu'il découvrit 35 îles entre le Kamtchatka et le Japon (Strahlenberg, ii.296). Müller suggère d'écrire 'Spanghenberg' ou 'Spangberg' (Š, p.303). Voir l'objection de Voltaire, *Je*, 1er décembre 1762 (app. X, l.170 et n.*l*). S. Engel l'évoque brièvement dans l'article 'Asie septentrionale' (Supplément de l'*Encyclopédie*, 1776, p.638).

[223] Il n'accompagnait pas Béring, mais Tchirikov, observe Müller (Š, p.304). Membre de l'Académie des sciences, Louis Delisle de La Croyère vint en Russie avec son frère Joseph-Nicolas, également astronome. Il parcourut la Sibérie et se rendit au Kamtchatka, où il s'embarqua en 1741 sur l'un des bâtiments de l'escadre commandée par Béring.

[224] Alekseï Ilitch Tchirikov (1703-1748), qui, selon Müller et Lomonossov, mérite

découverte. Béring et lui atteignirent les côtes de l'Amérique au nord de la Californie. Ce passage si longtemps cherché par les mers du Nord fut donc enfin découvert; mais on ne trouva nul secours sur ces côtes désertes. L'eau douce manqua; le scorbut fit 745 périr une partie de l'équipage: on vit l'espace de cent milles les rivages septentrionaux de la Californie; on aperçut des canots de cuir qui portaient des hommes semblables aux Canadiens. Tout fut infructueux. Béring mourut dans une île à laquelle il donna son nom. L'autre capitaine se trouvant plus près de la Californie, fit 750 descendre à terre dix hommes de son équipage, ils ne reparurent plus. Le capitaine fut forcé de regagner le Kamshatka après les avoir attendus inutilement, et de l'Isle expira en descendant à terre. [225] Ces désastres sont la destinée de presque toutes les premières tentatives sur les mers septentrionales. On ne sait pas 755 encore quel fruit on tirera de ces découvertes si pénibles et si dangereuses.

Nous avons marqué tout ce qui compose en général la domination de la Russie, depuis la Finlande à la mer du Japon. Toutes les grandes parties de cet empire ont été unies en divers temps, comme 760 dans tous les autres royaumes du monde. Des Scythes, des Huns, des Massagètes, des Slavons, des Cimbres, des Gètes, des Sarmates, sont aujourd'hui les sujets des czars: les Russes proprement dits sont les anciens Roxelans, [226] ou Slavons.

---

d'être nommé pour l'''honneur' des Russes, puisqu'il a été le principal explorateur et que c'est lui qui est allé sur les côtes de l'Amérique (Š, p.303-304); cf. app. VIII, l.139-140. Tchirikov a participé aux deux premières expéditions du Kamtchatka. Chef de la deuxième expédition, il a exploré les îles Aléoutiennes et atteint la rive nord-ouest de l'Amérique.

[225] Epuisé, il dut revenir au port d'Avatcha, au sud du Kamtchatka, où il mourut. Il a laissé des observations astronomiques publiées dans les *Mémoires de l'Académie des sciences* et dans les *Mémoires de l'Académie de Saint-Pétersbourg*, et des notes manuscrites réunies à celles de son frère, actuellement aux An.

[226] Sur cette légende, voir ci-dessus, n.21. Au lieu de 'sujets des czars', ne serait-il pas plus convenable de dire 'de l'empire de Russie', demande Müller. Quant à Lomonossov, il juge que ses remarques devront être plus longues que le texte de Voltaire. Car, telle qu'elle est, son œuvre ne glorifie pas la Russie, mais la dénigre

765   Si l'on y fait réflexion, la plupart des autres Etats sont ainsi composés. La France est un assemblage de Goths, de Danois appelés Normands, de Germains septentrionaux appelés Bourguignons, de Francs, d'Allemands, de quelques Romains mêlés aux anciens Celtes. Il y a dans Rome et dans l'Italie beaucoup de
770 familles descendues des peuples du Nord, et l'on n'en connaît aucune des anciens Romains. Le souverain pontife est souvent le rejeton d'un Lombard, d'un Goth, d'un Teuton, ou d'un Cimbre. Les Espagnols sont une race d'Arabes, de Carthaginois, de Juifs, de Tyriens, de Visigoths, de Vandales incorporés avec les habitants
775 du pays. Quand les nations se sont ainsi mêlées, elles sont longtemps à se civiliser, et même à former leur langage: les unes se policent plus tôt, les autres plus tard. La police et les arts s'établissent si difficilement, les révolutions ruinent si souvent l'édifice commencé, que si l'on doit s'étonner, c'est que la plupart
780 des nations ne vivent pas en Tartares.

---

et la déshonore. Voltaire décrit la Laponie et les Samoyèdes, mais où sont les provinces fertiles et peuplées de Iaroslav, de Tver, de Vladimir, de Nijni-Novgorod, et la multitude de villes autour de l'Oka et d'autres grandes rivières? Aussi conseille-t-il à Voltaire d'attendre l'ouvrage préparé en Russie (Š, p.304).

479

CHAPITRE SECOND

Population, finances, armées, usages, religion.
Etat de la Russie avant Pierre le Grand.

Plus un pays est civilisé, plus il est peuplé.[1] Ainsi la Chine et l'Inde sont les plus peuplés de tous les empires, parce qu'après la multitude des révolutions qui ont changé la face de la terre, les Chinois et les Indiens ont formé le corps de peuple le plus anciennement policé que nous connaissions. Leur gouvernement a plus de quatre mille ans d'antiquité; ce qui suppose, comme on l'a dit,[2] des essais et des efforts tentés dans des siècles précédents. Les Russes sont venus tard, et ayant introduit chez eux les arts tout perfectionnés, il est arrivé qu'ils ont fait plus de progrès en cinquante ans, qu'aucune nation n'en avait fait par elle-même en cinq cents années. Le pays n'est pas peuplé à proportion de son étendue, il s'en faut beaucoup; mais tel qu'il est, il possède autant de sujets qu'aucun Etat chrétien.

Je peux, d'après les rôles de la capitation, et du dénombrement des marchands, des artisans, des paysans mâles, assurer qu'aujourd'hui la Russie contient au moins vingt-quatre millions d'habi-

5

10

15

---

[1] Voltaire tenait le même raisonnement à propos de la Perse (*Essai sur les mœurs*, ch.193; ii.772). C'est ce que dit aussi Jean-Joseph Expilly en 1762: 'Un Etat n'est véritablement grand [...] que quand il est bien peuplé' (*Dictionnaire géographique, historique et politique des Gaules et de la France*, Paris 1762-1770, i, Avertissement). Evidemment contestable: démographie et 'civilisation' ne sont pas nécessairement liées. Voltaire affirmait également que 'les pays les plus peuplés furent sans doute les climats chauds' (*La Philosophie de l'histoire*, ch.3, V 59, p.97), ce que dira Chappe d'Auteroche sous une autre forme (*Voyage en Sibérie*, p.238).

[2] Voir I.i.68-72.

tants.[3] De ces vingt-quatre millions d'hommes la plupart sont des serfs, comme dans la Pologne, dans plusieurs provinces de l'Allemagne, et autrefois dans presque toute l'Europe. On compte en Russie et en Pologne les richesses d'un gentilhomme et d'un ecclésiastique, non par leur revenu en argent, mais par le nombre de leurs esclaves.[4]

Voici ce qui résulte d'un dénombrement fait en 1747 des mâles qui payaient la capitation.[5]

Marchands	198 000
Ouvriers	16 500
Paysans incorporés avec les marchands et les ouvriers	1 950

[3] Dans l'*Essai sur les mœurs*, ch.1 (i.209), Voltaire donnait un chiffre beaucoup moins élevé, 10 à 12 millions pour la partie européenne de la Russie. Le 13 mars 1739, il s'étonnait que selon ce qu'on lui avait écrit (dans les *Considérations* de 1737, app. III, XI.10-26), la population russe ne dépassât pas 14 millions, soit trente fois moins que 700 ou 800 ans auparavant (à Cantemir, D1935). Il avait mal lu Vockerodt, selon qui la Russie, bien administrée, serait aussi peuplée qu'il y a mille ans, et pourrait nourrir *trois* fois plus d'habitants qu'aujourd'hui. Il n'en retenait pas moins ce chiffre de 14 millions dans l'édition de 1739 de l'*Histoire de Charles XII* (une note de 1768 indiquera que la population russe a augmenté depuis, V 4, p.191). Sur l'obsession de la population et de la dépopulation chez Voltaire, voir aussi ci-dessous, II.xiv.91-93, et ci-dessus, p.19-20 et 105. La Russie, qui comptait en 1725 treize millions d'habitants, voit sa population, jusque-là stationnaire, augmenter au cours du dix-huitième siècle: d'après le recensement de 1762, il y avait un peu plus de 9 millions d'hommes soumis à la capitation, soit, en doublant ce chiffre pour compter les femmes et en ajoutant les non taillables (membres de la noblesse, du clergé, de l'armée, du corps administratif), un total d'environ 20 millions d'habitants (B. F. J. Hermann, *Statistische Schilderung von Russland*, St Petersburg 1790, p.11-12). D'après des calculs récents, les chiffres du recensement de 1762-1764 seraient plus élevés, atteignant près de 10 millions d'âmes (I. de Madariaga, *La Russie au temps de la Grande Catherine*, Paris 1987, p.110-11). De toute façon, le chiffre de Voltaire est sans doute excessif, comme le pensait Hermann.

[4] Müller conseille de lire 'paysans ou serfs' (Š, p.304).

[5] Chiffres tirés de l''Etat abrégé du Nombre des Males [...]' suivant le dernier Dénombrement qui en fut fait en 1744-1747' (MS 5-8).

Paysans appelés Odonoskis,[6] qui contribuent à l'entretien de la milice	430 220	
Autres qui n'y contribuent pas	26 080	30
Ouvriers de différents métiers, dont les parents sont inconnus	1 000	
Autres qui ne sont point incorporés dans les classes des métiers [7]	4 700	
Paysans dépendant immédiatement de la couronne, environ	555 000	35
Employés aux mines de la couronne, tant chrétiens que mahométans et païens	64 000	
Autres paysans de la couronne travaillant aux mines et aux fabriques des particuliers	24 200	40
Nouveaux convertis à l'Eglise grecque	57 000	
Tartares et Ostiaks païens [8]	241 000	
Mourses, Tartares, Morduates et autres, soit païens, soit grecs, employés aux travaux de l'Amirauté [9]	7 800	

[6] 'Odnodworzi' dans MS 5-8, f.4v. Les *odnodvortsy* (sing. *odnodvorets*) possédaient une maison (*dvor*) située en dehors du village. Les 'odnodvortzi', explique Müller, sont un état moyen entre les paysans et les nobles. Ils cultivent la terre sur les frontières de l'Ukraine du côté de la Crimée, fournissent des recrues pour la milice qui veille à la sûreté de ces frontières, et dépendent immédiatement de la Couronne (Š, p.305). Descendants des nobles de service qui, au seizième et au dix-septième siècles, avaient reçu des lots de terre individuels en échange du service militaire, ils étaient devenus des paysans libres. En 1761, on leur interdira d'aliéner leur lot, si bien qu'ils ne se distingueront plus guère des paysans d'Etat que par leur habitat isolé. Ils seront même soumis à la redevance (*obrok*) comme les autres serfs.

[7] Voltaire a modifié ici les rubriques du MS 5-8: gens qui ignorent leur origine, 998; gens de différents métiers, 4697 (f.43v-44r). Voltaire a arrondi les chiffres donnés aux folios 42v-47r.

[8] Il faut ajouter, dit Müller, des peuples différents des Tatars, 'Morduates, Tchouvaches et Tcheremisses' (Š, p.305). Ces noms de peuples figurent dans le MS 5-8, f.43v.

[9] Voltaire a mal lu: les 'Mourses' et autres étaient en fait 70 767 (MS 5-8, f.45r). Le mot 'mourse' vient du russe *mourza* (prince tatar).

45	Tartares contribuables appelés Tepteris et Bobilitz [10] etc.	28 900
	Serfs de plusieurs marchands et autres privilégiés, lesquels sans posséder de terres peuvent avoir des esclaves [11]	9 100
50	Paysans des terres destinées à l'entretien de la cour	418 000
	Paysans des terres appartenantes en propre à Sa Majesté, indépendamment du droit de la couronne	60 500
	Paysans des terres confisquées à la couronne	13 600
	Serfs des gentilshommes	3 550 000
55	Serfs appartenant à l'assemblée du clergé, [12] et qui défraient ses dépenses	37 500
	Serfs des évêques	116 400
	Serfs des couvents que Pierre avait beaucoup diminués	721 500
60	Serfs des églises cathédrales et paroissiales	23 700
	Paysans travaillant aux ouvrages de l'Amirauté ou autres ouvrages publics, environ	4 000
	Travailleurs aux mines et fabriques des particuliers	16 000
65	Paysans des terres données aux principaux manufacturiers	14 500
	Travailleurs aux mines de la couronne	3 000
	Bâtards élevés par des prêtres	40

[10] Il faut lire, dit Müller, 'Tepteri et Bobyli' (Š, p.305). Le MS 5-8 écrit 'Tepterÿ et Bobÿli' (f.44v). Les Tepteri (ou Teptiari) étaient des colons de Bachkirie (Votiaks, Mordves, Tchérémisses) convertis à l'Islam et ayant adopté un parler tatar. Les *bobyli* étaient des paysans pauvres sans terre.

[11] Le mot 'esclaves' ne figure pas dans le MS 5-8, f.44v.

[12] MS 5-8: 'du Saint-Synode' (f.45v), sans le commentaire de Voltaire.

Sectaires appelés Raskolniky[13]   2 200

                                                _____

                                                6 646 390

Voilà en nombre rond six millions six cent quarante mille   70
mâles,[14] payant la capitation. Dans ce dénombrement les enfants
et les vieillards sont comptés; mais les filles et les femmes ne
le sont point, non plus que les garçons qui naissent depuis
l'établissement d'un cadastre jusqu'à la confection d'un autre
cadastre. Triplez[15] seulement le nombre des têtes taillables, en y   75
comptant les femmes et les filles, vous trouverez près de vingt
millions d'âmes.

Il faut ajouter à ce nombre l'état militaire, qui monte à trois
cent cinquante mille hommes.[16] Ni la noblesse de tout l'empire, ni
les ecclésiastiques qui sont au nombre de deux cent mille,[17] ne   80

[13] Les raskolniks sont des dissidents russes qui considéraient comme contraires à
la vraie foi les réformes introduites par le patriarche Nicon en 1654. Leur opposition
intransigeante aboutit à un schisme (*raskol*) dans l'Eglise orthodoxe, d'où le terme
de *raskolnik*, qui signifie schismatique. *Raskolniki* est la forme du pluriel. Eux
s'appelaient des vieux croyants.

[14] En 1744, selon les informateurs russes de Voltaire, la population mâle payant
la capitation était de 6 614 529 (app. IV, l.26-28). C'est effectivement le total qui
figure dans le MS 5-8, f.47r. En 1765, le *Dictionnaire universel de commerce, d'histoire
naturelle, d'art et de métiers* de Jacques Savary Des Brûlons donne le chiffre de
6 666 274 (v.600).

[15] On a vu que Hermann *doublait* logiquement le nombre des taillables de 1762
(9 millions) en y ajoutant les exclus de la capitation. Voltaire *triple* arbitrairement
un chiffre inférieur (celui de 1744-1747) pour arriver à un total supérieur. En réalité,
il ne fait que reprendre le chiffre global de 20 millions donné en réponse à l'une de
ses questions de 1757 (app. IV, l.47).

[16] Où Voltaire a-t-il pris ce chiffre? On a vu ci-dessus, p.106, que Pétersbourg
n'avait pas répondu à sa question sur les effectifs de l'armée (app. IV, l.49-98).
Chappe d'Auteroche évalue le 'militaire' à 330 000 hommes, sans compter les
troupes irrégulières de Kalmouks, Cosaques, etc. (*Voyage en Sibérie*, p.257-59).

[17] Les ecclésiastiques étaient en effet à peu près 200 000, puisqu'ils constituaient
environ 1/100 de la population. Selon les *Considérations* de 1737, ils étaient 300 000
avec leurs familles, alors que les nobles représentaient 500 000 personnes (app. III,
XI.15-17). En 1739, citant ce dernier chiffre sans en donner la source, Voltaire
réduisait le nombre des ecclésiastiques à 150 000 (peut-être sans leurs familles), et

sont soumis à cette capitation. Les étrangers dans l'empire sont tous exempts, de quelque profession et de quelque pays qu'ils soient. Les habitants des provinces conquises, savoir la Livonie, l'Estonie, l'Ingrie, la Carélie, et une partie de la Finlande; l'Ukraine, 85 et les Cosaques du Tanaïs, les Calmouks et d'autres Tartares, les Samoyèdes, les Lapons, les Ostiaks, et tous les peuples idolâtres de la Sibérie, pays plus grand que la Chine, ne sont pas compris dans le dénombrement.[18]

Par ce calcul, il est impossible que le total des habitants de la 90 Russie ne montât au moins à vingt-quatre millions d'habitants en 1759, lorsqu'on m'envoya de Pétersbourg ces mémoires tirés des archives de l'empire.[19] A ce compte il y a huit personnes par mille

---

85   59, w68:   Kalmouks
90   59-w68:   ne monte au moins
90-92   59-w68:   d'habitants. A ce compte

---

faisait observer à Cantemir que la Russie différait de bien d'autres pays d'Europe, où il y a plus de prêtres que de nobles (D1935). Le chiffre des nobles est sans doute exagéré. Klioutchevski suppose qu'en 1737 il existait 100 000 familles nobles (*Pierre le Grand*, p.108).

[18] Dans tout ce paragraphe, Voltaire résume les informations reçues en réponse à une question sur la population (app. iv, l.1-48).

[19] Les mémoires auxquels Voltaire fait allusion sont l'‘Etat abrégé du Nombre des Males’ (ms 5-8) et un ‘Dénombrement des Males apartenants aux Maisons du Saint Synode, des Evêques et Couvents’ (ms 5-17, f.67r-68r). Selon les correspondants russes de Voltaire, il n'est pas exagéré de ‘supposer 20 millions pour le nombre total des habitans en Russie’ (app. iv, l.47-48). C'est en effet, on l'a vu, le chiffre que le recensement de 1762 permettra d'établir. Dans l'article ‘Russie’ de l'*Encyclopédie*, Jaucourt conteste que la population russe atteigne 24 millions d'habitants, car ‘il faut se défier de tous les dénombremens d'un pays que demandent par besoin les souverains, parce que pour leur plaire, on a grand besoin de multiplier, d'exagérer, de doubler le nombre de leurs sujets’ (xiv.443a). Chappe d'Auteroche critiquera encore plus le chiffre de Voltaire, qui prend en compte les garçons qui naissent d'un cadastre à l'autre, et non les personnes qui meurent, en nombre beaucoup plus grand. Selon Chappe, il suffit de *doubler* le nombre des taillables: on a ainsi une population russe de 17 millions en 1747, et encore moindre en 1760 (*Voyage en Sibérie*, p.244-45). Voltaire lui-même déclarera en 1771 ne pas garantir son évaluation (*Questions sur l'Encyclopédie*, art. ‘Dénombrement’, M.xviii.345).

carré. L'ambassadeur anglais dont j'ai parlé, n'en donne que cinq; [20] mais il n'avait pas sans doute des mémoires aussi fidèles que ceux dont on a bien voulu me faire part.

Le terrain de la Russie est donc, proportion gardée, précisément cinq fois moins peuplé que l'Espagne, mais il a près de quatre fois plus d'habitants: il est à peu près aussi peuplé que la France, [21] et que l'Allemagne: mais en considérant sa vaste étendue, le nombre des peuples y est trente fois plus petit.

Il y a une remarque importante à faire sur ce dénombrement, c'est que de six millions six cent quarante mille contribuables, on en trouve environ neuf cent mille appartenant au clergé de la Russie, [22] en n'y comprenant ni le clergé des pays conquis, ni celui de l'Ukraine et de la Sibérie.

Ainsi sur sept personnes contribuables le clergé en avait une; mais il s'en faut bien qu'en possédant ce septième, ils jouissent de la septième partie des revenus de l'Etat, comme en tant d'autres royaumes, où ils ont au moins la septième partie de toutes les richesses; car leurs paysans payaient une capitation au souverain; et il faut compter pour beaucoup les autres revenus de la couronne de Russie, dont le clergé ne touche rien.

Cette évaluation est très différente de celle de tous les écrivains qui ont fait mention de la Russie; les ministres étrangers qui ont

95

100

105

110

106   59, 65:   en a une

[20] Il s'agit de George Forbes, 3e comte de Granard (voir ci-dessus, p.419, n.7). Dans son article 'Russie' de l'*Encyclopédie*, Jaucourt retient le chiffre de 5 habitants au mille carré, et non celui de Voltaire.

[21] Or, la France n'a pas plus de 20 millions d'habitants selon Chappe d'Auteroche (*Voyage en Sibérie*, p.244) et 19 millions selon Voltaire lui-même en 1739 (D1935). Les historiens modernes l'évaluent à une vingtaine de millions (P. Goubert et D. Roche, *Les Français et l'Ancien Régime*, Paris 1984, i.34).

[22] D'après le MS 5-17, le 'total des Paysans apartenans au Haut Clergé et aux couvents est de 851 078' (f.68r). C'est un peu moins que l'ensemble des quatre catégories de serfs du clergé recensés par le MS 5-8 (un peu moins de 900 000).

486

115 envoyé des mémoires à leurs souverains, s'y sont tous trompés. Il faut fouiller dans les archives de l'empire.

Il est très vraisemblable que la Russie a été beaucoup plus peuplée qu'aujourd'hui, dans les temps où la petite vérole venue du fond de l'Arabie, et l'autre venue d'Amérique, n'avaient pas 120 encore fait de ravages dans ces climats où elles se sont enracinées. [23] Ces deux fléaux par qui le monde est plus dépeuplé que par la guerre, sont dûs l'un à Mahomet, l'autre à Christophe Colomb. La peste originaire d'Afrique approchait rarement des contrées du Septentrion. Enfin les peuples du Nord, depuis les Sarmates 125 jusqu'aux Tartares qui sont au delà de la grande muraille, ayant inondé le monde de leurs irruptions, cette ancienne pépinière d'hommes doit avoir étrangement diminué. [24]

Dans cette vaste étendue de pays, on compte environ sept mille quatre cents moines, et cinq mille six cents religieuses, [25] malgré le 130 soin que prit Pierre le Grand de les réduire à un plus petit nombre; soin digne d'un législateur dans un empire, où ce qui manque

---

119-120   K: n'avaient point encore

---

[23] Un médecin a écrit à Voltaire, en 1739, que la dépopulation russe était due à la vérole, parce qu'un Génois s'était avisé de découvrir l'Amérique (D1935). Chappe d'Auteroche affirmera qu'en Russie la petite vérole 'emporte près de la moitié des enfants' et que les maladies, notamment vénériennes, y détruiront l'espèce humaine si le gouvernement n'y apporte un prompt secours (*Voyage en Sibérie*, p.66, 240, 242).

[24] Dans l'article 'Russie' de l'*Encyclopédie*, Jaucourt reprend ce paragraphe, en le modifiant ainsi: 'Il est très vraisemblable que la Russie n'a pas douze millions d'habitants, & qu'elle a été plus peuplée qu'aujourd'hui'. La petite vérole le conduit à réduire considérablement le chiffre de sa population. Pour Voltaire, la Russie étant devenue un pays policé doit voir sa population augmenter. Mais, comme les maladies et les invasions y ont fait des ravages, sa population devait être plus considérable auparavant (cf. la lettre à Cantemir citée ci-dessus, n.3). C'est logique, mais faux.

[25] Le 'Dénombrement des Diocèses' fait effectivement état pour 1755 de 7439 moines et de 5649 religieuses (MS 5-16, f.66r). Selon les *Considérations* de 1737, il n'y avait pas plus de dix cloîtres en Russie (app. III, II.221-222).

principalement, c'est l'espèce humaine. Ces treize mille personnes cloîtrées et perdues pour l'Etat avaient (comme le lecteur a pu le remarquer) sept cent vingt mille serfs pour cultiver leurs terres, et c'est évidemment beaucoup trop. Cet abus si commun et si funeste à tant d'Etats n'a été corrigé que par l'impératrice Catherine seconde. Elle a osé venger la nature et la religion en ôtant au clergé et aux moines des richesses odieuses:[27] elle les a payés du trésor public, et a voulu les forcer d'être utiles en les empêchant d'être dangereux.

Je trouve, par un état des finances de l'empire en 1725, en comptant le tribut des Tartares, tous les impôts et tous les droits en argent, que le total allait à treize millions de roubles,[28] ce qui

135

140

133-134   59, 65:   l'Etat ont (comme [...]) soixante et douze mille [26] [63 avis: β; 59*, 59*1: ^Wβ]

133   w68:   l'Etat ont eu (comme

135-141   59, 65:   trop; rien ne fait mieux voir combien les anciens abus sont difficiles à déraciner. ¶Je trouve

135   59*1, en marge: ^WL'impératrice/ catherine 2de/ a réformé cet/ abus.

---

[26] Sur cette faute d'impression, voir Voltaire à Chouvalov, 11 juin 1761 (D9818), et app. I, l.21-23. Voltaire l'a corrigée dans l'avis 'Au lecteur' de 63 après une remarque de Müller.

[27] La sécularisation des terres de l'Eglise eut lieu en 1764. Voltaire a ajouté ce passage dans w68.

[28] Chiffre repris par Jaucourt dans l'article 'Russie' de l'*Encyclopédie* (xiv.445b). En fait, en 1725, le total des revenus de l'Etat russe ne s'élevait qu'à 8 500 000 roubles (Portal, p.139; cf. le chiffre voisin de 8 779 750,85 roubles donné par l''Etat de tous les Revenûs de la Couronne', ms 5-6, f.39r). Selon un mémoire inédit de 1726-1727, ils n'auraient même pas atteint huit millions de roubles (BM Rouen, Mont 778, f.65v). Huit millions, ou tout au plus dix, c'est aussi le chiffre avancé par Strahlenberg, qui note toutefois que certains Russes font monter les revenus de l'Etat jusqu'à vingt millions (ii.112-14). Pour les *Considérations* de 1737, les revenus ordinaires, qui n'avaient pas augmenté depuis Pierre le Grand, ne dépassaient pas neuf à dix millions de roubles (app. III, XII.3-4). Ils s'élevèrent par la suite, comme l'écrit Voltaire, puisqu'en 1768 Chappe d'Auteroche les évaluera à 13 400 000 roubles (*Voyage en Sibérie*, p.250). On a vu que, dans l'*Histoire de Charles XII* et dans les *Anecdotes sur le czar Pierre le Grand*, Voltaire avait au contraire minimisé les revenus de la Russie; voir ci-dessus, *Anecdotes*, n.65.

fait soixante-cinq millions de nos livres de France, indépendam-
145 ment des tributs en nature. Cette somme modique suffisait alors
pour entretenir trois cent trente-neuf mille cinq cents hommes tant
sur terre que sur mer.[29] Les revenus et les troupes ont augmenté
depuis.

Les usages, les vêtements, les mœurs en Russie avaient toujours
150 plus tenu de l'Asie que de l'Europe chrétienne: telle était l'ancienne
coutume de recevoir les tributs des peuples en denrées, de défrayer
les ambassadeurs dans leurs routes et dans leur séjour, et celle de
ne se présenter ni dans l'église ni devant le trône avec une épée,
coutume orientale opposée à notre usage ridicule et barbare d'aller
155 parler à Dieu, aux rois, à ses amis et aux femmes, avec une longue
arme offensive qui descend au bas des jambes.[30] L'habit long dans
les jours de cérémonie semblait plus noble que le vêtement court
des nations occidentales de l'Europe. Une tunique doublée de
pelisse, avec une longue simarre enrichie de pierreries dans les
160 jours solennels, et ces espèces de hauts turbans qui élevaient la
taille, étaient plus imposants aux yeux que les perruques et le
justaucorps, et plus convenables aux climats froids: mais cet ancien
vêtement de tous les peuples paraît moins fait pour la guerre, et
moins commode pour les travaux. Presque tous les autres usages
165 étaient grossiers; mais il ne faut pas se figurer que les mœurs
fussent aussi barbares que le disent tant d'écrivains.[31] Albert Krants

[29] Chiffre manifestement exagéré, car alors les effectifs de l'armée et de la marine
n'auraient guère augmenté depuis Pierre le Grand. En réalité, en 1725, l'armée de
campagne ne comprenait que 130 000 hommes, sur 284 000 hommes recrutés entre
1699 et 1721 (Portal, p.115-16). Voltaire était plus près de la vérité en parlant de
'cent mille hommes de troupes réglées' dans les *Anecdotes* (l.254), chiffre donné par
Weber (i.63).

[30] Dans l'*Histoire de Charles XII*, Voltaire écrivait: 'Car les Turcs regardent
comme barbare la coutume des chrétiens de porter des épées en temps de paix, et
d'entrer armés chez leurs amis et dans leurs églises' (V 4, p.448).

[31] C'est en effet un lieu commun des récits de voyage et des compilations sur la
'Moscovie': voir Mervaud et Roberti, *Une infinie brutalité: l'image de la Russie dans
la France des XVIe et XVIIe siècles*, passim. On voit qu'ici Voltaire nuance sa thèse
du commencement absolu intervenu sous Pierre le Grand...

parle d'un ambassadeur italien, à qui un czar fit clouer son chapeau sur la tête parce qu'il ne se découvrait pas en le haranguant. [32] D'autres attribuent cette aventure à un Tartare; enfin on a fait ce conte d'un ambassadeur français.

Oléarius prétend que le czar Michel Fédérovits relégua en Sibérie un marquis d'Exideuil ambassadeur du roi de France Henri IV; [33] mais jamais assurément ce monarque n'envoya d'am-

170

[32] Albert Krantz (ou Crantz), chroniqueur allemand du quinzième siècle (mort en 1517), auteur des *Chronica regnorum aquilonarium, Daniae, Sueciae, Norvagiae*. Voltaire, on l'a vu, fait allusion à ce 'mensonge', sans nommer Krantz, dans la 'Préface historique et critique', VIII. Sur cette anecdote, voir aussi la lettre à Chouvalov du 11 juin 1761 (D9818), où l'ambassadeur est anglais. Ce n'est pas Albert Krantz qui rapporte cette histoire, remarque Müller, car il est mort longtemps avant le règne d'Ivan Vassilievtch. Toutefois, Müller varie sur cette anecdote. Il parle d'abord d'un ambassadeur d'Elisabeth d'Angleterre (Jérôme Bèze ou Jerome Horsey), qui, menacé par Ivan, resta imperturbable et fut loué par le tsar; puis d'un auteur anglais selon qui l'aventure serait arrivée à l'ambassadeur Jerome Bowes, et il pense qu'Ivan ne l'a pas menacé, car on ne trouve pas trace de ce fait dans les récits de Bowes ou de son successeur Horsey. Par ailleurs, Müller a cru à tort que Voltaire présentait ce conte comme un fait vrai (Š, p.193, 306-307). Voltaire objecta qu'il n'y avait jamais eu de Bèze ambassadeur, et affirma que le premier ambassadeur anglais en Russie était Carlisle (D9818). Les érudits de Pétersbourg lui rétorquèrent que, si 'Bèze' n'existait pas, il y avait eu plusieurs ambassadeurs anglais avant Carlisle: Anthony Jenkinson, Jerome Bowes, Jerome Horsey, Giles Fletcher, etc. (Š, p.193-94).

[33] Voir la 'Préface historique et critique', VIII, notes. Šmurlo estime que Voltaire avait raison sur l'essentiel, puisque ni Henri IV ni son fils n'envoyèrent d'ambassade en Russie (p.152). C'est oublier la mission du baron Louis Deshayes de Courmenin, qui signa en 1629 un traité de commerce entre les deux pays. Deshayes de Courmenin se joignit ensuite aux ennemis de Richelieu et fut décapité en 1632. Le récit de son ambassade parut en 1664. La lettre de Michel Romanov apportée par Deshayes de Courmenin à Louis XIII a été publiée par L. Paris en annexe à *La Chronique de Nestor* (Paris 1834), i.436-42. Sur cette mission, voir Rambaud, *Recueil des instructions*, viii.23-32. Rambaud rapporte ensuite la 'prétendue ambassade' de Talleyrand (viii.33-36). Sur cette question sans importance (l'ambassade de Talleyrand), Müller avait voulu régler ses comptes avec Voltaire, même vingt ans plus tard (Š, p.153). Voir aussi la critique d'un lecteur, avec un signet de Voltaire (CN, iv.624).

bassadeur à Moscou. (*a*) C'est ainsi que les voyageurs parlent du
175 pays de Borandie qui n'existe pas;[35] ils ont trafiqué avec les peuples
de la nouvelle Zemble, qui à peine est habitée;[36] ils ont eu de
longues conversations avec des Samoyèdes, comme s'ils avaient
pu les entendre. Si on retranchait des énormes compilations de
voyages ce qui n'est ni vrai ni utile, ces ouvrages et le public y
180 gagneraient.[37]

Le gouvernement ressemblait à celui des Turcs par la milice
des strélits, qui comme celle des janissaires,[38] disposa quelquefois
du trône, et troubla l'Etat presque toujours autant qu'il le soutint.

(*a*) Voyez la préface.

174   59, 65:   Moscou, et jamais il n'y eut en France de marquis d'Exideuil.[34]
C'est

183   K: autant qu'elle le

[34] Charles de Talleyrand portait bien ce titre, comme Voltaire en conviendra le
12 novembre 1761 (à d'Argental, D10147). Aussi supprimera-t-il cette phrase. Sur
la polémique entre Voltaire et Müller à propos de cette question, voir Š, p.146-53,
308-309.

[35] Voir ci-dessus, 1.i, n.199.

[36] Elle n'est point du tout habitée, observe Müller (Š, p.308).

[37] Cf. Cornelius de Pauw: 'Sur cent voyageurs, il y en a soixante qui mentent
sans intérêt, et comme par imbécillité, trente qui mentent par intérêt, et si l'on veut
par malice, et enfin dix qui disent la vérité, et qui sont des hommes' (*Défense des
recherches philosophiques sur les Américains*, Berlin 1774, p.181).

[38] Comparaison déjà présente dans l'*Histoire de Charles XII* et dans les *Anecdotes
sur le czar Pierre le Grand*. Voltaire a pu la trouver dans de nombreux ouvrages
(voir ci-dessus, *Anecdotes*, n.38) et dans le MS 5-3, 'Essai sur les Droits militaires de
la Russie', f.15*v*. Mais elle n'est pas juste, selon Müller: les streltsy n'ont été formés
qu'au temps d'Ivan IV et n'ont tenté qu'une fois de s'emparer du pouvoir, à
l'instigation de Sophie, alors que les janissaires ont disposé plusieurs fois du trône
(Š, p.309-10).

Ces strélits étaient au nombre de quarante mille hommes. [39] Ceux qui étaient dispersés dans les provinces subsistaient de brigandages; [40] ceux de Moscou vivaient en bourgeois, trafiquaient, ne servaient point, et poussaient à l'excès l'insolence. Pour établir l'ordre en Russie, il fallait les casser; rien n'était ni plus nécessaire ni plus dangereux. [41]

L'Etat ne possédait pas, au dix-septième siècle, cinq millions de roubles (environ vingt-cinq millions de France) de revenu. [42] C'était assez, quand Pierre parvint à la couronne, pour demeurer dans l'ancienne médiocrité; ce n'était pas le tiers de ce qu'il fallait pour en sortir, et pour se rendre considérable en Europe: mais aussi beaucoup d'impôts étaient payés en denrées selon l'usage des

185

190

195

190   59-w68: pas cinq
195   59*: aussi <beaucoup d'> ᵂquelques⁺ impôts

[39] Chiffre exagéré: selon Foy de La Neuville (*Relation curieuse et nouvelle de Moscovie*, p.148) on en comptait 18 000 en 1689; pour Eléazar de Mauvillon, ils étaient 18 000 à 20 000 (i.22). Selon les historiens modernes, ils devaient atteindre les 22 000 vers la fin du dix-septième siècle.

[40] Jamais, dit Müller, ils recevaient une solde réglée en argent et en vivres, comme ceux de Moscou (Š, p.309 et app. iv, l.56-57).

[41] Ils ne furent pas cassés tous à la fois, nuance Müller, il y eut encore quelques régiments de streltsy au premier siège de Narva, et la garnison d'Astrakhan a subsisté jusqu'en 1705. Les rebelles furent punis et les autres incorporés dans des régiments réguliers 'sans que le nom ait été abrogé par aucun ordre formel' (Š, p.310).

[42] Strahlenberg, i.97. D'après P. N. Milioukov, en 1679-1680, les recettes de l'Etat russe ne s'élevaient qu'à 1 220 367 roubles (cité par N. V. Ustiougov, 'Finansy', dans *Otcherki istorii SSSR, XVII v.* [*Etudes sur l'histoire de l'URSS, XVIIᵉ s.*], Moscou 1955, p.438). Le rouble valait effectivement cinq livres (cf. Foy de La Neuville, *Relation curieuse et nouvelle de Moscovie*, p.69; Chappe d'Auteroche, *Voyage en Sibérie*, p.23).

Turcs;[43] usage qui foule bien moins les peuples que celui de payer leurs tributs en argent.

TITRE DE CZAR

Quant au titre de czar, il se peut qu'il vienne des tzars ou tchars du royaume de Casan. Quand le souverain de Russie Jean, ou
200 Ivan Basilides, eut au seizième siècle conquis ce royaume subjugué par son aïeul, mais perdu ensuite, il en prit le titre,[44] qui est demeuré à ses successeurs. Avant Ivan Basilides les maîtres de la Russie portaient le nom de *veliki knès*,[45] *grand prince, grand seigneur, grand chef,* que les nations chrétiennes traduisent par
205 celui de grand-duc. Le czar Michel Fédérovits prit avec l'ambassade holstenoise les titres de *grand seigneur et grand knès, conservateur de tous les Russes, prince de Volodimer, Moscou, Novogorod, etc. tzar de Casan, tzar d'Astracan, tzar de Sibérie.*[46] Ce nom des

[43] Encore un faux parallèle avec les Turcs, proteste Müller. Le peuple a toujours payé ses impôts en argent, sauf un petit impôt en blé payé en quelques endroits par les paysans de la Couronne. Seuls, les mahométans et les païens dans le gouvernement de Kazan et en Sibérie paient leurs impôts en fourrures (Š, p.310). Voltaire a peut-être confondu les impôts avec les redevances aux seigneurs, payées souvent en nature. Il fait un autre parallèle avec les Turcs, on l'a vu, en ce qui concerne les streltsy. On en trouve encore un dans l'*Essai sur les mœurs*, ch.190, à propos de Boris Godounov et de la mort de Dmitri, fils d'Ivan le Terrible (ii.746).

[44] Ivan IV s'était attribué en 1547 le titre de tsar, qui consacrait la transformation de la grande-principauté de Moscou en 'empire' (*tsarstvo*).

[45] *Veliki kniaz*, en russe, distinguait à l'origine le prince de Kiev des autres princes. La forme *knès* (ou *knez*) est d'origine slavonne. C'est elle qu'on trouve chez la plupart des voyageurs et compilateurs. Voltaire avait demandé si *knès* signifiait 'duc, seigneur, baron, ou chef'. Les Russes avaient répondu que *Veliki knès* voulait dire 'grand-prince' et que les étrangers avaient appelé les souverains de Russie 'grands-ducs' pour distinguer les princes régnants des autres (app. v, l.209-226). Voltaire n'a tenu compte que partiellement de la remarque, si bien que Müller a reprécisé que *Veliki knès* ne signifie 'ni grand seigneur, ni grand chef' (Š, p.312).

[46] Ce n'étaient pas des titres nouveaux, mais usités depuis Ivan Vassilievtch, dit Müller, qui observe que le mot *autocrator* est mal traduit par 'conservateur', et signifie 'souverain' (Š, p.312; app. VII, l.133-136; app. VIII, l.158). En fait, Olearius

493

tzars était donc le titre de ces princes orientaux; il était donc vraisemblable qu'il dérivait plutôt des *Tshas* de Perse que des *Césars* de Rome, [47] dont probablement les tzars sibériens n'avaient jamais entendu parler sur les bords du fleuve Oby.

Un titre quel qu'il soit n'est rien, si ceux qui le portent ne sont grands par eux-mêmes. Le nom d'*empereur*, qui ne signifiait que *général d'armée*, devint le nom des maîtres de la république romaine: on le donne aujourd'hui aux souverains des Russes, [48] à

210

215

---

212 59*: Oby ^Wni du fleuve Irtisch.+
213 59-w68: titre tel qu'il

---

attribue au tsar les titres de 'Seigneur et Dominateur de plusieurs Seigneuries' (éd. 1727, i.45).

[47] Si les chefs des Sibériens s'appelaient *tsars*, comment ce titre peut-il venir de César, demandait Voltaire à Chouvalov, 1er août 1758 (D7811). On lui répondit que ce sont les Russes qui les ont appelés ainsi, car en leur langue ils n'ont d'autre titre que celui de khan. Le mot *tsar* vient de *Caesar*, le *k* s'étant changé en *ts*. Dans la Bible en slavon, dès le onzième siècle, ce mot désigne les rois. Il ne peut être d'origine tatare, puisque les Mongols n'arrivent en Russie qu'au treizième siècle (app. v, l.189-208). Le mot *tsar* apparaît dès le onzième siècle, non seulement dans la Bible en slavon, mais comme titre attribué à certains princes russes (voir V. Vodoff, 'Remarques sur la valeur du terme "tsar" appliqué aux princes russes avant le milieu du xve siècle', *Oxford slavonic papers* 11, 1978, p.1). Ce titre ne fait pas partie des quelques mots turco-tatars entrés dans le vocabulaire russe avant la conquête mongole. C'est un emprunt ancien au latin *Caesar* passé en slave commun par l'intermédiaire du gotique *Kaisar* (les censeurs russes ont bien vu que la 'deuxième palatalisation slave' a fait passer le *k* à *ts*). Le mot est donc attesté dans les langues slaves autres que le russe. Voltaire a maintenu son point de vue, ce qui lui a valu de nouvelles critiques de Lomonossov et de Müller (Š, p.310-12). Dans l'*Histoire de Charles XII*, déjà, il n'admettait pas que le mot *tsar* vînt des Césars de Rome (V 4, p.219). Or, il ne s'agit pas des Romains, mais des empereurs de Byzance. Dans l'*Essai sur les mœurs*, ch.43, il écrivait que le mot *tsar* était 'un terme slavon imité du persan' (i.472). Cette fausse étymologie sera reprise par Karamzine et par Custine. Voltaire a sans doute été influencé par Olearius, qui récuse l'étymologie latine (*Voyages très curieux*, 1727, i.252). On trouve au contraire celle-ci chez Thevet, Collins ou Levesque.

[48] Il s'agit du titre *imperator*, emprunté au latin. En français, le titre d'empereur a été donné aux souverains russes, par J. Sauvage ou Margeret par exemple, avant même que le mot *tsar* ait été intégré à la langue. Attesté dès 1561, le mot *tsar* ne

plus juste titre qu'à aucun autre potentat, si on considère l'étendue et la puissance de leur domination.

RELIGION

La religion de l'Etat fut toujours, depuis le onzième siècle, celle
220 qu'on nomme grecque, par opposition à la latine: mais il y avait plus de pays mahométans et de païens que de chrétiens. [49] La Sibérie jusqu'à la Chine était idolâtre; [50] et dans plus d'une province toute espèce de religion était inconnue.

L'ingénieur Perri et le baron de Stralemberg, qui ont été si
225 longtemps en Russie, disent qu'ils ont trouvé plus de bonne foi et de probité dans les païens que dans les autres; [51] ce n'est pas le paganisme qui les rendait plus vertueux; mais menant une vie pastorale, éloignés du commerce des hommes, et vivant comme dans ces temps qu'on appelle le premier âge du monde, exempts
230 de grandes passions, ils étaient nécessairement plus gens de bien.

Le christianisme ne fut reçu que très tard dans la Russie, ainsi que dans tous les autres pays du Nord. On prétend qu'une princesse nommée Olha l'y introduisit à la fin du dixième siècle, [52] comme

s'imposera en français qu'à partir du dix-huitième siècle, avec Pierre le Grand. Dans son empire, Pierre Ier commençait ses lettres ainsi: 'Par la grâce de Dieu, nous, Pierre Ier, Empereur et souverain de toute la Russie'; pour les lettres destinées à l'étranger, il faisait suivre cette mention de tous ses autres titres: 'czar de Kasan, czar d'Astrakhan, czar de Sibérie...' (MS 2-29, f.325).

[49] En 1718-1719, les Russes constituent encore 70,7% de la population de l'empire, et les trois ethnies de Slaves orientaux 86% (A. Kappeler, *La Russie, empire multiethnique*, Paris 1994, p.106). Mais en fait, même s'il y avait en Russie plus de chrétiens que de musulmans et de païens, le christianisme du peuple restait marqué par des survivances tenaces du paganisme. Cette 'double foi' subsistera jusqu'au début du vingtième siècle.

[50] Pas toute la Sibérie, corrige Müller, le khan Kutchum et ses sujets, vaincus par Ermak, étaient mahométans (S, p.312).

[51] Sur Perry et Strahlenberg, voir ci-dessus, I.i, n.134, 152. Selon Perry, les Tatars sont plus sincères, plus francs et plus honnêtes que les Moscovites (p.218).

[52] C'est une vérité constatée par tous les historiens russes et grecs, observe Müller, qui précise qu'Olga s'est convertie au milieu (et non à la fin) du dixième siècle.

Clotilde, nièce d'un prince arien, le fit recevoir chez les Francs, la femme d'un Micislas duc de Pologne chez les Polonais, et la sœur de l'empereur Henri second chez les Hongrois. [53] C'est le sort des femmes d'être sensibles aux persuasions des ministres de la religion, et de persuader les autres hommes.

235

Cette princesse Olha, ajoute-t-on, se fit baptiser à Constantinople: [54] on l'appela Hélène; et dès qu'elle fut chrétienne, l'empereur Jean Zimiscès [55] ne manqua pas d'en être amoureux. Apparemment qu'elle était veuve. [56] Elle ne voulut point de l'empereur. L'exemple de la princesse Olha ou Olga, ne fit pas d'abord un grand nombre

240

Il note cependant que c'est son petit-fils Vladimir qui introduisit le christianisme en Russie (Š, p.313). Il y eut sans doute des chrétiens en Russie avant la conversion d'Olga, puisqu'une église Saint-Elie avait été édifiée à Kiev au temps du prince Igor (mort en 945). Le traité de 944 entre la Russie et Byzance fait d'ailleurs allusion à des Russes baptisés (même si certains de ces 'Russes' étaient des Varègues). Le christianisme avait pénétré en Russie par des voies diverses: le Caucase, les Khazars, chez qui Cyrille avait prêché en 860, la Crimée où subsistait un évêché goth, la Grèce et la Bulgarie danubienne.

[53] On sait que Clotilde (v. 475-545), nièce de Gondebaud, roi arien des Burgondes, convertit son époux Clovis Ier au catholicisme. Dans l'*Essai sur les mœurs*, Voltaire notait déjà que 'les femmes étaient destinées à changer la religion des royaumes'. Il rapportait que 'Micislas' avait été converti par sa femme, sœur du duc de Bohême (i.472). Effectivement, Mieczyslaw (ou Mieszko) Ier, premier souverain attesté de la Pologne, épousa une chrétienne, Dąbrowka, sœur du duc de Bohême Boleslav, et se fit baptiser en 966. Dans l'*Essai sur les mœurs*, Voltaire précisait aussi que la sœur de l'empereur Henri II, Gisèle, avait fait chrétien son mari, roi de Hongrie, dans la première moitié du onzième siècle (i.472). En réalité, Etienne Ier, premier roi de Hongrie (v. 969-1038), avait épousé la *fille* de Henri IV, duc de Bavière, qui deviendra empereur germanique sous le nom de Henri II en 1014. Etienne avait été baptisé dès 985, et c'est Adalbert de Prague qui, en lui donnant une éducation chrétienne à partir de 995-996, facilita son mariage avec la princesse Gisèle.

[54] Olga se convertit vers 955, sans doute à Kiev. Elle fut reçue en princesse chrétienne à Byzance en 957.

[55] C'était Constantin Porphyrogénète, rectifie Müller. Jean Tzimiskès ne régna qu'à partir de 969 (Š, p.313). Il s'agit en effet de Constantin VII. Olga mourut en 970.

[56] Olga (Helga) était la veuve du prince Igor, comme le précise Müller (Š, p.313). Igor (Ingvar), d'origine varègue, régna de 912 à 945. Il fut tué par les Drevlianes, à qui il voulait faire payer un tribut déjà levé.

de prosélytes; son fils qui régna longtemps (*b*) ne pensa point du
245 tout comme sa mère;[57] mais son petit-fils Volodimer, né d'une
concubine, ayant assassiné son frère pour régner,[58] et ayant
recherché l'alliance de l'empereur de Constantinople Basile, ne
l'obtint qu'à condition qu'il se ferait baptiser. C'est à cette époque
de l'année 987 que la religion grecque commença en effet à s'établir
250 en Russie.[59] Un patriarche de Constantinople nommé Chrysoberge

(*b*) On l'appelait Sowastoslaw.

250-252   59*: Russie.//
250-251   59, 65: Russie. Le patriarche Photius [59*: <Photius> ⌈crisoberge],
si célèbre par son érudition immense, par ses querelles avec l'Eglise romaine, et par
ses malheurs, envoya baptiser[60]
             63 avis: Russie. Le patriarche de Constantinople Christoberge envoya
un évêque baptiser

---

[57] Sviatoslav resta en effet un prince païen, comme le rappelle le MS 5-31, f.136*v*.
Il régna de 962 à 972.

[58] Voir MS 5-31, f.136*v*. Vladimir était le troisième fils, peut-être bâtard, de
Sviatoslav. Il n'est pas essentiel de relever cette circonstance, remarque Müller, car,
dans le paganisme, la différence n'était pas grande entre une épouse et une concubine:
ceux qui l'ont fait semblent avoir voulu ternir la gloire d'un si grand prince. Par
ailleurs, il n'a pas assassiné son frère aîné, mais lui a fait la guerre pour se défendre
(Š, p.314). A la mort de Sviatoslav, une guerre éclata entre ses trois fils. L'aîné,
Iaropolk, grand-prince de Kiev, l'emporta d'abord. Oleg, qui gouvernait les
Drevlianes, fut tué, et Vladimir, prince de Novgorod, dut s'enfuir à l'étranger. De
retour en Russie deux ans plus tard, Vladimir, avec ses partisans et des mercenaires
étrangers, vainquit et tua Iaropolk.

[59] La date admise actuellement est 988. On sait que Vladimir se fit baptiser non
seulement pour obtenir l'alliance de Byzance, mais pour épouser Anne, la sœur des
empereurs Basile II et Constantin VIII, comme le rappelle le MS 5-31, f.136*v*.

[60] Lomonossov et Müller rappelèrent que Photius était mort en 891 (en réalité
vers 895), que Vladimir avait été baptisé en 988 et que le baptême avait eu lieu sous
un patriarche nommé Nicolas Chrysoberge (Š, p.314-15). Nicolas II Chrysoberge,
patriarche de 980 à 992, était d'une famille dont plusieurs membres furent juges ou
fonctionnaires ecclésiastiques (*The Oxford Dictionary of Byzantium*, Oxford, 1991,
i.450-51); il n'a pas laissé beaucoup de traces de son activité, notamment vis-à-vis
de la Russie (voir V. Grumel, 'Chronologie patriarcale au Xᵉ siècle', *Revue des
études byzantines* 22, 1964, p.45-71, et, du même auteur, *Les Registres des Actes du*

envoya un évêque baptiser Volodimer, pour ajouter à son patriarcat cette partie du monde. (*c*)

Volodimer acheva donc l'ouvrage commencé par son aïeule. Un Grec fut premier métropolitain de Russie, ou patriarche.[62] C'est de là que les Russes ont adopté dans leur langue un alphabet tiré en partie du grec;[63] ils y auraient gagné si le fond de leur

255

(*c*) Tiré d'un manuscrit particulier, intitulé, *Du gouvernement ecclésiastique de Russie.*[61]

n.*c* 59, 65: particulier déposé aussi à la Bibliothèque, intitulé
254 63 avis: Un Syrien nommé Michel, fut le premier

---

patriarcat de Constantinople, 2e éd., Paris 1989, i.2-3). Voltaire s'est sans doute fié aux MS 4-4 (f.234*v*) et MS 5-31 (f.137*r*), qui commettent l'erreur sur Photius. Le 22 avril 1761, il pria Thiriot de lui envoyer la liste des patriarches grecs (D9747). Le 11 juin 1761, il écrivit à Chouvalov qu'au lieu de Photius il fallait lire Polyeucte (D9818; cf. app. VII, l.137-142; app. VIII, l.164-67). Mais le patriarche Polyeucte est mort en 970. Après les objections de Müller, Voltaire admit que la critique était 'bonne', 'fondée et raisonnable' (*Je*, 1er décembre 1762, app. X, l.384-385 et n.*m*). Il avait d'ailleurs reconnu sa 'lourde méprise' dans sa lettre à Pierre Rousseau du 20 août 1762 (D10661). Il changea sa phrase dans l'avis 'Au lecteur' de 63 (app. I, l.25-29).

[61] Ni ce MS (4-4), ni le MS 5-31 ne parlent de Chrysoberge. Peut-être sont-ce des moines bulgares qui ont baptisé Vladimir, car aucun document byzantin ne mentionne le nom du patriarche de Constantinople qui aurait envoyé un évêque aux nouveaux convertis.

[62] Le patriarcat ne fut fondé en Russie qu'en 1589, rappelle Müller, qui affirme que le premier métropolite fut un Syrien nommé Michel (Š, p.316). C'est ce que mentionnent les MS 4-4 (f.234*v*) et 5-31 (f.137*r*). La bévue de Voltaire est d'autant plus inexplicable qu'il parle quelques lignes plus loin de la création du patriarcat russe. Sur cette question, on peut consulter E. Goloubinski, *Istoria rousskoï tserkvi* [*Histoire de l'Eglise de Russie*] (Moscou 1880), i.1, p.245, et surtout V. Vodoff, *Naissance de la chrétienté russe* (Paris 1988), pour qui le premier métropolite de Russie serait Théophylacte de Sébaste (p.77, 86-87).

[63] Les Russes connaissaient probablement l'écriture avant l'introduction officielle du christianisme, comme le laisse supposer l'inscription de Gnezdovo, près de Smolensk. Mais il est vrai que l'alphabet cyrillique est 'tiré en partie du grec'.

langue, qui est la slavone, n'était toujours demeuré le même, à quelques mots près qui concernent leur liturgie, et leur hiérarchie. Un des patriarches grecs, nommé Jérémie, ayant un procès au
260 divan, et étant venu à Moscou demander des secours, [64] renonça enfin à sa prétention sur les Eglises russes, et sacra patriarche l'archevêque de Novogorod, nommé Job, [65] en 1588. [66] Depuis ce temps l'Eglise russe fut aussi indépendante que son empire. Il était en effet dangereux, honteux et ridicule, que l'Eglise russe dépendît
265 d'une Eglise grecque esclave des Turcs. Le patriarche de Russie fut dès lors sacré par les évêques russes, non par le patriarche de Constantinople. [67] Il eut rang dans l'Eglise grecque après celui de Jérusalem; mais il fut en effet le seul patriarche libre et puissant, et par conséquent le seul réel. Ceux de Jérusalem, de Constantinople,
270 d'Antioche, d'Alexandrie, ne sont que les chefs mercenaires et avilis d'une Eglise esclave des Turcs. [68] Ceux même d'Antioche et

262   K: 1588. ¶Depuis
263-265   59-w68: empire. Le patriarche

[64] Cf. MS 4-4: 'le patriarche Jeremie étant venu a Moskow, tant pour se soustraire aux vexations des Turcs, que pour ramasser de l'argent' (f.235r). Jérémie était venu de Pologne, où il avait constaté les difficultés de l'Eglise orthodoxe ukrainienne et biélorusse, placée sous sa juridiction. C'est pour traiter de cette question, et pour obtenir une aide financière, qu'il s'était rendu en Russie. Il avait tenté de rester à Moscou en tant que patriarche, mais les Russes voulaient un patriarcat indépendant.

[65] Job n'a jamais été archevêque de Novgorod, objecte Müller, mais évêque de Colomna, puis archevêque de Rostov et métropolite de Moscou (Š, p.316; app. VII, l.143-145). Relégué dans un couvent par le faux Dmitri, il y mourra en mars 1607, abandonné par le clergé, qui avait reconnu Hermogène comme patriarche en 1606. Il est l'auteur d'une *Vie du tsar Théodore Ier*.

[66] Date donnée par le MS 4-4, f.235r. En fait, le 26 janvier 1589.

[67] Le MS 4-4, par erreur, affirmait le contraire (f.235v), ainsi que Strahlenberg, ii.100.

[68] Le concile de Constantinople de 1590 reconnut Moscou comme patriarcat orthodoxe, mais seulement en cinquième position. Müller fit remarquer, à tort, que le patriarche de Constantinople était le plus ancien (Š, p.317). Etonné, Voltaire rappelle à Chouvalov, le 11 juin 1761, que le plus ancien patriarche est celui d'Alexandrie, et qu'il y eut vingt évêques de Jérusalem avant qu'il y en eût un à

de Jérusalem ne sont plus regardés comme patriarches, et n'ont pas plus de crédit que les rabbins des synagogues établies en Turquie.

C'est d'un homme devenu patriarche de toutes les Russies que descendait Pierre le Grand en droite ligne. [69] Bientôt ces premiers prélats voulurent partager l'autorité des czars. C'était peu que le souverain marchât nu-tête une fois l'an devant le patriarche, en conduisant son cheval par la bride. [70] Ces respects extérieurs ne servent qu'à irriter la soif de la domination. Cette fureur de dominer causa de grands troubles comme ailleurs.

Le patriarche Nicon, que les moines regardent comme un saint, [71] et qui siégeait du temps d'Alexis, père de Pierre le Grand,

275

280

Byzance (D9818). Müller persista dans son erreur, que relève Šmurlo (p.144) en renvoyant au concile de Nicée de 325 (Š, p.194-95).

[69] Fedor Romanov, devenu patriarche sous le nom de Philarète, était l'arrière-grand-père de Pierre le Grand. Lomonossov fit observer que Pierre n'était pas devenu tsar parce que son ancêtre était patriarche. Quant à Müller, il reproche à Voltaire de ne pas expliquer comment Philarète est devenu patriarche, puisque les patriarches ne se marient pas: 'On ne devrait pas donner des énigmes à deviner dans une histoire' (Š, p.317; app. VII, l.146-149; app. VIII, l.176-77). Fedor Romanov, intelligent et énergique, pouvait prétendre au pouvoir; il en avait été écarté par Boris Godounov, qui l'avait contraint à entrer dans les ordres; il avait été abbé d'un couvent du Nord, puis métropolite de Rostov. Sa femme avait dû également prendre le voile, comme Voltaire le rapporte plus loin (cf. I.iii, n.9).

[70] Le jour des Rameaux, comme le précise Müller, lorsque le patriarche imitait l'entrée de Jésus-Christ à Jérusalem (Š, p.317). Les Russes avaient répondu à une question de Voltaire que la coutume remontait peut-être aux empereurs byzantins, et que les grands-ducs avaient probablement fait la même chose avec les métropolites (app. V, l.270-282). Voir ci-dessus, *Anecdotes*, n.48. P.-Ch. Levesque écrit: 'Je ne sais si cela est jamais arrivé, mais je sais que le tsar Michel ne se chargea pas de cette fonction'. Selon lui, Alexis resta dans son palais et donna l'ordre à des seigneurs de la cour de tenir la bride de 'l'âne' qui portait le patriarche Nicon en 1652. Il n'exclut pas que le tsar ait voulu quelquefois 'signaler sa dévotion par cet acte d'humilité', mais il affirme que 'les souverains russes ne s''humiliaient pas devant les chefs de l'Eglise' et qu'il était nécessaire de 'réfuter les âneries un peu malignes de quelques auteurs' (*Histoire de Russie*, Paris 1782, iv.56-59).

[71] Pas les moines, proteste Müller, mais quelques-uns du bas peuple; ce serait un affront pour tout le clergé, les évêques étant moines (Š, p.318).

voulut élever sa chaire au-dessus du trône; non seulement il usurpait le droit de s'asseoir dans le Sénat à côté du czar, [72] mais il prétendait qu'on ne pouvait faire ni la guerre ni la paix sans son consentement. [73] Son autorité soutenue par ses richesses et par ses intrigues, par le clergé et par le peuple, tenait son maître dans une espèce de sujétion. Il osa excommunier quelques sénateurs [74] qui s'opposèrent à ses excès; et enfin Alexis, qui ne se sentait pas assez puissant pour le déposer par sa seule autorité, fut obligé de convoquer un synode de tous les évêques. On l'accusa d'avoir reçu de l'argent des Polonais; [75] on le déposa; on le confina pour le reste de ses jours dans un cloître, et les prélats élurent un autre patriarche. [76]

Il y eut toujours, depuis la naissance du christianisme en Russie, quelques sectes, [77] ainsi que dans les autres Etats; car les sectes sont

[72] Voir MS 4-4, f.237r. Anachronisme: le Sénat ne sera créé qu'en 1711 par Pierre le Grand. Ses neuf membres avaient pour fonction à l'origine de remplacer le tsar pendant ses absences. Par 'Sénat', le MS 4-4 et Voltaire entendent sans doute la Douma des boïars. Voltaire a peut-être été influencé par les *Considérations* de 1737 ('une espèce de sénat nommé sobor', app. III, III.38) ou par Strahlenberg (i.82). Foy de La Neuville parle d'un 'boyar sénateur' (*Relation curieuse et nouvelle de Moscovie*, p.57), expression calquée du polonais (dans les documents polonais, la Douma des boïars est appelée 'Sénat': voir A. Lavrov, introduction à Foy de La Neuville, *Zapiski o Moskovii*, Moscou 1996, p.49-50). Le patriarche ne siégeait pas à la Douma, mais au Saint Concile, assemblée qui réunissait les membres de la Douma et ceux du haut clergé.

[73] Voir MS 4-4, f.238v.

[74] MS 4-4, f.239r. Il s'agit de boïars.

[75] MS 4-4, f.238v.

[76] MS 4-4, f.240r. Sur la querelle entre Nicon et le tsar, la plupart des raisons alléguées par des auteurs étrangers sont fausses, selon Müller, qui se propose d'envoyer à Voltaire un extrait des actes de son procès (Š, p.318). Nicon a été déposé par le grand concile des prélats russes et orientaux (Moscou, 1667). Il avait démissionné dès 1658. Remplacé par un autre patriarche, Josaphat II (1667-1672), il s'était retiré à la 'Nouvelle Jérusalem', le magnifique couvent de la Résurrection qu'il avait fait bâtir à 60 km à l'ouest de Moscou grâce aux donations du tsar Alexis, avec une grandiose église imitant le Saint-Sépulcre. (Ce monastère, détruit en partie dans les années 1920, puis en 1941 par les nazis, a été reconstruit depuis.)

[77] On pourrait dire qu'aucune Eglise n'a eu moins de sectes que la Russie, sug-

souvent le fruit de l'ignorance, aussi bien que de la science prétendue. Mais la Russie est le seul grand Etat chrétien où la religion n'ait pas excité de guerres civiles, quoiqu'elle ait produit quelques tumultes. 300

La secte de ces *raskolniky* composée aujourd'hui d'environ deux mille mâles, [78] et de laquelle il est fait mention dans le dénombrement, (*d*) est la plus ancienne; elle s'établit dès le douzième siècle [79] par des zélés qui avaient quelque connaissance du 305 Nouveau Testament; ils eurent, et ont encore la prétention de tous les sectaires, celle de le suivre à la lettre, accusant tous les autres chrétiens de relâchement, ne voulant point souffrir qu'un prêtre qui a bu de l'eau-de-vie, confère le baptême, assurant avec Jésus-Christ qu'il n'y a ni premier ni dernier parmi les fidèles, et surtout 310

(*d*) Page 53 [000]

302   59-w68: *roskilniki*
n.d   59: Page 50 etc.   65: Page 79.   w68: Page 340.   κ: Page 62.

---

gère Müller (Š, p.319). Les principales de ces hérésies, nées au seizième siècle, sont la secte rationaliste des 'Judaïsants' (*Jidovstvouiouchtchié*) et celle, plus populaire, des 'barbiers' (*Strigol'niki*). Elles niaient de nombreux dogmes, dont la divinité du Christ, et la hiérarchie ecclésiastique.

[78] Ce chiffre est bien au-dessous de la réalité. C'est le nombre de ceux qui se sont fait inscrire comme raskolniks, et qui payent une certaine taxe en plus, observe Müller, pour qui ils sont bien vingt fois plus nombreux (Š, p.319). On les évaluera à plusieurs millions au début du vingtième siècle. Voltaire s'était préoccupé de l'orthographe du nom de ces sectaires, voir sa lettre à Boris Mikhaïlovitch Saltykov de juin 1759 (D8356) et la réponse de Saltykov (D8358). Aussi n'a-t-il pas déformé le nom des *raskolniki* comme le fait l'*Encyclopédie*. Il a laissé tomber la question des mythiques 'vosko-jésuites' dont il parlait dans l'*Histoire de Charles XII*. Saltykov les ignorait, et pour cause.

[79] Grossière erreur: à partir du dix-septième siècle seulement, depuis Nicon, comme le corrige Müller (Š, p.319; cf. app. VII, l.150-152; app. VIII, l.180-85). Les raskolniks refusaient les réformes de Nicon, patriarche à partir de 1652.

qu'un fidèle peut se tuer pour l'amour de son Sauveur. [80] C'est selon eux un très grand péché de dire *alléluia* trois fois, il ne faut le dire que deux, et ne donner jamais la bénédiction qu'avec trois doigts. [81] Nulle société, d'ailleurs, n'est ni plus réglée, ni plus sévère dans ses mœurs: ils vivent comme les quakers, mais ils n'admettent point comme eux les autres chrétiens dans leurs assemblées; [82] c'est ce qui fait que les autres leur ont imputé toutes les abominations dont les païens accusèrent les premiers Galiléens, dont ceux-ci chargèrent les gnostiques, dont les catholiques ont chargé les protestants. [83] On leur a souvent imputé d'égorger un enfant, de boire son sang, et de se mêler ensemble dans leurs cérémonies secrètes sans distinction de parenté, d'âge, ni même de sexe. [84] Quelquefois on les a persécutés: ils se sont alors enfermés

[80] Cf. MS 5-31 [Etablissement du christianisme en Russie]: '6° Comme les prêtres russes boivent de l'eau de vie, ils les tiennent incapables d'administrer les sacremens même le Batême. 7° ils ne croyent pas que le gouvernement temporel soit l'ouvrage de Jesus Christ et ils prétendent que tous les hommes doivent être égaux. 8° que l'on peut s'ôter la vie pour l'amour de Jesus Christ et obtenir par la un haut degré de béatitude' (f.139r).

[81] Vrai pour l'*Alléluia*, faux pour le signe de croix. Voulant revenir à la tradition grecque, Nicon introduisit des réformes, parmi lesquelles le signe de croix avec trois doigts. Mais les vieux croyants ou raskolniks continuèrent à se signer avec deux doigts, et non avec trois, comme l'ont cru certains commentateurs (par exemple *La Religion ancienne et moderne des Moscovites*, compilation anonyme, Cologne 1698, p.63). Au dix-huitième siècle, l'erreur est encore courante: voir Jubé, *La Religion, les mœurs et les usages des Moscovites*, p.114, ou Chappe d'Auteroche, *Voyage en Sibérie*, p.141, 218.

[82] MS 5-31: 'Ils regardent les autres Russes comme payens et impurs' et leurs assemblées sont 'fermées aux Russes' (f.130v, 140r).

[83] MS 5-31: 'Ces imputations copiées d'après celles que les payens ont fait aux premiers chrétiens et qui ont passé depuis dans les reproches que se sont fait mutuelement les différentes sectes du christianisme paroissent n'avoir d'autre fondement que la haine des Russes pour les Roskolschiki' (f.140r). Sur ces imputations, voir *L'Examen important de milord Bolingbroke*, V 62, p.254-55, n.a.

[84] Les Russes 'les accusent [...] d'éteindre les lumières dans leurs assemblées et de se mêler indifféremment sans aucune distinction de parenté. De tuer les enfants mâles qui naissent de cette copulation, et de leur sang mêlé avec de la farine en faire le pain qu'ils employent pour leur Eucharistie' (MS 5-31, f.141r).

dans leurs bourgades, ont mis le feu à leurs maisons, et se sont jetés dans les flammes. [85] Pierre a pris avec eux le seul parti qui puisse les ramener, celui de les laisser vivre en paix. [86] 325

Au reste, il n'y a dans un si vaste empire que vingt-huit sièges épiscopaux, et du temps de Pierre on n'en comptait que vingt-deux: [87] ce petit nombre était peut-être une des raisons qui avaient tenu l'Eglise russe en paix. Cette Eglise d'ailleurs était si peu 330

[85] MS 5-31: 'à la moindre persécution qu'on leur fait [...], ils s'enferment dans leurs bourgades, auxquelles ils mettent le feu, et s'y brûlent tous vivans au nombre quelquefois de cinq ou six cens personnes' (f.139v). 'Il arrive souvent qu'ils s'assemblent par familles de quatre ou cinq cents dans leurs maisons ou dans des granges, où ils se brûlent vivans' (Strahlenberg, ii.10). Weber rapporte que trois cents raskolniks poursuivis se sont réfugiés dans une église et y ont mis le feu (i.132). On notera que Voltaire n'emploie pas le présent, mais le passé. Entre 1672 et 1691, plus de 20 000 raskolniks s'étaient immolés par le feu, au cours de 37 autodafés collectifs.

[86] C'est ce qu'affirme Weber (i.132) ou le MS 5-31, qui ajoute toutefois: 'Cependant ils sont chargez de double contribution' (f.141v-42r). Pierre le Grand semble en effet avoir voulu encourager la tolérance à l'égard des vieux croyants. Mais, comme ils s'opposaient avec acharnement à ses réformes, ils furent soumis à de nouvelles restrictions et pénalités: en 1724, il fut ordonné aux raskolniks 'qui se faisoient un cas de conscience de se faire raser, de porter sur le dos un grand morceau d'étoffe rouge, couvert d'un autre petit lambeau jaune afin de les distinguer', et 'on leur imposa en outre une capitation double' (MS 2-18, f.219r). Le MS 4-4 rappelle qu'aucun schismatique 'ne pourra être élevé aux dignitez spirituelles ou civiles, ny occuper le plus petit employ dans le gouvernement' (f.294r). Le MS 2-22, après avoir rapporté l'Ordonnance du 31 janvier 1724, fait état d'une suite d'autres ordonnances qui en précisent l'application: les prêtres sont tenus de dénoncer les révoltes contre le souverain et l'Etat, il est interdit de cacher les raskolniks, les biens de ces derniers seront confisqués au profit du souverain en réservant la moitié ou le tiers de ces biens à ceux qui les dénonceront (f.270). Dès 1716, un dénombrement des vieux croyants est fait, puis les persécutions commencent. Certains abjurent, d'autres sont exécutés, le tsar signant lui-même les sentences (Waliszewski, *Pierre le Grand*, p.490, d'après S. M. Soloviev). Ainsi, Pierre finit par persécuter les raskolniks plus cruellement encore que ne l'avait fait son père, non pour des raisons religieuses, mais politiques.

[87] On en compte à présent trente, et du temps de Pierre le Grand, il y en avait vingt-cinq, rectifie Müller (Š, p.319).

instruite, que le czar Fédor frère de Pierre le Grand, fut le premier qui introduisit le plain-chant chez elle. [88]

Fédor, et surtout Pierre, admirent indifféremment dans leurs armées et dans leurs conseils ceux du rite grec, latin, luthérien, calviniste: ils laissèrent à chacun la liberté de servir Dieu suivant sa conscience, pourvu que l'Etat fût bien servi. [89] Il n'y avait dans cet empire de deux mille lieues de longueur aucune église latine. [90] Seulement lorsque Pierre eut établi de nouvelles manufactures dans Astracan, il y eut environ soixante familles catholiques dirigées par des capucins; [91] mais quand les jésuites voulurent s'introduire dans ses Etats, il les en chassa par un édit au mois d'avril 1718. Il souffrait les capucins comme des moines sans conséquence, et regardait les jésuites comme des politiques dange-

335

340

343-346   59, 65: dangereux.//

63 avis: on peut ajouter, que les jésuites qui s'étaient introduits en Russie en 1685 en furent chassés en 1689 et qu'y étant rentrés, ils en furent encore chassés en 1718.

---

[88] Strahlenberg, i.103. L'Eglise russe n'était pas mal instruite, proteste Müller, le manque de plain-chant n'est pas une preuve. Il fut introduit à Moscou par Nicon, après qu'on l'ait eu longtemps auparavant à Kiev (Š, p.319; cf. app. VII, l.156-163).

[89] Müller rappelle qu'Ivan IV l'avait déjà fait, et que Boris Godounov et le tsar Alexis prirent beaucoup d'étrangers à leur service (Š, p.320). Sur la relative tolérance religieuse en Russie, voir ci-dessus, I.i, n.42.

[90] Le culte catholique ne fut toléré en Russie, on l'a vu, qu'à partir du début du dix-huitième siècle. Müller rappelle toutefois que le père Avril, à son arrivée à Moscou en 1687, a logé chez des jésuites du Saint-Empire (Š, p.320). C'est en fait au début de 1686 qu'Avril et son compagnon le père Barnabé ont été reçus par les jésuites allemands de Moscou à qui ils avaient écrit d'Astrakhan (Avril, *Voyage en divers Etats d'Europe et d'Asie*, p.159).

[91] Selon Weber, un capucin de Moscou, un Italien âgé de plus de soixante ans, espérait obtenir du tsar l'autorisation de bâtir une église à Astrakhan pour les catholiques de la ville, au nombre de 90 familles, tous jardiniers autrichiens et soldats bavarois qui avaient été faits prisonniers au service des Suédois (i.384). Rome envoya par la suite six capucins suisses et autrichiens en Russie pour contrecarrer la démarche des jansénistes de la Sorbonne, qui avaient soumis à Pierre le Grand un projet d'union des Eglises. Partis de France, ils arrivèrent à Moscou en 1724.

reux. [92] Ces jésuites s'étaient établis en Russie en 1685; ils furent expulsés quatre ans après: ils revinrent encore, et furent encore chassés. 345

L'Eglise grecque est flattée de se voir étendue dans un empire de deux mille lieues, tandis que la romaine n'a pas la moitié de ce terrain en Europe. Ceux du rite grec ont voulu surtout conserver dans tous les temps leur égalité avec ceux du rite latin, et ont 350 toujours craint le zèle de l'Eglise de Rome, qu'ils ont pris pour de l'ambition, parce qu'en effet l'Eglise romaine très resserrée dans notre hémisphère, et se disant universelle, [93] a voulu remplir ce grand titre.

Il n'y a jamais eu en Russie d'établissement pour les juifs, [94] 355 comme ils en ont dans tant d'Etats de l'Europe depuis Constantinople jusqu'à Rome. Les Russes ont toujours fait leur commerce par eux-mêmes, et par les nations établies chez eux. De toutes les Eglises grecques la leur est la seule qui ne voie pas des synagogues à côté de ses temples. 360

[92] Dans l'édition de 1759, le paragraphe s'arrêtait là. Müller fit observer que les jésuites avaient été chassés deux fois en août 1689 et en 1718; la première fois pour s'être sans doute mêlés aux 'pernicieux desseins' de la princesse Sophie (Müller renvoyait à Foy de La Neuville et à Avril), la seconde pour avoir peut-être pris part à la conspiration en faveur du tsarévitch (Š, p.320). Dans l'avis 'Au lecteur', Voltaire modifia son texte (app. I, l.31-33). Il revint ensuite à la version de 1759 en ajoutant la dernière phrase: 'Ces jésuites [...] et furent encore chassés'. Les jésuites reviendront en Russie à la fin du dix-huitième siècle, mais seront de nouveau expulsés par un oukase du 1er janvier 1816.

[93] On sait que *katholicos*, en grec, signifie 'universel'.

[94] Il est vrai que 'ni la Moscovie ni l'empire de Pierre le Grand n'avaient comporté de juifs en nombre appréciable. Quand un groupe quelque peu important d'entre eux s'établissait en Russie, ils étaient en général expulsés' (Kappeler, *La Russie, empire multiethnique*, p.89). Margeret rapporte qu'ils avaient été exterminés sous Ivan IV (*Etat de l'empire de Russie*, p.56). Mais Collins affirme qu'un grand nombre de juifs se sont introduits depuis peu (sous Alexis) à la cour de Russie (*Relation curieuse de l'état présent de la Russie*, p.149). Après les partages de la Pologne, les juifs furent très nombreux au dix-neuvième siècle en Russie occidentale, où ils étaient venus à l'invitation des rois de Pologne à la fin du moyen âge (N. V. Riasanovsky, *Histoire de la Russie*, Paris 1987, p.427).

SUITE DE L'ÉTAT OÙ ÉTAIT LA RUSSIE AVANT

PIERRE LE GRAND

La Russie qui doit uniquement à Pierre le Grand sa grande influence dans les affaires de l'Europe, n'en avait aucune depuis qu'elle était chrétienne. On la voit auparavant faire sur la mer Noire ce que les Normands faisaient sur nos côtes maritimes de 365 l'Océan, armer du temps d'Héraclius quarante mille petites barques, se présenter pour assiéger Constantinople,[95] imposer un tribut aux Césars grecs. Mais le grand knès Volodimer, occupé du soin d'introduire chez lui le christianisme, et fatigué des troubles intestins de sa maison,[96] affaiblit encore ses Etats en les partageant 370 entre ses enfants. Ils furent presque tous la proie des Tartares,[97] qui asservirent la Russie pendant deux cents années. Ivan Basilides[98]

[95] Ce sont les Avars qui ont fait la guerre à Héraclius, remarque Müller (cf. app. VIII, l.187-91). Les expéditions russes contre Constantinople ont eu lieu en 864, puis au début du dixième siècle, avec les deux mille barques d'Oleg portant chacune quarante hommes, enfin en 940, avec les dix ou quinze mille voiles d'Igor (Š, p.321). La première campagne des Varégo-russes contre Constantinople, en 860, est donc postérieure de plus de deux siècles à l'époque d'Héraclius Ier, empereur d'Orient de 610 à 641, et de son fils Héraclius II, quelques mois empereur en 641.

[96] Il n'y a pas eu de troubles intestins sous Vladimir, observe Müller, et ce n'est pas le partage qu'il a fait, mais celui de Iaroslav et les dissensions entre princes qui facilitèrent la conquête tatare (Š, p.322). Après la mort de Iaroslav le Sage (1054) s'ouvre en effet une période de morcellement et de luttes intestines, interrompue par le court règne de Vladimir Monomaque (1113-1125), après lequel les dissensions reprennent, aboutissant en 1169 à la fin de l'Etat kiévien unifié.

[97] Vue cavalière de la fin de l'Etat kiévien: deux siècles séparent la mort de Vladimir (1015) du début de l'occupation tatare (1223). Le changement dans le droit de succession, l'autonomie des principautés, proclamée en 1097, et les dissensions entre princes, ont affaibli l'Etat des Slaves orientaux. Mais d'autres facteurs contribuèrent à son déclin et à sa chute: les incursions des Polovtses (nomades des steppes du sud de la Russie) et l'aggravation de la situation des classes pauvres.

[98] Il faudrait préciser 'le grand-duc', remarque Müller, pour le distinguer du tsar du même nom (Š, p.322), c'est-à-dire pour ne pas confondre Ivan III et Ivan IV. En fait, Voltaire songe ici au tsar Ivan IV, puisqu'il croit à tort que c'est lui qui a délivré son pays du joug tatar; voir ci-dessus, 1.i, n.139, 140.

la délivra et l'agrandit: mais après lui les guerres civiles la ruinèrent. [99]

Il s'en fallait beaucoup avant Pierre le Grand, que la Russie fût aussi puissante, qu'elle eût autant de terres cultivées, autant de sujets, autant de revenus, que de nos jours. Elle ne possédait rien dans la Finlande, rien dans la Livonie: et la Livonie seule vaut mieux que n'a valu longtemps toute la Sibérie. [100] Les Cosaques n'étaient point soumis; les peuples d'Astracan obéissaient mal; [101] le peu de commerce que l'on faisait était désavantageux. [102] La mer Blanche, la Baltique, celle du Pont-Euxin, d'Asoph, et la mer Caspienne, étaient entièrement inutiles à une nation qui n'avait pas un vaisseau, [103] et qui même dans sa langue manquait de terme pour exprimer une flotte. [104] S'il n'eût fallu qu'être au-dessus des Tartares et des peuples du Nord jusqu'à la Chine, la Russie jouissait de cet avantage; mais il fallait s'égaler aux nations policées,

375

380

385

---

[99] Allusion au 'Temps des troubles' (1598-1613), marqué par la guerre civile, l'apparition de plusieurs imposteurs (les 'faux Dmitri') et l'occupation polonaise.

[100] 'J'en doute', note Lomonossov (Š, p.322).

[101] Les Cosaques du Don étaient soumis depuis toujours, ceux d'Ukraine l'étaient depuis 1654, seuls les Zaporoviens se mutinaient quelquefois; quant à l'état des peuples d'Astrakhan, il n'a pas été changé par Pierre le Grand, prétend Müller (Š, p.322-23). Il y a eu en effet des troubles à Astrakhan en 1705-1706, mais Müller 'oublie' la participation de Cosaques du Don à la révolte de Stenka Razine (1670-1671).

[102] A cause du monopole commercial des Anglais et des Hollandais. Margeret notait que les étrangers gagnaient au change des devises (*Etat de l'empire de Russie*, p.72); c'était le contraire au temps de Herberstein (*La Moscovie du XVIe siècle vue par un ambassadeur occidental, Herberstein*, éd. R. Delort, Paris 1965, p.84).

[103] Elle en avait depuis le tsar Ivan, sur la mer Glaciale et la Caspienne, et les Cosaques en ont eu sur la mer Noire, rappelle Müller (Š, p.323; cf. app. VII, l.164-169). Oui, mais la Russie, avant Pierre le Grand, ne possédait pas de marine digne de ce nom. Elle avait de grandes gabarres sur la Dvina, décrites par Jean Sauvage, mais peu de vrais navires sur les mers. Avril traverse la Caspienne sur un flibot 'assez mal équipé' (*Voyage en divers Etats d'Europe et d'Asie*, p.90), et cette traversée, sur de grands bateaux à deux gouvernails et à une voile unique, est jugée dangereuse par Foy de La Neuville (*Relation curieuse et nouvelle de Moscovie*, p.214-15).

[104] Le terme russe de *flot*, emprunté au français, date de 1696.

et se mettre en état d'en surpasser un jour plusieurs. Une telle entreprise paraissait impraticable, puisqu'on n'avait pas un seul vaisseau sur les mers, qu'on ignorait absolument sur terre la
390 discipline militaire, que les manufactures les plus simples étaient à peine encouragées, et que l'agriculture même, qui est le premier mobile de tout, était négligée. [105] Elle exige du gouvernement de l'attention et des encouragements, et c'est ce qui a fait trouver aux Anglais dans leurs blés un trésor supérieur à celui de leurs laines.
395 Ce peu de culture des arts nécessaires montre assez qu'on n'avait pas d'idée des beaux-arts, [106] qui deviennent nécessaires à leur tour quand on a tout le reste. On aurait pu envoyer quelques naturels du pays s'instruire chez les étrangers; [107] mais la différence des langues, des mœurs, et de la religion s'y opposait; une loi même
400 d'Etat et de religion, également sacrée et pernicieuse, défendait aux Russes de sortir de leur patrie, et semblait les condamner à une éternelle ignorance. [108] Ils possédaient les plus vastes Etats de

399 59-W75G: s'y opposaient; une
399-400 59*: une <loi même d'Etat et de religion> ^{W}coutume$^+$ également sacrée et pernicieuse, $^{W\uparrow}$plus forte qu'une loi écrite,$^+$ défendait

[105] Contesté par les Russes: voir l'objection de Voltaire et la réponse à cette objection, app. v, l.227-250.

[106] Les étrangers méprisaient alors l'architecture religieuse russe, les fresques et les icones. Il faudra attendre l'exposition d'icones de 1813, à Moscou, pour que cet art soit reconnu.

[107] Sous Ivan iv et son fils Fedor, quelques Russes étaient partis étudier à l'étranger. Boris Godounov avait envoyé en France six étudiants, dont, il est vrai, il ne reçut jamais de nouvelles...

[108] Déjà rapporté dans l'*Histoire de Charles XII*: 'Une ancienne loi sacrée parmi eux leur défendait, sous peine de mort, de sortir de leur pays sans la permission de leur patriarche' (V 4, p.179). Répondant à une des objections de Voltaire jointes à sa lettre à Chouvalov du 1er août 1758 (D7811), Pétersbourg assura qu'il n'y avait aucune loi écrite, mais qu'il fallait demander l'autorisation pour sortir du pays (app. v, l.251-259). C'est effectivement ce qu'écrivait Olearius (éd. 1727, i.254), et l'*Oulojénié* de 1649, dans son chapitre vi, précisera qu'il faut un passeport. Voltaire ayant maintenu son assertion, Müller rétorqua: 'Personne ne connaît en Russie cette loi, c'est M. de Voltaire qui l'a faite' (app. x, l.400-401). Il reconnaissait toutefois

l'univers, et tout y était à faire. Enfin, Pierre naquit, et la Russie fut formée. [109]

Heureusement, de tous les grands législateurs du monde Pierre est le seul dont l'histoire soit bien connue. Celles des Thésées, des Romulus, qui firent beaucoup moins que lui, celles des fondateurs de tous les autres Etats policés, sont mêlées de fables absurdes, et nous avons ici l'avantage d'écrire des vérités, qui passeraient pour des fables, si elles n'étaient attestées.

405

410

---

que, par préjugé religieux, les Russes ne désiraient pas voir d'autres peuples qu'ils avaient en aversion (Š, p.323-24). Dans l'*Apothéose du czar Pierre le Grand*, on lit: 'On regardoit alors en Russie comme une espèce de crime d'en sortir' (éd. V. Černy, Prague 1964, p.77). Depuis Ivan le Terrible, le simple désir de visiter les pays étrangers passait en effet pour un acte de haute trahison; et lorsque Afanassii Lavrentievitch Ordyne-Nachtchokine, ministre du tsar Alexis, franchit clandestinement la frontière, il fut question de le faire tuer à l'étranger (Waliszewski, *Pierre le Grand*, p.82, d'après Soloviev, xi.93). Dans le *Dictionnaire philosophique*, art. 'Egalité', Voltaire estimera que cette 'loi' signifie: '*Ce pays est si mauvais et si mal gouverné que nous défendons à chaque individu d'en sortir, de peur que tout le monde n'en sorte*' (V 36, p.47).

[109] On retrouvera le même schématisme chez les occidentalistes russes, par exemple chez le jeune Herzen dans son essai sur Pierre le Grand de 1833: 'Pierre arriva! Il s'opposa au peuple, fut l'expression de l'Europe' (*Sobranié sotchinienii v tridtsati tomakh* [*Œuvres*], Moscou 1954-1966, i.32).

CHAPITRE TROISIÈME

Des ancêtres de Pierre le Grand.

La famille de Pierre était sur le trône depuis l'an 1613. La Russie avant ce temps avait essuyé des révolutions qui éloignaient encore la réforme et les arts. C'est le sort de toutes les sociétés d'hommes. Jamais il n'y eut de troubles plus cruels dans aucun royaume. Le tyran Boris Godonou fit assassiner en 1597 l'héritier légitime Démétri, que nous nommons Démétrius,[1] et usurpa l'empire. Un jeune moine prit le nom de Démétrius, prétendit être le prince échappé aux assassins; et secouru des Polonais et d'un grand parti que les tyrans ont toujours contre eux, il chassa l'usurpateur,[2] et

[1] Le jeune Dmitri, dernier fils d'Ivan le Terrible, avait été relégué à Ouglitch, sur la Haute-Volga, avec sa mère Marthe Nagoï. Il y mourut tragiquement en 1591, et non en 1597, comme le fait observer Müller (Š, p.324). Peut-être Voltaire a-t-il vu cette date de 1597 dans les *Voyages par la Moscovie et la Perse*, iii.114, de Cornelis De Bruyn, dans un 'Supplément au chapitre ix', qui n'est pas de l'auteur. Sa mort fut-elle accidentelle, ou mourut-il assassiné sur l'ordre de Boris Godounov, comme l'assurent Weber (i.213) et le 'Supplément' cité, et comme Voltaire l'affirmait déjà dans l'*Essai sur les mœurs*, ch.190 (ii.746)? Les historiens n'ont pu résoudre cette énigme. Certains n'excluent pas d'ailleurs que Dmitri ait échappé à la mort, et que le premier 'faux Dmitri' ait été le vrai fils d'Ivan iv, comme l'a soutenu Margeret. Le manuscrit 'Révolutions arrivées en Russie apres la mort d'Ivan Basilowitz' rapporte que l'assassin de Dmitri fut tué sur-le-champ, 'en sorte qu'on ne pût avoir aucun indice des desseins, ny des conseillers de ce détestable parricide' (MS 5-35, f.205). Il ajoute cependant: 'Quelque soin que se fût donné Boris pour cacher la part qu'il avoit à ce crime il ne pût en éviter les justes soupsons' (f.206r).

[2] Boris Godounov n'était pas qu'un 'tyran' et un 'usurpateur' (il avait d'ailleurs été élu par le *Zemski Sobor*): intelligent et énergique, il gouvernait en abaissant les boïars et en favorisant les 'hommes de service'. Voltaire n'a pas tenu compte de la réponse de Pétersbourg à sa question sur le commerce de la Russie avant Pierre le Grand: on y lit que Boris, malgré ses 'mauvaises qualités', était 'doué d'un esprit supérieur' et qu'il avait su 'rendre l'Etat florissant par l'accroissement du commerce' (app. iv, l.242-247). Le MS 5-35 juge qu'il y a en lui 'un mélange d'excellentes et de très mauvaises qualitez'. Il loue sa justice, sa fermeté, sa générosité, mais blâme sa cruauté, son hypocrisie, son appétit de conquêtes, dus en partie à lui-même, en

usurpa lui-même la couronne. On reconnut son imposture dès 10
qu'il fut maître, parce qu'on fut mécontent de lui: il fut assassiné.
Trois autres faux Démétrius s'élevèrent l'un après l'autre. [3] Cette
suite d'impostures, supposait un pays tout en désordre. Moins les
hommes sont civilisés, plus il est aisé de leur en imposer. On peut
juger à quel point ces fraudes augmentaient la confusion et le 15
malheur public. Les Polonais qui avaient commencé les révolutions
en établissant le premier faux Démétri, furent sur le point de
régner en Russie. Les Suédois partagèrent les dépouilles du côté
de la Finlande, et prétendirent aussi au trône; [4] l'Etat était menacé
d'une ruine entière. 20

Au milieu de ces malheurs, une assemblée composée des

---

partie aux circonstances. Il souligne aussi que Boris a attiré des étrangers en Russie
pour y faire fleurir le commerce (f.196). On trouve également un portrait nuancé
de Boris Godounov dans le manuscrit Bn F12937 (f.506) qui rapporte l'assassinat
de Dmitri, mais aussi la bonté et la justice de Boris, ainsi que la grande famine qui,
jointe à ses méchancetés, finit par exciter contre lui la haine du peuple. Boris ne fut
pas chassé par le premier 'faux Dmitri'; c'est au moment où il semblait n'avoir plus
aucune chance sur le plan militaire qu'il mourut subitement, en avril 1605.
Lomonossov et Müller prétendent qu'il s'est empoisonné (Š, p.324).

[3] Il n'y en eut que deux en tout, prétend Müller, celui qui a régné, et l'autre, qui
s'est fait passer pour le premier en feignant d'avoir échappé au massacre. Lomonossov
remarque qu'il y eut plusieurs imposteurs qui ne portaient pas tous le nom de
Dmitri (Š, p.324). Voltaire suit ici la 'Genéalogie du czar', selon laquelle Michel
Romanov aurait fait pendre le troisième imposteur en 1613, et empalé le quatrième,
fils de l'épouse du premier et du second faux Dmitri (MS 6-1, f.355 et app. VII, l.170-
176; app.VIII, l.196-200). Dans l'*Essai sur les mœurs*, ch.190 (ii.747-50), Voltaire
comptait six faux Dmitri. En réalité, il y en eut trois de ce nom: le tsar, le 'brigand
de Touchino', et un troisième Dmitri à Pskov. Sur la question de savoir si le premier
'faux Dmitri' était ou non un imposteur, le MS 5-35 ne se prononce pas: 'C'est là un
de ces cas, ou un historien ne peut que tâtonner' (f.215v). Le thème de l'imposteur
est un thème classique de l'histoire russe: on sait par exemple que Pougatchev se
fera passer pour Pierre III.

[4] Voir ci-dessous, n.17 et 18.

principaux boyards, [5] élut pour souverain en 1613, un jeune homme [6] de quinze ans; ce qui ne paraissait pas un moyen sûr de finir les troubles. Ce jeune homme était Michel Romano, (a) grand-père du czar Pierre, fils de l'archevêque de Rostou, surnommé Philarète, et d'une religieuse, allié par les femmes aux anciens czars. [7]

Il faut savoir que cet archevêque était un seigneur puissant que le tyran Boris avait forcé de se faire prêtre. [8] Sa femme Sheremeto [9]

(a) Les Russes écrivent *Romanow*: les Français ne se servent point du *w*. On prononce aussi *Romanof*.

[5] Comparé souvent à tort aux états généraux des autres pays d'Europe, le *Zemski Sobor* n'était pas composé que de boïars. Il incluait le clergé, la noblesse de service et les représentants des villes. Voltaire l'avait d'abord nommé 'sénat', mais se demandait si on ne pourrait l'appeler 'diète' ou 'convocation'. Les Russes proposèrent le mot 'convocation' (app. v, l.260-269), mais Voltaire opta pour le terme d''assemblée', en réservant le mot 'sénat' pour la Douma des boïars (voir ci-dessus, I.ii, n.72). Le premier *Zemski Sobor* avait été réuni par Ivan IV en 1549. Müller estime qu'il faudrait écrire *boyars* sans *d*, puisqu'il n'y en a pas en russe (Š, p.325).

[6] L'expression, répétée plus loin (l.70), ne parut pas 'assez honorable' à Müller, qui suggérait d'écrire 'jeune seigneur' (Š, p.325). Michel Romanov avait dix-sept ans, et non quinze, en 1613, contrairement à ce que rapportaient les *Considérations* de 1737 (app. III, III.46-47) ou Strahlenberg (i.75).

[7] Philarète était le neveu d'Ivan IV. Son père Nikita Romanov avait pour sœur Anastasie, la première épouse du Terrible. Les Russes ont cru à une malignité de Voltaire. Lomonossov jugeait 'indécent' de présenter le tsar comme le fils d'un archevêque et d'une religieuse, car Fedor Romanov avait été tonsuré de force par Boris Godounov. Müller rappelle aussi que le père et la mère du tsar furent obligés d'embrasser l'état monastique. Il pria Voltaire de modifier ce passage, ainsi qu'un autre paragraphe (voir ci-dessus, I.ii, n.69) et d'écrire Romanoff au lieu de Romano (Š, p.325-26).

[8] Fedor Romanov fut forcé de se faire moine. Il devint abbé d'un couvent du Nord. Malgré l'observation de Müller, Voltaire ne modifia pas son texte, car pour lui être prêtre ou moine signifiait indifféremment le célibat, comme le remarque Šmurlo (p.142). Or, un prêtre orthodoxe doit être marié, alors que pour devenir archevêque, en Russie, il faut être moine.

[9] Müller précise que son nom de baptême était Xénie et qu'en religion elle s'appelait Marthe. Il prie Voltaire d'écrire Cheremetoff au lieu de Sheremeto (Š, p.326). En fait, son nom est Cheremetiev.

fut aussi contrainte de prendre le voile: c'était un ancien usage des tyrans occidentaux chrétiens latins: celui des chrétiens grecs était de crever les yeux. Le tyran Démétri donna à Philarète l'archevêché de Rostou, et l'envoya ambassadeur en Pologne. [10] Cet ambassadeur était prisonnier chez les Polonais alors en guerre avec les Russes, tant le droit des gens était ignoré chez tous ces peuples. Ce fut pendant sa détention que le jeune Romano, fils de cet archevêque, fut élu czar. On échangea son père contre des prisonniers polonais, et le jeune czar créa son père patriarche: ce vieillard fut souverain en effet sous le nom de son fils. [11]

Si un tel gouvernement paraît singulier aux étrangers, le mariage du czar Michel Romano le semble davantage. Les monarques des Russies ne prenaient plus des épouses dans les autres Etats depuis l'an 1490. [12] Il paraît que depuis qu'ils eurent Casan et Astracan, ils suivirent presque en tout les coutumes asiatiques, [13] et principalement celle de ne se marier qu'à leurs sujettes.

Ce qui ressemble encore plus aux usages de l'ancienne Asie, c'est que pour marier un czar, on faisait venir à la cour les plus

[10] Dmitri fut massacré en mai 1606, et ce n'est qu'à l'automne 1610 qu'eurent lieu les difficiles négociations de Smolensk entre les Polonais et la 'grande ambassade' russe dirigée par Philarète et le prince Vassili Golitsyne. Les ambassadeurs russes ayant refusé que Ladislas, fils de Sigismond III, devienne tsar sans changer de religion, furent arrêtés et internés en Pologne, comme le précise Müller (Š, p.326-27).

[11] Philarète, élu patriarche en 1619, portait comme son fils le titre de 'grand souverain'. Lomonossov conteste qu'il soit devenu le premier personnage de l'Etat (Š, p.327), ce qu'il fut pourtant de fait jusqu'à sa mort en 1633.

[12] Le dernier souverain russe qui ait épousé une étrangère fut Ivan III, marié en 1472 avec Sophie Paléologue, nièce du dernier Basileus. Son fils Vassili III épousera une Russe, Hélène Glinskaïa, qui sera la mère d'Ivan IV. Müller, qui rappelle le mariage d'Ivan III, remarque que l'aîné de ses fils, Ivan, fut marié en 1483 avec la fille d'Etienne, hospodar de Valachie (Š, p.328). Ce prince mourut en 1490, ce qui explique peut-être la date retenue par Voltaire.

[13] Les Russes adoptèrent plusieurs coutumes asiatiques sous le joug tatar, remarque Müller, et non après la conquête de Kazan et d'Astrakhan: il n'y avait rien à adopter de peuples aussi barbares et grossiers que ceux de ces deux villes (Š, p.327).

belles filles des provinces; la grande maîtresse de la cour les recevait chez elle, les logeait séparément, et les faisait manger toutes ensemble. Le czar les voyait, ou sous un nom emprunté, ou sans déguisement. Le jour du mariage était fixé, sans que le choix fût encore connu; et le jour marqué on présentait un habit de noce à celle sur qui le choix secret était tombé: on distribuait d'autres habits aux prétendantes, qui s'en retournaient chez elles.[14] Il y eut quatre exemples de pareils mariages.[15]

C'est de cette manière que Michel Romano épousa Eudoxe fille d'un pauvre gentilhomme nommé Streshneu. Il cultivait ses champs lui-même avec ses domestiques, lorsque des chambellans, envoyés par le czar avec des présents, lui apprirent que sa fille était sur le trône.[16] Le nom de cette princesse est encore cher à la Russie. Tout cela est éloigné de nos mœurs, et n'en est pas moins respectable.

Il est nécessaire de dire, qu'avant l'élection de Romano, un grand parti avait élu le prince Ladislas, fils du roi de Pologne Sigismond trois.[17] Les provinces voisines de la Suède avaient offert

[14] Tout ce paragraphe sur le mariage des tsars est tiré presque textuellement de Strahlenberg (i.85-87). Cela a tout l'air d'un roman, commente Müller (Š, p.328). Ces usages sont pourtant confirmés par l'*Antidote, ou examen du mauvais livre superbement imprimé intitulé: Voyage en Sibérie* attribué à Catherine II ([Pétersbourg] 1770), II, p.43-44. En fait, la coutume, qui ne devait rien aux 'usages de l'ancienne Asie', était d'origine byzantine.

[15] Ivan IV, Michel Romanov, Alexis Mikhaïlovitch et Ivan V; pour le mariage d'Alexis, voir plus loin, et pour celui d'Ivan V, voir le début du chapitre 5. Voltaire oublie Vassili III, dont la première épouse, Solomonide Sabourova, fut choisie parmi 1500 jeunes filles en septembre 1505.

[16] Strahlenberg, i.87. Il s'agit du second mariage de Michel Romanov, avec Eudoxie Strechnev, qui sera la mère du futur tsar Alexis. Sur ce mariage, voir Chappe d'Auteroche, *Voyage en Sibérie*, p.174-86. La première épouse, comme le rappellent Müller et Lomonossov, fut Marie Dolgorouki, mariée le 19 septembre 1624 et morte le 6 janvier 1625. Quant à Strechnev, il n'était pas pauvre au point de cultiver lui-même ses champs (Š, p.328-29; cf. app. VII, l.182-183; app. VIII, l.205-207).

[17] En février 1610, les partisans du second faux Dmitri conclurent un accord avec Sigismond pour que Ladislas devienne tsar. Après l'abdication de Vassili Chouïski,

la couronne à un frère de Gustave-Adolphe:[18] ainsi la Russie était 65
dans la même situation où l'on a vu si souvent la Pologne, chez
qui le droit d'élire un monarque a été une source de guerres civiles.
Mais les Russes n'imitèrent point les Polonais, qui font un contrat
avec le roi qu'ils élisent. Quoiqu'ils eussent éprouvé la tyrannie,
ils se soumirent à un jeune homme sans rien exiger de lui.[19]   70

   La Russie n'avait jamais été un royaume électif: mais la race
masculine des anciens souverains ayant manqué, six czars, ou
prétendants, ayant péri[20] malheureusement dans les derniers troubles, il fallut, comme on l'a vu, élire un monarque: et cette élection
causa de nouvelles guerres avec la Pologne et la Suède, qui   75
combattirent pour leurs prétendus droits au trône de Russie. Ces
droits de gouverner une nation malgré elle ne se soutiennent
jamais longtemps. Les Polonais d'un côté, après s'être avancés

---

en juillet 1610, les Russes prêtèrent serment à Ladislas, et les troupes polonaises
entrèrent à Moscou. Mais les envoyés russes à Smolensk se heurtèrent à l'intransigeance de Sigismond, qui, s'opposant à ce que Ladislas se convertît à l'orthodoxie,
prétendait monter lui-même sur le trône de Russie, et sans conditions.

[18] Les Suédois, alliés des Russes sous le règne de Chouïski, leur déclarèrent la
guerre après que Moscou eut prêté serment à Ladislas. A l'automne 1610, ils
menacèrent Novgorod et revendiquèrent eux aussi la couronne de Russie pour leur
propre candidat, le prince Charles-Philippe, fils du roi Charles IX et frère de
Gustave-Adolphe.

[19] Voltaire n'a tenu compte ni des *Considérations* de 1737, qui insistent sur les
restrictions imposées à l'autorité du tsar lors de l'élection de Michel Romanov (app.
III, ll.66-81), ni de Strahlenberg, qui pense que ces cinq conditions ont été inspirées
par les lois de la république de Pologne, et rapporte que le jeune tsar avait quatre
tuteurs (i.72 et 82-84). Algarotti note aussi que le *Zemski Sobor* 'avoit limité la
puissance du czar' Michel (*Lettres sur la Russie*, Londres 1769, p.90). Point de vue
avancé également comme hypothèse par certains historiens, mais sans preuves (on
n'a pas les procès verbaux du *Zemski Sobor* de 1613). Ce qui est sûr, c'est que le *Zemski
Sobor*, réuni presque en permanence de 1613 à 1622, participa au gouvernement et
à son effort de redressement national.

[20] Voltaire suit Strahlenberg, qui parle de six tsars assassinés (i.76). On n'en
compte que quatre qui ont péri, affirme Müller: Boris Godounov, son fils Fedor, le
faux Dmitri, et Chouïski (Š, p.329; cf. app. VII, l.184-187; app. VIII, l.209-213).
Müller oublie le tsar Fedor (peut-être mort empoisonné), le tsarévitch Dmitri, et le
second faux Dmitri, prétendant au trône qui périt assassiné.

jusqu'à Moscou, et après des pillages qui étaient les expéditions
80 militaires de ces temps-là, conclurent une trêve de quatorze ans. [21]
La Pologne par cette trêve demeura en possession du duché de
Smolensko, dans lequel le Boristhène prend sa source. Les Suédois
firent aussi la paix; [22] ils restèrent en possession de l'Ingrie, et
privèrent les Russes de toute communication avec la mer Baltique,
85 de sorte que cet empire resta plus que jamais séparé du reste de
l'Europe.

Michel Romano depuis cette paix régna tranquille, [23] et il ne
se fit dans ses Etats aucun changement qui corrompît ni qui
perfectionnât l'administration. [24] Après sa mort arrivée en 1645,
90 son fils Alexis Michaelovits, ou fils de Michel, âgé de seize ans,
régna par le droit héréditaire. On peut remarquer que les czars
étaient sacrés par le patriarche suivant quelques rites de Constantinople, à cela près que le patriarche de Russie était assis sur la
même estrade avec le souverain, et affectait toujours une égalité
95 qui choquait le pouvoir suprême.

82-83   59*: Suédois <firent> ^Wavaient fait⁺ aussi

[21] La trêve de Déoulino, en 1618.

[22] En 1617, par le traité de Stolbovo. Voltaire a 'renversé' l'ordre chronologique,
note Müller (Š, p.329).

[23] Il recommença la guerre contre la Pologne en 1632 et fit la paix en 1634,
observe Müller (Š, p.330). En effet, l'armistice de Déoulino n'avait été conclu que
pour quatorze ans, comme l'indique Voltaire.

[24] Faux, rétorque Lomonossov: sous son règne, Moscou a été reconstruite, les
imposteurs exterminés, le peuple rassemblé, et tout mis en ordre (Š, p.329). Philarète
établit un budget régulier, un cadastre des terres imposables, créa de lourds impôts
pour tenter de résoudre la crise financière, voulut réformer l'administration
provinciale en redonnant aux communes la relative autonomie dont elles jouissaient
sous Ivan IV. Mais les administrateurs élus étaient souvent aussi voleurs que les
gouverneurs nommés par Moscou.

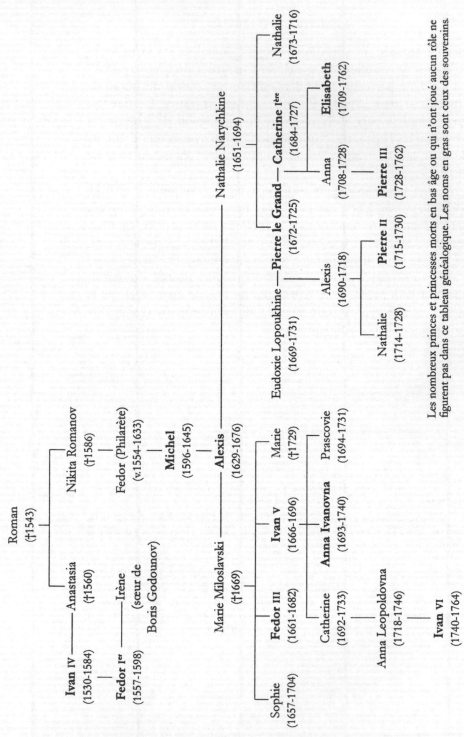

Roman
(†1543)

Ivan IV —— Anastasia   Nikita Romanov
(1530-1584)   (†1560)   (†1586)

Fedor Ier   Irène   Fedor (Philarète)
(1557-1598)   (sœur de   (v.1554-1633)
                Boris Godounov)

                                    Michel
                                    (1596-1645)

Marie Miloslavski —— **Alexis** —— Nathalie Narychkine
        (†1669)   (1629-1676)   (1651-1694)

Sophie   **Fedor III**   **Ivan V**   Marie   Eudoxie Lopoukhine —— **Pierre le Grand** —— **Catherine I[re]**   Nathalie
(1657-1704) (1661-1682) (1666-1696) (†1729)   (1669-1731)   (1672-1725)   (1684-1727)   (1673-1716)

Catherine   **Anna Ivanovna**   Prascovie   Alexis   Anna   **Elisabeth**
(1692-1733)   (1693-1740)   (1694-1731)   (1690-1718)   (1708-1728)   (1709-1762)

Anna Leopoldovna   Nathalie   **Pierre II**   **Pierre III**
(1718-1746)   (1714-1728)   (1715-1730)   (1728-1762)

Ivan VI
(1740-1764)

Les nombreux princes et princesses morts en bas âge ou qui n'ont joué aucun rôle ne figurent pas dans ce tableau généalogique. Les noms en gras sont ceux des souverains.

6. Généalogie de la dynastie des Romanov (1613-1796).

ALEXIS MIKAELOVITZ, FILS DE MICHEL [25]

Alexis se maria comme son père, et choisit parmi les filles qu'on lui amena celle qui lui parut la plus aimable. Il épousa une des deux filles du boyard Miloslauski [26] en 1647, et ensuite une Nariskin en 1671. Son favori Morosou épousa l'autre. On ne peut donner à ce Morosou un titre plus convenable que celui de vizir, [27] puisque il était despotique dans l'empire, et que sa puissance excita des révoltes parmi les strélitz et le peuple, comme il est arrivé souvent à Constantinople.

Le règne d'Alexis fut troublé par des séditions sanglantes, [28] par des guerres intestines et étrangères. Un chef des Cosaques du Tanaïs nommé Stenko-Rasin, voulut se faire roi d'Astracan; il inspira longtemps la terreur; mais enfin vaincu et pris, il finit par le dernier supplice, comme tous ses semblables, pour lesquels il

[25] Müller critique la redondance, puisque Mikhaïlovitch signifie 'fils de Michel' (Š, p.330), comme Voltaire le précise d'ailleurs quelques lignes plus haut.
[26] Ilia Danilovitch Miloslavski ne devint boïar qu'après le mariage de sa fille, remarque Müller (Š, p.330). La première épouse d'Alexis fut Maria Ilinitchna Miloslavskaïa, la seconde Natalia Kirillovna Narychkina.
[27] Comparaison odieuse et injuste, commente Müller, qui décidément n'apprécie pas les parallèles avec les Turcs (cf. app. VII, l.188-194; app. VIII, l.217-219). Morozov, ancien précepteur d'Alexis, devint son premier favori. Son crédit augmenta après avoir épousé la sœur de la tsarine. Mais c'est moins contre lui que contre d'autres seigneurs que le peuple de Moscou se révolta en 1648, révolte à laquelle les streltsy n'eurent d'ailleurs aucune part. Morozov fut pardonné, alors que les autres furent punis de mort. Ensuite, on ne trouve plus de plaintes contre Morozov, note Müller, qui renvoie à Olearius (Š, p.330).
[28] Alexis, intelligent et cultivé, mais de caractère faible, laissait agir ses conseillers. En 1648, Morozov crut résoudre la crise financière en doublant le prix du sel. Le peuple envahit le Kremlin, injuria le tsar et l'obligea à lui livrer les coupables. En 1662, une émeute éclata à cause de l'inflation et de la dévaluation de la monnaie de cuivre. Les révoltés forcèrent les portes du palais de Kolomenskoïé, près de Moscou, pour présenter une pétition au tsar. La répression fut terrible: plus de sept mille émeutiers furent noyés, pendus, mutilés.

n'y a jamais que le trône ou l'échafaud. [29] Environ douze mille de
ses partisans furent pendus, dit-on, sur le grand chemin d'Astracan. 110
Cette partie du monde était celle où les hommes étant le moins
gouvernés par les mœurs, ne l'étaient que par les supplices: et de
ces supplices affreux naissait la servitude et la fureur secrète de la
vengeance.

Alexis eut une guerre contre la Pologne; elle fut heureuse, et 115
terminée par une paix qui lui assura la possession de Smolensko,
de Kiovie, et de l'Ukraine: [30] mais il fut malheureux avec les
Suédois, [31] et les bornes de l'empire étaient toujours très resserrées
du côté de la Suède.

Les Turcs étaient alors plus à craindre; ils tombaient sur la 120
Pologne et menaçaient les pays du czar, voisins de la Tartarie
Crimée l'ancienne Kersonèse Taurique. Ils prirent en 1671 [32] la
ville importante de Kaminiek, et tout ce qui dépendait de la
Pologne en Ukraine. Les Cosaques de l'Ukraine qui n'avaient
jamais voulu de maîtres, ne savaient alors s'ils appartenaient à la 125
Turquie, à la Pologne, ou à la Russie. Le sultan Mahomet IV
vainqueur des Polonais, et qui venait de leur imposer un tribut,
demanda avec tout l'orgueil d'un Ottoman et d'un vainqueur, que
le czar évacuât tout ce qu'il possédait en Ukraine, et fut refusé
avec la même fierté. On ne savait point alors déguiser l'orgueil 130
par les dehors de la bienséance. Le sultan dans sa lettre ne traitait

[29] La révolte de Stenka Razine dut son ampleur à l'asservissement accru des
paysans. Commencée en 1668, elle fut écrasée en 1671. Stenka Razine n'a pas été
accusé de vouloir se faire roi d'Astrakhan, observe Müller, qui renvoie à la sentence
publiée dans le tome I de Weber (Š, p.330; cf. app. VII, l.195-198; app. VIII, l.222-
224). L'original de la sentence de mort a brûlé en 1701, mais il en existe des copies.
[30] Commencée en 1654, la guerre avec la Pologne se termina par la paix
d'Androussovo, en 1667. La Russie gardait Smolensk, Kiev et la rive gauche du
Dniepr, mais perdait la Lituanie.
[31] Il ne fut pas malheureux, parce qu'il ne perdit rien de ses terres, remarque
Müller. Mais il manqua de succès dans cette guerre (Š, p.331; cf. app. VII, l.199-201;
app. VIII, l.226-227).
[32] En 1672, rectifie Müller (Š, p.331).

le souverain des Russies, que de *hospodar chrétien*, et s'intitulait *très glorieuse majesté, roi de tout l'univers*. Le czar répondit, *qu'il n'était pas fait pour se soumettre à un chien de mahométan, et que son cimeterre valait bien le sabre du Grand-Seigneur*.[33]

Alexis alors forma un dessein qui semblait annoncer l'influence que la Russie devait avoir un jour dans l'Europe chrétienne. Il envoya des ambassadeurs au pape, et à presque tous les grands souverains de l'Europe, excepté à la France, alliée des Turcs,[34] pour tâcher de former une ligue contre la Porte-Ottomane. Ses ambassadeurs ne réussirent dans Rome, qu'à ne point baiser les pieds du pape,[35] et n'obtinrent ailleurs que des vœux impuissants; les querelles des princes chrétiens, et les intérêts qui naissent de ces querelles mêmes, les mettant toujours hors d'état de se réunir contre l'ennemi de la chrétienté.

Les Ottomans cependant menaçaient de subjuguer la Pologne, qui refusait de payer le tribut. Le czar Alexis la secourut du côté de la Crimée, et le général de la couronne Jean Sobiesky lava la honte de son pays dans le sang des Turcs, à la célèbre bataille de *En 1674.* Choksim,[36] qui lui fraya le chemin au trône. Alexis disputa ce

149   59, 65, texte de la manchette en note au bas de la page

[33] Müller souhaitait que Voltaire indiquât la source de cette anecdote (Š, p.331). Voltaire donne comme source Foy de La Neuville (app. VII, l.203), mais c'est une erreur.

[34] Alexis envoya tout de même en France l'ambassade de Piotr Potemkine, en 1668. Elle échoua, bien entendu, sur le projet d'alliance anti-turque, mais eut des résultats sur le plan commercial (création de la Compagnie du Nord, qui devait organiser le commerce avec la Scandinavie et la Russie). Voltaire ignorait les relations françaises de l'ambassade, qui ne seront publiées qu'au dix-neuvième siècle.

[35] Allusion à l'ambassade du général écossais Menesius (Paul Menzies de Pitfodels), envoyé par Alexis à Rome en 1672-1673. Les négociations échouèrent parce que Clément X, dans sa réponse, n'avait pas donné à Alexis le titre de tsar.

[36] Après la prise de la forteresse de Kamieniec par les Turcs, en 1672, les Polonais divisés se réconcilièrent et l'hetman Jean Sobieski enleva le camp retranché de Chocim.

trône, [37] et proposa d'unir ses vastes Etats à la Pologne, comme les Jagellons y avaient joint la Lithuanie; mais plus son offre était grande, moins elle fut acceptée. Il était très digne, dit-on, de ce nouveau royaume par la manière dont il gouvernait les siens. C'est lui qui le premier fit rédiger un code de lois, [38] quoique imparfait; [39] il introduisit des manufactures de toile et de soie, [40] qui à la vérité ne se soutinrent pas, mais qu'il eut le mérite d'établir. Il peupla des déserts vers le Volga et la Kama des familles lithuaniennes, polonaises, et tartares, prises dans ses guerres; [41] tous les prisonniers auparavant étaient esclaves de ceux auxquels ils tombaient en partage; Alexis en fit des cultivateurs: il mit autant qu'il put la discipline dans ses armées; [42] enfin il était digne d'être le père de Pierre le Grand; [43] mais il n'eut le temps de perfectionner rien de

[37] Il proposa son fils Alexis, précise Müller, mais celui-ci mourut avant son père (Š, p.331).

[38] Le Code de lois de 1649 (*Oulogénié*) n'était pas le premier en Russie: il existait dans l'Etat kiévien une 'Loi russe', *Rousskaïa Pravda*, avec ses versions courte et longue, dès le onzième siècle. Ensuite, Ivan III avait promulgué en 1497 un code de 68 articles (*Soudiebnik*) inspiré par la charte de Pskov. Ivan IV avait procédé à la refonte de ce code en 1550.

[39] Il semble qu'Alexis 'ne se soit pas servi des meilleurs jurisconsultes & l'on prétend que cette collection est fort imparfaite & embrouillée' (Strahlenberg, i.94).

[40] 'Il introduisit dans son pays quantité de manufactures, entr'autres celles de la soye & de la toile' (Strahlenberg, i.94). Le MS 5-32 ne fait état que d'une grande manufacture de chanvre et de lin, qu'Alexis a fait bâtir à sept verstes de Moscou (f.159v). Ce manuscrit s'appuie apparemment sur Collins, qui rapporte que dans cette maison 'on travaille au chanvre & à la filace', et qu'on établit 'de jour en jour de nouvelles manufactures' en Russie (*Relation curieuse de l'état présent de la Russie*, p.150 et 154).

[41] Strahlenberg, i.96-97 (Strahlenberg ne parle pas de 'Tartares').

[42] Alexis 'fut le premier qui établit son armée sur le pied de troupes régulières' (Strahlenberg, i.91). Voir ci-dessous, I.v, n.49 et app. IV, l.58-61.

[43] Cf. MS 6-7: 'Le tsar Alexei Michailowitsch digne Père de l'immortel Pierre le Grand' (f.368r). Dans tout ce développement sur Alexis, Voltaire relativise la révolution opérée par Pierre, mais minimise en même temps les réformes d'Alexis (voir ci-dessus, p.197-98 et 207-10). Dans son article 'Russie' de l'*Encyclopédie*, qui démarque Voltaire, Jaucourt accentuera ce rôle précurseur d'Alexis.

ce qu'il entreprit, une mort prématurée l'enleva à l'âge de quarante-
165 six ans, au commencement de 1677[44] selon notre calendrier, qui
avance toujours de onze jours sur celui des Russes.

FÉDOR ALEXIOVITS

Après Alexis fils de Michel, tout retomba dans la confusion.[45] Il
laissait de son premier mariage deux princes et six princesses.
L'aîné Fédor monta sur le trône âgé de quinze ans,[46] prince d'un
170 tempérament faible et valétudinaire, mais d'un mérite qui ne tenait
pas de la faiblesse de son corps. Alexis son père l'avait fait
reconnaître pour son successeur un an auparavant.[47] C'est ainsi
qu'en usèrent les rois de France depuis Hugues Capet jusqu'à
Louis le Jeune, et tant d'autres souverains.
175 Le second des fils d'Alexis était Ivan, ou Jean, encore plus
maltraité par la nature que son frère Fédor, presque privé de la
vue et de la parole, ainsi que de santé, et attaqué souvent de

164-165   59*: quarante-six ans, <au commencement de> $^{W\uparrow}$en$^+$ 167<7>6
selon
167   59*: Michel, <tout retomba dans la> ^{W}il y eut d'abord un peu de$^+$
confusion
169   59, 65: ans [avec note: 1677]

[44] Au début de 1676, comme le rectifie Müller (Š, p.331).
[45] Le règne de Fedor ne fut pas confus, mais aussi glorieux que celui de son père,
affirme Müller; les anciens privilèges de la noblesse furent abolis (Š, p.332); voir ci-
dessous, n.54.
[46] A 14 ans, objecte Müller (Š, p.332). Né le 30 mai/9 juin 1661, Fedor règne à
partir de février 1676.
[47] Alexis l'avait nommé pour successeur à l'article de la mort, selon la publication
qui fut faite à l'avènement de Fedor, affirme Müller (Š, p.332). Mais Voltaire n'est
pas loin de la vérité, comme l'observe Šmurlo (p.144), car Fedor avait été déclaré
majeur et présenté au peuple le 1er septembre 1674, même si son père ne l'avait pas
désigné formellement comme héritier.

convulsions. Des six filles nées de ce premier mariage, [48] la seule célèbre en Europe fut la princesse Sophie, [49] distinguée par les talents de son esprit, mais malheureusement plus connue encore par le mal qu'elle voulut faire à Pierre le Grand. [50]

Alexis, de son second mariage avec une autre de ses sujettes fille du boyard Nariskin, laissa Pierre et la princesse Nathalie. Pierre né le 30 mai 1672, et suivant le nouveau style, 10 juin, [51] avait à peine quatre ans et demi quand il perdit son père. On n'aimait pas les enfants d'un second lit, et on ne s'attendait pas qu'il dût un jour régner.

L'esprit de la famille de Romano fut toujours de policer l'Etat; tel fut encore le caractère de Fédor. Nous avons déjà remarqué [52] en parlant de Moscou, qu'il encouragea les citoyens à bâtir plusieurs maisons de pierre. Il agrandit cette capitale; on lui doit quelques règlements de police générale. [53] Mais en voulant réformer les

180

185

190

184-185   59, 65:   10 juin, n'avait que quatre ans quand

[48] Quatre ou cinq princesses, selon Strahlenberg (i.90 et 102). Sept filles, dont une mourut avant son père, selon Müller (Š, p.332). En fait, Alexis eut huit filles de son premier mariage.

[49] Pointilleux, Müller rappelle que la princesse Marie, sœur cadette de Sophie, a fait aussi parler d'elle à l'occasion de l'affaire du tsarévitch en 1718 (Š, p.332).

[50] Voir ci-dessous, n.61.

[51] Voltaire s'était trompé de date dans son manuscrit, puisque Lomonossov lui fit observer que Pierre était né le 30 mai (Š, p.332). Mais, en convertissant le vieux style en nouveau style, Voltaire a compté onze jours de décalage (alors qu'au dix-septième siècle il n'y en avait que dix). Pierre est né en fait le 9 juin (et non le 10), nouveau style. Cette erreur n'a été remarquée ni par les académiciens de Pétersbourg, ni par les éditeurs modernes, comme le relève Šmurlo (p.170). A noter que Pierre avait moins de quatre ans (et non 'à peine quatre ans et demi') à la mort de son père, le 29 janvier 1676.

[52] Voir ci-dessus, I.i.310.

[53] Cf. 'Parmi quantité d'autres bons règlemens, il [Fedor] en a aussi fait de police': il a fait fermer Moscou pendant la nuit, en lui assurant de bonnes gardes (Strahlenberg, i.104).

boyards, [54] il les indisposa tous. D'ailleurs, il n'était ni assez instruit, ni assez actif, ni assez déterminé pour oser concevoir un
195 changement général. [55] La guerre avec les Turcs, ou plutôt avec les Tartares de la Crimée, qui continuait toujours avec des succès balancés, ne permettait pas à un prince d'une santé faible de tenter ce grand ouvrage. Fédor épousa, comme ses autres prédécesseurs, une de ses sujettes, originaire des frontières de Pologne, [56] et
200 l'ayant perdue au bout d'une année, il prit pour seconde femme en 1682 Marthe Mateona, fille du secrétaire Apraxin. [57] Il tomba malade quelques mois après de la maladie dont il mourut, et ne laissa point d'enfants. Comme les czars se mariaient sans avoir égard à la naissance, ils pouvaient aussi choisir (du moins alors)
205 un successeur sans égard à la primogéniture. Il semblait que le rang de femme, et d'héritier du souverain, dût être uniquement le prix du mérite; et en cela l'usage de cet empire était bien supérieur aux coutumes des Etats les plus civilisés.

Fédor avant d'expirer, voyant que son frère Ivan, trop disgracié   *Avril 1682.*
210 de la nature, était incapable de régner, nomma pour héritier des

201   59, 65:   secrétaire Nariskin. Il [63 avis: β]
          59*:   <Nariskin> ᵂApraxin⁺
209   59, 65, texte de la manchette en note au bas de la page

[54] Allusion à l'abolition du *miestnitchestvo* (système de préséances en faveur des boïars), en 1682. La réforme était due au ministre Vassili Golitsyne. Voltaire s'est peut-être souvenu de Weber, qui rapporte comment Fedor a fait jeter au feu les titres des nobles (i.341).

[55] Fedor était un prince instruit: son précepteur, le savant théologien Siméon de Polotsk, lui avait appris, outre le russe et le slavon, le latin et le polonais, ce qui était exceptionnel à l'époque. Il est vrai que Fedor n'avait ni la maturité ni l'envergure pour concevoir un 'changement général' en Russie. Mais un vaste plan de réformes avait été envisagé par son ministre Golitsyne.

[56] D'origine polonaise, elle s'appelait Agafia Semionovna Grouchetski, précise Müller. Mariée le 18 juillet 1682, elle mourut en couches l'année d'après (Š, p.333).

[57] Voltaire a corrigé après que Müller lui eut fait observer que Marfa Matveevna était la sœur du grand amiral Fedor Matveevitch Apraxine (voir variante et app. 1, l.34-35). Il précisait qu'elle était morte en 1716 (Š, p.333).

Russies son second frère Pierre,[58] qui n'était âgé que de dix ans, et qui faisait déjà concevoir de grandes espérances.[59]

Si la coutume d'élever les sujettes au rang de czarine, était favorable aux femmes, il y en avait une autre bien dure: les filles des czars se mariaient alors rarement; la plupart passaient leur vie dans un monastère. 215

La princesse Sophie, la troisième des filles[60] du premier lit du czar Alexis, princesse d'un esprit aussi supérieur que dangereux,[61]

[58] Information fausse, que Voltaire a peut-être trouvée dans Perry (p.137), Rousset de Missy (ii.2) ou Antonio Catiforo, *Vita di Pietro il Grande imperador della Russia* (2ᵉ éd., Venezia 1739; BV668, p.36-37) ou dans le manuscrit Bn F12937, qui affirme que Pierre a été désigné par Fedor 'à cause de son génie' (f.509)! Le 'Mémoire sur la première révolte des Strélitz', traduit de Lomonossov, est moins catégorique: 'il [Fedor] étoit dans le dessein de nommer son frère Pierre Alexeéwitch pour successeur au trône' (MS 6-11, f.384r). Après la mort de Fedor, c'est le clan Narychkine, appuyé par le patriarche Joachim et les ministres Ivan Maksimovitch Iazykov et Fedor Fedorovitch Likhatchov, qui tenta d'imposer Pierre en le faisant acclamer sur la Place Rouge.

[59] C'est à cause de l'esprit de Pierre, 'dont on concevoit déjà de grandes espérances', que Sophie aurait voulu l'exclure de la succession en le privant de toute éducation, affirme Weber (i.59). En réalité, les contemporains du jeune tsar ne semblent pas avoir soupçonné son génie. Foy de La Neuville note qu'il a des yeux 'égarés, qui font de la peine à regarder', que 'sa tête branle continuellement' et que 'sa passion dominante est de voir brûler des maisons' (*Relation curieuse et nouvelle de Moscovie*, p.188-89).

[60] Dans son manuscrit, Voltaire avait écrit: 'la fille cadette'. Il a corrigé après une remarque de Lomonossov, qui donne la liste des enfants d'Alexis, avec des erreurs (Š, p.333-34). En réalité, Sophie, sixième enfant d'Alexis, était la quatrième de ses filles.

[61] Voltaire croit que Sophie était connue par son esprit, mais plus encore 'par le mal qu'elle voulut faire à Pierre le Grand' (l.181). Peut-être s'est-il souvenu de Foy de La Neuville, qui louait son esprit 'fin, délié et politique', mais, la voyant 'ambitieuse et courageuse au delà de son sexe', pensait qu'elle avait voulu éliminer Pierre et même faire massacrer les deux jeunes tsars (*Relation curieuse et nouvelle de Moscovie*, p.115-16, 152). En fait, rien ne prouve que Sophie ait été impliquée dans une conspiration visant à tuer Pierre, ni même à l'écarter du trône. Catiforo, qui relève l'esprit 'vif' et 'pénétrant' de la princesse, souligne son ambition, qui l'a amenée à contrarier la 'sage disposition' de Fedor (faire de Pierre son successeur) et à associer Ivan au pouvoir (*Vita di Pietro il Grande*, p.37). Il croit lui aussi que Sophie a voulu attenter à la vie de Pierre (p.58) et il la considère comme le moteur

ayant vu qu'il restait à son frère Fédor peu de temps à vivre, ne
220 prit point le parti du couvent; [62] et se trouvant entre ses deux autres
frères, qui ne pouvaient gouverner, l'un par son incapacité, l'autre
par son enfance, elle conçut le dessein de se mettre à la tête de
l'empire: elle voulut dans les derniers temps de la vie du czar
Fédor, renouveler le rôle que joua autrefois Pulcherie avec
225 l'empereur Théodose son frère. [63]

(*prima motrice*) de la conjuration (p.66). Voltaire, qui a lu attentivement Catiforo,
a mis des B et des croix dans les marges de l'ouvrage aux pages indiquées (CN,
ii.418, 424-26).

[62] Voltaire avait écrit que Sophie avait quitté le couvent. Il a corrigé son manuscrit
après que Lomonossov lui ait fait remarquer qu'elle vivait alors au palais (Š, p.334).

[63] Sainte Pulchérie (399-453), la future impératrice d'Orient, fut régente de son
frère Théodose II de 414 à 416. Elle prit le pouvoir à la mort de son frère.

CHAPITRE QUATRIÈME

IVAN ET PIERRE

Horrible sédition de la milice des strélitz.

A peine Fédor fut-il expiré(*a*) que la nomination d'un prince de dix ans au trône, l'exclusion de l'aîné et les intrigues de la princesse Sophie leur sœur, excitèrent dans le corps des strélitz une des plus sanglantes révoltes. Les janissaires ni les gardes prétoriennes ne furent jamais si barbares. D'abord deux jours après les obsèques du czar Fédor,[2] ils courent en armes au Krémelin, c'est, comme on sait, le palais des czars à Moscou;[3] ils commencent par se plaindre de neuf de leurs colonels qui ne les avaient pas assez exactement payés. Le ministère est obligé de casser les colonels, et de donner aux strélitz l'argent qu'ils demandent.[4] Ces soldats

5

10

(*a*) Tiré tout entier des mémoires envoyés de Moscou et de Pétersbourg.[1]

n.*a*   59, 65: 1682. Tiré

[1] 'Mémoire sur la première révolte des Strélitz' (MS 6-11), 'Seconde Révolte des Strélitz' (MS 6-12) et 'Régence de la princesse Sophie' (MS 6-13).

[2] Deux jours avant sa mort, selon le MS 6-11, f.384*r*.

[3] Müller fait observer que le Kremlin n'est pas le palais des tsars. Il contient des églises, des cours de justice, des magasins et des maisons particulières. Il faudrait dire 'où est le palais des tsars'. Cf. app. VII, l.211-214; app.VIII, l.240-241.

[4] L'arriéré de la solde était de cinq cent mille ducats selon Johann Georg Korb, *Diarium itineris in Moscoviam* (Vienne [1700]), p.176 (*Récit de la sanglante révolte des strélitz en Moscovie*, trad. A. Galitzin, Paris 1859, p.54). Longue critique de Müller, qui renvoie au *Theatrum Europaeum* (Francfort-sur-le-Main 1691), xii.446. Les streltsy sont venus au Kremlin le lendemain des obsèques du tsar, et sans armes. Les colonels furent obligés par la cour de rendre la partie de la paye qu'ils avaient retenue. Mais l'histoire manuscrite de ces troubles, écrite par Andreï Artamonovitch Matveev, ne dit pas un mot des punitions infligées aux colonels (Š, p.334-35). C'est

ne sont pas contents; ils veulent qu'on leur remette les neuf officiers, et les condamnent, à la pluralité des voix, au supplice qu'on appelle *des batogues*;[5] voici comme on inflige ce supplice.[6]

On dépouille nu le patient; on le couche sur le ventre, et deux
15 bourreaux[7] le frappent sur le dos avec des baguettes, jusqu'à ce que le juge dise, *c'est assez*. Les colonels ainsi traités par leurs soldats, furent encore obligés de les remercier, selon l'usage oriental des criminels,[8] qui après avoir été punis baisent la main de leurs juges; ils ajoutèrent à leurs remerciements une somme
20 d'argent;[9] ce qui n'était pas d'usage.

Tandis que les strélitz commençaient ainsi à se faire craindre,

---

14-15   59*:   deux \<bourreaux\> ᵂhommes⁺

Voltaire qui a raison. Les neuf colonels furent arrêtés et démis de leurs charges. 'Les strélitz prétendoient qu'il falloit leur donner le knout'. On leur donna les batogues, après quoi ils payèrent ce qu'ils devaient (MS 6-11, f.385). Selon d'autres sources, deux d'entre eux furent knoutés en public, et douze autres battus avec les batogues (Massie, p.48, d'après Oustrialov, i.24).

[5] Ce supplice a été décrit avant Voltaire par Margeret, Olearius, Carlisle, Struys, Perry, Weber, Jubé... Dans l'*Encyclopédie*, Diderot lui a consacré le court article 'Batocks ou batoggi'.

[6] C'est une correction bien plus légère que de faire passer le soldat par les baguettes, et elle n'est pas infamante, dit Müller. Mais il juge indécent de décrire cette punition, d'ailleurs bien connue, dans une histoire de Pierre le Grand (Š, p.335-36).

[7] Ce ne sont pas des bourreaux, dit Müller. Tout homme du commun peut infliger les batogues si son supérieur le lui ordonne. Dans l'armée, ce sont ordinairement les tambours ou les simples soldats (Š, p.336).

[8] On ne trouve rien de cela dans le *Theatrum Europaeum*, affirme Müller (Š, p.336). Effectivement, le MS 6-11 ne mentionne pas de remerciements des officiers (f.385v). C'était pourtant un usage, sinon 'oriental', du moins bien russe.

[9] C'était l'argent que les colonels avaient retenu sur la paye des streltsy, rappelle Müller (Š, p.336).

la princesse Sophie qui les animait sous main,[10] pour les conduire de crime en crime, convoquait chez elle une assemblée des princesses du sang, des généraux d'armée, des boyards, du patriarche, des évêques, et même des principaux marchands:[11] elle leur représentait que le prince Ivan, par son droit d'aînesse et par son mérite, devait avoir l'empire, dont elle espérait en secret tenir les rênes. Au sortir de l'assemblée elle fait promettre aux strélitz une augmentation de paye et des présents.[12] Ses émissaires excitent surtout la soldatesque contre la famille des Nariskins, et principalement contre les deux Nariskins frères de la jeune czarine douairière, mère de Pierre premier. On persuade aux strélitz qu'un de ces frères nommé Jean a pris la robe du czar, qu'il s'est mis sur le trône, et qu'il a voulu étouffer le prince Ivan;[13] on ajoute qu'un

[10] La rébellion était excitée par Sophie, selon Weber (i.60) et Perry (p.137). Sophie 'fit sous main par le moyen de Couvenski qu'elle mit dans ses intérêts, susciter les Estreles' (Foy de La Neuville, *Relation curieuse et nouvelle de Moscovie*, p.39). Elle 'excitait en sous-main' Khovanski à soulever les streltsy, écrivait Catiforo (*Vita di Pietro il Grande*, p.38; CN, ii.418).

[11] Voir MS 6-11, f.386r. Matveev rapporte, selon Müller, que tout avait été agité en sourdine par Ivan et Alexandre Miloslavski, Ivan Tolstoï et deux colonels de streltsy (Š, p.336). En fait, d'après Matveev, seuls Alexandre Miloslavski et Piotr Andreevitch Tolstoï auraient excité les streltsy (*Zapiski Matveeva* [*Mémoires de Matveev*], Saint-Pétersbourg 1841, p.19). Dans le MS 6-11, on lit que 'l'âme de toute cette intrigue' était Ivan Miloslavski, 'homme fin et rusé' (f.386r), et que 'toute cette trame' fut conduite par Alexandre Miloslavski, deux frères Tolstoï et deux colonels des streltsy, Ziegler et Ozerov (f.386v).

[12] MS 6-11: '[Sophie] représenta à cette assemblée, que le prince Jean par son droit d'aînesse devoit nécessairement monter sur le trône, et que c'étoit même le seul moyen de prévenir des troubles et des guerres civiles [...] Les vues de la Princesse Sophie en tout cela étoient de se voir à la tête des affaires [...] La Princesse envoya sur le champ Miloslawski implorer le secours des strélitz, pour faire monter le Prince Jean Alexéewitsch sur le trône. Elle leur fit promettre une augmentation de paye, et d'autres gratifications' (f.386r).

[13] MS 6-11: '[Ivan Narychkine] étoit un jeune étourdi qui ne ménageoit pas même les seigneurs les plus âgés. Il en tiroit souvent quelques uns par la barbe [...] Le dimanche 14 mai et le jour suivant, les strélitz disoient publiquement qu'Iwan [...] s'étoit assis sur le trône, avoit revêtu la robe du czar', et que, la tsarine douairière et Sophie lui ayant reproché son insolence, il s'était levé furieux et s'était jeté sur

35   malheureux médecin hollandais nommé Daniel Vangad [14] a empoisonné le czar Fédor. Enfin Sophie fait remettre entre leurs mains
une liste de quarante seigneurs qu'elle appelle leurs ennemis et
ceux de l'Etat, et qu'ils doivent massacrer. Rien ne ressemble plus
aux proscriptions de Sylla et des triumvirs de Rome. Christiern
40   second les avait renouvelées en Dannemarck et en Suède. [15] On
voit par là que ces horreurs sont de tout pays dans les temps de
trouble et d'anarchie. [16]

    On jette d'abord par les fenêtres les knès Dolgorouki et
Maffeu: [17] (*b*) les strélitz les reçoivent sur la pointe de leurs piques,

    (*b*) Ou *Matheoff*, c'est Mathieu dans notre langue.

---

35   59: Daniel Vongad

Ivan pour l'étouffer, et que les gardes accourus aux cris des princesses l'en avaient
empêché (f.387r).
[14] Van Gaden (ou van Garden) n'était pas Hollandais, mais juif, corrige Müller;
converti au luthéranisme, il s'était ensuite fait baptiser selon le rite grec (Š, p.336).
Le 11 juin 1761, Voltaire écrivait à Chouvalov que le nom de ce médecin importait
peu, et se plaignait qu'on ait cherché, par ces corrections, à le 'mortifier'. Les Russes
s'en défendirent, alléguant qu'ils avaient travaillé 'pour son honneur' et 'pour rendre
son ouvrage plus parfait' (Š, p.195). Stéphan (ou Daniel) van Gaden (Haden?) était
un juif polonais venu en 1657 de Kiev à Moscou. En 1659, il devient chirurgien, et
en 1672 il est nommé docteur en médecine par le tsar Alexis. Bien que juif converti
au catholicisme, puis au luthéranisme et enfin à l'Eglise orthodoxe, il jouissait à la
cour d'une grande considération et y exerçait une grande influence (*Biographisches
Lexikon der hervorragenden Ärzte aller Zeiten und Völker*, München, Berlin 1962,
ii.652). Ce médecin était sans doute innocent, mais, selon Foy de La Neuville, les
streltsy soutenaient que Fedor avait été empoisonné (*Relation curieuse et nouvelle de
Moscovie*, p.39).
[15] Christian II, après s'être emparé de la couronne de Suède en 1520, fit,
contrairement à ses promesses, exécuter 82 hauts personnages. Ce 'bain de sang' de
Stockholm favorisa la révolte de Gustave Vasa. La méthode comparative de Voltaire
tend à prouver l'existence de lois de l'histoire.
[16] Voltaire relativise encore ici la 'barbarie' de la Moscovie avant Pierre le Grand.
[17] Le prince Mikhaïl Dolgorouki, fils du commandant en chef des streltsy, et le
boïar Artamon Matveev, ancien premier ministre du tsar Alexis, époux d'une
Ecossaise, Mary Hamilton, homme éclairé, curieux de culture étrangère, d'algèbre

les dépouillent et les traînent sur la grande place;[18] aussitôt ils   45
entrent dans le palais, ils y trouvent un des oncles du czar Pierre,
Athanase Nariskin,[19] frère de la jeune czarine; ils le massacrent de
la même manière; ils forcent les portes d'une église voisine, où
trois proscrits s'étaient réfugiés; ils les arrachent de l'autel, les
dépouillent et les assassinent à coups de couteau.[20]   50

Leur fureur était si aveugle, que voyant passer un jeune seigneur
de la maison de Soltikof qu'ils aimaient, et qui n'était point sur la
liste des proscrits, quelqu'un d'eux ayant pris ce jeune homme
pour Jean Nariskin[21] qu'ils cherchaient, ils le tuèrent sur-le-champ.
Ce qui découvre bien les mœurs de ces temps-là, c'est qu'ayant   55
reconnu leur erreur, ils portèrent le corps du jeune Soltikof à son
père pour l'enterrer, et le père malheureux, loin d'oser se plaindre,
leur donna des récompenses pour lui avoir rapporté le corps

---

53   K: proscrits, quelques-uns d'eux

---

et de géométrie. Le massacre commença le 15 mai, comme le précise Müller, et dura
trois jours. On ne jeta pas les victimes par les fenêtres, mais du haut du grand
escalier nommé *Krasnoï Kryletz* (le Perron rouge). Müller rappelle que le fils de
Matveev, Andreï, qui échappa au massacre et devint ambassadeur, est l'auteur d'une
histoire manuscrite de ces troubles à laquelle il s'est référé (Š, p.337).

[18] MS 6-11: 'Ils se saisirent du knés Dolgorouki, et après de Matféev et les jettèrent
tous les deux du haut de l'escalier. Les autres strélitz les reçurent sur leurs piques,
et après les avoir tués, ils traînèrent leurs corps nuds sur la grande place devant le
Kreml' (f.388r).

[19] Il s'était caché sous l'autel d'une église, précise Müller (Š, p.338). Il s'agit de
l'église de la Résurrection. Le MS 6-11 dit seulement que les streltsy entrèrent dans
les appartements intérieurs et dans les églises, où ils trouvèrent Afanassi Narychkine
(f.388r).

[20] Le MS 6-11 ne fait état que de deux autres victimes, trouvées elles aussi dans
une église (f.388r).

[21] MS 6-11, f.388. Selon Müller, le stolnik Fedor Saltykov, fils du boïar Piotr
Saltykov, fut pris par les streltsy, non pour Ivan, mais pour Afanassi Narychkine;
erreur imputable au *Theatrum Europaeum*, qui ne respecte pas la chronologie (Š,
p.338). On a ici un exemple des divergences entre Lomonossov (dont Voltaire suit
la traduction, MS 6-11) et Müller. Matveev dit simplement que les streltsy n'ont pas
reconnu Fedor Saltykov (*Zapiski Matveeva*, p.23).

sanglant de son fils. [22] Sa femme, ses filles et l'épouse du mort, en
60 pleurs, lui reprochèrent sa faiblesse. *Attendons le temps de la
vengeance*, leur dit le vieillard; quelques strélitz entendirent ces
paroles, ils rentrent furieux dans la chambre, traînent le père par
les cheveux et l'égorgent à la porte de sa maison. [23]

D'autres strélitz vont chercher partout le médecin hollandais
65 Vangad; ils rencontrent son fils, ils lui demandent où est son père;
le jeune homme en tremblant répond qu'il l'ignore, et sur cette
réponse il est égorgé. [24] Ils trouvent un autre médecin allemand;
'Tu es médecin, lui disent-ils; si tu n'as pas empoisonné notre
maître Fédor, tu en as empoisonné d'autres; tu mérites bien la
70 mort:' et ils le tuent. [25]

---

[22] Piotr Saltykov reçoit les excuses des streltsy, dit que c'est la volonté de Dieu,
et les fait régaler d'eau-de-vie et de bière (MS 6-11, f.388*v*). Piotr Saltykov devint
gouverneur de Smolensk, et sera l'un des signataires de la condamnation du
tsarévitch Alexis, en 1718.

[23] Les streltsy n'ont pas massacré le père Saltykov, objecte Müller, cela ne se
trouve pas dans le *Theatrum Europaeum*. Cela concerne le meurtre du vieux prince
Iouri Dolgorouki, dont les streltsy avaient tué le fils la veille (Š, p.338-39; cf. *Zapiski
Matveeva*, p.22-23). Voltaire a effectivement confondu avec Iouri Dolgorouki, dont
les streltsy avaient tué le fils, parce qu'il leur avait parlé avec trop de dureté: le père
leur offre de l'eau-de-vie et de la bière. A sa belle-fille en larmes, il répond par un
proverbe: quoiqu'on ait mangé le brochet, les dents en restent encore. Un des
streltsy l'entend, appelle ses camarades, ils le traînent, le tuent, lui coupent les mains
et les pieds et laissent son corps dans la boue au milieu de la rue (MS 6-11, f.388*v*).

[24] Le 16/26 mai, les streltsy trouvent le fils du docteur Daniel [van Gaden]
travesti. Ils lui demandent où est son père. Il répond qu'il ne le sait pas, et est jeté
du haut de l'escalier (MS 6-11, f.389*r*).

[25] C'était Jean Gutmensch, apothicaire, accusé d'avoir préparé les médicaments
avec lesquels van Gaden aurait empoisonné Fedor, précise Müller, qui juge que les
propos attribués aux streltsy paraissent peu convenir à ce temps où le scepticisme
en fait de médecine n'était pas en vogue comme aujourd'hui (Š, p.339). Le MS 6-11
écrit qu'après s'être donné 'toutes les peines imaginables' pour trouver van Gaden,
qui avait été premier médecin de Fedor, les streltsy entrèrent dans la maison de
Gutmensch. Celui-ci voulut se cacher sous le toit, les streltsy le trouvèrent et
l'emmenèrent en disant 'tu as été un grand ami de Daniel, tu l'as caché quelque
part'. Et ils le massacrèrent, puisqu'il avait préparé les médicaments qui avaient
donné la mort à Fedor (f.389). Selon le *Biographisches Lexikon*, Gutmensch était

Enfin ils trouvent le Hollandais qu'ils cherchaient; il s'était déguisé en mendiant; [26] ils le traînent devant le palais; les princesses qui aimaient ce bonhomme et qui avaient confiance en lui, demandent sa grâce aux strélitz, en les assurant qu'il est un fort bon médecin, et qu'il a très bien traité leur frère Fédor. Les strélitz répondent que non seulement il mérite la mort comme médecin, mais aussi comme sorcier, et qu'ils ont trouvé chez lui un grand crapaud séché [27] et une peau de serpent. Ils ajoutent qu'il leur faut absolument livrer le jeune Ivan Nariskin qu'ils cherchent en vain depuis deux jours, qu'il est sûrement caché dans le palais, qu'ils y mettront le feu si on ne leur donne leur victime. La sœur d'Ivan Nariskin, [28] les autres princesses épouvantées vont dans la retraite où Jean Nariskin est caché; le patriarche le confesse, lui donne le viatique et l'extrême-onction; [29] après quoi il prend une image de la Vierge qui passait pour miraculeuse; [30] il mène par la main le

75

80

85

un médecin allemand, et c'est son fils (et non celui de van Gaden) qui aurait été tué.

[26] Le matin du 17/27 mai, on apprit que Daniel avait été pris la nuit précédente en habit de mendiant. Il s'était caché deux jours et deux nuits dans les bois et dans les environs, mais, affamé, il était venu demander à manger dans la slabode (le quartier des étrangers). Il avait été reconnu et arrêté par les streltsy (MS 6-11, f.389v). Le détail est dans Korb, *Diarium*, p.175 (*Récit de la sanglante révolte*, p.54).

[27] C'était un grand polype qu'on pêche dans la mer Noire et que les Grecs mangeaient, avait d'abord expliqué Müller. Puis, avouant s'être trompé, il rapporta que, d'après le *Theatrum Europaeum*, c'était une grande écrevisse de mer ronde (Š, p.339-40). Le MS 6-11 fait état d'un polype de mer et de peaux de serpent (f.390r). Le 25 septembre 1761, Voltaire écrit à Chouvalov qu'il se moque de savoir si Gutmensch était médecin ou apothicaire, si van Gaden était ou non Hollandais, et il ironise sur 'l'érudition' du 'profond savant', qu'il suppliera 'de vouloir bien éclaircir à fonds si c'était un crapaud, ou une écrevisse qu'on trouva suspendu au plat-fond de la chambre de ce médecin, quand les Strelits l'assassinèrent' (D10038, où Gutmensch n'a pas été identifié; Š, p.337).

[28] Ivan Narychkine, comme Afanassi, était le frère de Nathalie, la mère de Pierre le Grand, comme le rappelle Müller (Š, p.340).

[29] Le patriarche n'y était pas, il n'osait sortir de sa maison, assure Müller (Š, p.340). 'L'aînée des tsarines douairières', ayant fait administrer à son frère Ivan le saint sacrement et l'extrême onction, sortit avec lui (MS 6-11, f.390v).

[30] C'est un métropolite qui portait l'image de la Vierge; on ne sait pas si elle était

jeune homme et s'avance aux strélitz en leur montrant l'image de la Vierge. Les princesses en larmes entourent Nariskin, se mettent à genoux devant les soldats,[31] les conjurent au nom de la Vierge d'accorder la vie à leur parent; mais les soldats l'arrachent des mains des princesses, ils le traînent au bas de l'escalier avec Vangad: alors ils forment entre eux une espèce de tribunal; ils appliquent à la question Nariskin, et le médecin. Un d'entre eux qui savait écrire, dresse un procès-verbal; ils condamnent les deux infortunés à être hachés en pièces;[32] c'est un supplice usité à la Chine et en Tartarie pour les parricides: on l'appelle le supplice des dix mille morceaux.[33] Après avoir ainsi traité Nariskin et Vangad, ils exposent leurs têtes, leurs pieds et leurs mains sur les pointes de fer d'une balustrade.[34]

Pendant qu'ils assouvissaient leur fureur aux yeux des princesses, d'autres massacraient tous ceux qui leur étaient odieux, ou suspects à Sophie.[35]

Cette exécution horrible finit par proclamer souverains les deux

90   K: au bas des escaliers avec

miraculeuse, remarque Müller (Š, p.340). Un métropolitain, avec l'image de la Vierge, tenta de fléchir ces barbares, mais ce fut en vain (MS 6-11, f.390r).

[31] Matveev dit seulement que les princesses ont prié pour Narychkine, observe Müller (Š, p.341). Voltaire a suivi le MS 6-11, d'après lequel les deux princesses et Sophie se mirent à genoux (f.390v).

[32] Voltaire résume ici le MS 6-11, f.390v-391r.

[33] Il n'avait jamais été usité en Russie, objecte Müller. La rage des streltsy le leur dictait, sans qu'ils sussent que c'était la coutume dans d'autres pays (Š, p.341). Plus qu'à un supplice 'chinois', on pourrait songer à une influence tatare remontant à l'époque du joug mongol, comme par exemple la coutume d'enterrer vives jusqu'au cou les femmes meurtrières de leur mari, supplice qu'évoque Voltaire dans les Anecdotes, l.209-210.

[34] Selon le MS 6-11, seul Ivan Narychkine aurait été traité ainsi: 'l'on mit sa tête, ses pieds et ses mains sur des pointes de fer' (f.390v).

[35] Avec 'une discipline fort exacte', les streltsy demandent d'abord à ceux qui sont en bas s'ils souhaitent l'exécution de tel ou tel (MS 6-11, f.390v-391r).

Juin 1682. princes Ivan, et Pierre, [36] en leur associant leur sœur Sophie en qualité de corégente. Alors elle approuva tous leurs crimes, et les récompensa, confisqua les biens des proscrits et les donna aux assassins; elle leur permit même d'élever un monument, sur lequel ils firent graver les noms de ceux qu'ils avaient massacrés comme traîtres à la patrie; elle leur donna enfin des lettres patentes par lesquelles elle les remerciait de leur zèle et de leur fidélité. [37]

105

104   59, 65, texte de la manchette en note au bas de la page

[36] Le 18 mai, le lendemain de la fin de la révolte, précise Müller (cf. MS 6-11, f.391v). Le couronnement eut lieu le 25 juin (Š, p.341).

[37] Voltaire résume et paraphrase ici la fin du MS 6-11, f.391v, sans mentionner que Sophie chargea Ivan Khovanski et son fils Andreï de la direction du Bureau des streltsy. Lomonossov avait jugé le chapitre manuscrit de Voltaire incomplet, très insuffisant, et entaché de nombreuses inexactitudes. Il avait conseillé de faire traduire son propre récit de la révolte des streltsy (Š, p.341). On a vu que ce récit (MS 6-11, 6-12, 6-13) a été communiqué à Voltaire qui l'a utilisé (voir ci-dessus, p.107-108).

CHAPITRE CINQUIÈME

GOUVERNEMENT DE LA PRINCESSE SOPHIE

Querelle singulière de religion. Conspiration.

Voilà par quels degrés la princesse Sophie (*a*) monta en effet sur le trône de Russie sans être déclarée czarine, et voilà les premiers exemples qu'eut Pierre premier devant les yeux. Sophie eut tous les honneurs d'une souveraine; son buste sur les monnaies, la
5 signature pour toutes les expéditions, [2] la première place au Conseil, et surtout la puissance suprême. Elle avait beaucoup d'esprit, faisait même des vers dans sa langue, [3] écrivait et parlait bien: une figure agréable [4] relevait encore tant de talents, son ambition seule les ternit.
10 Elle maria son frère Ivan suivant la coutume dont nous avons vu tant d'exemples. Une jeune Soltikof, de la maison de ce même Soltikof que les strélitz avaient assassiné, fut choisie au milieu de la Sibérie où son père commandait dans une forteresse, [5] pour être

(*a*) Tiré tout entier des mémoires envoyés de Pétersbourg. [1]

[1] Mêmes mémoires que pour le chapitre 4.

[2] Les actes publics ne font mention de Sophie qu'à partir de 1687, remarque Müller, et les monnaies qui portent son nom et son portrait ne peuvent pas être plus anciennes (Š, p.342).

[3] Contesté par Müller (Š, p.342).

[4] Quelques auteurs disent qu'elle a été belle, concède Müller, mais Foy de La Neuville soutient le contraire (Š, p.342). Ce dernier prétend en effet que Sophie a une tête 'large comme un boisseau' et 'du poil au visage'; et il souligne la 'difformité' de son corps, 'd'une grosseur monstrueuse' (*Relation curieuse et nouvelle de Moscovie*, p.151). Sans doute a-t-il exagéré sa laideur.

[5] Selon Müller, on ne sait pas si la famille de Fedor Petrovitch Saltykov, gouverneur à Ienisseisk de 1680 à 1682, était avec lui en Sibérie. Il était de retour à Moscou lorsque sa fille Prascovie fut choisie par le tsar (Š, p.342-43).

présentée au czar Ivan à Moscou. Sa beauté l'emporta sur les brigues de toutes ses rivales. [6] Ivan l'épousa en 1684. Il semble à chaque mariage d'un czar qu'on lise l'histoire d'Assuérus, ou celle du second Théodose. [7]

Au milieu des fêtes de ce mariage, les strélitz excitèrent un nouveau soulèvement, et, qui le croirait? c'était pour la religion, c'était pour le dogme. [8] S'ils n'avaient été que soldats, ils ne seraient pas devenus controversistes: mais ils étaient bourgeois de Moscou. Du fond des Indes jusqu'aux extrémités de l'Europe, quiconque se trouve ou se met en droit de parler avec autorité à la populace, [9] peut fonder une secte; et c'est ce qu'on a vu dans tous les temps, surtout depuis que la fureur du dogme est devenue l'arme des audacieux et le joug des imbéciles.

On avait déjà essuyé quelques séditions en Russie, dans les temps où l'on disputait si la bénédiction devait se donner avec trois doigts, ou avec deux. Un certain Abakum archiprêtre [10] avait dogmatisé à Moscou sur le Saint-Esprit, qui selon l'Evangile doit illuminer tout fidèle; sur l'égalité des premiers chrétiens, sur ces

15

20

25

30

25-26 w75G: l'âme des audacieux

[6] La fille de Saltykov (Alexandre Saltykov, selon Strahlenberg) passait pour 'la plus belle personne' de Russie (Strahlenberg, i.115).

[7] Müller reproche encore une fois à Voltaire de faire du roman en s'inspirant des auteurs étrangers. Il se peut qu'on ait présenté aux tsars plus d'une belle, mais pas à la fois, et uniquement au cas où la première ne leur avait pas plu (Š, p.343). Sur le mariage d'Assuérus, voir le livre d'Esther. Théodose II avait suivi la coutume byzantine (voir ci-dessus, I.iii, n.14).

[8] Ce soulèvement eut lieu en 1682, et non au milieu des fêtes du mariage d'Ivan v, rectifie Müller (Š, p.343-44). Des bourgeois, et pas seulement des streltsy, excitèrent au tumulte, ajoute-t-il. Voltaire ne dit pas autre chose… (voir l.33 et 43).

[9] Voltaire reprend le terme du ms 6-12, f.392r; voir ci-dessous, n.12.

[10] Avvakum n'était plus en vie, comme l'observe Müller (Š, p.344). L'apôtre de la vieille foi avait péri sur le bûcher le 14 avril 1682, peu de temps avant la mort du tsar Fedor; voir l'ouvrage de P. Pascal, *Avvakum et les débuts du raskol* (Paris, La Haye 1963).

paroles de Jésus, *Il n'y aura parmi vous ni premier ni dernier.*[11]
Plusieurs citoyens, plusieurs strélitz[12] embrassèrent les opinions
d'Abakum: le parti se fortifia: un certain Raspop[13] en fut le chef.
35 Les sectaires enfin entrèrent dans la cathédrale,[14] où le patriarche
et son clergé officiaient: ils le chassèrent lui et les siens à coups de
pierres, et se mirent dévotement à leur place pour recevoir le
Saint-Esprit. Ils appelaient le patriarche *loup ravisseur dans le
bercail*,[15] titre que toutes les communions se sont libéralement
40 donné les unes aux autres. On courut avertir la princesse Sophie,
et les deux jeunes czars, de ces désordres; on fit dire aux autres
strélitz qui soutenaient la bonne cause, que les czars et l'Eglise
étaient en danger.[16] Le parti des strélitz et bourgeois patriarcaux
en vint aux mains contre la faction des *abakumistes*; mais le carnage

1682.
16 juillet n. st.

34   59*:   certain \<Raspop\> ^WNikita prêtre dégradé⁺ en fut
35   59, 65, texte de la manchette en note au bas de la page
39   59:   sont si libéralement

[11] Voir MS 5-31, cité ci-dessus, I.ii, n.80.

[12] En fait, il y avait beaucoup de vieux croyants, y compris parmi les streltsy:
'Quelques moines vagabonds et débauchés attirèrent aussi dans ce parti plusieurs
marchands et des gens de la lie du peuple [...] S'étant assurés d'un *bon nombre de
partisans* et se fondant sur la protection de Chovanskoi [Khovanski], ils firent
soulever la *populace*' (MS 6-12, f.392r; souligné par nous).

[13] *Raspop* n'est pas un nom propre, il signifie 'excommunié' ou 'privé de prêtrise',
comme l'a fait observer Müller. Son nom était Nikita (Š, p.344). Matveev le nomme
Nikita Raspop, dit *Poustosviat* (c'est-à-dire Tartufe) (*Zapiski Matveeva*, p.39).
Cf. également le MS 6-12: 'un certain Nikita Raspope, surnommé le faux saint'
(f.392r).

[14] Le 5/15 juillet, selon le MS 6-12, f.392r. Ce fait n'est pas attesté, conteste Müller
(Š, p.345).

[15] Cf. MS 6-12: 'Ils se prirent même à lui jetter des pierres, l'appellant loup,
exacteur, et le chassèrent de l'Eglise avec tout son Clergé' (f.392r).

[16] D'après le MS 6-12, c'est le patriarche (Joachim) lui-même qui accourut tout
effrayé dans le palais impérial et pria les tsars de défendre l'Eglise. Ils firent appeler
Sophie et convoquer tous les boïars. Ceux-ci, en sortant du palais, firent savoir aux
streltsy que les tsars étaient 'dans un danger éminent' (f.392r).

fut suspendu, dès qu'on parla de convoquer un concile. [17] Aussitôt   45
un concile s'assemble dans une salle du palais: cette convocation
n'était pas difficile; on fit venir tous les prêtres qu'on trouva. Le
patriarche et un évêque disputèrent contre Raspop, et au second
syllogisme on se jeta des pierres au visage. Le concile finit par
couper le cou à Raspop et à quelques-uns de ses fidèles disciples,   50
qui furent exécutés sur les seuls ordres des trois souverains Sophie,
Ivan et Pierre. [18]

Dans ce temps de trouble il y avait un knès Chovanskoi, [19] qui

48, 50   59*:   \<Raspop\> ᵂNikita⁺

[17] Les mémoires authentiques ne disent rien de tout cela, constate Müller. Selon
Matveev, c'est Khovanski qui incita Sophie à convoquer le concile (Š, p.345). Le
MS 6-12 assure de son côté que Khovanski conseilla à leurs Majestés de convoquer
un concile pour calmer la multitude (f.392v).

[18] Seul, Nikita Raspop fut décapité, remarque Müller. Il reproche à Voltaire de
plaisanter sur ce concile, où on ne disputa pas par syllogismes et où on ne s'est pas
jeté de pierres au visage. Il cite un long passage d'un livre russe imprimé en
septembre 1682 à propos de ces événements. Selon Matveev, les raskolniks avaient
des pierres dans leurs poches, mais il ne dit pas qu'ils en ont fait usage (c'est aussi
le cas du MS 6-12, f.392v). On n'a pas mis le nom de Sophie devant ceux d'Ivan et
de Pierre, observe encore Müller, tous les ordres étaient exécutés sous les seuls
noms des tsars. Sophie n'a ajouté le sien qu'à partir de 1687 (Š, p.345-47). Le MS 6-
12 écrit que le patriarche entama la dispute, et que l'archevêque de Kholmogory,
Athanase, acheva de confondre les raskolniks. L'imposteur, ne sachant que répondre
à l'archevêque, le frappa au visage, et les autres jetèrent des cris séditieux. Les tsars
rompirent la séance, se retirèrent dans leurs appartements, puis Pierre ordonna de
chasser les raskolniks et d'arrêter Nikita Raspop avec les autres chefs des sectaires.
Nikita eut la tête tranchée le 6/16 juillet sur la place publique devant le Kremlin,
les autres subirent le knout et furent envoyés en exil (f.392v-393r).

[19] Ivan Andreevitch Khovanski, nouveau chef des streltsy, souleva ses troupes
en septembre 1682. Sophie, aidée par l'armée des nobles de service, fit exécuter
Khovanski et vint à bout de la révolte en octobre. Il aurait fallu parler de Khovanski
après le récit de la première rébellion des streltsy, remarque Müller, puisqu'alors
Sophie lui donna le commandement en chef de ces troupes (Š, p.344, 347-48). Cette
mutinerie, connue sous le nom de *Khovanchtchina*, inspira, on le sait, un opéra
célèbre à Moussorgski.

ayant contribué à l'élévation de la princesse Sophie, voulait pour
55   prix de ses services partager le gouvernement. On croit bien qu'il
trouva Sophie ingrate. [20] Alors il prit le parti de la dévotion et des
raspopites persécutés; [21] il souleva encore une partie des strélitz et
du peuple au nom de Dieu: la conspiration fut plus sérieuse que
l'enthousiasme de Raspop. [22] Un ambitieux hypocrite va toujours
60   plus loin qu'un simple fanatique. Chovanskoi ne prétendait pas
moins que l'empire; et pour n'avoir désormais rien à craindre, il
résolut de massacrer et les deux czars, et Sophie, et les autres
princesses, et tout ce qui était attaché à la famille czarienne. [23] Les
czars et les princesses furent obligés de se retirer au monastère de
65   la Trinité, à douze lieues de Moscou. [24] C'était à la fois un couvent,

65   59: de Petersbourg. C'était

[20] Khovanski n'avait contribué en rien à l'élévation de Sophie, estime Müller.
Aussi ne l'a-t-on pas soupçonné de vouloir partager le gouvernement avec elle (Š,
p.348). Sophie s'était en effet appuyée sur les streltsy avant que Khovanski ne
devienne leur chef.

[21] Khovanski a protégé les raskolniks avant le concile, mais pas après, sans doute
à cause de leur mauvaise conduite, prétend Müller (Š, p.348). 'D'intelligence avec
les strélitz, [il] s'occupa du soin d'affermir l'hérésie, et de mettre la dernière main à
son entreprise criminelle' (MS 6-12, f.393*v*).

[22] 'Tout cela est faux', affirme Müller (Š, p.348).

[23] Cette accusation a été publiée le 13 décembre 1682, concède Müller. Mais elle
ne repose que sur un billet attaché à la porte du palais de Kolomenskoïé, où les
tsars étaient allés se divertir le 1er septembre. Khovanski et son fils ont été exécutés
sans preuves, sans témoins, sans interrogatoires et sans confrontations (Š, p.349).
Voltaire a suivi le manuscrit traduit de Lomonossov, selon lequel le 2 septembre
on trouva aux portes du palais de Kolomenskoïé un écrit avertissant que Khovanski,
son fils et ses partisans tramaient une conspiration contre la vie de leurs souverains,
du patriarche et des boïars, et pensaient même à se rendre maîtres de l'empire (MS
6-12, f.393*v*). Il a pu s'inspirer aussi de Foy de La Neuville, selon qui 'Couvanski'
crut qu'il pouvait 'tout entreprendre jusqu'à se faire couronner' (*Relation curieuse
et nouvelle de Moscovie*, p.46).

[24] Voltaire avait écrit: 'à douze lieues de Pétersbourg'. Müller corrigea: 'lisés:
Moscou' (Š, p.161 et 350). Voltaire tint compte de la remarque. Khovanski et son
fils furent exécutés à l'instigation de Miloslavski, avant que Sophie et la cour ne se
réfugient à la Trinité, observe Müller (Š, p.349-50). Voltaire, là encore, a suivi,

un palais et une forteresse, comme Mont-Cassin, Corbie, Fulde, Kempten et tant d'autres chez les chrétiens du rite latin. Ce monastère de la Trinité appartient aux moines basiliens;[25] il est entouré de larges fossés et de remparts de brique garnis d'une artillerie nombreuse.[26] Les moines possédaient quatre lieues de pays à la ronde.[27] La famille czarienne y était en sûreté, plus encore

---

70 59*: possédaient ^W↑environ⁺ quatre

---

mais incomplètement, le MS 6-12. Ce dernier précise que les gentilshommes arrivèrent à la Trinité avec leurs troupes au nombre d'environ cent mille hommes. Les tsars leur firent un récit des desseins criminels des streltsy, augmentèrent la paye des officiers, et distribuèrent des terres à d'autres (f.394r). Le monastère de la Trinité-Saint-Serge, au nord-est de Moscou, a été fondé vers 1342 par saint Serge de Radonej. C'est le Zagorsk de l'époque soviétique (actuellement Serguiev-Possad).

[25] Inutile de préciser, dit Müller, puisque en Russie il n'y a pas d'autre ordre monastique que celui de saint Basile (Š, p.351). En réalité, la règle des monastères russes est celle de saint Théodore Studite, adoptée à partir du onzième siècle à Kiev par saint Théodose (voir M.-J. Rouët de Journel, *Monachisme et monastères russes*, Paris 1952, p.76, 95, 142).

[26] Carlisle observait que le monastère était 'tout bâti de pierre et fortifié d'une belle muraille' (*Relation de trois ambassades de monseigneur le comte de Carlisle*, p.54). Le mur d'enceinte, primitivement en bois, fut reconstruit en pierre (et non en brique) à partir de 1540: il avait plus d'un kilomètre de long, trois ou quatre mètres d'épaisseur, quatre ou cinq mètres de hauteur, et était flanqué de douze tours. On mit plus de dix ans à le construire. On installa sur ses tours quatre-vingt-dix canons (Rouët de Journel, p.98-99).

[27] Les moines possédaient des terres immenses, mais dispersées, avec plus de cent mille paysans, note Müller (Š, p.226 et 350-51). Au milieu du dix-huitième siècle, ils étaient environ 105 000 (Rouët de Journel, p.109). Carlisle a vu ce couvent, 'le plus beau et le plus riche' de la Moscovie, qui comptait trois ou quatre cents moines (p.54). Selon De Bruyn, ils étaient deux ou trois cents (iii.65). Voltaire sous-estime la superficie de ce monastère: à la fin du seizième siècle, son temporel couvrait déjà environ 118 000 hectares (P. Gonneau, *La Maison de la Sainte Trinité, un grand monastère russe du moyen âge tardif (1345-1533)*, Paris 1993, p.305). Le 8 juin 1744, Saint-Serge fut élevé au rang de Laure, le plus élevé dans la hiérarchie des monastères russes (p.2).

par la force que par la sainteté du lieu. [28] De là Sophie négocia avec le rebelle, le trompa, l'attira à moitié chemin, et lui fit trancher la tête, ainsi qu'à un de ses fils, et à trente-sept strélitz qui l'accompagnaient. [29]

75

Le corps des strélitz à cette nouvelle s'apprête à marcher en armes au couvent de la Trinité; [30] il menace de tout exterminer: la famille czarienne se fortifie; les boyards arment leurs vassaux; tous les gentilshommes accourent; une guerre civile sanglante commençait. Le patriarche apaisa un peu les strélitz: [31] les troupes qui venaient contre eux de tous côtés les intimidèrent: ils passèrent enfin de la fureur à la crainte, et de la crainte à la plus aveugle soumission; changement ordinaire à la multitude. Trois mille sept cents des leurs, suivis de leurs femmes et de leurs enfants, se mirent une corde au cou, et marchèrent en cet état au couvent de la Trinité, que trois jours auparavant ils voulaient réduire en cendre. Ces malheureux se rendirent devant le monastère, portant deux à deux un billot et une hache; ils se prosternèrent à terre, et attendirent leur supplice; [32] on leur pardonna. [33] Ils s'en retournèrent

80

85

1682.

72-73 59*: lieu. <De la Sophie négocia> [W]Pierre montra dès lors qu'il scavait dans l'occasion joindre l'addresse à la fermeté. il négotia lui-même[+] avec

75   59, 65, texte de la manchette en note au bas de la page

[28] Remarque superflue: on pourrait croire que Voltaire eût voulu se moquer de la sainteté des couvents, estime Müller (Š, p.351).

[29] Il n'y eut pas de négociation, et Sophie n'était pas encore à la Trinité quand elle ordonna de se saisir de Khovanski, rappelle Müller (Š, p.351). Selon le MS 6-12, les tsars écrivirent à Khovanski une lettre pleine d'affection, lui promettant des gratifications et l'exhortant à venir assister à un Conseil. Il fut arrêté dans le bourg de Pouchkine avec trente-sept streltsy qui l'accompagnaient. Après la question, ils avouèrent leurs crimes et furent décapités (f.394v).

[30] C'est la 'troisième révolte des strélitz' exposée dans le MS 6-12, f.393v-395v.

[31] Le MS 4-4 ne fait état que des intrigues du patriarche Joachim avec Sophie (f.241v).

[32] Voltaire est ici plus proche de Strahlenberg (i.111-12) que du long folio 395r.

[33] Natalia Kirillovna, mère de Pierre le Grand, se rappela la mort cruelle et ignominieuse de ses frères, mais considérant les ruisseaux de sang, touchée de la posture humiliante du patriarche agenouillé devant elle, et sensible aux larmes des

à Moscou, en bénissant leurs maîtres, et prêts sans le savoir à   90
renouveler tous leurs attentats à la première occasion. [34]

Après ces convulsions l'Etat reprit un extérieur tranquille;
Sophie eut toujours la principale autorité, abandonnant Ivan à son
incapacité, et tenant Pierre en tutelle. Pour augmenter sa puissance,
elle la partagea avec le prince Basile Gallitzin, qu'elle fit généralis-   95
sime, administrateur de l'Etat et garde des Sceaux, [35] homme
supérieur en tout genre à tout ce qui était alors dans cette cour
orageuse, poli, magnifique, n'ayant que de grands desseins, plus
instruit qu'aucun Russe, parce qu'il avait reçu une éducation
meilleure, possédant même la langue latine presque totalement   100
ignorée en Russie: homme d'un esprit actif, laborieux, d'un génie
au-dessus de son siècle, et capable de changer la Russie s'il en
avait eu le temps et le pouvoir comme il en avait la volonté. C'est

---

95   59-w68:   Galitzin

---

femmes et des enfants, elle supplia les tsars de leur pardonner. Ceux-ci leur firent
une vive réprimande et leur pardonnèrent (MS 6-12, f.395v).

[34] Tout ce paragraphe, selon Müller, ne se fonde sur aucune autorité digne de
foi. A la place, on pourrait mettre deux événements: le commandement des streltsy
donné à Fedor Chaklovity, homme rusé à qui Sophie confia tous ses secrets et
qu'elle fit secrétaire d'Etat; et le fait que Pierre commença en 1683 à former le petit
corps des 'Potiechnye'. Au lieu de rapporter ce dernier fait dans le chapitre suivant,
il vaudrait mieux suivre l'ordre chronologique, car on reconnaît là le génie précoce
de Pierre, qui à onze ans fonda sa grande réforme militaire (Š, p.352). Le MS 6-13
mentionne que Sophie, pour affirmer son autorité, confia le bureau des streltsy à
Chaklovity, conseiller privé, qui était en grande faveur auprès d'elle (f.396r).

[35] MS 6-13: 'Le département des affaires étrangères fut conféré au knés Basile
Galitzin, il lui fut ordonné en même tems de prendre le titre de vice-roi de
Nowgorod et de garde des sceaux' (f.396r). Vassili Vassilievitch Golitsyne (1643-
1714) était président de la Chancellerie des ambassades et premier ministre, comme
le rappelle Müller (Š, p.352). Il avait été ministre du tsar Fedor et devint le favori
de Sophie. Voltaire voit bien son rôle de précurseur, ce qui, une fois de plus, nuance
sa thèse du 'commencement absolu' sous Pierre le Grand.

l'éloge que fait de lui La Neuville, [36] envoyé, pour lors, de Pologne
105 en Russie; et les éloges des étrangers sont les moins suspects.

Ce ministre contint la milice des strélitz, [37] en distribuant les
plus mutins dans des régiments en Ukraine, à Casan, en Sibérie.
C'est sous son administration que la Pologne longtemps rivale de
la Russie céda en 1686 toutes ses prétentions sur les grandes
110 provinces de Smolensko et de l'Ukraine. [38] C'est lui qui le premier
fit envoyer en 1687 une ambassade en France, [39] pays qui était
depuis vingt ans dans toute sa gloire, par les conquêtes, et les
nouveaux établissements de Louis XIV, par sa magnificence et
surtout par la perfection des arts, sans lesquels on n'a que de la
115 grandeur et point de gloire véritable. La France n'avait eu encore

[36] Foy de La Neuville, qui a rencontré ce prince éclairé, a tendance à exagérer
ses mérites (*Relation curieuse et nouvelle de Moscovie*, p.55-56, 157-58), en mettant
sur le même plan ses projets supposés et ses réalisations effectives. Il est le seul, par
exemple, à lui prêter l'intention d'abolir le servage (p.215). C'était peut-être, qui
sait, un de ses 'grands desseins'. Le père Avril, qui a également été reçu par
Golitsyne, fait de lui un éloge plus mesuré (*Voyage en divers Etats d'Europe et
d'Asie*, p.293).

[37] Il n'avait aucune autorité sur eux, puisqu'ils étaient commandés par Chaklovity,
prétend Müller (Š, p.353). L'examen à la loupe rend parfois myope, remarque avec
raison Šmurlo (p.142). Si les streltsy n'étaient pas subordonnés directement à
Golitsyne, aucune mesure de leur *prikaz* ne pouvait être prise sans son accord,
puisqu'il était premier ministre, comme le reconnaît Müller.

[38] Voltaire va trop vite. Il a omis l'histoire des années 1684 et 1685, chicane
Müller, qui renvoie au père Avril et à Korb (Š, p.353). Mais il va à l'essentiel: la
'paix perpétuelle' de 1686, qui confirmait les gains territoriaux de la Russie,
notamment l'annexion définitive de Kiev.

[39] Ce n'était pas la première. Voltaire ignore les deux ambassades de Piotr
Potemkine en France, en 1668 et en 1681. L'ambassade de 1687, conduite par Iakov
Dolgorouki et Iakov Mychetski, se heurta à la mauvaise volonté de Louis XIV, qui
avait tenté de ne pas la recevoir, et essuya des brimades (voir Rambaud, *Recueil des
instructions*, viii.86-88). L'ambassade ne pouvait qu'échouer, la France n'ayant pas
l'intention d'entrer dans la ligue contre les Turcs proposée une fois de plus par les
Russes. Šmurlo a cru à tort que Voltaire avait fait une erreur de date (p.170), alors
que c'est Müller qui se trompe en prétendant que Mychetski fut nommé ambassadeur
en 1688 pour aller en France et en Espagne (Š, p.353).

aucune correspondance avec la Russie, ou ne la connaissait pas;[40] et l'Académie des Inscriptions célébra par une médaille cette ambassade, comme si elle fût venue des Indes: mais malgré la médaille, l'ambassadeur Dolgorouki échoua; il essuya même de violents dégoûts par la conduite de ses domestiques:[41] on eût   120 mieux fait de tolérer leurs fautes; mais la cour de Louis XIV ne pouvait prévoir alors que la Russie et la France compteraient un jour parmi leurs avantages celui d'être étroitement alliées.[42]

L'Etat était alors tranquille au dedans, toujours resserré du côté de la Suède, mais étendu du côté de la Pologne sa nouvelle   125 alliée,[43] continuellement en alarmes vers la Tartarie Crimée, et en mésintelligence avec la Chine pour les frontières.

Ce qui était le plus intolérable pour cet empire, et ce qui marquait bien qu'il n'était point parvenu encore à une administration vigoureuse et régulière, c'est que le kam des Tartares de   130 Crimée exigeait un tribut annuel de soixante mille roubles,[44] comme la Turquie en avait imposé un à la Pologne.

La Tartarie Crimée est cette même Kersonèse Taurique, célèbre autrefois par le commerce des Grecs, et plus encore par leurs fables; contrée fertile et toujours barbare, nommée *Crimée* du titre   135

---

[40] Müller renvoie au père Avril (*Voyage en divers Etats d'Europe et d'Asie*, p.186), qui parle des prédécesseurs de Dolgorouki à la cour de France (Š, p.353-54).

[41] A leur arrivée à Dunkerque, les ambassadeurs russes, selon leur coutume, avaient voulu vendre les marchandises qu'ils avaient apportées. Un exempt étant venu les en empêcher, il fut insulté par les domestiques, et l'un des envoyés le menaça de son poignard. Louis XIV, indigné, refusa d'abord de leur accorder une deuxième audience (il les avait reçus une première fois à Versailles). Il leur coupa même les vivres, mais finit par les recevoir (Rambaud, *Recueil des instructions*, viii.86-88).

[42] Allusion à l'actualité (la guerre de Sept Ans).

[43] Depuis le traité de 'paix perpétuelle' avec Jean III Sobieski (1686). La Russie entrait dans une alliance avec la Pologne, l'Autriche et Venise contre la Turquie.

[44] Quatre-vingt mille écus d'après Foy de La Neuville (*Relation curieuse et nouvelle de Moscovie*, p.105). Selon Müller, ce n'était pas un tribut, mais des présents ou des subsides pour ne pas s'exposer à leurs invasions, et pouvoir compter sur leur secours en cas de rupture avec la Pologne (Š, p.354).

des premiers kams, qui s'appelaient *crim* [45] avant les conquêtes des enfants de Gengis. [46] C'est pour s'affranchir et se venger de la honte d'un tel tribut [47] que le premier ministre Gallitzin alla lui-même en Crimée à la tête d'une armée nombreuse. [48] Ces armées ne ressemblaient en rien à celles que le gouvernement entretient aujourd'hui; point de discipline, [49] pas même de régiment bien

140

1687, 1688.

139 59, 65, texte de la manchette en note au bas de la page

[45] Le mot Crimée (*Krym* en russe) est bien d'origine turco-tatare, mais son étymologie n'est pas celle avancée par Voltaire. Müller notait que le mot *kerim* signifiait un endroit fortifié, comme l'était le canal de Perekop, à l'entrée de la Crimée (Š, p.354; app. x, l.165). Dans son *Russisches etymologisches Wörterbuch* (Heidelberg 1953), M. Vasmer retient aussi l'étymologie de 'fossé, rempart' (i.673).

[46] La Crimée n'a eu des khans que depuis la mort de Tamerlan. Elle n'a donc pu en avoir qui fussent antérieurs à Gengis, remarque Müller (Š, p.354).

[47] Ce n'est pas seulement pour s'affranchir du tribut que Golitsyne entreprit ses deux expéditions en Crimée (1687 et 1689). Malgré le 'cadeau' des tsars aux Tatars, ceux-ci ne cessaient leurs raids dévastateurs en Ukraine, menaçant Kiev et emmenant des milliers de prisonniers revendus comme esclaves sur les marchés ottomans. La guerre avec les Tatars de Crimée, soutenus par les Turcs, survenait après le traité de 'paix perpétuelle' entre la Russie et la Pologne, conclue contre la Turquie (voir ci-dessus, n.38 et 43). En 1689, selon Foy de La Neuville, les Russes proposèrent aux Tatars cinq conditions pour la paix (entre autres que les esclaves russes soient rendus, et que les Tatars ne fassent plus de courses en Russie), mais le khan ne voulut point d'autre condition que le paiement du tribut pour les trois années écoulées, soit 240 000 écus (p.103-107).

[48] Elle consistait en cinq divisions, précise Müller, qui donne les noms des cinq généraux qui les commandaient (Š, p.355-56). Elle se composait de deux cent mille hommes selon le MS 6-13, f.396v. Foy de La Neuville fait état de 300 000 hommes pour la première campagne (p.71).

[49] 'Dans les tems anciens et même encore au commencement du siècle la discipline militaire étoit absolument inconnue en Russie' ('Essai sur les Droits militaires de la Russie', MS 5-3, f.15r). Alexis fut le premier à mettre sur pied un petit nombre de troupes réglées et à imposer une 'foible esquisse de discipline militaire', qui firent merveille dans les guerres contre les Suédois et les Polonais (f.16v-17r). 'Mais les strélitzes entrevoyant leur perte dans l'accroissement des troupes réglées, sûrent si bien mettre à profit leur crédit et les conjonctions d'alors, qu'en peu de tems il ne resta plus rien de ces troupes et que l'état militaire en Russie rentra dans son ancien cahos' (f.17v).

547

armé, point d'habits uniformes, rien de régulier; une milice à la vérité endurcie au travail et à la disette, mais une profusion de bagages qu'on ne voit pas même dans nos camps où règne le luxe. Ce nombre prodigieux de chars qui portaient des munitions et des vivres dans des pays dévastés et dans des déserts, nuisit aux entreprises sur la Crimée. [50] On se trouva dans de vastes solitudes sur la rivière de Samare, sans magasins. Gallitzin fit dans ces déserts, ce qu'on n'a point, je pense, fait ailleurs: il employa trente mille hommes à bâtir sur la Samare une ville qui pût servir d'entrepôt pour la campagne prochaine; elle fut commencée dès cette année, et achevée en trois mois l'année suivante, toute de bois à la vérité, avec deux maisons de briques, et des remparts de gazon, mais munie d'artillerie, et en état de défense. [51]

C'est tout ce qui se fit de singulier dans cette expédition ruineuse. [52] Cependant, Sophie régnait: Ivan n'avait que le nom de czar, et Pierre âgé de dix-sept ans avait déjà le courage de l'être.

[50] L'échec de la première campagne s'explique en réalité, comme l'observe Müller, par le manque de fourrage, les Tatars ayant brûlé les herbes de la steppe (Š, p.355; cf. MS 6-13, f.396v). Foy de La Neuville fait état du manque de fourrage, et prétend que le poisson 'salé et à demi pourri' que les soldats mangèrent pendant le carême d'août contribua à l'insuccès: avec la dysenterie, il 'enleva une grosse quantité de gens, et en mit une infinité d'autres hors d'état de suivre' (p.75).

[51] Foy de La Neuville, p.75 et 85. Müller observe que Voltaire devrait 'mieux distinguer' les deux campagnes de Crimée. Il précise que c'est après le retour de Golitsyne à Moscou que le conseil d'Etat résolut de construire un petit fort au confluent de la Samara et du Dniepr; il fut achevé en juillet 1688 (Š, p.355). C'est là que sera bâtie la ville d'Ekaterinoslav, qui deviendra Dniepropetrovsk à partir de 1926. Müller estime que Voltaire devrait parler ici du mariage de Pierre avec Eudoxie Lopoukhine (dont il fait mention au début du chapitre 6), car il fut célébré le 27 janvier 1689 v. st. Pierre commençait alors à assister au Conseil d'Etat où il s'opposait à Sophie (Š, p.355-56).

[52] Sur les deux campagnes désastreuses de Crimée, voir Foy de La Neuville (p.67-109). Malgré toute son admiration pour Golitsyne, La Neuville convient qu'il était 'plus grand politique que capitaine' (p.65, 87).

L'envoyé de Pologne La Neuville,[53] résident alors à Moscou, et témoin oculaire de ce qui se passa, prétend que Sophie et Gallitzin engagèrent le nouveau chef des strélitz à leur sacrifier leur jeune czar:[54] il paraît au moins que six cents de ces strélitz devaient s'emparer de sa personne.[55] Les mémoires secrets que la cour de Russie m'a confiés,[56] assurent que le parti était pris de tuer Pierre premier: le coup allait être porté, et la Russie était privée à jamais de la nouvelle existence qu'elle a reçue depuis. Le czar fut encore obligé de se sauver au couvent de la Trinité,[57] refuge ordinaire de

[53] Comme le rappelle Müller, Foy de La Neuville était envoyé par le marquis de Béthune, ambassadeur de France en Pologne, pour découvrir l'objet des négociations des ministres de Suède et du Brandebourg à la cour de Russie (Š, p.356). C'est effectivement ce que dit Foy de La Neuville dans la préface de son livre. Voltaire négligea ce détail, car on peut considérer Foy de La Neuville à la fois comme un agent de la Pologne et de la France.

[54] Foy de La Neuville accuse Sophie d'avoir voulu faire massacrer les deux tsars (p.160). Il la rend responsable des 'révolutions' survenues en Russie: 'Si elle n'avait pas eu le dessein de se défaire de Pierre, jamais personne n'eût eu la hardiesse de former en faveur de ce jeune prince un parti contre elle' (p.152). Müller, se référant à Matveev, doute que Golitsyne ait eu part au complot; mais il pense que Sophie conçut son 'pernicieux dessein' après une altercation avec Pierre au sujet d'une procession, le 8 juillet 1689 (Š, p.356-57). Si l'on en croit Chaklovity, le nouveau chef des streltsy conspirateurs, Golitsyne n'était pas impliqué dans une conspiration visant à tuer Pierre, ni même à l'écarter du trône.

[55] Foy de La Neuville, p.119.

[56] Ce sont sans doute les mémoires de Matveev, pense Müller, qui se demande pourquoi Voltaire les nomme secrets (Š, p.357). Il s'agit en fait du MS 6-13, selon lequel Sophie, informée d'une requête de la noblesse suppliant les tsars d'exclure leur sœur du gouvernement, 'en fit avertir les strélitz'. 'Cette soldatesque [...] forma sur le champ le dessein de déposer le tsar Iwan à cause de ses infirmités, et de massacrer le tsar Pierre avec la tsarine douairière sa mère, et tous les seigneurs qui leur étoient attachés' (f.397v).

[57] Müller reproche à Voltaire de n'avoir pas précisé que quatre streltsy, le soir du 7 août, avertirent Pierre qu'on viendrait dans la nuit l'attaquer et le tuer, lui, son épouse et sa sœur Nathalie. Le tsar, ceux de la cour qui étaient avec lui, et les principaux seigneurs de Moscou et des environs, le suivirent à la Trinité. Le reste de la noblesse fut convoqué par un édit. Les régiments réguliers, et un régiment de streltsy, défendirent leur maître. Arrivé à la Trinité, le patriarche, convaincu de la culpabilité de Sophie, ne retourna pas chez elle. Sophie voulut alors se rendre à la Trinité, mais Pierre la contraignit à se retirer au couvent de Novodiévitchi, au sud

la cour menacée de la soldatesque. Là il convoque les boyards de son parti, assemble une milice, fait parler aux capitaines des strélitz, appelle à lui quelques Allemands établis dans Moscou depuis longtemps, tous attachés à sa personne, parce qu'il favorisait déjà   170
les étrangers. Sophie et Ivan restés dans Moscou conjurent le corps des strélitz de leur demeurer fidèles; [58] mais la cause de Pierre, qui se plaint d'un attentat médité contre sa personne et contre sa mère, l'emporte sur celle d'une princesse et d'un czar dont le seul aspect éloignait les cœurs. Tous les complices furent punis avec une   175
sévérité à laquelle le pays était alors aussi accoutumé qu'aux attentats: quelques-uns furent décapités après avoir éprouvé le supplice du knout, ou des battoks. Le chef des strélitz périt de cette manière: on coupa la langue à d'autres qu'on soupçonnait. [59]
Le prince Gallitzin, qui avait un de ses parents auprès du czar   180
Pierre, [60] obtint la vie; mais dépouillé de tous ses biens qui étaient immenses, il fut relégué sur le chemin d'Arcangel. [61] La Neuville présent à toute cette catastrophe, dit qu'on prononça la sentence à

de Moscou, pour y finir ses jours (Š, p.357-59). Le MS 6-13 rapporte l'histoire des quatre streltsy fidèles, mais à la date du 18/28 août (f.398r).

[58] Ivan n'y avait aucune part, corrige Müller, mais on abusait de son nom (Š, p.359). Sophie demanda ensuite au patriarche d'aller trouver le tsar pour offrir sa médiation. Mais quand il eut été instruit du complot, l'horreur qu'il en conçut l'engagea à rester avec le tsar (MS 6-13, f.398).

[59] Sur le châtiment de Chaklovity et de ses complices, en septembre 1689, voir Foy de La Neuville, p.140-47. Le MS 6-13 dit seulement que Chaklovity fut appliqué à la question, 'longue et douloureuse', et que plusieurs chefs furent torturés et décapités (f.398v-99r). Müller rappelle que les battocks dont parle Voltaire sont un châtiment léger qu'on n'emploie pas pour les crimes graves (Š, p.359-60).

[60] Le prince Boris Alekseevitch Golitsyne, un des principaux favoris de Pierre dans sa jeunesse, précise Müller (Š, p.360). Foy de La Neuville a une piètre opinion de ce jeune cousin de Vassili Golitsyne, car, lorsqu'il fut reçu par lui, 'il fallut vuider plusieurs tasses d'eau-de-vie et toute la conversation se passa à boire' (p.18).

[61] Golitsyne fut relégué plus loin, à Poustozërsk, sur les bords de la Petchora, près de l'océan Glacial, puis transféré à Pinega, près d'Arkhangelsk, remarque Müller (Š, p.360). Le MS 6-13 dit seulement qu'il fut relégué 'dans un lieu fort éloigné' (f.399r). Il mourut en exil en 1714, âgé de 71 ans.

Gallitzin en ces termes: *Il t'est ordonné par le très clément czar, de*
185 *te rendre à Karga ville sous le pôle, et d'y rester le reste de tes jours.*
La bonté extrême de Sa Majesté t'accorde trois sous par jour.[62]

Il n'y a point de ville sous le pôle. Karga est au soixante et
deuxième degré de latitude, six degrés et demi seulement plus au
nord que Moscou.[63] Celui qui aurait prononcé cette sentence eût
190 été mauvais géographe: on prétend que La Neuville a été trompé
par un rapport infidèle.[64]

Enfin, la princesse Sophie fut reconduite dans son monastère *1689.*
de Moscou,[65] après avoir régné longtemps: ce changement était
un assez grand supplice.

195 De ce moment Pierre régna. Son frère Ivan n'eut d'autre part
au gouvernement que celle de voir son nom dans les actes publics;[66]
il mena une vie privée, et mourut en 1696.[67]

---

191 59*: infidèle. ^WJalitzin fut relegué près d'archangel.⁺
192 59, 65, texte de la manchette en note au bas de la page

---

[62] Foy de La Neuville, p.143.
[63] Foy de La Neuville a cru que Kargopol signifiait 'Karga, ville sous le pôle'.
Elle se trouve à mi-chemin entre Moscou et Arkhangelsk, mais son nom a trompé
Foy de La Neuville, mauvais géographe, remarque Müller, qui note que plusieurs
villes en Russie ont des noms qui se terminent par *-pol* (Š, p.360).
[64] Voltaire laisse ici transparaître son opinion favorable à Foy de La Neuville.
[65] Elle y entra pour la première fois, rectifie Müller, qui note la contradiction
avec la fin du chapitre 3 (Š, p.360). Voltaire avait écrit, on s'en souvient, que Sophie
avait quitté son couvent, puis avait corrigé son texte (voir ci-dessus, I.iii, n.62). Le
MS 6-13 ne précise pas qu'il s'agit du couvent de Novodiévitchi, au sud de Moscou.
[66] 'Il n'est fait mention de Jean qu'à la teste des actes' (Foy de La Neuville,
p.149). 'Dès lors, il n'a plus été fait mention du czar Ivan qu'à la tête des actes
publics' (Rousset de Missy, ii.66).
[67] Le 29 juin, précise Müller. Il estime que Voltaire aurait dû parler ici des trois
filles d'Ivan, Catherine, Anne et Prascovie, nées en 1691, 1693 et 1694 (Š, p.361).
La date du 29 juin ne figure pas dans le MS 6-13: 'Le tsar Iwan remit à Pierre premier
le pouvoir suprême […] et finit ses jours en menant une vie privée' (f.399r).

CHAPITRE SIXIÈME

RÈGNE DE PIERRE PREMIER

Commencement de la grande réforme.

Pierre le Grand avait une taille haute, dégagée, bien formée, le visage noble, des yeux animés, un tempérament robuste, propre à tous les exercices et à tous les travaux; son esprit était juste, ce qui est le fonds de tous les vrais talents, et cette justesse était mêlée d'une inquiétude qui le portait à tout entreprendre, et à tout faire. 5 Il s'en fallait beaucoup que son éducation eût été digne de son génie: l'intérêt de la princesse Sophie avait été surtout de le laisser dans l'ignorance, et de l'abandonner aux excès, que la jeunesse, l'oisiveté, la coutume, et son rang ne rendaient que trop permis. *En juin 1689.* Cependant il était récemment marié, et il avait épousé, comme 10 tous les autres czars, une de ses sujettes, fille du colonel Lapuchin; [1] mais étant jeune, et n'ayant eu pendant quelque temps d'autre prérogative du trône que celle de se livrer à ses plaisirs, les liens sérieux du mariage ne le retinrent pas assez. [2] Les plaisirs de la table avec quelques étrangers attirés à Moscou par le ministre 15

10   59, 65, texte de la manchette en note au bas de la page

[1] Eudoxie Lopoukhine, âgée de vingt ans, avait trois ans de plus que Pierre. Voltaire la nomme Ottokesa dans l'*Histoire de Charles XII* (V 4, p.410) et dans les *Anecdotes* (l.407). Müller rappelle que ce mariage fut célébré le 27 janvier 1689, et non en juin. Il ne sait pas si Fedor Abramovitch Lopoukhine était colonel, il fut déclaré boïar lorsque le tsar épousa sa fille (Š, p.362).
[2] Lomonossov s'insurge contre l'idée que Pierre, après son mariage, n'aurait vécu que dans le luxe et la débauche. Il rappelle qu'à 14 ans il avait commencé à entraîner une armée régulière, et estime qu'il faudrait supprimer ce passage (Š, p.361). Parmi les maîtresses de Pierre, la plus connue est Anna Mons, dont le frère et la sœur seront condamnés pour corruption (II.xvii.48-64).

Gallitzin,[3] ne firent pas augurer qu'il serait un réformateur: cependant malgré les mauvais exemples, et même malgré les plaisirs, il s'appliquait à l'art militaire,[4] et au gouvernement: on devait déjà en lui reconnaître le germe d'un grand homme.

20 On s'attendait encore moins qu'un prince qui était saisi d'un effroi machinal qui allait jusqu'à la sueur froide et à des convulsions, quand il fallait passer un ruisseau,[5] deviendrait un jour le meilleur homme de mer dans le Septentrion. Il commença par dompter la nature en se jetant dans l'eau malgré son horreur pour cet élément;
25 l'aversion se changea même en un goût dominant.

L'ignorance dans laquelle on l'éleva, le faisait rougir. Il apprit de lui-même, et presque sans maîtres,[6] assez d'allemand et de hollandais pour s'expliquer et pour écrire intelligiblement dans ces deux langues. Les Allemands et les Hollandais étaient pour lui les
30 peuples les plus polis; puisque les uns exerçaient déjà dans Moscou une partie des arts qu'il voulait faire naître dans son empire, et les

---

19   K: déjà reconnaître en lui le

---

[3] Lefort était l'un de ces 'quelques étrangers', depuis 1689, remarque Müller (Š, p.362).

[4] Ces exercices militaires avaient commencé dès 1683, mais comme un divertissement, précise Müller, d'où le nom de *Potiéchnyé* (soldats 'pour rire') qu'on avait donné à la compagnie de jeunes nobles qu'il avait formée. Lefort, en 1690, persuada Pierre de leur donner un uniforme et d'en faire sa garde. Cinq ans après, ils devinrent les deux célèbres régiments de Preobrajenski et de Semionovski (Š, p.362).

[5] Dans son enfance, Pierre naviguait sur la Moskova avec son frère Ivan, objecte Lomonossov. Il n'avait aucune aversion pour l'eau, écrit également Müller; l'erreur vient de Strahlenberg (Š, p.362-63). En effet, selon Strahlenberg, Pierre aurait été effrayé à l'âge de cinq ans par le bruit d'une chute d'eau (i.214-17). Mais en fait la source est Vockerodt, puisque dans l'*Histoire de Charles XII*, éd. de 1739 (V 4, p.189), antérieure à l'ouvrage de Strahlenberg, Voltaire fait un emprunt presque textuel aux *Considérations* (app. III, IV.320-322).

[6] Voir ci-dessus, *Anecdotes*, n.13.

autres [7] excellaient dans la marine qu'il regardait comme l'art le plus nécessaire.

Telles étaient ses dispositions malgré les penchants de sa jeunesse. Cependant il avait toujours des factions à craindre, l'humeur turbulente des strélitz à réprimer, et une guerre presque continuelle contre les Tartares de la Crimée à soutenir. Cette guerre avait fini en 1689 par une trêve qui ne dura que peu de temps.   35

Dans cet intervalle Pierre se fortifia dans le dessein d'appeler les arts dans sa patrie.   40

Son père Alexis avait eu déjà les mêmes vues; mais ni la fortune ni le temps ne le secondèrent: il transmit son génie à son fils, mais plus développé, plus vigoureux, plus opiniâtre dans les difficultés.

Alexis avait fait venir de Hollande à grands frais [8] le (a) constructeur Bothler patron de vaisseau, [9] avec des charpentiers et des   45

(a) Mémoires de Pétersbourg et de Moscou.

32   59, 65: regardait déjà comme

[7] Il y avait aussi des Hollandais en Russie, notamment dans le 'faubourg allemand' (*nemietskaïa sloboda*) de Moscou, qui, selon Foy de La Neuville, comptait plus de mille marchands étrangers, anglais, hollandais, hambourgeois, flamands et italiens (*Relation curieuse et nouvelle de Moscovie*, p.211).

[8] Selon Šmurlo, Voltaire a tiré ses données de la Réponse de 1757 à sa troisième question sur le commerce avant Pierre Ier (p.116). Or, il commet des erreurs par rapport à cette Réponse, erreurs que Müller va lui signaler. Celles-ci figurent dans la préface du *Règlement de marine* que critique la Réponse détaillée de 1757 (app. IV, l.273 ss.), mais aussi dans le MS 5-4, 'Récit abrégé de l'Origine de la Marine en Russie' (f.22v-23r). C'est ce dernier manuscrit que suit ici Voltaire, et non la longue Réponse de 1757.

[9] David Buttler, comme l'observe Müller, était capitaine du vaisseau *L'Aigle* que le tsar Alexis avait fait bâtir. Le constructeur s'appelait Karsten Brandt (Š, p.363), comme le mentionne le MS 2-9, 'Mémoire sur le Commerce de la Russie' (f.108v). Il était arrivé en Russie en 1660. Il s'agit d'une inadvertance de Voltaire, qui parle plus loin de 'ce même constructeur Brant'. Le MS 2-9 (f.108v), ainsi que le MS 5-4, 'Récit abrégé de l'Origine de la Marine en Russie' (f.23r) précisent bien que Buttler était capitaine de la frégate *L'Aigle*.

matelots, qui bâtirent sur le Volga[10] une grande frégate et un yacht;[11] ils descendirent le fleuve jusqu'à Astracan; on devait les employer avec des navires qu'on allait construire pour trafiquer avantageusement avec la Perse par la mer Caspienne. Ce fut alors qu'éclata la révolte de Stenko-Rasin.[12] Ce rebelle fit détruire les deux bâtiments qu'il eût dû conserver pour son intérêt: il massacra le capitaine:[13] le reste de l'équipage se sauva en Perse, et de là gagna les terres de la Compagnie hollandaise des Indes. Un maître charpentier bon constructeur resta dans la Russie, et y fut longtemps ignoré.[14]

Un jour Pierre se promenant à Ismael-of,[15] une des maisons de

---

[10] Sur l'Oka, au sud de l'embouchure de la Moskova, comme le corrige Müller (Š, p.363). C'est ce que disait la Réponse à la troisième question sur le commerce (app. IV, l.276). Voltaire a repris l'erreur du MS 5-4, f.23r.

[11] D'après la Réponse de 1757, il n'y eut qu'un bateau construit sur l'Oka. L'erreur vient de la Préface du *Règlement de marine*, qui assure que le tsar a fait construire deux bâtiments. Le journal de Buttler ne parle pas du yacht (app. IV, l.299-303). Là encore, Voltaire suit le MS 5-4.

[12] L'expédition de pillage dans la région de la Caspienne eut lieu en 1667-1669. La révolte proprement dite se déroula en 1670-1671 sur le Don et la Volga.

[13] Il ne fut pas massacré, rectifie Müller, il se sauva en Perse avec plusieurs membres de l'équipage (Š, p.363). On le sait par le journal de Buttler, dont il existe une traduction russe manuscrite à la Bibliothèque impériale, disait déjà la Réponse de 1757 (app. IV, l.292-296). Voltaire n'a tenu compte que du MS 5-4, qui commet cette erreur (f.23r). Il n'a prêté attention ni à la réponse à sa question sur le commerce (app. IV, l.291-292) ni à l''Abrégé des annales russes' de Lomonossov (Bn F12937, f.509), qui précisent que Stenka Razine a brûlé à Astrakhan le vaisseau *L'Aigle*. Foy de La Neuville assure que les Hollandais avaient construit deux frégates à Astrakhan, qui furent brûlées par les Tatars en 1688 ou 1689 (*Relation curieuse et nouvelle de Moscovie*, p.214-15).

[14] Karsten Brandt ne resta pas en Russie, observe Müller. Il y retourna après s'être sauvé en Perse (Š, p.363-64). C'est ce qu'on lisait dans la Réponse de 1757 (app. IV, l.298-299). Voltaire a suivi le MS 5-4, selon lequel Brandt revint à Moscou et y exerça le métier de menuisier jusqu'au moment où Pierre Ier monta sur le trône (f.23r).

[15] Ce célèbre épisode eut lieu en juin 1688 au village d'Izmaïlovo, et non en 1692, comme l'assure Müller (Š, p.365).

plaisance de son aïeul, aperçut parmi quelques raretés [16] une petite chaloupe anglaise qu'on avait absolument abandonnée: il demanda à l'Allemand Timmerman [17] son maître de mathématique, pourquoi ce petit bateau était autrement construit que ceux qu'il avait vus sur la Moska? Timmerman lui répondit qu'il était fait pour aller à voiles et à rames. [18] Le jeune prince voulut incontinent en faire l'épreuve; mais il fallait le radouber, le ragréer: on retrouva ce même constructeur Brant; il était retiré à Moscou: [19] il mit en état la chaloupe et la fit voguer sur la rivière d'Yauza qui baigne les faubourgs de la ville.

60

65

Pierre fit transporter sa chaloupe sur un grand lac [20] dans le voisinage du monastère de la Trinité; il fit bâtir par Brant deux frégates et trois yachts, [21] et en fut lui-même le pilote. Enfin longtemps après en 1694 il alla à Arcangel, [22] et ayant fait construire

70

58   59: aïeul, il aperçut [errata: β]

[16] Point de raretés, déclare Müller, péremptoire. On avait mis la chaloupe à l'abri sous un toit (Š, p.364).
[17] Franz Timmerman n'était pas un Allemand, mais un marchand hollandais établi en Russie depuis vingt ans.
[18] Il fallait dire, observe avec raison Müller, 'pour aller avec un vent contraire aussi bien qu'avec un vent favorable', car les anciens bateaux russes allaient tous à voiles et à rames (Š, p.364). En effet, selon Foy de La Neuville, les navires moscovites 'ne sont que de grands bateaux ayant deux gouvernails et une voile qu'ils abaissent dès que le vent cesse d'être en poupe, auquel cas ils laissent aller le bâtiment au gré du vent' (p.214).
[19] Le charpentier Brandt vivait à Moscou de la menuiserie, précise Müller (Š, p.364). Voltaire a omis ce détail, signalé, on l'a vu, par le MS 5-4, f.23r.
[20] Le lac de Plechtcheevo, près de Pereïaslavl, à 60 verstes de la Trinité, comme le précise Müller (Š, p.364). Le petit bateau anglais restauré par Brandt est conservé à Saint-Pétersbourg au Musée de la Marine, dans l'ancien bâtiment de la Bourse, à la pointe de l'île Vassilievski.
[21] Cf. MS 5-4, f.26r.
[22] MS 5-4, f.26v. C'est en fait en juillet 1693 qu'eut lieu l'expédition sur la mer Blanche à bord du Saint-Pierre. Müller se trompe quand il situe le départ pour Arkhangelsk à la fin de 1693 ou au début de 1694 (Š, p.365), erreur relevée par Šmurlo (p.145).

556

un petit vaisseau [23] dans ce port par ce même Brant, il s'embarqua sur la mer Glaciale [24] qu'aucun souverain ne vit jamais avant lui; [25] il était escorté d'un vaisseau de guerre hollandais commandé par le capitaine Jolson, et suivi de tous les navires marchands abordés à Arcangel. [26] Déjà il apprenait la manœuvre, et malgré l'empressement des courtisans à imiter leurs maîtres, il était le seul qui l'apprit.

Il n'était pas moins difficile de former des troupes de terre affectionnées et disciplinées que d'avoir une flotte. Ses premiers essais de marine sur un lac avant son voyage d'Arcangel semblèrent seulement des amusements de l'enfance d'un homme de génie; et ses premières tentatives pour former des troupes ne parurent aussi qu'un jeu. C'était pendant la régence de Sophie; et si on eût soupçonné ce jeu d'être sérieux, il eût pu lui être funeste.

Il donna sa confiance à un étranger; c'est ce célèbre Le Fort, d'une noble et ancienne famille de Piémont transplantée depuis près de deux siècles à Genève, [27] où elle a occupé les premiers emplois. On voulut l'élever dans le négoce, qui seul a rendu

75

80

85

77   K: imiter leur maître, il
84   K: si l'on eut

[23] Le yacht *Saint-Pierre*, précise Müller (Š, p.365). Voltaire a négligé ce détail, qui est dans le MS 5-4, f.26v.

[24] La mer Blanche, corrige Müller: ce n'est que l'Océan du Nord que les géographes appellent mer Glaciale (Š, p.364).

[25] Pourquoi les souverains russes y seraient-ils allés, demande Müller (Š, p.365).

[26] MS 5-4: '[Pierre] y fut suivi par nombre de navires marchands anglois et hollandois sous le convoi d'un vaisseau de guerre commandé par le capitaine Jolle Jollson' (f.26v).

[27] François Lefort (1656-1699) était issu d'une famille originaire de Coni, au Piémont. Etienne Lifforti, capitaine de cuirassiers, avait été nommé au service du duc de Savoie en 1496. Ses deux petits-fils, marchands, quittèrent Coni (Cuneo) pour Genève en raison de leurs convictions protestantes. L'un d'eux, Jean-Antoine, devenu citoyen de Genève en 1565 sous le nom de Liffort-Picard, est l'ancêtre de François Lefort (M. Posselt, *Der General und Admiral Franz Lefort, sein Leben und seine Zeit*, Frankfurt-am-Main 1866, i.40-41).

considérable cette ville, autrefois connue uniquement par la contro-   90
verse.

Son génie qui le portait à de plus grandes choses, lui fit quitter
la maison paternelle dès l'âge de quatorze ans; il servit quatre mois
en qualité de cadet dans la citadelle de Marseille; de là il passa en
Hollande, servit quelque temps volontaire, et fut blessé au siège   95
de Grave sur la Meuse, ville assez forte que le prince d'Orange
depuis roi d'Angleterre reprit sur Louis XIV en 1674. Cherchant
ensuite son avancement partout où l'espérance le guidait, il
s'embarqua en 1675 avec un colonel allemand nommé Verstin, qui
s'était fait donner par le czar Alexis père de Pierre, une commission   100
de lever quelques soldats dans les Pays-Bas, et de les amener au
port d'Arcangel. [28] Mais quand on y arriva, après avoir essuyé tous
les périls de la mer, [29] le czar Alexis n'était plus; le gouvernement
avait changé, la Russie était troublée; [30] le gouverneur d'Arcangel
laissa longtemps Verstin, Le Fort et toute sa troupe dans la plus   105
grande misère, et les menaça de les envoyer au fond de la Sibérie;
chacun se sauva comme il put. [31] Le Fort manquant de tout alla à
Moscou, et se présenta au résident de Dannemarck nommé de
Horn, qui le fit son secrétaire; [32] il y apprit la langue russe; [33]
quelque temps après il trouva le moyen d'être présenté au czar   110
Pierre. [34] L'aîné Ivan n'était pas ce qu'il lui fallait; Pierre le goûta,

[28] Voltaire résume ici les trois premières pages du manuscrit Fr. 1013 (Bpu). Voir
aussi le MS 3-24, [Notice sur Le Fort], f.155r.

[29] Le manuscrit Fr. 1013, plus sobrement, ne fait état que de 'disgrâces' survenues
au capitaine, aux officiers et aux soldats, 'tant sur mer, qu'à Arcangel' (p.4). Voir
aussi MS 3-24, f.155v.

[30] Parti le 25 juillet 1675, Lefort arriva à Arkhangelsk en septembre (Fr. 1013,
p.3; Fr. 1015, f.4v-5r). Le tsar Alexis était encore en vie: il ne mourut que le 8 février
1676 v. st. Mais, ayant passé sept mois à Arkhangelsk (Fr. 1013, p.4; MS 3-24, f.155v;
Fr. 1015, f.5v), il arriva à *Moscou* quand Alexis n'était plus.

[31] Fr. 1013, p.4; MS 3-24, f.155v.

[32] Fr. 1013, p.5; Fr. 1015, f.5v; MS 3-24, f.155v-156r.

[33] Lefort avait des 'talents admirables' pour apprendre les langues: à Moscou, 'en
peu de temps il apprit la langue russe' (Fr. 1015, f.6). Voir *Anecdotes*, n.5.

[34] Si cela est, ce fut de peu d'importance, estime Müller: ce n'était pas le tsar qui

et lui donna d'abord une compagnie d'infanterie.[35] A peine Le Fort avait-il servi, il n'était point savant, il n'avait étudié à fond aucun art, mais il avait beaucoup vu avec le talent de bien voir; sa conformité avec le czar était de devoir tout à son génie;[36] il savait d'ailleurs le hollandais et l'allemand[37] que Pierre apprenait, comme les langues de deux nations qui pouvaient être utiles à ses desseins. Tout le rendit agréable à Pierre; il s'attacha à lui; les plaisirs commencèrent la faveur, et les talents la confirmèrent:[38] il fut

115

donnait les places d'officiers subalternes, mais un office à Moscou, où les étrangers pouvaient se présenter (Š, p.365-66). Fr. 1013 (p.5), MS 3-24 (f.156v) et Fr. 1015 (f.6r) disent que Lefort et le résident Horn furent admis auprès du jeune tsar *Fedor*, âgé de quinze ans. Pierre, en 1676, n'avait que quatre ans!

[35] Lefort 'fut fait capitaine d'une compagnie d'infanterie' (Fr. 1013, p.6; MS 3-24, f.156v; Fr. 1015, f.7r). Il a été nommé capitaine 'par le chemin ordinaire', assure Müller. Mais il serait bon de savoir en quelle année. Cela doit être marqué dans les Mémoires de Lefort que cite Voltaire (Š, p.366). Les manuscrits cités ne donnent pas de date. Lefort passa deux ans et demi sans emploi au 'Faubourg des Allemands'; il fut malade, songea même à s'engager en Suède... Il demanda à entrer au service du tsar en juillet 1678; sa requête fut adressée au prikaz des étrangers, qui fit une enquête auprès du prikaz des ambassadeurs et demanda à Lefort de faire un rapport sur ses activités en Russie; le rapport fut remis le 10 août 1678 et le tsar Fedor donna l'ordre d'engager Lefort comme capitaine (Posselt, *Der General und Admiral Franz Lefort*, i.273-74). Müller rappelle que Lefort a fait la campagne de Crimée en 1688 en qualité de colonel. Mais le 'véritable fondement de sa fortune', ce fut selon lui en 1689, lorsqu'il fut l'un des premiers à accourir avec son régiment au couvent de la Trinité pour manifester son attachement à Pierre (Š, p.366).

[36] 'On peut dire qu'il étoit né avec les talens les plus heureux, tant du corps que de l'esprit et de l'âme [...] Il raisonnoit très bien sur le metier de la guerre, et on peut dire avec vérité qu'étant cadet d'une famille qui vivoit avec honneur, mais sans opulence quelconque, à qui par conséquent on n'avoit pu donner une éducation conforme à son genie, cependant il en parloit en homme sensé et d'expérience' (Fr. 1015, f.11).

[37] Fr. 1015, f.6r. Il savait aussi, outre le français, l'anglais, l'italien et le russe (Fr. 1015, f.23v). Le manuscrit Fr. 1013 assure qu'il possédait aussi parfaitement les langues suédoise, danoise, polonaise, 'sclavone' et 'moscovite' (p.25).

[38] Où Voltaire a-t-il trouvé cela, se demande Bassville (*Précis historique sur la vie et les exploits de François Le Fort*, Genève 1784, p.VIII)? Selon Strahlenberg, c'est Lefort qui a le plus contribué aux débauches du tsar (i.144). Dans l'ouvrage de Strahlenberg, Voltaire a écrit sur un signet: 'Lefort ivrogne' (Albina, p.161).

confident du plus dangereux dessein que pût former un czar, celui   120
de se mettre en état de casser un jour sans péril la milice séditieuse
et barbare des strélitz. Il en avait coûté la vie au grand sultan ou
padisha Osman, [39] pour avoir voulu réformer les janissaires. Pierre,
tout jeune qu'il était, s'y prit avec plus d'adresse qu'Osman. Il
forma d'abord dans sa maison de campagne Préobazinsky une   125
compagnie de cinquante de ses plus jeunes domestiques; [40] quelques
enfants de boyards furent choisis pour en être officiers: mais pour
apprendre à ces boyards une subordination qu'ils ne connaissaient
pas, il les fit passer par tous les grades, et lui-même en donna
l'exemple, servant d'abord comme tambour, ensuite soldat, sergent   130
et lieutenant dans la compagnie. [41] Rien n'était plus extraordinaire
ni plus utile: les Russes avaient toujours fait la guerre comme nous
la faisions du temps du gouvernement féodal, lorsque des seigneurs
sans expérience menaient au combat des vassaux sans discipline et
mal armés; [42] méthode barbare suffisante contre des armées pa-   135
reilles, impuissante contre des troupes régulières.

Cette compagnie formée par le seul Pierre, fut bientôt nombreuse, et devint depuis le régiment des gardes Préobazinsky. Une

125   59: Préobasinzki   65: Préobasinki   w68: Préobazinky

[39] Sur Osman II, voir ci-dessus, *Anecdotes*, n.41.

[40] Ce sont les *Potiéchnyé*, dont le nombre fut parfois considérablement augmenté,
rappelle Müller (ils atteignirent les 600 selon Massie, p.67-69). Ce fait devrait être
rapporté plus haut, estime Müller, car Voltaire pourrait donner l'impression que
Pierre a formé ce corps après avoir fait la connaissance de Lefort, alors qu'il a été
créé avant, dès 1683 (Š, p.366-67).

[41] Perry, p.261-64, et Fontenelle, iii.191. Pierre 'voulut passer par tous les degrez
d'apprentissage de la guerre comme un simple particulier' (La Mottraye, *Voyages*,
1732, p.162). Pierre était simple soldat dans le corps des *Potiéchnyé*, puis dans le
régiment de Preobrajenski, fait observer Müller. Il a pris le grade de sergent après
la bataille de Narva, en 1701, et celui de capitaine à la prise de Notebourg, en 1702
(Š, p.367).

[42] Voir ci-dessus, I.v, n.49.

autre compagnie formée sur ce modèle devint l'autre régiment des
140 gardes Semenousky. [43]

Il y avait déjà un régiment de cinq mille hommes sur lequel on
pouvait compter, formé par le général Gordon Ecossais, [44] et
composé presque tout entier d'étrangers. Le Fort qui avait porté
les armes peu de temps, mais qui était capable de tout, se chargea
145 de lever un régiment de douze mille hommes, et il en vint à bout; [45]
cinq colonels furent établis sous lui; il se vit tout d'un coup général
de cette petite armée, levée en effet contre les strélitz, autant que
contre les ennemis de l'Etat.

Ce qu'on doit remarquer,(b) et ce qui confond bien l'erreur
150 téméraire de ceux qui prétendent que la révocation de l'Edit de
Nantes et ses suites avaient coûté peu d'hommes à la France, c'est
que le tiers de cette armée appelée régiment fut composé de
Français réfugiés. [46] Le Fort exerça sa nouvelle troupe comme s'il
n'eût jamais eu d'autre profession.

(b) Manuscrits du général Le Fort.

[43] C'est à partir du corps des *Potiéchnyé* que Pierre a formé les deux régiments des
gardes, corrige Müller, qui conseille de lire 'Preobragenski' et 'Semenofski' (Š, p.367).
[44] Sur Patrick Gordon, voir ci-dessus, *Anecdotes*, n.40.
[45] Il y avait plusieurs régiments formés d'étrangers au temps du tsar Alexis,
rappelle Müller. Il ignore si les effectifs des régiments de Gordon et de Lefort
donnés par Voltaire sont exacts (Š, p.367-68). Voltaire suit ici les manuscrits Fr. 1013
(p.28) et Fr. 1015 (f.25v), qui précisent que ce régiment de douze mille hommes fut
confié à Lefort le 20 mars 1692, jour des Rameaux. Il avait sept colonels sous lui,
et non cinq. On ne peut pas dire qu'il 'avait porté les armes peu de temps': il avait
été blessé à la bataille de Grave en 1674 (où il avait été l'un des sept survivants
d'une compagnie de 80 hommes, Fr. 1013, p.3; 1015, f.4r); en Russie, il avait
combattu les Tatars en 1688, comme le rappelle Müller (n.35); il avait fait trois
campagnes contre les Tatars et s'était beaucoup distingué dans ces expéditions
(Fr. 1013, p.10, 25); il était lieutenant-colonel dès 1683, avait refusé le grade de
colonel en 1684, avait été promu général-major en 1690, puis lieutenant-général en
1691 (Fr. 1013, p.16, 19, 26; 1015, f.16r, 18r, 24r).
[46] C'est douteux, selon Müller, car on ne trouve pas de descendants de ces
Français à Moscou ou dans l'armée. Peut-être s'agit-il du tiers des officiers. Müller
suggère que Voltaire envoie en Russie une copie des *Mémoires* de Lefort (Š, p.368).

Pierre voulut voir une de ces images de la guerre, un de ces camps dont l'usage commençait à s'introduire en temps de paix. On construisit un fort, [47] qu'une partie de ses nouvelles troupes devait défendre, et que l'autre devait attaquer. La différence entre ce camp et les autres fut qu'au lieu de l'image d'un combat, (c) on donna un combat réel, dans lequel il y eut des soldats de tués et beaucoup de blessés. [48] Le Fort qui commandait l'attaque, reçut une blessure considérable. Ces jeux sanglants devaient aguerrir les troupes; cependant il fallut de longs travaux, et même de longs malheurs, pour en venir à bout. Le czar mêla ces fêtes guerrières aux soins qu'il se donnait pour la marine; et comme il avait fait Le Fort général de terre sans qu'il eût encore commandé, il le fit amiral sans qu'il eût jamais conduit un vaisseau: [49] mais il le voyait digne de l'un et de l'autre. Il est vrai que cet amiral était sans flotte, et que ce général n'avait d'armée que son régiment. [50]

155
160
165

(c) Manuscrits du général Le Fort.

Ces manuscrits de Lefort n'ont pas été retrouvés (cf. ci-dessus, p.165, n.28). Les mémoires *sur* Lefort auxquels se réfère Voltaire font allusion aux réfugiés français en Russie (Fr. 1013, p.43; 1015, f.24v), mais ne disent pas qu'ils constituaient un tiers du régiment de Lefort.

[47] En rase campagne, à une lieue de la nemietskaïa sloboda de Moscou (Fr. 1013, p.36; 1015, f.32r). On l'a fait deux fois, selon Müller: en 1692, aux environs de Moscou, et en 1694, en un site que Müller ne sait pas localiser (Š, p.368).

[48] Le 4 octobre 1694. Gordon défendait la citadelle avec 20 000 hommes, le tsar et Lefort l'attaquèrent avec un corps d'armée aussi nombreux. Le siège dura quinze jours, et, malgré les ordres très sévères de ne pas s'échauffer, l'attaque fut rude et il y eut beaucoup de tués et de blessés de part et d'autre (Fr. 1013, p.36-37; 1015, f.32v-33r).

[49] Après ce siège, Lefort devint amiral (Fr. 1013, p.38) et généralissime de toutes les forces russes de terre et de mer (Fr. 1015, f.33r). Lefort ne fut promu amiral qu'après qu'on eut commencé à construire des navires de guerre à Voronej, objecte Müller (Š, p.368). On peut observer aussi que Lefort n'était pas devenu général 'sans qu'il eût encore commandé' (cf. n.45).

[50] Lefort fit pour la première fois fonction de général au siège d'Azov en 1695, précise Müller: en temps de paix, on ne savait alors ce qu'étaient les divisions commandées par des généraux (Š, p.368-69).

170 On réformait peu à peu le grand abus du militaire, cette indépendance des boyards, qui amenaient à l'armée les milices de leurs paysans;[51] c'était le véritable gouvernement des Francs, des Huns, des Goths et des Vandales, peuples vainqueurs de l'empire romain dans sa décadence, et qui eussent été exterminés, s'ils

175 avaient eu à combattre les anciennes légions romaines disciplinées, ou des armées telles que celles de nos jours.

Bientôt l'amiral Le Fort n'eut pas tout à fait un vain titre; il fit construire par des Hollandais et des Vénitiens des barques longues, et même deux vaisseaux d'environ trente pièces de canon,[52] à

180 l'embouchure de la Véronise qui se jette dans le Tanaïs; ces vaisseaux pouvaient descendre le fleuve, et tenir en respect les Tartares de la Crimée. Les hostilités avec ces peuples se renouvelaient tous les jours. Le czar avait à choisir en 1689[53] entre la Turquie, la Suède, et la Chine, à qui il ferait la guerre. Il faut

185 commencer par faire voir en quels termes il était avec la Chine, et quel fut le premier traité de paix que firent les Chinois.[54]

---

[51] L'indépendance des boïars avait été abrogée dès 1680 par le tsar Fedor, remarque Müller (Š, p.369). On sait que l'abolition de l'ordre des préséances (*miestnitchestvo*) suivra en 1682. Sur l'armée russe au dix-septième siècle, voir ci-dessus, i.v, n.49 et l'introduction, p.208-209.

[52] Outre ces deux vaisseaux, on avait construit à Voronej 23 galères, 2 galéasses et 4 brûlots, dont on se servit au second siège d'Azov en 1696, précise Müller (Š, p.369).

[53] Müller reproche à Voltaire de revenir ici plusieurs années en arrière. La guerre avec la Chine s'est terminée en 1689 par le traité de Nertchinsk, dont il aurait fallu parler avant ce chapitre (Š, p.370).

[54] Lomonossov jugeait que le manuscrit de ce chapitre faisait beaucoup d'honneur à Lefort et pas assez à Pierre, que tout y avait été traité trop brièvement et d'une manière insuffisante (Š, p.370). Dans l'*Apothéose du czar Pierre le Grand*, on lit que Lefort 'ne servit pas peu à développer les naissantes, mais vastes idées du souverain' (éd. Černy, p.78). Voltaire n'a pas modifié son manuscrit, mais, dans le chapitre 10, il a radicalement changé de point de vue sur Lefort (voir l.69-72 et n.17).

CHAPITRE SEPTIÈME

Congrès et traité avec les Chinois. (a)[1]

On doit d'abord se représenter quelles étaient les limites de l'empire chinois et de l'empire russe. Quand on est sorti de la Sibérie proprement dite, et qu'on a laissé loin au midi cent hordes de Tartares,[3] Kalmouks blancs, Kalmouks noirs, Monguls mahométans,[4] Monguls nommés idolâtres; on avance vers le 130ᵉ degré de longitude, et au 52ᵉ de latitude sur le fleuve d'Amur ou d'Amour. Au nord de ce fleuve est une grande chaîne de montagnes

5

(a) Tiré des mémoires envoyés de la Chine, de ceux de Pétersbourg et des lettres rapportées dans l'histoire de la Chine compilée par Du Halde.[2]

[1] Tout ce chapitre mérite d'être rectifié, selon Müller, d'après l'histoire du fleuve Amour qui se trouve dans le second tome de sa *Sammlung russischer Geschichte* (Š, p.370). L'ouvrage de Müller, en neuf volumes in-8°, a paru à Pétersbourg de 1732 à 1764.

[2] Voltaire ne s'est servi que pour II.xii du 'Commerce de la Chine', dans le 'Mémoire sur le Commerce de la Russie' (MS 2-9, f.113r-118r) et dans son duplicata 'Mémoires pour servir à l'histoire du Commerce de Russie' (MS 2-10, f.135v-139v). Quant aux lettres rapportées par Du Halde, Voltaire ne les a pas utilisées: il s'agit d'une lettre des ambassadeurs chinois aux ambassadeurs de Russie sur les origines du conflit (citée intégralement, iv.120-22), puis de trois autres lettres dont le contenu est résumé: la réponse des Russes, 'pleine de bon sens' (iv.135-36), et deux autres lettres des Chinois (iv.161 et 184).

[3] Voltaire n'a pas utilisé la description très détaillée des 'peuples tartares' (Kalmouks, Karakalpaks, Bachkirs, Nogaïs, Ouzbeks...) qui se trouve dans le MS 4-2, f.135v-168r. Il avait placé des signets là où il est question, dans Strahlenberg, des Kalmouks, des Bouriates, des Yakoutes... (Albina, p.161).

[4] Point de Mongols mahométans, sinon aux Indes, observe Müller (Š, p.370). Les Mongols sont en effet bouddhistes lamaïstes. Mais le MS 4-2, qui situe les 'Mungales' parmi les 'peuples tartares', parle des 'Tartares mahométans de la Siberie' (f.172r), ce qui explique peut-être la confusion de Voltaire.

qui s'étend jusqu'à la mer Glaciale par-delà le cercle polaire. Ce fleuve qui coule l'espace de cinq cents lieues dans la Sibérie et dans la Tartarie chinoise, va se perdre après tant de détours dans la mer de Kamshatka. On assure qu'à son embouchure dans cette mer, on pêche quelquefois un poisson monstrueux, beaucoup plus gros que l'hippopotame du Nil, et dont la mâchoire est d'un ivoire plus dur et plus parfait. ⁵ On prétend que cet ivoire faisait autrefois un objet de commerce, ⁶ qu'on le transportait par la Sibérie, et que c'est la raison pour laquelle on en trouve encore plusieurs morceaux enfouis dans les campagnes. ⁷ C'est cet ivoire fossile dont nous avons déjà parlé; ⁸ mais on prétend qu'autrefois il y eut des éléphants en Sibérie, que des Tartares vainqueurs des Indes

11   59*:   assure qu<'à>ᵂe vers⁺ son
17-21   59-w68:   campagnes. C'est ce qu'on a dit de plus vraisemblable sur cet ivoire fossile dont nous avons déjà parlé; car il paraît chimérique de prétendre qu'autrefois il y a eu des éléphants en Sibérie.//

⁵ Celui qui 'assure' cette fable est sans doute Jean-Baptiste Du Halde, dans sa *Description géographique, historique, chronologique, politique et physique de l'empire de la Chine et de la Tartarie chinoise* (Paris 1735, i.195; BV1132: La Haye 1736). Du Halde s'est fié à Jean-François Gerbillon, dont il publie les récits de voyage, où il est question de 'ces grands poissons dont les dents sont plus belles & plus dures que l'yvoire' (iv.198). Ce n'est pas à l'embouchure de l'Amour qu'on prend ces animaux, sans doute des vaches marines, mais dans la mer Glaciale, rectifie Müller. Il ignore si ces amphibies sont plus gros que l'hippopotame, mais relève que l'ivoire vient de leurs dents, et non de leur 'mâchoire' (Š, p.371).
⁶ On fait encore ce commerce avec la Chine, la Perse et la Turquie, où les dents de vaches marines servent à faire des manches de sabres et de poignards, remarque Müller (Š, p.371).
⁷ On n'en trouve jamais sous terre, objecte Müller (Š, p.372).
⁸ Voir ci-dessus, 1.i.610-614.

amenèrent dans la Sibérie plusieurs de ces animaux dont les os se 20
sont conservés dans la terre.[9]

Ce fleuve d'Amour est nommé le fleuve Noir par les Tartares
Mantchoux, et le fleuve du Dragon par les Chinois.

C'était (*b*) dans ces pays si longtemps inconnus, que la Chine
et la Russie se disputaient les limites de leurs empires. La Russie 25
possédait quelques forts vers le fleuve d'Amour, à trois cents lieues
de la grande muraille. Il y eut beaucoup d'hostilités entre les
Chinois et les Russes,[11] au sujet de ces forts: enfin les deux Etats
entendirent mieux leurs intérêts; l'empereur Cam-hi préféra la paix
et le commerce à une guerre inutile. Il envoya sept ambassadeurs à 30

(*b*) Mémoires des jésuites Pereira et Gerbillon.[10]

[9] A l'article 'Mamont & Mammut', le *Dictionnaire universel de commerce, d'histoire naturelle, d'art et de métiers* de Jacques Savary Des Brûlons rapporte aussi que, selon certains, il s'agirait des cadavres des éléphants qu'Alexandre le Grand aurait ramenés des Indes (iii.1761). On notera que Voltaire ne retient naturellement pas la légende vivace selon laquelle ces éléphants vivaient avant le déluge, à une époque où la Sibérie aurait connu un climat tempéré. Mais il mêle ici plusieurs lieux communs sur le 'béhémoth', qui, dans les récits de voyage, désigne tantôt le morse, tantôt le mammouth. Il croyait sans doute plus aux dents de morse, puisqu'il avait d'abord écrit: 'C'est ce qu'on a dit de plus vraisemblable sur cet ivoire fossile [...] car il paraît chimérique de prétendre qu'autrefois il y a eu des éléphants en Sibérie' (l.17-21*v*). Müller releva que Voltaire confondait l'ivoire fossile et les dents de vaches marines, qui ne se trouvent pas dans les mêmes lieux. Et il assura que les dents et les os de mammouths, d'après l'Académie des sciences de Pétersbourg, étaient de vrais dents et os d'éléphants, sans que personne n'ait prétendu que ces animaux aient vécu autrefois en Sibérie (Š, p.372). Malgré ces observations, Voltaire continua de confondre les défenses de morses et de mammouths, tout en ne croyant guère à l'existence d'une espèce d'éléphant fossile ou à des éléphants venus des Indes.

[10] Le récit des huit voyages de Gerbillon en Tartarie chinoise se trouve dans l'ouvrage de Du Halde (iv.87-421). Voltaire se réfère ici au 'second voyage' (iv.163-252).

[11] Müller renvoie ici à la relation 'fort ample' qui se trouve dans sa *Sammlung russischer Geschichte* (Š, p.373).

Niptchou, [12] l'un de ces établissements. Ces ambassadeurs menaient environ dix mille hommes avec eux, [13] en comptant leur escorte. C'était là le faste asiatique; [14] mais ce qui est très remarquable, c'est qu'il n'y avait point d'exemple dans les annales de l'empire, d'une ambassade vers une autre puissance: [15] ce qui est encore unique, c'est que les Chinois n'avaient jamais fait de traité de paix depuis la fondation de l'empire. Deux fois subjugués par les Tartares [16] qui les attaquèrent et qui les domptèrent, ils ne firent jamais la guerre à aucun peuple, excepté à quelques hordes, ou bientôt subjuguées, ou bientôt abandonnées à elles-mêmes sans aucun traité. Ainsi cette nation si renommée pour la morale ne connaissait point ce que nous appelons *droit des gens*, [17] c'est-à-dire ces règles incertaines de la guerre et de la paix, ces droits des ministres publics, ces formules de traités, les obligations qui en résultent, les disputes sur la préséance et le point d'honneur. [18]

[12] Il vaudrait mieux donner à cette ville russe située sur la Nertcha son nom russe de Nertchinsk, observe Müller (Š, p.373). Voltaire se conforme ici à Du Halde, qui désigne la ville par son nom chinois. Le traité de Nertchinsk fut rédigé le 27 août/6 septembre 1689, peu de temps avant le coup d'Etat de Pierre.

[13] Neuf à dix mille hommes, dont 1500 soldats venus en barques et 1400 venus par terre avec les sept ambassadeurs (Gerbillon, dans Du Halde, iv.183).

[14] Ce n'était pas par faste, mais pour obliger les Russes à ratifier leurs conditions de paix, remarque Müller (Š, p.373). Sur ce 'triomphe chinois', voir A. Bennigsen, *Russes et Chinois avant 1917* (Paris 1974), p.58-59.

[15] C'est ce que rappelle Gerbillon (Du Halde, iv.197-98).

[16] Le peuple mongol des K'itan conquit la Chine du nord entre le dixième siècle et le début du douzième. Gengis khan soumit à son tour la Chine à partir de 1209. Elle était tout entière conquise par les Tatars à la fin du treizième siècle.

[17] Gerbillon insiste sur ce point: lui et Pereyra doivent expliquer cette notion aux Chinois et informer les plénipotentiaires russes que les Chinois n'ont 'aucune connaissance ni des coutumes des autres nations ni du droit des gens, et ne savent pas que le caractère d'ambassadeur rend inviolable et sacrée la personne de celui qui en est revêtu' (Du Halde, iv.189-90). Dans le *Dictionnaire philosophique*, Voltaire, tout en louant la civilisation chinoise, en relèvera les aspects négatifs, et écrira: 'Il ne faut pas être fanatique du mérite chinois' (art. 'De la Chine', V 35, p.539).

[18] Müller objecte avec raison que les Chinois sont au contraire très pointilleux sur ce chapitre, et renvoie encore à son livre (Š, p.374). On sait par exemple que les ambassades russes de Baïkov en 1654 et de Spathari en 1675 à Pékin échouèrent

En quelle langue d'ailleurs les Chinois pouvaient-ils traiter avec les Russes au milieu des déserts? Deux jésuites, l'un portugais nommé Pereira, [19] l'autre français nommé Gerbillon, [20] partis de Pékin avec les ambassadeurs chinois, leur aplanirent toutes ces difficultés nouvelles, et furent les véritables médiateurs. Ils trai- 50
tèrent en latin avec un Allemand de l'ambassade russe, qui savait cette langue. [21] Le chef de l'ambassade russe était Gollovin gouverneur de Sibérie; [22] il étala une plus grande magnificence que les Chinois, et par là donna une noble idée de son empire à ceux qui s'étaient crus les seuls puissants sur la terre. Les deux jésuites 55
réglèrent les limites des deux dominations; elles furent posées à la rivière de Kerbechi, [23] près de l'endroit même où l'on négociait.

---

52   59-w68:   Golovin [*passim*]

---

parce que les envoyés du tsar refusèrent de se plier au *kowtow*, cérémonie de génuflexion exigée de tous les ambassadeurs reçus en audience par l'empereur de Chine.

[19] Thomas Pereyra (1645-1708) arriva en Chine en 1673. Il est l'auteur de deux ouvrages en chinois, l'un sur le père Ferdinand Verbiest (1623-1688), missionnaire jésuite en Chine, l'autre sur la musique (C. Sommervogel, *Bibliothèque de la compagnie de Jésus*, Paris, Bruxelles 1890-1930, vi.514).

[20] Jean-François Gerbillon (1654-1707), parti pour la Chine en 1685 avec cinq autres jésuites français, y arrive en 1687. Il a écrit un traité en latin sur l'astronomie, des ouvrages de géométrie en tatar et en chinois, des Eléments de langue tatare (en latin). Il était le supérieur de la mission des jésuites à Pékin (Sommervogel, iii.1346-48).

[21] Selon Gerbillon, c'était un noble polonais qui avait étudié la philosophie et la théologie à Cracovie et s'expliquait aisément en latin (Du Halde, iv.191).

[22] Fedor Alekseevitch Golovine (1650-1706) n'était pas gouverneur de Sibérie, corrige Müller. Son père l'était. Gouverneur de Briansk, F. A. Golovine portait le titre d'*okolnitchi*, première dignité après les boïars (Š, p.374). Voltaire ne corrigea pas, bien que Gerbillon rappelle aussi que Golovine, 'grand pannetier' des grands-ducs, était le fils du gouverneur général de la Sibérie (Du Halde, iv.190). Il fera partie de la 'grande ambassade' de Pierre le Grand en 1697-1698.

[23] Cette rivière s'appelle en russe la Gorbitsa, note Müller: elle tombe dans la Chilka à 255 verstes de Nertchinsk (Š, p.374). Voltaire ne corrigea pas, car, ici encore, il suit Gerbillon.

Le midi resta aux Chinois, le nord aux Russes. [24] Il n'en coûta à ceux-ci qu'une petite forteresse qui se trouva bâtie au delà des limites; [25] on jura une paix éternelle; et après quelques contestations, les Russes et les Chinois la jurèrent (*c*) [26] au nom du même Dieu [27] en ces termes: *Si quelqu'un a jamais la pensée secrète de rallumer le feu de la guerre, nous prions le Seigneur souverain de toutes choses, qui connaît les cœurs, de punir ces traîtres par une mort précipitée.* [28]

60

(*c*) 1689. 8 septembre n. st. Mémoires de la Chine.

[24] Les Russes gardèrent le pays situé à l'ouest de l'Argoun et de la Gorbitsa et au nord de la chaîne de montagnes qui sépare les rivières qui tombent dans l'Amour d'avec celles qui se déchargent dans la Lena. L'est et le sud furent cédés aux Chinois (Š, p.374). Voltaire passe vite sur les difficiles négociations que retrace Gerbillon (Du Halde, iv.185-200). Le texte du traité de Nertchinsk, traduit en français par Gerbillon, se trouve dans Du Halde, iv.201-202; voir aussi Bennigsen, *Russes et Chinois avant 1917*, p.110-13.

[25] La forteresse d'Albazin, qui dut être détruite. Voltaire minimise ici l'échec des Russes; voir Gerbillon, dans Du Halde, iv.196, 199, et ci-dessus, n.14.

[26] Le traité de Nertchinsk, écrit le 6 septembre 1689, fut signé le 7, et non le 8 (cf. Du Halde, iv.200, 203).

[27] Le Dieu des chrétiens n'est pas le même que celui des païens, s'offusque Müller: les Russes jurèrent sur l'Evangile et en baisant la croix (Š, p.375). Selon Gerbillon, les ambassadeurs chinois 'avaient eu ordre exprès de l'Empereur de jurer la paix par le Dieu des chrétiens, croyant avec raison que rien ne pouvait avoir plus de force sur l'esprit des Moscovites, pour leur faire observer inviolablement le traité de paix, que de savoir qu'elle avait été jurée au nom du vrai Dieu' (Du Halde, iv.203).

[28] Dans l'ouvrage de Du Halde, Voltaire a mis un signet 'serment au meme dieu fait par chinois et russes' (CN, iii.287). Cette formule de jurement fut composée par les ambassadeurs chinois (voir Du Halde, iv.204). Voltaire l'a abrégée de moitié, en la condensant sur l'essentiel. Les Chinois, selon Gerbillon, avaient le dessein de lire cette formule à genoux devant une image du Dieu des chrétiens, de l'adorer en se prosternant jusqu'à terre, puis de brûler la formule signée de leur main et cachetée du sceau des troupes de l'empereur. Mais les Russes, 'craignant peut-être qu'il ne s'y glissât quelque superstition, ou du moins ne voulant pas s'astreindre à d'autres coutumes qu'aux leurs, dirent que chacun jurerait à sa manière'. Les Chinois renoncèrent donc à leur formule et 'se contentèrent de faire le même jurement que les Moscovites' (Du Halde, iv.204). Ainsi, Russes et Chinois jurèrent sans doute 'au nom du même Dieu', comme l'écrit Voltaire. Mais 1) sans la formule qu'il rapporte; et 2) parce que les Chinois firent une concession aux Russes en jurant comme eux, ce qui n'impliquait pas qu'ils eussent la même conception de Dieu.

Cette formule commune à des Chinois et à des chrétiens, peut 65
faire connaître deux choses importantes; la première, que le
gouvernement chinois n'est ni athée, ni idolâtre, [29] comme on l'en
a si souvent accusé par des imputations contradictoires; la seconde
que tous les peuples qui cultivent leur raison, reconnaissent en
effet le même Dieu, malgré tous les égarements de cette raison 70
mal instruite. Le traité fut rédigé en latin dans deux exemplaires. [30]
Les ambassadeurs russes signèrent les premiers la copie qui leur
demeura; et les Chinois signèrent aussi la leur les premiers, selon
l'usage des nations de l'Europe qui traitent de couronne à couronne.
On observa un autre usage des nations asiatiques, et des premiers 75
âges du monde connu; le traité fut gravé sur deux gros marbres,
qui furent posés pour servir de bornes aux deux empires. [31] Trois
ans après le czar envoya le Danois Ilbrand Ide en ambassade à la
Chine, [32] et le commerce établi a subsisté depuis avec avantage

[29] Dans le *Dictionnaire philosophique*, Voltaire, examinant 's'il y a jamais eu un
gouvernement idolâtre', répondra par la négative (art. 'Idole, idolâtre, idolâtrie').
Quant à l'idée que le gouvernement chinois serait athée, il l'a réfutée à maintes
reprises.

[30] En fait, selon Gerbillon, les Chinois signèrent deux exemplaires, un en latin,
l'autre en tatar, qu'ils remirent aux Russes, et les Russes un en latin, l'autre en
russe, qu'ils remirent aux Chinois. Seuls, les deux exemplaires latins furent scellés
des sceaux des deux nations (Du Halde, iv.203).

[31] Le traité de Nertchinsk devait en effet être gravé 'en langue tartare, chinoise,
moscovite et latine sur des bornes établies entre les deux Empires' (Du Halde,
iv.202). Mais cela n'a jamais été exécuté, comme le rectifient Müller et Büsching.
Les Chinois visitent la frontière chaque début d'été; à l'embouchure de la Gorbitsa
et à l'endroit où s'élevait la forteresse d'Albazin, leurs commissaires ont dressé des
pieux en bois avec des inscriptions en mandchou qui ne contiennent que les dates
de leurs visites (Š, p.375). K84, faisant allusion à Levesque, notera aussi que les
colonnes ne furent point élevées.

[32] Müller précise qu'Evert Isbrand Ides est né dans la partie du Holstein
appartenant au Danemark (Š, p.375-76). Le 29 janvier 1692, Isbrand fut autorisé
par les tsars Ivan et Pierre à se rendre à Pékin pour y commercer. La Relation de
son voyage en Chine fut publiée par Adam Brand à Amsterdam en 1699. Depuis
cette expédition, écrivait Perry, 'les deux monarques ont vécu d'une union si parfaite
qu'il n'y a guère d'apparence qu'elle se rompe de longtemps' (p.77-78).

80 jusqu'à une rupture entre la Russie et la Chine en 1722;[33] mais après cette interruption il a repris une nouvelle vigueur.[34]

---

[33] Allusion à l'échec de la mission du capitaine Lev Izmaïlov, envoyé en Chine à plusieurs reprises à partir de 1715, avec Laurent Lange, qui rapportera de son premier voyage une Relation publiée dans le second tome de F. Ch. Weber, *Nouveaux mémoires sur l'état présent de la grande Russie ou Moscovie*. Parti pour la dernière fois en septembre 1719, Izmaïlov retournera à Pétersbourg en 1721. Son agent commercial Laurent Lange quittera Pékin en 1722.

[34] Les négociations pour un nouveau traité entre la Russie et la Chine reprendront en 1725 avec l'arrivée à Pékin de l'ambassadeur Sava Vladislavitch Ragoujinski.

CHAPITRE HUITIÈME

EXPÉDITION VERS LES PALUS-MÉOTIDES
CONQUÊTE D'ASOPH

Le czar envoie des jeunes gens s'instruire dans les pays étrangers.

Il ne fut pas si aisé d'avoir la paix avec les Turcs: le temps même paraissait venu de s'élever sur leurs ruines. Venise accablée par eux commençait à se relever. Le même Morosini qui avait rendu Candie aux Turcs leur prenait le Péloponèse, et cette conquête lui mérita le surnom de *Péloponésiaque*,[1] honneur qui rappelait le temps de la république romaine. L'empereur d'Allemagne Léopold avait quelques succès contre l'empire turc en Hongrie; et les Polonais repoussaient au moins les courses des Tartares de Crimée.

Pierre profita de ces circonstances pour aguerrir ses troupes, et pour se donner s'il pouvait l'empire de la mer Noire. Le général Gordon marcha le long du Tanaïs vers Asoph, avec son grand régiment de cinq mille hommes; le général Le Fort avec le sien de douze mille,[2] un corps de strélitz commandé par Sheremeto et Shein, originaires de Prusse,[3] un corps de Cosaques, un grand *1694.* train d'artillerie: tout fut prêt pour cette expédition.

5

10

15

14   65:   Shein, originaire de
15   59, 65, texte de la manchette en note au bas de la page

[1] Francesco Morosini (1619-1694), capitaine général de la flotte de Venise, échoua dans son attaque contre les Turcs de Candie (aujourd'hui Héraklion, en Crète), en 1661 et 1669; mais il conquit la Morée (ou Péloponnèse) de 1684 à 1688, ce qui lui valut effectivement le surnom de *Péloponésiaque*. Il fut élu doge en 1688.

[2] Lefort commandait 12 000 hommes et Gordon 8 000 (Fr. 1013, p.43-44); Gordon avait 12 000 hommes et Lefort 18 000 selon Fr. 1015, f.34*v*-35*r*.

[3] Voltaire souhaite visiblement que tous les généraux soient étrangers, remarque Lomonossov. Müller objecte que Alekseï Semionovitch Schein n'était pas prussien,

Cette grande armée s'avance sous les ordres du maréchal Sheremeto(*a*) au commencement de l'été 1695 vers Asoph, à l'embouchure du Tanaïs, et à l'extrémité des Palus-Méotides, qu'on nomme aujourd'hui la mer de Zabache.[4] Le czar était à l'armée, mais en qualité de volontaire, voulant longtemps apprendre avant que de commander. Pendant la marche on prit d'assaut deux tours que les Turcs avaient bâties sur les deux bords du fleuve.[5]

L'entreprise était difficile; la place assez bien fortifiée était défendue par une garnison nombreuse. Des barques longues semblables aux saïques turques, construites par des Vénitiens, et deux petits vaisseaux de guerre hollandais, sortis de la Véronise, ne furent pas assez tôt prêts, et ne purent entrer dans la mer d'Asoph. Tout commencement éprouve toujours des obstacles. Les Russes n'avaient point encore fait de siège régulier. Cet essai ne fut pas d'abord heureux.[6]

Un nommé Jacob natif de Dantzick dirigeait l'artillerie sous le commandement du général Shein; car on n'avait guère que des

(*a*) *Sheremetow*, ou *Sheremetof*.

---

21 K: avant de
32 59-w68: Dantzig

---

mais russe (Š, p.376). En 1765, Voltaire a renoncé à attribuer à Cheremetiev une origine prussienne, tout en persistant à considérer Schein comme un Prussien, puisqu'il écrivit 'Sheremeto et Shein, *originaire* de Prusse' (voir variante).

[4] La mer d'Azov. Jaucourt consacre un article à 'Zabache, mer de' dans l'*Encyclopédie*.

[5] Fr. 1013, p.47 et 1015, f.35*v*.

[6] Le MS 5-1, 'L'an 1695', rapporte qu'au mois de juillet les Turcs ont fait 'plusieurs fortes sorties' d'Azov, ont pris ou encloué plusieurs canons, qu'il y a eu beaucoup de pertes de part et d'autre, qu'un trompette chargé d'une lettre au commandant de la ville pour faire cesser de telles sorties reçut une 'réponse fière' des Turcs, qui continuèrent leur 'défense opiniâtre' (f.2*v*-3*r*).

étrangers pour principaux artilleurs, pour ingénieurs, comme pour pilotes. Ce Jacob fut condamné au châtiment des battoks [7] par son général Shein Prussien. [8] Le commandement alors semblait affermi par ces rigueurs. Les Russes s'y soumettaient malgré leur penchant pour les séditions; et après ces châtiments ils servaient comme à l'ordinaire. Le Dantzikois pensait autrement; il voulut se venger; il encloua le canon, se jeta dans Asoph, embrassa la religion musulmane, et défendit la place avec succès. [9] Cet exemple fait voir que l'humanité qu'on exerce aujourd'hui en Russie est préférable aux anciennes cruautés, et retient mieux dans le devoir les hommes qui avec une éducation heureuse ont pris des sentiments d'honneur. L'extrême rigueur était alors nécessaire envers le bas peuple: mais quand les mœurs ont changé, l'impératrice Elizabeth a achevé par la clémence l'ouvrage que son père commença par les lois. Cette indulgence a été même poussée à un point dont il n'y a point d'exemple dans l'histoire d'aucun peuple. Elle a promis que pendant son règne personne ne serait puni de mort, et a tenu sa promesse. Elle est la première souveraine qui ait ainsi respecté la vie des hommes. Les malfaiteurs ont été condamnés aux mines, aux travaux publics: leurs châtiments sont devenus utiles à l'Etat; institution non moins sage qu'humaine. Partout ailleurs on ne sait

35

40

45

50

43   59-w68:   anciennes sévérités, et retient

[7] Sur les *battoks* ou *batogues*, voir I.iv.12-16.

[8] L'anecdote est dans les ouvrages de Perry (p.140), de Rousset de Missy (ii.85) et de Mauvillon (i.132). Les manuscrits Fr. 1013 et 1015 ne donnent pas de nom à ce déserteur, mais disent qu'il était né à Dantzig (p.55 et f.42v). Le MS 5-1 assure qu'il était originaire de Finlande (f.3v). En fait, ce fut un marin hollandais, Jacob Jansen, qui trahit les Russes. Converti à l'orthodoxie et engagé dans l'artillerie russe, il passa au service des Turcs en emportant des renseignements importants (E. Schuyler, *Peter the Great*, New York 1884, i.258).

[9] Il était 'Luthérien de naissance, Grec à Moscou, et Turc à Azof' (Fr. 1013, p.56; variante dans Fr. 1015, f.42v). Jansen avait notamment révélé aux Turcs l'habitude qu'avaient les Russes de faire la sieste après le repas de midi. Une sortie turque à cette heure-là surprit les Russes endormis, qui eurent 400 tués et 600 blessés.

574

55　que tuer un criminel avec appareil, sans avoir jamais empêché les crimes. La terreur de la mort fait moins d'impression peut-être sur des méchants pour la plupart fainéants, que la crainte d'un châtiment et d'un travail pénible qui renaissent tous les jours.[10]

　　Pour revenir au siège d'Asoph, soutenu désormais par le même
60　homme qui avait dirigé les attaques, on tenta vainement un assaut, et après avoir perdu beaucoup de monde, on fut obligé de lever le siège.[11]

　　La constance dans toute entreprise formait le caractère de Pierre. Il conduisit une armée plus considérable encore devant Asoph au
65　printemps de 1696. Le czar Ivan son frère venait de mourir.[12] Quoique son autorité n'eût pas été gênée par Ivan, qui n'avait que le nom de czar, elle l'avait toujours été un peu par les bienséances. Les dépenses de la maison d'Ivan retournaient par sa mort à l'entretien de l'armée; c'était un secours pour un Etat qui n'avait
70　pas alors d'aussi grands revenus qu'aujourd'hui. Pierre écrivit à l'empereur Léopold, aux Etats-Généraux, à l'électeur de Brandebourg, pour en obtenir des ingénieurs, des artilleurs, des gens de mer. Il engagea à sa solde des Kalmouks, dont la cavalerie est très utile contre celle des Tartares de Crimée.[13]

75　　Le succès le plus flatteur pour le czar fut celui de sa petite flotte, qui fut enfin complète et bien gouvernée. Elle battit les saïques turques envoyées de Constantinople, et en prit quelques-unes. Le

---

64　59:　conduisit [avec note: 1696]

---

[10] Sur Voltaire et la peine de mort, voir ci-dessous, I.x, n.11. Sur l'abolition de la peine de mort par Elisabeth, voir *Anecdotes*, introduction, n.58.

[11] Le manuscrit Fr. 1015 rapporte que, malgré quelques succès, les troupes russes, notamment celles de Lefort, subirent d'abord de lourdes pertes et durent lever le siège (f.36r-37r).

[12] Au début de 1696 (Fr. 1015, f.38r), c'est-à-dire le 29 janvier v. st., à l'âge de trente ans.

[13] Les Kalmouks 'firent aussi des merveilles, ils mirent en déroute la cavalerie des Tartares, et les contraignirent de se retirer' (Fr. 1013, p.52; 1015, f.39v).

siège fut poussé régulièrement par tranchées, non pas tout à fait
selon notre méthode; les tranchées étaient trois fois plus profondes,
et les parapets étaient de hauts remparts. Enfin les assiégés rendirent   80
1696. la place le 28 juillet n. st. [14] sans aucun honneur de la guerre, sans
emporter ni armes ni munitions, et ils furent obligés de livrer le
transfuge Jacob aux assiégeants.

Le czar voulut d'abord en fortifiant Asoph, en le couvrant par
des forts, en creusant un port capable de contenir les plus gros   85
vaisseaux, [15] se rendre maître du détroit de Caffa, [16] de ce Bosphore
Cimmérien qui donne entrée dans le Pont-Euxin, lieux célèbres
autrefois par les armements de Mithridate. Il laissa trente-deux
saïques armées devant Asoph, (*b*) et prépara tout pour former
contre les Turcs une flotte de neuf vaisseaux de soixante pièces de   90
canon, [17] et de quarante et un portant depuis trente jusqu'à cinquante
pièces d'artillerie. Il exigea que les plus grands seigneurs, les plus
riches négociants contribuassent à cet armement: et croyant que
les biens des ecclésiastiques devaient servir à la cause commune,

(*b*) Mémoires de Le Fort.

81   59, 65, texte de la manchette en note au bas de la page

[14] Le 20 juillet (v. st.) selon les manuscrits Fr. 1013, p.52 et 1015, f.40*r*. En fait, le
19 juillet v. st., soit le 29 juillet n. st. On sait que Voltaire, à la même époque,
évoque le siège d'Azov dans le chapitre douzième de *Candide*, 'Suite des malheurs
de la vieille'.

[15] Le port de Taganrog, sur le littoral nord de la mer d'Azov, à 45 km environ
des bouches du Don.

[16] Ville sur la côte méridionale de la Crimée, à moins de 100 km du détroit de
Kertch. C'est l'ancienne Theodosia fondée par les Grecs vers 500 avant notre ère.
Elle fut détruite par les Huns. Du treizième au quinzième siècles, les Génois y
formèrent la colonie de Kaffa. Les Turcs s'en emparèrent en 1475. Elle devint russe
en 1783 sous le nom de Feodossia.

[17] Pierre ordonna de construire 'soixante bâtiments, tant galères que vaisseaux,
qui devoient être prêts au printems pour être joints aux 32 galères qui étoient à
Asoph' (Fr. 1015, f.44*v*).

576

95 il obligea le patriarche, les évêques, les archimandrites, à payer de leur argent cet effort nouveau qu'il faisait pour l'honneur de sa patrie et pour l'avantage de la chrétienté. On fit faire par les Cosaques des bateaux légers, auxquels ils sont accoutumés, et qui peuvent côtoyer aisément les rivages de la Crimée. La Turquie
100 devait être alarmée d'un tel armement, le premier qu'on eût jamais tenté sur les Palus-Méotides. Le projet était de chasser pour jamais les Tartares et les Turcs de la Crimée, et d'établir ensuite un grand commerce aisé, et libre avec la Perse par la Géorgie. C'est le même commerce que firent autrefois les Grecs à Colchos, et dans cette
105 Kersonèse Taurique que le czar semblait devoir soumettre.

Vainqueur des Turcs et des Tartares, il voulut accoutumer son peuple à la gloire comme aux travaux. Il fit entrer à Moscou son armée sous des arcs de triomphe, au milieu des feux d'artifice et de tout ce qui put embellir cette fête. Les soldats qui avaient
110 combattu sur les saïques vénitiennes contre les Turcs, et qui formaient une troupe séparée, marchèrent les premiers.[18] Le maréchal Sheremeto, les généraux Gordon et Shein, l'amiral Le Fort, les autres officiers généraux précédèrent dans cette pompe le souverain, qui disait n'avoir point encore de rang dans l'armée, et
115 qui par cet exemple voulait faire sentir à toute la noblesse, qu'il faut mériter les grades militaires pour en jouir.

Ce triomphe semblait tenir en quelque chose des anciens Romains: il leur ressembla surtout en ce que les triomphateurs exposaient dans Rome les vaincus aux regards des peuples, et les
120 livraient quelquefois à la mort; les esclaves faits dans cette expédition suivaient l'armée; et ce Jacob qui l'avait trahi, était mené dans un chariot sur lequel on avait dressé une potence, à laquelle il fut ensuite attaché après avoir souffert le supplice de la roue.[19]

[18] Fr. 1013, p.54-55 et 1015, f.41v.
[19] Il fut roué vif (Fr. 1013, p.55) et ensuite on lui trancha la tête (Fr. 1015, f.42; Mauvillon, i.153). Il subit d'abord le knout, selon Rousset de Missy, ii.95.

On frappa alors la première médaille en Russie.[20] La légende   125
russe est remarquable: *Pierre premier empereur de Moscovie toujours*
auguste.[21] Sur le revers est Asoph avec ces mots, *Vainqueur par les*
flammes et les eaux.[22]

Pierre était affligé dans ce succès de ne voir ses vaisseaux et ses
galères de la mer d'Asoph bâtis que par des mains étrangères. Il   130
avait encore autant d'envie d'avoir un port sur la mer Baltique,
que sur le Pont-Euxin.

Il envoya au mois de mars 1697 soixante jeunes Russes du
régiment de Le Fort en Italie, la plupart à Venise, quelques-uns à
Livourne, pour y apprendre la marine et la construction des   135
galères; il en fit partir quarante autres (*c*)[23] pour s'instruire en
Hollande de la fabrique et de la manœuvre des grands vaisseaux:
d'autres furent envoyés en Allemagne, pour servir dans les armées

(*c*) Manuscrits du général Le Fort.

[20] Il s'agit de la première médaille *commémorative*. Il existait en 'Russie' kiévienne,
sous Vladimir (fin dixième ou début onzième siècle), des pièces de monnaie en or
qui semblent avoir été utilisées comme récompenses ou médailles. Il y eut également
des médailles-récompenses en or sous Ivan III, Ivan IV et Boris Godounov. Mais il
est vrai que la médaille commémorative s'est imposée sous Pierre Ier (J. Blankoff,
'La médaille commémorative en Russie et en URSS, reflet de l'histoire', *Annali del*
Dipartimento di Studi dell' Europa orientale 4-5, 1982-1983, Napoli 1986, p.76).

[21] Büsching note que Voltaire a bien cité la légende, où Pierre n'est pas nommé
tsar, mais empereur (Š, p.377).

[22] Cette médaille fut gravée par le Hollandais Jan Boskam, et date sans doute du
début du dix-huitième siècle (J. Blankoff, p.78).

[23] Fr. 1013, p.57; 1015, f.44r. Cinquante Russes furent envoyés à l'étranger en
1697: vingt-huit à Venise, les autres en Hollande et en Angleterre (P. Pekarski,
Naouka i literatura v Rossii pri Petre Velikom [*La Science et la littérature en Russie*
sous Pierre le Grand], Saint-Pétersbourg 1862, i.140. Tous n'étaient pas jeunes: le
plus âgé, Piotr Tolstoï, avait 52 ans. Voltaire ne reprend pas ici l'anecdote du Russe
qui ne sortit pas de sa chambre à Venise, et qu'il rapportait dans les *Anecdotes* (l.93-
96).

de terre et pour se former à la discipline allemande.²⁴ Enfin il
140 résolut de s'éloigner quelques années de ses Etats, dans le dessein
d'apprendre à les mieux gouverner. Il ne pouvait résister au violent
désir de s'instruire par ses yeux, et même par ses mains, de la
marine et des arts qu'il voulait établir dans sa patrie. Il se proposa
de voyager inconnu, en Dannemarck, dans le Brandebourg, en
145 Hollande, à Vienne, à Venise et à Rome. Il n'y eut que la France
et l'Espagne qui n'entrassent point dans son plan; l'Espagne, parce
que ces arts qu'il cherchait y étaient alors trop négligés; et la
France, parce qu'ils y régnaient peut-être avec trop de faste, et
que la hauteur de Louis XIV qui avait choqué tant de potentats,
150 convenait mal à la simplicité avec laquelle il comptait faire ses
voyages. De plus, il était lié avec la plupart de toutes les puissances
chez lesquelles il allait, excepté avec la France et avec Rome. Il se
souvenait encore avec quelque dépit du peu d'égards que Louis XIV
avait eu pour l'ambassade de 1687,²⁵ qui n'eut pas autant de succès
155 que de célébrité: et enfin il prenait déjà le parti d'Auguste électeur
de Saxe, à qui le prince de Conti disputait la couronne de Pologne.²⁶

²⁴ Certains Russes furent envoyés en Allemagne pour y apprendre les langues et
les sciences. Trente-trois séjournèrent à Königsberg de 1716 à 1720. Munis d'une
bourse très insuffisante (c'était le cas pour d'autres étudiants russes envoyés à
l'étranger), ils ne purent subvenir à leurs besoins et firent de la prison pour dettes.
Pierre le Grand ayant arrangé les choses, les résultats de leurs études furent dans
l'ensemble positifs: seize d'entre eux entrèrent à l'Amirauté, les autres servirent au
ministère des Affaires étrangères ou dans des ambassades (I. V. Kostiachov et G. V.
Kretinine, 'Rossiiskie studenty vremen Petra I v Kenigsberge' ['Les étudiants russes
de l'époque de Pierre Iᵉʳ à Königsberg'], *Voprosy istorii*, 1994/3, p.174-76).
²⁵ Sur cette ambassade, voir ci-dessus, I.v, n.39, 41. Peut-être Voltaire s'est-il
souvenu du père Avril, qui rapporte le mécontentement des Russes au sujet de
l'ambassade de 1687.
²⁶ Pierre le Grand avait une autre raison de ne pas aller en France: on a vu que
Louis XIV, qui soutenait la Turquie, avait refusé en 1687 d'entrer dans la croisade
anti-turque que lui proposait l'ambassade russe. Pierre était hostile à la candidature
de Conti pour le même motif, car un roi français à Varsovie eût signifié que la
Pologne cessait la guerre contre les Turcs.

CHAPITRE NEUVIÈME

Voyages de Pierre le Grand.

^{1697.} Le dessein étant pris de voir tant d'Etats et tant de cours, en simple particulier, il se mit lui-même à la suite de trois ambassadeurs, comme il s'était mis à la suite de ses généraux à son entrée triomphante dans Moscou.

(*a*)Les trois ambassadeurs étaient le général Le Fort, le boyard 5 Alexis Gollovin commissaire général des guerres et gouverneur de Sibérie, ² le même qui avait signé le traité d'une paix perpétuelle avec les plénipotentiaires de la Chine sur les frontières de cet empire; et Vonitsin, diak ou secrétaire d'Etat, longtemps employé

(*a*) Mémoires de Pétersbourg et mémoires de Le Fort. ¹

1   59, 65, texte de la manchette en note au bas de la page
7   K: de la Sibérie

¹ En réalité, Voltaire s'est servi surtout des mémoires concernant Lefort. Il disposait aussi d'extraits de gazettes dont il a peu tenu compte. Elles décrivaient la réception des ambassadeurs de Russie en Hollande (*Gazette de Leyde* en néerlandais, *Gazette d'Utrecht* en français); voir ci-dessous, n.2.

² C'était en fait Fedor Alekseevitch Golovine, le fils d'Alekseï Golovine, gouverneur de Sibérie (voir ci-dessus, 1.vii, n.22). Une 'Copie de la lettre du Czar de Moscovie à Messrs. les Etats Généraux', de Königsberg, le 16 juillet 1697 (traduction d'une lettre du 8 mars), fait mention de 'Frederic Alexowitz Galowitzen', mais elle le présente comme le 'gouverneur de Siberie'! (MS 3-6, f.117r). Sans doute s'agit-il d'une erreur de traduction. La *Gazette de Leyde* en néerlandais du 26 juillet 1697 parle aussi de 'Fiodor Aleychowits Golowicen', et le qualifie de 'stadhouder over Siberien' ('Opregte Leydse Vrydagse Courant', n° 89, MS 3-38, f.192r). Quant à la [Nouvelle d'Utrecht], en français, du 19 septembre 1697, elle ne mentionne pas les noms des ambassadeurs, sauf celui de Lefort (MS 3-39, f.193r). Rousset de Missy fait aussi de Fedor Golovine un 'gouverneur de Siberie' (ii.111).

10   dans les cours étrangères.[3] Quatre premiers secrétaires, douze
gentilshommes, deux pages pour chaque ambassadeur,[4] une compagnie de cinquante gardes avec leurs officiers, tous du régiment
Préobazinsky, composaient la suite principale de cette ambassade;
il y avait en tout deux cents personnes:[5] et le czar se réservant
15   pour tous domestiques un valet de chambre, un homme de livrée,
et un nain, se confondait dans la foule. C'était une chose inouïe dans
l'histoire du monde, qu'un roi de vingt-cinq ans qui abandonnait ses
royaumes, pour mieux régner. Sa victoire sur les Turcs et les
Tartares, l'éclat de son entrée triomphante à Moscou, les nom-
20   breuses troupes étrangères affectionnées à son service, la mort
d'Ivan son frère, la clôture de la princesse Sophie, et plus encore
le respect général pour sa personne, devaient lui répondre de la
tranquillité de ses Etats pendant son absence. Il confia la régence
au boyard Strechnef,[6] et au knès Romadonoski,[7] lesquels devaient
25   dans les affaires importantes délibérer avec d'autres boyards.

24   59-w68:   Romadonouski

[3] Prokop Bogdanovitch Voznitsyne avait fait partie de missions à Constantinople,
en Perse, à Venise et en Pologne. Müller ajoute qu'il fut employé ensuite (en 1699)
pour négocier la paix avec les Turcs à Karlowitz (Š, p.377). Le 11 août 1757, Voltaire
écrivait à Chouvalov: 'Le nom du troisième ambassadeur qui accompagna l'empereur
dans ses voiages est erroné. Il n'étoit point chancelier comme le disent les mémoires
de le Fort qui sont fautifs en cet endroit' (D7339). Le manuscrit Fr. 1013 le nomme
effectivement 'grand chancelier' ou 'domné' (p.58; cf. Fr. 1015, f.45v). Lefort n'avait
cependant pas tout à fait tort d'appeler Voznitsyne conseiller à la Douma (doumny
diak), selon Šmurlo (p.59, n.61).
[4] Fr. 1013, p.58; 1015, f.45v.
[5] Fr. 1013, p.58; 1015, f.45v. Les chiffres varient suivant les historiens: près de
200 (Portal, p.42), environ 250 (Riasanovsky, p.242), plus de 250 (Massie, p.150,
165).
[6] Tikhon N. Strechnev, vieil ami du tsar Alexis et ancien tuteur de Pierre. A ne
pas confondre avec Loukian Strechnev, le père d'Eudoxie Strechnev, seconde
épouse de Michel Romanov et mère d'Alexis.
[7] Le prince Fedor Iourevitch Romodanovski (mort en 1717) était le chef de la
police secrète (Preobrajenski prikaz) et le gouverneur général de Moscou. Il
commandait les quatre régiments de la garde. Voltaire avait d'abord écrit que la

Les troupes formées par le général Gordon restèrent à Moscou pour assurer la tranquillité de la capitale. Les strélitz qui pouvaient la troubler furent distribués sur les frontières de la Crimée,[8] pour conserver la conquête d'Asoph, et pour réprimer les incursions des Tartares. Ayant ainsi pourvu à tout, il se livrait à son ardeur de voyager et de s'instruire.[9]   30

Ce voyage ayant été l'occasion ou le prétexte de la sanglante guerre qui traversa si longtemps le czar dans tous ses grands projets,[10] et enfin les seconda, qui détrôna le roi de Pologne Auguste, donna la couronne à Stanislas et la lui ôta, qui fit du roi   35 de Suède Charles XII le premier des conquérants pendant neuf années, et le plus malheureux des rois pendant neuf autres; il est nécessaire, pour entrer dans le détail de ces événements, de représenter ici en quelle situation était alors l'Europe.

Le sultan Mustapha second[11] régnait en Turquie. Sa faible   40 administration ne faisait de grands efforts, ni contre l'empereur d'Allemagne Léopold, dont les armes étaient heureuses en Hongrie, ni contre le czar qui venait de lui enlever Asoph et qui menaçait

---

régence avait été confiée à Lev Narychkine, Boris Golitsyne et Piotr Prozorovski. Une remarque de Lomonossov l'amena à modifier son texte (Š, p.377). En réalité, le conseil de régence était bien composé des trois hommes nommés par Voltaire, mais Romodanovski, qui leur était subordonné en principe, disposait en fait de l'autorité suprême, civile et militaire (Massie, p.166).

[8] Et de la Lituanie, ajoute Müller (Š, p.378). Effectivement, deux mille streltsy des régiments stationnés à Azov avaient été transférés vers les confins russo-polonais (Massie, p.237-38).

[9] Voltaire a oublié de parler d'une tentative de soulèvement réprimée par Pierre avant son départ, en mars 1697 (voir Perry, p.148-49). Un colonel des streltsy et deux boïars, accusés de complot, eurent les pieds et les mains tranchés avant d'être décapités sur la Place Rouge (Schuyler, *Peter the Great*, i.277, d'après le Journal de Gordon; cf. Massie, p.166). Cette affaire retarda le départ de la Grande Ambassade.

[10] Même erreur de perspective que dans les *Anecdotes*, où Voltaire estime que la guerre 'n'empêcha pas' le tsar de continuer ses réformes. C'est elle, en réalité, qui fut la cause principale de son activité réformatrice (Klioutchevski, *Pierre le Grand et son œuvre*, p.82).

[11] Mustafa II (1664-1703), fils de Mehmet IV et successeur de son oncle Ahmet II en 1695. Une révolte de janissaires le fit abdiquer en faveur de son frère Ahmet III.

le Pont-Euxin, ni même contre Venise qui enfin s'était emparée
45 de tout le Péloponèse.

Jean Sobiesky roi de Pologne, à jamais célèbre par la victoire
de Choksim, et par la délivrance de Vienne, était mort le 17 juin
1696; et cette couronne était déjà disputée par Auguste électeur de
Saxe qui l'emporta, et par Armand prince de Conti,[12] qui n'eut
50 que l'honneur d'être élu.

La Suède venait de perdre, et regrettait peu Charles onze,   *Avril 1697.*
premier souverain véritablement absolu dans ce pays,[13] père d'un
roi qui le fut davantage, et avec lequel s'est éteint le despotisme.
Il laissait sur le trône Charles XII son fils âgé de quinze ans. C'était
55 une conjoncture favorable en apparence aux projets du czar; il
pouvait s'agrandir sur le golfe de Finlande, et vers la Livonie. Ce
n'était pas assez d'inquiéter les Turcs sur la mer Noire: des
établissements sur les Palus-Méotides, et vers la mer Caspienne,
ne suffisaient pas à ses projets de marine, de commerce et de
60 puissance; la gloire même que tout réformateur désire ardemment,
n'était ni en Perse ni en Turquie; elle était dans notre partie de
l'Europe, où l'on éternise les grands talents en tout genre. Enfin,
Pierre ne voulait introduire dans ses Etats ni les mœurs turques,
ni les persanes, mais les nôtres.[14]

51   59, 65, texte de la manchette en note au bas de la page

---

[12] Il ne s'agit pas de Louis Armand de Conti (1661-1685), mais de son frère cadet
François Louis de Bourbon, prince de Conti (1664-1709), élu roi de Pologne en
1697. Quand il débarqua à Dantzig, l'électeur de Saxe Frédéric-Auguste, soutenu
par une minorité d'opposants, avait pris sa place.

[13] Charles XI (1655-1697) fut roi de Suède à partir de 1660. En 1680, il imposa à
son pays ruiné par la guerre un régime d'absolutisme.

[14] Oui, mais la décision de Pierre ne fut prise qu'après l'échec diplomatique de
la Grande Ambassade, les puissances occidentales ayant refusé de participer à la
croisade anti-turque (voir ci-dessus, p.243). 'C'est du côté de la mer Noire que le
czar a le plus envie d'étendre ses conquêtes', affirme Perry (p.130). Il assure l'avoir
souvent ouï dire qu'il espérait se rendre maître un jour du détroit de Kertch pour
en faire le rendez-vous de sa flotte (p.133-34).

L'Allemagne en guerre à la fois avec la Turquie et avec la France,   65
ayant pour ses alliées l'Espagne, l'Angleterre, et la Hollande
contre le seul Louis XIV, était prête de conclure la paix, et les
plénipotentiaires étaient déjà assemblés au château de Risvick
auprès de la Haye.

Ce fut dans ces circonstances que Pierre et son ambassade   70
prirent leur route au mois d'avril 1697 par la grande Novogorod.
De là on voyagea par l'Estonie[15] et par la Livonie, provinces
autrefois contestées entre les Russes, les Suédois, et les Polonais,[16]
et acquises enfin à la Suède par la force des armes.

La fertilité de la Livonie, la situation de Riga sa capitale,   75
pouvaient tenter le czar; il eut du moins la curiosité de voir les
fortifications des citadelles. Le comte d'Alberg gouverneur de
Riga en prit de l'ombrage; il lui refusa cette satisfaction, et parut
témoigner peu d'égard pour l'ambassade.[17] Cette conduite ne

---

67   K: prête à conclure
72   59*:   voyagea par <l'Estonie> ^Wpleskovie⁺

---

[15] La Grande Ambassade, en passant par Riga et Plescovie (Pskov), ne fit pas un détour inutile par l'Estonie, corrige Müller (Š, p.378).

[16] L'Estonie n'a jamais été contestée entre ces trois puissances, objecte Müller, sauf Derpt et une partie de la Livonie attenante à la Russie (Š, p.378). C'est pourtant Voltaire qui a raison: en 1583, après la longue guerre de Livonie, Ivan IV dut laisser le nord de l'Estonie à la Suède, le sud restant à la Pologne. Au cours du dix-septième siècle, la Suède étendit son autorité à l'ensemble de l'Estonie.

[17] Eric Dahlberg n'interdit pas à Pierre de visiter ses fortifications à la Vauban: le tsar put les examiner pendant les sept jours qu'il passa à Riga, en attendant que la fonte des glaces lui permît de traverser la Dvina occidentale. Il y eut en fait un malentendu: sur l'ordre du tsar, le gouverneur de Pskov avait écrit à Dahlberg, mais sans indiquer l'importance de la délégation, ni la présence de Pierre. L'accueil ne fut donc pas à la hauteur de l'événement: il n'y eut ni les banquets ni les feux d'artifice qu'aimait le tsar. De plus, comme l'ambassade n'était qu'en transit, la procédure diplomatique selon laquelle le pays hôte défrayait les visiteurs ne fut pas appliquée; les Russes durent payer leurs frais de séjour, à des prix élevés dus à la famine et à l'avidité des marchands de Riga (Massie, p.167-69).

80 servit pas à refroidir dans le cœur du czar le désir qu'il pouvait concevoir d'être un jour le maître de ces provinces.

De la Livonie on alla dans la Prusse brandebourgeoise, [18] dont une partie a été habitée par les anciens Vandales; [19] la Prusse polonaise avait été comprise dans la Sarmatie d'Europe; [20] la
85 brandebourgeoise était un pays pauvre, mal peuplé, mais où l'électeur, qui se fit donner depuis le titre de roi, étalait une magnificence nouvelle et ruineuse. Il se piqua de recevoir l'ambassade dans sa ville de Kœnigsberg avec un faste royal. [21] On se fit de part et d'autre les présents les plus magnifiques. Le contraste
90 de la parure française que la cour de Berlin affectait, avec les longues robes asiatiques des Russes, leurs bonnets rehaussés de perles et de pierreries, leurs cimeterres pendant à la ceinture, fit un effet singulier. Le czar était vêtu à l'allemande. Un prince de Géorgie qui était avec lui vêtu à la mode des Persans, étalait une
95 autre sorte de magnificence: c'est le même qui fut pris à la journée de Nerva, et qui est mort en Suède. [22]

[18] Lomonossov signale que Voltaire a omis de décrire les dangers courus par Pierre en traversant la Dvina encombrée de glaces. Müller observe qu'il aurait pu mentionner le passage par Mitau, où le duc de Courlande 'fit à l'ambassade une magnifique réception, et la défraya en tout' (Š, p.379). Les fêtes somptueuses de Frédéric-Casimir contrastaient en effet avec le mauvais accueil de Riga.

[19] Voltaire a confondu les Wendes, qui habitaient la Prusse, avec les Vandales, qui peuplaient la région située entre la Vistule, l'Oder et l'Elbe, remarque Büsching (Š, p.379). Les Wendes étaient un peuple slave.

[20] Pourquoi pas aussi la Prusse brandebourgeoise, demande Büsching (Š, p.379).

[21] Frédéric III avait l'ambition de transformer son puissant électorat en royaume (il devint effectivement roi de Prusse sous le nom de Frédéric Ier). Il tenait à avoir le soutien de la Russie pour contrebalancer la puissance suédoise. D'où l'accueil fastueux qu'il réserva au tsar: le 31 mai, une gazette de Hollande annonçait qu'il y aurait le soir 'un très beau feu d'artifice sur la mer', et, le lendemain, 'un combat d'ours, & autres divertissemens de chasse' (MS 3-40, f.194v). Arrivé le 18/28 mai 1697 à Königsberg, Pierre Ier y resta sept semaines, jusqu'à l'élection d'Auguste de Saxe au trône de Pologne, à la mi-août.

[22] Voltaire avait d'abord parlé d'un prince d'Arménie. Lomonossov penchait pour un prince géorgien (Š, p.379). Il s'agit d'Alexandre, fils aîné d'Artchil II, roi d'Imérétie, qui s'était réfugié en Russie en 1682 et, après avoir tenté vainement de reconquérir son trône en 1688, s'était définitivement fixé à Moscou en 1700. Alexandre, né en 1674,

Pierre méprisait tout ce faste; il eût été à désirer qu'il eût également méprisé ces plaisirs de table dans lesquels l'Allemagne mettait alors sa gloire. (*b*) Ce fut dans un de ces repas trop à la mode alors, aussi dangereux pour la santé que pour les mœurs, qu'il tira l'épée contre son favori Le Fort;[23] mais il témoigna le même regret de cet emportement passager, qu'Alexandre en eut du meurtre de Clitus; il demanda pardon à Le Fort. Il disait qu'il voulait réformer sa nation, et qu'il ne pouvait pas encore se

100

(*b*) Mémoires manuscrits de Le Fort.

101-102   K: témoigna autant de regret

accompagna Pierre en Hollande et en Angleterre. Voltaire parlait de ce prince géorgien dans son *Histoire de Charles XII*. Il l'appelait Artfchelou, le nom de Mitteleski étant attribué à son père (V 4, p.218-19). Perry le nomme Milleteski et précise qu'il est mort à Stockholm 'il y a quatre ans', c'est-à-dire en 1713 (p.94).

[23] Pierre le Grand avait voulu célébrer l'anniversaire de l'électeur de Brandebourg en ordonnant que chaque convive bût un grand verre de vin de la contenance de quatre pots. Le grand chancelier s'excusa sur l'état de sa santé, qui ne lui permettait pas de boire. Le tsar s'emporta, le fit sortir de table et envoya un courrier à l'électeur pour se plaindre de l'insolence de son ministre. Quelques heures après, regrettant son geste, et ne sachant à qui s'en prendre, il courut à Lefort, l'épée à la main. Lefort ouvrit son justaucorps et lui dit avec sang-froid qu'il pouvait le tuer, que la mort seule pouvait mettre fin au chagrin qu'il avait continuellement pour son service. Pierre, étonné de sa fermeté, lui sauta au cou et l'embrassa (Fr. 1013, p.60-61 et 'Tiré des mémoires manuscrits du Général Le Fort', MS 3-23, f.153; voir aussi la lettre du 24 juillet 1697 de Rosel Roula, capitaine des Cent Suisses, MS 3-7, f.118*r*; anecdote reprise par Bassville, *Précis historique sur la vie et les exploits de François Le Fort*, p.116, avec une variante rapportée p.118-21). Le 29 mai 1759, Voltaire avertissait Chouvalov qu'il ne cacherait pas des faits 'connus de toute l'Europe', en faisant allusion au meurtre de Clitus (D8323). Mais on voit qu'il cherche à atténuer ce geste brutal. Le 7 août 1757, il avait d'ailleurs écrit que le repentir de Pierre pouvait 'servir d'un bel exemple', mais qu'il supprimerait l'anecdote si Chouvalov le lui demandait (D7336). Un historien russe donne une version différente de l'incident de Königsberg: Pierre le Grand, irrité de l'absence de l'électeur de Brandebourg, aurait chassé l'un de ses ministres (M. M. Bogoslovski, *Piotr I: Materialy dlia biografii* [*Pierre Ier : matériaux pour une biographie*], Moscou 1940-1948, ii.101).

105 réformer lui-même.[24] Le général Le Fort, dans son manuscrit, loue encore plus le fonds du caractère du czar qu'il ne blâme cet excès de colère.

L'ambassade passe par la Poméranie, par Berlin; une partie prend sa route par Magdebourg, l'autre par Hambourg, ville que 110 son grand commerce rendait déjà puissante, mais non pas aussi opulente et aussi sociable qu'elle l'est devenue depuis. On tourne vers Minden; on passe la Vestphalie; et enfin on arrive par Clèves dans Amsterdam.[25]

Le czar se rendit dans cette ville quinze jours avant l'ambas-115 sade;[26] il logea d'abord dans la maison de la Compagnie des Indes,[27] mais bientôt il choisit un petit logement dans les chantiers de l'amirauté. Il prit un habit de pilote, et alla dans cet équipage au village de Sardam,[28] où l'on construisait alors beaucoup plus de vaisseaux encore qu'aujourd'hui. Ce village est aussi grand, 120 aussi peuplé, aussi riche, et plus propre que beaucoup de villes opulentes. Le czar admira cette multitude d'hommes toujours occupés; l'ordre, l'exactitude des travaux, la célérité prodigieuse à construire un vaisseau, et à le munir de tous ses agrès, et cette quantité incroyable de magasins et de machines qui rendent le

124   59, 65:   magasins, de machines

[24] Voir ci-dessus, *Anecdotes*, l.68-69.
[25] Fr. 1013, p.61-62; 1015, f.47v. Avant de passer par Clèves et d'arriver à Amsterdam le 26 août 1697, Pierre le Grand avait dîné à Koppenbrügge, près de Minden, avec l'électrice de Hanovre et avec sa fille l'électrice de Brandebourg (Fr. 1013, p.61-62).
[26] En fait, Pierre traversa d'abord Amsterdam sans s'y arrêter, pour se rendre directement à Zaandam, où il ne passa qu'une semaine, à cause de la curiosité des gens. Le journal de la communauté luthérienne de Zaandam a rapporté ce séjour de Pierre au Krimpenburg (Waliszewski, *Pierre le Grand*, p.101).
[27] Dans le quartier d'Ostenburg. Le bourgmestre d'Amsterdam, Nicolaas Witsen, avait suggéré à Pierre le Grand, qui voulait éviter les foules importunes, de travailler dans les chantiers et les docks de la Compagnie des Indes orientales.
[28] C'est-à-dire Zaandam. Pierre s'y est rendu effectivement en costume de batelier, camisole rouge aux gros boutons, veste courte et larges culottes (Waliszewski, p.94).

travail plus facile et plus sûr. Le czar commença par acheter une   125
barque, à laquelle il fit de ses mains un mât brisé; ensuite il travailla
à toutes les parties de la construction d'un vaisseau, menant la
même vie que les artisans de Sardam, [29] s'habillant, se nourrissant
comme eux, travaillant dans les forges, dans les corderies, dans
ces moulins dont la quantité prodigieuse borde le village, et dans   130
lesquels on scie le sapin et le chêne, on tire l'huile, on fabrique le
papier, on file les métaux ductiles. Il se fit inscrire dans le nombre
des charpentiers sous le nom de Pierre Michaeloff. [30] On l'appelait
communément *maître Pierre*, *Peterbas*, et les ouvriers d'abord
interdits d'avoir un souverain pour compagnon, s'y accoutumèrent   135
familièrement.

Tandis qu'il maniait à Sardam [31] le compas et la hache, on lui
confirma la nouvelle de la scission de la Pologne, et de la double
nomination de l'électeur Auguste et du prince de Conti. Le
charpentier de Sardam promit aussitôt trente mille hommes au roi   140
Auguste. [32] Il donnait de son atelier des ordres à son armée
d'Ukraine assemblée contre les Turcs.

1697.
11 août.   Ses troupes remportaient une victoire contre les Tartares, assez
près d'Asoph, et même quelques mois après elles prirent la ville

---

143   59, 65, texte de la manchette en note au bas de la page
143-145   κ: Ses troupes, commandées par le général Shein et par le prince
Dolgorouki, venaient de remporter une victoire auprès d'Azoph sur les Tartares,
et même sur un corps de janissaires que le sultan Mustapha leur avait envoyé. Pour
[avec manchette: *Juillet 1696*]

[29] Pierre acheta bien à Zaandam un voilier auquel il mit un mât de ses propres
mains. Mais on a vu qu'il n'était resté qu'une semaine dans cette ville. Et c'est à
Amsterdam, où il demeura quatre mois, qu'il apprit son métier de charpentier.
[30] Sur ce nom, voir ci-dessus, *Anecdotes*, n.12.
[31] Non, à Amsterdam. La légende vient de ce que Pierre a attiré l'attention à
Zaandam, alors qu'il est passé inaperçu à Amsterdam (Waliszewski, *Pierre le Grand*,
p.101).
[32] Cinquante mille d'après Fr. 1013, p.67 et 1015, f.48v. Soixante mille, selon
Perry (p.151).

145 d'Or, ou Orkapı, que nous nommons Précop. [33] Pour lui il persistait
à s'instruire dans plus d'un art; il allait de Sardam à Amsterdam
travailler chez le célèbre anatomiste Ruisch; [34] il faisait des opérations de chirurgie, qui en un besoin pouvaient le rendre utile à ses
officiers, ou à lui-même. Il s'instruisait de la physique naturelle
150 dans la maison du bourgmestre Vitsen, citoyen recommandable à
jamais par son patriotisme, et par l'emploi de ses richesses immenses
qu'il prodiguait en citoyen du monde, [35] envoyant à grands frais

[33] Les troupes russes n'ont jamais pris Orkapı, rectifie Müller. C'est ce que
prétendirent alors les gazettes. Il n'y eut que quelques combats à l'avantage des
Russes dans le voisinage d'Azov (Š, p.380).

[34] Sur Fredryk Ruysch, voir ci-dessus, *Anecdotes*, n.22.

[35] Nicolaas Witsen (1641-1717), issu d'une famille de marchands d'Amsterdam,
avait accompagné son père en Angleterre, puis avait étudié les mathématiques,
l'astronomie et la philosophie. Après son doctorat en droit, il avait séjourné en
Russie en 1664-1665. Il faisait partie d'une ambassade hollandaise qui avait
notamment pour mission d'essayer d'obtenir du tsar Alexis le titre de 'Hautes
puissances' pour les Etats Généraux. Il recueillit tous les renseignements possibles
sur les pays tatars dont la plupart étaient alors sous la domination russe. Après
vingt-cinq ans de travail, il fit paraître à Amsterdam son vaste recueil, *Noord
en Oost Tartarye*, composé d'extraits d'auteurs anciens et de voyages parus
antérieurement, mais comprenant aussi un grand nombre de textes inédits. L'ouvrage, illustré d'une carte et de nombreux dessins de l'auteur, eut trois éditions, en
1692, 1705 et 1785. Pierre le Grand possédait les deux premières: voir *Biblioteka
Petra I, oukaʐatel'-spravotchnik* [*La Bibliothèque de Pierre Ier, guide bibliographique*]
(Leningrad 1978), p.161, n° 1649 et 1650. Le Journal de voyage manuscrit de Witsen
(*Moscovische Reyse*), découvert seulement en 1886, ne fut publié qu'en 1966-1967 à
La Haye. Une traduction russe de ce Journal, achevée par W. Trisman en 1981 (un
an avant sa mort), vient de paraître pour la première fois sous le titre *Poutechestvié
v Moskoviou, 1664-1665* (Saint-Pétersbourg 1996), avec des dessins de Witsen.
Avant de rencontrer Witsen, Pierre Ier avait entendu parler de lui par son ouvrage
sur la construction des navires et la navigation chez les anciens et les modernes,
énorme traité illustré de nombreux plans et dessins, paru à Amsterdam en 1671 et
dont il possédait un exemplaire (*Biblioteka Petra I*, n° 1648). Pierre Ier appréciait
les travaux de Witsen, comme l'atteste la lettre qu'il lui adressa le 30 mars 1694.
Par la suite, Witsen correspondit régulièrement avec le tsar: quatre de ses lettres à
Pierre Ier se sont conservées. Cette amitié entre le souverain russe et le bourgmestre
hollandais n'est pas étrangère au fait que pendant la guerre du Nord (1700-1721)
les Etats Généraux ne se soient pas engagés aux côtés de la Suède. Grâce à Witsen,
la Russie pouvait même importer secrètement des armes de Hollande (*Poutechestvié*

des hommes habiles chercher ce qu'il y avait de plus rare dans toutes les parties de l'univers, et frétant des vaisseaux à ses dépens, pour découvrir de nouvelles terres. [36]

Peterbas ne suspendit ses travaux que pour aller voir sans cérémonie, à Utrecht et à la Haye, Guillaume roi d'Angleterre et stadhouder des Provinces-Unies. Le général Le Fort était seul en tiers avec les deux monarques. [37] Il assista ensuite à la cérémonie de l'entrée de ses ambassadeurs, et à leur audience; ils présentèrent en son nom aux députés des Etats, six cents des plus belles martres zibelines; [38] et les Etats outre le présent ordinaire qu'ils leur firent à chacun d'une chaîne d'or et d'une médaille, leur donnèrent trois carrosses magnifiques. [39] Ils reçurent les premières visites de tous

155

160

v *Moskoviou*, introd. R. I. Maksimova et W. G. Trisman, p.9-12). Witsen était devenu célèbre surtout comme l'un des plus grands protecteurs des arts et des sciences de son temps, ce qu'a bien vu Voltaire.

[36] Cf. Perry: 'Personnage fameux par les richesses & les vaisseaux qu'il possède, & par son amour extrême pour les beaux-arts; il a envoyé des personnes à ses propres frais dans toutes les parties du monde pour y faire des découvertes & il a fait des dépenses extraordinaires pour fixer de grands télescopes propres à observer les corps célestes' (p.156). Cf. aussi Mauvillon, i.180.

[37] Witsen était également présent lors de leur première entrevue privée (Massie, p.194). Selon une Nouvelle d'Utrecht du 19 septembre 1697, huit personnes accompagnaient le roi. Lefort servait d'interprète. La conversation roula sur les affaires de Pologne; le tsar dit qu'il faudrait cinquante mille hommes pour appuyer l'élection du duc de Saxe (MS 3-39, f.193r). Pierre était arrivé à Utrecht le 12 septembre 1697 ('Il y a huit jours que les Ambassadeurs, et le Czar leur maître vinrent en cette ville'). Dans son compliment à Guillaume d'Orange, en octobre 1697, le tsar déclarait notamment: 'Si, soit en paix, soit en guerre, vos sujets industrieux veulent trafiquer jusqu'aux parties les plus septentrionales du monde, les ports de la Russie leur seront libres et ouverts. Je leur accord[er]ai des immunités plus grandes qu'ils n'ont encore eu jusqu'ici et les feray enregistrer' ('Compliment que le Czaar fit à sa Majesté Britannique', MS 5-23, f.100v; ce texte ne figure pas dans les *Pis'ma i boumagui* [*Lettres et papiers*]).

[38] Fr. 1013, p.65 (audience du 5 octobre 1697). Une lettre de La Haye, du 12 octobre 1697, rapporte que Lefort fit un 'très beau discours' à 'leurs Hautes puissances', de même que le second ambassadeur, 'qui parla ensuite en leur présentant de la part de S. M. Cz. six cent pieces de zibeline' (MS 3-37, f.191).

[39] Un des buts de l'ambassade était d'obtenir un secours de soixante vaisseaux de

165 les ambassadeurs plénipotentiaires qui étaient au congrès de
Risvick, excepté des Français, à qui ils n'avaient pas notifié leur
arrivée, non seulement parce que le czar prenait le parti du roi
Auguste contre le prince de Conti, mais parce que le roi Guillaume
dont il cultivait l'amitié ne voulait point la paix avec la France.

170 De retour à Amsterdam il y reprit ses premières occupations,
et acheva de ses mains un vaisseau de soixante pièces de canon
qu'il avait commencé, et qu'il fit partir pour Arcangel, [40] n'ayant
pas alors d'autre port sur les mers de l'Océan. Non seulement il
faisait engager à son service des réfugiés français, des Suisses, des
175 Allemands; mais il faisait partir des artisans de toute espèce pour
Moscou, [41] et n'envoyait que ceux qu'il avait vus travailler lui-
même. Il est très peu de métiers et d'arts qu'il n'approfondît dans
les détails: il se plaisait surtout à réformer les cartes des géographes,
qui alors plaçaient au hasard toutes les positions des villes et des
180 fleuves de ses Etats peu connus. On a conservé la carte sur laquelle
il traça la communication de la mer Caspienne et de la mer Noire,
qu'il avait déjà projetée, et dont il avait chargé un ingénieur
allemand nommé Brakel. [42] La jonction de ces deux mers était plus

---

173   59, 65:   l'Océan. ¶Non
183   59, 65:   Brekel [*passim*]

---

ligne et de cent galères pour opérer contre les Turcs. Les Etats Généraux rejetèrent
cette demande.

[40] Le manuscrit Fr. 1013 dit seulement que Pierre a fait 'un vaisseau de ses propres
mains' (p.68). Cette frégate, offerte par Witsen, fut baptisée par Pierre *Amsterdam*.
Elle avait été construite en neuf semaines environ (Klioutchevski, *Pierre le Grand
et son œuvre*, p.33).

[41] L'ambassade recruta 640 Hollandais. Pour les amener en Russie, il fallut
affréter dix bateaux (Massie, p.213). Au total, 900 maîtres-artisans furent recrutés
(Klioutchevski, p.36).

[42] Brakel (ou Brekel), colonel du tsar, avait commencé, non la jonction entre la
Caspienne et la mer Noire, mais le canal entre un affluent de la Volga et un affluent
du Don. Mais il l'aurait tracé 'd'une manière étrange', et sa première écluse aurait
été 'comme en l'air'. Ne pouvant réussir, il se serait enfui (Perry, p.3-4).

facile que celle de l'Océan et de la Méditerranée, exécutée en
France; mais l'idée d'unir la mer d'Asoph et la Caspienne effrayait   185
alors l'imagination. De nouveaux établissements dans ce pays lui
paraissaient d'autant plus convenables, que ses succès lui donnaient
de nouvelles espérances.

Juillet 1696.   Ses troupes commandées par le général Shein et par le prince
Dolgorouki, venaient de remporter une victoire auprès d'Asoph   190
sur les Tartares, et même sur un corps de janissaires que le sultan
Muftapha leur avait envoyé. [43] Ce succès servit à le faire respecter
davantage de ceux qui blâmaient un souverain d'avoir quitté ses
Etats pour exercer des métiers dans Amsterdam. Ils virent que les
affaires du monarque ne souffraient pas des travaux du philosophe   195
voyageur et artisan.

Il continua dans Amsterdam ses occupations ordinaires de
constructeur de vaisseaux, d'ingénieur, de géographe, de physicien
pratique, jusqu'au milieu de janvier 1698, et alors il partit pour
l'Angleterre, toujours à la suite de sa propre ambassade. [44]   200

Le roi Guillaume lui envoya son yacht, et deux vaisseaux de
guerre. [45] Sa manière de vivre fut la même que celle qu'il s'était

189   59, 65, texte de la manchette en note au bas de la page
189-192   K: Ses troupes remportaient une victoire contre les Tartares assez
près Azoph, et même quelques mois après elles prirent la ville d'Or ou Orkapi, que
nous nommons Précop. Ce succès [avec manchette: *11 août 1697*]
200   59*: toujours <à la suite de sa propre ambassade> [W]incognito[+].

[43] Lapsus de Voltaire, qui a confondu avec la date de la prise d'Azov. En réalité,
la victoire près d'Azov fut remportée en juin 1697. Quant à la bataille de Kazykermen,
sur le bas-Dniepr, elle eut lieu le 10 septembre: quatre ou cinq mille janissaires y
furent tués. Le tsar, en ayant reçu la nouvelle le 5 décembre 1697, fit une grande
fête à Amsterdam (Fr. 1013, p.67-68).
[44] Müller assure que le tsar partit seul, suivi par son second ambassadeur Golovine
(Š, p.380). Pierre partit en fait avec Menchikov et quelques autres, laissant Lefort
et le gros de l'ambassade en Hollande (Massie, p.199).
[45] Le *York* et le *Romney*. C'est sur le *York* que Pierre et ses compagnons
s'embarquèrent le 7 janvier 1698.

592

prescrite dans Amsterdam, et dans Sardam. Il se logea près du grand chantier à Deptford, [46] et ne s'occupa guère qu'à s'instruire.

205 Les constructeurs hollandais ne lui avaient enseigné que leur méthode et leur routine: il connut mieux l'art en Angleterre; les vaisseaux s'y bâtissaient suivant des proportions mathématiques. [47] Il se perfectionna dans cette science, et bientôt il en pouvait donner des leçons. Il travailla selon la méthode anglaise à la construction

210 d'un vaisseau, qui se trouva un des meilleurs voiliers de la mer. L'art de l'horlogerie déjà perfectionné à Londres attira son attention; il en connut parfaitement toute la théorie. Le capitaine et ingénieur Perri, qui le suivit de Londres en Russie, dit que depuis la fonderie des canons, jusqu'à la filerie des cordes, il n'y

215 eut aucun métier qu'il n'observât et auquel il ne mît la main, toutes les fois qu'il était dans les ateliers. [48]

On trouva bon, pour cultiver son amitié, qu'il engageât des ouvriers comme il avait fait en Hollande: mais outre les artisans, il eut ce qu'il n'aurait pas trouvé si aisément à Amsterdam, des

220 mathématiciens. Fergusson Ecossais, bon géomètre, [49] se mit à son service: c'est lui qui a établi l'arithmétique en Russie dans les bureaux des finances, où l'on ne se servait auparavant que de la méthode tartare de compter avec des boules enfilées dans du fil d'archal, [50] méthode qui suppléait à l'écriture, mais embarrassante

---

[46] Pierre avait passé les premiers jours dans une petite maison du 21 Norfolk Street, avec une porte donnant directement sur la Tamise. A Deptford, il s'installa avec sa suite à Sayes Court, la grande maison élégamment meublée de John Evelyn, fournie par le gouvernement anglais. Cette demeure, et son jardin, furent saccagés par les Russes (voir ci-dessus, *Anecdotes*, n.28).

[47] La pratique des Hollandais lui avait paru insuffisante, alors que les Anglais travaillaient sur des plans (Fontenelle, iii.196-97).

[48] Voir Perry, p.269. Perry rappelle aussi que Pierre le Grand alla à l'université d'Oxford, rendit visite à l'archevêque de Canterbury, vit les deux chambres du Parlement et même les assemblées des quakers et des autres sectes (p.159).

[49] Henry Farquharson était professeur de mathématiques à l'université d'Aberdeen. Perry l'évoque brièvement (p.161).

[50] Voir Perry, p.202n. Déjà rapporté dans l'*Histoire de Charles XII* (V 4, p.180). Les Russes comptaient avec le boulier, d'origine tatare ou chinoise. L'introduction

et fautive, parce qu'après le calcul on ne peut voir si on s'est   225
trompé. Nous n'avons connu les chiffres indiens dont nous nous
servons que par les Arabes, au neuvième siècle; l'empire de Russie
ne les a reçus que mille ans après; [51] c'est le sort de tous les arts;
ils ont fait lentement le tour du monde. Deux jeunes gens de
l'école des mathématiques accompagnèrent Fergusson, et ce fut le   230
commencement de l'école de marine que Pierre établit depuis. [52] Il
observait et calculait les éclipses avec Fergusson. L'ingénieur
Perri, quoique très mécontent de n'avoir pas été assez récom-
pensé, [53] avoue que Pierre s'était instruit dans l'astronomie: [54] il
connaissait bien les mouvements des corps célestes, et même les   235
lois de la gravitation qui les dirige. Cette force si démontrée, et
avant le grand Newton si inconnue, par laquelle toutes les planètes

des chiffres 'arabes' n'a rien changé, on le sait, à cette pratique. Auparavant, les
chiffres, dans l'écriture russe, étaient figurés par des lettres, comme en hébreu ou
en grec, avec une concordance remarquable par rapport au grec.

[51] Lapsus de Voltaire: les Russes ont adopté les chiffres 'arabes' plus tard que les
Occidentaux, mais pas mille ans après le neuvième siècle! Müller n'a pas relevé
cette erreur. Pierre le Grand a introduit l'usage des chiffres 'arabes' en même temps
que l''alphabet civil', en 1708 (voir ci-dessus, p.258). Mais l'usage des lettres pour
noter les chiffres s'est maintenu après Pierre le Grand dans le domaine ecclésiastique.

[52] L'Ecole de mathématiques et de navigation fut effectivement ouverte en 1701
à Moscou par H. Farquharson et deux autres Ecossais. Elle avait pour but principal,
comme le précise Müller, d'instruire les jeunes gens qui se destinaient à la marine.
Elle a été transformée en Académie de marine en 1715 (Š, p.380). C'était une école
secondaire qui enseignait, outre les mathématiques, la géographie et l'astronomie.
Elle comptait cinq cents élèves en 1715. Deux écoles élémentaires furent créées pour
préparer les jeunes garçons à y entrer.

[53] Perry ne réussit pas à toucher les arrérages de ses appointements (p.7, 21). Il
adressa un mémoire au tsar (transcrit, p.27-37) et dîna avec Pierre, qui lui promit
de le payer (p.38); mais il n'obtint que le paiement de ses gages pour un an (p.43).

[54] Pierre le Grand est 'extrêmement curieux d'observer les éclipses' et de les
décrire. Il a fait venir de très bons télescopes et autres instruments, commandés par
Farquharson. Il discourt sur les causes des éclipses et des mouvements des autres
corps célestes selon le système de Newton (Perry, p.203). Quelques pages avant ce
passage, Perry rappelait qu'un mathématicien de Perse, 'il y a environ cent ans',
avait failli être victime de la superstition des Russes: ayant prédit une éclipse à
Moscou, il avait manqué être brûlé ou mis en pièces comme sorcier (p.200-201).

pèsent les unes sur les autres, et qui les retient dans leurs orbites, était déjà familière à un souverain de la Russie, tandis qu'ailleurs
240 on se repaissait de tourbillons chimériques,[55] et que dans la patrie de Galilée des ignorants ordonnaient à des ignorants de croire la terre immobile.

Perri partit de son côté pour aller travailler à des jonctions de rivières, à des ponts, à des écluses. Le plan du czar était de faire
245 communiquer par des canaux l'Océan, la mer Caspienne, et la mer Noire.

On ne doit pas omettre que des négociants anglais, à la tête desquels se mit le marquis de Carmarthen amiral,[56] lui donnèrent quinze mille livres sterling pour obtenir la permission de débiter
250 du tabac en Russie.[57] Le patriarche par une sévérité mal entendue avait proscrit cet objet de commerce; l'Eglise russe défendait le tabac comme un péché. Pierre mieux instruit, et qui parmi tous les changements projetés méditait la réforme de l'Eglise, introduisit ce commerce dans ses Etats.[58]

255 Avant que Pierre quittât l'Angleterre, le roi Guillaume lui fit donner le spectacle le plus digne d'un tel hôte, celui d'une bataille

[55] Voltaire souligne la modernité de Pierre le Grand par rapport à la théorie des tourbillons de Descartes. Le tsar possédait en effet les *Philosophiae naturalis principia mathematica* de Newton (*Biblioteka Petra I*, p.139).

[56] Peregrine Osborne, marquis de Caermarthen (1631-1712), fils de Thomas Osborne, comte de Danby, duc de Leeds, et ministre de Charles II.

[57] Voltaire avançait le chiffre de cent mille écus dans les *Anecdotes* (l.124). Lord Caermarthen offrit de payer 28 000 livres anglaises pour obtenir l'autorisation d'exporter en franchise et de vendre sans restriction en Russie un million et demi de livres de tabac. Le contrat fut signé à Londres le 16 août 1698 (Massie, p.208; Waliszewski donne pour cette concession 'l'assez modique somme' de 48 000 livres, p.105). Ce monopole fut supprimé plus tard par Pierre le Grand (Massie, p.208, 366).

[58] Voltaire insistait plus sur ce commerce du tabac dans les *Anecdotes*, l.123-130. Le *Journal économique* de septembre 1755, qui rappelait que Michel Romanov avait interdit l'usage du tabac, 'sous peine du fouet la première fois, et d'avoir le nez coupé en cas de récidive', attira l'attention de Voltaire (voir CN, iv.611).

navale. [59] On ne se doutait pas alors que le czar en livrerait un jour de véritables contre les Suédois, et qu'il remporterait des victoires sur la mer Baltique. Enfin Guillaume lui fit présent du vaisseau sur lequel il avait coutume de passer en Hollande, nommé le *Royal Transport*, aussi bien construit que magnifique. Pierre retourna sur ce vaisseau en Hollande à la fin de mai 1698. [60] Il amenait avec lui trois capitaines de vaisseau de guerre, vingt-cinq patrons de vaisseau nommés aussi capitaines, quarante lieutenants, trente chirurgiens, deux cent cinquante canonniers, et plus de trois cents artisans. [61] Cette colonie d'hommes habiles en tout genre, passa de Hollande à Arcangel sur le *Royal Transport*, et de là fut répandue dans les endroits où leurs services étaient nécessaires. Ceux qui furent engagés à Amsterdam prirent la route de Nerva, qui appartenait à la Suède.

Pendant qu'il faisait ainsi transporter les arts d'Angleterre et de Hollande dans son pays, les officiers qu'il avait envoyés à Rome et en Italie, engageaient aussi quelques artistes. Son général Sheremeto, [62] qui était à la tête de son ambassade en Italie, allait de Rome à Naples, à Venise, à Malthe; et le czar passa à Vienne avec les autres ambassadeurs. Il avait à voir la discipline guerrière des Allemands après les flottes anglaises, et les ateliers de Hollande. La politique avait encore autant de part au voyage que l'instruction. L'Empereur était l'allié nécessaire du czar contre les Turcs. Pierre vit Léopold incognito. Les deux monarques s'entretinrent debout pour éviter les embarras du cérémonial.

Il n'y eut rien de marqué dans son séjour à Vienne, que

260

265

270

275

280

264-265   59-w68:   trente pilotes, trente chirurgiens

[59] Au large de Spithead, près de l'île de Wight.
[60] Il avait quitté Londres le 2 mai 1698.
[61] Soit environ 640 Hollandais et une soixantaine d'Anglais.
[62] Sur le général Boris Petrovitch Cheremetiev, voir ci-dessus, *Anecdotes*, n.71.

l'ancienne fête de l'*hôte* et de l'*hôtesse*,[63] que Léopold renouvela pour lui, et qui n'avait point été en usage pendant son règne. Cette
285 fête qui se nomme *Wurtchaffi*[64] se célèbre de cette manière. L'empereur est l'hôtelier, l'impératrice l'hôtelière, le roi des Romains, les archiducs, les archiduchesses sont d'ordinaire les aides, et reçoivent dans l'hôtellerie toutes les nations vêtues à la plus ancienne mode de leur pays: ceux qui sont appelés à la fête
290 tirent au sort des billets. Sur chacun de ces billets est écrit le nom de la nation, et de la condition qu'on doit représenter. L'un a un billet de mandarin chinois, l'autre de mirza tartare, de satrape persan, ou de sénateur romain; une princesse tire un billet de jardinière, ou de laitière; un prince est paysan ou soldat. On forme
295 des danses convenables à tous ces caractères. L'hôte et l'hôtesse et sa famille servent à table. Telle est l'ancienne institution: (*c*) mais dans cette occasion le roi des Romains Joseph et la comtesse de Traun [66] représentèrent les anciens Egyptiens; l'archiduc Charles et la comtesse de Valstein figuraient les Flamands [67] du temps de

(*c*) Manuscrits de Pétersbourg et de Le Fort. [65]

290 K: Sur chacun est

[63] Voltaire écrivit en 1776 un divertissement intitulé *L'Hôte et l'hôtesse* (M.vii.305-13). L'idée lui en fut suggérée, comme il l'a dit, par cette ancienne fête de la cour de Vienne.

[64] On écrit *Wirtschaft*, corrige Müller (Š, p.381). Dans les manuscrits Fr. 1013 (p.79) et 1015 (f.54*v*) figure le mot *Wurtchaff*.

[65] Aucun manuscrit de Saint-Pétersbourg ne rapporte cette tradition viennoise. Voltaire résume ici le manuscrit Fr. 1013, p.78-83. Fr. 1015 ne donne pas de détails sur la fête.

[66] Fr. 1013, p.80.

[67] Après 'l'archiduc d'Autriche', il y a un blanc pour le personnage féminin dans Fr. 1013 (p.80). Maria Barbara Palffi von Erdöd, comtesse de Valdstein, était la petite-nièce du célèbre général Wallenstein. Voltaire l'a rencontrée à Bruxelles et lui a consacré quelques vers dans sa lettre à Frédéric du 2 octobre 1742 (D2664).

Charles-Quint. L'archiduchesse Marie-Elizabeth et le comte de   300
Traun étaient en Tartares; [68] l'archiduchesse Joséphine avec le
comte de Vorkla [69] étaient à la persane; l'archiduchesse Mariamne
et le prince Maximilien de Hanovre en paysans de la Nord-
Hollande. [70] Pierre s'habilla en paysan de Frise, [71] et on ne lui
adressa la parole qu'en cette qualité, en lui parlant toujours du   305
grand czar de Russie. [72] Ce sont de très petites particularités, mais
ce qui rappelle les anciennes mœurs peut à quelques égards mériter
qu'on en parle.

Pierre était prêt de partir de Vienne pour aller achever de
s'instruire à Venise, lorsqu'il eut la nouvelle d'une révolte qui   310
troublait ses Etats.

[68] Dans Fr. 1013, on lit 'le comte de Daün' (p.81). Philipp-Lorenz, prince de
Thiano, marquis de Rivoli, comte de Daun (1669-1741), d'une famille allemande
au service de l'Autriche, sera vice-roi de Naples (1708 et 1713), notamment lorsque
le tsarévitch Alexis y trouvera refuge. Feld-maréchal, il deviendra gouverneur des
Pays-Bas autrichiens (1728) et de Milan (1733). L'archiduchesse Marie-Elisabeth,
fille de Léopold Ier d'Autriche, gouvernera les Pays-Bas après le comte de Daun.
Frédéric évoque sa 'gravité espagnole' et le 'cérémonial guindé de sa petite cour';
il est sûr que 'le baron de Gangan en sentira le ridicule, s'il pousse ses voyages
jusqu'à Bruxelles' (à Voltaire, 7 juillet 1739, D2042). En 1740, Voltaire considère
Marie-Elisabeth, dont la santé baisse, comme un 'astre à son couchant', mais il
rapporte qu'elle est aimée, parce qu'elle n'a jamais fait de mal (à Thiriot, 22 août
1740, D2299).

[69] Le comte de Volkra, rectifie Müller (Š, p.381). Dans Fr. 1013, le 'comte
Voldgra' et l'archiduchesse Josepha sont déguisés en Juifs (p.82); les 'Persiens' sont
l'aîné des princes des Deux-Ponts et la comtesse de Daun (p.80).

[70] Fr. 1013, p.82. L'archiduchesse est nommée Anne Marie.

[71] Fr. 1013, p.82. Le tsar avait pour partenaire la comtesse Johanna von Thurn.

[72] Léopold s'adressa à Pierre en disant: 'Je crois que vous connaissez le tsar de
Russie. Buvons à sa santé' (C. de Grunwald, *La Russie de Pierre le Grand*, Paris
1953, p.93).

CHAPITRE DIXIÈME

*Milice des strélitz abolie. Changements dans les usages,
dans les mœurs, dans l'Etat et dans l'Eglise.*

Il avait pourvu à tout en partant, et même aux moyens de réprimer une rébellion. Ce qu'il faisait de grand et d'utile pour son pays, fut la cause même de cette révolte.

De vieux boyards à qui les anciennes coutumes étaient chères,
5 des prêtres à qui les nouvelles paraissaient des sacrilèges, commen-cèrent les troubles. L'ancien parti de la princesse Sophie se réveilla. Une de ses sœurs,[1] dit-on, renfermée avec elle dans le même monastère, ne servit pas peu à exciter les esprits: on représentait de tous côtés combien il était à craindre que des étrangers ne
10 vinssent instruire la nation. (*a*)[2] Enfin, qui le croirait? la permission que le czar avait donnée de vendre du tabac dans son empire malgré le clergé, fut un des grands motifs des séditieux.[3] La superstition qui dans toute la terre est un fléau si funeste, et si cher aux peuples, passa du peuple russe aux strélitz répandus sur les
15 frontières de la Lithuanie: ils s'assemblèrent, ils marchèrent vers

(*a*) Manuscrits de Le Fort.

[1] Eudoxie, que Voltaire appelle Eudoxe (l.35).
[2] Ces manuscrits ne parlent que du dessein des streltsy 'd'égorger tous les étrangers' (Fr. 1013, p.86; 1015, f.56r).
[3] Dans les *Anecdotes*, on s'en souvient, Voltaire avait déjà prétendu que la 'permission de fumer' avait été une des causes de la révolte (l.145-151). En réalité, le prétexte fut un retard dans la paye (Perry, p.172). Les streltsy étaient surtout mécontents d'avoir été envoyés sur les frontières. Ils dirent à Gordon qu'ils ne réclamaient pas leurs soldes arriérées, mais qu'ils entendaient aller à Moscou embrasser leurs femmes (Korb, *Diarium*, p.162; *Récit de la sanglante révolte*, p.10).

Moscou, dans le dessein de mettre Sophie sur le trône et de fermer le retour à un czar qui avait violé les usages, en osant s'instruire chez les étrangers. [4] Le corps commandé par Shein et par Gordon, mieux discipliné qu'eux, les battit à quinze lieues de Moscou: [5] mais cette supériorité d'un général étranger sur l'ancienne milice, dans laquelle plusieurs bourgeois de Moscou étaient enrôlés, irrita encore la nation.

Pour étouffer ces troubles, le czar part secrètement de Vienne, passe par la Pologne, voit incognito le roi Auguste, avec lequel il prend déjà des mesures pour s'agrandir du côté de la mer Baltique. *Septembre 1698.* Il arrive enfin à Moscou, et surprend tout le monde par sa présence: il récompense les troupes qui ont vaincu les strélitz: les prisons étaient pleines de ces malheureux. Si leur crime était grand, le châtiment le fut aussi. Leurs chefs, plusieurs officiers et quelques prêtres, furent condamnés à la mort; (*b*) quelques-uns furent roués,

20

25

30

(*b*) Mémoires du capitaine et ingénieur Perri employé en Russie par Pierre le Grand. Manuscrits de Le Fort.

26   59, 65, texte de la manchette en note au bas de la page

[4] C'est le début de la 'cinquième révolte' des streltsy, dont le dessein était de massacrer les boïars, de s'opposer au retour de Pierre et de déférer la régence à Sophie (voir MS 6-13, f.399*v*). Selon Korb, ils projetaient aussi d'incendier le 'faubourg allemand' de Moscou (*Diarium*, p.163; *Récit de la sanglante révolte*, p.16-17).

[5] Shein et Gordon exhortèrent d'abord les révoltés à rentrer dans leur devoir, mais ceux-ci les insultèrent. Les généraux commencèrent par faire tirer à poudre seule, mais les insurgés tirèrent à boulets et tuèrent plusieurs soldats. Quatre mille streltsy furent faits prisonniers (MS 6-13, f.399*v*-400*r*). La rencontre eut lieu près du monastère de la Résurrection (voir Korb, *Diarium*, p.162; *Récit de la sanglante révolte*, p.10-14, qui présente un récit un peu différent des événements). Sur le monastère de la Résurrection, voir ci-dessus, I.ii, n.76.

deux femmes enterrées vives. [6] On pendit autour des murailles de la ville, et on fit périr dans d'autres supplices deux mille strélitz; (c) [7] leurs corps restèrent deux jours exposés sur les grands chemins, et surtout autour du monastère où résidaient les princesses Sophie et
35 Eudoxe. [8] On érigea des colonnes de pierre, où le crime et le châtiment furent gravés. [9] Un très grand nombre qui avaient leurs femmes et leurs enfants à Moscou furent dispersés avec leur familles dans la Sibérie, dans le royaume d'Astracan, dans le pays d'Asoph: [10] par là, du moins, leur punition fut utile à l'Etat; ils
40 servirent à défricher et à peupler des terres qui manquaient d'habitants et de culture.

Peut-être si le czar n'avait pas eu besoin d'un exemple terrible, il eût fait travailler aux ouvrages publics une partie des strélitz

(c) Manuscrits de Le Fort.

[6] Cf. Perry: 'Les uns eurent la tête tranchée, les autres furent roüez, & quelques-uns enterrez tout vifs' (p.176). 'S. M. Cz. en fist pendre la plus grande partie, fouetter, marquer & envoyer en Siberie l'autre' (Fr. 1013, p.87). 'Les uns furent pendus, ou fouettés, ou marqués, ou relégués en Sibérie' (Fr. 1015, f.56v). Deux femmes de chambre de Sophie furent torturées. Selon certains, on les enterra jusqu'au cou toutes vivantes; selon d'autres, on les noya dans la Iaouza (Korb, *Diarium*, p.167; *Récit de la sanglante révolte*, p.30).

[7] Plus de deux mille, selon Perry (p.176). Le MS 6-13 dit seulement qu''un grand nombre' de streltsy furent exécutés (f.400r). Korb fait état de plusieurs centaines de mises à mort au cours de huit exécutions successives du 10 au 31 octobre 1698 (*Diarium*, p.170-73; *Récit de la sanglante révolte*, p.37-49). Sur 2000 mutins, 1200 auraient été exécutés (Massie, p.253). Plus d'un millier selon Riasanovsky (p.243).

[8] On planta des potences autour des monastères où les princesses étaient reléguées (Fr. 1013, p.87; 1015, f.56v). Les sœurs de Sophie n'étaient pas enfermées avec elle, rectifie Müller: elles vivaient à la cour comme auparavant (Š, p.381).

[9] Voir Perry, p.177. On lit aussi dans le MS 2-3: 'On érigea sur tout les grands chemins des Piramides de pierre sur les quelles on grava la relation de leurs crimes, et leur arrêt de mort, afin d'en conserver la mémoire, et la rendre odieuse à la postérité' (f.30r).

[10] Perry, p.177. Le MS 6-13 dit simplement: 'et le reste dispersé dans des provinces éloignées ou incorporé dans d'autres régiments' (f.400r).

qu'il fit exécuter, et qui furent perdus pour lui et pour l'Etat; [11] la vie des hommes devant être comptée pour beaucoup, surtout dans un pays où la population demandait tous les soins d'un législateur: il crut devoir étonner et subjuguer pour jamais l'esprit de la nation par l'appareil et par la multitude des supplices. Le corps entier des strélitz, qu'aucun de ses prédécesseurs n'aurait osé seulement diminuer, fut cassé à perpétuité, et leur nom aboli. [12] Ce grand changement se fit sans la moindre résistance, parce qu'il avait été préparé. Le sultan des Turcs Osman, comme on l'a déjà remarqué, [13] fut déposé dans le même siècle et égorgé, pour avoir laissé seulement soupçonner aux janissaires qu'il voulait diminuer leur nombre. Pierre eut plus de bonheur, ayant mieux pris ses mesures. Il ne resta de toute cette grande milice des strélitz que quelques faibles régiments qui n'étaient plus dangereux, et qui cependant conservant encore leur ancien esprit se révoltèrent dans Astracan en 1705, mais furent bientôt réprimés. [14]

Autant que Pierre avait déployé de sévérité dans cette affaire d'Etat, autant il montra d'humanité quand il perdit quelque temps

45

50

55

60

46   59-w68:   législateur: mais il
60   к: Autant Pierre

[11] On sait que Voltaire a toujours été contre la peine de mort et pour les 'travaux publics': 'Un homme pendu n'est bon à rien', répétera-t-il dans l'article 'Lois civiles et ecclésiastiques' du *Dictionnaire philosophique* (V 36, ii.323). Voir aussi le *Commentaire sur le livre Des délits et des peines*, en 1766 (M.xxv.555), où Elisabeth et Catherine II sont citées en exemple pour avoir rendu les supplices utiles.

[12] Voir Perry, p.177.

[13] Voir ci-dessus, I.vi.122-123.

[14] Tous les étrangers avaient été massacrés par les rebelles, selon Perry (p.92) et Cornelis De Bruyn (*Voyage au Levant*, v.220). Astrakhan ne fut reprise par Cheremetiev qu'en mars 1706, après de rudes combats (Riasanovsky, p.246). Le 1er décembre 1707, on décapita 30 personnes qui avaient pris part au massacre. Le 6 février suivant, on fit encore décapiter 70 des principaux rebelles, on en rompit cinq et on en pendit ensuite 45 (De Bruyn, v.248, 255).

après son favori Le Fort, qui mourut d'une mort prématurée à
l'âge de quarante-six ans.[15] Il l'honora d'une pompe funèbre telle
qu'on en fait aux grands souverains. Il assista lui-même au convoi
65 une pique à la main,[16] marchant après les capitaines au rang de
lieutenant qu'il avait pris dans le grand régiment du général,
enseignant à la fois à sa noblesse à respecter le mérite et les grades
militaires.

12 mars 1699 n. st.

On connut après la mort de Le Fort, que les changements
70 préparés dans l'Etat ne venaient pas de lui, mais du czar.[17] Il s'était
confirmé dans ses projets par les conversations avec Le Fort, mais
il les avait tous conçus, et il les exécuta sans lui.

Dès qu'il eut détruit les strélitz, il établit des régiments réguliers
sur le modèle allemand; ils eurent des habits courts et uniformes, au
75 lieu de ces jaquettes incommodes dont ils étaient vêtus auparavant:
l'exercice fut plus régulier.

Les gardes Préobazinsky étaient déjà formés: ce nom leur venait
de cette première compagnie de cinquante hommes que le czar
jeune encore avait exercée dans la retraite de Préobazinsky, du
80 temps que sa sœur Sophie gouvernait l'Etat; et l'autre régiment
des gardes était aussi établi.[18]

62   59, 65, texte de la manchette en note au bas de la page

[15] François Lefort est mort à 43 ans (46 ans est l'âge mentionné par la *Gazette de La Haye*, 30 avril 1699, MS 3-45, f.210v; par la *Gazette de France*, 10-20 mai 1699, MS 3-44, f.208v; et par Bassville, *Précis historique sur la vie et les exploits de François Le Fort*, p.135). Lefort est mort à Moscou le 2 mars 1699 v. st. (voir 'Extrait de la *Gazette de La Haye*', 14 avril 1699, MS 3-50, f.217r), soit le 12 mars n. st. (*Gazette de La Haye*, 23 avril 1699, MS 3-46, f.212r).

[16] Voltaire a lu ce détail dans Fr. 1013, p.90. On le trouve également dans la *Gazette de France* du 10-20 mai 1699 (MS 3-44, f.208v), ou dans la *Gazette de La Haye* du 30 avril 1699 (MS 3-45, f.210r), dont le texte est à peu près le même. Voir aussi Mauvillon, i.236. L'anecdote est rapportée par Bassville d'après la *Gazette de La Haye* (p.137).

[17] A ce propos, Bassville reproche à Voltaire de n'avoir tant élevé Lefort (voir I.vi et n.54) que pour le dénigrer ensuite (p.IX).

[18] Les deux régiments de la Garde sont ceux de Preobrajenski et de Semionovski.

Comme il avait passé lui-même par les plus bas grades militaires, il voulut que les fils de ses boyards et de ses knès commençassent par être soldats avant d'être officiers. [19] Il en mit d'autres sur sa flotte à Véronise et vers Asoph, et il fallut qu'ils fissent l'apprentissage de matelot. On n'osait refuser un maître qui avait donné l'exemple. Les Anglais et les Hollandais travaillaient à mettre cette flotte en état, à construire des écluses, à établir des chantiers où l'on pût caréner les vaisseaux à sec, à reprendre le grand ouvrage de la jonction du Tanaïs et du Volga, abandonné par l'Allemand Brakel. Dès lors les réformes dans son conseil d'Etat, dans les finances, dans l'Eglise, dans la société même, furent commencées.

Les finances étaient à peu près administrées comme en Turquie. Chaque boyard payait pour ses terres une somme convenue, qu'il levait sur ses paysans serfs; le czar établit pour ses receveurs des bourgeois, des bourgmestres qui n'étaient pas assez puissants pour s'arroger le droit de ne payer au trésor public que ce qu'ils voudraient. Cette nouvelle administration des finances fut ce qui lui coûta le plus de peine; [20] il fallut essayer de plus d'une méthode avant de se fixer.

[19] Cf. Perry, p.261; Buchet, p.117; Fontenelle, iii.191.
[20] La chambre des comptes créée sur le modèle hollandais devait être composée de gens honnêtes choisis parmi les marchands et appelés *bourguemaîtres* (Perry, p.182-83). Mais la réforme monétaire était préjudiciable au commerce et les nouveaux receveurs se comportaient de manière arbitraire (Perry, p.240-45). Pierre avait prescrit la refonte de la monnaie d'argent, ce qui aboutit à sa dépréciation. Mais, de 1698 à 1704, les refontes des différentes monnaies rapportèrent de gros bénéfices au trésor. 'Et cependant, en dépit des efforts du gouvernement, le budget souffrait d'un croissant déficit, au point qu'à partir de 1711 le tzar, après avoir à nouveau ordonné un affaiblissement de la monnaie, est contraint de reprendre comme au temps d'Alexis Mikhaïlovitch la frappe d'une monnaie de cuivre de caractère fiduciaire, c'est-à-dire sans valeur réelle [...] Le gouvernement couvre ses dépenses 'tant bien que mal par ces expédients jusqu'à la date limite de 1717' (Portal, p.127-28). En novembre 1718, Weber rapporte: 'Le Conseil des Finances nouvellement établi s'appliquoit en même tems, avec tout le soin possible, à mettre le revenu du Czar sur un meilleur pié, & surtout à chercher des remedes convenables contre les fraudes & les abus frequens qui se commettoient dans la levée des impôts' (i.372).

La réforme dans l'Eglise, qu'on croit partout difficile et dangereuse, ne le fut point pour lui. Les patriarches avaient quelquefois
combattu l'autorité du trône, ainsi que les strélitz; Nicon avec
audace, Joachim un des successeurs de Nicon avec souplesse. [21]
Les évêques s'étaient arrogé le droit du glaive, celui de condamner
à des peines afflictives et à la mort, [22] droit contraire à l'esprit de
la religion et au gouvernement: cette usurpation ancienne leur fut
ôtée. Le patriarche Adrien étant mort à la fin du siècle, [23] Pierre
déclara qu'il n'y en aurait plus. Cette dignité fut entièrement
abolie; les grands biens affectés au patriarcat furent réunis aux
finances publiques qui en avaient besoin. [24] Si le czar ne se fit pas
le chef de l'Eglise russe, comme les rois de la Grande-Bretagne le
sont de l'Eglise anglicane, il en fut en effet le maître absolu, [25]
parce que les synodes n'osaient ni désobéir à un souverain
despotique, ni disputer contre un prince plus éclairé qu'eux.

105   59*: arrogé ᵂquelquefois⁺ le droit

[21] Le patriarche Joachim (1621-1690) avait succédé en 1674 à Nicon, déposé en
1667. Le MS 4-4 rapporte ses intrigues avec Sophie, en notant que 'ce fut cependant
avec tant de secret et d'habileté qu'on n'en fut instruit qu'après sa mort' (f.241ν).

[22] Faux, dit Müller, si un membre du clergé avait commis un crime qui méritait
un tel supplice, on le dépouillait de ses qualités spirituelles, et on le remettait entre
les mains du juge temporel pour subir les peines qu'il avait méritées (Š, p.381).
Voltaire s'est peut-être souvenu ici de Perry, selon qui, 'par ordre des anciens
czars', le patriarche, dont les sentences devaient être exécutées sans opposition,
'avait le pouvoir de condamner à mort tous ceux qu'il jugeait coupables à cet égard'
(p.198).

[23] Le 16 novembre 1700, v. st., comme le précise Müller (Š, p.382).

[24] Pierre 'fit entrer dans ses coffres les revenus attachés au patriarcat' (Hübner,
La Géographie universelle, iii.359). C'est ce que Voltaire proposait à Frédéric II pour
ses couvents.

[25] Voir ci-dessous, n.28. Dans les *Anecdotes*, on l'a vu, Voltaire affirmait que
Pierre faisait les 'fonctions' de patriarche (l.179). Il nuance ici son propos (voir
aussi ci-dessous, l.134-136), en ne tenant pas compte de l'Extrait des annales russes'
qui affirme à tort que Pierre se déclara le chef du Synode sous le nom de président
(MS 5-18, f.72r).

Il ne faut que jeter les yeux sur le préambule de l'édit de ses règlements ecclésiastiques donné en 1721, pour voir qu'il agissait en législateur et en maître. *Nous nous croirions coupables d'ingratitude envers le Très-Haut, si après avoir réformé l'ordre militaire et le civil, nous négligions l'ordre spirituel etc. A ces causes, suivant l'exemple des plus anciens rois dont la piété est célèbre, nous avons pris sur nous le soin de donner de bons règlements au clergé.* [26] Il est vrai qu'il établit un synode [27] pour faire exécuter ses lois ecclésiastiques; mais les membres du synode devaient commencer leur ministère par un serment dont lui-même avait écrit et signé la formule: ce serment était celui de l'obéissance: en voici les termes: *Je jure d'être fidèle et obéissant serviteur et sujet à mon naturel et véritable souverain, aux augustes successeurs qu'il lui plaira de nommer en vertu du pouvoir incontestable qu'il en a: Je reconnais qu'il est le juge suprême de ce collège spirituel: je jure par le Dieu qui voit tout, que j'entends et que j'explique ce serment dans toute la force et le sens que les paroles présentent à ceux qui le lisent ou qui l'écoutent.* [28] Ce serment est encore plus fort que celui de suprématie en Angleterre. [29] Le

120

125

130

[26] 'Du Gouvernement Eclesiastique De Russie' (MS 4-4, f.243*v*-244*r*). Voltaire a rendu le texte plus concis. Cette ordonnance du Règlement ecclésiastique du 10/21 février 1720, traduite différemment, figure dans les *Anecdotes du règne de Pierre premier, dit le Grand, czar de Moscovie* ([Paris] 1745; BV51), attribuées à Léonor-Jean-Christine Soulas d'Allainval. Voltaire a mis un signet entre les pages 24 et 25, où se trouve la première partie de l'ordonnance (CN, i.90).

[27] En 1721; voir ci-dessus, *Anecdotes*, n.47. Le principe du Saint-Synode était emprunté aux pays protestants. Voltaire y revient en détail ci-dessous, II.xiv.17-54.

[28] Voir MS 4-4, f.246. Voltaire a sauté quelques mots, et n'a cité qu'un passage de cet 'Extrait du Serment'. Une traduction un peu différente se trouve dans Allainval, *Anecdotes du règne de Pierre Premier* (p.10-13). Contrairement à ce qu'affirme l'auteur de l'ouvrage, pour qui Pierre 'réunit en sa personne l'autorité spirituelle et temporelle' et 'se fit déclarer chef et protecteur de la religion grecque dans tout son empire' (p.VII), le tsar n'avait pas plus d'autorité qu'avant en matière de foi. Voltaire a bien vu qu'il n'était pas 'un des pères du synode' (l.134), mais 'dirigeait les mains' qui portaient l'encensoir. La réforme n'instituait donc pas un césaropapisme, mais permettait au gouvernement 'd'exercer un contrôle effectif sur l'organisation de l'Eglise, ses biens et sa politique' (Riasanovsky, p.257).

[29] L'Acte de suprématie, loi que firent voter en 1534 Henri VIII et Thomas

monarque russe n'était pas à la vérité un des pères du synode,
135 mais il dictait leurs lois; il ne touchait point à l'encensoir, mais il
dirigeait les mains qui le portaient.

En attendant ce grand ouvrage, il crut que dans ses Etats qui
avaient besoin d'être peuplés, le célibat des moines était contraire
à la nature et au bien public. L'ancien usage de l'Eglise russe est
140 que les prêtres séculiers se marient au moins une fois; ils y sont
même obligés: et autrefois quand ils avaient perdu leur femme, ils
cessaient d'être prêtres. [30] Mais une multitude de jeunes gens et de
jeunes filles qui font vœu dans un cloître d'être inutiles, et de
vivre aux dépens d'autrui, lui parut dangereux; il ordonna qu'on
145 n'entrerait dans les cloîtres qu'à cinquante ans, [31] c'est-à-dire, dans
un âge où cette tentation ne prend presque jamais, et il défendit
qu'on y reçût à quelque âge que ce fût un homme revêtu d'un
emploi public.

Ce règlement a été aboli depuis lui, [32] lorsqu'on a cru devoir
150 plus de condescendance aux monastères: mais pour la dignité de

---

144 k: parut dangereuse; il

Cromwell, stipulait que le roi devait être 'accepté, regardé, reconnu comme unique
et suprême chef, sur la terre, de l'Eglise et d'Angleterre'.

[30] Faux, dit Lomonossov. Müller précise qu'avec une dispense ils ne cessent pas
d'être prêtres. Büsching observe qu'un prêtre veuf ne peut plus diriger sa paroisse,
mais doit devenir prêtre-moine dans un couvent ou cesser d'être prêtre s'il veut se
remarier (Š, p.382).

[31] Cette fausse information figure dans Perry et dans Buchet; voir ci-dessus,
Anecdotes, n.49). Büsching précise que la règle ne valait que pour les femmes; quant
aux hommes, ils ne pouvaient se faire moines avant l'âge de trente ans. Il fallait de
toute façon une autorisation expresse du Synode pour devenir moine ou nonne (Š,
p.383). Suivant une addition du Règlement ecclésiastique publiée à la fin d'avril
1722, il fallait avoir atteint l'âge de trente ans pour devenir moine, ou, pour une
veuve, être reçue dans un monastère; mais une femme ne pouvait recevoir le voile
avant l'âge de cinquante ans (MS 4-4, f.320r et 330).

[32] Faux, dit Lomonossov. L'entrée dans les ordres a toujours ses limites (Š,
p.382).

patriarche, elle n'a jamais été rétablie; les grands revenus du patriarcat ayant été employés au payement des troupes. [33]

Ces changements excitèrent d'abord quelques murmures; un prêtre écrivit que Pierre était l'Antéchrist, parce qu'il ne voulait point de patriarche: et l'art de l'imprimerie que le czar encourageait servit à faire imprimer contre lui des libelles: [34] mais aussi un autre prêtre répondit que ce prince ne pouvait être l'Antéchrist, parce que le nombre de 666 ne se trouvait pas dans son nom, et qu'il n'avait point le signe de la bête. [35] Les plaintes furent bientôt réprimées. [36] Pierre en effet donna bien plus à son Eglise qu'il ne lui ôta; car il rendit peu à peu le clergé plus régulier et plus savant. Il a fondé à Moscou trois collèges, où l'on apprend les langues, et où ceux qui se destinaient à la prêtrise étaient obligés d'étudier. [37]

Une des réformes les plus nécessaires, était l'abolition, ou du

[33] Jamais, affirme Müller (Š, p.383).

[34] En 1701, Grigori Talitzki, imprimeur de la cour, 'excitoit le peuple à une révolte par des libelles qu'il faisoit afficher au coin des rues et des carrefours. Par ces écrits le Czar étoit appellé le vrai Antéchrist'. Talitzki s'enfuit en Sibérie, mais fut arrêté, emprisonné à Moscou et brûlé sur l'échafaud avec deux de ses complices (Strahlenberg, i.176-77). Voltaire semble s'inspirer plus directement de Vockerodt (voir n.35 et 36). Sur l'imprimerie, progrès aux effets pervers, voir ci-dessus, 'Préface historique et critique', II. Sur les relations de Pierre le Grand avec les frères Tessing, imprimeurs hollandais, voir ci-dessous, I.xiii, n.4.

[35] Dans l'Apocalypse (xiii.18), 666 est le nombre de la bête. Peut-être parce que le 6 est un chiffre maléfique ($1+2+3 = 6$; $1 \times 2 \times 3 = 6$). La source de Voltaire est Vockerodt (Considérations, app. III, II.147-149).

[36] Euphémisme. Dans l'Histoire de Charles XII, Voltaire écrivait: 'L'auteur du libelle fut roué, et celui de la réfutation fut fait évêque de Rezan' (V 4, p.188). La source de Voltaire est Vockerodt (Considérations, app. III, II.134-152).

[37] Selon Weber, dans le premier collège les moines enseignaient les belles-lettres, dans le second les mathématiques et dans le troisième la navigation (i.207-208). Le MS 4-4, qui se réfère à Weber, donne les effectifs des écoliers pour chacun des collèges (f.270r). Pierre n'a pas fondé trois collèges ecclésiastiques, rectifie Lomonossov. Quant à l'école du monastère du Sauveur, c'est le tsar Fedor Alekseevitch qui l'a fondée (Š, p.383).

165 moins l'adoucissement de quatre grands carêmes; ancien assujettissement de l'Eglise grecque, aussi pernicieux pour ceux qui travaillent aux ouvrages publics, et surtout pour les soldats, que le fut l'ancienne superstition des Juifs de ne point combattre le jour du sabbat. Aussi le czar dispensa-t-il au moins ses troupes et ses

170 ouvriers de ces carêmes,[38] dans lesquels d'ailleurs, s'il n'était pas permis de manger, il était d'usage de s'enivrer. Il les dispensa même de l'abstinence les jours maigres; les aumôniers de vaisseau et de régiment furent obligés d'en donner l'exemple, et le donnèrent sans répugnance.

175 Le calendrier était un objet important. L'année fut autrefois réglée dans tous les pays de la terre par les chefs de la religion; non seulement à cause des fêtes, mais parce qu'anciennement l'astronomie n'était guère connue que des prêtres. L'année commençait au premier de septembre chez les Russes; il ordonna que

180 désormais l'année commencerait au premier janvier, comme dans notre Europe. Ce changement fut indiqué pour l'année 1700 à l'ouverture du siècle, qu'il fit célébrer par un jubilé et par de grandes solennités. La populace admirait comment le czar avait pu changer le cours du soleil. Quelques obstinés, persuadés que

185 Dieu avait créé le monde en septembre, continuèrent leur ancien style:[39] mais il changea dans les bureaux, dans les chancelleries, et

165   59-w68:   de trois grands

[38] Ces jeûnes étaient 'pernicieux à un nombre infini de soldats, de matelots & d'ouvriers' (Weber, i.365). 'Ces jeûnes fréquens lui paroissoient [à Pierre] des abus préjudiciables à l'Etat politique, il les considéroit comme incompatibles avec les fatigues de la guerre, il résolut d'y remédier' (La Mottraye, *Voyages*, 1732, p.210). Fontenelle rapporte également que ces jeûnes étaient 'si fréquens & si rigoureux' qu'ils 'incommodoient trop les troupes & les rendoient souvent incapables d'agir' (iii.223). La dispense ne concernait que les troupes et les mariniers, observe Müller (Š, p.383). Le ms 4-3 n'évoque effectivement que les soldats et les matelots (f.214ν).

[39] Formule malheureuse: Voltaire aurait dû parler d''ancien usage'. L'expression 'ancien style' est en effet réservée – ce qui ne manque pas de sel – au calendrier introduit par Pierre le Grand, et auquel Voltaire oppose lui-même dans ses notes le 'nouveau style'.

bientôt dans tout l'empire. Pierre n'adoptait pas le calendrier grégorien, que les mathématiciens anglais rejetaient, et qu'il faudra bien un jour recevoir dans tous les pays. [40]

Depuis le cinquième siècle, temps auquel on avait connu l'usage des lettres, [41] on écrivait sur des rouleaux, soit d'écorce, soit de parchemin, et ensuite sur du papier. [42] Le czar fut obligé de donner

190

---

190   59*:   le <cinquième> ᵂhuitième⁺ siècle
191-192   59*:   rouleaux<, soit d'écorce, soit> de parchemin

---

[40] Les mathématiciens anglais ne rejetèrent pas le calendrier grégorien, proteste la *Lettre du czar Pierre à Mr. de Voltaire sur son Histoire de Russie*, attribuée à La Beaumelle: 'Ils ne suivoient l'ancien style que parce que la nation angloise rejettoit le nouveau calendrier comme étant l'ouvrage de la Cour de Rome'; ils ont 'travaillé au contraire à faire recevoir ce calendrier' (p.33-34). L'Angleterre et la Suède n'adoptèrent le calendrier grégorien qu'en 1752, les protestants d'Allemagne, des Pays-Bas et de Suisse s'y étaient ralliés vers 1700. On sait que les orthodoxes avaient conservé le calendrier julien, et que la Russie n'adoptera le calendrier grégorien qu'en 1918. Voltaire évoque la réforme de Pierre plus en détail que dans les *Anecdotes* (l.172-178), mais ne dit pas qu'avant 1700 les Russes dataient selon la tradition byzantine, à partir de la création du monde (5508 av. J.-C.). Il le rappelait dans l'*Histoire de Charles XII* (V 4, p.179).

[41] Contradiction avec le chapitre 1, où il est dit que l'art de l'écriture était inconnu des Russes au cinquième siècle (1.i.76-77 et n.17). Voltaire a peut-être repris une information erronée des 'Anecdotes sur la Russie': 'ce n'est que depuis le 4ᵉ siècle ou environ que l'on sçait écrire en Russie' (MS 3-51, f.218r). Les Russes ne connaissent l'usage des caractères que depuis la fin du huitième siècle, selon Müller (Š, p.384). En fait, cet usage ne remonte qu'au onzième siècle, ou tout au plus à la fin du dixième.

[42] Les Russes n'ont jamais écrit sur des rouleaux d'écorce, objecte Müller (Š, p.384). Il est pourtant vrai qu'il existait des textes sur écorce de bouleau, mais ils n'ont été découverts qu'au vingtième siècle, dans les fouilles de Novgorod. Le 11 juin 1761, Voltaire demande à Chouvalov: 'Pourquoi me dit-on qu'au sixième siècle on écrivait à Kiovie sur du papier, lequel n'a été inventé qu'au douzième siècle?' (D9818). Les Russes répondirent qu'ils ne savaient qui avait affirmé cela (Š, p.194). En fait, le papier était connu en Europe dès le dixième siècle, un manuscrit arabe sur papier du neuvième siècle est conservé à la bibliothèque de l'université de Leyde, et on faisait du papier en Chine encore plus tôt (D9818, n.7). Sur les écrits des Russes 'roulés en rouleaux', voir Margeret, *Etat de l'empire de Russie*, p.65.

un édit par lequel il était ordonné de n'écrire que selon notre usage.

195 La réforme s'étendit à tout. Les mariages se faisaient auparavant comme dans la Turquie et dans la Perse, où l'on ne voit celle qu'on épouse que lorsque le contrat est signé, et qu'on ne peut plus s'en dédire.[43] Cet usage est bon chez des peuples où la polygamie est établie, et où les femmes sont renfermées; il est
200 mauvais pour les pays où l'on est réduit à une femme, et où le divorce est rare.

Le czar voulut accoutumer sa nation aux mœurs et aux coutumes des nations chez lesquelles il avait voyagé, et dont il avait tiré tous les maîtres qui instruisaient alors la sienne.

205 Il était utile que les Russes ne fussent point vêtus d'une autre manière que ceux qui leur enseignaient les arts; la haine contre les étrangers étant trop naturelle aux hommes, et trop entretenue par la différence des vêtements. L'habit de cérémonie qui tenait alors du polonais, du tartare, et de l'ancien hongrois, était, comme on
210 l'a dit,[44] très noble; mais l'habit des bourgeois et du bas peuple ressemblait à ces jaquettes plissées vers la ceinture qu'on donne encore à certains pauvres dans quelques-uns de nos hôpitaux. En général la robe fut autrefois le vêtement de toutes les nations; ce vêtement demandait moins de façon et moins d'art; on laissait
215 croître sa barbe par la même raison. Le czar n'eut pas de peine à introduire l'habit de nos nations et la coutume de se raser à sa cour: mais le peuple fut plus difficile; on fut obligé d'imposer une taxe sur les habits longs et sur les barbes. On suspendait aux portes de la ville des modèles de justaucorps: on coupait les robes et les

---

[43] Sur le mariage par consentement mutuel instauré par Pierre Ier, voir Perry, p.191-92, et Buchet, p.52.

[44] Voir ci-dessus, I.ii.156-157. Tout en considérant comme 'peu important' que, d'après les estampes d'Olearius, l'habit de cérémonie des Russes ait été 'un manteau par dessus la soutane retroussé avec une agrafe', Voltaire écrivait à Chouvalov le 17 juillet 1758: 'Je ne peux m'empêcher de regarder cet habillement ancien comme très nôble' (D7792).

barbes à qui ne voulait pas payer. Tout cela s'exécutait gaiement,   220
et cette gaieté même prévint les séditions. [45]

L'attention de tous les législateurs fut toujours de rendre les
hommes sociables; mais pour l'être, ce n'est pas assez d'être
rassemblés dans une ville, il faut se communiquer avec politesse:
cette communication adoucit partout les amertumes de la vie. Le   225
czar introduisit les *assemblées*, [46] en italien *ridotti*, mot que les
gazetiers ont traduit par le terme impropre de *redoute*. [47] Il fit inviter
à ces assemblées les dames avec leurs filles habillées à la mode des
nations méridionales de l'Europe: il donna même des règlements
pour ces petites fêtes de société. Ainsi jusqu'à la civilité de ses   230
sujets, tout fut son ouvrage et celui du temps.

---

[45] Perry rapporte que les Russes, à l'exception des paysans, étaient astreints à
payer une taxe pour passer les portes d'une ville en robe longue, ou qu'ils étaient
obligés de se mettre à genoux et 'de souffrir qu'on leur coupât tout ce qui toucheroit
à terre'. Mais, 'comme cela se faisoit d'une manière enjouée, le peuple commença
aussi à s'en divertir, et abandonna bientôt, & sans aucune peine, la mode des robes
longues' (p.189-90). Weber assure que même un paysan qui entrait en ville en habit
long était arrêté par les gardes, qui le faisaient mettre à genoux, lui coupaient sa
robe à la hauteur des genoux et lui faisaient en outre payer l'amende. Cette
cérémonie, juge-t-il, 'avoit quelque chose de divertissant dans sa nouveauté' (i.192).
Voltaire présente lui aussi plaisamment ces faits comme dans les *Anecdotes* (l.230-
241). On sait au contraire qu'il y eut une forte résistance à ces réformes, qui
provoquèrent du mécontentement et des révoltes. Le port de la barbe, surtout, était
considéré par le peuple russe comme une marque d'identité nationale: se raser,
c'était défigurer l'image de Dieu en l'homme, et faire ressembler les Russes aux
luthériens, aux Polonais, aux Kalmouks, aux Tatars, aux chats, aux chiens et aux
singes. Le Concile des Cent Chapitres (*Stoglav*, 1551) avait d'ailleurs interdit de
couper les barbes et de raser les moustaches. Le MS 4-3 rapporte que les prêtres ou
papas se sont conservé le droit de porter la barbe, 'persuadez que cela les rapproche
du Père Eternel que l'on peint avec une grande Barbe' (f.200v). C'est à peu près ce
que dit aussi Perry (p.187).

[46] Le mot français est passé en russe dès 1705. Sur le règlement des assemblées,
voir ci-dessus, *Anecdotes*, n.55.

[47] De l'italien *ridotto*, au sens de 'bal public'. Le sens de 'fête' date de 1752, celui
de 'lieu où l'on danse', de 1764. Pour Chappe d'Auteroche, c'est un spectacle
semblable à un bal masqué (*Voyage en Sibérie*, p.10). En Russie, ces assemblées
auxquelles assistaient les femmes soulevèrent la réprobation des traditionalistes.

Pour mieux faire goûter ces innovations, il abolit le mot de *golut*, [48] *esclave*, dont les Russes se servaient quand ils pouvaient parler aux czars, et quand ils présentaient des requêtes; il ordonna
235 qu'on se servît du mot de *raad*, [49] qui signifie *sujet*. Ce changement n'ôta rien à l'obéissance, et devait concilier l'affection. Chaque mois voyait un établissement ou un changement nouveau. Il porta l'attention jusqu'à faire placer sur le chemin de Moscou à Véronise, des poteaux peints qui servaient de colonnes milliaires de verste
240 en verste, c'est-à-dire, à la distance de sept cent cinquante pas, [50]

233-234 к: ils voulaient parler
235   59: mot de *raab*, qui
240   59, 65: de sept cents pas

[48] *Golut* est peut-être une déformation de *golup*, employé par Perry (p.228). Olearius écrivait *golop* (*Relation du voyage en Moscovie*, i.156). Müller dit qu'il faut écrire *gholop* (Š, p.384). C'est à partir du quinzième siècle que le grand-prince moscovite commence à appeler ses sujets 'esclaves' (*kholopy*). Le mot *kholop* devient courant dans les documents de la fin du quinzième siècle, où l'on emploie la formule 'ton esclave' pour s'adresser au souverain moscovite (C. S. Ingerflom, 'Oublier l'Etat pour comprendre la Russie? xvie-xixe siècle', *Revue des études slaves* 66/1, 1994, p.127).

[49] Faute d'impression. La forme correcte est *raab* (éd. de 1759). Mais le mot *rab* ne signifie pas 'sujet', contrairement à ce qu'affirmait Perry (p.228), qui est sans doute la source de Voltaire: il a à peu près le même sens que *kholop*, c'est-à-dire 'esclave' ou 'serf'. Dans le *Journal encyclopédique* du 1er décembre 1762, Müller fait observer que *golut* doit être écrit *chalop*, et *raab* avec un seul *a*, l'un et l'autre signifiant 'serf'. Le peuple se sert du mot *chalop*, et les gens plus polis du mot *rab*. Voltaire rétorqua en note, avec une bonne dose de mauvaise foi: 'Quant au changement de Golut en Chalop, il fallait le prouver. A l'égard de la différente signification de l'un et de l'autre terme, tant pis pour le critique, s'il ne sent pas combien le mot *esclave* diffère du mot *sujet*' (app. x, l.178-184 et n.*p*).

[50] Une verste fait 1500 pas, ou 500 toises de Russie, rectifie Müller (Š, p.385). On a vu que la verste correspond à 1,0668 km (1.i, n.2). Dans l'édition de 1759, Voltaire avait écrit 'sept cents pas'. On voit que la correction est bien insuffisante, puisqu'elle réduit les verstes à des demi-verstes. Sur les poteaux plantés de mille en mille entre Moscou et *Pétersbourg*, avec les distances marquées, voir Perry, p.270-71 et Buchet, p.140. Voir aussi la réponse à une question de Voltaire (app. vi, l.54-58).

et fit construire des espèces de caravansérails de vingt verstes en vingt verstes. [51]

En étendant ainsi ses soins sur le peuple, sur les marchands, sur les voyageurs, il voulut mettre quelque pompe dans sa cour, haïssant le faste dans sa personne, et le croyant nécessaire aux autres. [52] Il institua l'ordre de St André (d) [53] à l'imitation de ces ordres dont toutes les cours de l'Europe sont remplies. Gollovin, [54] successeur de Le Fort dans la dignité de grand-amiral, fut le premier chevalier de cet ordre. On regarda l'honneur d'y être admis comme une grande récompense. C'est un avertissement qu'on porte sur soi d'être respecté par le peuple; cette marque d'honneur ne coûte rien à un souverain, et flatte l'amour-propre d'un sujet sans le rendre puissant.

Tant d'innovations utiles étaient reçues avec applaudissement de la plus saine partie de la nation, et les plaintes des partisans des anciennes mœurs étaient étouffées par les acclamations des hommes raisonnables.

245

250

255

(d) 10 septembre 1698. On suit toujours le nouveau style.

[51] Les caravansérails étaient dans les villages où l'on avait établi des relais plus ou moins éloignés les uns des autres, précise Müller (Š, p.385).

[52] C'est ce que dit Bassevitz: 'Si Pierre le Grand aimait la somptüosité dans les fêtes, sa vie privée respirait la plus grande simplicité. Fourchette et couteau à manches de bois, robbes de chambre, et bonnêts de nuits, de toile médiocre, habits, de trempe à soutenir les ouvrages de charpente et autres, ou il mettait fréquemment la main. Hors le tems des traîneaux, il ne cheminait par la ville qu'en cariole, un Dentschick à côté de lui, et un autre, le suivant à cheval' ('Fin des éclaircissemens [...] du feu Comte de Bassevitz', MS 3-3, f.77r; 'Troisième partie des Eclaircissemens', Büschings Magazin, ix.353, avec quelques légères variantes).

[53] L'ordre de saint André, décoration créée en l'honneur de l'apôtre André qui, selon une légende, aurait converti les Russes au christianisme. Croix de saint André de couleur azur posée sur un aigle à deux têtes surmonté de la couronne impériale et soutenue d'un cordon bleu clair. Le cordon se porte de droite à gauche. L'ordre fut créé le 30 novembre (et non le 10 septembre) 1698.

[54] Sur Fedor Alekseevitch Golovine, voir ci-dessus, I.vii, n.22.

Pendant que Pierre commençait cette création dans l'intérieur de ses Etats, une trêve avantageuse avec l'empire turc[55] le mettait
260 en liberté d'étendre ses frontières d'un autre côté. Mustapha second[56] vaincu par le prince Eugène à la bataille de Zenta en 1697, ayant perdu la Morée conquise par les Vénitiens, et n'ayant pu défendre Asoph, fut obligé de faire la paix avec tous ses *1699.* vainqueurs; elle fut conclue à Carlovitz entre Petervaradin et *26 janvier.*
265 Salankemen, lieux devenus célèbres par ses défaites.[57] Temisvar fut la borne des possessions allemandes, et des domaines ottomans. Kaminiek fut rendu aux Polonais; la Morée et quelques villes de la Dalmatie prises par les Vénitiens leur restèrent pour quelque temps; et Pierre premier demeura maître d'Asoph et de quelques
270 forts construits dans les environs.[58] Il n'était guère possible au czar de s'agrandir du côté des Turcs, dont les forces auparavant divisées, et maintenant réunies, seraient tombées sur lui. Ses projets de marine étaient trop grands pour les Palus-Méotides. Les établissements sur la mer Caspienne ne comportaient pas une flotte
275 guerrière: il tourna donc ses desseins vers la mer Baltique, sans abandonner la marine du Tanaïs, et du Volga.

263   59, 65, texte de la manchette en note au bas de la page
264   59-w68:   Carlovits

[55] La trêve de trente ans conclue à Karlowitz (voir ci-dessous, n.57).
[56] Sur Mustafa II, voir ci-dessus, 1.ix, n.11.
[57] En 1699, à Karlowitz (l'actuelle Sremski Karlovci, en Vojvodine), le sultan vaincu conclut la paix avec l'Empereur, Venise, la Russie et la Pologne. En 1691, Ahmed II avait été battu à Salankemen (Slankamen). Le 5 août 1716, le prince Eugène remporta une victoire sur les Turcs à Petervaradin (l'actuelle Petrovaradin), ville de Vojvodine située sur le Danube, en face de Novi Sad.
[58] Ainsi que sur le Borysthène, comme Taman [sur le Dniepr], Kazykermen, ajoute Müller (Š, p.385).

CHAPITRE ONZIÈME

GUERRE CONTRE LA SUÈDE
BATAILLE DE NERVA

Année 1700. Il s'ouvrait alors une grande scène vers les frontières de la Suède. Une des principales causes de toutes les révolutions qui arrivèrent de l'Ingrie jusqu'à Dresde, et qui désolèrent tant d'Etats pendant dix-huit années, fut l'abus du pouvoir suprême dans Charles XI roi de Suède,[1] père de Charles XII. On ne peut trop répéter ce fait, il importe à tous les trônes et à tous les peuples. Presque toute la Livonie avec l'Estonie entière,[2] avait été abandonnée par la Pologne au roi de Suède Charles XI, qui succéda à Charles X précisément pendant le traité d'Oliva:[3] elle fut cédée, comme c'est l'usage, sous la réserve de tous ses privilèges. Charles XI les respecta peu. Jean Reinold Patkul, gentilhomme livonien,[4] vint à Stockholm en 1692 à la tête de six députés de la province,[5] porter

[1] Sur l'absolutisme de Charles XI, voir I.ix, n.13. Dans l'*Histoire de Charles XII*, Voltaire évoquait les 'griefs' qui avaient incité Pierre le Grand à ravager l'Ingrie, donc sa responsabilité dans la guerre, plus directe que celle de Charles XI, mort en 1697 (V 4, p.209).

[2] L'Estonie n'a jamais appartenu à la Pologne, rappelle Müller. C'est la Livonie qui a été abandonnée à la Suède (Š, p.385).

[3] Le 3 mai 1660, à Oliva, dans la voïvodie de Gdansk, la Pologne renonçait à ses prétentions sur la Suède et sur la Livonie.

[4] Johan Reinhold Patkul (1660-1707), capitaine dans un régiment livonien, puis gouverneur de la Livonie, est connu pour avoir soutenu contre la Suède les protestations de la noblesse lors de la réduction des domaines (voir Jöran Andersson Nordberg, *Histoire de Charles XII, roi de Suède*, trad. Carl Gustaf Warmholtz, La Haie 1742-1748, i.52). Voltaire avait relaté cet épisode dans l'*Histoire de Charles XII*, 1 (V 4, p.176-77).

[5] Voir leurs noms dans Nordberg, i.52, n.*b*. En fait, la délégation se rendit à Stockholm dès octobre 1690, et c'est en 1692 que la supplique rédigée par Patkul fut remise à Charles XII.

aux pieds du trône des plaintes respectueuses et fortes: (*a*) pour toute réponse on mit les six députés en prison, et on condamna Patkul à perdre l'*honneur et la vie*: il ne perdit ni l'un ni l'autre; il s'évada,[7] et resta quelque temps dans le pays de Vaud en Suisse. Lorsque depuis il apprit qu'Auguste électeur de Saxe avait promis à son avènement au trône de Pologne de recouvrer les provinces arrachées au royaume, il courut à Dresde[8] représenter la facilité de reprendre la Livonie, et de se venger sur un roi de dix-sept ans des conquêtes de ses ancêtres.

Dans le même temps le czar Pierre pensait à se saisir de l'Ingrie et de la Carélie. Les Russes avaient autrefois possédé ces provinces. Les Suédois s'en étaient emparés par le droit de la guerre, dans les temps des faux Démétrius:[9] ils les avaient conservées par des traités. Une nouvelle guerre et de nouveaux traités pouvaient les

(*a*) Norberg chapelain et confesseur de Charles XII, dit dans son histoire, *qu'il eut l'insolence de se plaindre des vexations, et qu'on le condamna à perdre l'honneur et la vie.* [6] C'est parler en prêtre du despotisme. Il eût dû savoir qu'on ne peut ôter l'honneur à un citoyen qui fait son devoir.

5

24-25 K: dans le temps

[6] Voltaire résume ici Nordberg, i.52-53.

[7] Voltaire suit ici Nordberg. En réalité, Patkul n'avait pas été emprisonné: il s'était réfugié en Courlande. Il fut condamné à mort par contumace en décembre 1694. Dans l'*Histoire de Charles XII*, Voltaire, plus près de la vérité, avait écrit 'Patkul, qui s'était caché, prit la fuite' (V 4, p.177).

[8] En octobre 1698. Auparavant, il s'était rendu en France, où il avait tenté vainement d'obtenir l'amnistie de Charles XII. Selon Nordberg, il s'était d'abord retiré à Berlin, puis avait exposé son affaire aux docteurs de la faculté de jurisprudence de Halle. Il s'était ensuite réfugié en Suisse, avait rôdé par la Savoie, l'Italie et la France (i.52-53).

[9] Narva (ville d'Ingrie, comme Voltaire le rappelle plus loin) était occupée par les Suédois depuis 1581 (sous Ivan IV), donc avant le Temps des Troubles (ou des faux Dmitri).

donner à la Russie. Patkul alla de Dresde à Moscou;[10] et animant deux monarques à sa propre vengeance, il cimenta leur union, et hâta leurs préparatifs pour saisir tout ce qui est à l'orient et au midi de la Finlande.   30

Précisément dans le même temps le nouveau roi de Dannemarck Frédéric IV se liguait avec le czar et le roi de Pologne contre le jeune Charles, qui semblait devoir succomber. Patkul eut la satisfaction d'assiéger les Suédois dans Riga, capitale de la Livonie, et de presser le siège en qualité de général-major.   35

Le czar fit marcher environ soixante mille hommes vers l'Ingrie. Il est vrai que dans cette grande armée il n'y avait guère que douze mille soldats bien aguerris qu'il avait disciplinés lui-même, tels que ses deux régiments des gardes, et quelques autres; le reste était des milices mal armées; il y avait quelques Cosaques, et des   40 Tartares circassiens:[11] mais il traînait après lui cent quarante-cinq pièces de canon. Il mit le siège devant Nerva, petite ville en Ingrie[12] qui a un port commode; et il était très vraisemblable que la place serait bientôt emportée.

Septembre.   Toute l'Europe sait comment Charles XII, n'ayant pas dix-huit   45 ans accomplis, alla attaquer tous ses ennemis l'un après l'autre, descendit dans le Dannemarck, finit la guerre de Dannemarck en moins de six semaines, envoya du secours à Riga, en fit lever le siège, et marcha aux Russes devant Nerva au milieu des glaces au mois de novembre.[13]   50

18 novembre.   Le czar comptant sur la prise de la ville était allé à Novogorod, amenant avec lui son favori Menzikoff, alors lieutenant dans la

---

[10] En novembre 1699. En mai 1699, Patkul avait été envoyé par Auguste II à Copenhague pour gagner le Danemark à la guerre contre la Suède.

[11] Suivant le Journal de Pierre le Grand, il n'y avait ni Cosaques ni Tatars circassiens dans l'armée russe au siège de Narva, objecte avec raison Müller (Š, p.386). Mais la traduction du Journal de Pierre le Grand (MS 1-1) ne commence qu'après la bataille de Narva.

[12] Lomonossov trouvait que Voltaire n'avait pas assez parlé de la ville de Narva (Š, p.386).

[13] 1700.

618

compagnie des bombardiers du régiment Préobazinsky, devenu depuis feld-maréchal et prince, homme dont la singulière fortune
55 mérite qu'on en parle ailleurs avec plus d'étendue. [14]

Pierre laissa son armée et ses instructions pour le siège au prince de Croy, originaire de Flandres, qui depuis peu était passé à son service. [15] (b) Le prince Dolgorouki fut le commissaire de l'armée. La jalousie entre ces deux chefs, et l'absence du czar, [16] furent en
60 partie cause de la défaite inouïe de Nerva. Charles douze ayant débarqué à Pernau en Livonie avec ses troupes au mois d'octobre, s'avance au nord à Rével, défait dans ces quartiers un corps avancé de Russes. Il marche, et en bat encore un autre. Les fuyards retournent au camp devant Nerva, et y portent l'épouvante.
65 Cependant on était déjà au mois de novembre. Nerva quoique mal assiégée était prête de se rendre. Le jeune roi de Suède n'avait pas

(b) Voyez l'Histoire de Charles XII.

66   59, 65:   était prêt de

[14] Voltaire avait déjà parlé d'Alexandre Danilovitch Menchikov dans l'*Histoire de Charles XII* (V 4, p.410). Mais il n'est point revenu par la suite sur la 'singulière fortune' de ce personnage; voir ci-dessus, *Anecdotes*, n.72.

[15] Charles-Eugène, duc de Croy, des Pays-Bas espagnols, baron, margrave et prince du Saint-Empire, avait servi dans l'armée impériale, mais avait dû démissionner après avoir battu en retraite devant une énorme armée ottomane. Il avait ensuite offert ses services à Pierre Ier à Amsterdam en 1698, mais le tsar ne l'avait pas engagé. Il avait trouvé un poste auprès d'Auguste II, qui l'avait chargé de demander à Pierre d'envoyer vingt mille hommes en renfort au siège de Riga. Le tsar s'y était refusé et avait suivi son idée d'une campagne indépendante en Ingrie. Mais il avait gardé de Croy comme observateur et conseiller. Il lui avait même confié le commandement des troupes russes à Narva, bien que, contrairement à ce qu'écrit Voltaire, il ne fût pas réellement 'au service' du tsar. Dans l'*Histoire de Charles XII*, à laquelle renvoie Voltaire (V 4, p.209), de Croy est un 'Allemand, général habile, mais peu secondé alors par les officiers russes'.

[16] Dans l'*Histoire de Charles XII*, Voltaire s'était montré sévère pour l'absence du tsar (V 4, p.211-12).

alors avec lui neuf mille hommes, et ne pouvait opposer que dix pièces d'artillerie[17] à cent quarante-cinq canons dont les retranchements des Russes étaient bordés.[18] Toutes les relations de ce temps-là, tous les historiens sans exception, font monter l'armée russe devant Nerva à quatre-vingt mille combattants.[19] Les mémoires qu'on m'a fait tenir disent soixante, d'autres quarante mille; quoi qu'il en soit, il est certain que Charles n'en avait pas neuf mille,[20] et que cette journée est une de celles qui prouvent que les grandes victoires ont souvent été remportées par le plus petit nombre depuis la bataille d'Arbelles.[21]

Charles ne balança pas à attaquer avec sa petite troupe cette armée si supérieure; et profitant d'un vent violent et d'une grosse neige que ce vent portait contre les Russes, il fondit dans leurs *30 novembre.* retranchements à l'aide de quelques pièces de canon avantageuse-

70

75

80

---

[17] Nordberg, Adlerfelt et les autres historiens suédois avouent eux-mêmes qu'ils en avaient trente-sept sur deux batteries, objecte Müller (Š, p.386); voir Nordberg, i.129. Quant aux effectifs de Charles XII, Defoe et Limiers les estimaient à vingt mille hommes (V 4, p.214, n.28).

[18] Mais ils étaient techniquement très inférieurs aux canons suédois.

[19] Les vainqueurs grossissent le nombre de leurs ennemis vaincus, remarque Müller. Or, la victoire de Narva n'a d'abord été connue que par les relations des Suédois et de leurs partisans. L'armée russe n'était composée que de quarante mille combattants tout au plus. Mais il y avait peut-être à sa suite plus de vingt mille bras inutiles, selon l'ancienne coutume d'avoir un grand train d'équipage et de serfs qui suivaient les nobles. On ne savait pas encore installer des magasins de distance en distance. Müller aurait souhaité plus de détails sur les causes de cette défaite, marquées dans le Journal de Pierre Iᵉʳ, auquel Voltaire se réfère pourtant (Š, p.386-87). Selon le *Journal de Pierre le Grand*, ces causes étaient le manque d'expérience des troupes russes, 'milice peu disciplinée' à l'exception de quelques régiments anciens, et 'la grande disette de vivres causée par la mauvaise saison qui empêchait d'en apporter' (Londres 1773, i.44-45).

[20] Dans l'*Histoire de Charles XII* (V 4, p.209, 211), et dans la 'Préface' de 1748 de l'ouvrage (p.572), Voltaire faisait déjà état de quatre-vingt mille Russes. Selon Fr. 1013, les Russes étaient près de soixante-dix mille, contre dix-huit mille Suédois (p.97-98 et 101). Les historiens s'accordent aujourd'hui sur le nombre de quarante mille.

[21] Célèbre bataille où Alexandre vainquit Darius en 331 av. J.-C.

ment postées. Les Russes n'eurent pas le temps de se reconnaître au milieu de ce nuage de neige qui leur donnait au visage, foudroyés par les canons qu'ils ne voyaient pas, et n'imaginant point quel petit nombre ils avaient à combattre.

85 Le duc de Croy voulut donner des ordres, et le prince Dolgo-rouki ne voulut pas les recevoir. Les officiers russes se soulèvent contre les officiers allemands; ils massacrent le secrétaire du duc, le colonel Lyon et plusieurs autres. Chacun quitte son poste; le tumulte, la confusion, la terreur panique se répand dans toute

90 l'armée. Les troupes suédoises n'eurent alors à tuer que des hommes qui fuyaient. Les uns courent se jeter dans la rivière de Nerva, et une foule de soldats y fut noyée; les autres abandonnaient leurs armes et se mettaient à genoux devant les Suédois.[22] Le duc de Croy, le général Allard,[23] les officiers allemands, qui craignaient

95 plus les Russes soulevés contre eux que les Suédois, vinrent se rendre au comte Steinbock;[24] le roi de Suède maître de toute l'artillerie, voit trente mille vaincus à ses pieds,[25] jetant les armes, défilant devant lui nu-tête. Le knès Dolgorouki et tous les autres généraux moscovites se rendent à lui comme les généraux alle-

100 mands; et ce ne fut qu'après s'être rendus, qu'ils apprirent qu'ils avaient été vaincus par huit mille hommes. Parmi les prisonniers

96   59, 65: Steinbok [*passim*]

[22] Aucun historien suédois n'a écrit cela, affirme Müller. Le soldat russe ne connaît pas cette manière de demander grâce (Š, p.387).

[23] Ludwig von Hallart, général allemand (voir II.i, n.74).

[24] Magnus Gustafsson Stenbock, ou Steenbock (1664-1717) fut promu général après la bataille de Narva. Gouverneur de Scanie à partir de 1706, il chassa les Danois qui avaient envahi cette province (1710). Devenu feld-maréchal en 1712, il envahit le Mecklembourg, battit les Danois, brûla Altona, mais capitula dans Tönning en 1713 et resta prisonnier jusqu'à sa mort, d'abord à Tönning, puis à Copenhague.

[25] Il n'y eut pas plus de vingt mille hommes qui déposèrent les armes devant le roi de Suède; une grande partie avait déjà passé la rivière de Narva, affirme Müller (Š, p.387).

se trouva le fils du roi de Géorgie qui fut envoyé à Stockholm; on l'appelait Mittelesky, [26] czarovits, fils de czar: ce qui est une nouvelle preuve que ce titre de czar ou tzar ne tirait point son origine des Césars romains. [27]

Du côté de Charles XII il n'y eut guère que douze cents soldats tués dans cette bataille. [28] Le journal du czar qu'on m'a envoyé de Pétersbourg dit qu'en comptant les soldats qui périrent au siège de Nerva et dans la bataille, et qui se noyèrent dans leur fuite, on ne perdit que six mille hommes. [29] L'indiscipline et la terreur firent donc tout dans cette journée. Les prisonniers de guerre étaient quatre fois plus nombreux que les vainqueurs; et si on en croit Norberg, (c) le comte Piper, qui fut depuis prisonnier des Russes, [30]

(c) Page 439, tome premier, édition in-4° à la Haye.

103   59*:   l'appelait <Mittelesky,> czarovits

[26] Son nom était Alexandre Artchilovits, précise Müller (Š, p.387-88). Sur ce prince géorgien, fils d'Artchil II, voir ci-dessus, 1.ix, n.22.

[27] Sur le titre de tsar, voir ci-dessus, 1.ii, n.47.

[28] Dans l'*Histoire de Charles XII*, Voltaire écrivait que les Suédois 'n'avaient pas perdu six cents hommes' (V 4, p.217). Nordberg estimait les pertes suédoises à 'deux mille hommes, tout au plus', y compris les blessés (i.136). Du côté suédois, il n'y aurait eu en effet que 31 officiers et 646 soldats tués, et 1205 blessés (Massie, p.319).

[29] Cf. 'Extrait du Journal de Pierre le Grand': 'Ainsi en comptant ceux qui furent tués pendant le siège, dans les différentes attaques et dans les combats, comme aussi ceux qui se noyèrent dans la rivière de Narova, et qui moururent de faim et de froid en revenant à Novgorod, la perte ne monta qu'à cinq à six mille hommes' (MS 1-1, f.1). Le *Journal de Pierre le Grand*, trad. Simon de Chtchepotiev, revue par Formey (Stockholm 1774), p.38, indique que les pertes russes furent de '5800 à 6000 hommes'. Dans l'*Histoire de Charles XII*, Voltaire affirmait que 'dix-huit mille Moscovites avaient été tués dans leurs retranchements' (V 4, p.217), chiffre donné aussi par Nordberg (i.136). Les pertes russes sont difficiles à évaluer et varient selon les historiens: 10 000 tués et prisonniers (Riasanovsky, p.244), ou au moins 8000 tués ou blessés (Massie, p.319).

[30] Carl Piper, comte (1647-1716), un des principaux conseillers de Charles XII, chef de la chancellerie royale. Prisonnier à Poltava (1709), il est mort en captivité en Russie. Sur cet homme intègre, voir ci-dessous, II.vi, n.8 et 9.

leur reprocha qu'à cette bataille le nombre des prisonniers avait
115 excédé huit fois celui de l'armée suédoise. Si ce fait était vrai, les
Suédois auraient fait soixante et douze mille prisonniers. On voit
par là combien il est rare d'être instruit des détails. Ce qui est
incontestable et singulier, c'est que le roi de Suède permit à la
moitié des soldats russes de s'en retourner désarmés, et à l'autre
120 moitié de repasser la rivière avec leurs armes.[31] Cette étrange
confiance rendit au czar des troupes, qui enfin étant disciplinées
devinrent redoutables. (d)

Tous les avantages qu'on peut tirer d'une bataille gagnée,
Charles XII les eut, magasins immenses, bateaux de transport
125 chargés de provisions, postes évacués ou pris, tout le pays à la
discrétion des Suédois; voilà quel fut le fruit de la victoire.[33] Nerva
délivrée, les débris des Russes ne se montrant pas, toute la contrée
ouverte jusqu'à Pleskou, le czar parut sans ressource pour soutenir
la guerre; et le roi de Suède vainqueur en moins d'une année des
130 monarques de Dannemarck, de Pologne, et de Russie, fut regardé
comme le premier homme de l'Europe, dans un âge où les autres
n'osent encore prétendre à la réputation. Mais Pierre, qui dans son

(d) Le chapelain Norberg prétend qu'après la bataille de Nerva, le
grand Turc écrivit aussitôt une lettre de félicitation au roi de Suède, en
ces termes: *Le sultan Bassa par la grâce de Dieu au roi Charles XII, etc.*
La lettre est datée de l'ère de la création du monde.[32]

[31] Dans l'*Histoire de Charles XII* (V 4, p.217), Voltaire affirmait de même que les
Suédois n'avaient pas fait un seul prisonnier russe.

[32] Voir dans Nordberg la lettre de félicitations du sultan à Charles XII (i.139-40).

[33] Les magasins ne pouvaient pas être immenses, observe Müller, puisque les
Russes mouraient de faim et que les Suédois, pour éviter le même sort, étaient
obligés selon Nordberg de demander aux Russes de la frontière, par des lettres de
protection, de leur apporter de la nourriture (Š, p.388). Les Russes avaient abandonné
près de Narva un magasin de blé 'assez considérable', mais ce n'était pas suffisant,
et Charles XII fit expédier des lettres pour demander aux habitants d'apporter des
vivres qui leur seraient payées (Nordberg, i.137).

caractère avait une constance inébranlable, ne fut découragé dans aucun de ses projets.

Un évêque de Russie composa une prière (e) à St Nicolas, [34] au sujet de cette défaite; on la récita dans la Russie. Cette pièce qui fait voir l'esprit du temps et de quelle ignorance Pierre a tiré son pays, disait que les enragés et épouvantables Suédois étaient des sorciers: on s'y plaignait d'avoir été abandonné par St Nicolas. Les évêques russes d'aujourd'hui n'écriraient pas de pareilles pièces: et sans faire tort à St Nicolas, on s'aperçut bientôt que c'était à Pierre qu'il fallait s'adresser. [35]

135

140

(e) Elle est imprimée dans la plupart des journaux et des pièces de ce temps-là, et se trouve dans l'Histoire de Charles XII roi de Suède.

[34] Le texte de cette prière, emprunté à Limiers, est dans l'*Histoire de Charles XII* (V 4, p.220-21). Il figure également dans Rousset de Missy (ii.313-14). La 'Réfutation' publiée par Černy en avait contesté l'authenticité (Černy, p.132-33). Elle est absolument fausse, affirme Müller. On ne la trouve dans aucun livre de prières russes de ce temps-là, et on s'est informé soigneusement auprès des témoins encore vivants de la bataille de Narva. 'Si la chose était vraie, on ne ferait pas la moindre difficulté de l'avouer, comme une suite de l'ignorance et de la barbarie de ces temps. Il est plus probable que quelque Allemand ou Français l'a composée pour se divertir aux dépens des Russes' (Š, p.388).

[35] Tout ce chapitre, selon Lomonossov, est inexact et trop court. Beaucoup de régiments s'en retournèrent avec les honneurs militaires, et ils sauvèrent presque tout le trésor de l'armée (Š, p.389).

CHAPITRE DOUZIÈME

*Ressources après la bataille de Nerva; ce désastre
entièrement réparé. Conquête de Pierre auprès de Nerva
même. Ses travaux dans son empire. La personne qui fut
depuis impératrice, prise dans le sac d'une ville. Succès
de Pierre; son triomphe à Moscou. (a)*

ANNÉES 1701, ET 1702

Le czar ayant quitté son armée devant Nerva sur la fin de novembre
1700 pour se concerter avec le roi de Pologne, apprit en chemin
la victoire des Suédois.[1] Sa constance était aussi inébranlable que
la valeur de Charles XII était intrépide et opiniâtre. Il différa ses
conférences avec Auguste pour apporter un prompt remède au
désordre des affaires. Les troupes dispersées se rendirent à la
grande Novogorod, et de là à Pleskou sur le lac Peipus.

C'était beaucoup de se tenir sur la défensive après un si rude
échec; Je sais bien, disait-il, que les Suédois seront longtemps
supérieurs, mais enfin ils nous apprendront à les vaincre.[2]

Pierre après avoir pourvu aux premiers besoins, après avoir
ordonné partout des levées, court à Moscou, faire fondre du canon.
Il avait perdu tout le sien devant Nerva; on manquait de bronze;
il prend les cloches des églises et des monastères. Ce trait ne

(a) Tiré tout entier, ainsi que les suivants, du journal de Pierre le
Grand envoyé de Pétersbourg.

[1] Il était encore à Novgorod lorsqu'il apprit cette nouvelle, remarque Müller (Š,
p.389).
[2] Cf. l'*Histoire de Charles XII* (V 4, p.220). La source est Fontenelle: 'Aussi le
Czar disoit-il en commençant cette guerre: *Je sais bien que mes troupes seront
longtemps battues, mais cela même leur apprendra enfin à vaincre*' (iii.201).

marquait pas de superstition, mais aussi il ne marquait pas d'impiété. 15
On fabrique donc avec des cloches, cent gros canons, cent
quarante-trois pièces de campagne depuis trois jusqu'à six livres
de balle, des mortiers, des obus; il les envoie à Pleskou. [3] Dans
d'autres pays un chef ordonne, et on exécute; mais alors il fallait
que le czar fît tout par lui-même. Tandis qu'il hâte ces préparatifs, 20
il négocie avec le roi de Dannemarck, qui s'engage à lui fournir
trois régiments de pied, et trois de cavalerie; engagement que ce
roi n'osa remplir.

27 février.   A peine ce traité est-il signé, qu'il revole vers le théâtre de la
guerre; il va trouver le roi Auguste à Birzen sur les frontières de 25
Courlande et de Lithuanie. Il fallait fortifier ce prince dans la
résolution de soutenir la guerre contre Charles XII. Il fallait
engager la diète polonaise dans cette guerre. On sait assez qu'un
roi de Pologne n'est que le chef d'une république. Le czar avait
l'avantage d'être toujours obéi; mais un roi de Pologne, un roi 30
d'Angleterre, et aujourd'hui un roi de Suède, [4] négocient toujours
avec leurs sujets. Patkul et les Polonais partisans de leur roi
assistèrent à ces conférences. Pierre promit des subsides, et vingt
mille soldats. [5] La Livonie devait être rendue à la Pologne, en cas
que la diète voulût s'unir à son roi et l'aider à recouvrer cette 35
province: mais les propositions du czar firent moins d'effet sur la
diète que la crainte. Les Polonais redoutaient à la fois de se voir
gênés par les Saxons et par les Russes, et ils redoutaient encore
plus Charles XII. Ainsi le plus nombreux parti conclut à ne point
servir son roi, et à ne point combattre. 40

[3] MS 1-1, f.1v-2r; *Journal de Pierre le Grand*, éd. 1774, p.40.

[4] En 1759, le roi de Suède Adolphe-Frédéric était à la merci de la faction des
Chapeaux, opposée à celle des Bonnets. Son successeur Gustave III devint un roi
absolu en 1772; voir l'épître *Au roi de Suède, Gustave III* (M.x.447-48).

[5] Par le traité de Birzen, conclu le 26 février/9 mars 1701, Pierre promettait de
fournir au roi de Pologne 'des subsides en argent' et de lui envoyer 'vingt mille
hommes d'infanterie' (MS 1-1, f.3r). '200 000 écus' et 'quinze à vingt mille fantassins',
selon le *Journal de Pierre le Grand*, éd. 1773, p.50; éd. 1774, p.42). Dans l'*Histoire
de Charles XII*, Voltaire parlait de cinquante mille hommes (V 4, p.222).

Les partisans du roi de Pologne s'animèrent contre la faction contraire; et enfin de ce qu'Auguste avait voulu rendre à la Pologne une grande province, il en résulta dans ce royaume une guerre civile.

45 Pierre n'avait donc dans le roi Auguste qu'un allié peu puissant, *Février.* et dans les troupes saxonnes qu'un faible secours. La crainte qu'inspirait partout Charles XII, réduisait Pierre à ne se soutenir que par ses propres forces.

Ayant couru de Moscou en Courlande pour s'aboucher avec *1er mars.*
50 Auguste, il revole de Courlande à Moscou [6] pour hâter l'accomplissement de ses promesses. Il fait en effet marcher le prince Repnin [7] avec quatre mille hommes vers Riga, sur les bords de la Duna où les Saxons étaient retranchés.

Cette terreur commune augmenta, quand Charles passant la *Juillet.*
55 Duna, [8] malgré les Saxons campés avantageusement sur le bord opposé, eut remporté une victoire complète; quand sans attendre un moment il eut soumis la Courlande, qu'on le vit avancer en Lithuanie, et que la faction polonaise ennemie d'Auguste fut encouragée par le vainqueur. [9]

60 Pierre n'en suivit pas moins tous ses desseins. Le général Patkul, qui avait été l'âme des conférences de Birzen, et qui avait passé à son service, lui fournissait des officiers allemands, disciplinait ses troupes [10] et lui tenait lieu du général Le Fort; il perfectionnait ce que l'autre avait commencé. Le czar fournissait des relais à tous
65 les officiers, et même aux soldats allemands ou livoniens ou

---

[6] Cf. MS 1-1, f.3r: 'Le 27 de Février Pierre 1, pour remplir les engagements dont nous avons parlé, partit de Birzen pour aller à Moscou où il arriva le 8e mars' (traduction un peu différente dans le *Journal de Pierre le Grand*, éd. 1774, p.42).

[7] Nikita Ivanovitch Repnine (1668-1726), général après le siège d'Azov, deviendra feld-maréchal sous Catherine Ière.

[8] Le 9 juillet 1701 (MS 1-1, f.4r; *Journal de Pierre le Grand*, éd. 1774, p.44).

[9] La faction polonaise ennemie du roi était animée par le cardinal primat Michael Stephan Radziejowski (*Journal de Pierre le Grand*, éd. 1774, p.47).

[10] Voir la réponse à une question de Voltaire, app. IV, l.87-89.

polonais, qui venaient servir dans ses armées; il entrait dans les détails de leur armure, de leur habillement, de leur subsistance.

Aux confins de la Livonie et de l'Estonie, et à l'occident de la province de Novogorod, est le grand lac Peipus, qui reçoit du midi de la Livonie la rivière Vélika, [11] et duquel sort au septentrion la rivière de Naiova, [12] qui baigne les murs de cette ville de Nerva, près de laquelle les Suédois avaient remporté leur célèbre victoire. Ce lac a trente de nos lieues communes de long, tantôt douze, tantôt quinze de large: il était nécessaire d'y entretenir une flotte, pour empêcher les vaisseaux suédois d'insulter la province de Novogorod, pour être à portée d'entrer sur leurs côtes, mais surtout pour former des matelots. [13] Pierre pendant toute l'année 1701 fit construire sur ce lac cent demi-galères qui portaient environ cinquante hommes chacune; [14] d'autres barques furent armées en guerre sur le lac Ladoga. Il dirigea lui-même tous les ouvrages, et fit manœuvrer ses nouveaux matelots. Ceux qui avaient été employés en 1697 sur les Palus-Méotides, l'étaient alors près de la Baltique. Il quittait souvent ces ouvrages pour aller à Moscou et dans ses autres provinces affermir toutes les innovations commencées et en faire de nouvelles.

Les princes qui ont employé le loisir de la paix à construire des ouvrages publics, se sont fait un nom: mais que Pierre après l'infortune de Nerva s'occupât à joindre par des canaux la mer Baltique, la mer Caspienne et le Pont-Euxin, il y a là plus de gloire véritable que dans le gain d'une bataille. Ce fut en 1702 qu'il

70

75

80

85

90

[11] La Velikaïa. Müller remarque que cette rivière traverse la province de Pskov, et non le sud de la Livonie, avant de tomber dans le lac Peïpous (Š, p.390).

[12] La Narova, corrige Müller (Š, p.390). Ou la Narva, comme la ville du même nom.

[13] Müller observe que c'est la province de Pskov qui touche à ce lac, et que Pierre n'y forma pas de matelots (Š, p.390).

[14] C'étaient de simples barques, objecte Müller (Š, p.390). Voltaire répliqua dans l'avis 'Au lecteur' du second tome: 'Que les barques construites par le czar Pierre Ier aient été appelées ou non *demi-galères* [...] cela est je crois fort indifférent' (app. I, l.45-48).

commença à creuser ce profond canal qui va du Tanaïs au Volga.[15]
D'autres canaux devaient faire communiquer par des lacs le Tanaïs
avec la Duna,[16] dont la mer Baltique reçoit les eaux à Riga: mais
ce second projet était encore fort éloigné, puisque Pierre était bien
95 loin d'avoir Riga en sa puissance.

Charles dévastait la Pologne, et Pierre faisait venir de Pologne
et de Saxe à Moscou des bergers et des brebis pour avoir des laines
avec lesquelles on pût fabriquer de bons draps; il établissait des
manufactures de linge, des papeteries:[17] on faisait venir par ses
100 ordres des ouvriers en fer, en laiton, des armuriers, des fondeurs;
les mines de la Sibérie étaient fouillées. Il travaillait à enrichir ses
Etats et à les défendre.

Charles poursuivait le cours de ses victoires, et laissait vers les
Etats du czar assez de troupes pour conserver, à ce qu'il croyait,
105 toutes les possessions de la Suède. Le dessein était déjà pris de

---

92-93   59*: des lacs <le Tanaïs avec la Duna [...] à Riga> ᵂle Boristène et la
mere Blanche⁺: mais

---

[15] Le canal fut commencé en 1699. Perry fut occupé à cet ouvrage pendant trois
étés consécutifs, mais dut cesser les travaux à la fin de 1701 à cause de la défaite de
Narva et de la guerre du Nord, bien que des écluses aient été presque achevées et
que le canal ait été à demi creusé (Perry, p.4-5).

[16] On n'a jamais pensé à une telle communication, assure Müller, elle aurait été
impraticable vu l'éloignement de ces deux rivières (Š, p.391).

[17] '...et comme il apprit que la laine du pays était trop rude, parce qu'on ne savait
pas la manière dont on traitait les brebis, il fit venir de Saxe et des bergers et des
brebis' (*Considérations* de 1737, app. III, v.483-485). En juillet 1716, 'il arriva vingt
bergers de Silésie qu'on envoya ensuite à Casan pour y tondre les brebis, & pour
apprendre aux Moscovites à préparer la laine qu'on vouloit employer dans les
manufactures qu'on avoit dessein d'établir', mais 'ce projet n'a pas encore réussi',
car 'la laine est trop grossière' (Weber, i.290). Weber décrit ensuite la manufacture
de toiles créée à une lieue de Pétersbourg et dirigée par un Hollandais qui fait
travailler à force de coups plus de quatre-vingts femmes débauchées. Il rapporte
aussi que le tsar a fait bâtir à quatre lieues de cette maison une papeterie qui
fonctionne avec des maîtres allemands (p.291).

629

détrôner le roi Auguste, et de poursuivre ensuite le czar jusqu'à Moscou avec ses armes victorieuses.

Il y eut quelques petits combats cette année entre les Russes et les Suédois. Ceux-ci ne furent pas toujours supérieurs,[18] et dans les rencontres mêmes où ils avaient l'avantage, les Russes s'aguer-rissaient. Enfin un an après la bataille de Nerva le czar avait déjà des troupes si bien disciplinées, qu'elles vainquirent un des meilleurs généraux de Charles.

Pierre était à Pleskou, et de là il envoyait de tous côtés des corps nombreux pour attaquer les Suédois. Ce ne fut point un étranger, mais un Russe, qui les défit. Son général Sheremeto enleva près de Derpt, sur les frontières de la Livonie, plusieurs quartiers au général suédois Slipenbak,[19] par une manœuvre habile; et ensuite le battit lui-même. On gagna pour la première fois des drapeaux suédois au nombre de quatre, et c'était beaucoup alors.[20]

Les lacs de Peipus et de Ladoga furent quelque temps après des théâtres de batailles navales; les Suédois y avaient le même avantage que sur terre, celui de la discipline et d'un long usage; cependant les Russes combattirent quelquefois avec succès sur leurs demi-

11 janvier.

110

115

120

---

110   K: rencontres même où
118   59-w68:   Slippembac

---

[18] L'expédition navale suédoise contre Arkhangelsk fut repoussée, et Cheremetiev remporta trois petites victoires en Livonie.

[19] Wolmar Anton von Schlippenbach (1650-1739), issu de la noblesse livonienne, commandait les armées suédoises en Livonie au début de la guerre du Nord. En 1701-1702, il subit des défaites, notamment aux environs de Derpt. En 1709, à Poltava, il fut envoyé par le feld-maréchal Rehnskjöld auprès du général Roos, qui attaquait les redoutes russes; encerclé par la cavalerie de Menchikov, il fut fait prisonnier avec Roos. En 1715, il entra au service de l'armée russe, fut promu général-lieutenant, reçut un domaine en Courlande et le titre de baron. Il fut membre du Collège militaire et, en 1718, du Tribunal suprême.

[20] 'On prit huit drapeaux et Etendarts' (MS 1-1, f.7r; *Journal de Pierre le Grand*, éd. 1774, p.57).

125 galères; et dans un combat général sur le lac Peipus, le feld- *Mai.*
maréchal Sheremeto prit une frégate suédoise.[21]

C'était par ce lac Peipus que le czar tenait continuellement la
Livonie et l'Estonie en alarme; ses galères y débarquaient souvent
plusieurs régiments; on se rembarquait quand le succès n'était pas *Juin et juillet.*
130 favorable, et s'il l'était, on poursuivait ses avantages. On battit
deux fois les Suédois dans ces quartiers auprès de Derpt, tandis
qu'ils étaient victorieux partout ailleurs.

Les Russes dans toutes ces actions étaient toujours supérieurs
en nombre: c'est ce qui fit que Charles XII qui combattait si
135 heureusement ailleurs, ne s'inquiéta jamais des succès du czar;
mais il dut considérer que ce grand nombre s'aguerrissait tous les
jours, et qu'il pouvait devenir formidable pour lui-même.

Pendant qu'on se bat sur terre et sur mer vers la Livonie, *Juillet.*
l'Ingrie et l'Estonie, le czar apprend qu'une flotte suédoise est
140 destinée pour aller ruiner Arcangel; il y marche; on est étonné
d'entendre qu'il est sur les bords de la mer Glaciale, tandis qu'on
le croit à Moscou. Il met tout en état de défense, prévient la
descente, trace lui-même le plan d'une citadelle nommée la nouvelle
Duina, pose la première pierre, retourne à Moscou,[22] et de là vers
145 le théâtre de la guerre.

Charles avançait en Pologne, mais les Russes avançaient en
Ingrie et en Livonie. Le maréchal Sheremeto va à la rencontre des
Suédois, commandés par Slipenbak; il lui livre bataille auprès de

---

[21] Au cours d'un combat sur le lac Ladoga, en mai, les Russes, commandés par
le colonel Ivan Tyrtov, brûlèrent deux vaisseaux suédois, en firent couler un, et
prirent les deux autres (MS 1-1, f.7v; *Journal de Pierre le Grand*, éd. 1774, p.58-59).
C'est le 19 juillet que Cheremetiev rencontra sur le lac Peïpous quatre vaisseaux
suédois, les attaqua et en prit un, mais 'lorsqu'on s'y attendoit le moins il sauta en
l'air, et coula à fond' (MS 1-1, f.8v; *Journal*, p.60).

[22] Il n'y retourna pas, rectifie Müller. Son Journal dit qu'il se rendit avec ses
gardes d'Arkhangelsk à Ladoga pour entreprendre le siège de Notebourg (Š, p.391);
cf. MS 1-1, f.13r; *Journal de Pierre le Grand*, éd. 1773, i.83. Pierre n'est pas nommé,
mais le Journal évoque un 'capitaine' des bombardiers qui n'est autre que lui (MS 1-
1, f.21v; *Journal*, i.85).

la petite rivière d'Embac,[23] et la gagne: il prend seize drapeaux et vingt canons. Norberg met ce combat au 1ᵉʳ décembre 1701, et le journal de Pierre le Grand le place au 19 juillet 1702.[24]

6 août.   Il avance, il met tout à contribution, il prend la petite ville de Marienbourg[25] sur les confins de la Livonie et de l'Ingrie.[26] Il y a dans le Nord beaucoup de villes de ce nom; mais celle-ci, quoiqu'elle n'existe plus,[27] est cependant plus célèbre que toutes les autres par l'aventure de l'impératrice Catherine.

Cette petite ville s'étant rendue à discrétion, les Suédois, soit par inadvertance, soit à dessein, mirent le feu aux magasins. Les Russes irrités détruisirent la ville et emmenèrent en captivité tout ce qu'ils trouvèrent d'habitants. Il y avait parmi eux une jeune Livonienne, élevée chez le ministre luthérien du lieu nommé Gluck; elle fut du nombre des captives;[28] c'est celle-là même qui

150

155

160

162   K: des captifs; c'est

[23] Embach, actuellement Emaiyghi, petit fleuve d'Estonie qui traverse Tartu et se jette dans le lac des Tchoudes (ou lac Peïpous).

[24] Sans doute une confusion de Voltaire pour le combat du 19 juillet 1702; voir ci-dessus, n.21. Le 17 juillet, Cheremetiev prit aux Suédois six canons de bronze, neuf de fer et seize drapeaux (MS 1-1, f.10r; *Journal de Pierre le Grand*, éd. 1774, p.60, 62). Nordberg décrit une défaite de Schlippenbach en Livonie contre les Russes non le 1ᵉʳ décembre 1701, mais le 30 décembre, près d'Errester (i.198-99). Müller confirme que ce combat s'est donné le 30 décembre v. st. Dans l'extrait du Journal de Pierre le Grand, écrit-il, il s'est peut-être glissé une faute du traducteur ou du copiste (Š, p.391). Il n'y a pas de date pour cette bataille d'Embach dans le MS 1-1, f.6. Rousset de Missy ne donne pas de date non plus, mais rapporte que le 'combat d'Embach' s'est déroulé alors que la rivière était 'presque à sec', donc en été (ii.350).

[25] Le 21 août, d'après le *Journal de Pierre le Grand*, éd. 1774, p.65.

[26] Marienbourg est située sur les confins de la Livonie, du côté de Pskov. L'Ingrie en est très éloignée, objecte Müller (Š, p.392).

[27] La ville est encore là, rectifie Büsching, mais le château fort n'existe plus (Š, p.392).

[28] Sur Catherine captive, Voltaire s'est inspiré de Nordberg (ii.440-41): il y a mis un signet où il a noté: 'anecdotes sur l'impératrice Catherine' (Albina, p.157). Pour la biographie de Marta Skavronskaïa, future Catherine Iᵉʳᵉ, voir *Anecdotes*, n.69.

devint depuis la souveraine de ceux qui l'avaient prise, et qui a gouverné les Russes sous le nom d'impératrice Catherine.

165   On avait vu auparavant des citoyennes sur le trône; rien n'était plus commun en Russie, et dans tous les royaumes de l'Asie, que les mariages des souverains avec leurs sujettes; mais qu'une étrangère prise dans les ruines d'une ville saccagée soit devenue la souveraine absolue de l'empire où elle fut amenée captive, c'est

170   cc que la fortune et le mérite n'ont fait voir que cette fois dans les annales du monde. [29]

164   59: nom de l'impératrice

[29] En 1732, Bertin Du Rocheret avait reproché à Voltaire d'avoir parlé de Catherine avec mépris dans l'*Histoire de Charles XII*, en lui donnant une 'honteuse origine' (D468, D481). Fille d'une 'malheureuse paysanne', elle était devenue 'servante' chez Gluck (V 4, p.408-409). Voltaire y insistait cependant déjà sur son mérite personnel. Il avait deux manuscrits contradictoires sur l'origine de Catherine: l'un fait de son père 'une espèce de fermier' de la Livonie polonaise et affirme qu'elle servit les filles de Gluck pendant quelques années (MS 3-4, f.103r); l'autre dit qu'elle est 'issuë d'une famille noble de Lithuanie', que son père 'possédait une petite terre', mais qu'avec la guerre la maison et la terre furent dévastées, que sa mère se retira à Riga où la mort l'enleva bientôt, et que Gluck tâcha de donner à Catherine 'une éducation convenable' (MS 5-24, f.102r). On sait que Catherine, fille d'un paysan lituanien, était illettrée. En 1759, Voltaire avait demandé à George Keate de lui envoyer l'ouvrage de Charles Whitworth, *An account of Russia, as it was in the year 1710*, paru en 1758 (D8367). Il notait que les mémoires de cet envoyé en Russie n'étaient 'pas trop favorables' à Catherine (à Chouvalov, D8477). Dans sa lettre de remerciements à Keate, il qualifiait même l'impératrice de 'putain' ('Y^r manuscrit testifies that a great emperess was a whore', D8405). En fait, ce n'est pas Whitworth qui présente Catherine sous un jour défavorable (il ne dit pas un mot d'elle). C'est son éditeur qui rapporte une anecdote que lui a contée sir Luke Schaub. Celui-ci l'avait recueillie de Whitworth lui-même, qui avait été intime avec Catherine. Invité à un bal de la cour, l'ambassadeur avait dansé un menuet avec l'impératrice, qui lui avait serré la main en murmurant: 'Have you forgot little Kate?' (Whitworth, *An account of Russia*, p.xx). L'éditeur déplore qu'un écrivain aussi agréable que Whitworth ne nous ait pas laissé de plus amples récits sur Catherine (p.xxi). Il n'est pas impossible qu'il y ait un écho de cette vision 'réaliste' de Catherine dans le chapitre 8 de *Candide*, que Voltaire écrivait alors: on y voit Cunégonde, prisonnière d'un capitaine bulgare, blanchissant ses chemises et faisant sa cuisine (voir A. Lentin, 'Cunégonde and Catherine I: a footnote to *Candide*',

La suite de ce succès ne se démentit point en Ingrie; la flotte des demi-galères russes sur le lac Ladoga,[30] contraignit celle des Suédois de se retirer à Vibourg à une extrémité de ce grand lac:[31] de là ils purent voir à l'autre bout le siège de la forteresse de Notebourg, que le czar fit entreprendre par le général Sheremeto. C'était une entreprise bien plus importante qu'on ne pensait; elle pouvait donner une communication avec la mer Baltique, objet constant des desseins de Pierre.

Notebourg[32] était une place très forte, bâtie dans une île du lac Ladoga, et qui dominant sur ce lac rendait son possesseur maître du cours de la Néva qui tombe dans la mer; elle fut battue nuit et jour depuis le 18 septembre jusqu'au 12 octobre.[33] Enfin les Russes montèrent à l'assaut par trois brèches.[34] La garnison suédoise était réduite à cent soldats en état de se défendre; et ce qui est bien étonnant, ils se défendirent, et ils obtinrent sur la brèche même une capitulation honorable; encore le colonel Slipenbak qui com-

175

180

185

Study group on eighteenth-century Russia, *Newsletter*, n° 23, novembre 1995, p.17-19). A la version noble de l'*Histoire de l'empire de Russie* s'oppose de toute façon la brutalité à usage privé.

[30] Il n'y avait pas plus de demi-galères sur le lac Ladoga que sur le lac Peïpous, répète Müller. Ce n'étaient que de petites barques de trente à cinquante hommes (Š, p.392).

[31] Vyborg est situé sur le golfe de Finlande, rectifie Müller (Š, p.392).

[32] En suédois Nöteborg, en russe Orechek (diminutif de *orekh*, noix, la place forte ayant été construite sur une petite île en forme de noix par le prince de Novgorod en 1323). Elle est bâtie à l'embouchure du lac, où commence la Neva, précise Müller (Š, p.392). Rebaptisée Schlüsselburg par Pierre Ier, la forteresse perdit son importance militaire et devint une prison, lieu de détention des prisonniers politiques jusqu'en 1905. En 1917, elle fut transformée en musée.

[33] Le siège de Notebourg a duré du 10 au 12 octobre v. st., assure Müller (Š, p.392); en réalité, du 1er au 12 octobre 1702, selon le MS 1-1, f.17v-19v (*Journal de Pierre le Grand*, éd. 1773, i.83-89).

[34] '...le feu continuel [des Russiens] avoit fait tomber une partie de la muraille, où l'on voïoit trois brèches assez grandes, aux tours, & à la courtine' (Nordberg, i.292).

634

mandait dans la place, ne voulut se rendre[35] qu'à condition qu'on lui permettrait de faire venir deux officiers suédois du poste le plus voisin pour examiner les brèches, et pour rendre compte au roi *16 octobre.* son maître, que quatre-vingt-trois combattants qui restaient alors, et cent cinquante-six blessés ou malades, ne s'étaient rendus à une armée entière, que quand il était impossible de combattre plus longtemps, et de conserver la place. Ce trait seul fait voir à quels ennemis le czar avait à faire, et de quelle nécessité avaient été pour lui ses efforts et sa discipline militaire.

Il distribua des médailles d'or aux officiers, et récompensa tous les soldats; mais aussi il en fit punir quelques-uns qui avaient fui à un assaut: leurs camarades leur crachèrent au visage, et ensuite les arquebusèrent, pour joindre la honte au supplice.

Notebourg fut réparé; son nom fut changé en celui de Shlusselbourg, *ville de la clef,* parce que cette place est la clef de l'Ingrie et de la Finlande.[36] Le premier gouverneur fut ce même Menzikoff qui était devenu un très bon officier, et qui s'étant signalé mérita cet honneur. Son exemple encourageait quiconque avait du mérite sans naissance.

Après cette campagne de 1702, il voulut que Sheremeto, et tous les officiers qui s'étaient distingués, entrassent en triomphe dans *17 décembre.* Moscou. Tous les prisonniers faits dans cette campagne marchèrent

---

207   K: 1702, le czar voulut

---

[35] Le 14 octobre, selon le MS 1-1, f.17*v* (*Journal de Pierre le Grand,* éd. 1773, p.90). Le 12 octobre 1702, selon l'"Etablissement et accroissement de la flotte Russienne' (MS 2-12, f.150*r*). Voltaire s'inspire ici probablement de Rousset de Missy, qui reproduit les sept articles signés par Schlippenbach le 12 octobre 1702 (ii.358-59). Mais les chiffres de combattants, de blessés et de malades ne sont pas dans Rousset de Missy.

[36] Cf. MS 2-12: 'Pierre le Grand considérant cette forteresse comme une clef qui luy ouvroit les portes du pais Ennemi changea son nom en celui de Schlusselbourg, faisant allusion au mot de Schlussel, qui signifie une Clef en allemand' (f.150*r*).

à la suite des vainqueurs;[37] on portait devant eux les drapeaux et   210
les étendards des Suédois, avec le pavillon de la frégate prise sur
le lac Peipus. Pierre travailla lui-même aux préparatifs de la pompe,
comme il avait travaillé aux entreprises qu'elle célébrait.

Ces solennités devaient inspirer l'émulation, sans quoi elles
eussent été vaines. Charles les dédaignait, et depuis le jour de   215
Nerva il méprisait ses ennemis, et leurs efforts, et leurs triomphes.

[37] C'est-à-dire le 6 décembre v. st. (MS 1-1, f.18v; *Journal de Pierre le Grand*, éd.
1773, p.89-90).

CHAPITRE TREIZIÈME

RÉFORME À MOSCOU

Nouveaux succès. Fondation de Pétersbourg.
Pierre prend Nerva, etc.

Le peu de séjour que le czar fit à Moscou au commencement de *Année 1703.*
l'hiver 1703, fut employé à faire exécuter tous ses nouveaux
règlements, et à perfectionner le civil, ainsi que le militaire; ses
divertissements mêmes furent consacrés à faire goûter le nouveau
5 genre de vie qu'il introduisait parmi ses sujets. C'est dans cette
vue qu'il fit inviter tous les boyards et les dames aux noces d'un
de ses bouffons: il exigea que tout le monde y parût vêtu à
l'ancienne mode. On servit un repas tel qu'on le faisait au seizième
siècle. (*a*) Une ancienne superstition ne permettait pas qu'on
10 allumât du feu le jour d'un mariage, pendant le froid le plus
rigoureux: cette coutume fut sévèrement observée le jour de la

(*a*) Tiré du journal de Pierre le Grand.[1]

4 K: divertissements même furent

[1] Rien dans le Journal de Pierre le Grand! En fait, Voltaire résume le récit détaillé
de Perry, qui situe l'événement en 1701 (p.229-32). Buchet, rapportant lui aussi
cette noce à l'ancienne, lui oppose le mariage moderne d'Anna (la future impératrice
Anna Ivanovna) et du duc de Courlande, Frédéric-Guillaume, en 1710 (p.100-11).
Le récit de Perry a été recopié presque intégralement par Jubé (*La Religion, les
mœurs et les usages des Moscovites*, p.180-81).

637

fête. [2] Les Russes ne buvaient point de vin autrefois, mais de l'hydromel et de l'eau-de-vie; [3] il ne permit pas ce jour-là d'autre boisson: on se plaignit en vain, il répondait en raillant, 'Vos ancêtres en usaient ainsi, les usages anciens sont toujours les meilleurs.' Cette plaisanterie contribua beaucoup à corriger ceux qui préfèrent toujours le temps passé au présent, ou du moins à décréditer leurs murmures: et il y a encore des nations qui auraient besoin d'un tel exemple.

15

Un établissement plus utile fut celui d'une imprimerie en caractères russes et latins, dont tous les instruments avaient été tirés de Hollande, [4] et où l'on commença dès lors à imprimer des

20

[2] Coutume inconnue en Russie, assure Müller. Voltaire a dû confondre avec un bouffon de l'impératrice Anne, pour les noces duquel on construisit en 1739 une maison de glace, dont il existe une description imprimée. Bien entendu, on n'y alluma pas de feu (Š, p.393). Voltaire n'a pas confondu, il rapporte cette 'ancienne superstition' selon Perry, qui l'explique ainsi: 'pour conserver la chaleur on met sur le poêle une quantité considérable de terre sur le couvert, on auroit regardé comme une chose de mauvais augure, & qui sentoit trop la mort, & le tombeau, que de nouveaux mariez eussent eu de la terre sur leur tête la première nuit de leurs nôces' (p.232).

[3] L'eau-de-vie (c'est-à-dire la vodka) n'était pas d'un usage aussi ancien que l'hydromel; les Russes n'en boivent que depuis le seizième siècle. Elle a été introduite grâce à l'ouverture de la Russie à l'Occident! Les premiers 'porteurs du virus' furent les mercenaires lituaniens que Vassili III engagea à son service. La vodka ne devint d'ailleurs une boisson populaire qu'à partir du dix-huitième siècle; auparavant, elle était réservée aux nobles et aux marchands, le peuple ne consommant que du kvas (B. Kerblay, préface à M.-R. Rialand, *L'Alcool et les Russes*, Paris 1989, p.10).

[4] Müller rappelle qu'à Amsterdam, depuis 1699, Kopievski imprimait des livres russes avec la permission de Pierre Ier; en 1708, on voulut faire venir à Pétersbourg une imprimerie complète, mais le vaisseau qui la transportait fut pris par un corsaire suédois et conduit à Stockholm (Š, p.393). Effectivement, d'après un ukaze du 24 février 1708, on devait transporter de Hollande en Russie des caractères 'slavons'; mais ceux-ci furent arrêtés à Dantzig par Charles XII, qui les employa à imprimer des pamphlets destinés à être répandus sur les frontières russes (voir le *Bulletin du Nord*, journal français imprimé à Moscou, 1828, n° 5, p.38). Ce ne fut qu'en 1711 qu'on créa une presse à Pétersbourg pour l'impression des ukazes. Sur les relations de I. F. Kopievski (Kopievitch) avec les frères Tessing, imprimeurs hollandais, voir N. A. Kopanev, *Frantsouzskaïa kniga i rousskaïa koul'toura v seredine XVIII veka* [*Le Livre français et la culture russe du milieu du XVIIIe siècle*] (Leningrad 1988),

traductions russes de quelques livres sur la morale et les arts.[5]
Fergusson établit des écoles de géométrie, d'astronomie, de navigation.

Une fondation non moins nécessaire fut celle d'un vaste hôpital,
non pas de ces hôpitaux qui encouragent la fainéantise et qui
perpétuent la misère, mais tel que le czar en avait vu dans
Amsterdam, où l'on fait travailler les vieillards et les enfants,[6] et
où quiconque est renfermé devient utile.

Il établit plusieurs manufactures; et dès qu'il eut mis en mouvement tous les nouveaux arts auxquels il donnait naissance dans
Moscou, il courut à Véronise, et il y fit commencer deux vaisseaux
de quatre-vingts pièces de canon, avec de longues caisses exactement fermées sous les varangues, pour élever le vaisseau et le faire
passer sans risque au-dessus des barres et des bancs de sable qu'on

p.8-10. La première imprimerie russe avait été fondée à Moscou en 1564 par Ivan
Fedorov. Mais, bien que les ouvrages publiés fussent exclusivement religieux, la
foule avait détruit cette imprimerie considérée comme diabolique. Voltaire n'a
apparemment tenu compte ni du manuscrit Bn F12937, qui mentionne qu'Ivan
Vassilievitch fit le premier imprimer des livres à Moscou (f.505), ni de l'‘Extrait de
L'Etat de la Russie sous Le Règne d'Alexis Michaelowitz', qui rapporte que
‘l'imprimerie fut portée en Russie en 1560' (MS 5-32, f.146r). Au dix-septième siècle,
les seuls ouvrages imprimés en Russie étaient des ouvrages religieux, sévèrement
censurés par l'Académie slavo-gréco-latine (environ 400 éditions de 1620 à 1670).

[5] Pierre ‘a employé depuis huit ou neuf ans diverses personnes pour traduire
quelques excellents livres de religion & de morale, comme aussi quelques autres
qui regardent la guerre, & les Arts & sciences d'usage. Pour cet effet, il a érigé à
Moscouw des imprimeries, où ces livres ont été imprimez' (Perry, p.212). Pierre le
Grand a fait traduire et imprimer l'*Introduction à l'histoire des Etats de l'Europe* de
Pufendorf, les *Colloques* d'Erasme (1518), *Le Vrai christianisme* d'Arnd (1609). Il a
fait venir de Prague quatre moines pour traduire de l'allemand le grand *Dictionnaire
historique* de Budée [Johann Franz Buddeus, adversaire de Wolff] (Weber, i.294).
Pierre le Grand avait dans sa bibliothèque l'*Allgemeines historisches Lexicon* de
Buddeus (*Biblioteka Petra I*, p.114), l'*Introduction* de Pufendorf en allemand et en
latin (p.144), ainsi que sa traduction russe de 1718 (p.83), les *Dialogues* d'Erasme
en latin (p.122) et leur traduction russe et hollandaise de 1716 (p.92). En 1725, il y
aura en Russie sept imprimeries. Celle de Moscou, en 1726, occupait une centaine
d'ouvriers et avait édité près de 400 000 ouvrages depuis 1721 (Portal, p.175).

[6] L'hôpital fut créé en 1706, sur les bords de la Iaouza (Massie, p.369).

rencontre près d'Asoph; industrie à peu près semblable à celle dont on se sert en Hollande pour franchir le Pampus. [7]

30 mars. Ayant préparé ses entreprises contre les Turcs, il revole contre les Suédois; il va voir les vaisseaux qu'il faisait construire dans les chantiers d'Olonitz, entre le lac Ladoga et celui d'Onega. Il avait établi dans cette ville des fabriques d'armes; [8] tout y respirait la guerre, tandis qu'il faisait fleurir à Moscou les arts de la paix: une source d'eaux minérales découverte depuis dans Olonitz [9] augmenta sa célébrité. D'Olonitz il alla fortifier Shlusselbourg.

Nous avons déjà dit qu'il avait voulu passer par tous les grades militaires: [10] il était lieutenant de bombardiers sous le prince Menzikoff, [11] avant que ce favori eût été fait gouverneur de Shlusselbourg. Il prit alors la place de capitaine, et servit sous le maréchal Sheremeto.

Il y avait une forteresse importante près du lac Ladoga, nommée

47   K: lieutenant des bombardiers

[7] Banc de sable qui se trouvait devant le port d'Amsterdam. On le faisait passer aux gros vaisseaux grâce à un 'chameau', une sorte de caisse divisée en deux parties, creuse, remplie d'eau et fixée au navire. On vidait l'eau avec des pompes, et la machine ainsi allégée, en se soulevant, soulevait également le navire et lui permettait de franchir le banc de sable. Cette manœuvre intriguait tous les voyageurs: voir par exemple un témoignage anonyme de 1786 en appendice à M. Van Strien-Chardonneau, *Le Voyage de Hollande: récits de voyageurs français dans les Provinces-Unies, 1748-1795*, Studies 318 (1994), p.444-45. Au dix-neuvième siècle, ce bas-fond a été asséché, on y a construit un fort et creusé un chenal. Le Pampus constitue actuellement une petite île.

[8] A Olonets, il y a une quantité de mines de fer, rapporte Weber: les maîtres étrangers et les Moscovites réussissent si bien dans la fabrication des armes, assure-t-il, qu'ils auront un jour de quoi fournir les pays étrangers de leurs propres ouvrages (i.292-93).

[9] Elles ont été découvertes depuis peu, écrit Weber en février 1718 (i.328).

[10] Voir ci-dessus, I.vi.130-131.

[11] Pierre Ier était capitaine, et Menchikov lieutenant de la compagnie de bombardiers attachée au premier régiment des gardes, rectifie Müller. Depuis lors, c'est toujours le monarque qui en est le capitaine (Š, p.393).

Nianz ou Nya, [12] près de la Néva. Il était nécessaire de s'en rendre maître, pour s'assurer ses conquêtes, et pour favoriser ses desseins. Il fallut l'assiéger par terre, et empêcher que les secours ne vinssent

55 par eau. Le czar se chargea lui-même de conduire des barques chargées de soldats, et d'écarter les convois des Suédois. Sheremeto *12 mai.* conduisit les tranchées; la citadelle se rendit. [13] Deux vaisseaux suédois abordèrent trop tard pour la secourir; le czar les attaqua avec ses barques, et s'en rendit maître. [14] Son journal porte que

60 pour récompense de ce service, *le capitaine des bombardiers fut créé chevalier de l'ordre de St André, par l'amiral Gollovin, premier chevalier de l'ordre.* [15]

Après la prise du fort de Nya, il résolut enfin de bâtir sa ville de Pétersbourg, à l'embouchure de la Néva sur le golfe de Finlande.

65 Les affaires du roi Auguste étaient ruinées; les victoires consécutives des Suédois en Pologne avaient enhardi le parti contraire, et ses amis même l'avaient forcé de renvoyer au czar environ vingt mille Russes dont son armée était fortifiée. Ils prétendaient par ce sacrifice ôter aux mécontents le prétexte de se joindre au roi de

[12] Nyenskans. Appelée *Nienschantʒ* ou *Nyenschantʒ* dans le MS 1-1, f.19*r* (*Newskoy Chanetʒ* ou *Kantʒi*, dans le *Journal de Pierre le Grand*, éd. 1773, p.92). Cette forteresse était située au bord de la Neva, à une lieue d'Allemagne de son embouchure et à huit lieues du lac Ladoga, précise Müller. On en voit encore les ruines vis-à-vis du couvent d'Alexandre Nevski (Š, p.393-94). Ce n'est pas *Nyenschantʒ* qui signifie 'fort de la Neva', comme l'écrit Müller, mais *Newskoy Chanetʒ*. *Nyenskans* signifie en suédois 'la nouvelle redoute'.

[13] Le 1ᵉʳ mai v. st. (MS 1-1, f.20*v*, et MS 2-12, f.150*v*; *Journal de Pierre le Grand*, éd. 1773, p.96).

[14] Un senau et une grande chaloupe détachés par le vice-amiral Nummers, précise Müller. Pierre 1ᵉʳ s'en empara le lendemain de la reddition de la place (Š, p.394). 'La ville se rendit le 1ᵉʳ May. bientôt on fut informé que des vaisseaux ennemis paroissoient sur les côtes, et que deux Batimens Suedois, un Senau et une Chaloupe de guerre s'étoient mis à l'ancre près de l'Embouchure [...] Le 7ᵉ Mai, avant la pointe du jour ils [Pierre et Menchikov] attaquèrent le Senau et la Chaloupe, et s'en emparèrent sans avoir essuyé le moindre échec' (MS 2-12, f.150*v*-151*r*). Le vice-amiral est appelé Noummers au f.152*v*.

[15] Voltaire cite en substance le MS 1-1, f.22*r*, qui, comme le MS 2-12, f.151*r*, situe cette récompense le 10 mai (le 30 mai, selon le *Journal*, éd. 1773, p.99).

Suède: mais on ne désarme ses ennemis que par la force, et on les 70
enhardit par la faiblesse. Ces vingt mille hommes que Patkul avait
disciplinés, servirent utilement dans la Livonie et dans l'Ingrie,
pendant qu'Auguste perdait ses Etats. Ce renfort, et surtout la
possession de Nya, le mirent en état de fonder sa nouvelle capitale.

Ce fut donc dans ce terrain désert et marécageux, qui ne 75
communique à la terre ferme que par un seul chemin, qu'il jeta (*b*)
les premiers fondements de Pétersbourg, au soixantième degré de
latitude, et au quarante-quatrième et demi de longitude. Les débris
de quelques bastions de Nianz furent les premières pierres de cette
fondation. [17] On commença par élever un petit fort dans une des 80
îles [18] qui est aujourd'hui au milieu de la ville. Les Suédois ne
craignaient pas cet établissement dans un marais où les grands
vaisseaux ne pouvaient aborder; [19] mais bientôt après ils virent les
fortifications s'avancer, une ville se former, et enfin la petite île de

(*b*) 1703. 27 mai, jour de la Pentecôte, fondation de Pétersbourg. [16]

74 K: Nya, mirent le czar en état

[16] Actuellement au trentième degré de longitude à partir de Greenwich. La ville
fut effectivement fondée le 16/27 mai, jour de la Pentecôte, ou, suivant le calendrier
russe, jour de la Trinité (MS 2-19, f.221*r*).
[17] Le MS 6-9 dit seulement: 'Après la prise du fort nommé Nienschantz enlevé
aux Suedois' (f.377*r*). Les remparts de Nyenskans n'étaient que de terre, objecte
Müller (Š, p.394).
[18] Dans l''Ile de la forteresse', précise Müller (Š, p.394; cf. MS 6-9, f.377*r*). Weber
l'appelle 'l'île des Lièvres' (ii.10).
[19] Les bords de la Neva étaient un peu marécageux, concède Müller, mais la
rivière est une des plus belles d'Europe par la pureté de son eau et sa profondeur.
Ce n'est qu'à son embouchure que quelques bancs de sable empêchent les gros
vaisseaux de la remonter (Š, p.394-95). Weber dit également que la Neva est très
profonde, sauf à l'endroit où elle forme une baie, et qu'elle est aussi rapide que le
Rhin (ii.49).

642

85   Cronslot[20] qui est devant la ville, devenir en 1704 une forteresse imprenable, sous le canon de laquelle les plus grandes flottes peuvent être à l'abri.

   Ces ouvrages qui semblaient demander un temps de paix, s'exécutaient au milieu de la guerre; et des ouvriers de toute
90 espèce venaient de Moscou, d'Astracan,[21] de Casan, de l'Ukraine, travailler à la ville nouvelle. La difficulté du terrain qu'il fallut raffermir et élever, l'éloignement des secours, les obstacles imprévus qui renaissent à chaque pas en tout genre de travail, enfin les maladies épidémiques qui enlevèrent un nombre prodigieux de
95 manœuvres,[22] rien ne découragea le fondateur; il eut une ville en cinq mois de temps. Ce n'était qu'un assemblage de cabanes avec deux maisons de briques,[23] entourées de remparts, et c'était tout ce qu'il fallait alors; la constance et le temps ont fait le reste. Il n'y avait encore que cinq mois que Pétersbourg était fondée, lorsqu'un

---

85   59*:   <Cronslot> ^WCronstad

---

[20] L'île s'appelle Cronstadt, rectifie Müller. Les Russes la nommaient Kotline et les Suédois Retusari. Elle est située à plus de quatre lieues d'Allemagne de l'embouchure de la Neva. Cronslot n'est qu'un petit fort sur un banc de sable vis-à-vis du port de Cronstadt pour défendre le passage (Š, p.395). Le MS 2-12 précise bien que 'cette forteresse fut nommée Cronchlott' (f.153r), et le MS 2-20 rapporte à tort que 'Cronschlot' est un fort sur la Neva (f.223v). Cronslot, en suédois, signifie 'château couronné', comme le rappelle Weber (ii.78).

[21] Le gouvernement d'Astrakhan est trop éloigné et n'a d'ailleurs pas de paysans qui auraient pu fournir des travailleurs, objecte Müller (Š, p.395). Ces ouvriers furent envoyés de force, ainsi que les premiers habitants de la ville (Portal, p.100-101). Voltaire le notait dans les *Anecdotes* (l.247).

[22] Dans l'*Histoire de Charles XII*, le nombre des ouvriers morts pendant la construction était de deux cent mille (V 4, p.283). Dans les *Anecdotes*, le chiffre était tombé à 'plus de cent mille' (l.249). Ici, il n'est plus que 'prodigieux'.

[23] 'Il n'y en avait aucune', rectifie Müller. Pierre Ier avait fait bâtir pour lui-même une petite maison de bois sur le bord de la grande Neva, hors de l'enceinte de la forteresse que l'on voit encore aujourd'hui (Š, p.395). Voltaire répliqua dans l'avis 'Au lecteur' du second tome: 'que Pierre ait logé d'abord dans une maison de bois, ou dans une maison de briques, cela est je crois fort indifférent' (app. I, l.46-48).

Novembre. vaisseau hollandais y vint trafiquer;[24] le patron reçut des gratifica-   100
tions, et les Hollandais apprirent bientôt le chemin de Pétersbourg.

Pierre en dirigeant cette colonie la mettait en sûreté tous les
jours par la prise des postes voisins. Un colonel suédois nommé
Croniort[25] s'était posté sur la rivière Sestra,[26] et menaçait la ville
9 juillet. naissante. Pierre court à lui[27] avec ses deux régiments des gardes,   105
le défait, et lui fait repasser la rivière. Ayant ainsi mis sa ville en
Septembre. sûreté, il va à Olonitz commander la construction de plusieurs
petits vaisseaux, et retourne à Pétersbourg[28] sur une frégate qu'il
a fait construire avec six bâtiments de transport, en attendant qu'on
achève les autres.   110

Dans ce temps-là même, il tend toujours la main au roi de
Novembre. Pologne; il lui envoie douze mille hommes d'infanterie, et un
subside de trois cent mille roubles, qui font plus de quinze cent
mille francs de notre monnaie. Nous avons déjà remarqué qu'il
n'avait qu'environ cinq millions de roubles de revenu;[29] les   115
dépenses pour ses flottes, pour ses armées, pour tous ses nouveaux
établissements, devaient l'épuiser. Il avait fortifié presque à la fois
Novogorod, Pleskou, Kiovie, Smolensko, Asoph, Arcangel. Il
fondait une capitale. Cependant il avait encore de quoi secourir

[24] En novembre 1703. C'était une galiote chargée de vin et de sel (Portal, p.102;
Massie, p.339). Le MS 2-9 ne précise pas la date; il rapporte seulement que le bateau
hollandais arriva alors que Pierre venait de jeter les fondements de sa nouvelle ville;
mais il ajoute que les marins furent 'grassement payés par Menchikof' (f.119r). La
cargaison appartenait à Cornelis Calf (cf. II.vii.61-62).

[25] Il était major général, corrige Müller (Š, p.396). Il s'agit du major général
Abraham Cronhjort (1634-1703). Le MS 1-1 le nomme Kronhiort (f.23v) et le *Journal
de Pierre le Grand*, Kroniart (éd. 1773, i.65).

[26] Ou, comme on la nomme communément, Systerbeck, indique Müller (Š,
p.396). Le MS 1-1 l'orthographie *Susterbeck* (f.23v). *Systerbäck*, le 'ruisseau de la
sœur', est l'équivalent suédois du russe *Sestra*, 'la sœur'.

[27] MS 1-1, f.23v (*Journal de Pierre le Grand*, éd. 1773, p.104, s. d. [avant le 9 mai
1704]). Au début de juillet 1703, comme l'indique Voltaire.

[28] MS 1-1, f.24v [avant le 9 mai 1704] (*Journal*, éd. 1773, p.104).

[29] Voir ci-dessus, I.ii.190-191.

120   son allié d'hommes et d'argent. Le Hollandais Corneille le Bruyn, qui voyageait vers ce temps-là en Russie,[30] et avec qui Pierre s'entretint comme il faisait avec tous les étrangers, rapporte que le czar lui dit qu'il avait encore trois cent mille roubles de reste dans ses coffres après avoir pourvu à tous les frais de la guerre.[31]

125   Pour mettre sa ville naissante de Pétersbourg hors d'insulte, il va lui-même sonder la profondeur de la mer, assigne l'endroit où il doit élever le fort de Cronslot, en fait un modèle en bois, et laisse à Menzikoff le soin de faire exécuter l'ouvrage sur son modèle.[32] De là il va passer l'hiver à Moscou, pour y établir

130   insensiblement tous les changements qu'il fait dans les lois, dans   *5 novembre.* les mœurs, dans les usages. Il règle ses finances, et y met un nouvel ordre; il presse les ouvrages entrepris sur la Véronise, dans Asoph, dans un port qu'il établissait sur les Palus-Méotides sous le fort de Taganrok.

135   La Porte alarmée lui envoya un ambassadeur[33] pour se plaindre   *1704.*   *Janvier.*

---

120   59, 65:   Corneille le Bruin

[30] Cornelius De Bruyn (1652-?), peintre et voyageur, né à La Haye, mort à Utrecht. Après avoir visité l'Allemagne, l'Italie et l'Asie mineure, il voyagea de 1701 à 1708 en Russie, en Perse, aux Indes et à Batavia. Il est l'auteur de *Voyages par la Moscovie et la Perse et aux Indes orientales* (Amsterdam 1718), traduction retouchée, annotée et publiée par l'abbé Banier dans le *Voyage au Levant* (Rouen 1725, où les *Voyages par la Moscovie* sont dans les tomes iii-v). De Bruyn est l'un des premiers à avoir donné des détails sur les Samoyèdes et leur pays.

[31] De Bruyn, iii.155. La liste des villes fortifiées, donnée par Voltaire (l.117-118), est dans cette page de De Bruyn. C'est 'nonobstant la dépense qu'il a falu faire' pour ces fortifications que, selon De Bruyn, Pierre a su économiser trois cent mille roubles, '& cela après avoir pourvu à tous les frais de la guerre, & à la construction des vaisseaux, aussi bien qu'à toutes les autres necessitez de l'Estat'.

[32] MS 2-12: 'Après avoir sondé la profondeur, il résolut d'y faire bâtir une forteresse vers la fin du mois d'octobre. L'Empereur fit un voyage à Moscow, et de là à Voronetz, ou ayant fait faire le modèle de la forteresse qu'il vouloit bâtir sur la mer, il l'Envoya avec Menchikoff [...] et la fit bâtir par lui' (f.152v-153r).

[33] L'ambassadeur Mustafa est venu le 19 février (MS 1-1, f.24v; *Journal de Pierre le Grand*, éd. 1773, p.110).

de tant de préparatifs; il répondit qu'il était le maître dans ses Etats, comme le Grand-Seigneur dans les siens, et que ce n'était point enfreindre la paix que de rendre la Russie respectable sur le Pont-Euxin.

30 mars.   Retourné à Pétersbourg,[34] il trouve sa nouvelle citadelle de   140
Cronslot, fondée dans la mer, et achevée; il la garnit d'artillerie. Il fallait pour s'affermir dans l'Ingrie, et pour réparer entièrement la disgrâce essuyée devant Nerva, prendre enfin cette ville. Tandis qu'il fait les préparatifs de ce siège, une petite flotte de brigantins suédois paraît sur le lac Peipus, pour s'opposer à ses desseins. Les   145
demi-galères russes[35] vont à sa rencontre, l'attaquent et la prennent
Avril. tout entière; elle portait quatre-vingt-dix-huit canons. Alors on assiège Nerva par terre et par mer, et ce qui est plus singulier, on assiège en même temps la ville de Derpt en Estonie.[36]

Qui croirait qu'il y eût une université dans Derpt? Gustave-   150
Adolphe l'avait fondée,[37] et elle n'avait pas rendu la ville plus célèbre. Derpt n'est connu que par l'époque de ces deux sièges.[38] Pierre va incessamment de l'un à l'autre presser les attaques et

149   59*:   Derpt <en> ^Wsur les frontières de L+Estonie.

---

[34] Le 19 mars v. st. (*Journal de Pierre le Grand*, éd. 1773, p.111).

[35] C'étaient de petites barques, répète Müller (Š, p.396). Il les situe sur le lac Ladoga, soit par erreur, soit parce que Voltaire avait écrit 'Ladoga' au lieu de 'Peipus' dans sa première version.

[36] Derpt n'était pas alors en Estonie, mais en Livonie, comme le rectifie Müller (Š, p.396). Actuellement, Derpt (Tartu) est bien en Estonie. Elle fut prise le 13/24 juillet et Narva le 9/20 août 1704.

[37] En 1632. Elle s'appelait alors Dorpat et l'université était de langue allemande. Mais, selon Olearius, elle ne s'était point fait connaître ni par la réputation de ses professeurs, ni par le nombre de ses 'escoliers': dix Suédois, et fort peu de Finlandais (*Voyages très curieux*, 1727, i.9). La ville, fortifiée, fondée en 1030 par le prince Iaroslav de Novgorod, portait à l'origine le nom de Iouriev. Devenue allemande en 1224, elle redevint russe en 1704 sous le nom de Derpt. Alexandre Ier y fit renaître l'université en 1802. Elle est connue actuellement sous son nom estonien de Tartu.

[38] Non: Dorpat fut un important comptoir de la Hanse.

646

diriger toutes les opérations. Le général suédois Slipenbak était
155 auprès de Derpt avec environ deux mille cinq cents hommes. [39]
Les assiégés attendaient le moment où il allait jeter du secours
dans la place. Pierre imagina une ruse de guerre dont on ne se sert
pas assez. [40] Il fait donner à deux régiments d'infanterie et à un de
cavalerie, des uniformes, des étendards, des drapeaux suédois. Ces
160 prétendus Suédois attaquent les tranchées; les Russes feignent de   *27 juin.*
fuir; la garnison trompée par l'apparence fait une sortie; alors les
faux attaquants et les attaqués se réunissent, ils fondent sur la
garnison dont la moitié est tuée, et l'autre moitié rentre dans la
ville. Slipenbak arrive bientôt en effet pour la secourir, et il est   *23 juillet.*
165 entièrement battu. [41] Enfin Derpt est contrainte de capituler [42] au
moment que Pierre allait donner un assaut général.
Un assez grand échec que le czar reçoit en même temps sur le
chemin de sa nouvelle ville de Pétersbourg, ne l'empêche ni de
continuer à bâtir sa ville, ni de presser le siège de Nerva. Il avait,
170 comme on l'a vu, envoyé des troupes et de l'argent au roi Auguste
qu'on détrônait; ces deux secours furent également inutiles. Les
Russes joints aux Lithuaniens du parti d'Auguste, furent absolu-   *31 juillet.*
ment défaits en Courlande, par le général suédois Levenhaupt. [43]

[39] Le récit du siège de Derpt, remarque Müller, ne s'accorde ni avec le Journal
de Pierre le Grand, ni avec aucune autre relation. Schlippenbach n'était pas près de
Derpt, mais du côté de Revel, d'où les assiégés attendaient du secours (Š, p.397).
[40] Cette ruse de guerre n'a pas été imaginée devant Derpt, mais devant Narva,
corrige Müller (Š, p.397). Voltaire s'est peut-être inspiré du long récit de Rousset
de Missy, qui se rapporte effectivement au siège de Narva (ii.405-407).
[41] Schlippenbach était sous Revel avec environ 1500 hommes. Le tsar ordonna à
Rönne de le déloger avec ses 8000 hommes. Les Russes le poursuivirent jusqu'à
Lesnaïa. Schlippenbach se défendit 'avec beaucoup de valeur', mais 'perdit la plupart
de son monde' (Rousset de Missy, ii.407).
[42] Le 13/24 juillet 1704.
[43] Le comte Adam Ludvig Lewenhaupt (1659-1719), entré au service de l'électeur
de Bavière, combattit les Turcs en Hongrie avec le grade de capitaine de cavalerie.
Revenu en Suède en 1697, il devint colonel. Pendant la guerre du Nord, il fut
promu général d'infanterie. En 1708, il fut mis en déroute par Pierre le Grand à
Slop sur le Dniepr. Après Poltava, il passa dix ans en Russie. Nommé sénateur par

Si les vainqueurs avaient dirigé leurs efforts vers la Livonie, l'Estonie, et l'Ingrie, ils pouvaient ruiner les travaux du czar, et 175 lui faire perdre tout le fruit de ses grandes entreprises. Pierre minait chaque jour l'avant-mur de la Suède, et Charles ne s'y opposait pas assez; il cherchait une gloire moins utile et plus brillante.

Dès le 12 juillet 1704 un simple colonel suédois à la tête d'un 180 détachement, avait fait élire un nouveau roi par la noblesse polonaise dans le champ d'élection nommé Kolo [44] près de Varsovie. Un cardinal primat du royaume, et plusieurs évêques, se soumettaient aux volontés d'un prince luthérien, malgré toutes les menaces et les excommunications du pape: tout cédait à la force. Personne 185 n'ignore comment fut faite l'élection de Stanislas Leczinsky, et comment Charles XII le fit reconnaître dans une grande partie de la Pologne. [45]

Pierre n'abandonna pas le roi détrôné; il redoubla ses secours à mesure qu'il fut plus malheureux; et pendant que son ennemi 190 faisait des rois, il battait les généraux suédois en détail dans

---

la reine de Suède Ulrique-Eléonore, il mourut sans avoir revu sa patrie. Pendant sa captivité, il rédigea des *Mémoires* en suédois, imprimés à Stockholm en 1757.

[44] Quartier ouest de Varsovie. Kolo est aussi le 'nom qu'on donne en Pologne aux assemblées des états provinciaux qui précèdent la grande diète ou l'assemblée générale des états de Pologne' (*Encyclopédie*, art. 'Kolo'). Le 'champ d'élection' dont il est question ne s'appelle pas Kolo, mais Wola, selon Büsching (Š, p.397). Kolo et Wola sont des quartiers ouest de Varsovie.

[45] L'attitude de Voltaire à l'égard de Stanislas semble contradictoire ou au moins ambiguë: d'une part, dans la 'Préface historique et critique', il invoque son témoignage pour authentifier l'*Histoire de Charles XII*; d'autre part, il conteste ici, et à juste titre, son élection au trône de Pologne (les Suédois ont fait effectivement élire un ' anti-roi': voir A. Jobert, *Histoire de la Pologne*, Paris 1965, p.31). En 1760, Stanislas, devenu de plus en plus dévot, fait imprimer sous son nom un ouvrage anti-philosophique, *L'Incrédulité combattue par le simple bon sens*, qui attaque les déistes. Ce livre effacera chez Voltaire le bon souvenir de l'hospitalité du roi de Pologne (S. Fiszer, *L'Image de la Pologne et des Polonais dans l'œuvre de Voltaire*, thèse dact., Nancy II, 1997, p.28 et 140). Cela explique peut-être que Voltaire, tout en maintenant le témoignage de Stanislas, l'ait considérablement réduit après la première édition (cf. Fiszer, p.6).

l'Estonie, dans l'Ingrie; il courait au siège de Nerva, et faisait donner des assauts. Il y avait trois bastions fameux, du moins par leurs noms, on les appelait *la victoire, l'honneur,* et *la gloire.* Le
195 czar les emporta tous trois l'épée à la main. Les assiégeants entrent dans la ville, la pillent et y exercent toutes les cruautés qui n'étaient que trop ordinaires entre les Suédois et les Russes.

Pierre donna alors un exemple qui dut lui concilier les cœurs *20 août.* de ses nouveaux sujets;[46] il court de tous côtés pour arrêter le
200 pillage et le massacre, arrache des femmes des mains de ses soldats, et ayant tué deux de ces emportés qui n'obéissaient pas à ses ordres, il entre à l'hôtel de ville où les citoyens se réfugiaient en foule; là posant son épée sanglante sur la table, 'Ce n'est pas du sang des habitants, dit-il, que cette épée est teinte, mais du sang
205 de mes soldats que j'ai versé pour vous sauver la vie.'[47]

---

[46] Dans l'*Histoire de Charles XII*, Voltaire date la prise de Narva du 21 août (V 4, p.282). En fait, ce fut le 9/20 août 1704, comme il l'indique ici.

[47] Phrase déjà citée, avec quelques variantes, dans l'*Histoire de Charles XII* (V 4, p.282). Elle est rapportée par Weber (i.155). A partir de l'édition de 1739 de l'*Histoire de Charles XII*, on lit après cette phrase: 'Si le czar avait toujours eu cette humanité, c'était le premier des hommes'. Selon L. L. Albina, Voltaire, pour ce récit, aurait suivi de près Nordberg (p.157). En réalité, Nordberg dit seulement que Pierre Ier mit fin au carnage 'en faisant publier au son de la trompette, que l'on eut à faire cesser le pillage & le massacre' (i.531). Il ne rapporte pas l'anecdote du tsar tuant deux de ses soldats. Il écrit, en revanche, que Pierre fit jeter le général major Horn, défenseur de Narva, dans un cachot sous terre, où il demeura douze jours, au pain et à l'eau. Dans le Journal de Pierre le Grand, d'où Voltaire prétend avoir tiré toutes ses informations pour le chapitre 12 et les suivants, on ne trouve pas non plus l'anecdote des deux soldats tués par le tsar et de la phrase qu'il aurait prononcée à cette occasion.

CHAPITRE QUATORZIÈME (*a*)

*Toute l'Ingrie demeure à Pierre le Grand, tandis que
Charles XII triomphe ailleurs. Elévation de Menzikoff.
Pétersbourg en sûreté. Desseins toujours exécutés malgré
les victoires de Charles.*

Maître de toute l'Ingrie, Pierre en conféra le gouvernement à
Menzikoff, et lui donna le titre de prince[1] et le rang de général-
major. L'orgueil et le préjugé pouvaient ailleurs trouver mauvais
qu'un garçon pâtissier[2] devînt général, gouverneur et prince: mais
Pierre avait déjà accoutumé ses sujets à ne se pas étonner de voir   5
donner tout aux talents, et rien à la seule noblesse. Menzikoff tiré
de son premier état dans son enfance, par un hasard heureux qui
le plaça dans la maison du czar, avait appris plusieurs langues,[3]

(*a*) NB. Les chapitres précédents et tous les suivants sont tirés du
journal de Pierre le Grand, et des mémoires envoyés de Pétersbourg,
confrontés avec tous les autres mémoires.

n.*a*   59, 65:   Tous les chapitres précédents et suivants

[1] C'est en 1706 que Pierre Ier donna à Menchikov le titre de prince d'Ingrie,
corrige Müller (Š, p.397).
[2] Voltaire avait déjà rapporté cette légende dans l'*Histoire de Charles XII* (V 4,
p.410) et dans les *Anecdotes* (l.268). L'erreur a été commise 'presque par tous les
auteurs', comme le relève Müller: on la trouve encore dans Welter, *Histoire de
Russie* (Paris 1963), p.175, ou dans *La France et la Russie au siècle des Lumières*
(Paris 1986), p.33. En réalité, Menchikov était le fils d'un valet d'écurie de la cour.
Mais, pour amuser le tsar, selon Müller, 'il savait parfaitement imiter les cris avec
lesquels les garçons pâtissiers appelaient les passants dans les rues de Moscou pour
acheter leurs petits pâtés' (Š, p.398).
[3] Il n'en savait aucune, excepté un peu d'allemand qu'il avait appris dans ses
voyages avec Pierre, selon Müller (Š, p.398).

650

s'était formé aux affaires et aux armes, et ayant su d'abord se
10 rendre agréable à son maître, il sut se rendre nécessaire. Il hâtait
les travaux de Pétersbourg; on y bâtissait déjà plusieurs maisons
de briques et de pierres, un arsenal, des magasins;[4] on achevait les
fortifications; les palais ne sont venus qu'après.

Pierre était à peine établi dans Nerva, qu'il offrit de nouveaux
15 secours au roi de Pologne détrôné: il promit encore des troupes
outre les douze mille hommes qu'il avait déjà envoyés, et en effet
il fit partir pour les frontières de la Lithuanie le général Repnin   *19 août.*
avec six mille hommes de cavalerie et six mille d'infanterie. Il ne
perdait pas de vue sa colonie de Pétersbourg un seul moment; la
20 ville se bâtissait, la marine s'augmentait; des vaisseaux, des frégates
se construisaient dans les chantiers d'Olonitz; il alla les faire   *11 octobre.*
achever, et les conduisit à Pétersbourg.

Tous ses retours à Moscou étaient marqués par des entrées
triomphantes: c'est ainsi qu'il y revint cette année, et il n'en partit   *30 décembre.*
25 que pour aller faire lancer à l'eau son premier vaisseau de quatre-
vingts pièces de canon,[5] dont il avait donné les dimensions l'année
précédente, sur la Véronise.

Dès que la campagne put s'ouvrir en Pologne, il courut à   *1705.*
l'armée qu'il avait envoyée sur les frontières de la Lithuanie au   *Mai.*
30 secours d'Auguste: mais pendant qu'il aidait ainsi son allié, une
flotte suédoise s'avançait pour détruire Pétersbourg et Cronslot, à
peine bâtis; elle était composée de vingt-deux vaisseaux[6] de
cinquante-quatre à soixante-quatre pièces de canon, de six frégates,
de deux galiotes à bombes, de deux brûlots. Les troupes de

---

[4] Ce n'est qu'en 1709 qu'on a commencé à bâtir des maisons de briques à
Pétersbourg, et il n'y a pas d'arsenal en pierre, observe Müller (Š, p.398).

[5] MS 2-12: 'Il en partit le 18 février [1705] pour Voronetz [...]; avant que d'en
partir, il fit lancer à l'Eau un vaisseau de 80 canons nommé le Vieux Chêne' (f.154v).
Voir ci-dessus, 1.xiii.33-34.

[6] MS 2-12: 'Le 4e juin [1705] il parut vis à vis de l'Isle de Kottlina, une flotte
Suedoise de 22 Vaisseaux' (f.154v).

transport firent leur descente dans la petite île de Kotin.[7] Un   35
colonel russe nommé Tolboguin[8] ayant fait coucher son régiment
ventre à terre pendant que les Suédois débarquaient sur le rivage,
17 juin. le fit lever tout à coup, et le feu fut si vif et si bien ménagé, que
les Suédois renversés furent obligés de regagner leurs vaisseaux,
d'abandonner leurs morts, et de laisser trois cents prisonniers.   40

Cependant leur flotte restait toujours dans ces parages, et
menaçait Pétersbourg. Ils firent encore une descente, et furent
repoussés de même; des troupes de terre avançaient de Vibourg,
sous le général suédois Meidel; elles marchaient du côté de
Shlusselbourg; c'était la plus grande entreprise qu'eût encore fait   45
25 juin. Charles XII, sur les Etats que Pierre avait conquis ou créés; les
Suédois furent repoussés partout, et Pétersbourg resta tranquille.[9]

Pierre de son côté avançait vers la Courlande, et voulait pénétrer
jusqu'à Riga. Son plan était de prendre la Livonie, tandis que
Charles XII achevait de soumettre la Pologne au nouveau roi qu'il   50
lui avait donné. Le czar était encore à Vilna en Lithuanie, et
son maréchal Sheremeto s'approchait de Mittau capitale de la
Courlande; mais il y trouva le général Levenhaupt, déjà célèbre
par plus d'une victoire. Il se donna une bataille rangée dans un
lieu appelé Gémavershof, ou Gémavers.[10]   55

Dans ces affaires où l'expérience et la discipline prévalent, les
Suédois quoique inférieurs en nombre, avaient toujours l'avantage:
28 juillet. les Russes furent entièrement défaits, toute leur artillerie prise.
Pierre après trois batailles ainsi perdues, à Gémavers, à Jacobstad,
à Nerva, réparait toujours ses pertes, et en tirait même avantage.   60

---

[7] L'île de Kotline, où a été bâtie la ville de Cronstadt, comme le relève Müller
(Š, p.398).

[8] Il s'agit d'un colonel Tolboukhine.

[9] La flotte suédoise devait attaquer Cronslot, et Meidel [Georg Johan Maydell],
avec dix mille hommes, marcher vers Pétersbourg et détruire la forteresse. Les
Suédois tentèrent à différentes reprises, du 5 juin au 15 juillet, de débarquer sur l'île
de Kotline, mais furent toujours repoussés (MS 2-12, f.154*v*-155*r*).

[10] *Gemauert hof*, rectifie Müller (Š, p.398).

Il marche en forces en Courlande après la journée de Gémavers: il arrive devant Mittau, s'empare de la ville, assiège la citadelle, et *14 septembre.* y entre par capitulation.

65 Les troupes russes avaient alors la réputation de signaler leurs succès par les pillages, coutume trop ancienne chez toutes les nations. Pierre avait à la prise de Nerva tellement changé cet usage, que les soldats russes commandés pour garder dans le château de Mittau les caveaux où étaient inhumés les grands-ducs de Courlande, voyant que les corps avaient été tirés de leurs 70 tombeaux, et dépouillés de leurs ornements, refusèrent d'en prendre possession, et exigèrent auparavant qu'on fît venir un colonel suédois reconnaître l'état des lieux; il en vint un en effet, qui leur délivra un certificat par lequel il avouait que les Suédois étaient les auteurs de ce désordre. [11]

75 Le bruit qui avait couru dans tout l'empire que le czar avait été totalement défait à la journée de Gémavers, lui fit encore plus de tort que cette bataille même. Un reste d'anciens strélitz, en garnison dans Astracan, s'enhardit sur cette fausse nouvelle à se révolter; ils tuèrent le gouverneur de la ville, et le czar fut obligé d'y 80 envoyer le maréchal Sheremeto avec des troupes pour les soumettre et les punir. [12]

Tout conspirait contre lui; la fortune et la valeur de Charles XII, les malheurs d'Auguste, la neutralité forcée du Dannemarck, les révoltes des anciens strélitz, les murmures d'un peuple qui ne 85 sentait alors que la gêne de la réforme et non l'utilité, les mécontentements des grands assujettis à la discipline militaire, l'épuisement des finances; rien ne découragea Pierre un seul moment; il étouffa la révolte; [13] et ayant mis en sûreté l'Ingrie,

[11] La source de cette anecdote est Rousset de Missy, ii.456-57.

[12] La révolte d'Astrakhan fut déclenchée dans l'été 1705 par un moine et un strelets. Provoquée par l'opposition aux réformes de Pierre et par les exactions du gouvernement russe, elle était dirigée contre les classes privilégiées et l'influence étrangère. Strahlenberg, qui en voit la cause dans le 'changement de l'habit' et 'la défense de porter des barbes', l'évoque assez longuement (i.178-82).

[13] Cheremetiev ne reprit Astrakhan qu'en mars 1706, après de rudes combats.

s'étant assuré de la citadelle de Mittau malgré Levenhaupt vain- 90
queur qui n'avait pas assez de troupes pour s'opposer à lui, il eut
alors la liberté de traverser la Samogitie, [14] et la Lithuanie.

Il partageait avec Charles XII la gloire de dominer en Pologne;
il s'avança jusqu'à Tikoczin; [15] ce fut là qu'il vit pour la seconde
fois le roi Auguste; il le consola de ses infortunes, lui promit de le
venger, lui fit présent de quelques drapeaux pris par Menzikoff sur 95
des partis de troupes de son rival; ils allèrent ensuite à Grodno
capitale de la Lithuanie, et y restèrent jusqu'au 15 décembre. Pierre
en partant lui laissa de l'argent et une armée, et selon sa coutume
30 décembre. alla passer quelque temps de l'hiver à Moscou, pour y faire fleurir
les arts et les lois, après avoir fait une campagne très difficile. 100

[14] Nom d'une ancienne province de la Lituanie, en bordure de la Baltique, entre le Niemen et la Venta.
[15] Tykocyn, sur le Narew, près de Bialystok; orthographié 'Tycoksin' dans l'*Encyclopédie*.

CHAPITRE QUINZIÈME

*Tandis que Pierre se soutient dans ses conquêtes, et police
ses Etats, son ennemi Charles XII gagne des batailles,
domine dans la Pologne et dans la Saxe. Auguste malgré
une victoire des Russes reçoit la loi de Charles XII. Il
renonce à la couronne; il livre Patkul ambassadeur du
czar; meurtre de Patkul, condamné à la roue.*

Pierre à peine était à Moscou, qu'il apprit que Charles XII partout *1706.*
victorieux s'avançait du côté de Grodno pour combattre son
armée; le roi Auguste avait été obligé de fuir de Grodno, et se
retirait en hâte vers la Saxe avec quatre régiments de dragons russes;
5   il affaiblissait ainsi l'armée de son protecteur, et la décourageait par
sa retraite; le czar trouva tous les chemins de Grodno occupés par
les Suédois, et son armée dispersée.

Tandis qu'il rassemblait ses quartiers avec une peine extrême
en Lithuanie, le célèbre Schullembourg,[1] qui était la dernière
10   ressource d'Auguste, et qui s'acquit depuis tant de gloire, par la
défense de Corfou contre les Turcs,[2] avançait du côté de la grande

9   59-w68: Shulembourg [*passim*]

[1] Le comte Johann Matthias von der Schulenburg (1661-1747), général allemand,
puis feld-maréchal, devint par la suite général de la république de Venise. On
connaît deux lettres de Voltaire à Schulenburg, une du 17 janvier 1740, publiée en
1817, mais demeurée inconnue des éditeurs de sa correspondance, et une du 2 août
1740 (D2280). Elles sont reproduites, ainsi que les trois lettres de Schulenburg à
Voltaire, dans l'appendice VII de l'édition critique de l'*Histoire de Charles XII* par
Gunnar von Proschwitz (V 4, p.629-59).
[2] En 1716-1718. Dans trois lettres de Schulenburg, de Venise, du 28 décembre
1716, du 24 février et du 11 mars 1717, il est surtout question d'argent et de bijoux
(MS 3-17, 3-18, 3-19).

655

Pologne avec environ douze mille Saxons et six mille Russes tirés des troupes que le czar avait confiées à ce malheureux prince. Schullembourg avait une juste espérance de soutenir la fortune d'Auguste; il voyait Charles XII occupé alors du côté de la Lithuanie; il n'y avait qu'environ dix mille Suédois sous le général Renschild,[3] qui pussent arrêter sa marche; il s'avançait donc avec confiance jusqu'aux frontières de la Silésie, qui est le passage de la Saxe dans la haute Pologne. Quand il fut près du bourg de Fraustadt sur les frontières de Pologne, il trouva le maréchal Renschild qui venait lui livrer bataille.

Quelque effort que je fasse pour ne pas répéter ce que j'ai déjà dit dans l'Histoire de Charles XII, je dois redire ici qu'il y avait dans l'armée saxonne un régiment français,[4] qui ayant été fait prisonnier tout entier à la fameuse bataille d'Hochstet, avait été forcé de servir dans les troupes saxonnes. Mes mémoires disent qu'on lui avait confié la garde de l'artillerie; ils ajoutent que ces *6 février.* Français frappés de la gloire de Charles XII, et mécontents du service de Saxe, posèrent les armes dès qu'ils virent les ennemis, et demandèrent d'être reçus parmi les Suédois, qu'ils servirent depuis en effet jusqu'à la fin de la guerre.[5] Ce fut là le commencement et le signal d'une déroute entière; il ne se sauva pas trois bataillons russes, et encore tous les soldats qui échappèrent étaient

15

20

25

30

25   59:   Hocsted   w68: Hochsted

[3] Carl Gustaf Rehnskjöld (1651-1722), feld-maréchal et principal chef militaire de Charles XII.

[4] C'était l'ancien régiment du colonel de Joyeuse, tué à la bataille de Höchstädt, le 13 août 1704 (V 4, p.288). A Fraustadt, l'armée russo-polono-saxonne de trente mille hommes fut battue par les huit mille hommes de Rehnskjöld.

[5] MS 1-1: 'Il y avoit parmi les Saxons trois bataillons françois [...] entre lesquels et nos troupes on avoit mis douze pièces de canons. Cette artillerie étoit suivie par des François aussitôt que l'Ennemi se fit [*sic*] approché en présentant tout son front, il se partagea en trois corps dont le premier marcha contre les François qui loin de se défendre les laissèrent approcher et se rendirent en mettant bas les armes. Ces troupes avoient été enrollées de force' (f.43r).

blessés; tout le reste fut tué sans qu'on fît quartier à personne. Le
35 chapelain Norberg prétend que le mot des Suédois dans cette
bataille était, *au nom de Dieu,* et que celui des Russes était,
massacrez tout:[6] mais ce furent les Suédois qui massacrèrent tout
au nom de Dieu. Le czar même assure dans un de ses manifestes, (*a*)
que beaucoup de prisonniers russes, cosaques, calmouks, furent
40 tués trois jours après la bataille.[7] Les troupes irrégulières des deux
armées avaient accoutumé les généraux à ces cruautés: il ne s'en
commit jamais de plus grandes dans les temps barbares. Le roi
Stanislas m'a fait l'honneur de me dire, que dans un de ces combats
qu'on livrait si souvent en Pologne, un officier russe qui avait été
45 son ami, vint, après la défaite d'un corps qu'il commandait, se
mettre sous sa protection, et que le général suédois Steinbock le
tua d'un coup de pistolet entre ses bras.[8]

Voilà quatre batailles perdues par les Russes contre les Suédois,
sans compter les autres victoires de Charles XII en Pologne. Les
50 troupes du czar qui étaient dans Grodno, couraient risque d'essuyer
une plus grande disgrâce, et d'être enveloppées de tous côtés; il
sut heureusement les rassembler et même les augmenter; il fallait
à la fois pourvoir à la sûreté de cette armée, et à celle de ses

(*a*) Manifeste du czar en Ukraine 1709.

[6] Nordberg, ii.73-74.

[7] Ce manifeste attribué au tsar ne figure pas dans les *Pis'ma i boumagui* [*Lettres et papiers*]. Selon ce faux manifeste, les généraux de Charles XII, le troisième jour après la bataille de Fraustadt, auraient 'fait massacrer tous les prisonniers de la grande et petite Russie avec une cruauté inconnue aux Turcs mêmes' (Rousset de Missy, iii.106; même texte dans Mauvillon, iii.135). Dans l'*Histoire de Charles XII*, Voltaire avait écrit que les prisonniers avaient été tués 'plus de six heures après le combat' (V 4, p.289). Il avait reparlé de ce massacre dans sa lettre à Schulenburg (D2280). La 'Réfutation' publié par Černy parlait de deux mille prisonniers massacrés six ou huit heures après le combat (Černy, p.118, 131). Dans ses *Remarques*, La Mottraye assura que ce massacre avait été ordonné par le roi de Suède lui-même, ce que contesta Voltaire dans ses Réponses (V 4, p.591-92).

[8] Anecdote rapportée dans II.iv.146-149.

conquêtes dans l'Ingrie. Il fit marcher son armée sous le prince Menzikoff vers l'orient, et de là au midi jusqu'à Kiovie. 55

Août. Tandis qu'elle marchait, il se rend à Shlusselbourg, à Nerva, à sa colonie de Pétersbourg, met tout en sûreté; et des bords de la mer Baltique il court à ceux du Boristhène, pour rentrer par la Kiovie dans la Pologne, s'appliquant toujours à rendre inutiles les victoires de Charles XII, qu'il n'avait pu empêcher, préparant 60 même déjà une conquête nouvelle; c'était celle de Vibourg capitale *Octobre.* de la Carélie, sur le golfe de Finlande. Il alla l'assiéger: mais cette fois elle résista à ses armes: les secours vinrent à propos; et il leva le siège. Son rival Charles XII ne faisait réellement aucune conquête en gagnant des batailles; il poursuivait alors le roi Auguste en 65 Saxe, toujours plus occupé d'humilier ce prince, et de l'accabler du poids de sa puissance et de sa gloire, que du soin de reprendre l'Ingrie sur un ennemi vaincu qui la lui avait enlevée.

Il répandait la terreur dans la haute Pologne, en Silésie, en Saxe. Toute la famille du roi Auguste, sa mère, sa femme, son fils, les 70 principales familles du pays, se retiraient dans le cœur de l'Empire. Auguste implorait la paix; il aimait mieux se mettre à la discrétion de son vainqueur que dans les bras de son protecteur. Il négociait un traité[9] qui lui ôtait la couronne de Pologne, et qui le couvrait de confusion; ce traité était secret; il fallait le cacher aux généraux 75 du czar, avec lesquels il était alors comme réfugié en Pologne, pendant que Charles XII donnait des lois dans Leipsick, et régnait *14 septembre.* dans tout son électorat. Déjà était signé par ses plénipotentiaires le fatal traité par lequel il renonçait à la couronne de Pologne, promettait de ne prendre jamais le titre de roi de ce pays, 80 reconnaissait Stanislas, renonçait à l'alliance du czar son bienfaiteur, et pour comble d'humiliation s'engageait à remettre à Charles XII l'ambassadeur du czar, Jean Reinold Patkul, général des troupes russes, qui combattait pour sa défense. Il avait fait quelque temps auparavant arrêter Patkul contre le droit des gens sur de 85

[9] Le traité d'Altranstädt (24 septembre 1706).

faux soupçons; et contre ce même droit des gens il le livrait à son ennemi. Il valait mieux mourir les armes à la main que de conclure un tel traité: non seulement il y perdait sa couronne et sa gloire, mais il risquait même sa liberté, puisqu'il était alors entre les mains
90 du prince Menzikoff en Posnanie, et que le peu de Saxons qu'il avait avec lui recevaient alors leur solde de l'argent des Russes.[10]

Le prince Menzikoff avait en tête dans ces quartiers une armée suédoise renforcée des Polonais du parti du nouveau roi Stanislas, commandée par le général Maderfeld;[11] et ignorant qu'Auguste
95 traitait avec ses ennemis, il lui proposa de les attaquer. Auguste n'osa refuser; la bataille se donna auprès de Kalish, dans le palatinat *19 octobre.* même du roi Stanislas; ce fut la première bataille rangée que les Russes gagnèrent contre les Suédois: le prince Menzikoff en eut la gloire: on tua aux ennemis quatre mille hommes, on leur en prit
100 deux mille cinq cent quatre-vingt-dix-huit.[12]

Il est difficile de comprendre comment Auguste put après cette victoire ratifier un traité qui lui en ôtait tout le fruit; mais Charles était en Saxe, et y était tout-puissant; son nom imprimait tellement la terreur, on comptait si peu sur des succès soutenus de la part
105 des Russes, le parti polonais contre le roi Auguste était si fort, et enfin Auguste était si mal conseillé, qu'il signa ce traité funeste. Il ne s'en tint pas là; il écrivit à son envoyé Finkstein[13] une lettre plus triste que le traité même, par laquelle il demandait pardon de sa victoire, *protestant que la bataille s'était donnée malgré lui; que*
110 *les Russes et les Polonais de son parti l'y avaient obligé, qu'il avait fait dans ce dessein des mouvements pour abandonner Menzikoff, que Maderfeld aurait pu le battre, s'il avait profité de l'occasion; qu'il*

[10] Dans l'*Histoire de Charles XII*, Voltaire avait ménagé Auguste pour que son livre soit accepté.
[11] Mardefeld, corrige Müller (Š, p.399). En fait, il s'agit du colonel (et non général) Arvid Axel Mardefelt; cf. V 4, p.294.
[12] Il n'y eut que 1800 prisonniers suédois à la bataille de Kalisz. Auguste les renvoya en Poméranie suédoise (Massie, p.385-86).
[13] Georg Ernst von Pfingsten.

rendrait tous les prisonniers suédois, ou qu'il romprait avec les Russes; *et qu'enfin il donnerait au roi de Suède toutes les satisfactions convenables,* pour avoir osé battre ses troupes. [14]   115

Tout cela est unique, inconcevable, et pourtant de la plus exacte vérité. Quand on songe qu'avec cette faiblesse Auguste était un des plus braves princes de l'Europe, on voit bien que c'est le courage d'esprit qui fait perdre ou conserver les Etats, qui les élève, ou qui les abaisse.   120

Deux traits achevèrent de combler l'infortune du roi de Pologne électeur de Saxe, et l'abus que Charles XII faisait de son bonheur; le premier fut une lettre de félicitation que Charles força Auguste d'écrire au nouveau roi Stanislas; [15] le second fut horrible; ce même Auguste fut contraint de lui livrer Patkul, [16] cet ambassadeur, ce   125 général du czar. L'Europe sait assez que ce ministre fut depuis roué vif à Casimir [17] au mois de septembre 1707. Le chapelain Norberg avoue que tous les ordres pour cette exécution furent écrits de la propre main de Charles. [18]

Il n'est point de jurisconsulte en Europe, il n'est pas même   130 d'esclave, qui ne sente toute l'horreur de cette injustice barbare. Le premier crime de cet infortuné était d'avoir représenté respectueusement les droits de sa patrie à la tête de six gentilshommes livoniens, députés de tout l'Etat: condamné pour avoir rempli le premier des devoirs, celui de servir son pays selon les lois, cette   135 sentence inique l'avait mis dans le plein droit naturel qu'ont tous

---

[14] Dans la lettre à Pfingsten (que ce dernier fit voir à Charles XII), Auguste 'témoignoit, qu'il étoit très mortifié de ce qui venoit de se passer; en protestant, que c'étoit bien malgré lui que le combat [de Kalisz] s'étoit donné; que les Russiens & les Polonois l'y avoient obligé; qu'il avoit à dessein fait des mouvemens, pour chasser les Russiens seuls' (Nordberg, ii.129).

[15] Lettre du 8 avril 1707, citée dans l'*Histoire de Charles XII* (V 4, p.297-98).

[16] En vertu de l'article 11 du traité d'Altranstädt, qui prévoyait de livrer les 'traîtres' à la Suède. Auparavant, Patkul avait été emprisonné par les ministres saxons. C'est le 27 mars 1707 qu'il fut remis aux mains des Suédois.

[17] Voir l'*Histoire de Charles XII* (V 4, p.299-302).

[18] Nordberg, ii.187. L'exécution eut lieu le 30 septembre 1707.

les hommes de se choisir une patrie. Devenu ambassadeur d'un des plus grands monarques du monde, sa personne était sacrée. Le droit du plus fort viola en lui le droit de la nature et celui des nations. Autrefois l'éclat de la gloire couvrait de telles cruautés, aujourd'hui elles la ternissent.

140

CHAPITRE SEIZIÈME

On veut faire un troisième roi en Pologne. Charles XII part de Saxe avec une armée florissante, traverse la Pologne en vainqueur. Cruautés exercées. Conduite du czar. Succès de Charles, qui s'avance enfin vers la Russie.

1707. Charles XII jouissait de ses succès dans Altranstad près de Leipsick. Les princes protestants de l'empire d'Allemagne venaient en foule lui rendre leurs hommages et lui demander sa protection. Presque toutes les puissances lui envoyaient des ambassadeurs. L'empereur Joseph déférait à toutes ses volontés. Pierre alors voyant que le 5 roi Auguste avait renoncé à sa protection et au trône, et qu'une partie de la Pologne reconnaissait Stanislas, écouta les propositions que lui fit Yolkova[1] d'élire un troisième roi.

Janvier. On proposa plusieurs palatins dans une diète à Lublin: on mit sur les rangs le prince Ragotski; c'était ce même prince Ragotski 10 longtemps retenu en prison dans sa jeunesse par l'empereur Léopold,[2] et qui depuis fut son compétiteur au trône de Hongrie, après s'être procuré la liberté. Cette négociation fut poussée très loin, et il s'en fallut peu qu'on ne vît trois rois de Pologne à la

---

1   59-w68: Altranstadt [*passim*]
7-8   59*: propositions qu<e>on lui fit <Yolkova> d'élire

---

[1] Müller prétend que Voltaire a pris la petite ville polonaise de Zolkiew pour un homme. Voltaire se défend d'avoir fait cette confusion. Il a désigné les habitants par le nom de leur ville, ce que n'a pas vu Müller, qui ne connaît pas le 'génie' du français et s'attire une verte réplique (*Je*, 1er décembre 1762, app. x, l.188-192 et n.*q*). Cette métonymie classique a en effet échappé à Müller.
[2] Ferenc (François II) Rákóczi (1676-1735), patriote hongrois qui avait dirigé la révolte de son pays contre l'Autriche (1703-1708). Il gagna la France en 1713, puis la Turquie en 1717. Pierre avait d'abord pressenti Eugène de Savoie et Jacques Sobieski, fils de l'ancien roi Jean.

15 fois. Le prince Ragotski n'ayant pu réussir, Pierre voulut donner le trône au grand général de la république Siniawski,[3] homme puissant, accrédité, chef d'un tiers parti, ne voulant reconnaître ni Auguste détrôné, ni Stanislas élu par un parti contraire.

Au milieu de ces troubles on parla de paix, comme on fait 20 toujours. Buzenval envoyé de France en Saxe[4] s'entremit pour réconcilier le czar et le roi de Suède. On pensait alors à la cour de France, que Charles n'ayant plus à combattre ni les Russes, ni les Polonais, pourrait tourner ses armes contre l'empereur Joseph, dont il était mécontent, et auquel il imposait des lois dures pendant 25 son séjour en Saxe; mais Charles répondit qu'il traiterait de la paix avec le czar dans Moscou. C'est alors que Pierre dit: 'Mon frère Charles veut faire l'Alexandre, mais il ne trouvera pas en moi un Darius.'[5]

Cependant les Russes étaient encore en Pologne, et même à 30 Varsovie, tandis que le roi donné aux Polonais par Charles XII était à peine reconnu d'eux, et que Charles enrichissait son armée des dépouilles des Saxons.

Enfin il partit de son quartier d'Altranstad à la tête d'une armée *22 août.* de quarante-cinq mille hommes,[6] à laquelle il semblait que son 35 ennemi ne dût jamais résister, puisqu'il l'avait entièrement défait avec huit mille à Nerva.

Ce fut en passant sous les murs de Dresde qu'il alla faire au roi *27 août.* Auguste cette étrange visite, *qui doit causer de l'admiration à la*

---

16   59-w68: Siniauski
20   59-w68: Besseval

---

[3] Le comte Adam Nicolaus Sieniawski; voir l'*Histoire de Charles XII* (V 4, p.307-308).

[4] Jean-Victor, baron de Besenval (1671-1736), envoyé extraordinaire et ministre plénipotentiaire auprès de Charles XII et de Stanislas.

[5] Cité avec des variantes dans l'*Histoire de Charles XII* (V 4, p.328).

[6] Exactement 41 700 (Massie, p.399). Dans l'*Histoire de Charles XII*, Voltaire parlait de 43 000 hommes (V 4, p.321).

postérité, à ce que dit Norberg:[7] elle peut au moins causer quelque étonnement. C'était beaucoup risquer que de se mettre entre les mains d'un prince auquel il avait ôté un royaume. Il repassa par la Silésie, et rentra en Pologne. 40

Ce pays était entièrement dévasté par la guerre, ruiné par les factions, et en proie à toutes les calamités. Charles avançait par la Mazovie, et choisissait le chemin le moins praticable. Les habitants réfugiés dans des marais voulurent au moins lui faire acheter le passage. Six mille paysans lui députèrent un vieillard de leur corps: cet homme d'une figure extraordinaire, vêtu tout de blanc, et armé de deux carabines, harangua Charles; et comme on n'entendait pas trop bien ce qu'il disait, on prit le parti de le tuer aux yeux du prince au milieu de sa harangue. Les paysans désespérés se retirèrent et s'armèrent. On saisit tous ceux qu'on put trouver: on les obligeait de se pendre les uns les autres, et le dernier était forcé de se passer lui-même la corde au cou et d'être son propre bourreau.[8] On réduisit en cendres toutes leurs habitations. C'est le chapelain Norberg qui atteste ce fait dont il fut témoin:[9] on ne peut ni le récuser ni s'empêcher de frémir. 45 50 55

1708.
6 février.
Charles arrive à quelques lieues de Grodno en Lithuanie; on lui dit que le czar est en personne dans cette ville avec quelques troupes;[10] il prend avec lui sans délibérer huit cents gardes seulement,[11] et court à Grodno. Un officier allemand nommé 60

[7] Nordberg rapporte l'avis de ceux qui regardaient cette 'visite extraordinaire' comme 'quelque chose de grand et d'admirable', puisque Charles XII, avec une suite si peu nombreuse, avait osé 'se mettre pour ainsi dire lui-même entre les mains' d'un prince qui avait été son plus grand ennemi (ii.175-76).

[8] Il s'agirait d'un groupe de cinquante maraudeurs pris par le général Carl Gustaf Creutz (Massie, p.408).

[9] En janvier 1708 (Nordberg, ii.305). Voltaire n'a pas mentionné cet épisode dans son *Histoire de Charles XII*. Il idéalisait alors le roi de Suède qui, selon lui, 'n'avait été barbare qu'une fois' (allusion au supplice de Patkul, V 4, p.350).

[10] Charles ne savait pas que le tsar était à Grodno (Massie, p.409).

[11] Dans l'*Histoire de Charles XII*, les gardes n'étaient que six cents (V 4, p.324), ce qui semble correspondre à la réalité (cf. Massie, p.409).

Mulfels, qui commandait un corps de troupes à une porte de la ville, ne doute pas en voyant Charles XII qu'il ne soit suivi de son armée; il lui livre le passage au lieu de le disputer;[12] l'alarme se répand dans la ville; chacun croit que l'armée suédoise est entrée: le peu de Russes qui veulent résister sont taillés en pièces par la garde suédoise; tous les officiers confirment au czar qu'une armée victorieuse se rend maîtresse de tous les postes de la ville. Pierre se retire au delà des remparts, et Charles met une garde de trente hommes à la porte même par où le czar vient de sortir.

Dans cette confusion, quelques jésuites dont on avait pris la maison pour loger le roi de Suède, parce que c'était la plus belle de Grodno, se rendent la nuit auprès du czar, et lui apprennent cette fois la vérité. Aussitôt Pierre rentre dans la ville, force la garde suédoise: on combat dans les rues, dans les places: mais déjà l'armée du roi arrivait. Le czar fut enfin obligé de céder et de laisser la ville au pouvoir du vainqueur qui faisait trembler la Pologne.[13]

Charles avait augmenté ses troupes en Livonie et en Finlande, et tout était à craindre de ce côté pour les conquêtes de Pierre,

---

[12] Les deux mille cavaliers du général Mühlenfels se défendirent, mais peu de temps. Mühlenfels fut arrêté pour ne pas avoir détruit le pont sur le Niemen (Massie, p.409-10); cf. la note suivante.

[13] Müller remarque que ce récit ne concorde pas avec le Journal de Pierre le Grand (Š, p.400). Selon le Journal, les Suédois arrivèrent à Grodno le 26 janvier 1708 v. st. (6 février n. st., date donnée par Voltaire), deux heures après le départ de Pierre. Auparavant, on avait envoyé le brigadier Mühlenfels avec un parti, en lui ordonnant de ne pas laisser passer l'ennemi par le pont près de Grodno, et de le rompre si l'ennemi était trop fort. Mais Mühlenfels n'exécuta pas l'ordre et laissa passer les Suédois (arrêté, il réussit à s'enfuir, mais à Poltava, fait prisonnier, il fut jugé et arquebusé). Dans le même temps, l'arrière-garde russe 'tomba sur la garde du quartier général du Roi de Suede à Grodno; elle fut toute taillée en pièces par les nôtres et le Roi manqua d'y être fait prisonnier'. Il y eut dix-neuf morts et neuf blessés parmi les Russes (MS 1-1, f.50; Journal de Pierre le Grand, éd. 1773, i.217-18). Il semble pourtant que le récit de Voltaire soit plus près de la vérité que celui du Journal (cf. Massie, p.409-10). Mauvillon rapporte que les 3000 cavaliers de Mühlenfels furent battus par 800 Suédois (i.423-24).

comme du côté de la Lithuanie, pour ses anciens Etats, et pour Moscou même. Il fallait donc se fortifier dans toutes ces parties si éloignées les unes des autres. Charles ne pouvait faire de progrès rapides en tirant à l'orient par la Lithuanie au milieu d'une saison rude, dans des pays marécageux, infectés de maladies contagieuses, 85 que la pauvreté et la famine avaient répandues de Varsovie à Minski.[14] Pierre posta ses troupes dans les quartiers sur le passage des rivières, garnit les postes importants, fit tout ce qu'il put pour arrêter à chaque pas la marche de son ennemi, et courut ensuite mettre ordre à tout vers Pétersbourg. 90

8 avril.

Charles en dominant chez les Polonais ne lui prenait rien; mais Pierre en faisant usage de sa nouvelle marine, en descendant en Finlande, en prenant Borgau qu'il détruisit, et en faisant un grand butin sur ses ennemis, se donnait des avantages utiles.

21 mai.

Charles longtemps retenu dans la Lithuanie par des pluies 95 continuelles, s'avança enfin sur la petite rivière de Bérézine à quelques lieues du Boristhène.[15] Rien ne put résister à son activité; il jeta un pont à la vue des Russes; il battit le détachement qui gardait ce passage, et arriva à Hollosin sur la rivière de Vabis.[16] C'était là que le czar avait posté un corps considérable qui devait 100 arrêter l'impétuosité de Charles. La petite rivière de Vabis (*a*) n'est qu'un ruisseau dans les sécheresses; mais alors c'était un torrent impétueux, profond, grossi par les pluies. Au delà était un marais,

(*a*) En russe *Bibitsch*.[17]

91   K: ne leur prenait
99   59-w68:   Holozin [*passim*]

[14] Lire Minsk, comme l'a noté Müller (Š, p.401).
[15] La Berezina est un affluent du Dniepr.
[16] Holofzin, corrige Müller (Š, p.401). Holoftzin, selon Perry (p.23). En fait, Holowczyn (forme polonaise) ou Golovtchino (forme russe), près de Moghilev.
[17] En réalité, la Babitch, affluent de la Drout, elle-même affluent du Dniepr.

et derrière ce marais les Russes avaient tiré un retranchement d'un
quart de lieue, défendu par un large fossé, et couvert par un
parapet garni d'artillerie. Neuf régiments de cavalerie et onze
d'infanterie étaient avantageusement disposés dans ces lignes. Le
passage de la rivière paraissait impossible.

Les Suédois selon l'usage de la guerre préparèrent des pontons
pour passer, et établirent des batteries de canons pour favoriser la
marche; mais Charles n'attendit pas que les pontons fussent prêts;
son impatience de combattre ne souffrait jamais le moindre
retardement. Le maréchal de Shwerin,[18] qui a longtemps servi
sous lui, m'a confirmé plusieurs fois, qu'un jour d'action il disait
à ses généraux occupés du détail de ses dispositions, *Aurez-vous
bientôt terminé ces bagatelles?* et il s'avançait alors le premier à la
tête de ses drabans:[19] c'est ce qu'il fit surtout dans cette journée
mémorable.

Il s'élance dans la rivière suivi de son régiment des gardes.
Cette foule rompait l'impétuosité du flot; mais on avait de l'eau
jusqu'aux épaules, et on ne pouvait se servir de ses armes. Pour
peu que l'artillerie du parapet eût été bien servie, et que les
bataillons eussent tiré à propos, il ne serait pas échappé un seul
Suédois.

Le roi après avoir traversé la rivière,[20] passa encore le marais à   *25 juillet.*
pied. Dès que l'armée eut franchi ces obstacles à la vue des Russes,
on se mit en bataille; on attaqua sept fois leurs retranchements, et
les Russes ne cédèrent qu'à la septième. On ne leur prit que douze

[18] Curt Christoph, comte von Schwerin (1684-1757), fut l'artisan de la victoire
de Mollwitz (avril 1741), malgré la fuite de Frédéric II. C'était un 'élève de Charles
XII' (*Mémoires pour servir à la vie de M. de Voltaire*, M.i.20). Voltaire rapportait ce
témoignage dans sa lettre à Chouvalov du 17 juillet 1758 (D7792).
[19] Les trabans étaient les soldats de la garde des princes scandinaves. On trouve
la variante 'drabans' également dans la traduction de Nordberg.
[20] En fait le 4/15 juillet (Massie, p.419).

pièces de campagne et vingt-quatre mortiers à grenades, de l'aveu
même des historiens suédois. [21]   130

Il était donc visible que le czar avait réussi à former des troupes
aguerries; et cette victoire d'Hollosin, en comblant Charles XII de
gloire, pouvait lui faire sentir tous les dangers qu'il allait courir
en pénétrant dans des pays si éloignés: on ne pouvait marcher
qu'en corps séparés, de bois en bois, de marais en marais, et à   135
chaque pas il fallait combattre: mais les Suédois accoutumés à tout
renverser devant eux, ne redoutèrent ni danger ni fatigue.

[21] Nordberg, ii.224. Sur ces opérations militaires, Voltaire prend soin de ne pas
répéter l'*Histoire de Charles XII* (V 4, p.325-26).

CHAPITRE DIX-SEPTIÈME

*Charles XII passe le Boristhène, s'enfonce en Ukraine,
prend mal ses mesures. Une de ses armées est défaite par
Pierre le Grand: ses munitions sont perdues. Il s'avance
dans des déserts. Aventures en Ukraine.*

Enfin Charles arriva sur la rive du Boristhène, à une petite ville
nommée Mohilo. (*a*) C'était à cet endroit fatal qu'on devait
apprendre s'il dirigerait sa route à l'orient vers Moscou ou au midi
vers l'Ukraine. Son armée, ses ennemis, ses amis, s'attendaient
qu'il marcherait à la capitale. Quelque chemin qu'il prît, Pierre le
suivait depuis Smolensko avec une forte armée; on ne s'attendait
pas qu'il prendrait le chemin de l'Ukraine; cette étrange résolution
lui fut inspirée par Mazeppa, hetman des Cosaques;[2] c'était un
vieillard de soixante et dix ans,[3] qui n'ayant point d'enfants
semblait ne devoir penser qu'à finir tranquillement sa vie: la
reconnaissance devait encore l'attacher au czar, auquel il devait sa
place; mais soit qu'il eût en effet à se plaindre de ce prince, soit
que la gloire de Charles XII l'eût ébloui, soit plutôt qu'il cherchât
à devenir indépendant, il avait trahi son bienfaiteur,[4] et s'était

(*a*) En russe *Mogilew*.[1]

[1] Mohilef, corrige Müller (Š, p.401). En russe Moghilev.
[2] Des négociations secrètes avaient eu lieu depuis près de trois ans entre les
Suédois et Ivan Stepanovitch Mazepa, hetman des Cosaques, mais ce dernier hésitait
à s'engager définitivement. Charles XII, qui ignorait le double jeu de Mazepa,
comptait certes sur son appui, mais il semble que ce soit surtout la politique de la
terre brûlée pratiquée par les Russes qui l'ait poussé à obliquer vers le sud, où les
terres n'avaient pas été dévastées.
[3] Mazepa, né en 1644, avait alors 64 ans.
[4] Dans l'*Histoire de Charles XII*, Voltaire rappelait que le 'bienfaiteur' de Mazepa,
étant ivre, l'avait traité de traître et menacé de le faire empaler (V 4, p.333).

donné en secret au roi de Suède, se flattant de faire avec lui révolter toute sa nation.

Charles ne douta pas de triompher de tout l'empire russe, quand ses troupes victorieuses seraient secondées d'un peuple si belliqueux. Il devait recevoir de Mazeppa les vivres, les munitions, l'artillerie qui pouvaient lui manquer: à ce puissant secours devait se joindre une armée de seize à dix-huit mille combattants,[5] qui arrivait de Livonie, conduite par le général Levenhaupt, conduisant après elle une quantité prodigieuse de provisions de guerre et de bouche. Charles ne s'inquiétait pas si le czar était à portée de tomber sur cette armée, et de la priver d'un secours si nécessaire. Il ne s'informait pas si Mazeppa était en état de tenir toutes ses promesses, si ce Cosaque avait assez de crédit pour faire changer une nation entière, qui ne prend conseil que d'elle-même, et s'il restait enfin assez de ressources à son armée dans un malheur; et en cas que Mazeppa fût sans fidélité ou sans pouvoir, il comptait sur sa valeur et sur sa fortune. L'armée suédoise avança donc au delà du Boristhène vers la Desna, et c'était entre ces deux rivières que Mazeppa était attendu. La route était pénible, et des corps de Russes voltigeant dans ces quartiers rendaient la marche dangereuse.

11 septembre. Menzikoff à la tête de quelques régiments de cavalerie et de dragons, attaqua l'avant-garde du roi, la mit en désordre, tua beaucoup de Suédois, perdit encore plus des siens,[6] mais ne se rebuta pas. Charles qui accourut sur le champ de bataille, ne repoussa les Russes que difficilement, en risquant longtemps sa vie, et en combattant contre plusieurs dragons qui l'environnaient.

[5] Seize mille, selon Perry (p.22). Le général Lewenhaupt ne disposait que de 12 500 hommes.

[6] Ce n'est pas Menchikov qui attaqua les Suédois, mais son subordonné le prince Mikhaïl Mikhaïlovitch Golitsyne. L'arrière-garde (et non l'avant-garde) de Charles XII, commandée par le colonel Axel Roos, eut trois cents tués et cinq cents blessés. Les Russes, comme le note Voltaire, eurent plus de pertes: sept cents tués et deux mille blessés.

670

Cependant Mazeppa ne venait point, les vivres commençaient à manquer; les soldats suédois voyant leur roi partager tous leurs dangers, leurs fatigues et leur disette, ne se décourageaient pas,
45 mais en l'admirant ils le blâmaient et murmuraient.

L'ordre envoyé par le roi à Levenhaupt de marcher avec son armée et d'amener des munitions en diligence, avait été rendu douze jours trop tard, et ce temps était long dans une telle circonstance. Levenhaupt marchait enfin: Pierre le laissa passer le
50 Boristhène; et quand cette armée fut engagée entre ce fleuve et les petites rivières qui s'y perdent, il passa le fleuve après lui, et l'attaqua avec ses corps rassemblés qui se suivaient presque en échelons. La bataille se donna entre le Boristhène et la Sossa. (b)[7]

Le prince Menzikoff revenait avec ce même corps de cavalerie
55 qui s'était mesuré contre Charles XII; le général Bauer le suivait, et Pierre conduisait de son côté l'élite de son armée. Les Suédois crurent avoir à faire à quarante mille combattants; et on le crut longtemps sur la foi de leur relation. Mes nouveaux mémoires m'apprennent que Pierre n'avait que vingt mille hommes dans
60 cette journée;[8] ce nombre n'était pas fort supérieur à celui de ses ennemis. L'activité du czar, sa patience, son opiniâtreté, celle de ses troupes animées par sa présence, décidèrent du sort, non pas

(b) En russe Soeʒa.

55   59-w68: Baur [passim]
59   59*: n'avait <que> ᵂpas⁺ vingt

[7] La Soj (la Soge, dans le MS 1-1, p.103).
[8] Müller remarque que, 'suivant le *Journal* de Pierre le Grand, il n'y avait que 15 700 hommes de troupes russes à la bataille de Lesna' (Š, p.401). Effectivement, le MS 1-1 fait état de 15 701 Russes et de 16 000 Suédois à la bataille de Lesnaïa le 27 septembre 1708 (f.54r et 55r). Voltaire avait parlé de près de quarante mille Russes dans l'*Histoire de Charles XII* (V 4, p.337).

de cette journée, mais de trois journées consécutives, pendant lesquelles on combattit à plusieurs reprises.

D'abord on attaqua l'arrière-garde de l'armée suédoise près du village de Lesnau, [9] qui a donné le nom à cette bataille. Ce premier choc fut sanglant, sans être décisif. Levenhaupt se retira dans un bois, et conserva son bagage; le lendemain il fallut chasser les Suédois de ce bois; le combat fut plus meurtrier et plus heureux; c'est là que le czar voyant ses troupes en désordre, s'écria qu'on tirât sur les fuyards et sur lui-même, s'il se retirait. [10] Les Suédois furent repoussés, mais ne furent point mis en déroute.

7 octobre.

Enfin un renfort de quatre mille dragons [11] arriva; on fondit sur les Suédois pour la troisième fois; ils se retirèrent vers un bourg nommé Prospock; [12] on les y attaqua encore; ils marchèrent vers la Desna, et on les y poursuivit. Jamais ils ne furent entièrement rompus, mais ils perdirent plus de huit mille hommes, [13] dix-sept canons, quarante-quatre drapeaux: le czar fit prisonniers cinquante-six officiers, et près de neuf cents soldats; tout ce grand convoi qu'on amenait à Charles demeura au pouvoir du vainqueur. [14]

Ce fut la première fois que le czar défit en personne dans une bataille rangée ceux qui s'étaient signalés par tant de victoires sur ses troupes: il remerciait Dieu de ce succès, quand il apprit que son général Apraxin venait de remporter un avantage en Ingrie à quelques lieues de Nerva; avantage à la vérité moins considérable

17 septembre.

65

70

75

80

85

---

[9] Lesna, corrige Müller (Š, p.401). En fait, le village s'appelle Lesnaïa.

[10] Voir l'*Histoire de Charles XII* (V 4, p.337 et n.29).

[11] MS 1-1, f.54v. Le général Adolf Rudolf Felix Bauer ne disposait que de trois mille (et non de quatre mille) dragons.

[12] Propoïsk, comme le corrige Müller (Š, p.401); cf. MS 1-1, f.55r.

[13] Le MS 1-1 ne donne pas de chiffres pour les pertes suédoises. Lewenhaupt perdit six mille hommes, soit près de la moitié de ses effectifs. Une des sources de Voltaire est peut-être une lettre de Pierre le Grand à Cheremetiev citée par Rousset de Missy, iii.85. Dans les *Pis'ma i boumagui* (viii.209-11), la relation de la bataille par Pierre le Grand, du 16 octobre 1708, est différente et sans destinataire.

[14] Voltaire résume ici les opérations militaires autour de Lesnaïa, qu'il avait exposées plus en détail dans l'*Histoire de Charles XII* (V 4, p.337-39).

que la victoire de Lesnau; mais ce concours d'événements heureux fortifiait ses espérances et le courage de son armée.

Charles XII apprit toutes ces funestes nouvelles, lorsqu'il était prêt de passer la Desna dans l'Ukraine. Mazeppa vint enfin le 90 trouver: il devait lui amener vingt mille hommes [15] et des provisions immenses, mais il n'arriva qu'avec deux régiments, et plutôt en fugitif qui demandait du secours, qu'en prince qui venait en donner. Ce Cosaque avait marché en effet avec quinze à seize mille des siens, [16] leur ayant dit d'abord qu'ils allaient contre le roi 95 de Suède, qu'ils auraient la gloire d'arrêter ce héros dans sa marche, et que le czar leur aurait une éternelle obligation d'un si grand service.

A quelques milles de la Desna il leur déclara enfin son projet; mais ces braves gens en eurent horreur; ils ne voulurent point 100 trahir un monarque dont ils n'avaient point à se plaindre, pour un Suédois qui venait à main armée dans leur pays, qui après l'avoir quitté ne pourrait plus les défendre, et qui les laisserait à la discrétion des Russes irrités, et des Polonais autrefois leurs maîtres et toujours leurs ennemis; ils retournèrent chez eux, et donnèrent 105 avis au czar de la défection de leur chef; il ne resta auprès de Mazeppa qu'environ deux régiments dont les officiers étaient à ses gages. [17]

Il était encore maître de quelques places dans l'Ukraine, et surtout de Bathurin, lieu de sa résidence, regardée comme la 110 capitale des Cosaques; [18] elle est située près des forêts sur la rivière

---

[15] Trente mille dans l'*Histoire de Charles XII* (V 4, p.334).

[16] Mazepa n'était parti de Batourine qu'avec les deux régiments dont parle Voltaire, soit environ deux mille hommes (Waliszewski, *Pierre le Grand*, p.350).

[17] Dans l'*Histoire de Charles XII*, Voltaire présentait une version différente des faits, tout aussi erronée. Les Moscovites, prévenus des desseins de Mazepa, auraient taillé en pièces ses Cosaques et réduit ses villes en cendres. Mazepa n'aurait pu s'échapper qu'avec six mille hommes (V 4, p.336). En fait, Mazepa était parti de Batourine avec deux mille hommes, en en laissant trois mille pour défendre la ville (Massie, p.436).

[18] Müller remarque justement que l'*h* de Bathurin est superflu. Mais il conteste à

Desna, mais fort loin du champ de bataille, où Pierre avait vaincu Levenhaupt. Il y avait toujours quelques régiments russes dans ces quartiers. Le prince Menzikoff fut détaché de l'armée du czar; il y arriva par de grands détours. Charles ne pouvait garder tous les passages, il ne les connaissait pas même; il avait négligé de s'emparer du poste important de Starodoub[19] qui mène droit à Bathurin, à travers sept ou huit lieues de forêts que la Desna traverse.[20] Son ennemi avait toujours sur lui l'avantage de connaître le pays. Menzikoff passa aisément avec le prince Gallitzin; on se présenta devant Bathurin, elle fut prise presque sans résistance, saccagée et réduite en cendres; un magasin destiné pour le roi de Suède, et les trésors de Mazeppa furent enlevés; les Cosaques élurent un autre hetman nommé Skoropasky,[21] que le czar agréa; il voulut qu'un appareil imposant fît sentir au peuple l'énormité de la trahison; l'archevêque de Kiovie, et deux autres excommunièrent publiquement Mazeppa; il fut pendu en effigie, et quelques-uns de ses complices moururent par le supplice de la roue.[22]

14 novembre. (margin, line 120)

22 novembre. (margin, line 125)

tort que Batourine ait été la capitale des Cosaques, en rappelant que la capitale de l'Ukraine est Kiev (Š, p.402).

[19] Ce n'était pas une 'négligence' de Charles XII, mais une erreur de son général, Anders Lagercrona. Charles lui avait donné l'ordre de prendre deux positions-clés (Mgline et Potchep) avant de s'emparer de Starodoub, plus au sud. Lagercrona s'était trompé de direction et était allé directement à Starodoub. Là, désemparé, il n'avait pas osé prendre l'initiative d'entrer dans la ville, ce qui allait provoquer la fureur du roi (Massie, p.430-31).

[20] Voltaire minimise la distance. Il y a en réalité près de 150 km de Starodoub à Batourine.

[21] Skoropatski, selon Müller (Š, p.402). Plus exactement Ivan Ilitch Skoropadski (1646-1722), devenu hetman de 1708 à 1722, après la trahison de Mazepa.

[22] Voltaire passe sous silence les atrocités qui ont suivi la prise et la destruction de Batourine: pour mieux faire sentir 'l'énormité de la trahison', et pour l'exemple, Menchikov fit massacrer sept mille habitants, civils et militaires. Seuls, mille d'entre eux purent s'échapper (Massie, p.438). Selon Perry, Menchikov fit pendre le gouverneur, empaler plusieurs autres sur les remparts, torturer et pendre le frère d'un célèbre envoyé de Pologne (p.24). Rousset de Missy rapporte qu'il passa au fil de l'épée tout ce qu'il rencontra, fit rouer les officiers et livra la ville au pillage, bien que celle-ci ne fût pas responsable de la trahison de Mazepa (iii.91).

674

Cependant Charles XII à la tête d'environ vingt-cinq à vingt-sept mille Suédois, ayant encore reçu les débris de l'armée de Levenhaupt, fortifié de deux ou trois mille hommes que Mazeppa lui avait amenés, et toujours séduit par l'espérance de faire déclarer *15 novembre.* toute l'Ukraine, passa la Desna loin de Bathurin et près du Boristhène, malgré les troupes du czar qui l'entouraient de tous côtés, dont les unes suivaient son arrière-garde, et les autres répandues au delà de la rivière s'opposaient à son passage.

Il marchait, mais par des déserts, et ne trouvait que des villages ruinés et brûlés. Le froid se fit sentir dès le mois de décembre avec une rigueur si excessive, que dans une de ses marches près de deux mille hommes tombèrent morts à ses yeux;[23] les troupes du czar souffraient moins, parce qu'elles avaient plus de secours; celles de Charles manquant presque de vêtements, étaient plus exposées à l'âpreté de la saison.

Dans cet état déplorable, le comte Piper, chancelier de Suède, qui ne donna jamais que de bons conseils à son maître, le conjura de rester, de passer au moins le temps le plus rigoureux de l'hiver dans une petite ville de l'Ukraine nommée Romna,[24] où il pourrait se fortifier, et faire quelques provisions par le secours de Mazeppa. Charles répondit qu'il n'était pas homme à s'enfermer dans une ville. Piper alors le conjura de repasser la Desna et le Boristhène, de rentrer en Pologne, d'y donner à ses troupes des quartiers dont elles avaient besoin, de s'aider de la cavalerie légère des Polonais qui lui était absolument nécessaire, de soutenir le roi qu'il avait fait nommer, et de contenir le parti d'Auguste qui commençait à lever la tête. Charles répliqua que ce serait fuir devant le czar, que la saison deviendrait plus favorable, qu'il fallait subjuguer l'Ukraine et marcher à Moscou. (c)[25]

(c) Avoué par le chapelain Norberg. Tom. II, pag. 263.

[23] Ce raccourci saisissant est tiré de l'*Histoire de Charles XII* (V 4, p.340).
[24] Romny, au sud-est de Batourine.
[25] Nordberg ne dit pas que Charles avait l'intention de 'marcher à Moscou', mais

Janvier. Les armées russes et suédoises furent quelques semaines dans l'inaction, tant le froid fut violent au mois de janvier 1709; mais dès que le soldat put se servir de ses armes, Charles attaqua tous les petits postes qui se trouvèrent sur son passage; il fallait envoyer 160 de tous côtés des partis pour chercher des vivres, c'est-à-dire pour aller ravir à vingt lieues à la ronde la subsistance des paysans. Pierre sans se hâter veillait sur ses marches et le laissait se consumer.

Il est impossible au lecteur de suivre la marche des Suédois dans 165 ces contrées; plusieurs rivières qu'ils passèrent ne se trouvent point dans les cartes; il ne faut pas croire que les géographes connaissent ces pays comme nous connaissons l'Italie, la France et l'Allemagne; la géographie est encore de tous les arts celui qui a le plus besoin d'être perfectionné, et l'ambition a jusqu'ici pris plus de soin de 170 dévaster la terre que de la décrire.

Contentons-nous de savoir, que Charles enfin traversa toute l'Ukraine au mois de février, brûlant partout des villages, et en trouvant que les Russes avaient brûlés. Il s'avança au sud-est, jusqu'aux déserts arides bordés par les montagnes[26] qui séparent 175 les Tartares Nogaïs des Cosaques du Tanaïs: c'est à l'orient de ces montagnes que sont les autels d'Alexandre.[27] Il se trouvait donc au delà de l'Ukraine[28] dans le chemin que prennent les Tartares

que, après avoir chassé les Moscovites de l'Ukraine, il passerait l'été à Poltava, 'en attendant que l'on se déterminât au parti que l'on auroit à prendre' (ii.263). C'est Perry qui écrit que le roi de Suède, s'il avait battu Pierre à Poltava, avait pour dessein 'd'aller droit à Moscou' (p.25).

[26] Müller observe justement qu'il y a des collines çà et là, que le reste du pays est plat, et que les 'déserts' – c'est-à-dire des steppes peu habitées – ne sont pas arides (Š, p.402).

[27] Büsching pense que Voltaire a tiré ce renseignement de la carte de Moscovie de Nicolas Vischer ou de la carte d'Ukraine de Johann-Baptist Homann, où il est indiqué qu'entre la mer d'Azov et le Donetz l'armée russe a trouvé en 1685 un monument ancien qui d'après Ptolémée aurait été les autels d'Alexandre (Š, p.402-403). Mais c'est peu probable.

[28] Remarque pertinente de Müller: Poltava est en Ukraine, et l'armée suédoise n'est pas allée au delà (Š, p.402).

676

pour aller en Russie; et quand il fut là, il fallut retourner sur ses
180 pas pour subsister: les habitants se cachaient dans des tanières avec
leurs bestiaux; ils disputaient quelquefois leur nourriture aux
soldats qui venaient l'enlever; les paysans dont on put se saisir
furent mis à mort; ce sont là, dit-on, les droits de la guerre. Je dois
transcrire ici quelques lignes du chapelain Norberg. (*d*) *Pour faire*
185 *voir*, dit-il, *combien le roi aimait la justice, nous insérerons un billet
de sa main au colonel Hielmen*; '*Monsieur le colonel, je suis bien aise
qu'on ait attrapé les paysans qui ont enlevé un Suédois; quand on les
aura convaincus de leur crime, on les punira suivant l'exigence du cas,
en les faisant mourir. Charles, et plus bas Budis.*' [29] Tels sont les
190 sentiments de justice et d'humanité du confesseur d'un roi; mais
si les paysans de l'Ukraine avaient pu faire pendre des paysans
d'Ostrogothie enrégimentés, qui se croyaient en droit de venir de
si loin leur ravir la nourriture de leurs femmes et de leurs enfants,
les confesseurs et les chapelains de ces Ukraniens n'auraient-ils
195 pas pu bénir leur justice?

Mazeppa négociait depuis longtemps avec les Zaporaviens, [30]
qui habitent vers les deux rives du Boristhène, et dont une partie
habite les îles de ce fleuve. (*e*) C'est cette partie qui compose ce

(*d*) Tom. II, pag. 279.
(*e*) Voyez le chapitre I, pag. 326. [31]

n.*e* 59-K: chapitre premier page 28e [65: 57; w68: 326; K: 41].

[29] Texte un peu abrégé par Voltaire. Ce fait n'était pas mentionné dans l'*Histoire
de Charles XII*.
[30] Müller corrige en proposant la forme *Zaporoviens* (Š, p.403). Or, la forme
Zaporaviens est employée par Nordberg (1742), par l'*Encyclopédie* (1765), par
Levesque dans son *Histoire de Russie* (1782). La forme *Zaporoviens*, plus proche du
russe, figure chez Hübner (1757), Potocki (1805), Bernardin de Saint-Pierre (1818).
Mais il y a d'autres variantes, comme on l'a vu ci-dessus, I.i, n.121.
[31] Voltaire renvoie à la section 'Des gouvernements de Novogorod et de Kiovie
ou Ukraine' (I.i.385-396).

peuple, sans femmes et sans familles, subsistant de rapines, entassant leurs provisions dans leurs îles pendant l'hiver, et les allant vendre au printemps dans la petite ville de Pultava; les autres habitent des bourgs à droite et à gauche du fleuve. Tous ensemble choisissent un hetman particulier, et cet hetman est subordonné à celui de l'Ukraine. [32] Celui qui était alors à la tête des Zaporaviens [33] alla trouver Mazeppa; ces deux barbares s'abouchèrent, faisant porter chacun devant eux une queue de cheval et une massue. [34]

Pour faire connaître ce que c'était que cet hetman des Zaporaviens et son peuple, je ne crois pas indigne de l'histoire de rapporter comment le traité fut fait. Mazeppa donna un grand repas, servi avec quelque vaisselle d'argent, à l'hetman zaporavien, et à ses principaux officiers: quand ces chefs furent ivres d'eau-de-vie, ils jurèrent à table sur l'Evangile, qu'ils fourniraient des hommes et des vivres à Charles XII; après quoi ils emportèrent la vaisselle et tous les meubles: le maître d'hôtel de la maison courut après eux, et leur remontra que cette conduite ne s'accordait pas avec l'Evangile sur lequel ils avaient juré; les domestiques de Mazeppa voulurent reprendre la vaisselle; les Zaporaviens s'attroupèrent; ils vinrent en corps se plaindre à Mazeppa de l'affront inouï qu'on faisait à de si braves gens, et demandèrent qu'on leur livrât le maître d'hôtel pour le punir selon les lois; il leur fut abandonné, et les Zaporaviens selon les lois se jetèrent les uns aux autres ce

[32] Les Zaporoviens n'ont point d'hetman particulier, fait observer Müller: leur chef, qui dépend de l'hetman de l'Ukraine, s'appelle *kochevoï ataman* (Š, p.403). Effectivement, au dix-huitième siècle, le mot *hetman* ne désignait plus un chef élu de Cosaques, comme le mot *ataman*, mais le dirigeant de l'Ukraine.

[33] L'ataman Constantin Gordeenko. C'est le 28 mars 1709 v. st. que Gordeenko et ses six mille hommes se joignirent aux Suédois.

[34] La queue de cheval est l'étendard de l'hetman, remarque Müller. Les marques de sa dignité sont un bâton de commandement, un grand drapeau, et une queue de cheval. Celle-ci tire apparemment son origine de quelque trophée anciennement pris aux Turcs (Š, p.403).

678

pauvre homme, comme on pousse un ballon, après quoi on lui plongea un couteau dans le cœur. [35]

Tels furent les nouveaux alliés que fut obligé de recevoir
225 Charles XII; il en composa un régiment de deux mille hommes, le reste marcha par troupes séparées contre les Cosaques et les Calmouks du czar répandus dans ces quartiers.

La petite ville de Pultava, dans laquelle ces Zaporaviens trafiquent, était remplie de provisions, et pouvait servir à Charles
230 d'une place d'armes; elle est située sur la rivière de Vorskla, assez près d'une chaîne de montagnes qui la dominent au nord; le côté de l'orient est un vaste désert; celui de l'occident est plus fertile et plus peuplé. La Vorskla va se perdre à quinze grandes lieues au-dessous dans le Boristhène. [36] On peut aller de Pultava au
235 septentrion gagner le chemin de Moscou par les défilés qui servent de passage aux Tartares; cette route est difficile; les précautions du czar l'avaient rendue presque impraticable; mais rien ne paraissait impossible à Charles; et il comptait toujours prendre le

---

[35] Voltaire n'a pas rapporté cette scène cruelle dans l'*Histoire de Charles XII*, où les Zaporogues étaient toutefois qualifiés de 'bandits' (V 4, p.345). Il l'a empruntée librement à Nordberg, ii.287-88 (avec une étiquette collée, voir Albina, p.158): 'Après s'être bien enivrez, & de retour dans leurs quartiers, ils [les Zaporoviens] commencent à enlever les meubles, chacun s'appropriant ce qui lui convenoit le plus. L'intendant de la maison, qui étoit à un gentilhomme des environs, s'étant mis en devoir de les en empêcher, on en vint aux grosses paroles'. Les Zaporoviens insultés se plaignirent à Gordeenko. Celui-ci, s'imaginant que Mazepa avait incité l'intendant à injurier les Zaporoviens, donna ordre à ses gens de monter à cheval sans prendre congé. 'Dès que Mazeppa fut informé de la chose, il envoïa quelques-uns de ses principaux officiers à Horodenski [Gordeenko], pour lui dire qu'il étoit extrêmement fâché du désordre qui venoit d'arriver, & lui protester, qu'il n'y avoit aucune part; que, pour leur faire voir son innocence, il étoit prêt à leur remettre l'intendant, pour être puni comme ils l'entendoient. Cette honnêteté appaisa un peu les Zaporoviens: mais, l'homme leur aïant été remis, ils le maltraitèrent fort à coups de pieds, se le jettant les uns les autres; & ce jeu dura jusqu'à ce qu'un de ces brutaux, qui le haïssoit de longue main, lui plongea le couteau dans le ventre, & qu'il mourut entre leurs mains'.

[36] Et même plus: une centaine de kilomètres.

chemin de Moscou [37] après s'être emparé de Pultava; il mit donc le siège devant cette ville au commencement de mai.

240

[37] Voir ci-dessus, n.25.

CHAPITRE DIX-HUITIÈME

Bataille de Pultava.

C'était là que Pierre l'attendait; il avait disposé ses corps d'armée à portée de se joindre et de marcher tous ensemble aux assiégeants; il avait visité toutes les contrées qui entourent l'Ukraine, le duché de Sévérie,[1] où coule la Desna, devenue célèbre par sa victoire, et où cette rivière est déjà profonde; le pays de Bolcho,[2] dans lequel l'Occa prend sa source; les déserts et les montagnes qui conduisent aux Palus-Méotides: il était enfin auprès d'Asoph, et là il faisait nettoyer le port, construire des vaisseaux, fortifier la citadelle de Taganrok,[3] mettant ainsi à profit pour l'avantage de ses Etats le temps qui s'écoula entre les batailles de Desnoi[4] et de Pultava.

Dès qu'il sait que cette ville est assiégée, il rassemble ses quartiers. Sa cavalerie, ses dragons, son infanterie, Cosaques, Calmouks, s'avancent de vingt endroits; rien ne manque à son armée, ni gros canon, ni pièces de campagne, ni munitions de toute espèce, ni vivres, ni médicaments; c'était encore une supériorité qu'il s'était donnée sur son rival.

Le 15 juin 1709, il arrive devant Pultava avec une armée

9   59:   Tagunroc [59 errata, 65, w68: Taganroc]

[1] Principauté située au sud de Smolensk et de Moscou, et à l'est de Tchernigov (voir *Encyclopédie*, art. 'Sévérie', de Jaucourt). La Sévérie était peuplée à l'origine par la tribu des Sévérianes. Elle fut dévastée au treizième siècle par les Mongols. Les Lituaniens l'annexèrent à la fin du quatorzième siècle. Elle fit alors partie de l'Ukraine polonaise et passa avec elle à la Russie en 1667. En 1782, elle forma le gouvernement de Novgorod-Severski, qui se fondit en 1802 dans celui de Tchernigov.

[2] Bolkof, corrige Müller (Š, p.403). En fait, Bolkhov, sur la haute Oka.

[3] Correction intempestive de Müller. Taganroc, pour Taganrog (Š, p.403).

[4] La Desna, comme le rectifie Müller (Š, p.404).

d'environ soixante mille combattants; la rivière Vorskla était entre
lui et Charles. Les assiégeants au nord-ouest, les Russes au sud-
est.   20

3 juillet.   Pierre remonte la rivière au-dessus de la ville, établit ses ponts,
fait passer son armée, et tire un long retranchement, qu'on
commence et qu'on achève en une seule nuit, vis-à-vis l'armée
ennemie. Charles put juger alors si celui qu'il méprisait et qu'il
comptait détrôner à Moscou, entendait l'art de la guerre. Cette   25
disposition faite, Pierre posta sa cavalerie entre deux bois, et la
6 juillet. couvrit de plusieurs redoutes garnies d'artillerie. Toutes les mesures ainsi prises, il va reconnaître le camp des assiégeants pour
en former l'attaque.

Cette bataille allait décider du destin de la Russie, de la Pologne,   30
de la Suède et des deux monarques sur qui l'Europe avait les yeux.
On ne savait chez la plupart des nations attentives à ces grands
intérêts, ni où étaient ces deux princes, ni quelle était leur situation:
mais après avoir vu partir de Saxe Charles XII victorieux à la tête
de l'armée la plus formidable, après avoir vu qu'il poursuivait   35
partout son ennemi, on ne doutait pas qu'il ne dût l'accabler, et
qu'ayant donné des lois en Dannemarck, en Pologne, en Allemagne, il n'allât dicter dans le Crémelin de Moscou les conditions
de la paix, et faire un czar, après avoir fait un roi de Pologne. J'ai
vu des lettres de plusieurs ministres, qui confirmaient leurs cours   40
dans cette opinion générale.

Le risque n'était point égal entre ces deux rivaux. Si Charles
perdait une vie tant de fois prodiguée, ce n'était après tout qu'un
héros de moins. Les provinces de l'Ukraine, les frontières de
Lithuanie et de Russie cessaient alors d'être dévastées; la Pologne   45
reprenait avec sa tranquillité son roi légitime déjà réconcilié avec
le czar son bienfaiteur.

La Suède enfin épuisée d'hommes et d'argent pouvait trouver
des motifs de consolation: mais si le czar périssait, des travaux
immenses, utiles à tout le genre humain, étaient ensevelis avec lui,   50

et le plus vaste empire de la terre retombait dans le chaos dont il était à peine tiré. [5]

Quelques corps suédois et russes avaient été plus d'une fois aux mains sous les murs de la ville. Charles dans une de ces rencontres *27 juin.*
55 avait été blessé d'un coup de carabine [6] qui lui fracassa les os du pied; il essuya des opérations douloureuses, qu'il soutint avec son courage ordinaire, et fut obligé d'être quelques jours au lit. Dans cet état il apprit que Pierre devait l'attaquer; ses idées de gloire ne lui permirent pas de l'attendre dans ses retranchements; il sortit
60 des siens en se faisant porter sur un brancard. Le journal de Pierre le Grand [7] avoue que les Suédois attaquèrent avec une valeur si opiniâtre les redoutes garnies de canon qui protégeaient sa cavalerie, que malgré sa résistance et malgré un feu continuel ils se rendirent maîtres de deux redoutes. On a écrit que l'infanterie
65 suédoise maîtresse des deux redoutes crut la bataille gagnée, et cria victoire. [8] Le chapelain Norberg qui était loin du champ de bataille au bagage (où il devait être,) prétend que c'est une calomnie; [9] mais que les Suédois aient crié victoire ou non, il est certain qu'ils ne l'eurent pas. Le feu des autres redoutes ne se
70 ralentit point, et les Russes résistèrent partout avec autant de fermeté qu'on les attaquait avec ardeur. Ils ne firent aucun mouvement irrégulier. Le czar rangea son armée en bataille hors de ses retranchements avec ordre et promptitude.

---

[5] Par la victoire de Poltava, Pierre fut affermi sur son trône, alors que si Charles XII l'avait battu, il l'aurait détrôné comme Auguste de Pologne, écrit Perry (p.25).

[6] Ou le 17/28 juin, jour de son vingt-septième anniversaire (Massie, p.455). Dans l'*Histoire de Charles XII*, par suite d'un lapsus, Voltaire situait l'événement le 27 mai (V 4, p.347), alors qu'il avait daté la naissance de Charles XII du 27 juin 1682 (p.166).

[7] MS 1-1, f.63*v*; *Journal de Pierre le Grand*, éd. 1773, i.258.

[8] C'est ce qu'écrivait Voltaire dans l'*Histoire de Charles XII* (V 4, p.352).

[9] Nordberg ne dit pas que c'est une calomnie, observe Büsching, mais que c'est sans fondement; il dit en revanche que les Suédois auraient pris trois redoutes (Š, p.404). Nordberg écrit en effet que le général major Axel Sparre se rendit maître de trois redoutes, mais que, contrairement à ce que rapporte Voltaire dans l'*Histoire de Charles XII*, les Suédois ne crièrent pas victoire (ii.311).

La bataille devint générale. Pierre faisait dans son armée la fonction de général-major;[10] le général Bauer commandait la droite, Menzikoff la gauche, Sheremeto le centre. L'action dura deux heures.[11] Charles le pistolet à la main allait de rang en rang sur son brancard porté par ses drabans; un coup de canon tua un des gardes qui le portaient, et mit le brancard en pièces. Charles se fit alors porter sur des piques; car il est difficile, quoi qu'en dise Norberg, que dans une action aussi vive, on eût trouvé un nouveau brancard[12] tout prêt. Pierre reçut plusieurs coups dans ses habits et dans son chapeau; ces deux princes furent continuellement au milieu du feu pendant toute l'action. Enfin après deux heures de combat, les Suédois furent partout enfoncés; la confusion se mit parmi eux, et Charles XII fut obligé de fuir devant celui qu'il avait tant méprisé. On mit à cheval dans sa fuite ce même héros qui n'avait pu y monter pendant la bataille; la nécessité lui rendit un peu de force; il courut en souffrant d'extrêmes douleurs, devenues encore plus cuisantes par celle d'être vaincu sans ressource. Les Russes comptèrent neuf mille deux cent vingt-quatre Suédois morts sur le champ de bataille: ils firent pendant l'action deux à trois mille prisonniers, surtout dans la cavalerie.[13]

[10] Cf. l'*Histoire de Charles XII* (V 4, p.353). Contrairement à son habitude de nommer un de ses généraux commandant en chef, Pierre, cette fois-là, assumait en effet l'autorité suprême. Mais il n'était que colonel, et ne sera promu général qu'après la bataille de Poltava (Perry, p.262; Waliszewski, p.353; Massie, p.454, 491). Fontenelle précisait bien que Pierre après Poltava s'était cru 'digne de monter au grade de lieutenant-général' (iii.203).

[11] Il s'agit de la phase finale, de dix heures à midi.

[12] Ce n'est pas ce que dit Nordberg, remarque Büsching: la civière a été certes endommagée par les balles, mais rafistolée. Quand le cheval de devant a été tué, la civière a été portée sur les épaules des soldats (Š, p.404); cf. Nordberg, ii.312. Nordberg contestait en note le passage de l'*Histoire de Charles XII* où Voltaire écrit que le roi, porté sur des piques par quatre grenadiers, s'écriait: 'Suédois, Suédois!'... Voltaire a remanié le passage de l'*Histoire de Charles XII* à la suite de la remarque de Nordberg (V 4, p.354-55, variante), mais, dans l'*Histoire de l'empire de Russie*, on le voit, il est revenu à sa première opinion.

[13] Dans l'*Histoire de Charles XII*, Voltaire faisait état de près de neuf mille Suédois ou Cosaques tués et de six mille prisonniers environ (V 4, p.358). Le récit

Charles XII précipitait sa fuite avec environ quatorze mille
95 combattants, très peu d'artillerie de campagne, de vivres, de
munitions et de poudre. Il marcha vers le Boristhène au midi entre
les rivières de Vorskla et de Sol, (*a*) dans le pays des Zaporaviens.
Par delà le Boristhène en cet endroit sont de grands déserts qui
conduisent aux frontières de la Turquie. Norberg assure que les
100 vainqueurs n'osèrent poursuivre Charles; cependant il avoue que
le prince Menzikoff se présenta sur les hauteurs avec dix mille
hommes de cavalerie et un train d'artillerie considérable, quand le
roi passait le Boristhène. [15]
Quatorze mille Suédois [16] se rendirent prisonniers de guerre à   *12 juillet.*
105 ces dix mille Russes; Levenhaupt qui les commandait, signa cette
fatale capitulation, par laquelle il livrait au czar les Zaporaviens,
qui ayant combattu pour son roi se trouvaient dans cette armée
fugitive. Les principaux prisonniers faits dans la bataille et par la
capitulation, furent le comte Piper premier ministre, avec deux
110 secrétaires d'Etat et deux du cabinet; le feld-maréchal Renschild,

(*a*) Ou Psol. [14]

---

110   59:   Renchild

---

de la bataille de Poltava y était plus détaillé, mais comportait des erreurs (V 4,
p.350-58). Selon Massie, il n'y eut que 6901 morts et blessés, et 2760 prisonniers
dans le camp suédois (p.481); Waliszewski ne compte que 2000 soldats et plus de
150 officiers suédois prisonniers (p.354).
    [14] La Psiol.
    [15] Nordberg ne précise pas les effectifs de Menchikov qui ont poursuivi l'armée
suédoise. Il écrit: 'Avant que le Roi passât le Boristhene, les Cosaques Russiens se
firent voir sur les hauteurs voisines du camp; mais, comme ce n'étoit qu'un parti
qui battoit la campagne, on ne s'en inquiéta pas beaucoup. A peine Sa Majesté se
fut-elle mise en marche, que Menzikof parut avec ses troupes réglées'. Lewenhaupt
se rendit, mais Charles XII continua sa marche à travers le désert (Nordberg, ii.319).
    [16] Il s'agit des Suédois pris, non à Poltava, mais après la bataille, près du Dniepr;
voir ci-dessous, n.21.

Le ministre ajoute qu'il tient ce fait (*c*) de celui-là même qui avait été chargé de la lettre. Cette anecdote n'est pas sans vraisemblance, mais elle ne se trouve ni dans le journal de Pierre le Grand, ni dans aucun des mémoires qu'on m'a confiés. Ce qui est le plus important dans cette bataille, c'est que de toutes celles qui ont jamais ensanglanté la terre, c'est la seule qui au lieu de ne produire que la destruction, ait servi au bonheur du genre humain, puisqu'elle a donné au czar la liberté de policer une grande partie du monde. [27]

Il s'est donné en Europe plus de deux cents batailles rangées, depuis le commencement de ce siècle jusqu'à l'année où j'écris. Les victoires les plus signalées et les plus sanglantes n'ont eu d'autres suites que la réduction de quelques petites provinces, cédées ensuite par des traités, et reprises par d'autres batailles. Des armées de cent mille hommes ont souvent combattu, mais les plus violents efforts n'ont eu que des succès faibles et passagers; on a fait les plus petites choses avec les plus grands moyens. Il n'y a point d'exemple dans nos nations modernes d'aucune guerre qui ait compensé par un peu de bien le mal qu'elle a fait; mais il a résulté de la journée de Pultava la félicité du plus vaste empire de la terre.

(*c*) Ce fait se trouve aussi dans une lettre imprimée au-devant des anecdotes de Russie, pag. 23. [26]

n.*c* ᴋ: de Russie.//

[26] Il s'agit des *Mémoires anecdotes d'un ministre étranger résidant à Pétersbourg* (La Haye 1737), de Weber. L'anecdote de l'exprès y est rapportée dans la lettre d'un ambassadeur en Russie à un prince de l'Empire, du 25 août 1711 (p. xxii-xxiii). Les *Mémoires anecdotes* de Weber sont la seconde édition du tome i des *Nouveaux mémoires* de 1725, précédés de deux lettres d'un ambassadeur étranger à la cour de Russie.

[27] Voir ci-dessus, n.5.

CHAPITRE DIX-NEUVIÈME

Suite de la victoire de Pultava. Charles XII réfugié chez
les Turcs. Auguste détrôné par lui rentre dans ses Etats.
Conquêtes de Pierre le Grand.

Cependant on présentait au vainqueur tous les principaux prisonniers; le czar leur fit rendre leurs épées, et les invita à sa table. Il
est assez connu qu'en buvant à leur santé il leur dit: 'Je bois à la
santé de mes maîtres dans l'art de la guerre':[1] mais la plupart de
ses maîtres, du moins tous les officiers subalternes et tous les
soldats, furent bientôt envoyés en Sibérie. Il n'y avait point de
cartel entre les Russes et les Suédois: le czar en avait proposé un
avant le siège de Pultava; Charles le refusa,[2] et ses Suédois furent
en tout les victimes de son indomptable fierté.

C'est cette fierté toujours hors de saison, qui causa toutes les
aventures de ce prince en Turquie, et toutes ses calamités plus
dignes d'un héros de l'Arioste que d'un roi sage: car dès qu'il fut
auprès de Bender, on lui conseilla d'écrire au grand vizir selon
l'usage, et il crut que ce serait trop s'abaisser. Une pareille
opiniâtreté le brouilla avec tous les ministres de la Porte successivement: il ne savait s'accommoder ni au temps ni aux lieux. (*a*)

(*a*) La Motraye dans le récit de ses voyages[3] rapporte une lettre de
Charles XII au grand vizir, mais cette lettre est fausse, comme la plupart

---

[1] L'anecdote est dans Fontenelle, *Eloge du czar Pierre Ier* (iii.203). Voltaire l'avait
rapportée dans l'*Histoire de Charles XII* (V 4, p.364); voir aussi Montesquieu: 'Les
Moscovites se servirent de la guerre qu'il [Charles XII] leur faisait, comme d'une
école' (*De l'esprit des lois*, x.xiii). Selon l'Académie de Pétersbourg, ce toast aurait
eu lieu à Moscou (app. VI, l.198-205).
[2] C'est ce qu'observait déjà Voltaire dans l'*Histoire de Charles XII*, selon une
information fournie par le baron Niklas Peter von Gedda (V 4, p.363).
[3] La Mottraye, éd. 1727, i, app., p.21 (lettre du 4 juillet 1709). Nordberg écrit au

Aux premières nouvelles de la bataille de Pultava, ce fut une révolution générale dans les esprits et dans les affaires, en Pologne, en Saxe, en Suède, en Silésie. Charles, quand il donnait des lois, avait exigé de l'empereur d'Allemagne Joseph, qu'on dépouillât les catholiques de cent cinq églises, en faveur des Silésiens de la confession d'Augsbourg; les catholiques reprirent presque tous les temples luthériens, dès qu'ils furent informés de la disgrâce de Charles. [4] Les Saxons ne songèrent qu'à se venger des extorsions d'un vainqueur qui leur avait coûté, disaient-ils, vingt-trois millions d'écus. Leur électeur roi de Pologne protesta sur-le-champ contre l'abdication qu'on lui avait arrachée, et étant rentré dans les bonnes grâces du czar, il s'empressa de remonter sur le trône de Pologne. La Suède consternée, crut longtemps son roi mort, et le sénat incertain ne pouvait prendre aucun parti.

Pierre prit incontinent celui de profiter de sa victoire: il fait partir le maréchal Sheremeto avec une armée pour la Livonie, sur les frontières de laquelle ce général s'était signalé tant de fois. Le prince Menzikoff fut envoyé en diligence avec une nombreuse cavalerie pour seconder le peu de troupes laissées en Pologne, pour encourager toute la noblesse du parti d'Auguste, pour chasser le compétiteur qu'on ne regardait plus que comme un rebelle, et

8 août.

20

25

30

35

---

des récits de ce voyageur mercénaire; et Norberg lui-même avoue que le roi de Suède ne voulut jamais écrire au grand vizir.

---

37   K: que l'on ne

---

contraire que la lettre du grand vizir causa tant de plaisir à Charles qu'il lui fit 'une des plus gracieuses réponses, & qui était écrite de sa propre main' (ii.339).

[4] Il y avait 118 églises, remarque Büsching, mais elles avaient appartenu aux luthériens. On les leur avait enlevées, et il était équitable qu'on les leur ait restituées. Ils ne les ont pas perdues de nouveau, contrairement à ce que rapporte Voltaire (Š, p.405).

pour dissiper quelques troupes suédoises qui restaient encore sous
le général suédois Crassau.[5]

40   Pierre part bientôt lui-même, passe par la Kiovie,[6] par les
palatinats de Chelm et de la haute Volhinie, arrive à Lublin, se
concerte avec le général de la Lithuanie; il voit ensuite les troupes *18 septembre.*
de la couronne, qui prêtent serment de fidélité au roi Auguste; de
là se rend à Varsovie, et jouit à Thorn du plus beau de tous les
45 triomphes, celui de recevoir les remerciements d'un roi auquel il *7 octobre.*
rendait ses Etats. C'est là qu'il conclut un traité contre la Suède
avec les rois de Dannemarck, de Pologne et de Prusse.[7] Il s'agissait
déjà de reprendre toutes les conquêtes de Gustave-Adolphe. Pierre
faisait revivre les anciennes prétentions des czars sur la Livonie,
50 l'Ingrie, la Carélie, et sur une partie de la Finlande; le Dannemarck
revendiquait la Scanie, le roi de Prusse la Poméranie.

    La valeur infortunée de Charles ébranlait ainsi tous les édifices
que la valeur heureuse de Gustave-Adolphe avait élevés. La
noblesse polonaise venait en foule confirmer ses serments à son
55 roi, ou lui demander pardon de l'avoir abandonné; presque tous
reconnaissaient Pierre pour leur protecteur.

    Aux armes du czar, à ces traités, à cette révolution subite,
Stanislas n'eut à opposer que sa résignation: il répandit un écrit
qu'on appelle *Universal*,[8] dans lequel il dit qu'il est prêt de renoncer
60 à la couronne si la république l'exige.

    59   K: prêt à renoncer

[5] Ernst Detlow von Krassow (v. 1660-1714), major général.
[6] A Kiev, Pierre assista à une cérémonie d'action de grâce dans la cathédrale
Sainte-Sophie. Feofan Prokopovitch y prononça un panégyrique du tsar. Par la
suite, Pierre fit de l'orateur son instrument principal pour la réforme de l'Eglise.
[7] Le traité de Thorn (actuellement Toruń, en Pologne) est évoqué longuement
par Rousset de Missy (iii.180-85), qui estime que la négociation la plus importante
fut en faveur de Frédéric-Guillaume, duc de Courlande et neveu du roi de Prusse:
le duché lui fut restitué, et l'année suivante il épousa à Pétersbourg Anna Ivanovna,
nièce du tsar.
[8] Voir ci-dessous, II.iv.67-72.

691

Pierre après avoir tout concerté avec le roi de Pologne, et ayant ratifié le traité avec le Dannemarck, partit incontinent pour achever sa négociation avec le roi de Prusse. Il n'était pas encore en usage chez les souverains d'aller faire eux-mêmes les fonctions de leurs ambassadeurs: ce fut Pierre qui introduisit cette coutume nouvelle 65 et peu suivie. L'électeur de Brandebourg, premier roi de Prusse,[9] alla conférer avec le czar à Marienverder,[10] petite ville située dans la partie occidentale de la Poméranie, bâtie par les chevaliers Teutoniques, et enclavée dans la lisière de la Prusse devenue royaume. Ce royaume était petit et pauvre, mais son nouveau roi 70 y étalait, quand il y voyageait, la pompe la plus fastueuse: c'est dans cet éclat qu'il avait déjà reçu Pierre à son premier passage, quand ce prince quitta son empire pour aller s'instruire chez les étrangers. Il reçut le vainqueur de Charles XII avec encore plus de
20 octobre. magnificence. Pierre ne conclut d'abord avec le roi de Prusse 75 qu'un traité défensif, mais qui ensuite acheva la ruine des affaires de Suède.

Nul instant n'était perdu. Pierre après avoir achevé rapidement des négociations qui partout ailleurs sont si longues, va joindre
21 novembre. son armée devant Riga la capitale de la Livonie, commence par 80 bombarder la place, met le feu lui-même aux trois premières bombes,[11] ensuite forme un blocus; et sûr que Riga ne lui peut échapper, il va veiller aux ouvrages de sa ville de Pétersbourg, à
3 décembre. la construction des maisons, à sa flotte, pose de ses mains la quille d'un vaisseau de cinquante-quatre canons,[12] et part ensuite pour 85

78-79 K: rapidement les négociations

[9] Frédéric Ier (1657-1713), père du Roi-Sergent et grand-père de Frédéric II.

[10] Marienwerder. C'est l'actuelle Kwidzyń, en Pologne, dans la voïévodie de Gdansk.

[11] On se souvient du mauvais accueil que Riga avait réservé à la Grande Ambassade; voir ci-dessus, 1.ix.77-81. La rancune de Pierre fut tenace.

[12] MS 2-12, f.157v (le 6 décembre [1709]). Ce vaisseau, le *Poltava*, ne fut lancé à l'eau que le 15 juillet 1712 (MS 2-12, f.157v-158r).

Moscou. Il se fit un amusement de travailler aux préparatifs du triomphe qu'il étala dans cette capitale: il ordonna toute la fête, travailla lui-même, disposa tout.[13]

90

95

100

L'année 1710 commença par cette solennité nécessaire alors à ses peuples, auxquels elle inspirait des sentiments de grandeur, et agréable à ceux qui avaient craint de voir entrer en vainqueurs dans leurs murs ceux dont on triomphait; on vit passer sous sept arcs magnifiques l'artillerie des vaincus, leurs drapeaux, leurs étendards, le brancard de leur roi, les soldats, les officiers, les généraux, les ministres prisonniers, tous à pied, au bruit des cloches, des trompettes, et de cent pièces de canon,[14] et des acclamations d'un peuple innombrable qui se faisaient entendre quand les canons se taisaient. Les vainqueurs à cheval fermaient la marche, les généraux à la tête, et Pierre à son rang de général-major. A chaque arc de triomphe on trouvait des députés des différents ordres de l'Etat, et au dernier une troupe choisie des jeunes enfants de boyards vêtus à la romaine, qui présentèrent des lauriers au monarque victorieux.[15]

1710.
1er janvier.

105

A cette fête publique succéda une cérémonie non moins satisfaisante. Il était arrivé en 1708 une aventure d'autant plus désagréable, que Pierre était alors malheureux; Matéof son ambassadeur à Londres[16] auprès de la reine Anne, ayant pris congé, fut arrêté

102   K: qui présentaient des

[13] Perry dit simplement qu'on dressa un magnifique arc de triomphe, et que l'on fit jouer de très beaux feux d'artifice (p.26).

[14] Sur les généraux conduits à pied, voir app. VI, l.195-198. Dans l'*Histoire de Charles XII*, Voltaire parlait de deux cents pièces de canons (V 4, p.394).

[15] C'étaient des enfants de chœur habillés en blanc et couronnés de guirlandes, remarque Müller (Š, p.405). Voltaire a réduit de moitié le récit du triomphe de Pierre par rapport à l'*Histoire de Charles XII* (V 4, p.392-94).

[16] Andreï Artamonovitch Matveev (1666-1728), fils du ministre d'Alexis massacré par les streltsy, fut le premier ambassadeur russe permanent à La Haye de 1699 à 1712. De septembre 1705 à novembre 1706, il fut chargé à Paris d'une mission qui consistait à réclamer des vaisseaux d'Arkhangelsk pris par des corsaires dunkerquois et à tenter − en vain − de négocier officieusement un accord commercial avec la

693

avec violence par deux officiers de justice au nom de quelques marchands anglais, et conduit chez un juge de paix pour la sûreté de leurs créances. Les marchands anglais prétendaient que les lois du commerce devaient l'emporter sur les privilèges des ministres: l'ambassadeur du czar, et tous les ministres publics qui se joignirent à lui, disaient que leur personne doit être toujours inviolable. Le czar demanda fortement justice par ses lettres à la reine Anne; mais elle ne pouvait la lui faire, parce que les lois d'Angleterre permettaient aux marchands de poursuivre leurs débiteurs, et qu'aucune loi n'exemptait les ministres publics de cette poursuite. Le meurtre de Patkul ambassadeur du czar, exécuté l'année précédente par les ordres de Charles XII, enhardissait le peuple d'Angleterre à ne pas respecter un caractère si cruellement profané: les autres ministres qui étaient alors à Londres, furent obligés de répondre pour celui du czar; et enfin tout ce que put faire la reine en sa faveur, ce fut d'engager le parlement à passer un acte par lequel dorénavant il ne serait plus permis de faire arrêter un ambassadeur pour ses dettes: mais après la bataille de Pultava il fallut faire une satisfaction plus authentique. [17] La reine lui fit des *16 février.* excuses publiques par une ambassade solennelle. Monsieur de Widvorth choisi pour cette cérémonie, commença sa harangue par ces mots: *Très-haut et très-puissant empereur.* Il lui dit qu'on avait mis en prison ceux qui avaient osé arrêter son ambassadeur, et qu'on les avait déclarés infâmes; [18] il n'en était rien, mais il suffisait

110

115

120

125

130

France. Il a laissé un intéressant Journal de voyage sur son séjour à Paris, publié à Leningrad en 1972. En mars 1707, il fut envoyé à Londres pour proposer à l'Angleterre de l'aider militairement dans la guerre contre la France mais il échoua, les Anglais étant comme les Hollandais hostiles au renforcement des Russes dans la Baltique. Matveev fut ensuite ambassadeur à Vienne de 1712 à 1715. Il devint sénateur en 1719.

[17] Cette satisfaction publique eut lieu effectivement à Moscou le 16 février 1710, selon Buchet (p.73-74) ou le 5/16 février selon Rousset de Missy (iii.199). Voltaire semble s'inspirer en partie sur ce point de la longue relation de Rousset de Missy (iii.197-214).

[18] Lord Charles Whitworth, envoyé extraordinaire à Pétersbourg en 1704, y devint ambassadeur extraordinaire en 1710. Il fut ensuite plénipotentiaire à Berlin

de le dire; et le titre d'empereur que la reine ne lui donnait pas
avant la bataille de Pultava, marquait assez la considération qu'il
avait en Europe. On lui donnait déjà communément ce titre en
135 Hollande, et non seulement ceux qui l'avaient vu travailler avec
eux dans les chantiers de Sardam, et qui s'intéressaient davantage
à sa gloire, mais tous les principaux de l'Etat l'appelaient à l'envi
du nom d'empereur, et célébraient sa victoire par des fêtes en
présence du ministre de Suède.

140 Cette considération universelle qu'il s'était donnée par sa
victoire, il l'augmentait en ne perdant pas un moment pour en
profiter. Elbing est d'abord assiégée; c'est une ville hanséatique de
la Prusse royale en Pologne;[19] les Suédois y avaient encore une
garnison. Les Russes montent à l'assaut, entrent dans la ville, et   *11 mars.*
145 la garnison se rend prisonnière de guerre; cette place était un des
grands magasins de Charles XII: on y trouva cent quatre-vingt-
trois canons de bronze, et cent cinquante-sept mortiers. Aussitôt
Pierre se hâte d'aller de Moscou à Pétersbourg: à peine arrivé il   *2 avril.*
s'embarque sous sa nouvelle forteresse de Cronslot, côtoie les
150 côtes de la Carélie, et malgré une violente tempête il amène sa

---

et envoyé extraordinaire à La Haye. Mort en 1725 en Angleterre, il est enterré à
l'abbaye de Westminster. Il a laissé une relation de son séjour en Russie que Voltaire
a lue (voir ci-dessus, 1.xii, n.29). Le tsar voulait que les marchands anglais fussent
punis de mort. Dans sa harangue, Whitworth rapporta que ceux-ci, dans une séance
du parlement, avaient été déclarés infâmes et indignes d'aucune grâce ou protection;
il présenta les excuses de la reine pour la violation du droit des gens et l'insuffisance
des lois anglaises; il remit une lettre de la reine d'août 1709 confirmant ses propos.
Après la réponse du tsar, Whitworth négocia un accord avec le grand chancelier le
9/20 février. Rousset de Missy, qui reproduit la harangue de Whitworth, la lettre
de la reine Anne, la brève réponse de Pierre et les articles de l'accord, observe que
Matveev avait été le premier à violer le droit des gens en ne payant pas ses dettes
et qu'un prince équitable aurait dû le contraindre à rembourser ses créanciers ou le
livrer entre leurs mains (iii.214). La harangue de Whitworth et la lettre d'Anne sont
également reproduites dans Mauvillon, iii.188-99.

[19] Elbing n'est plus une ville hanséatique, remarque Büsching: elle appartient
à la Prusse polonaise ou duché de Prusse (Š, p.405-406).

flotte devant Vibourg[20] la capitale de la Carélie en Finlande, tandis que ses troupes de terre approchent sur des marais glacés: la ville est investie, et le blocus de la capitale de la Livonie est resserré. *23 juin.* Vibourg se rend bientôt[21] après la brèche faite, et une garnison composée d'environ quatre mille hommes, capitule, mais sans pouvoir obtenir les honneurs de la guerre; elle fut faite prisonnière malgré la capitulation. Pierre se plaignait de plusieurs infractions de la part des Suédois; il promit de rendre la liberté à ces troupes, quand les Suédois auraient satisfait à ses plaintes; il fallut sur cette affaire demander les ordres du roi de Suède toujours inflexible, et ces soldats que Charles aurait pu délivrer restèrent captifs. C'est ainsi que le prince d'Orange roi d'Angleterre Guillaume III avait arrêté en 1695 le maréchal de Boufflers malgré la capitulation de Namur. Il y a plusieurs exemples de ces violations, et il serait à souhaiter qu'il n'y en eût point.[22]

Après la prise de cette capitale, le siège de Riga devint bientôt un siège régulier, poussé avec vivacité: il fallait rompre les glaces dans la rivière de Duna qui baigne au nord les murs de la ville. La contagion qui désolait depuis quelque temps ces climats,[23] se mit dans l'armée assiégeante, et lui enleva neuf mille hommes: *15 juillet.* cependant le siège ne fut point ralenti; il fut long, et la garnison obtint les honneurs de la guerre; mais on stipula dans la capitula-

---

156-157   59, 65:   prisonnière de guerre malgré

---

[20] Ce n'est pas Pierre Ier, mais le général Apraxine, qui partit de Pétersbourg pour faire le siège de Vyborg, rectifie Müller (S, p.406). Il est pourtant exact que Pierre s'était embarqué avec le vice-amiral Cornelis Cruys pour se rendre à Vyborg. Apraxine était parti plus tôt avec dix-huit mille hommes pour assiéger la ville (Massie, p.499).

[21] Le 13/24 juin 1710.

[22] Voltaire, obsédé par le droit des gens, y compris en temps de guerre, est visiblement embarrassé par le comportement de Pierre. Sur la carrière du duc Louis-François de Boufflers (1644-1711), maréchal de France, voir *Le Siècle de Louis XIV*, ch.16 (*OH*, p.784).

[23] La peste, qui, selon Weber, emporta soixante mille personnes à Riga (i.3).

tion[24] que tous les officiers et soldats livoniens resteraient au service de la Russie comme citoyens d'un pays qui en avait été démembré, et que les ancêtres de Charles XII avaient usurpé; les privilèges dont son père avait dépouillé les Livoniens leur furent rendus,[25] et tous les officiers entrèrent au service du czar: c'était la plus noble vengeance qu'il pût prendre du meurtre du Livonien Patkul son ambassadeur, condamné pour avoir défendu ces mêmes privilèges. La garnison était composée d'environ cinq mille hommes. Peu de temps après la citadelle de Pennamunde fut prise;[26] on trouva tant dans la ville que dans ce fort plus de huit cents bouches à feu.

Il manquait pour être entièrement maître de la Carélie la forte ville de Kexholm sur le lac Ladoga,[27] située dans une île, et qu'on regardait comme imprenable; elle fut bombardée quelque temps *19 septembre.* après et bientôt rendue. L'île d'Oesel dans la mer qui borde le *23 septembre.* nord de la Livonie fut soumise avec la même rapidité.

Du côté de l'Estonie, province de la Livonie vers le septentrion et sur le golfe de Finlande, sont les villes de Pernau[28] et de Revel;

181   59*:   <Pennamunde> ᵂDunamunde

[24] Ou le 4 juillet v. st. (MS 1-1, f.77r; *Journal de Pierre le Grand*, éd. 1773, ii.115).

[25] Par la charte du 1er mars 1712, Pierre 1er confirmera les droits et privilèges de la noblesse de Livonie ('Résolution' en treize points, MS 5-21, f.92r-93v). Cette traduction, comme celle publiée par Mauvillon (iii.88-93), ne fait pas état des droits en matière de religion luthérienne, mentionnés dans l'original russe adressé à la noblesse d'Estonie (*Pis'ma i boumagui*, 1975, xii(1).100-102).

[26] En fait, Dunamunde (MS 1-1, f.79v). Le fort de Peenemünde est en Poméranie, remarque Müller (Š, p.406). Dans l'avis 'Au lecteur' du deuxième volume, Voltaire voulut rectifier, mais écrivit 'Mettez *Pennamunde* au lieu de *Dunamunde*' (app. 1, l.36). Si bien que l'erreur se retrouve dans toutes les éditions.

[27] Depuis 1948, la ville s'appelle Priozersk.

[28] L'Estonie n'est pas une province de la Livonie, objectent Müller et Büsching, c'est un duché séparé (Š, p.406-407). L'Estonie est au nord de la Livonie. Pernau appartient à la Livonie, et non à l'Estonie, rectifie Büsching (Š, p.407). La ville se trouve actuellement en Estonie, son nom estonien est Piarnou, son nom russe Pernov.

si on en était maître, la conquête de la Livonie était achevée.
25 août. Pernau se rendit après un siège de peu de jours, et Revel se soumit
10 septembre. sans qu'on tirât contre la ville un seul coup de canon; [29] mais les
assiégés trouvèrent le moyen d'échapper au vainqueur dans le
temps même qu'ils se rendaient prisonniers de guerre: quelques 195
vaisseaux de Suède abordèrent à la rade pendant la nuit; la garnison
s'embarqua, ainsi que la plupart des bourgeois; et les assiégeants
en entrant dans la ville furent étonnés de la trouver déserte. Quand
Charles XII remportait la victoire de Nerva, il ne s'attendait pas
que ses troupes auraient un jour besoin de pareilles ruses de guerre. 200

En Pologne Stanislas voyant son parti détruit, s'était réfugié
dans la Poméranie, qui restait à Charles XII; Auguste régnait, et il
était difficile de décider si Charles avait eu plus de gloire à le
détrôner, que Pierre à le rétablir.

Les Etats du roi de Suède étaient encore plus malheureux que 205
lui; cette maladie contagieuse qui avait ravagé toute la Livonie,
passa en Suède, et enleva trente mille personnes dans la seule ville
de Stockholm; elle y ravagea les provinces déjà trop dénuées
d'habitants, car pendant dix années de suite la plupart étaient sortis
du pays pour aller périr à la suite de leur maître. 210

Sa mauvaise fortune le poursuivait dans la Poméranie. Ses
troupes de Pologne s'y étaient retirées au nombre d'onze mille
combattants; le czar, le roi de Dannemarck, celui de Prusse,
l'électeur de Hanovre, le duc de Holstein, [30] s'unirent tous ensemble

208   59-w68: Stokholm

[29] L'occupation de Revel, où régnait la peste, commença le 29 septembre 1710
v. st. (*Journal de Pierre le Grand*, éd. 1773, ii.147), et non, comme l'indique par
erreur le MS 1-1, le 29 décembre 1709 (f.82*v*).

[30] Georges-Louis, duc de Brunswick-Lünebourg (1660-1727), électeur de Hanovre depuis 1698, deviendra roi d'Angleterre et d'Irlande en 1714 sous le nom de
George 1er. Le jeune duc de Holstein était Charles-Frédéric (1700-1739), pendant
la minorité duquel la régence était exercée par son oncle Christian-Auguste, de
1702 à 1718.

215 pour rendre cette armée inutile et pour forcer le général Crassau qui la commandait à la neutralité. La régence de Stockholm ne recevant point de nouvelles de son roi, se crut trop heureuse, au milieu de la contagion qui dévastait la ville, de signer cette neutralité, qui semblait du moins devoir écarter les horreurs de la

220 guerre d'une de ses provinces. L'empereur d'Allemagne favorisa ce traité singulier: on stipula que l'armée suédoise qui était en Poméranie n'en pourrait sortir pour aller défendre ailleurs son monarque: il fut même résolu dans l'empire d'Allemagne de lever une armée pour faire exécuter cette convention qui n'avait point

225 d'exemple; c'est que l'Empereur qui était alors en guerre contre la France, espérait faire entrer l'armée suédoise à son service. Toute cette négociation fut conduite pendant que Pierre s'emparait de la Livonie, de l'Estonie et de la Carélie.

Charles XII, qui pendant tout ce temps-là faisait jouer de Bender

230 à la Porte-Ottomane tous les ressorts possibles pour engager le divan à déclarer la guerre au czar, reçut cette nouvelle comme un des plus funestes coups que lui portait sa mauvaise fortune: il ne put soutenir que son sénat de Stockholm eût lié les mains à son armée: ce fut alors qu'il lui écrivit qu'il lui enverrait une de ses

235 bottes pour le gouverner. [31]

Les Danois cependant préparaient une descente en Suède. Toutes les nations de l'Europe étaient alors en guerre; l'Espagne, le Portugal, l'Italie, la France, l'Allemagne, la Hollande, l'Angleterre, combattaient encore pour la succession du roi d'Espagne Charles II,

240 et tout le Nord était armé contre Charles XII. Il ne manquait qu'une querelle avec la Porte-Ottomane, pour qu'il n'y eût pas un village d'Europe qui ne fût exposé aux ravages. Cette querelle arriva lorsque Pierre était au plus haut point de sa gloire, et précisément parce qu'il y était.

[31] D'après l'*Histoire de Charles XII*, c'est de Demotica, à six lieues d'Andrinople, que le roi de Suède aurait écrit cette lettre (V 4, p.483-84).